The Lees of SAMSUNG

삼성家
사람들
이야기

The Saga

삼성家 사람들 이야기

2014. 6. 26. 초판 1쇄 인쇄
2014. 7. 12. 초판 1쇄 발행

지은이 | 이채윤
펴낸이 | 이종춘
펴낸곳 | BM 성안당

주소 | 121-838 서울시 마포구 양화로 127 첨단빌딩 5층(출판기획 R&D 센터)
   | 413-120 경기도 파주시 문발로 112(제작 및 물류)
전화 | 02) 3142-0036
   | 031) 955-0511
팩스 | 031) 955-0510
등록 | 1973.2.1 제13-12호
출판사 홈페이지 | www.cyber.co.kr
ISBN | 978-89-315-7748-8 (13320)
정가 | 29,000원

저자와의
협의하에
인지생략

이 책을 만든 사람들
기획 | 최옥현
편집 | 김인환
교정 | 박경희, 노예주, 윤지예
표지 | 박원석
홍보 | 전지혜
마케팅 | 구본철, 차정욱, 강호묵
제작 | 김유석

Copyright ⓒ 2014 by Sungandang Company All rights reserved.
First edition Printed 2014. Printed in Korea.

이 책의 어느 부분도 저작권자나 BM 성안당 발행인의 승인 문서 없이 일부 또는 전부를 사진 복사나 디스크 복사 및 기타 정보 재생 시스템을 비롯하여 현재 알려지거나 향후 발명될 어떤 전기적, 기계적 또는 다른 수단을 통해 복사하거나 재생하거나 이용할 수 없음.

※ 잘못된 책은 바꾸어 드립니다.

창업주 이병철에서 3세경영 이재용까지

The Lees of SAMSUNG

삼성家 사람들 이야기

The Saga

| 이채윤 지음 |

BM 성안북스

머리말

"기업가들이야말로 새로운 일자리와 부(富),
그리고 기회를 창조해 내는 오늘날의 영웅들이다."

― 레이건(Ronald Reagan) 미국 대통령 취임사 중에서 ―

난세에 영웅이 난다고 했다.
시대가 영웅을 만든다는 말도 있다.
그 옛날 영웅호걸들은 자신의 영토를 확장하기 위해서 드넓은 대륙을 휘젓고 다니며 패권을 다투었다. 그래서 수천 년 동안 인류의 역사는 그런 영웅호걸들의 각축장으로, 전란이 그치는 날이 없었다.
"때를 얻는 자는 번창하고, 때를 잃는 자는 망한다."
열자(列子)에 나오는 말처럼 역사에 그 이름을 기록한 영웅들은 때를 얻은 자들이다.
오늘날 성공한 기업가들은 흔히 과거에 난세를 헤쳐 나온 패자(覇者)들에 비유되기도 한다. 과거에는 영토를 확장하기 위한 게임이 있었다면, 지금은 국경을 넘나드는 무제한의 게임이 있다. 지금은 총칼 대신에 자본이 세상을 지배하는 시대인 것이다. 오늘날의 영웅은 그래서 기업가들이다.
오늘날 사람들은 먹고사는 것 이상의 의미를 사업에서 찾는다. 옛날에는 벼슬을 하는 것이 곧 성공의 지름길이었다. 그래서 많은 젊은이들이 과거시험 공부를 했다. 오늘날에도 과거시험과 같은 각종 고시제도가 있고, 많은 정부 관료들이 그 시험을 통해서 배출되고 있다.
그러나 진짜 야망을 가진 사람들은 사업에 자신의 일생을 거는 경우가 많다. 많은 학자들은 정부 관료들보다는 자유자재로 국경을 넘나들며 자신의 웅지를 펼치는 초국적 기업가들이 오늘날 이 세상을 지배하고 비전을 제시하는 엘리트들이라고 보고 있다.

이렇듯 경제논리가 세계를 지배하는 지금, 20년간 GE(제너럴 일렉트릭)의 CEO로 있다가 물러난 살아 있는 전설적 경영자 잭 웰치(Jack Welch), MS(마이크로소프트)의 창업주로 30년 가까이 세계 최고 부자의 자리를 지키고 있는 빌 게이츠(Bill Gates), 애플 신화의 주인공 스티브 잡스(Steve Jobs), 투자의 귀재 워렌 버핏(Warren Edward Buffett) 같은 인물들은 젊은이들의 진정한 우상이자 영웅이다.

그들을 오늘에 있게 한 일차적 요인은 뛰어난 경영능력이다. 그 능력은 그 옛날 장수들이 지녔던 무공(武功)의 능력에 비견할 수 있겠다. 그들은 21세기 기업경영의 새로운 패러다임을 만들어냈고, 그들의 말 한마디, 행동 하나하나에 주가가 오르내리고 국가의 신인도가 요동친다.

그들은 자기 기업의 가치를 높이는 마이더스의 손을 가진 존재들이다. 뿐만 아니라 그들은 자신의 야망을 달성함으로써 많은 돈을 벌어들이고, 그 돈을 가지고 세계를 지배하고 있다. 그리고 무엇보다 중요한 것은 그들이 국민들에게서도 전폭적인 신뢰와 존경을 받고 있다는 점이다.

예로부터 큰 인물은 난세에 난다고 했다.

고난과 위기의 순간에 좌절하는 것은 범인(凡人)들이지만 위인은 그것을 이겨내고 새로운 도약의 발판을 만들어 낸다. 인문사회과학이 발달된 요즘에 이르러 위인이 등장하는 요인에 대한 분석이 많은 설득력을 지니게 되었다. 세계적 경영사상가 말콤 글래드웰은 사람들의 성공은 시대를 잘 타고난 운도 작용한다고 말하고 있다. 그의 〈아웃라이어〉를 보자.

신대륙 미국의 산업화를 이룩하고 미국을 자본주의 종주국으로 만들어낸 비즈니스 1세대 리더들은 거의 모두 1835년을 전후해서 태어났다. 석유왕 존 D. 록펠러(John Davison Rockefeller, 1839), 철강왕 앤드루 카네기(Andrew Carnegie, 1835), 금융왕 존 피어폰트 모건(John Pierpont Morgan, 1837), 철도왕 제이 굴드(Jay Gould, 1836) 등이 그들이다.

이들은 자라면서 남북전쟁을 겪고 그 참혹한 잿더미 위에서 새로운 미국을 건설하는 위업을 달성한다. 미국 경제는 1860년대와 1870년대에 역사상 가장 큰 변화를 겪었다. 그 시기에 철도가 건설되기 시작했고, 월스트리트가 태어났는데, 그것을 만들어낸 주역들이 이 비즈니스 리더들이다. 이들은 산업화를 통해 구대륙을 떠나 신천지 미개척지에서 농사를 짓고 연명하던 전통적인 경제규칙을 깨뜨리고 새로운 규칙을 만들어 냈다.

〈아웃라이어〉에 따르면 이들이 성공적인 비즈니스 리더가 된 것은 본인들의 출중한 능력도 큰 요인이었지만 자신의 선택과 상관없이 속하게 된 집단을 잘 만난 행운도 크게 작용했다는 것이다. 1835년을 전후로 10년이 넘는 시기에 태어난 사람들 중 비즈니스에서 크게 빛을 본 인물을 찾아볼 수 없다는 것이다. 이는 시대와 개인의 삶은 밀접할 수밖에 없다는 이야기이다. 사회학자 C. 라이트 밀스는 이들에 대한 관찰기록을 제공하고 있는데 "미국 역사상 1835년 전후는 가난하고 야심 찬 소년이 사업을 통해 성공을 노려볼 수 있는 최고의 기회였다."라고 말한다.

그렇다면 삼성가(家)를 일으킨 이병철은 어떤 운명을 타고난 것이었을까?

우리의 경우도 별반 다르지 않다. 한일합방이 이루어지던 1910년을 전후로 한국 산업화 1세대의 비즈니스 리더들이 태어났다. 그 무렵은 나라가 주권을 빼앗긴 암울한 시기이기는 했으나 새로운 시대가 도래하는 개화기이기도 했다. 이병철을 비롯해서 LG그룹 창업주 구인회(具仁會, 1907), 현대그룹 창업주 정주영(鄭周永, 1915), 효성그룹 창업주 조홍제(趙洪濟, 1906), 대한그룹 창업주 설경동(薛卿東, 1903), 기아자동차 창업주 김철호(金喆浩, 1905), 쌍용그룹 창업주 김성곤(金成坤, 1903), 코오롱그룹 창업주 이원만(李源萬, 1904), 대농그룹 창업주 박용학(朴龍學, 1915)이 그들이다.

이병철의 경우를 보자. 이병철은 1910년 2월 12일 태어났다. 그해 8월 22일 한일합방조약이 조인됐으니 민족과 국가가 최대 수난을 겪은 해에 태어난 것이다. 그는 자서전 〈호암자전(湖巖自傳)〉에서 "기구하게도 자신이 민족과 국가의 수난의 해에 태어났다는 것은 파란만장한 그 후의 삶을 돌이켜볼 때 무엇인가 암시적인 것이 있는 것 같다."는 회고를 했다.

1904년 제1차 한일협약과 1905년 제2차 한일협약인 을사조약으로 조선은 주권을 빼앗긴 상태였다. 조선총독부 기록을 보면 기가 막힌다. 이 땅에서는 1907년 8월부터 1910년 말까지 3년 동안 관헌과 일본군을 상대로 한 충돌이 자그마치 2819회 벌어졌는데 이때 시위참가자는 14만 1603명이었고 사상자가 무려 1만 7688명에 이르렀다. 결국 이병철이 태어나던 해 한반도는 일제 강점기에 들어서게 된다.

그 후 36년간 이 땅의 백성들은 참혹한 일본의 식민통치에 시달려야 했다. 하지만 그것은 이병철 개인에게는 다른 의미를 지니고 있을 수도 있다. 미국의 산업화가 남북전쟁의 폐허를 딛고 이룩되었듯이 우리는 일제강점과 6·25 한국전쟁의 잿더미 속에서 산업화의 꽃을 피웠다. 그 시대는 시대를 내다보는 독수리처럼 날카로운 눈과 과감한 도전정신 그리고 추진력만 있으면 자신의 시대를 풍미할 수 있었던 개척자의 시대였다.

이들 세대는 일제 강점과 한국전쟁이라는 가장 힘든 시대를 헤쳐 나왔지만 이 때문에 그들에게는 더 많은 기회가 있었던 것이 아닐까? 그 시대는 평범하게 태어난 사람이 부자가 될 수 있는 현실적 기회를 누리던 유일한 시기였다. 이들 개척자들은 시대를 잘 타고난 행운아들인 것이다.

시대가 사람을 만든다는 사실에 고개를 갸웃하는 이가 있다면 다시 〈아웃라이어〉로 돌아가 봐야 할 것 같다.

컴퓨터와 인터넷 등 IT혁명을 일으킨 세대는 1955년을 전후해서 태어났다. 개인컴퓨터 혁명의 역사에 있어서 1975년은 매우 중요한 해이다. 그 무렵 '앨타이어(Altair) 8800'이라는 제품이 등장했는데, 이것은 집에서 조립할 수 있는 장난감에 가까운 물건이었다.

만약 1975년이 개인컴퓨터 혁명의 여명기라면 그 이점을 누리기 위한 최적의 시점은 언제일까? 존 D. 록펠러와 앤드루 카네기 시대에 적용되던 원칙이 여기에도 적용된다. IT혁명을 일으킨 IT기업의 창업가 세대는 그 무렵에 20세를 전후한 나이여서 그들은 새로운 시대의 도래를 감지했고 그 시대를 자신들의 시대로 만들어냈다.

마이크로소프트의 창업주 빌 게이츠(Bill Gates, 1955), 애플 컴퓨터의 창립자 스티브 잡스(Steve Jobs, 1955), 선 마이크로시스템스의 공동창업주 빌 조이(William Nelson Joy, 1954), 소프트웨어 혁명의 또 다른 선구자 구글의 전 CEO 에릭 슈미트(Eric Schmidt, 1955), 소프트뱅크의 창업주 손정의(孫正義, 1957)가 그들이다.

이 명단은 그 변환기에 그들이 몇 살이었는지가 관건임을 보여준다. 여기서 중요한 것은 그들보다 너무 나이가 많아도 동시에 너무 젊어서도 안 된다는 점이다. 아무리 1975년의 무대에 뛰어들고 싶을지라도 고등학교에 다니고 있으면 불가능하기 때문이다.

빌 게이츠는 인터뷰에서 이렇게 말했다.

"저는 아주 운이 좋았어요."

그렇다고 그가 영리하지 않다거나 탁월한 기업가가 아니라는 뜻은 아니다. 다만 그가 1968년에 컴퓨터 터미널을 설치해 놓은 시애틀의 사립학교 레이크사이드(Lakeside)를 다니고 있었다는 것은 믿을 수 없을 만큼 큰 행운이었다는 얘기다.

스티브 잡스의 경우는 게이츠와 달리 부유한 집안에서 태어나지 못했으나 실리콘밸리 한가운데서 자라났다는 이점을 지니고 있었다. 10대 시절에 잡스는 전자 부품을 판매하는 벼룩시장을 기웃거리며 훗날 자신이 지배하게 될 비즈니스의 공기를 들이마시고 있었던 것이다.

만약 한국에서 빌 게이츠나 스티브 잡스가 태어났더라면 그들은 평범한 사람으로 일생을 마쳤을 가능성이 매우 높다. 말콤 글래드웰은 이렇게 말한다.

> 물론 실리콘벨리의 모든 소프트웨어 제왕이 1955년에 태어난 것은 아니다. 미국 산업계의 모든 거물이 1830년대 중반에 태어나지 않은 것처럼 일부는 그렇지 않다. 하지만 여기에는 분명한 비밀이 있고 놀라운 것은 우리가 그것에 관해 그다지 알려고 하지 않는다는 점이다. 우리는 성공을 개인적인 요소에 따른 결과라고 생각한다. 그러나 우리가 살펴본 모든 사례는 어떤 것도 그렇게 간단하지 않았다. 우리가 발견한 것은 열심히 일할 수 있는 기회를 꽉 움켜쥔 후, 그 특별한 노력이 사회 전체로부터 보상받을 수 있는 시대를 만난 사람들의 이야기였다. 그들의 성공은 그들만의 작품이 아니다. 그것은 그들이 자라난 세계의 산물이다.

우리의 경우 1910년을 전후로 '산업화 1세대의 비즈니스 리더'들이 태어난 시대는 엄격한 유교적 신분질서 속에서 유지되던 전통적 사농공상(士農工商)의 사회가 무너지는 시기였다. 근대화 바람을 타고 상업과 공업이 더 이상 미천한 직업으로 분류되지 않고 그 분야의 종사자들이 상업 자본을 형성하여 기업가 집단으로, 사회를 주도하는 세력으로 등장하기 시작한 것이다. 이들 이병철, 정주영, 구인회 같은 '산업화 1세대의 비즈니스 리더'들은 쌀장수, 포목점, 고물상, 방직업 등으로 시작하여 기반을 닦았고, 해방 이후의 혼란기와 6·25 전란을 겪으면서 상업과 공업, 그리고 무역으로 부를 축척하여 자본가 그룹을 형성해 나갔던 것이다.

이번에는 한국 IT산업의 개척자들을 살펴보자.

한국 IT세대의 리더들도 그러하다. IT기업의 창업가들은 대부분 386세대들이다. 1960년대에 태어나 1980년대에 대학을 다니고 1990년대에 30대를 맞이한 이들이 한국 IT산업을 주도하는 리더로 떠올랐다. 1950년대에 태어난 사람들은 이미 기싱제세 속에 녹아늘어갔고, 1970년대에 태어난 사람들은 자기 사업을 시작하기에 너무 어렸다. 기회는 1960년대 출신들에게만 주어졌다.

안철수 연구소의 창업자 안철수(安哲秀, 1962), 아래아 한글의 창업자 이찬진(李璨振, 1965), 카카오톡의 창업자 김범수(1966), 엔씨소프트 창업자 김정주(1968), 넥슨 창업자 김택진(金澤辰, 1967)이 그들이다. 국내 양대 포털인 네이버 창업자 이해진(李海珍, 1967)과 다음 창업자 이재웅(1968)이 학창시절, 서울 강남 한 아파트의 위아래 층에 살았다는 점은 무엇을 말하는 것일까?

그런 의미에서 한국 제일의 기업집단인 삼성그룹을 일으킨 이병철은 자신에게 다가온 기회를 선점해서 자신의 영토를 확장한 천재적 기업가였다. 그는 굴러들어오는 기회를 절대로 놓치는 법이 없었다. 그는 무리하지 않으면서 일을 추진했고, '하면 된다.'는 것을 알고 있었다.

창의적인 아이디어를 가진 핵심인재들을 부릴 줄 알았고 그들의 역량을 모아 사업다각화를 시도해서 남들이 흉내낼 수 없는 경쟁력을 창출해 냈다. 이병철은 시대의 변화와 그 흐름을 예민하게 포착하는 안테나를 가지고 있었고, 기회를 선점하는 전략으로 괄목할 만한 성과를 거두었다. 그는 확실하다는 판단이 설 때면 반도체사업에서 볼 수 있듯이 과감하게 전사적(全社的) 운명을 건 투자를 시도했다.

한때 소비재산업으로 돈을 벌어들였다는 비난을 받기도 했지만, 해방 이후, 삼성만큼 과감하게 한국의 산업화에 기여한 회사도 그리 많지 않다. 삼성은 제일제당, 제일모직, 한국비료 등 그 시대가 요구하는 굵직한 제조업에 손을 대면서 한국이 산업국가로 발돋움하는 데 크게 기여했다. 그리고 이병철은 인생 말년에 전자와 반도체사업이라는 명운을 건 대도박을 시도했고, 또한 커다란 성공을 거둠으로써 삼성이라는 이름을 전 세계에 드날리게 되었다.

이 책은 이제는 세계적 기업으로 성장한 삼성가(家)를 일으킨 이병철과 그의 아들 이건희를 비롯한 후예들의 이야기를 담고 있다. 이제 삼성은 2세 경영을 지나서 3세 경영의 시대에 도래해 있다. 창업주의 뒤를 이은 2세 경영의 시대를 멋지게 장식한 이건희는 자신이 생각하는 미래형 경영자의 모습에 대해서 이렇게 말하고 있다.

> 미래 변화에 대한 통찰력과 직관으로 기회를 선점하는 전략을 창조할 수 있어야 합니다. 그리고 혁신을 통해 항상 새로운 것에 도전하는 변화 추구형이어야 해요. 또 경영자 스스로가 고부가가치 정보의 수신자, 발신자 역할을 할 수 있어야 합니다. 물론 국제적 감각은 필수 요건이지요. 경영은 하나의 종합예술입니다. 사장이 무능하면 그 기업은 망한다 해도 틀림이 없을 정도로 경영자의 역할은 막중하지요. 그러나 의욕과 권한만 갖고는 안 됩니다. 종합예술가에 비유될 정도의 자질과 능력을 갖춰야 합니다.

삼성이란 기업이 우리 사회에 끼친 공과(功過)는 보는 이에 따라 여러 가지로 해석이 갈릴 수 있겠지만, 삼성가(家)의 사람들이 오늘의 한국

경제를 만든 한 축이었음은 누구도 부인하기 어려울 것이다.

하지만 얼마 전 삼성가(家)는 창업주의 유산을 두고 형제자매 간의 치졸한 법정 싸움을 벌여서 국민들의 이맛살을 찌푸리게 만들었다. 선대 회장이 작고한 지 25년이나 지나서 벌어진 재산권 분쟁은 무엇을 말함인가?

창업 이후 근 80년간 줄기차게 성공하는 사업을 창출해 낸, 그리고 이제는 세계 초일류기업이 되어 세계 산업을 선도하고 있는 삼성이 앞으로도 그 명성을 이어갈 수 있을까? 삼성가(家)의 사람들은 앞으로도 오너 경영체제를 유지하며 가문의 파워를 키워 나갈 수 있을 것인가? 아니면 선진 외국 기업의 경우처럼 전문경영인에게 기업을 맡기고 뒤로 물러 앉아 국민의 품으로 안겨 줄 것인가?

어떤 방식이든 국민들은 삼성이 진정한 국민기업으로 거듭나기를 바랄 것이다. 그런 의미에서 삼성과 삼성가(家) 사람들의 진면목을 새롭게 조명해보는 일도 의미 있는 일이라고 생각한다. 이 책은 삼성이라는 기업의 역사와 더불어 오늘의 삼성을 만들어 내고 있는 삼성가(家) 사람들의 이야기를 담았다.

이제부터 창업주 이병철이 삼성이란 기업을 창업하고, 그의 후예들이 삼성가(家)라는 명문 재벌가를 일구어 나가는 여정을 찬찬히 살펴보기로 하자.

삼성가(家) 사람들의 이야기를 읽는 쏠쏠한 재미를 느껴보길 바란다.

2014년 여름
이채윤

차례

머리말 / 4
프롤로그 / 16

제1부 : 이병철 시대

제1장 삼성이 태어나기까지
❶ 이병철의 가계 ·· 40
❷ 방황하는 청춘 ·· 62
❸ 청년 사업가 ··· 86

제2장 창업기
❹ 1938년, 삼성의 출발 ·· 102
❺ 8·15 해방 ·· 122
❻ 6·25전쟁의 회오리 ··· 148
❼ 상업자본에서 산업자본으로 ···································· 168
❽ 경영의 정도 ·· 209

제3장 성장기
❾ 4·19와 5·16 ·· 228
❿ 도쿄 구상-크게 보고 멀리 보라 ······························· 276
⓫ 위기는 기회다 ··· 287
⓬ 이병철의 복귀 ··· 316
⓭ 비운의 황태자, 이맹희 ·· 333

제4장 도약기

⑭ 집요한 혁신과 영역 확장 · 360
⑮ 후계자 이건희 · 378
⑯ 이병철의 위대한 선택 · 395
⑰ 이병철 vs 정주영 · 420
⑱ 이병철의 유업 · 438

제2부 : 이건희 시대

제5장 제2의 창업

⑲ 46세, 외로운 선장 · 456
⑳ 비서실을 장악하다 · 474
㉑ 삼성가의 재산 분할 · 489
㉒ 타고난 엔지니어 정신의 소유자 · 500

제6장 신경영 선언에 대하여

㉓ 신경영 선언 · 512
㉔ 신경영의 결실 · 528
㉕ 이건희의 위대한 선택 · 555
㉖ 디자인이 생명이다 · 567

제7장 글로벌 시대

㉗ 제2신경영 선언 · 580
㉘ 삼성의 조직과 전략 · 596
㉙ 제2이건희 시대-반도체 신화를 넘어 · 611

제8장 스마트 시대
㉚ 신경영 선언 20년 · 640
㉛ 사업의 경계가 사라진 시대 · 651
㉜ 승자의 저주를 조심하라! · 678
㉝ 진정한 Samsung Way · 693

제3부 : 3세 경영의 서곡

제9장 삼성가의 3세들
㉞ 삼성가의 자녀교육 · 712
㉟ 삼성가의 로열 패밀리 · 723
㊱ 삼성가의 혼맥 · 738
㊲ 삼성가의 프린세스 · 748

제10장 이재용 시대
㊳ 포스트 이건희 시대 · 760
㊴ 황금의 제국을 분할하라 · 776
㊵ 삼성의 전문경영인 · 786
㊶ 삼성의 길, 한국의 길 · 797

에필로그 / 812

프롤로그

시간은 뛰어난 기업의 친구이지만,
그저 그런 기업에게는 적이다.

― 워런 버핏 ―

기업가정신

삼성가를 이야기하기 위해서는 우선 삼성그룹의 창업주 호암(湖巖) 이병철(李秉喆)이란 기업가가 어떻게 탄생하게 되었는지부터 살펴보아야 한다.

우리나라가 6·25 전쟁의 폐허에서 불과 반세기 만에 세계 10위의 경제대국으로 성장하게 된 근인(根因)은 누가 뭐래도 '기업가정신(entrepreneurship)'에서 찾을 수 있다. 일찍이 슘페터는 기업가들의 창의력이 사회발전의 원동력이라고 설파한 바 있다. 피터 드러커는 위험과 불확실성에도 불구하고 이윤을 추구하려는 모험과 창의적인 정신이 기업가정신의 핵심이라 했다. 기업가정신을 한마디로 압축하면 '도전정신'이다.

한국 기업들의 가장 큰 장점은 무엇보다 최고경영자(CEO)의 도전정신이라고 말한다. 사실 이병철, 정주영 등으로 대표되는 '1세대 기업가'들의 도전과 모험정신이 없었다면 한국 경제는 지금과 같은 발전을 이룩하지 못했을 것이다. 그들은 일단 새로운 사업이 선정되면 위험을 감수하고 회사 전체의 역량을 집중해 현재의 한국 기업군을 만들어냈던 것이다.

대한민국 기업가를 논할 때 이병철은 단연 으뜸으로 꼽히는 경영인이다. 삼성은 한국이 산업화 시대를 맞이한 이래 줄곧 재계 1위를 달리는 한국을 대표하는 기업이다. 이병철은 1938년 삼성상회를 설립한 이후 1987년까지 50년간 삼성그룹을 경영하면서 국내 최고의 기업으로 키웠다. 그는 그 사이에 수십 개의 많은 기업을 창업했지만 단 한 개의 부실기업도 만들어내지 않고 반석 위에 올려놓았다.

이병철은 새로운 사업 기회를 포착하는 데 천재적 혜안을 지니고 있었고, 그 사업에 자신의 일생을 걸었고 세계 최고의 기업으로 만들고자 열정을 발휘했다. 그는 신제품 개발, 새로운 생산방법 도입, 신시장 개척, 생산성 향상 등 기업가로서 가져야 할 진취적이고 도전적인 정신을 지닌 기업가였다.

　1983년 74세의 그가 반도체산업에 사운을 건 투자를 결정했을 때, 한국이 세계 제일의 반도체 생산국가가 되리라고 누가 상상이나 했겠는가? 이병철이 경영자로서 높이 평가받는 것은 사업을 조정하는 능력은 물론, 미래를 내다보는 예지와 언제나 한 걸음 앞서가면서 시대를 주도하는 도전적 의지를 갖췄기 때문이다. 또한 기업경영에 대한 무한추구의 집념 때문이다.

창업과 수성

　잘 알려져 있다시피 이병철이 내세운 삼성의 창업정신은 '사업보국·합리추구·인재제일'이다. 그런데 이 세 가지 중에서도 이병철이 가장 역점을 둔 경영이념은 '인재제일'의 정신이다. 이병철은 자원과 자본, 노동력 등의 생산요소 중 특히 인적 자원을 기업성장의 요체로 보았다. 그래서 그는 입버릇처럼 '기업은 곧 사람'이며, 모든 일의 중심 또한 인재라는 사실을 항상 강조했다. 그는 "유능한 인재를 얼마나 확보하고 키워서 얼마만큼 효과적으로 활용하느냐에 기업의 성패가 달려있다."고 역설했다. 1982년 준공된 용인의 삼성종합연수원(지금의 삼성인력개발원) 로비 벽에는 다음과 같은 이병철의 친필 현판이 걸려 있다.

> 국가와 기업의 장래가 모두 사람에 의해 좌우된다는 것은 명백한 진리이다. 이 진리를 꾸준히 실천해온 삼성이 강력한 조직으로 인재양성에 계속 주력하는 한 삼성은 영원할 것이며, 여기서 배출된 삼성인은 이 나라 국민의 선도자가 되어 만방의 인류행복을 위하여 반드시 크게 공헌할 것이다.

　이러한 이병철의 경영철학은 자원이 빈곤한 우리나라에서 인재양성을 통해 경제발전의 비전을 제시했다. 삼성은 1957년, 한국에서는 최초로 공개채용 방식으로 사원을 뽑았다. 그 당시에는 대부분의 회사들이 경영주의 친인척이나 주변 인물의 청탁을 받아 사람을 채용하는 것이 풍토였기 때문에, 이러한 공개채용 방식은 새로운 기업풍토를 만들어냈다.

이병철은 일관되게 합리적인 인재선발을 고수했고, 인재를 교육시켜 우리나라의 전문경영인 시대를 예고했을 뿐 아니라 '인재의 삼성'이라는 전통도 확립했다. 반세기에 걸친 혁신적 경영 과정에서 확인된 이병철의 뛰어난 능력은 유능하고 생산적인 인재들의 도움으로 가능한 것이었다. 그 결과 이병철은 한국 기업역사상 인적 자본론(Human Capital Theory)의 선구자로 꼽히게 되었으며, 자원이 빈곤한 나라에서 인재양성을 통해 경제발전의 비전을 제시한 기업가로 평가받고 있다.

중국 속담에 '창업은 쉽고, 이룬 것을 지키기는 어렵다(創業易守成難).'는 말이 있다.

이병철의 후계자인 이건희는 삼성을 국내 최고의 기업에서 세계 최고 기업의 반열에 올려놓았다. 삼성은 창업과 수성에서 성공한 멋진 사례를 보여주는 기업이다.

짐 콜린스는 '좋은 기업을 넘어 위대한 기업으로(Good Great)'에서 '15년의 법칙'이란 것을 제시했는데 그것은 창업주가 사망하거나 사업에서 손을 뗀 후, 15년이 지나고 나도 계속 번창하고 있다면 그 기업은 수성을 넘어서 위대한 기업으로 거듭난 것이라 했다. 그러면서 그는 위대한 기업으로 성장할 수 있는 원동력으로 경영자의 강력한 추진력(drive)과 겸손(humility), 자기반성(self-doubt)의 강력한 리더십을 손꼽았다.

삼성의 경우 창업주인 선대 회장이 타계한 지 사반세기나 더 지났으므로 콜린스가 지적한 '위대한 기업'으로 거듭났다고 보아야 할 것이다.

이병철은 1980년대 초반 셋째 아들 이건희를 후계자로 지명한 후, 이건희에게 붓글씨로 '경청(敬聽)'이라고 써주면서 그것을 좌우명으로 삼게 했다. 그것은 윗사람으로서 아랫사람의 말을 잘 듣고 그들의 마음을 헤아려 공존공영을 이루어 나가라는 이병철의 유언과도 같은 말이었다.

이병철의 이 정신은 2대 회장인 이건희 체제에 들어서도 변함없이 추구되어 삼성을 세계 속의 기업으로 만드는 데 큰 힘을 발휘하게 된다. 이건희 시대에 이르러 삼성은 기회선점전략을 통해서 반도체, LCD, 휴대전화, 생명공학 등 첨단산업에 성공하여 비약적인 발전을 이룸으로써 국제경쟁사회에서 기술 한국의 이미지를 부각시키며 초일류기업이 되었다.

이건희는 선대 회장인 이병철의 위업을 이어받아 수성에 성공했을 뿐만 아니라 선대 회장을 능가하는 리더십을 발휘해 삼성을 세계적인 기업으로 키운 리더로 평가받고 있다.

'이병철' 탄생 100주년

2010년은 이병철의 탄생 100년이 되는 해였다. 창업주의 탄생 100주년을 맞이해서 삼성이 이룩한 성과는 세계를 놀라게 했다.

2009년, 삼성그룹의 대표적 기업 삼성전자는 매출과 영업이익에서 세계 최고의 전자기업으로 등극한 후, 2010년에도 매출 154조 6300억 원(1388억 달러)과 영업 이익 17조 3000억원(155억 달러)이란 사상 최대의 실적을 올리면서 1위의 자리를 놓치지 않았다. 그동안 세계 전자업계를 제패해 오던 미국 HP(휴렛패커드)는 1260억 달러, 독일 지멘스는 997억 달러의 실적을 올리며 2, 3위로 밀려났다.

삼성전자는 매출 규모뿐만 아니라 영업이익에서도 131억 달러에 그친 미국 GE(제너럴일렉트릭)를 처음 넘어선 것으로 나타났다. 더욱 놀라운 것은 삼성전자 한 회사가 올린 이익이 일본 상위 전자업체 15개 회사를 합친 실적보다 높다는 점이다.

2011년 4월 25일자 조선일보 사설은 "1938년 창업한 삼성그룹의 2010년 총매출은 260조 원으로 국내 총 22%를 차지하고, 주식시장

시가총액의 25%, 수출의 24%를 점하고 있다. 선진국 가운데 대한민국처럼 나라의 경제가 한 기업에 기대는 경우는 어디에도 없다. 삼성, 신세계, CJ, 한솔 등 삼성가 기업의 자산을 합하면 430조 원에 이르고 총매출은 320조 원을 넘어 전체 국부의 3분의 1에 육박한다."고 밝혔다.

한국에서는 '이병철 100년 신드롬'이라고 일컬어 질 정도로 그를 추모하는 열기가 뜨거웠다. 국제 학술대회와 각종 서적 발간, 영상물 제작 등 다양한 기념사업이 열렸다. 특히 삼성그룹의 모태가 된 삼성상회가 있었던 대구에서의 열기는 더욱 뜨거웠다. 이병철의 동상을 만들어 세웠고 '대구 오페라하우스'를 그의 호를 따 '이병철 오페라하우스'로 바꾸었으며 오페라하우스 앞 도로 이름을 '제일모직로'에서 '이병철로'로 변경했다.

2010년 이후에도 삼성의 약진은 계속되고 있다. 2013년 삼성전자는 매출 228조 4200억 원, 영업이익 36조 7700억 원을 기록했다. 전년 대비 매출은 13.59% 늘었고 영업이익은 26.57% 증가했다. 이는 2005년 이후 9년째 사상(史上) 최고 행진이고 연간 영업이익 30조 원을 돌파하기는 처음이다.

2013년 삼성그룹의 총매출액은 390조 원으로 정부 총수입 360조 원보다 많아 삼성그룹 매출이 대한민국 정부를 추월하는 원년(元年)으로 기록되었다. 2012년 국제통화기금(IMF)이 발표한 국가별 명목 국내총생산(GDP) 순위에 따르면 56위를 기록한 뉴질랜드와 맞먹는 규모다.

삼성전자는 세계적인 브랜드 컨설팅업체 인터브랜드가 발표한 '2013 글로벌 100대 브랜드(2013 Best Global Brands)' 순위에서 396억 달러의 브랜드 가치로 8위를 차지했다. 지난해(329억 달러)에 비해 20.4%나 증가한 숫자다. 또 삼성전자는 미국 보스턴컨설팅그룹(BCG)이 2013년 발표한 혁신기업 순위에서 구글을 제치고 2위에 올랐다.

삼성은 2013년 현재 세계시장 점유율 1위 제품을 21개나 보유하고 있다. 삼성전자는 세계 전자업계 서열에서도 최고의 자리에 올라 있다. TV 부문에서 삼성전자의 위상은 독보적이다. 2013년까지 8년 연속 TV 판매량에서 1위를 지키고 있으며, 세계 LCD 패널 시장에서는 11년 연속 시장점유율 1위를 기록하고 있다. 삼성은 휴대전화 시장에서도 2012년 노키아와 애플을 제치고 점유율 1위를 기록한 후 고공행진을 계속하고 있다. 삼성은 메모리 반도체 세계 1위, 비메모리 반도체 세계 4위의 자리에 올라 있는데 시장조사기관 IC인사이츠는 삼성전자가 2014년에 인텔을 제치고 반도체 업계 1위로 부상할 수 있을 것으로 전망하고 있다.

삼성그룹, 특히 삼성전자란 브랜드가 탄생할 때 그 누구도 지금과 같은 세계적 브랜드가 되리라고 생각이나 했을까?

삼성가의 빛과 그림자

그러나 빛이 있으면 그림자도 있는 법!

삼성은 뛰어난 경영실적에도 불구하고 2005년부터 수많은 악재에 시달려왔다. 그해 5월 2일 고려대에서는 이건희에 대한 명예철학박사 학위 수여식이 있을 예정이었지만, 일부 고대생의 시위로 학위수여식은 엉망이 되고 말았다. 이어 7월에는 'X파일 사건'이 터졌다. 급기야 이건희는 건강검진을 이유로 미국행에 올랐고, 그 후 5개월 동안이나 외유를 해야만 했다.

2006년 2월 4일, 오랜 외유에서 돌아온 이건희는 "지난 1년간 소란을 피워 죄송하게 생각한다. 전적으로 책임은 나 개인에게 있다. 국제경쟁이 매우 심해 상품이 1등 하는 데만 신경을 썼더니 삼성이 비대해져 느슨한 것을 느끼지 못했다."고 대국민 사죄를 하고, 그 사흘 후인 7일, 8000억 원에 이르는 사재(私財)를 조건 없이 사회에 헌납하겠다고 밝혔다.

그러나 사태는 거기서 끝나지 않았다.

2007년 10월, 삼성의 법무팀장을 지낸 김용철(金勇澈) 변호사가 삼성 오너 일가의 비자금 문제를 비롯, 사회 전방위적인 불법 로비와 기업 문화의 문제점 등을 폭로하고 나서는 바람에 삼성은 다시 위기에 내몰렸다. 이 사건은 검찰의 압수수색, 삼성 특검법 통과 등으로 이어지면서 삼성 문제는 사회적으로 큰 이슈가 되었다.

결국 이건희는 2008년 4월 22일, 삼성전자 회장직을 사임해야 했다. 아들 이재용(李在鎔)에 대한 경영권 승계를 둘러싸고 에버랜드의 전환사채 가격을 부당하게 낮게 발행해서 회사에 손해를 주었다는 배임 혐의로 기소된 탓이었다. 그는 기자회견에서 침통하게 자신의 마음을 토로했다.

> 아직 갈 길이 멀고 해야 할 일도 많은 데 참으로 유감스럽다. 과거의 잘못은 모두 내가 짊어지고 가겠다.

그로부터 3개월 뒤인 7월 16일, 서울중앙지검은 그에게 탈세 혐의를 인정해서 징역 3년, 집해유예 5년, 벌금 1100억 원을 선고했다. 사건의 초점이 되었던 아들의 경영권 승계를 둘러싼 배임에 대해서는 무죄 판결이 내려졌다. 그리고 그는 23개월 동안 회장직에서 물러나 있어야 했다. 뛰어난 경영실적과 경제적 공헌에도 불구하고 그는 별로 대접을 받지 못해서 인간적으로 무척 섭섭했을 것이다. 하지만 현실은 냉엄했고 아무리 재벌 회장이라도 법과 여론의 힘 앞에서는 무력했다.

그 후, 삼성에는 '잃어버린 3년' 이라는 말이 생겼다. 2006년부터 시작된 삼성에 대한 부정적 여론, 특검사태, 이건희의 퇴진과 재판에 이르기까지 삼성이 그동안 앓았던 홍역을 일컫는 말이다.

이건희의 퇴진 이후 삼성은 "삼성다움을 잃어버렸다."는 말을 심심치 않게 들어왔다. 그것은 회장이라는 구심점이 없어지자 그룹 차원의 결속력이 떨어져 계열사 간 사업 조정이 쉽지 않았고, 또 전문경영인들이 과감한 투자 결정도 내리지 못해 스피드 경영이 막히는 등의 난제가 발생했기 때문이다.

이건희의 퇴진과 더불어 삼성의 방향타 노릇을 해온 그룹전략기획실이 없어지고 계열사별 경영체제에 들어갔으나 전문경영인 체제로서는 회사의 5년 후, 10년 후를 책임질 수 있는 과감한 투자를 할 수 없었다. 마치 일본 전자업체가 걸어간 수순을 되밟는 듯한 형세가 벌어지고 있었던 것이다.

일부 계열사에서는 파벌이 등장하는 조짐까지 보이자 직원들의 사기마저 저하되는 현상이 일어났다. 거기에 최강기업으로 알려졌던 도요타가 '리콜 사태'로 위기에 몰리는 사태가 일어나자, 삼성 임원진들과 많은 직원들 사이에는 이건희의 컴백을 바라는 분위기가 충만해졌다. 삼성도 '도요타의 전철'을 밟을 수 있다는 위기감이 그룹 임원들 사이에 팽배했다.

특히 소니는 구글 등과 손잡고 차세대 인터넷 TV를 개발하고 있고, 애플은 아이폰 선풍으로 바람몰이를 하면서 삼성의 휴대전화 시장을 위협하는 등 예상치도 못한 '애플 쇼크' 현상에 삼성의 경영진은 당황하지 않을 수 없었다. 투자나 사업조정 등 의사결정 속도를 높이기 위한 강력한 리더십이 절실한 상황이 된 것이다. 삼성과 경쟁업체가 아닌 것 같은 기업이었던 애플과 구글이 새로운 경쟁자로 나타나는 사업구도를 읽을 수 있고 그것에 대항할 수 있는 사람은 이건희밖에 없다는 생각이 지배적이었다.

제왕의 귀환

2010년 2월 17일 '삼성사장단협의회'는 세계 경제의 불확실성, 글로벌 사업 기회 등을 고려할 때 경륜과 리더십이 절실히 필요하다고 판단, 이건희에게 회장직 복귀를 요청하기로 결정했고, 2월 24일 이수빈 삼성생명 회장이 이 같은 내용이 담긴 건의문을 이건희에게 전달했다. 그리고 이건희가 이를 수용하면서 그의 삼성 회장직 복귀가 결정되었다.

3월 24일 오전, 삼성그룹 커뮤니케이션팀 관계자들은 무척 초조했다. 인트라넷에 이건희의 회장직 복귀 소식을 올린 뒤 직원들의 반응을 살피는 중이었다. 과거 특검사태 당시 실명으로 회사를 비난하는 글이 많이 올라오자 게시판을 폐쇄하기까지 했던 전력이 있던 터였다.

오전 10시가 넘어 댓글이 하나둘 올라오기 시작했다. 초조해하던 표정은 기쁨의 웃음으로 바뀌었다. 올라온 수백 개의 댓글이 모두 선장이 돌아온 것에 대한 환영의 뜻을 담고 있었다. 삼성 관계자는 '단순히 회장이 돌아오는 것뿐만 아니라 시대정신을 앞서가는 리더가 돌아왔다는 사실에 젊은 직원들이 열광하는 것'이라고 해석했다. 삼성의 한 직원은 '삼성 3.0시대가 열리는 순간'이라고 말하기도 했다.

이로써 1987년 회장 취임, 1993년 신경영 선언에 이은 '3기 이건희 시대'가 직원들의 환영 속에 막을 올렸다. 한 고위관계자는 이 같은 변화를 한마디로 요약하면 '삼성맨들로 하여금 다시 뛰자는 의욕을 불어넣은 것'이라며 "삼성의 미래를 위해 한번 도전해보자는 분위기가 형성되고 있다."고 말했다. 돌아온 선장은 삼성호에 새 활력을 불어 넣고 있는 것이다.

그렇다면 이건희는 과연 어떤 구상을 갖고 경영에 복귀했을까?

경영현장에 복귀한 이건희는 그룹회장직 복귀의 변으로 이런 말을 했다.

지금이 진짜 위기다. 글로벌 일류기업들이 무너지고 있다. 삼성도 언제 어떻게 될지 모른다. 앞으로 10년 내에 삼성을 대표하는 사업과 제품은 대부분 사라질 것이다. 머뭇거릴 시간이 없다. 앞만 보고 가자.

그의 복귀 일성에 사람들은 "삼성은 전년도에 사상 최대의 실적을 올렸는데 지금이 진짜 위기라니!" 하고 처음에는 아주 의아했다. 하지만 최강 기업으로 정평이 나있던 도요타가 비틀거리는 것을 보고 사람들은 고개를 끄덕이지 않을 수 없었다.

어쨌거나 다시 경영일선에 돌아온 이건희는 특유의 리더십을 다시 발휘하기 시작했다. 이건희의 복귀 이후 가장 두드러진 변화는 빨라진 의사결정이다. 그는 신수종 사업 육성, 반도체 사업에 대한 대규모 투자 등 그룹의 '중장기 로드맵'이 될 주요 사안들을 잇따라 발표하며 '공격 경영'에 나섰다. 그가 경영에서 퇴진한 후 사실상 '올 스톱' 상태였던 중장기 비전 수립 및 투자 계획이 그의 복귀와 함께 탄력을 받기 시작했다. 그 후 삼성은 실기(失機)했던 스마트폰 시장에서 애플 추적에 성공하는 괴력을 발휘하며 휴대전화 시장에서 적수가 없어보이던 노키아를 무너뜨리고 세계시장 1위의 자리를 차지하는 등 최강의 기업으로 등극하게 된다.

'삼성' 탄생 100주년에 삼성은 건재할까?

삼성은 2038년 창립 100주년을 맞이하게 된다. 삼성은 그때도 글로벌 리더로서의 지위를 유지하고 있을 것인가?

전 세계적으로 100년이 넘는 기업은 그리 흔하지 않다. 흔히들 기업의 수명은 30년 정도라고 말한다. 수많은 기업들이 생겨났지만 30년을 넘기는 기업이 드문 것이 현실이다. 그런데 최근 들어서는 기업수명이 5년으로 축소되었다고 한다. 〈비즈니스위크〉가 발표하는 시가총액 기준 글로벌 1000을 보면 랭킹 100위 이내에 머무르는 기간이 불과 4.8년이라고 한다.

창업 1대에서 거대한 부나 사업을 이룩했더라도 그것을 자손들이 이어받아서 몇 대에 걸쳐 부귀와 영화를 누리는 경우는 매우 드물다. 지금 삼성이 사상 최대의 호황기를 맞고 있지만, 10년, 20년 후에도 그러리라는 보장이 없다.

이 점에 대해서 이건희는 20년 전에 이런 말을 했다.

　　과거에 초일류의 영예를 누려왔던 IBM, GM이 흔들리고 있으며 RCA 같은 기업은 지구상에서 영원히 사라져 버렸다. 국내의 경우도 마찬가지다. '화신'이라는 이름도 없어져 버렸다. 그 외에도 '천우사'다 뭐다 하는 기업들이 수없이 사라졌다. 일류로 가다 이류로 떨어지고, 삼류로 가다가 이류로 가는 기업도 있으며 또 일류로 오는 기업도 있지만, 대부분 일류에서 이류, 이류에서 삼류로 떨어지는 것이 더 많다.

　그렇다면 2038년에도 삼성은 여전히 한국을 대표하는 기업으로서 글로벌 리더의 지위를 확보하고 있을 것인가?
　이 과정에서 삼성이 넘어야 할 산은 험난할 수도 있다.
　우선 이병철 - 이건희로 이어져온 오너경영 체제를 이건희 - 이재용으로 이어갈 것인가 하는 문제가 있다. 이재용이 삼성의 후계자가 되어서 이건희와 같은 뛰어난 카리스마를 발휘하면서 한국 기업의 장점으로 알려진 오너십 경영의 묘를 살리며 스피드 경영, 창조 경영을 이어나갈 수 있을까?
　어찌 보면 이재용만큼 준비된 후계자도 없을 것이다. 그는 이건희의 외아들로 태어나서 좋은 교육을 받았고, 다년간의 훌륭한 경영자 수업도 받아왔다. 이재용의 경영참여가 본격적으로 가시화된 것은 2001년 초반부터였다. 그때부터 그는 상상을 초월할 정도로 치밀하고 조직적으로 치러지는, 이른바 '제왕학'이라고 불리는 경영자 수업 코스를 거친 것으로 알려져 있다.
　특히 이재용은 2002년 까다롭기로 유명한 미국 GE그룹의 크로톤빌 연수원에서 실시하는 최고경영자 양성 과정(EDC : Executive Development Course)의 연수를 받음으로써 국제적으로 공인된 최고의 경영자 수업을 받은 후계자가 되었다. 그가 이 연수에 참가할 수 있었던 것은 당시

GE그룹 회장으로 선임된 제프리 이멜트 회장이 한국을 방문해 이건희와 한남동 승지원에서 만났을 때 특별히 초청한 덕분이었다.

이재용은 연수에 참가하기 위해 철저한 준비를 했고, 이 연수를 통해 글로벌 비즈니스 리더가 되고 최고경영자가 되는 법을 배웠다. 이 외에도 그는 제프리 이멜트 GE그룹 회장, 니시무로 다이조 도시바 회장, 잭 웰치 전 GE그룹 회장 등 세계적인 기업인과 만났고, 주룽지 전 중국 총리, 자크 로게 IOC 위원장, 앨빈 토플러(Albin Toffler) 등과도 만나서 국제경제·정치 분야의 리더들과 두터운 교분을 쌓는 경영자 수업도 받은 것으로 알려져 있다.

경영자 수업을 잘 받았다고 해서 반드시 훌륭한 경영자가 되는 것은 아니지만, 훌륭한 교육을 받은 사람은 훌륭한 경영자가 될 수 있다는 것을 이미 아버지 이건희가 보여주고 있기는 하다.

삼성은 그동안 이재용을 후계자로 만들기 위해 다양하고 철저한 경영자 수업을 시킨 것뿐만 아니라, 법적으로도 후계자로 만들기 위한 모든 준비를 끝낸 것으로 보인다. 현재 이재용은 설사 이건희가 경영권을 물려주지 않겠다고 결정하더라도 이에 상관없이 삼성 계열사들을 지배할 수 있는 소유권을 가지고 있다.

이재용은 2008년 이건희가 퇴진을 선언한 이후, 세계 각지에 널려 있는 삼성 해외공장을 누비며 현장에서 경영감각을 익히고 글로벌 경영에 몰두하는 모습을 보여줬다. 아주 특별한 돌출변수가 작용하지 않는 한 후계자 문제는 일단락 지어졌다고 보아야 할 것이다. 삼성을 주시해온 이들 사이에선 이재용이 그룹 경영권을 쥘 경우, 앞 세대의 낡은 관행을 없애고 올바른 경영의 틀을 짜는 전화위복의 계기로 삼을 수 있다는 얘기도 나오고 있다.

아버지 이건희는 기회가 있을 때마다 이재용에게 경영자로서의 뛰어난 자질이 있다는 것을 밝히고 있다. 이건희는 〈신동아〉와의 인터뷰에서 이재용을 이렇게 평가했다.

본인이 경영에 자질이 있는 것 같고, 훌륭한 분들을 열심히 찾아다니면서 필요한 것은 누구한테나 배우려고 합니다. 또한 어릴 적부터 선대 회장의 경영철학을 몸에 익혀 왔고, 일본과 미국 등지에서의 유학 생활을 통해 국제적 경영감각을 갖춰왔기에 경영자 준비는 상당히 되어 있다고 생각합니다. 특히 게이오(慶應)대학에서 '일본 제조업 산업공동화에 대한 고찰'로 석사학위를 받았고, 삼성의 사업구조가 컴퓨터 관련분야에 집중되어 있다는 점을 감안해 하버드대에서 컴퓨터 산업을 주연구분야로 선택하는 등 국내 산업 및 삼성의 사업발전과 직결된 공부를 통해 경영자 소양을 쌓은 것은 대견한 일입니다. 이처럼 경영에 대한 열정과 관심이 높은 것 같지만, 아직은 경영현장에서 열심히 배우는 것이 중요하다고 봅니다.

삼성의 오너 경영에 대한 비판이 많이 있는 것도 사실이지만 오너 경영이 많은 장점을 가지고 있다는 것이 현대경영학의 주류이기도 하다는 것을 알아야 한다.

나고야 대학 국제개발대학원 조두섭 교수는 "일본의 대형 전자업체들은 자국에서 찾아보기 어려운 삼성의 오너 경영과 이에 따른 빠른 의사 결정, 적기 투자를 벤치마킹하고 있다."며 일본 전자업계가 삼성에게 뒤지게 된 것을 일본 기업들은 대부분 오너 경영체제가 아닌 탓에 중요한 투자를 놓고 의사결정이 더디고 책임 경영이 어려운 때문이라고 지적하고 있다.

그리고 그것은 현실적으로 반영되고 있는 경영의 대안이기도 하다. 그 일례로 일본의 경제전문지인 〈주간 다이아몬드〉는 최근호에서 "일본에서는 찾아볼 수 없는 이건희의 강력한 리더십과 과감한 결단력이 일본을 제쳤다."는 기사를 실었다.

반면교사(反面教師)로 삼아야 할 기업들

2010년 2월 10일, '이병철 탄생 100주년 국제학술심포지엄'에 참석한 일본의 삼성전문가 야나기마치 이사오 게이오대 종합정책학부 교수는 이런 말을 했다.

> 삼성은 지금까지는 구미와 일본의 강점, 표준적인 기술과 경영방식을 받아들여 고치는 식으로 한국식 경영을 해왔다는 점에서 '교과서'가 있었다. 전자 부문으로 한정해 보면 반도체와 LCD 등은 이제 삼성이 선발주자라 교과서로 삼을 기업이 없다. (중략) 삼성은 앞으로 신개념의 창조적인 제품과 기술을 만들어야 한다.

말하자면 FM대로 사는 모범생들은 창의성이 다소 부족해서 교과서나 참고자료가 없으면 당황하는 경향이 있다는 지적이다. 사실 삼성은 기민하고 빈틈이 없는 조직을 움직여서 가장 효율적인 경영을 추구하는 모범적 집단이다. 삼성전자는 제조업계의 모범생답게 외국의 선진기술을 벤치마킹해서 특유의 성실성과 장인정신으로 성장해왔다.

삼성전자를 비롯한 한국의 대기업들은 효율과 비용이라는 면에서 뛰어난 능력을 발휘해서 세계 시장을 제패해왔다. 다른 나라 기업들보다 앞선 스피드 경영으로 싸고 품질 좋은 제품을 빨리 내놓는 방식이었다. 하지만 그런 방식은 미래 시장을 장악할 수 없다. 이건희가 아무리 창조경영을 강조해도 삼성 조직은 애플이나 구글 같은 창조적 경영이 불가능하다는 평판을 듣고 있다.

21세기는 사업의 경계가 사라진 시대다. 이제 같은 업종끼리만 싸우던 시대는 지났다. 삼성과 경쟁업체가 아닌 것 같은 기업이었던 애플과 구글이 전방위적으로 전자산업 영역을 해체하고 새로운 경쟁구도를 만들면서 삼성의 강력한 라이벌로 떠올랐다. 삼성전자는 스마트TV 시장에서 소니나 필립스가 아닌 구글TV, 애플TV와 일전을 벌여야 한다.

얼마 전 같으면 그 누구도 상상조차 할 수 없는 일이 벌어지고 있는 것이다. 업종 간 경쟁의 벽이 무너지고 그전까지는 전혀 다른 업종이라고 생각했던 회사 간에 경쟁이 급격하게 늘어나고 있다.

애플이 더 이상 컴퓨터 회사가 아니듯이 구글 또한 단지 검색엔진 서비스만을 제공하는 업체가 아니다. 구글은 IT산업에서 전방위적인 사업 확장을 통해 새로운 사업을 창출하고, 산업의 지형을 변화시키는 장본인이다.

더 놀라운 이야기가 있다. 전자산업 영역의 전방위적 해체는 IT산업에만 국한된 이야기가 아니다. 현대자동차의 경쟁 상대는 삼성전자가 될지도 모른다는 말이 나돌고 있다. 또 애플이 아이폰이나 아이TV에 이어서 아이카(i-Car), 아이하우스(i-House)를 만들어 낸다면 어떻게 될까?

이러한 패러다임 충돌의 시대에 삼성이 글로벌 기업으로 건재하려면 창조적 마인드로 무장해야 한다. 이것은 삼성 임직원만의 문제가 아니라 삼성과 거래하고 있는 납품업체들과도 수평적 네트워크를 형성해서 이익을 공유하고, 창조적 역량을 키워나가야 이루어질 수 있는 문제이다.

그런데 삼성이 100년 기업을 위한 미래 성장 프로젝트를 짜기 전에 반면교사로 삼아야 할 기업이 있다. 바로 제너럴 모터스(GM)이다. 1908년 설립된 GM은 지난 100년 동안 세계 최고의 기업으로 미국 제조업의 상징으로 군림해왔다. 탁월한 경영자 알프레드 슬로언은 GM에서 무려 33년간 최고경영자로 일하면서 놀랍도록 모범적인 경영을 통해 선두였던 포드를 누르고 GM을 반석 위에 올려놓았다. 그러나 그가 떠난 이후 그의 후계자들은 "GM에 좋은 것이 미국에도 좋다."라며 과거의 성공에 도취해 무모한 경영을 일삼다가 결국 초우량 기업을 수렁에 빠뜨리고 말았다. GM은 2009년 6월 1일 법원에 파산보호를 신청함으로써 그 신화의 막을 내렸다. 삼성전자는 그러한 GM에게서 많은 것을 배워야 한다. 기존의 시장질서가 와해되는 시기에 신성장 동력을 발굴한 기업은 미래에도 지금의 지위를 유지하겠지만, 그렇지 못한 기업은 역사에서 흔적도 없이 사라질 것이다. 삼성은 GM이 아닌 제너럴 일렉트릭(GE)의 모델을 본받아야 한다.

세계 최고의 기업으로 불리는 GE의 경우, 100년이 넘는 기업의 역사에도 불구하고 지속적인 제품 혁신으로 선두 기업을 유지하고 있는 근본적인 힘은 엔지니어링 마인드에 입각한 경영을 끊임없이 해오고 있기 때문이다. GE의 경우 R&D 조직은 상아탑 속에 갇혀 있는 조직이 아니라 경영진과 마인드를 공유하는 경영 브레인들이다. 이것이 100년이 넘는 역사를 관통하고 있는 GE의 힘이다.

신화는 계속되어야 한다

5년 후, 10년 후, 20년 후……
새롭게 열리는 다음 시대는 과연 어떤 모습일까?
그 시대를 이끌어나가는 주인공은 누가 될 것인가?
그 주역이 되기 위해서는 바로 지금, 우리는 그 누구보다 먼저 이 변화의 흐름을 읽고 한 발 앞서가야 한다. 20세기는 물질적인 가치가 중시되던 시기였지만 21세기에는 눈에 보이지 않는 가치인 삶의 질을 중시하는 시대로 급속하게 진화하고 있다.

프랑스의 석학 자크 아탈리는 '21세기는 디지털 장비를 갖고 지구를 떠도는 디지털 노마드(nomad·유목민)의 시대'라고 했다. 21세기 격변하는 환경은 우리에게 유목민을 능가하는 기동력을 요구한다. 인터넷과 모바일로 무장한 디지털 노마드들의 모습은 말 위에서 먹고 자는 유목민과 다름없는 모습이다.

디지털 시대의 유목민들은 성(城)을 쌓지도 성에 머물지도 않는다. 디지털 시대의 정신은 '길 위의 정신'이다. 유목민의 삶을 선택하는 것은 '길 위에 해답'이 있기 때문이다. 아울러 빛의 속도로 세상 모든 사람을 만나고 대화하고 의사를 결정해야 하는 시대인 것이다. 유목민들에게 정보가 생존을 위한 필수 요소이듯 안주하지 않고 변화와 새로움을 추구하는 유목민 정신에 따라 삼성은 변신해야 한다.

삼성은 이러한 관점에서 미래의 판도를 바꾸는 '게임 주도자'가 될 준비를 얼마나 했는지를 성찰해야 한다. 현재 우리나라에서 삼성의 위치는 공고(功高)하다. 공정거래위원회의 '2013년 기업집단지정 현황'에 따르면 삼성은 9년 연속 자산총액 1위 자리를 지키고 있다. 매출, 당기순이익, 고용, 조세납부에서도 부동의 1위다. 국민 경제에서 차지하는 비중만을 놓고 볼 때, '삼성에 좋은 것이 대한민국에도 좋다.'를 부정할 수는 없을 정도의 상황이다. 이럴 때 삼성은 조심해야 한다. 이제부터 삼성은 앞만 보고 달릴 것이 아니라 무엇을 잘못했는지 자성하는 자세로 겸허하게 국민들의 비판을 받아들이고 지배구조 개선, 후계구도 문제 등에 보다 유연하게 대처하는 지혜를 발휘해야 할 것이다.

'삼성공화국(The Republic of Samsung)'이란 말은 삼성을 칭찬해서 나온 말이 아니다. 어떤 이들은 삼성의 경영권 승계를 위한 변칙증여를 이야기하고, 어떤 이들은 무노조 경영을 이야기하며, 어떤 이들은 지배구조 문제를 이야기한다. 한국에서 삼성을 비롯한 재벌기업들이 비판을 받고 있는 것은 지나친 부의 독점과 자본의 편향 때문이다.

삼성이 내부적으로 인간미·도덕성을 그렇게 외치고, 사회공헌 활동을 위해 엄청난 투자를 하는 데도 불구하고 삼성에 대한 세인들의 시선이 곱지만은 않다는 점 또한 해결해야 할 과제이다. 삼성 창업주인 이병철이 작고하기 1년 전인 1986년에 펴낸 자서전 〈호암자전〉에는 이런 대목이 들어 있다.

> 내가 삼성을 창업하고 발전시켜 온 것은 사실이다. 그러나 삼성이 나 개인의 것이라고는 결코 생각하지 않는다. 주주가 누구이든 회장과 사장이 누구이든 삼성은 '사회적 존재'이다. 그 성쇠는 '국가 사회'의 성쇠와 직결된다.

이병철의 입에서 나온 '사회적 존재'라는 표현은 마치 오늘날 시민단체의 성명서에 나오는 한 구절을 떠올리게 한다. 이건희와 이재용에게 창업주의 이 발언은 어떤 의미로 받아들여지고 있을까?

현대의 뛰어난 경영자는 기업, 주주, 노동자, 소비자가 다른 세계를 사는 것이 아니라 서로의 역할이 다를 뿐이라는 점을 인식하고 있다. 경영자는 사회 전체적으로 볼 때 기업은 생산자인 동시에 노동자이고, 기업을 구성하고 있는 모든 사람들은 궁극적 소비자라는 것을 인식하며, 이해관계를 맺고 있는 모든 집단과 사회에 대한 봉사를 강조하고 실천한다. 또한 그들은 상품을 만드는 것도 사람이며, 소비하는 주체도 사람이라는 것을 정확히 인식하고 있다.

삼성의 성장에는 이병철 선대 회장, 2대 회장 이건희의 걸출한 리더십이 큰 역할을 했다.

삼성은 이제 기업으로서 최고의 경지에 이르렀다. 규모와 재무자원 및 경영 인력의 측면에서 모든 이점을 갖추고 있는 것이다. 이러한 가운데 기업가적 정신까지도 계속 보유해 갈 수 있다면 그 기업은 관련 시장에서 막강한 세력을 이루게 될 것이다.

그동안 삼성이 화려한 '성공 스토리'를 썼다는 것을 부인할 사람은 없다. 최대의 경쟁자인 일본 업체가 경기침체기로 투자를 줄일 때, 삼성은 설비가격이 싸지는 경기침체기를 오히려 투자기회로 활용했다. 전문경영인 체제를 고수하는 일본의 '고용사장'들이 몸을 사릴 때 한국의 '오너'는 중장기적 플랜을 짜고 과감한 투자로 시장을 선점함으로써 IT강국의 기반을 마련했다.

하지만 GM의 예에서 살펴보았듯이 늘 위기는 '성공의 정점'에서 시작된다. 삼성은 이제 최고 우등생이 되어서 컨닝을 하거나 한 수 배울 수 있는 동료 기업이 없어서 홀로 길을 찾아야 하는 어떻게 보면 외로운 처지다. 새로운 나침반을 갖지 못하면 삼성의 미래는 지난(至難)할 수밖에 없다.

지금 삼성뿐만 아니라 한국 경제는 새로운 성장 동력을 찾아야만 할 시기에 봉착해 있다. 중국이 너무도 빨리 따라오고 있고, 일본은 다시 일어서서 뛰기 시작했다.

우리는 여기서 미래에 무엇을 먹고 살 것인지 또 다른 변화의 길을 모색하고 있는 삼성의 모습을 통해서 앞으로 우리 기업과 사회가 나아가야 할 길을 찾고 바로잡을 수 있을 것이다. 많은 학자들이 앞으로의 10년은 지난 100년 동안 이루어진 것보다 많은 문명의 패러다임이 바뀔 것이라고 예시하고 있다.

IT혁명은 우리의 생활을 바꾸어 놓기는 했지만 사람의 행동구획과 그 반경까지를 바꾸어 놓은 것은 아니다. 그러나 앞으로 5년, 10년 안에 다가올 사물인터넷, 유비쿼터스, 로봇, 생명공학으로 무장된 세상은 인간의 사고, 행동, 영역을 송두리째 바꾸어 놓을 대변혁의 시기가 될 것이다. 최근 앨빈 토플러는 머지않아 다가올 우리의 현실을 이렇게 예견했다.

생물정보학과 바이오혁명이 결합해 IT분야나 다른 부문에도 변화를 몰고 올 것이다. 앞으로는 칩을 제조하는 것이 아니라 재배하는 시대가 올 수도 있다. 컴퓨터도 디지털 기반에서 DNA 기반으로 발전할 수 있다. 발전에는 융합(convergence)이 중요하다. 개별 기술이 아니라 여러 기술(multiple technology)의 수렴과 융합이 진정으로 거대한 변화를 가져오는 것이다.

산업의 성격이 바뀔 때 새로운 기회가 생긴다. 세계 경제는 정보통신·바이오·나노·유비쿼터스 등 각종 기술혁명과 기술·산업 간 융·복합화가 가속화하는 가운데 기술경쟁에서 승리하는 국가가 세계 시장을 선점하는 구조로 바뀌고 있다. 삼성은 칩을 제조하는 것이 아니라 재배하는 창의적 대열에서도 선두에 서야 한다.

사물인터넷, 유비쿼터스, 생명공학, 로봇문명 등 앞으로 이루어질 신문명의 물결은 우리를 다른 세계로 데려다 놓을 것이다. 10년 후, 20년 후 우리는 전혀 새로운 세상에서 숨 쉬고 있을 것이다.

그때도 삼성이 '초일류기업의 신화'를 이루어 낼 수 있을까?

기술도, 사람도, 자본도 없는 상황에서 시작하여 라디오도 제대로 만들지 못하던 삼성전자가 세계 최강의 IT기업이 되었다. 이제 삼성이 애플이나 구글과 같은 창의적 인재, 창의적 조직을 만들어 낼 수 있다면 차세대 사업에서도 세계를 리드하는 기업이 될 수 있을 것이다. 삼성이 조직문화를 개선하고 창조력을 계속 키워나간다면 신화는 계속될 것이다.

제1부
이병철 시대

한국 경제는 해방 이후부터 본격적인 자본주의 체제를 맞이한다. 이 땅에 근대적 의미의 기업가들이 등장한 것은 일제 강점기 때부터이다.

엄격한 유교적 신분질서 속에서 미천한 직업으로 분류되던 상업과 공업의 종사자들이 상업 자본을 형성하여 기업가 집단으로서 사회를 주도하는 세력으로 등장하기 시작한 것이다.

그들은 쌀장수, 포목점, 고물상, 방직업 등으로 시작하여 기반을 닦았고 해방 이후의 혼란기와 6·25 전란을 겪으면서 상업과 공업, 그리고 무역으로 부를 축적하여 자본가 그룹을 형성해 나갔다.

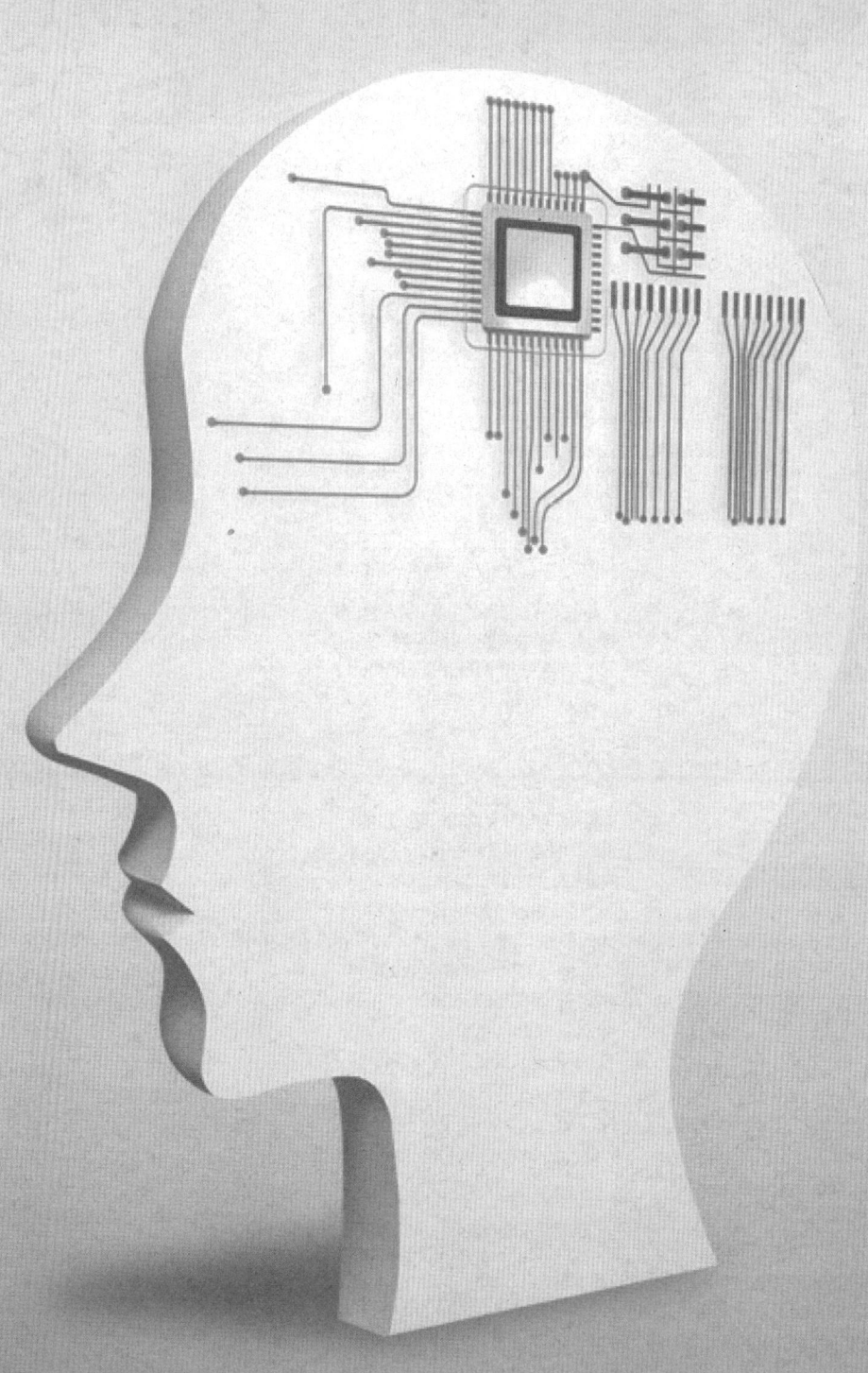

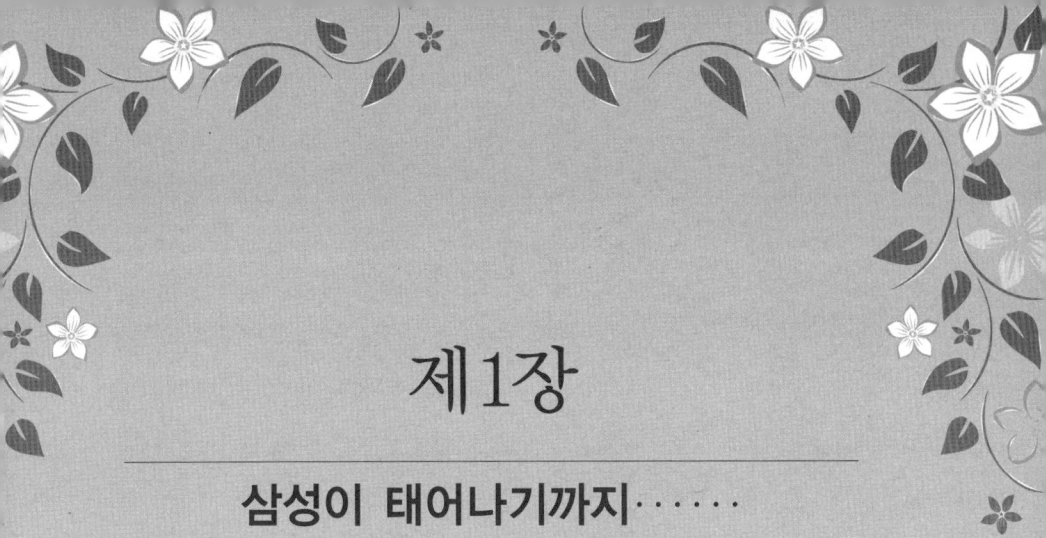

제1장

삼성이 태어나기까지……

어떠한 인생에도 낭비라는 것은 있을 수 없다.
실업자가 10년 동안 무엇 하나 하는 일없이 낚시로 소일했다고 치자.
그 10년이 낭비였는지 아닌지, 그것은 10년 후에 그 사람이
무엇을 하느냐에 달려 있다. 낚시를 하면서 반드시 무엇인가를 얻는 것이 있다.
실업자 생활을 어떻게 받아들이고 어떻게 견뎌 나가느냐에 따라서
그 사람의 내면도 많이 달라진다. 헛되게 세월을 보낸다고 하더라도
무엇인가 남는 것이 있을 것이다. 문제는 헛되게 세월을 보내는 데
있는 것이 아니라, 그것을 어떻게 받아 들여 훗날
소중한 체험으로 그것을 살려 나가느냐에 있다.
  － 1986년 자서전 『호암자전』 －

나는 항상 청년의 실패를 흥미롭게 지켜본다.
청년의 실패야말로 자신의 성공에 척도가 된다. 그는 실패를 어떻게 생각하는가.
그리고 어떻게 거기에 대처했는가, 낙담했는가, 물러섰는가.
아니면 더욱 용기를 북돋우어 전진했는가. 이것으로 그의 생애는 결정되는 것이다.
  －몰트케－

❶ 이병철의 가계

하늘이 인재를 낳는 것은 본래 일대(一代)에 잘 쓰기 위한 것으로,
그 인재를 낳을 적에 지체 높은 가문의 사람이라고 해서
재질의 부여를 특히 풍부하게 하는 것은 아니며,
미천한 신분의 사람이라고 해서
그 부여를 특히 인색하게 하는 것도 아니다.

― 허균(許筠) ―

이병철의 가문

이병철은 경상남도 의령군 정곡면 중교리 723번지에서 태어났다.

아버지는 이찬우(李纘雨, 1874~1957)이며 어머니는 안동 권씨 권재림(權在林, 1872~1941)이다. 이병철은 이들 부부 사이에서 2남 2녀 중 막내로 태어났다. 이병철에게는 형 이병각(李秉珏, 1905~1971)과 두 누이 병점(秉点)과 분시(分時)가 있었다.

이병철의 집안은 경주(慶州) 이씨로, 조상 중 한 사람이 조선조 연산군 때 일어난 무오사화(戊午士禍)를 피해 벼슬을 버리고 이곳에 낙향하여 정착함으로써 그 뿌리를 내렸고 16대에 이르렀다. 대부분이 낮은 산지와 평지로 이루어진 이 마을은 그후 경주 이씨의 집성촌이 되었다. 지리산의 지맥이 닿은 마두산(馬頭山) 기슭에 자리잡은 중교리는 예로부터 숨어사는 고을로 알려져 있었다. 그래서인지 10대조부터는 정치와는 무관한 선비로서의 삶을 살았다.

이병철의 할아버지 문산(文山) 이홍석(李洪錫, 1838~1897)은 영남일대에서 알아주는 유학자였다. 이홍석은 성격이 호방하고 활달해서 말을 타고 혼자서 서울을 다녀오기도 했다.

이병철의 증조할아버지는 아들 셋을 두었는데 그 중 이홍석이 장남이다. 이홍석 대에 와서 손이 귀해서 아들 하나만을 두었는데 그가 바로 이병철의 아버지인 술산(述山) 이찬우다. 이홍석의 아내는 존경받는 학자 집안인 진양 강씨 집안의 딸이었다.

이병철은 〈호암자전〉에서 "할아버지 이홍석은 학문에 소양이 있어 당시 영남의 거유(巨儒)로 일컬어지던 허성제(許性齋)의 문하생으로 시문과 성리학에 능했으며 퇴계(退溪) 이황(李滉)의 학풍을 따르는 유학자였다."고 자신의 집안 가풍을 소개하고 있다. 허성제는 고종 초에 김해부사를 지낸 유학자로서 송시열과 쌍벽을 이루던 조선 중기의 대학자인 미수(眉壽) 허목(許穆, 1595~1682)의 자손이다.

이홍석은 바로 그러한 유학의 전통 위에서 자기 집안의 가풍을 이어

왔고, 그 자신 또한 '문산정(文山亭)'이라는 서당을 열어 학생들을 가르쳤다. 문산정에는 공부하고자 하는 학동들과 시회를 즐기는 선비들의 발길이 끊이지 않았다 한다. 그 무렵 그의 도움으로 공부를 해서 학자가 된 사람이 적지 않다고 한다. 이홍석은 허목의 예서(禮書)인 경례유찬(經禮類纂)과 자신의 〈문산문집(文山文集)〉 등을 간행한 것으로 미루어 보아 높은 학문을 쌓았던 것으로 보인다.

이병철이 태어났을 당시 할아버지는 이미 타계하고 난 후였으나, 그가 세웠다는 문산정은 그대로 있었다. 이병철은 6살 때부터 5년 동안 자연스럽게 서당 문산정에서 천자문(千字文), 자치통감(自治通鑑), 논어(論語) 등을 배웠다.

이병철은 〈호암자전〉에서 "조부가 만년에 세워 지금도 남아 있는 서당 '문산정'에 스승 허성제가 쓴 "이홍석 공은 실사구시(實事求是)의 학풍을 좇았다."는 기문이 보존돼 있다는 사실을 밝히고 있다.

이병철의 집안은 일찍부터 학문뿐 아니라 이재(理財)에도 힘을 기울여 아버지 이찬우 대에 이르러서는 천석지기에 하인만도 30여 명이나 거느린 부유한 가문이 되어 있었다. 이병철의 집안은 풍년에는 2천 석, 흉년이 들어도 1천 500석은 거둬들였다 한다.

이병철의 장남 이맹희의 회고록 〈묻어둔 이야기〉를 보면 그가 어린 시절 들었다는 집안의 전설 같은 이야기가 나온다.

내가 어린 시절 들었던 집안 이야기 중 지금도 기억에 남는 것은 '안씨(安氏) 할머니의 여장부다운 행동'에 관한 이야기가 있다. 안씨 할머니는 나에게 5대조 할머니라고 들었는데 이 할머니는 전처 할머니가 돌아가신 후 후처로 우리 집안에 들어왔다. 이 안씨 할머니가 우리 집안에 들어왔을 때는 이미 전처소생들이 있었는데 안씨 할머니는 특히 전처소생의 맏아들을 그렇게 구박을 했다고 한다. 누가 봐도, '너무 심하다.'고 느낄 정도로, 자기 소생의 아들과 전처소생의 맏아들을 차별했다고 한다. 흔히 하는 표현대로 콩쥐의 계모 같았던 모양이다. 그러나 집안에서는 그 할머니가 하는 일은 아무도 못 말리고 그저 호되게 당하는 맏아들을 가엾게 생각하고 지켜볼 수밖에 없었다는 것이다. 그런데 이 안씨 할머니는 돌아가실 무렵 어느 누구도 예견할 수 없었던 큰 결단을 내렸다. 그 당시 우리 집안에는 약 8백석 정도의 재산이 있었는데 안씨 할머니는 자신의 소생 아들에게는 1백석의 땅만 물려주고 7백석은 평소 그렇게 구박하던 전처소생에게 물려준 것이다. 집안의 제사를 모실 사람은 역시 맏아들이라 싶어서 그렇게 했는지, 혹은 아무리 보아도 맏아들이 집안의 재산을 잘 불리겠다 싶어서 그렇게 했는지 모르지만 이 안씨 할머니에 관한 이야기는 어린 시절부터 여러 차례 들었다. 그저 짐작하기는, 집안이 크게 일어나기를 바라고 곰곰이 생각해 본 결과 역시 당신이 낳은 자식은 아니더라도 맏아들에게 많은 재산을 물려주어야겠다고 판단해서 대범하게 처리했다고 믿어진다.

지금도 중교리 동네에는 '안씨 할머니'가 억척 같이 재산을 불린 덕분에 경주 이씨 집안이 천석지기가 되었다는 이야기가 전해져 오고 있다 한다. 이병철이 후에 기업가로 큰 성공을 거두는 데 있어 무시하지 못할 배경을 안씨 할머니가 마련해 준 셈이었다.

그런데 이병철의 형 이병각의 장남인 제일병원 설립자 이동희(李東熙)의 회고록 〈뿌리깊은 꿈〉에는 이 할머니가 안씨가 아닌 '광산 김씨 할머니'로 소개되어 있다. 안씨이거나 김씨이거나 어쨌든 그런 전설적인 여인이 있기는 했던 모양이다.

중교리는 100년이 지난 지금도 그 모습을 거의 그대로 유지하고 있을 정도로 외진 벽촌이다. 마을을 옹기종기 품고 있는 산들이 마치 마을의 담처럼 보인다 하여 이 마을은 '담안마을'이라고도 불린다. 200여 호쯤 되는 이 마을은 집집마다 아담한 토담이 둘러져 있고 주위에 울창한 숲과 어우러져 아름다운 풍경을 이루고 있다.

'이병철길'로 이름 지어진 마을 안길을 따라 들어가다 보면 고스란히 보존이 되어 있는 이병철의 생가가 나온다. 솟을대문을 밀고 들어서면 옛날 부잣집답게 500여 평쯤 되보이는 넓은 마당과 본채와 사랑채가 나타난다. 이병철은 안채 오른쪽 방에서 태어났다고 한다.

이병철이 자라나던 시기는 나라 전체가 일제에 짓밟히며 참을 수 없는 울분과 격렬한 저항의 소용돌이에 빠져있었지만 중교리는 은둔의 고장답게 바깥세상의 회오리바람조차 비껴가는 곳이었다.

이병철은 6살 무렵부터 아침마다 형과 함께 야트막한 뒷산 오솔길을 걸어서 할아버지가 세웠다는 한학(漢學) 서당 '문산정'으로 향했다.

아버지, 이찬우

아버지 이찬우도 선조의 가르침에 따라 유학에 상당히 심취한 인물이었다. 뿐만 아니라 그는 일찍부터 개화사상에 눈뜨고 있었다. 당시 나라 안은 개항(開港), 개국(開國)의 정국에 돌입해 있었고 외세의 각축장이 된 한반도에서는 마침내 청·일 전쟁이 일어나고야 말았다. 그리고 청·일 전쟁에서 승리한 일본은 친일내각을 만들어 한반도를 집어 삼키기 위해 눈이 시뻘게져 있었다.

아버지 이찬우는 천석꾼 지주로 만족하지 않고 서울 행차가 잦았다. 개혁을 부르짖는 청년들을 만나 독립협회에도 참여했다. 이때 만난 사람이 젊은 개혁주의자 이승만(李承晚)이었다. 두 사람은 나이가 같고 나라를 걱정하는 마음도 같아서 절친으로 지냈다.

이찬우는 기독교인은 아니었으나 이승만과 함께 기독교청년회에도 출입하면서 흔들리던 조국을 위해 헌신하고자 노력했다. 이승만은 독립협회의 젊은 지도자로서 군중들 앞에서 계속 독립정신을 부르짖고, 썩어빠진 조정 대신들을 공격했다.

그러던 차에 일본은 끔찍한 을미사변(乙未事變)을 일으켰다. 을미사변이란 1895년에 일본인 자객들이 대궐을 침범하여 명성황후를 시해하고 시체를 불태운 사건이다. 명성황후가 러시아 세력을 끌어들여 일본을 우리 땅에서 밀어내려고 하자, 그런 엄청난 일을 저지른 것이다.

온 나라 백성들이 일본의 횡포에 치를 떨었고 독립협회 회원들은 소리 높여 개혁을 부르짖었다. 그러나 역부족이었다. 남궁억(南宮檍), 이상재(李商在) 등 독립협회 간부 17명이 체포되고 그들의 석방을 위해 싸우던 이승만마저 정부전복을 획책했다는 혐의로 투옥되었다.

청년 이찬우는 이승만이 재판 끝에 사형선고를 받는 것을 보고 기가 질렸다.

'나라를 위해 일한다는 것이 이토록 힘든 일일 줄이야!'

이찬우는 장래가 촉망되던 이승만이 형장의 이슬로 사라질 운명에 놓이자 어찌할 바를 몰랐다. 다행히 이승만은 종신형으로 감형되어 복역하다가 민영환(閔泳煥)의 주선으로 1904년 7년 만에 석방되어 미국으로 건너갔다.

이후 고향으로 내려온 이찬우는 가업에 전념하고 서울행을 자제했다. 그는 정치에 관여하게 하지 않는 집안 전통을 깨고 나라를 위해 일해 보고 싶었으나 난세를 헤쳐 나가려던 동지들이 줄줄이 투옥되고 조국을 떠나는 현실에 절망했던 듯하다. 그는 자신의 역량 부족과 난세를 만난 비운을 한탄하며 그 뒤 조상이 그러했던 것처럼 전원생활에 만족한 듯하다.

훗날 이병철은 아버지 이찬우가 이승만과 친분을 가졌던 그 인연으로 6·25동란 회복 이후 대통령 이승만과 자주 만날 수 있는 인연을 갖게 된다.

아버지 이찬우는 올곧은 성품을 지닌 선비로서 공맹(孔孟)의 가르침을 철저히 지켰고 선친의 영향으로 퇴계학에도 조예가 깊었다. 이병철은 아버지를 통해 할아버지 이홍석이 남겼다는 다음과 같은 말을 자주 들으며 자랐다.

문장(文章)은 경국(經國)의 대업이며 불후의 성사(盛事)이다. 사람의 생명이나 영화는 유한하지만, 문장의 생명은 무한하다. 그 문장은 남의 모방으로 되는 것이 아니라 인격 그 자체의 발로이다.

아버지는 삼강오륜(三綱五倫)을 숭상했으며, 인의예지신(仁義禮智信)의 생활윤리 중에서도 특히 신(信)을 강조하고, "비록 손해를 보는 일이 있더라도 신용을 잃어서는 안 된다."고 주위 사람들에게 가르쳤다. 신용을 잃어서는 안 된다는 부친의 가르침은 훗날 이병철의 중요한 경영철학 중 하나가 된다. 그는 또 "적선지가(積善之家)에 경사가 있다."라는 말을 즐겨했다 한다. 즉 착한 일을 많이 하면 그 집안에 좋은 일이 생긴다는 뜻이다.

하지만 아버지는 유학의 세계에만 머문 사람은 아니었다. 이병철에게 신식 교육을 받게 한 사람도 아버지였다. 이병철을 일본에 유학 보낸 것은 삼성 탄생에 깊은 영향을 미쳤다고 볼 수 있을 것이다.

또한 이찬우는 이재(理財)에도 밝아서 재산을 늘리는 데도 탁월한 능력을 발휘했다. 의령은 원래 산이 깊어 농토가 작은 편이었다. 그래서 인근의 마산, 진주보다 부자가 많지 않은 편이었다. 이병철의 할아버지는 원래 500석 정도의 농토를 가지고 있었다고 한다. 아버지는 물려받은 재산을 늘려서 천석꾼이 되었다.

이병철은 막내였지만 아버지가 지나치게 단정하고도 근엄한 성격이라서 각별하게 애틋한 정을 느끼며 자라지는 못한 듯하다. 하지만 아버지는 자녀들에게 언제나 인자하게 대했고 큰소리로 꾸중 한 번 하는 일이 없었다. 그런 아버지 이찬우는 1957년 11월 25일 84세의 장수를 누리고 세상을 떠났다.

어머니, 권재림

이병철의 어머니는 안동 권씨 권재림(權在林)이다. 어머니는 조선시대의 전형적인 부덕을 지닌 여성이었다. 사대부 집안에서 자란 여인답게 항상 인자하고 온유한 성품을 지니고 있었다 한다.

어머니는 인정이 많아 어려운 사람을 그냥 보지 못하는 성품이었다. 마을에 해산한 집이 있으면 반드시 미역과 쌀을 보냈었고 식량이 떨어졌다고 하면 늘 쌀이나 보리쌀을 들러 보냈다. 어머니는 이따금 아들에게 이렇게 이르곤 했다.

"어려운 사람을 동정할 줄 알아야 한다. 이른 봄 찔레꽃이 필 무렵은 가난한 농촌에서는 가장 어려울 때이니 무심히 넘겨서는 안 된다."

찔레꽃이 필 무렵이란 바로 보릿고개라고 하는 춘궁기를 말한다. 그때만 해도 가난했던 농촌에서는 가을에 거두어 들였던 양식이 떨어지고 만다. 특히 이병철이 자라던 시기는 일제의 수탈이 심해지기 시작하던 때였다. 이병철은 있는 집 자식으로 배고픔을 모르고 자랐지만 가난한 백성이 지천에 널려 있던 시절이었다. 그래서 어머니 권씨는 아들에게 측은지심을 가르쳤던 모양이다.

어머니는 언제나 남보다 일찍 일어나 집안 일을 돌보셨다. 하지만 며느리 방 앞을 지날 때면 행여나 며느리가 선잠에서 깰세라 조용조용 발소리를 죽여 가며 걸었던 분이셨다.

이병철은 어머니가 36세 때 낳은 막내이기 때문에 그에 대한 사랑은 각별했을 것이다. 어머니는 아침마다 서책을 옆에 끼고 대문을 나서는 두 아들을 늘 지켜 보았다.

이병철은 나이를 먹어서도 어머니에 대한 애뜻한 정을 가슴에 품고 있었다. 그는 〈호암자전〉에서 이렇게 적고 있다.

안양 골프장 10번 홀에서 11번 홀로 넘어가는 왼쪽 길목에는 봄마다 찔레꽃이 활짝 핀다. 그 청초한 꽃에 눈길이 갈 때마다 옛날 농촌의 그 춘궁기를 생각하면 인자했던 어머니 모습이 문득 떠오르곤 한다.

이병철의 외가는 두루 장수하는 가문으로 이모들은 모두 90살이 넘는 장수를 누렸는데 어머니만 일찍 해방도 못 보고 1941년에 70세로 세상을 떠났다. 이병철은 이 사실을 정말 안타까워 했다.

유년기

이미 밝혔지만 이병철은 어려서 할아버지가 세운 서당인 '문산정'에서 한학을 배웠다. 공부는 천자문부터 시작했다. 그런데 남들은 두세 달이면 뗀다는 것을 이병철은 1년 여 만에 간신히 마쳤다. 이를 지켜본 훈장은 가끔 핀잔을 주었다.

"문산 선생의 손자가 이래서야……."

그러면서 학식이 높은 문산 선생의 손자답게 좀 더 노력하라고 훈계를 하는 것이었다. 남보다 뛰어난 실력을 발휘하지 못한 것은 사실이었으나 6살짜리 꼬마가 1년 만에 천자문을 뗀다는 것은 그다지 아둔했다고는 볼 수 없는 일인 것 같다. 어쨌거나 이병철은 5년 여의 서당 공부로 통감이나 논어도 통독(通讀)할 수 있게 되었다.

그 당시 읽은 책 중에서 특히 〈논어〉는 이병철의 삶에 큰 영향을 미쳤다. 훗날 사람들이 가장 감명 깊게 읽은 책이 뭐냐고 물으면 그는 서슴없이 〈논어〉를 들었다. 이병철에게 있어서 〈논어〉는 인간이 어떤 마음가짐을 가지고 어떻게 살아가야 하는지 알려주는 등불 같은 책이었다.

이병철이 열 살 나던 해였다. 어느 날 이병철은 사랑채에서 아버지와 친구 사이에 오가는 이야기를 우연히 엿듣게 되었다.

"일본인들 때문에 쌀값이 천정부지로 올랐다."

"여기저기서 만세운동이 났다."

그 말의 깊은 뜻을 이해할 수는 없었지만 그 말들에는 뭔가 어두운 그림자가 깃들어 있는 듯했다. 소년 이병철이 어렴풋이나마 바깥세상에 대한 호기심을 갖게 된 계기가 바로 1919년에 일어난 3·1운동이었다.

수십 만 동포들이 거리와 골목을 누비며 '대한독립만세'를 드높이 외치고 일제의 총칼에 무수한 사람들이 쓰러져 갔지만 이병철이 사는 중교리에는 이렇다 할 움직임이 없었다. 다만 여기저기서 만세소동이 났다고 수군대는 소리가 들려왔고 어린 이병철은 역사의 파동을 어슴푸레 느끼지 않을 수 없었다. 이병철은 3.1운동 이후 집을 찾아온 손님들이 아버지와 나누는 이야기 중에 만세운동, 독립, 광복, 국제연맹과 같은 단어들이 튀어나오는 것을 듣고 3·1운동과 개화의 바람을 느꼈다.

3·1운동을 계기로 일본은 종래의 무단정치에서 표면상으로는 문화정책을 쓰기 시작했다. 이병철이 12살이 되자 아버지는 아들에게 신식교육을 시켜야겠다고 결심했다. 아버지가 그런 의견을 내놓자 일가친척들은 찬반양론으로 갈라졌지만 찬성 의견이 많았다.

"앞으로 젊은이들은 신학문에도 힘써야지. 신학문을 한다고 조선 사람이 왜놈이야 되겠는가?"

그렇게 말하며 아버지는 이병철을 일본식 보통학교에 보내기로 결정했다.

이병철은 태어나서 처음으로 집을 떠났다. 그가 간 곳은 진주로 시집간 둘째 누나의 집이었다. 그는 누나 집에서 가까운 진주시 지수면에 있는 지수보통학교(현 지수초등학교) 3학년에 편입했다.

그가 도착하자마자 둘째 누나는 그를 이발소로 데려가 아침마다 어머니가 손수 땋아 주던 긴 댕기머리를 짧게 자르게 했다. 당시 우리나라 남자들은 장가를 들기 전에는 댕기머리를 땋고 다녔고, 장가를 들면 상투를 틀었다. 그런데 보통학교를 들어가려면 머리를 깎아야만 했다.

"일신을 부모님께 받으니 훼손하지 않음이 효(孝)의 기본이다."

이병철의 뇌리에는 서당에서 배웠던 글귀가 문득 스쳐갔다. 이때부터 소년 이병철에게 개화의 물결이 밀어닥쳤다.

지수보통학교

이병철은 1922년 3월 편입해서 신식 공부를 시작했다.

산골짜기 마을을 떠나 난생 처음 도회 생활을 하게 된 이병철은 모든 것이 새로웠다.

지수보통학교에서의 생활도 모두가 새롭고 즐거운 것이었다. 신학문이라고는 하지만 오늘날의 초등학교 저학년에서 배우는 그런 수준이라 그다지 대수로울 것은 없었는데 이병철에게는 모두가 신기한 것들이었다. 학년별로 반 편성을 해서 공부하는 방식이나 처음 만나는 신식 옷차림의 학우들, 책상과 걸상, 공부하는 교재 등등 모든 것이 새롭고 신기하기만 했다. 배우는 과목도 다채로운 것이 서당에서 딱딱한 한문 공부만 하던 소년에게는 별천지였다. 여러 가지 과목 중에서 가장 이채로운 것은 음악시간에 반 아이들과 함께 노래를 하는 것과 운동장에서 체조를 하는 시간이었다.

그런데 무엇보다 이상한 것은 우리나라 말과 글은 조선어(朝鮮語)라 하고, 일본 말과 글을 국어(國語)라 하면서 가르치는 것이었다. 고개가 갸웃거려지는 일이 참 많았으나 개화의 첫걸음을 내딛게 된 소년은 그 생활을 즐기는 편이었다. 도회지 생활이 시작되자 중교리 산골짜기에 갇혀있던 생각이 사뭇 달라지기 시작했다.

이병철은 지수보통학교에서 훗날 이 나라 기업사를 뒤바꿀 몇몇 학우들을 만나게 된다. 그 중 한 사람이 LG창업주 연암(蓮庵) 구인회(具仁會)이다. 그는 이병철보다 3살 연상이었는데 지난 해에 2학년에 편입해서 학교를 다니고 있었다. 1922년 이 학교의 출석부를 보면 구인회는 6번, 이병철은 26번으로 기재되어 있다.

두 사람은 어느덧 사이좋은 친구가 되었다. 두 사람의 우정은 성인이 되고 기업가가 된 후에도 이어져서 훗날 두 사람은 사업을 같이 하기도 하고 구인회의 3남 자학과 이병철의 차녀 숙희가 1957년에 결혼해서 사돈사이가 되기도 했다.

구인회의 집은 지수보통학교와 걸어서 5분쯤 걸리는 가까운 거리에 있었다. 구인회의 집 부근에는 구씨와 허씨의 집성촌이 있었다. 지수면은 이병철의 고향 정곡면보다는 들이 넓고 풍요로운 고장이었다. 지수면에는 일제강점기에도 만석꾼이 한 집, 오천석꾼 세 집, 천석꾼 여덟 집 정도가 있었다 한다. 당시 영업용 택시가 무려 두 대나 있었다니 비싼 요금을 지불하고 탈 재력을 가진 이들이 이 마을에 많았다는 증거라 하겠다.

지수면에서 농토가 넓고 소출이 가장 많은 집안은 허씨 집안이었다. 그 중에서 가장 부유한 집은 허만정(許萬正)의 집안이었다. 그 집안은 수백 년을 이어온 지수면의 대지주로서 훗날 허만정은 구인회와 더불어 오늘날 LG그룹의 공동창업주가 된다. LG그룹은 허만정이 창업자금을 대고 그의 셋째 아들 허준구(許準九)가 영업이사로 참여하면서 출발했다. 구씨와 허씨 사이의 동업관계는 2005년 허씨 가문이 GS그룹으로 분리되어 나오기 전까지 60년이 넘게 이어져 우리나라에서 가장 성공한 동업관계로 정평이 나 있다.

허만정은 오늘날의 진주여고를 세우기도 하고, 일제치하에서는 독립군에게 군자금을 대는 등 나라를 위한 일에 앞장을 선 인물이기도 했다. 허만정은 슬하에 아들 여덟을 두었는데 모두 사업가로 두각을 나타내는 인물이 되었다.

허씨 가문은 이병철과도 관계가 깊다. 허만정의 장남인 허정구(許鼎九)는 이병철과 1953년 제일제당, 1954년 제일모직을 함께 창업했고, 1961년부터 1963년까지 삼성물산의 사장을 지냈다. 이렇게 인연이 맺어진 까닭은 이병철의 둘째 누나가 시집간 집안이 허씨 집안이었기 때문이었는지도 모를 일이다.

이병철과 구인회가 다닌 지수보통학교는 우리나라 최고의 부자를 배출한 학교로서 이름을 떨치게 된다. 흔히 효성그룹 창업주 조홍제도 그 학교를 다닌 것으로 알려져 있는데 그것은 사실이 아닌 것으로 밝혀졌다. 조홍제는 인근인 함안군 군북면 출신으로 구인회와 어린 시절 친구였고, 중앙고보(中央高普) 동문이다.

또한 조홍제는 이병철의 형 이병각과 동갑에다 절친한 사이로 늠름한 모습으로 말을 타고 와서 자주 이병철의 집을 찾곤 했었다. 그래서 이병철과도 호형호제하는 사이였고 나중에 두 사람은 동업까지 같이 하게 된다.

그런데 다른 지역에서 태어나 같은 시기를 보낸 이병철, 구인회, 조홍제 세 사람이 세운 기업의 이름에 모두 '별 성(星)'자가 들어간다는 점이 우연의 일치라고 하기에는 기이한 점이 있다. 이병철이 세운 삼성(三星, 세 개의 별)과 조홍제가 세운 효성(曉星, 새벽 별) 그리고 구인회가 세운 LG는 창업 당시 금성(金星, 황금 별)이었다.

그래서인지 진주시, 의령군 인근에는 '솥바위 전설'이란 것이 있다. 함안군과 의령군의 군계(郡界)를 따라 흘러가는 낙동강의 지류인 남강에 반쯤 잠겨있는 이 바위는 물이 적을 때는 바위 아랫부분까지 보이는데 생긴 모양이 다리가 세 개인 솥처럼 보인다고 해서 붙여진 이름이다. 조선 말 한 도인이 이 바위에 앉아 '솥바위를 중심으로 반경 20리(8km) 안에서 나라를 움직이는 국부(國富)가 태어날 것이다.'라고 예언했다는 것이다.

부근 주민들은 의령군의 이병철, 진주시의 구인회, 함안군의 조홍제 세 사람을 두고 솥바위의 예언이 실현됐다고 생각하고 있다. 솥바위에서 세 창업주의 생가를 연결하면 세 다리를 가진 가마솥의 형상이 되는데 반경 20리 이내에 그들 생가가 있다는 것이다.

전설 같은 이야기야 그렇다 하더라도 이 고장에서 우리나라를 대표하는 재벌 그룹의 창업주가 세 명이나 태어났다는 것은 특별하고 색다른 의미가 있을 듯하다. 인근 마을에 사는 농촌 부잣집 소년들이 개화라는 새로운 문물을 접하고 신선한 충격을 똑같이 느꼈던 것일까? 아니면 그때 그들에게 시대를 개척해나갈 방법을 일러준 멘토가 있었던 것은 아닐까?

아니면 그 고장의 토양이 그들을 이끌고 맺어준 결과일지도 모른다. 다만 분명한 것은 그들 세 사람이 자신들의 시대는 토지가 힘이 아니라 자본이 시대를 이끌 것이란 점을 자각하고 대지주에서 산업자본가로 전환하는 데 성공함으로써 시대의 한 획을 그을 수 있었다는 점이다.

지수초등학교 자리에는 '재벌송(財閥松)'이라고 불리는 두 그루의 소나무가 있다. 이병철과 구인회가 심었다는 나무다. 당시에는 학교에 입학할 때 학생들이 기념으로 나무를 심었는데 두 사람이 심은 나무가 90년이 넘도록 저렇게 굳건히 버티고 서 있는 것이다. 지수초등학교에서는 이 나무를 교목으로 지정해서 잘 가꾸어 나가고 있다.

그런데 이병철이 지수보통학교를 다닌 시간은 그다지 길지가 않다. 그는 1922년 3월 편입해서 그 해 9월에 서울 학교로 떠난다. 불과 6개월 정도를 다닌 셈이다.

서울 유학

이병철은 훗날 지수보통학교에 입학한 것을 '나의 개화의 날'의 시작이라고 회고했다.

> 공자는 동산에 올라 노(魯)나라가 작다고 했고, 태산(太山)에 올라 천하가 작다고 했다 한다. 불과 몇 달 안 되는 짧은 동안이었지만 진주에서의 생활을 경험하고 귀성한 나로서는 태어나서 자란 중교리는 너무나 좁고 답답한 곳으로 느껴졌다. 지금 돌이켜보면 내가 나, 나의 집 그리고 그것을 둘러싼 환경을 어렴풋이나마 객관적으로 인식한 최초의 기회였던 것 같다.

여름 방학 때 고향에 돌아온 이병철은 서당시절의 옛 친구들을 만나보고서 자신이 개화된 것을 더욱 실감했다. 아이들은 노인네들처럼 고루한 생각만 하고 있었고 도통 대화가 되지 않았다. 그는 자신이 도회지의 학교에 들어가게 된 것이 얼마나 다행이었던가를 어린마음에서나마 절감했다.

그런데 그 무렵 서울에 있던 육촌 형 이상수(李相修)가 내려와서 들려준 이야기를 듣고 이병철은 또다른 세계를 꿈꾸게 되었다. 당시 이상수는 서울에서 학교를 다니고 있었는데, 그가 들려주는 서울 이야기는 별천지의 이야기였다. 서울 장안의 큰 거리에는 전기로 움직이는 전차가 다니고, 거리마다 많은 사람들로 붐비며, 고층 건물과 즐비한 상점에는 다양한 상품들이 진열되어 있고 새로운 학문을 가르치는 좋은 학교들이 수두룩하다는 것이었다.

이병철은 넓은 세계에 대한 호기심이 가득 차서 가슴이 뛰고 불현듯 서울로 가고 싶다는 생각으로 머릿속이 꽉 차버렸다.

"그래, 서울 가서 공부하자."

그렇게 결심을 굳힌 이병철은 부모님께 자신의 생각을 말했다. 아버지는 그리 달가워하는 표정이 아니었지만 어머니가 거들고 나섰다.

"진주나 서울이나 대처이기는 마찬가지잖아요."

그러자 아버지는 뜻밖에도 고개를 끄덕이며 허락을 했다. 그 허락의 결정적 이유는 아버지 본인이 서울을 오르내리며 느꼈던 점과 어머니의 친정이 서울이라는 점이 크게 작용을 한 듯하다.

어린 손자가 상경하던 날 눈물겨운 장면이 연출되었다. 90세에 가까운 할머니는 손수 누빈 솜옷을 건네주면서, 손자의 손을 맞잡고 눈물 어린 미소를 짓는 광경이 그것이었다.

아버지는 기차를 타는 함안역까지 막내아들을 배웅해주면서 못 미더운 듯 여행지에서 조심해야 할 점들을 자상하게 일러 주었다. 아들의 서울 유학을 처음부터 찬성했던 어머니는 도리어 안절부절못하며 몹시 불안해 하는 모습이었다. 겨우 12살짜리 아들을 300킬로미터나 떨어진 먼 곳으로 혼자 보내는데 어떤 부모가 마음이 놓이겠는가.

어머니의 친정집은 가회동에 있었다. 이병철은 난생 처음 밟아보는 서울 거리에 매혹되었고 서울에서 학교를 다니게 되었다는 기쁨에 마음이 들떠 있었다.

이병철은 수송보통학교(현 수송초등학교) 3학년에 편입했다. 수송보통학교는 조선총독부가 초등교육의 시범학교로 세웠는데, 붉은 벽돌의 삼층 교사가 인상적이었다. 이 학교는 중학교를 시험을 치르고 다니던 1960년대까지 서울의 명문 중학 진학률이 높은 학교로 이름을 날렸다.

이병철은 처음으로 등교하던 날 들뜬 마음으로 교문을 들어섰는데 생각지도 못한 난관에 부딪히게 되었다. 반 아이들과 말을 주고받는데 의사소통이 되지 않았던 것이다.

이병철은 상대방이 말하는 것은 가까스로 알아들을 수 있었지만 자신이 말하는 것은 그들에게 통하지 않았다. 말씨가 너무 달랐기 때문이다. 그가 말하면 아이들은 억양이 센 경상도 사투리가 시끄럽다고 깔깔대기 일쑤였다. 심술궂게 장난을 치며 놀려대는 아이들도 있었지만 아이들은 대체로 친절해서 견딜만했다.

그러나 학교 성적은 좋지 않았다. 서울에 왔다고 하여 성적이 갑자기 좋아질 리는 없지 않은가. 그래도 산술(算術)성적은 좋아서 늘 학급에서 상위를 차지했다. 그런데 나머지 과목은 별로였다. 조선어나 일본어는 백점 만점에 겨우 60, 70점이었고 음악(唱歌), 미술(圖畵) 등은 간신히 낙제를 면할 정도였다.

석차는 50명 중 35등에서 40등을 오르내렸다. 그래도 이병철은 기가 죽지는 않았다. 시골 출신으로 서울 아이들과 겨루어서 그 정도만 해도 대단한 것이라고 생각했던 것 같다.

그런데 이병철은 또 한 단계를 건너 뛸 생각을 한다. 성적이 별로 좋지 않았는데도 불구하고 그는 하루 빨리 보통학교 과정을 마치겠다는 호기로운 생각을 했다. 4학년을 마치고 고향에 내려간 이병철은 아버지에게 말했다.

"이제 보통학교에서 배울 것은 별로 남아 있지 않습니다. 보통학교 과정을 단기간에 끝낼 수 있게 속성과가 있는 중동중학교(6년제)로 옮기고 싶습니다."

아버지는 그렇게 말하는 아들을 찬찬히 바라보면서 말했다.

"어떤 일이든 성급하지 말아야 한다. 무리하게 사물을 처리하려 들면 낭패를 겪는 법이다. 너는 사필귀정(事必歸正)이란 말을 아느냐?"

몇 차례씩이나 학교를 바꾸는 아들이 아버지의 눈에는 우물가에 내놓은 아이처럼 불안해 보였다. 아버지는 아들의 고집을 따라주면서도 사필귀정이라는 말을 반복해서 강조했다. 그리고 훗날에도 아버지는 아들에게 사필귀정을 처세훈(處世訓)으로서 자주 그 글귀를 풀이해주었다. 그러나 아버지는 한 번도 아들에게 공부를 강요한 적이 없었다. 처세훈과 함께 늘 강조한 것은 '거짓과 꾸밈은 개인에 있어서나 국가, 사회에도 큰 재난이다.'라는 것이었다.

1925년 4월, 서울로 올라온 이병철은 중동중학교의 속성과로 옮긴다. 속성과라는 것은 보통학교의 5, 6학년 과정을 1년 동안에 마치는 과정이다. 전과 달리 이병철은 중학교 속성과에 입학하면서 공부에 제법 몰두하기 시작했다. 태어나서 처음 몰입해 본 공부였다. 덕분에 그는 계획대로 중학교에 진학하는 데 성공했다.

중동중학교는 스포츠에 강한 학교였고 특히 구기에 강했다. 이병철은 축구와 테니스에 열중했다.

혼인, 그리고 아내 박두을

1927년 가을, 3학년 과정을 밟고 있을 때 아버지로부터 한 통의 편지가 날아왔다.

"너의 혼담이 이루어져, 12월 5일(음력)에 혼례를 올리게 되었으니 내려오너라."

이병철의 나이 17세 때 일이었다. 당시는 조혼이 관행이었던 시절이라 남자 나이 열여섯이면 결혼 적령기였다. 자유주의 연애론이 개화의 물결을 타고 득세하고 있기는 했지만 이병철은 별 생각 없이 아버지의 뜻을 따랐다. 그는 사모관대를 갖춘 대군복(大君服)차림으로 구식 결혼식을 올렸다. 얼굴 한번 보지 않고 부모가 정해준 대로 한 혼인이었고 18세의 겨울이었다.

 신부는 경북 달성군 하빈면 묘동에 사는 순천(順天) 박기동(朴紀東)의 넷째 딸 박두을(朴杜乙)이었다. 박기동은 사육신의 한 사람인 박팽년(朴彭年)의 후손이었고 신부는 세 살 연상의 건강한 여성이었다.

 박두을이 태어난 묘동마을은 순천 박씨 토착촌이었다. 순천 박씨였던 박팽년의 후손이 조선조 세조 때, 궁중의 환난을 피해서 현재의 달성군 묘동으로 이주한 다음, 그 후손들이 그곳에서 살았다. 박팽년의 후손답게 선비였던 아버지 박씨와 '교동댁'으로 불렸던 어머니 손씨 아래서 박두을은 엄격한 어린 시절을 보냈다. 어릴 적에 얼굴도 곱고 마음씨도 좋아 '두리'라는 애칭으로 불렸다고 한다.

 그녀가 15~16세 되던 무렵 어느 날, 절에서 시주를 나온 한 스님이 소녀 박두을을 보더니 이런 덕담을 남겼다 한다.

 "오! 처녀는 앞으로 왕비가 아니면 일국의 왕 못지않은 갑부가 될 사람을 만나 그 안방마님이 될 상이로소이다."

 이 일화가 사실이라면 스님의 예견이 적중한 셈이다. 그렇게 내세우지는 않았지만 박두을은 조선조의 충신 박팽년의 후손들이라는 자부심이 대단했다. 그래서 그녀는 묘동의 옛 이름을 따서 '묘골 박씨'라고 불리는 것을 좋아했다.

 맏아들 이맹희는 1993년 펴낸 자서전 〈묻어둔 이야기〉에서 어머니에 대한 이야기를 적어놓았다.

> 우리 집안이 의령 일대에서는 부자라고 했지만 굳이 비교해보자면 당시 경북 달성군에 있었던 외가 쪽이 더 부농이었던 것 같다. (중략)

어린 시절, 어머니로부터 들었던 이야기는 "시집이라고 왔더니 집도 좁고 그렇게 가난해 보일 수가 없었다."는 것이었다. 이 이야기를 들으면서 우리 집보다는 외갓집이 더 부자라고 자연스레 생각했다. 친가 쪽도 이미 3천석지기에 가까울 정도의 부를 지닌 집안이었고 증조할아버지께서 향리에 서원을 세울 정도의 성리학자셨지만 외가 쪽의 지체가 높아서 '한쪽으로 기우는 혼사'였다는 말들이 있었다는 게 집안 어른들의 설명이었다. 실제 어머니는 시집 올 적에도 몸종을 비롯하여 몇 명의 하인을 데리고 왔다고 한다.

이병철은 박두을과 평생을 함께하며 슬하에 3남 5녀를 두었다. 박두을은 이병철이 일본 와세다대 유학 중인 1929년 12월 2일 맏딸 인희를 낳았고 이어 2년 터울로 맹희, 창희, 차녀 숙희를 낳고 이어 3녀 순희, 4녀 덕희, 3남 건희, 5녀 명희를 차례로 순산해 슬하에 모두 3남 5녀를 둔 어머니가 되었다. 이병철은 〈호암자전〉에서 자신의 자녀 수를 4남 6녀라고 밝히고 있는데 일본인 여인에게서 낳은 1남 1녀를 호적에 올린 사연이 있기 때문이다. 이에 대해서는 뒤에서 살펴보기로 하자.

박두을은 유교를 숭상하는 가문에서 자라 전통적인 부덕을 배우고 성장하여 집안일에만 전심전력했으며, 예의범절과 자녀양육에 헌신했다. 남편이 이 나라 최고의 부자인 데도 불구하고, 얼굴치장, 몸치장 등 사치와는 거리가 먼 집안의 아녀자로서 평생을 보냈다.

이병철은 〈호암자전〉에서 아내에 대한 술회를 이렇게 하고 있다.

처음 본 인상은 건강한 여성이라는 것이다. 슬하에 4남 5녀를 두고 반세기 여를 서로 도우면서 살아왔다. 내자 역시 유교를 숭상하는 가문에서 전통적인 부덕(婦德)을 배우고 성장해서 그런지, 바깥 활동은 되도록 삼가고 집안일에만 전심전력을 다해왔다. 예의범절에도 밝아 대소사가 두루 화목하다.

지금까지 몸치장, 얼굴치장 한번 제대로 해본 적이 없고 사치와는 거리가 멀다. 그처럼 수신제가의 자세로 흐트러짐이 없는 내자에게 언제나 고마운 마음을 가지고 있다.

삼성가(家) 가족이야기 1

250여 명에 달하는 그랜드 가문

삼성가는 삼성그룹의 창업주 이병철로부터 시작되었다. 이병철에게는 본인이 자서전 〈호암자전〉에서 밝힌 대로 4남 6녀의 자식이 있다.

아들은 장남 이맹희(李孟熙, 1931), 차남 이창희(李昌熙, 1933), 3남 이건희(李建熙, 1942) 그리고 일본인 아내 구라다(倉田)가 낳은 이태휘(李泰輝, 1953) 등 4명이고, 딸은 장녀 이인희(李仁熙, 1928), 차녀 이숙희(李淑熙, 1935), 3녀 이순희(李順熙, 1940), 4녀 이덕희(李德姬, 1941), 5녀 이명희(李明熙, 1943) 또 구라다에게서 낳은 이혜자(李惠子, 1962) 등 6명의 딸이 있다.

이병철은 여느 재벌처럼 혼외 자식을 쉬쉬하고 숨기지 않은 것은 친자 확인소송 같은 골치 아픈 일에 휘말리지 않고 자신의 핏줄을 제대로 챙겼다는 데 의미가 있다 하겠다.

이들은 모두 장성해서 2세대 삼성가를 이루었고 그들의 후세 또한 장성해서 3세대 삼성가로 자리매김을 했으며 그들 중에는 후세를 본 사람들이 많다. 말하자면 삼성가는 이제 4세대에 이르는 사람들로 구성되어 있다. 삼성가의 사람들은 직계(直系)와 방계(傍系)를 망라하면 약 250명에 달한다.

삼성그룹은 이병철 사후 삼성가 사람들의 재산분할을 통해서 한솔그룹, CJ그룹, 새한그룹, 신세계그룹 등으로 분리되어 범삼성가를 이루었다. 한솔그룹은 장녀인 이인희와 그녀의 가족이 이끌고 있다. CJ그룹은 장남인 이맹희의 장자 이재현(李在賢)이 이끌고 있다.

신세계그룹은 5녀 이명희와 그의 가족이 경영하고 있다. 새한그룹은 차남인 이창희와 그의 자녀들이 이끌었으나, 1991년 이창희가 백혈병으로 일찍 사망한 이후, 경영의 난맥을 겪다가 삼성가의 후계

회사 중 유일하게 침몰하는 비운을 겪는다. 중앙일보를 중추로 한 보광그룹은 삼성그룹에서 떨어져 나갔지만 이건희의 처가(妻家)이므로 범삼성가로 분류할 수 있을 것이다.

삼성그룹은 이병철의 후계자로서 대권을 이어받은 이건희가 이끌고 있는데 지금까지 살펴본 대로 국내 제일을 넘어서 세계 8위의 브랜드 파워를 가진 기업으로 거듭나 있다.

범삼성가의 파워 '삼성공화국'이라는 말을 낳을 정도로 놀랍다. 삼성, 신세계, CJ, 한솔, 보광 등 범삼성가 기업의 자산을 합하면 430조 원에 이르고 총매출은 320조 원을 넘어 전체 국부의 3분의 1에 육박한다. 삼성그룹이 시작된 지 1세기도 지나지 않아서 그토록 엄청난 부를 구축하고 영향력을 끼칠 수 있다는 것은 세계사에서도 유래를 찾을 수 없을 정도다.

또한 250여 명에 달하는 삼성가 사람들의 이야기도 흥미롭다. 우리는 앞으로 이 책의 각 장을 마칠 때마다 삼성가 사람들의 야사(野史)와도 같은 이야기를 이 코너에서 살펴보게 될 것이다.

❷ 방황하는 청춘

생각의 씨를 뿌리면 행동을 거둬들이고,
행동의 씨를 뿌리면 습관을 거둬들이며,
습관의 씨를 뿌리면 성품을 거둬들이고,
성품의 씨를 뿌리면 운명을 거둬들인다.

― 사무엘 스마일즈(Samuel Smiles) ―

일본 유학을 떠나다

혼례를 올리고 서울로 올라온 이병철은 외갓집을 나와 하숙을 했다. 중동중학교에는 지방에서 올라온 학생들이 많았는데 이병철은 자유롭게 생활하는 친구들이 부러웠던 것이다. 결혼도 하고, 마음에 맞는 친구들과 어울려 하숙을 하게 되자 이병철은 갑자기 어른이 된 기분이 들었다.

그렇다고 공부를 열심히 한 것은 아니었다. 오히려 운동을 더 열심히 했다. 하지만 얼마 지나지 않아서 운동에 대한 열의도 시들해지고 공부에는 아예 흥미를 잃었다. 성적은 그다지 좋지 않았지만 그는 별로 배울 것이 없다고 생각하는 이상한 학생이었다. 어느 날 그는 일본에 가서 공부해야겠다는 생각을 했다.

4학년 1학기를 마치고 여름방학이 되어 집에 내려온 이병철은 아버지에게 말을 꺼냈다. 아버지는 얼굴을 붉히면서 아들을 심하게 나무랐다.

"뭐라고? 이젠 일본이냐? 조금만 더 공부하면 졸업인데 아무리 유학이 가고 싶더라도 졸업은 하고 가야 할 것 아니냐? 일에는 반드시 본말(本末, 중요한 부분과 중요하지 않은 부분)이 있고 시종(始終, 처음과 끝)이라는 것이 있다. 열아홉 살이 되고서도 아직 그것도 모르느냐?"

처음이자 마지막인 아버지의 엄한 꾸지람이었다.

이병철은 자서전에서 아버지가 꾸중을 한 뒤 유학 자체에 대한 반대는 아니었기에 일본 유학을 허락했다고 썼다. 하지만 이맹희가 〈묻어둔 이야기〉에서 쓴 이야기는 사뭇 다르다.

집안에선 상당한 반대가 있었고 창고에 가두겠다고 으름장을 놓을 정도였다 한다. 이병철의 아버지로서는 자꾸만 학교를 옮겨 다니고 결실을 맺지 못하는 아들이 못미더웠고 괘씸한 생각도 들었을 것이다. 더구나 그는 결혼까지 한 몸이었고 그 무렵 아내는 아이를 가진 상태였다.

이 대목에서의 진술은 이맹희의 회고가 타당성이 있어 보인다. 이병철의 아버지는 이제 아이 아버지가 될 처지인 줄도 모르고 날뛰는 아들의 고집을 꺾고 싶었을 것이고 아들이 유학을 갈 경우 홀로 남아 남편을 하염없이 기다려야 할 며느리가 딱했을 것이다.

그러나 이병철의 결심은 확고했다. 부모님이 반대하더라도 몰래 떠날 심사였다. 아이까지 밴 아내에게는 미안했지만 한번 불붙은 호기심과 바다 건너 일본에 대한 동경은 억누를 수 없었다.

그런데 문제는 돈이었다. 유학도 좋고 일본도 좋은데 그의 수중에는 일본으로 떠날 여비조차 없었다. 이맹희의 회고를 따르면 이병철은 그때 조홍제를 찾아갔다. 이병철은 조홍제가 집안에서 사업자금을 받아서 현금 여유가 있다는 사실을 알고 있었다. 매우 당찬 청년이었던 이병철은 조홍제에게 5백 원을 빌려줄 것을 부탁했다. 당시의 상황을 이맹희는 이렇게 기술하고 있다.

> 순사들 월급이 5원쯤이던 시절, 5백 원이라는 거금을 빌리자고 했으니 조홍제 씨로서는 당연히 무슨 일로 그리 많은 돈이 필요한지 물었을 것이다. 그래서 아버지가 '일본 유학 갈 자금'이라고 하자 이번에는 조홍제 씨가 한 가지 제의를 해왔다. "그렇다면 나도 사실은 유학을 가고 싶었는데 이 기회에 같이 가는 것이 어떻겠는가?"라고 ……. 그래서 여비도 두 사람 몫으로 거금 1천 원을 준비하고 결국 그 길로 아버지는 일본으로 유학을 떠날 수 있었다.

그런데 두 사람이 함께 유학을 떠났다는 기록은 어디에도 없다. 조홍제는 만학도로서 1935년에 호세이(法政) 대학 독일경제학과를 졸업한 것으로 보면 이병철과는 같이 어울려 다닌 것 같지 않다.

아니면 다른 가정도 가능할 것 같다. 이병철의 진술대로 유학 자체를 반대하는 것은 아니었기 때문에 아들이 돈을 빌려서라도 일본으로 가려 한다는 사실을 알고 허락을 했을 가능성이다. 아버지는 공부를 더

하겠다는 막내아들의 고집을 끝내 꺾을 수가 없어서 결국 일본 유학을 허락했을 것도 같다. 청년기에 서울바람을 쐬면서 정치운동까지 한 적이 있던 비교적 깨어 있던 사람인 그의 아버지는 도전정신이 강한 막내아들의 고집을 꺾을 수 없었을 것이다.

어쨌든 1929년 10월 초, 이병철은 부산항에서 시모노세키로 가는 배를 탔다. 이병철이 일본으로 떠나고 얼마 지나지 않아 첫째 딸 인희가 태어났다.

현해탄을 건너며……

시모노세키로 가는 배는 당시 대부분의 한국 유학생들이 타던 3000톤급의 부관연락선이었다. 난생 처음 배를 타고 조국을 떠나게 된 이병철은 이제 곧 새로운 세계를 만나게 될 기대로 들떠 있었다.

그런데 이병철은 그 배에서 평생 잊을 수 없는 치욕적인 경험을 하게 된다.

배가 물결이 거센 현해탄에 접어들자 요동이 심해졌다. 3000톤급이면 꽤 큰 배였지만 배는 심하게 흔들렸다. 뱃멀미 때문에 앉아 있을 수가 없었다. 그가 타고 있는 곳은 2등 선실이었다. 사람들은 뱃멀미에 시달려서 더러는 심한 멀미 끝에 축 늘어져 버렸다. 견디다 못한 이병철은 요동이 덜한 1등 선실로 옮기려고 갑판으로 나왔다. 그때 이병철은 낯익은 사람을 만났다.

"이게 누군가? 이병철 군 아닌가?"

그는 같은 고향 출신인 안호상(安浩相) 박사였다.

"네, 안녕하세요. 박사님을 여기서 뵙다니 정말 반갑습니다."

이병철은 무척 반갑게 인사를 했다. 두 사람은 갑판에 서서 한참 동안 이야기를 주고받았다. 안호상은 고향에서 신식공부를 무척 많이 한 사람으로 알려져 있었다. 그는 독일에서 철학박사 학위를 받고 돌아왔는데 일본의 명문 교토(京都)대학에서 4년 동안 동양철학을 연구하기 위해 일본으로 가는 중이라 했다.

"바람이 차군. 내려가야겠네. 자넨 어디 선실에 있나?"

"2등 선실에 있습니다."

"나도 2등 선실에 있는데 배가 너무 흔들려서 토할 것만 같더군. 자네는 괜찮은가?"

"저도 그랬습니다. 박사님, 우리 1등 선실로 옮기죠."

두 사람은 1등 선실로 다가갔다. 그런데 선실 입구에서 일본인 형사가 두 사람을 저지했다. 그는 두 사람을 아래위로 훑어보더니 거만하게 내뱉었다.

"너희 조센징이 무슨 돈이 있어 1등 선실을 기웃거리느냐? 건방지구나."

형사는 옷차림을 보고 대번에 두 사람이 한국인임을 알아차린 듯했다. 그는 잔뜩 인상을 써가며 두 사람의 신분을 꼬치꼬치 캐물었다. 화가 난 안 박사가 비꼬는 투로 말했다.

"돈을 잔뜩 짊어지고 놀러 다니는 중인데, 이왕이면 1등실에 묵으려는 것이오."

그러나 일본인 형사는 요지부동이었다. 이병철은 그때 처음으로 일본에 나라를 빼앗겼다는 사실을 뼈저리게 느꼈다. 두 사람은 분노를 삭이고 선실로 돌아와 앉았다.

"오늘의 이 굴욕과 수치를 저들에게 반드시 되돌려주어야 하네. 그러기 위해서는 무엇보다 자네와 같은 청년들이 많이 배워서 나라를 되찾고 강한 나라로 만들어야 하네."

안호상이 이병철의 손을 힘주어 잡고 말했다. 이병철은 결코 오늘을 잊지 않겠다고 대답했다. 안호상은 훗날 대한민국 정부가 수립되자 초대 문교부장관을 역임하게 된다.

그때의 수치와 모멸감은 이병철에게 평생 지울 수 없는 상처가 되었고, 일본인에게는 어떤 것이라도 질 수 없다는 자존심의 원천이 된다.

〈호암자전〉에는 그때의 심정이 이렇게 기록되어 있다.

　　노할 줄 모르는 자는 어리석다. 그러나 노할 줄 알면서 능히 참는 자는 현명하다고 한다. 치미는 분노를 간신히 억눌렀다. 그리고 나라가 망했다는 사실의 참뜻을 처음으로 실감했다. 사소한 사건일지 몰라도 다감한 청년에게는 치욕 이외의 아무것도 아니었다. 나라는 강해야 한다. 강해지려면 우선 풍족해야 한다. 우리나라는 어떤 일이 있어도 풍족하고 강한 독립국가가 되어야 한다. 후에 내가 오직 사업에만 몰두하게 된 것은 식민지 지배하에 놓인 민족의 분노를 가슴 깊이 새겨 두게 했던 부관연락선 배 위에서의 조그마한 사건이 있었기 때문이었는지도 모른다.

한국 유학생 이순근

시노모세키에서 내려 안호상 박사와 헤어진 이병철은 기차를 타고 도쿄로 향했다. 시노모세키에서 도쿄까지는 1000킬로미터나 되는 먼 거리였다. 기차는 히로시마, 고베, 오사카를 지나 무려 20여 시간을 달려서 도쿄역에 도착했다. 아는 사람 하나 없고 막막했으나 대학에 입학하기까지는 아직 6개월 정도의 시간이 남아 있어서 마음의 여유는 있었다.

이병철은 일본 최고의 사립대학으로 알려진 와세다(早稻田) 대학에 입학하기로 정했다. 그 학교 부근에 하숙을 정할 요량으로 와세다 대학 부근의 하숙소개소에 마땅한 하숙을 부탁해놓고 지리를 익히고 방향감각을 기르기 위해 아무 전차나 타고 시내를 돌아다녀 보았다. 무심코 내린 곳이 시타이누다이(下沼袋)역이었다.

당시 역 부근은 개발이 되지 않은 상태라서 아직 숲이 우거진 곳이 많았고 밭도 이어져 있었다. 다만 여기저기에 드문드문 새 집이 들어서고 있어서 그곳이 신개발지라는 것을 말해주고 있었다. 이병철은 낯선 거리를 발길 닿는 대로 걸었다.

그때 문득 맞은편에서 걸어오는 한 청년이 눈에 띄었다. 이병철은 그 사람이 우리나라 사람 같다는 느낌이 들어서 유심히 바라보았다. 어떤 운명적인 예감이 있어서인지 상대방도 이병철을 유심히 바라보았다.

"혹시 조선 사람 아니십니까?"

이병철은 조심스럽게 우리말로 물었다.

"아, 그런데요. 어떻게 아셨죠?"

청년도 다소 놀란 표정이 되어 우리말로 되물었다.

낯선 일본 땅에서 자기 또래의 동포 청년을 만난 기쁨은 대단한 것이었다. 두 사람은 반갑게 악수하며 서로 이름을 밝혔다. 청년은 와세다 대학 3학년에 다니고 있는 이순근(李舜根)이라고 자신을 소개했다. 경상남도 함안 출신으로 고향 역시 이병철의 집에서 가까웠다.

그는 하숙집의 일본 음식이 입에 맞지 않아 대학 근처에 방을 하나 얻어 자취를 하고 있다면서 이병철에게도 자취를 권했다. 이병철은 이순근이 마음에 들었고 그와 가까이 있는 편이 든든할 것도 같아 그가 사는 근처에 셋방을 구했다.

그 후 이순근과의 인연은 오래도록 이어졌다. 이순근은 사회주의 사상에 심취해 있던 학생 운동가였다. 학생 운동가와 부잣집 아들은 잘 맞지 않을 것 같았지만 두 사람은 오래도록 우정을 유지해 나갔다. 훗날 그는 이병철이 창업한 삼성상회의 책임자로 일을 하게도 된다.

당시 와세다 대학 교정에서는 연일 집회가 열렸다. 그 무렵은 사회주의가 유행처럼 번지던 시절이라서 지식인들 대부분은 그 사상에 물들어가던 시절이었다. 마르크스나 엥겔스의 서적을 읽지 않으면 대학생이라고 할 수 없었던 때이다.

특히 일본이 군국주의로 치달아가자 대학생들은 극렬하게 반대하며 사상운동을 펼쳐 나갔다.

이순근은 이따금 이병철에게 사상운동에 참여하라고 권유를 하기도 했으나 부잣집 아들인 이병철은 그런 일에 별로 흥미를 느끼지 못했다. 이병철은 단 한 번 데모대를 따라나섰다가 붙잡히는 바람에 이틀 동안 경시청 유치장 신세를 진 일이 있었다.

그러나 그것은 호기심에 이끌려 일어난 일이었을 뿐이었다. 그 시절 이병철은 마르크스와 엥겔스의 문헌들을 독파하기도 했으나 천석꾼 지주의 아들로서 지주 계급을 적대적으로 바라보는 사회주의를 받아들이기는 체질상 쉽지 않았을 것이다.

와세다 대학, 공부에 몰두하던 시절

1930년 4월, 이병철은 와세다 대학 정치경제학과에 입학했다. 그의 나이 스무 살이었다. 여기서 의문이 나는 것은 졸업장 하나 없던 이병철이 어떻게 명문대학인 와세다 대학을 다닐 수 있었는지 하는 점이다.

그는 진주의 지수보통학교, 서울의 수송보통학교, 중동중학교를 다니기는 했지만 모조리 중퇴를 하는 바람에 졸업장이라는 것을 단 한 번도 받지 못했다. 그 점이 이상하긴 한데 〈호암자전〉을 비롯해서 그 점을 밝히거나 지적한 글은 보이지 않는다. 이병철과 일본 유학을 같이 떠난 것으로 알려진 조홍제의 경우, 중앙고보 재학 중 6·10만세사건 주동자로 퇴학 처분을 당하는 바람에 졸업장이 없어서 일본 유학에 애를 먹었다고 한다.

일본으로 건너간 그는 중학 과정 졸업장을 갖지 않고도 대학에 진학할 수 있는 방법을 찾아 여기저기 쫓아다녀야 했다. 그는 인쇄소 주인을 꼬드겨서 만주 용정중학교의 가짜 졸업장과 성적증명서를 만들어 낸 후 와세다공업전문학교에 응시할 수 있었고 호세이대 독일경제학과로도 진학할 수 있었다. 당시 일제 교육 행정의 영향력이 만주까지는 미치지 않았기에 가능한 일이었다. 이병철도 그런 방법을 썼는지는 알 수 없는 일이다.

와세다 대학은 게이오 대학과 더불어 일본의 양대 명문 사립대학이다. 와세다 출신으로 일본 총리가 된 사람은 도쿄 대학 다음으로 많다고 한다. 와세다 대학은 경제학과가 강해서 실제로 와세다 대학 출신의 기업가 중에 쟁쟁한 사람들이 많다.

대표적인 경영자로 우선 일본 '지하철의 아버지'라 불리는 하야카와 노리치쿠가 있고, 일본에서 '경영의 신'이라고 불리는 세 사람 중 한 사람인 소니의 창업자 이부카 마사루(井深大), 얼마 전 소니의 회장을 역임한 이데이 노부유키(出井伸之), 카시오의 창업주인 카시오 타다오, 닌텐도의 사장을 역임한 야마우치 히로시 등 쟁쟁한 인사들이 많다. 최근에 가장 유명한 인사로는 소설가 무라카미 하루키가 있다.

한국 출신 졸업생은 일제시대부터 많아서 김성수(金性洙), 송진우(宋鎭禹), 신익희(申翼熙), 이광수(李光洙), 장덕수(張德秀), 황순원(黃順元), 이병도(李丙燾) 등이 와세다 출신들이다.

이병철의 둘째 아들 이창희, 그리고 이건희도 와세다 대학을 나와서 이 대학은 삼성가와 인연이 많은 편이다. 2010년 이건희는 와세다 대학에서 명예 법학박사 학위를 받기도 했다.

아무튼 와세다 대학 학생이 된 이병철은 착실한 모범생이 되었다. 보통학교에서 중학교를 다니는 동안 착실하게 공부를 하지 못한 것을 복구해 보려는 자각에서인지 이병철은 뒤늦게나마 학교 공부에 몰두했다. 강의도 빠짐없이 들었다. 그것도 강의를 똑똑하게 알아들으려고 강의시간 전에 들어가서 앞자리를 차지하고 들었다.

그러다보니 책도 열심히 읽게 되었다. 이 시절 이병철은 다른 학생들처럼 마르크스와 엥겔스를 읽었고 휴머니즘을 설파한 톨스토이의 소설을 탐독하기도 했다. 그렇게 공부에 열의를 지니고 독서 삼매경에 빠지다 보니 인생과 세상에 대한 진지한 사색에 잠기게 되면서 새로운 고민을 하지 않을 수 없게 되었다.

이병철에게 있어서 이때에 갖게 된 독서와 사색의 습관은 말년까지도 끊임없이 이어졌다. 독서는 빼놓을 수 없는 일상의 습관이 되었다.

그는 주로 일본서적들을 많이 읽었다. 소설에서 역사서에 이르기까지 다독이라기보다는 난독(亂讀)하는 편이었다. 이병철은 의외로 소설 마니아였다. 그는 경제·경영서보다는 소설을 많이 읽었는데 소설이야말로 인생을 살아가는 지혜가 담긴 경영서라고 강조하기도 했다.

성우회(星友會, 삼성 출신 경영자들의 모임) 회장이었던 신훈철(申勳澈)의 증언에 따르면, 이병철은 삼성그룹을 이끌어 가면서 출장이 잦았던 일본에서 돌아올 때마다 신간 서적을 대형 가방에 가득 찰 정도로 구해다 읽었다. 그리고 새로운 사업을 시작할 때는 그 분야의 책을 집중적으로 모아서 임원들에게 나눠주고 독후감을 제출하라고 명령하기도 했으며 기회가 있을 때마다 학자들을 불러놓고 공부하기도 했다.

특히 74세의 나이에 사운을 건 반도체 사업 투자를 결정하면서 일본 현지의 업계, 기술자, 설비 관계자, 연구소 등을 돌며 얻은 산더미 같은 자료를 항공편으로 공수해다가 일일이 붉은 줄을 그어가며 읽은 후 해당 부서 기술자에게 주고 숙지하도록 했다. 뒷날에는 독서할 내용이 너무 많아지자 비서실 내에 서적이나 외국 원서를 번역하여 요약하는 팀을 운영하기도 했을 정도였다.

그렇긴 해도 대학생 시절부터 이병철이 어떤 뚜렷한 목적을 갖고 독서를 한 것은 아니다. 스무 살의 그때 이병철은 교양인으로서 자질을 갖추기 위한 수양차원에서 독서를 했을 것이다. 어쨌거나 그 시기는 이병철이 태어나서 처음으로 진지하게 책과 사귀고 깊은 생각에 잠겼던 시기였다.

1930년대의 대공황과 〈여공애사〉

이병철이 대학 생활을 시작할 무렵, 미국의 월스트리트에서 시작한 대공황이 세계 경제를 암흑 속으로 몰아넣기 시작했다. 뉴욕의 아메리칸 뱅크가 지불정지 사태에 빠졌고, 오스트리아 중앙은행, 영국 잉글랜드 은행도 파산했다.

대공황의 여파는 유럽을 돌아 일본까지 영향을 미쳤다.

1923년 관동대지진 이후 수렁에 빠져 허덕이던 일본 경제도 파산직전으로 몰렸다. 일본의 공업 생산과 수출은 반 토막이 났고 물가도 폭락했다. 쌀을 비롯한 곡물과 생필품 가격도 절반 이하로 떨어졌다. 그런데도 물건은 팔리지 않았고 재고만 쌓여 있는 공장은 월급 줄 돈이 없어서 직원들을 해고해야 했으며 급기야 문을 닫는 곳까지 속출했다. 수십 만의 실업자가 거리에 넘쳤고 젊은이들은 대학을 나와도 직장을 구할 수 없었다.

일본에서는 그러한 현실을 풍자한 영화 〈대학은 나와도〉가 인기를 끌었다. 사회불안은 고조되었고 불황의 돌파구를 찾지 못한 일본정부는 점점 군사 파시즘으로 치닫고 있었다. 대학은 좌익운동과 반체제운동의 본거지가 되었고 연일 시위가 그치지 않았다.

그 무렵 이병철은 〈여공애사(女工哀史)〉라는 책을 읽고 큰 충격을 받는다. 이 책은 당시 일본 여공들의 참혹한 생활상을 고발한 책이었다. 이 책은 1925년 출간되자마자 일본사회에 커다란 충격을 던졌다. 이 책은 일본의 산업화가 가열하게 진행되던 시기에 방직업에 종사하고 있는 여공들의 비참한 환경을 그린 것이다. 여공들의 채용에서부터 노동생활, 기숙사생활, 강제저축, 강제교육, 서신검열 등과 갖가지 학대를 구체적으로 실감나게 묘사했다.

그것은 〈여공애사〉를 쓴 호소이 와키조(細井和喜藏, 1897~1925) 자신이 14살 때부터 공장직공으로 고된 일을 경험한 여공이었기에 가능한 일이었다. 그런데 독자들을 더욱 안타깝게 한 것은 그녀가 책이 출간된 지 한 달만에 스물여덟의 젊은 나이로 생을 마감했다는 점이다. 제대로 먹지도 못하고 격무에 시달린 탓에 병이 깊었던 것이다.

이 책에 따르면 당시 일본의 공장에서 일하던 여공들은 잠자고 밥 먹는 시간 외에는 일에 매달려야 했다. 게다가 작업장의 환경은 이루 말할 수 없이 열악했다. 〈여공애사〉에는 옷감을 다리는 스팀의 수증기로 숨이 턱턱 막히는 공장 안에서 하루 종일 서서 일하는 여공들이 나온다. 그녀들은 하루 12시간 노동은 기본이고 매일 같이 잔업을 해야 한다.

여공들은 새벽 3시 30분에 출근해 저녁 6시까지 무려 14시간 30분 동안 일을 했다. 식사는 그야말로 보잘 것 없었고 작업 도중에는 기숙사에 잠시 들르거나 공장 바깥으로 나가는 행위는 일체 금지되었다.

일이 끝나면 기숙사로 돌아갈 수 있는데 다다미 한 장 크기 즉, 가로 90센티미터, 세로 180센티미터밖에 안 되는 작은 공간에서 칼잠을 잤다. 말이 기숙사지 수용소나 다름없는 형편이었다. 그녀들은 먼지와 습기가 가득한 가혹한 노동, 형편없는 식사와 잠자리로 인해 병에 걸려 죽거나 대다수가 폐병에 시달렸다.

부잣집 아들로 평생 고생을 모르고 자란 이병철은 작가 자신의 생생한 경험담을 적어나간 〈여공애사〉를 읽고 너무도 놀랐다. 우리나라가 처한 식민지 현실만 비참한 것인 줄 알았는데 일본 본토에서조차 이렇게 노동자를 착취하는 세상의 어두운 이면이 있다는 사실에 경악했다.

그동안 자신이 얼마나 유복하게 살아왔는지를 새삼 고맙게 생각하지 않을 수 없었다. 〈여공애사〉에서 받은 이병철의 충격은 훗날 그가 제일제당이나 제일모직 같은 공장을 지었을 때 사원복지를 최우선으로 삼는 데 결정적인 계기가 되었다.

유학생활을 접다

일본 유학시절 집에서는 꼬박꼬박 매달 200원의 송금을 해주었다. 그 무렵 도쿄에서는 한 달에 50원만 있어도 5, 6인 가족이 중류 이상의 생활을 할 수 있었다. 이병철의 생활이 얼마나 풍족한 편이었는지 짐작이 간다.

그런데 이병철의 몸에 문제가 생겼다. 모처럼 공부에도 열중하고 충실한 나날을 보내고 있다고 자부하고 있었는데 돌연 병마가 찾아왔다. 언제부터인지 조금만 책을 읽어도 몹시 지치고 피로해지는 증상이 생겠다. 자취생활에서 습관처럼 되어 버린 편식 탓에 비타민B 결핍으로 각기병(脚氣病)에 걸리고 말았다. 그렇게 풍족한 생활을 할 수 있는 송금이 오고 있었는데 영양실조에 가까운 병에 걸리다니…….

이병철은 2학년이 되면서 1년 동안의 휴학계를 냈다. 병은 기(氣)가 허(虛)한 데서 생긴다고 알고 있었기에 우선 생활패턴을 바꾸어 보았다. 여기저기 몸에 좋다는 온천장을 찾아다니며 온천욕도 해보았지만 효험이 없었다. 경치 좋고 공기가 맑은 명소나 유적지를 찾아 여행하며 몸을 추스르려고 노력했지만 효과가 없었다. 무거운 몸을 가누지 못하는 나날이 계속되었다.

도쿄에 온 후에도 할머니는 철이 바뀔 때마다 손수 만든 한복을 보내주셔서 이병철은 방에서는 늘 그것을 입고 있었다. 혹시 고온다습한 일본의 기후에 맞지 않나 해서 여름에는 일본 옷인 유카타(浴衣, 기모노의 일종)를 입어 보기도 했다. 그러나 전혀 차도가 없어 초조한 나날이 계속되었다. 이러다가는 병이 마음까지 파고들 것 같았다.

마침내 이병철은 '이런 상태로 덧없이 시간을 보내느니 차라리 학교를 단념하고 도쿄를 떠나는 편이 낫겠다.'고 생각하기에 이른다.

그런데 이 대목에서 이병철이 과연 학업을 중단할 정도로 몸이 아팠던 것일까 하는 의문이 든다. 어쩌면 그는 몸보다는 마음의 중심을 잡지 못해서 힘들어 했는지도 모른다.

이병철은 함께 자취를 하던 이순근을 비롯해서 개성출신의 황씨(黃氏), 호남출신의 진씨(陳氏) 등과도 친하게 어울려 지내면서 한때 다다미방을 네 개나 얻어서 하루씩 번갈아 당번이 되는 공동자취생활을 한 적도 있었다. 그런데 그들 유학생들 대부분은 진보적이거나 좌익운동가적인 성향이 짙었을 것이다.

1930년 그 무렵은 일본 대학들의 좌익운동이 극에 달하던 시기였다. 와세다 대학에서도 연일 시위가 잇따랐고 동포유학생들도 대다수가 좌익운동에 가담했을 것이다. 이병철 자신도 반체제 시위에 참가했다가 이틀 동안 유치장 신세를 지지 않았던가!

본인은 호기심 때문에 일어난 일이었다고 하지만 유학생 동료들과 어울려 다니다 휩쓸려서 그렇게 된 결과였으리라. 이병철은 〈호암자전〉에서 "만약 사상운동에 적극 투신할 용기가 있었느냐고 묻는다면 그다지 적극적인 의사는 없었다고 대답하는 편이 정직할 것이다."라고 밝히고 있다. 이병철은 좌익운동의 세례를 받았으나 그는 그것을 받아들이지 않았다.

그렇다고 이병철이 지주계층 출신이라서 그런 태도를 보인 것은 아니라고 볼 수 있다. 왜냐하면 예나 지금이나 부유층 출신들이 진보적이거나 좌익운동가가 되는 일이 결코 적지 않기 때문이다. 조정래의 소설 〈태백산맥〉을 보면 좌파운동을 하는 사람들은 기층 민중들이 아니라 일본 유학을 다녀온 부유한 지주의 자식들이다. 실제로 해방과 한국전쟁의 시기인 1945~1953년 격변의 해방 8년사를 살펴보아도 좌파운동, 진보운동을 주도한 것은 부유층 지식인들이 많았다.

이병철이 이순근이 내미는 손을 뿌리친 것은 그럴 용기가 없었다기보다는 그런 분위기에 휩쓸리고 싶은 생각이 별로 들지 않았을 가능성이 높다. 이병철의 아버지는 지주이기는 하지만 친일파는 아니었기에 좌익운동을 못할 이유는 별로 없었다. 그렇다고 이순근과의 사이에 우정이 나빠지는 일도 없었다. 훗날 이병철은 이순근을 불러들여서 자신이 경영하는 삼성상회의 전권을 일임할 정도로 두 사람은 우정을 넘어서 서로 신뢰하는 사이였다.

그렇다면 이병철은 현실과 사상 사이의 어떤 심각한 괴리감을 느낀 것은 아닐까? 본래 시끄러운 것을 싫어하는 성격이었기에 그는 사상운동에 적극적으로 나설 체질은 아니었을 것이다.

심리학자 김태형은 "당시 이병철을 주저하게 만든 것은 '가문의 전통'이었을 가능성이 더 크다."고 말한다. 그들 가문은 10대조부터 대대로 정치에 등을 돌린 채 고향에 은둔하면서 살아온 집안이다. 한때 서울에 올라가 독립협회 활동을 했던 이병철의 아버지 역시 결국에는 조상들처럼 고향으로 돌아오지 않았던가! 김태형은 당시 이병철의 심리상태가 다음과 같았을 것이라고 분석하고 있다.

 그는 이순근을 비롯한 동료들이 벌이는 정치운동을 적어도 심정적으로는 지지하면서도 그것에 발을 디딜 수가 없었기 때문에 난처한 딜레마에 빠지게 되었다. 정치운동을 하지 않자니 친구들을 볼 면목이 없고, 그렇다고 정치운동을 하자니 그 후폭풍을 감당할 자신이 없었던 것이다. 이런 진퇴양난의 상황에서 이병철을 구원해줄 수 있는 것은 '병' 이외엔 없지 않았을까!
 결국 그는 병에 걸렸고, 그것을 핑계 삼아 2학년 가을에 대학을 중퇴하고 도망치듯 고향으로 돌아오고 말았다. 일본으로 유학을 떠나면서 느꼈던, 드디어 고향을 벗어나 넓은 세상으로 나아간다는 환희와 기쁨은 첫 싸움에서 완패해 비겁하게 후퇴하고 말았다는 자괴감과 패배감으로 변해버렸다.

한편 이맹희는 아버지 이병철이 와세다 대학을 중퇴한 이유를 이렇게 회고한다.

 내가 태어났을 무렵에 일본 와세다 대학 정경과를 다니던 아버지는 이듬해인 1932년 학업을 중단하고 고향으로 돌아왔다. 각기병에 걸려서 더 학업을 잇기 힘든 상황도 있었지만 내가 자라서 성년이 된 후 여러 차례 들은 이야기로 짐작해 보면 일본에서의 유학생활이 무의미하게 느껴졌던 듯하다. 유학시절을 이야기할 때에는 늘 "일본 와세다 대학 유학을 해본 결과 2학년쯤 되니 여러 과목 중에서도 영어, 수학, 일본어(당시는 국어라고 했다)가 제일 중요한데 그 중에서도 내가 제일 중요하게 생각하는 수학은 다른 아이들이 나를 도저히 따라오지 못하더라. 그래서 그만두었다."고 했다.

　말하자면 당시 아버지에겐 매우 중요했던 수학 과목을 더 배울 게 없어서 그만두었던 셈이다. 실제 평생 사업을 하면서 아버지는 3단위(백단위)의 곱셈 정도는 늘 암산으로 했고 임원들이 숫자를 한번 보고 하면 절대 잊는 법이 없었다. 그래서 누구라도 숫자에 대해서 보고를 할 때는 긴장할 수밖에 없었다.

　여기서 이맹희가 아버지 이병철이 특히 수학을 잘했다고 자랑처럼 말했다는 대목은 이병철이 유난히 계수에 밝았다는 여러 경영자들의 견해와도 일치한다.
　아마 이병철은 사상운동에 휩쓸리기도 싫었고, 그 정도 배워보니까 대학도 시들해지기도 했고, 그 와중에 몸도 아프고 하니까 가장 편안할 것 같은 귀향을 선택한 것이 아닐까? 고향집에는 아직 신혼인 아내와 두 아이가 있지 않은가! 그때 이미 장남인 이맹희도 태어나 있었다. 미련 없이 일본을 떠나 한국으로 돌아온 이병철이 밝힌 당시의 심정고백은 이렇다.

　공부해서 무슨 벼슬을 하려고 했던 것도 아니고, 도쿄의 신학문이 어떤 것이며 또 동양의 중심지라는 도쿄의 조류가 어떤 것인지 알고 싶다는 생각에 갔었다. "한 1년 내지 2년쯤 보니까 그 사람들 생각도 다 이해가 되고 게다가 일본 도쿄가 세계 중심지 중의 하나라는데 정말 그 곳에서는 세계가 보이더라. 그런 상황에서 유학생활을 더 하면 뭐하나 싶은 회의가 들더라."

중퇴 인생, 무엇을 할 것인가
　'대학졸업장도 따지 못하고 고향으로 돌아가면 부모님이 얼마나 실망하실까?'

또다시 유종의 미를 거두지 못하고 코가 쏙 빠져서 돌아오게 된 이병철은 무엇보다 아버지의 불호령이 두려웠다. 이병철은 어느 가을날 아침, 가방 하나만 달랑 들고 홀연히 고향집 대문을 들어섰다. 아무런 연락도 하지 않은 채였다. 그는 아버지 앞에 엎드려 대학을 도중에 그만두었다는 사실을 말씀드렸다. 호된 나무람을 각오했으나 아버지의 반응은 뜻밖이었다.

"너도 무슨 요량이 있었겠지. 우선 몸조리나 잘 하거라."

아버지는 더 이상 말이 없었다. 병색이 완연한 몰골로 돌아온 막내아들이 안쓰러워서였을까? 아니면 이제는 두 아이의 아비가 된 아들에게 잔소리를 하는 것이 싫어서였을까? 혹시 아버지는 아들의 초췌한 얼굴에서, 서울에서 정치운동을 하다가 고향으로 내려올 때의 자기 모습을 보았던 것은 아닐까?

이병철은 언젠가 스스로 '중퇴 인생'이라고 말한 적이 있다. 진주의 지수보통학교, 서울의 수송보통학교와 중동중학교, 그리고 와세다 대학으로 이어지는 네 번째 중퇴였다. 이병철에게는 졸업장이라는 것이 한 장도 없다. 요즘처럼 스펙 쌓기에 바쁜 세상에 태어났더라면 이병철은 낙오자의 인생을 준비한 셈이 된다. 이병철의 삶이 시사하는 것은 무엇일까?

그는 한 장의 학교 졸업장도 받은 적이 없는 묘한 학력을 남겼지만 사업에선 결코 중퇴하지 않았다. 더 나은 삶을 위해 스스로 결정을 내리고 망설임 없이 행동으로 옮기는 사람에게 학교 졸업장 따위는 무의미하다는 것을 그의 삶이 가르쳐주고 있는 것은 아닐까?

고향집에 돌아와 음식과 물을 갈아 먹고, 맑은 공기와 아늑한 환경에서 지내자 얼마 지나지 않아서 거짓말처럼 건강이 회복되었다. 건강을 회복했지만 이번에는 할 일이 없다는 게 문제였다. 그렇지만 이병철은 자신의 눈이 개안(開眼)이 되었다는 것을 깨달았다.

비록 대학을 졸업하진 못했지만 유학생활에서 얻은 것도 있었다. 세상을 보는 눈이 넓어진 것이다. 그전까지는 아무렇지도 않게 여겨졌던 한국의 농촌이 딱해 보였고, 잘못된 관습도 눈에 띄었다. 그 중 하나가 바로 노비제도였다.

우리나라에서 노비제도가 폐지된 것은 구한 말 고종 23년 1886년이었다. 노비세습제도를 폐지하고 노비매매를 금지함으로써 사실상 노비제도는 혁파된 셈이었다. 하지만 오랜 관습이 쉽게 사라지지 않았고, 노비 신분에서 벗어나봤자 생계를 유지하기 어려웠기 때문에 대부분 가노(家奴)의 신분으로 상전에게 의지해서 살았다. 이병철의 집에도 당시 약 30여 명의 가노가 그대로 있었다.

이병철은 대학시절 감명 깊게 읽은 톨스토이가 자기 집안의 노예를 해방시켰다는 사실을 떠올렸다. 같은 사람으로 태어나 누구는 노비를 부리며 편하게 살고, 누구는 평생 소처럼 일만 하다 죽는다는 것은 너무도 비인간적인 일이 아닌가!

이병철은 아버지에게 조심스럽게 말을 꺼냈다.

"아버님, 집안의 하인들을 풀어주셨으면 합니다."

아버지는 잠시 생각에 잠기더니 고개를 끄덕이며 말했다.

"그래, 그것이 좋을 것 같구나."

아버지는 아들의 의견을 선뜻 받아들였다. 아들은 뜻밖이라고 여겼지만 아마 개화사상에 물들어 있던 아버지는 진작 비슷한 고민을 하고 있었던 것은 아닐까!

"이것으로 우리 집과의 주종(主從)관계의 인연은 끊는다. 자유롭게 살거라."

아버지는 각각 5원씩의 전별금을 내주고 30여 명의 하인들을 해방시켜 주었다. 노비 신분에서 벗어나도 당장 먹고살 길이 막막하다는 것을 누구보다 잘 알고 있었기 때문이었다. 그럼에도 그들 중에는 살 길이 막막하다며 떠나지 않는 자들이 더러 있었다.

아버지는 그들에게 농사지을 땅까지 조금씩 나눠주었다. 하지만 대부분의 하인들은 전별금을 가지고 황해도, 만주 등 외지로 떠나거나 그 돈으로 장사를 해서 큰살림을 이룬 경우도 있었다.

이 일이 문중 사람들에게 알려지자 '장한 일이다.', '가산 탕진이다.' 하는 칭찬과 비난이 엇갈렸다. 당시로서는 충격적인 사건이었던 것 같다.

이병철은 그 일에 대해서 '그동안 한 일 가운데 다소나마 자랑스럽게 생각하는 일', '단 한 가지 흐뭇한 추억'이라고 표현하면서 뿌듯함과 흡족함을 숨기지 않았다.

훗날 자립에 성공한 사람들이 자녀를 대학까지 보내고 대학을 나온 자녀들 중에는 시험을 통해서 삼성에 들어온 사람도 있지만 이병철은 그들을 일부러 만나보지는 않았다.

이병철은 큰일을 해낸 것처럼 뿌듯한 기분에 휩싸였다. 그러나 정작 자신은 할 일이 아무것도 없다는 것을 깨달았다.

'그래, 이제는 무언가 하지 않으면 안 된다.'

이병철은 서울로 올라와서 자신이 할 일을 찾아보려고 이곳저곳을 기웃거려 보았다. 오랫동안 격조했던 학창시절 친구들을 두루 만났다. 그러나 해야 할 일은 쉽사리 나타나지 않았다. 독립운동이나 사상운동을 할 생각도, 취직 같은 것도 할 생각이 없는 부잣집 도련님에게 마땅한 일이란 애초부터 없었던 것이 아닐까!

이병철은 2년에 가까운 서울 생활에서 아무것도 찾아내지 못하고, 아무 일도 하지 않고 아버지가 보내주는 돈으로 허송세월만 하고 말았다. 그런 가운데 고향에서는 둘째 아들 창희도 태어났다.

결국 그는 다시 고향으로 발길을 돌릴 수밖에 없었다. 아버지에게 막내아들은 이래저래 골칫거리였다. 하지만 아버지는 아무런 잔소리도 하지 않았다. 집안에서 아버지의 큰 농사를 도울까도 생각했지만 이미 형 이병각이 가업을 이을 장자로서 그 일을 감당하고 있었으므로 자신이 끼어들 여지는 별로 없었다.

이병철은 자신만의 새로운 일을 시작해보려고 당시 농촌에서는 손을 대지 못했던 고등소채를 재배해 보려고 일본에서 그 씨앗을 들여오고, 개량종 돼지와 닭도 들여와 길러보았지만 별다른 성과가 없었다. 전문적인 지식이 없어 취미 수준에 그쳤고 사업으로까지 연결시키지는 못한 것이다.

마음이 허전해진 이병철은 이웃 친구들과 골패(骨牌)노름을 시작했다. 노름은 매일 한밤중까지 계속되었고 밤새 노름에 지칠 대로 지친 상태에서 달그림자를 밟으며 집으로 돌아오는 날이 많았다. 그야말로 부잣집 막내아들의 무위도식의 나날이었다.

'운이 없는 것일까? 세상이 나쁜 것일까?'

어느 날, 이렇게 자문하면서 실의에 빠진 채 달그림자를 밟으면 집으로 돌아오던 이병철은 평화롭게 잠들어 있는 세 아이의 모습을 보는 순간 악몽에서 깨어난 듯한 충격을 받았다. 〈호암자전〉의 기록을 보자.

> 그날도 골패노름을 하다가 밤늦게야 집으로 돌아왔다. 밝은 달빛이 창 너머로 방 안에 스며들고 있었다. 그때 나이 26세, 이미 세 아이의 아버지가 되어 있었다. 달빛을 안고 평화롭게 잠든 아이들의 모습을 바라보는 순간, 문득 악몽에서 깨어난 듯한 심정이 되었다. 너무 허송세월을 했다. 뜻을 세워야 한다. 잠자리에 들긴 했으나 그날 밤은 한잠도 이룰 수 없었다. 온갖 상념이 머릿속을 스쳤다. 그리고 뜻을 굳힌 것이 사업이었다.

그날 이병철은 밤을 꼬박 새우면서 '사업'을 하겠다는 결심을 다진다. 물론 구체적인 계획이 떠오른 것은 아니었다. 그는 독립운동, 관리(官吏), 사업을 두고 고민했던 듯하다. 하지만 그는 독립운동이나 사상운동 같은 일은 진작부터 접은 일이었고, 식민치하에서 관리생활이란 떳떳하지 못하다고 생각했다. '식민지 조국에서 관리가 된다는 것은 일본의 앞잡이가 되는 것과 다름없지 않은가! 그는 오랜 방황 끝에 사업이 실사구시를 중시하던 집안의 내력과도 맞아 떨어지는 것이 자신의 성격에 가장 알맞다는 결론을 내렸다.

며칠 동안 갖가지 궁리에 잠겼던 이병철은 아버지에게 사업을 하겠다는 결심을 말씀드린다. 그런데 아버지는 아들의 뜻을 흔쾌하게 받아들이고 무척이나 고마운 처분을 내리는 것이었다.

"좋다. 네 몫으로 일 년에 300석쯤 수확을 얻을 수 있는 재산을 나눠 주마. 스스로 납득이 가는 일이라면 결단을 내려 보는 것도 괜찮다."

연 수입 300석 지기 땅이라면 한 가족이 풍족하게 먹고 살 수 있는 재산이었다. 하지만 사업자금으로서는 큰 사업을 벌이기에는 대수로운 것이 못 되었다. 어쨌든 이병철은 마음이 부풀었다. 그는 그날로 백수 생활을 청산하기 위해서 사업을 도모할 계획을 짜고 시장 조사에 들어갔다. 그리고 이병철은 그 땅을 팔아 마산에서 인생 최초로 중간에 포기하지 않는 일을 시작한다.

여기서 짚고 넘어가야 할 것이 있다. 당시 이병철이 의식하지는 못했겠지만 그가 300석 지기의 땅을 팔아 사업을 시작하게 된 것은 부의 상징이 토지에서 자본으로 넘어가고 있는 과정을 보여준 것이라 할 수 있겠다.

당시 자본주의에 물들지 않았던 이병철이 그것을 의식했을 리는 없다. 다만 그는 자신의 인생을 놓고 의미를 찾느라고 씨름하기에도 바빴다. 이병철은 뒷날 어느 저널리스트와의 인터뷰에서 당시를 이렇게 회고했다.

어떠한 인생에도 낭비라는 것은 있을 수 없다. 실업자가 10년 동안 무엇 하나 하는 일없이 낚시로 소일했다고 치자. 그 10년이 낭비였는지 아닌지, 그것은 10년 후에 그 사람이 무엇을 하느냐에 달려 있다. 낚시를 하면서 반드시 무엇인가를 느낀 것이 있을 것이다. 실업자 생활을 어떻게 받아들이고 어떻게 견뎌 나가느냐에 따라서 그 사람의 내면도 많이 달라진다. 헛되게 세월을 보낸다고 하더라도 무엇인가 남는 것이 있을 것이다. 문제는 헛되게 세월을 보내는 데 있는 것이 아니라, 그것을 어떻게 받아 들여 훗날 소중한 체험으로 그것을 살려 나가느냐에 있다.

삼성가(家) 가족이야기 ❷

형, 이병각

이병철에게는 5살 위인 형 이병각이 있었다. 창산(昌山) 이병각은 신식 교육을 받지는 않았으나 장인이자 유학자인 하회봉(河晦峰)의 문하에서 수학하여 상당한 수준의 한학(漢學)을 쌓았다. 그는 영민하고 이재에도 밝았던 사람으로 고향에서 천석꾼의 농사를 지휘하면서도 여러 가지 사업에 손을 댔었다.

이맹희의 〈묻어둔 이야기〉에 따르면 이맹희는 9살 때 서울에 올라와서 수송국민학교에 입학했는데 그때 기거한 곳이 적선동에 있는 큰아버지 이병각의 집이었다고 한다. 1931년생인 이맹희가 9살 때라면 1940년 무렵으로 해방되기 이전에 이미 이병각은 서울에도 집을 갖고 있었던 셈이다.

이병각의 서울 생활에 대한 기록이나 삼성그룹에 관여한 기록은 거의 없다. 장남 이동희의 기록에 따르면 아버지 이병각은 1962년에 삼강유지화학을 설립하고 일본 회사와 기술 제휴를 맺고서 '아이스크림'을 생산하기 시작했다. '삼강 아이스크림'은 공전의 히트를 해서 사업적으로 큰 성공을 거둔 듯 했으나 훗날 롯데제과에 인수되어 '롯데삼강'으로 변신을 하게 된다.

한때 삼강유지 사장인 이병철의 형 이병각 때문에 삼성재벌이 아이들의 코 묻은 돈까지 벌어들이려고 혈안이 되어 있다고 오해를 사서 여론의 비난이 거세게 일기도 했다. 그래서 이병각이 삼강유지를 매각한 것은 아니겠으나 이후 그는 이렇다 할 사업을 벌이지 않는다.

이동희의 회고록 〈뿌리 깊은 꿈〉을 보면 그의 아버지 이병각은 마음이 여려서 주위 사람들의 말을 너무 신뢰하는 경향이 있었고 그래서 많은 배신을 당해 말년에는 경제적 여유가 없었다고 한다.

1963년 이동희가 국내 최초의 여성전문병원인 '제일병원'을 설립할 당시 자금이 모자라 손을 벌였을 때 아버지의 도움을 전혀 받지 못했다고 한다.

그러던 이병각이 어느 날 갑자기 전 국민의 관심의 대상이 된다. 1966년 9월 20일 이병각이 서울 인사동에서 사들인 '가야금관'과 '신라 금동불상' 등이 도굴품으로 밝혀지면서 그가 구속되는 사건이 일어난 것이다.

당시 신문은 이병각이 경찰에서 "장물로 각종 국보를 매입했다고 자백했다."고 보도했는데, 그때 문화재 당국은 개인소장품 226점을 압수한 것으로 알려졌다. 그 이후 이병각은 장물 취득 및 문화재보호법 위반 등의 혐의로 금고 10월에 집행유예 2년을 받고 풀려났다.

그 후로도 이병각은 문화재 수집가로서의 행보를 계속하는데 1966년 조선일보에는 그에 대해 이런 기사가 실려 있다.

혜화동에 본가를 두고 정릉 별장에도 이따금 거주하면서 정원과 응접실을 온통 골동품으로 장식했다. 몇 백 년 전의 토기로부터 동판, 불상, 금목걸이 등 그 수가 수백 가지여서 박물관 못지 않다. 삼강유지 사장 자리를 그만두고 경주를 자주 오르내리며 골동품을 샀고 더러는 주문도 했다는 얘기도 들린다.

당시 이병각은 문화재의 최고 거래 대상이었다. 세간에서는 이병철이 형을 앞세워 국보급 문화재를 긁어모으고 있으며, 이병각-김모씨-삼성이라는 삼각 커넥션이 형성되어 있다고 보는 시각이 많았다. 그래서인지 이병철도 놀라울 정도로 많은 문화재를 소장하고 있었고 그것이 삼성문화재단과 이건희에게 넘겨졌다.

현재 삼성 리움미술관이 소장하고 있는 국보는 모두 35점이며 이들 국보 중 이건희 소유로 된 것이 23점, 삼성문화재단 소유가 12점이다. 이건희는 국보 23점(전체의 7%)과 보물 80점(전체의 6%)을 갖고 있는 우리나라 최대의 국보와 보물 소장가이다.

❸ 청년 사업가

대장부란, 인(仁)이라는 천하의 넓은 집에 살고,
예(禮)라는 천하의 바른 위치에 서서,
의리(義利)라는 천하의 큰 도를 행하는 것이다.

- 장자 -

사업의 출발, 협동정미소

1936년, 드디어 이병철은 마산에서 첫 사업을 시작한다. 26세 때의 일이다.

그가 첫 사업으로 선택한 것은 정미소였다. 처음에 그는 서울에서 폼 나는 사업을 벌일 생각을 해보았다. 서울을 근거지로 하면 업종 선택의 폭이 넓고 친구들도 있어 손쉬울 것 같아서였다. 하지만 그가 손에 쥐고 있는 자금으로는 명함도 내밀지 못할 것 같았다.

이병철은 대구, 부산, 평양 등 3대 도시도 생각해 보았으나 이곳의 큰 상권은 일본인들이 차지하고 있었기에 경험도 일천하고 자금도 빠듯한 처지로서는 견물생심이었다.

이병철은 결국 고향과도 가까운 마산을 선택했다.

오늘날 마산은 대규모 공업도시로 변모했지만, 당시는 물 맑고 기후가 온화한 항구도시였다. 마산은 경남 제일의 농산물 집산지였다. 연간 수백만 석의 쌀이 모여 일본으로 건너갔다. 채만식의 소설 〈탁류〉에서 그려진 곡물 찬탈기지로서의 군산항의 모습을 연상하면 좋을 것 같다. 당시 마산은 군산, 목포 등과 함께 식민지시대 한반도의 곡물이 일본으로 공출되는 대표적인 전진기지였다.

이병철은 마산 일대의 도정 능력이 모자란다는 사실을 파악하고 첫 사업으로 정미소를 선택한 것이었다. 일본인이 경영하는 정미소는 상당한 규모였으나 한국인의 그것은 보잘 것 없었다. 하주는 도정료를 선불하고도 상당 기간 차례를 기다리는 것이 예사였다. 그래서 정미소의 빈터에는 어느 곳이나 도정을 기다리는 볏가마니가 산더미를 이루었다.

'그래, 마산에서 가장 큰 정미사업을 일으켜보자.'

마산에서 가장 큰 규모로 하기만 한다면 승산이 있다는 확신이 섰다. 이병철은 그러려면 자신이 가진 자본만으로는 어렵다는 판단을 했다. 이병철은 정현용(鄭鉉庸)과 박정원(朴正源)을 만나서 사업을 같이 해볼 것을 제안했다. 두 사람은 친구라기보다는 집안끼리 알고 지내던 세교(世交)로서 이루어진 비슷한 연배의 사람들이었다.

마침 두 사람도 사업거리를 찾고 있던 터여서 세 사람은 의견의 일치를 보았다. 세 사람은 각각 1만 원씩을 출자하고 북마산에 협동정미소(協同精米所)라는 간판을 단 회사를 출범시켰다.

"조선인은 단결심이 없다. 그러므로 공동사업 같은 것은 성공할 수 없다."

당시 일본인들은 우리를 이렇게 비아냥거리며 멸시하고 있었다. 그래서 세 사람은 '합심 협동'한다는 결의가 담겨 있는 상호로 사업을 시작했다. 일본인들의 콧대를 납작하게 만들어 주고 싶었던 것이다.

협동정미소는 최신 모델의 도정기를 들여놓고 운영한 덕에 순조롭게 굴러갔다. 하지만 마산 제일의 정미소를 만드는 데는 3만 원이란 자본금으로는 턱없이 부족했다.

정미소는 쌀을 도정해주는 것이 주업이기는 했으나 쌀을 비롯한 기타 곡물의 유통을 해야 운영이 되는 곳이었다. 그냥 단순히 도정만 해가지고는 유지가 될 수 없었고, 설령 유지가 된다고 하더라도 사업으로서의 의미는 별로 없었다. 마산에는 만주의 콩, 수수 등이 유입되어 물자와 돈의 움직임이 제법 컸다. 정미소는 그 사업도 같이 해야 승부를 걸 수 있는 것이었다.

세 동업자는 은행 융자를 얻어야 한다는 결론을 냈다. 마산에는 현재의 한국산업은행의 전신인 식산은행(殖産銀行) 마산지점이 있었다. 이병철이 대표로 히라다(平田)라는 일본인 지점장을 찾았다. 담보는 충분하고 사업계획에도 빈틈이 없었으므로 별로 어려운 것은 없을 줄 알았다.

그러나 지점장은 깐깐하게 여러 가지 질문을 하기 시작했다. 그런데 그 질문의 내용이 일종의 테스트와 같았다.

'곡물가격이 변동하고 있는 원인은 무엇인가?', '일본곡물시장의 동향을 어떻게 보는가?' 등등 일개 정미업자로서는 알 필요도 없는 질문들이었다. 이병철은 기분이 몹시 불쾌했으나 꾹 참고 성실하게 대답했다. 히라다 지점장은 소신 있게 대답하는 이병철의 모습에 호감을 갖게 되었다. 그는 이병철이 비록 중퇴생이긴 하나 명문 와세다 대학 정경학부 출신이란 것을 알고 일부러 떠본 것이었다. 이후 식산은행에서의 대출은 아무런 문제도 없이 진행되었다.

정미소는 일 년 내내 바쁘게 돌아갔다. 그런데 결산을 해보니 결과는 엄청났다. 이익이 난 것이 아니라 자본금의 절반을 날린 1만 5천 원의 결손이었다. 깜짝 놀란 동업자들은 원인 분석에 들어갔다.

이미 말했지만 단순한 정미사업이라고 해도 도정을 통해서만 돈을 벌 수는 없었다. 그래서 정미소는 현미를 구입하여 도정을 해서 쌀을 판매하는 쌀 도매상으로서의 역할도 했고 또 그 일이 주요 업무였다. 그래서 쌀 시세에 의해 사업의 성패가 좌우되는 것이었다.

그런데 당시는 쌀값의 등락 폭이 무척 심했다. 게다가 당시의 곡물가격은 인천에 있던 곡물거래소에서 결정했다. 서울 등 대도시에서는 인천의 곡물거래소가 결정하는 가격에 따라 곡물을 거래했다. 통신 수단이 별로 발달되지 않은 그 시절 마산에서 멀리 떨어져 있는 인천 곡물거래소의 결정을 읽고 거래를 집행하는 데는 늘 한 타임이 늦었던 거였다.

이병철이 분석을 해보니 적자의 원인은 시세를 잘못 읽은 것이었다. 아니 그 타임을 놓친 거였다. 이병철은 쌀값 시세와 관계없이 열심히 도정 작업을 했지만 쌀값이 오를 때 사서 쌀값이 내릴 때 도정을 거쳐 팔아 거의 매번 손해를 보았다는 결론을 내렸다.

그런데 그때 동업자 중 한 사람인 박정원이 사업에 흥미를 잃고 빠지겠다고 선언한 것이다. 하지만 정현용은 이병철이 내린 결론을 믿고 계속 사업을 하는 편에 섰다. 그래서 이병철은 이렇게 제안했다.

"남은 두 사람이 사업을 그대로 지속하고 1년 후에 이익이 발생하면 자본금에 이자를 붙여서 돌려준다. 만약 다시 결손이 발생한다고 해도 자본금은 책임지고 돌려준다."

두 사람은 새로운 각오로 사업에 돌입했다. 지금까지 잘못되었던 점을 개혁하고 경영합리화를 도모했다. 세 명이 동업했을 때에는 모든 일을 협의하고 결정하는 것을 원칙으로 삼았기 때문에 논의가 길어져 기회를 놓친 경우도 있었다. 그래서 재출발을 할 때에는 이병철이 주도권을 쥐고 신속하게 판단을 내려 실행하는 방법을 취했다.

가장 중요한 쌀 거래에서는 전년과는 반대로 오르는 시세에서 팔고 내리는 시세일 때에는 사들였다. 쌀값이 비쌀 때 다른 사람들은 더 오를 거라는 기대심리로 쌀을 사들였으나 그는 오히려 내다 팔았고, 쌀값이 내려갈 때 다른 사람들은 더 내려갈지도 모르니까 내다 팔았으나 그는 오히려 그때 사버린 것이다.

그의 작전은 맞아 떨어졌다. 그렇게 기회를 포착하는 과감성을 발휘해서 예상보다 큰 수익을 올릴 수 있었다. 이듬해 결산에서 3만 원의 출자금을 빼고도 2만 원의 이익이 발생했다. 당연히 박정원의 자본금을 빼주는 데는 아무 문제가 없었다.

그 무렵 이병철은 경영자로서 타고난 자질을 발휘하기 시작한다. 그는 정미소의 50여 명의 직원이 무질서하게 일하는 것을 보고 이대로는 생산성이 증가하지 않는다고 판단을 했다. 그는 작업자들의 업무 진행 과정에 맞추어 임무를 분담해 주었다. 출납에서 잡일에 이르기까지 각각 분담을 정하고 업무 분량에 맞추어 인원을 배치했다. 어떤 이에게는 무게만 달게 하고, 또 다른 이에게는 전표업무만 전담하게 하며, 어떤 이는 포장만 하도록 하는 분업 시스템의 도입이었다.

지금 생각하면 당연한 일인 것 같지만 당시로서는 획기적인 제도였다. 이른바 자신이 맡은 바 직무에서 스스로 책임지게 하는 사업부제의 도입이었다. 이 제도가 시행되면서 협동정미소는 작업능률이 눈에 띄게 향상 되었다.

새로운 사업에 착수하다

첫 사업은 성공한 셈이었다. 정미소가 잘 돌아가고 이익이 나자 자신감을 얻은 이병철은 새로운 사업에 착수한다. 그때부터 동업자 정현용은 이병철의 능력을 믿고 경영일체를 이병철에게 일임한 듯하다.

이병철은 마산에 물자의 운송수단 즉 트럭이 부족하다는 것을 알아챘다. 트럭 운임이 비싸서 협동정미소의 쌀을 운송하는 것 외에 직접 운수회사를 운영하는 것도 수지타산이 맞을 거란 판단이 섰다. 앞으로의 경제 상황을 살펴보아도 운송수단이 크게 부족할 것이란 예상도 했다.

이병철은 마침 일본인이 경영하던 마산일출자동차회사(馬山日出自動車會社)가 매물로 나온 것을 알고 그 회사를 인수했다. 그 회사는 일제 닛산 트럭이 10대 있었는데 물량이 넘쳐서 거기에 새롭게 10대를 보태 도합 20대의 트럭으로 운수사업을 시작했다. 1936년 8월의 일이었다.

이병철은 당시 자동차 한 대 값은 요즘의 비행기 한 대 값과 맞먹을 정도로 비쌌다고 보아야 할 것이라고 회고했다. 도합 20대의 트럭이 회사 마당에 배치되어 연출하는 장면은 당시로서는 보기 드문 장관이었을 것이다.

이병철이 무려 20대의 트럭을 구입할 수 있었던 것만 봐도 당시 협동정미소의 운영이 성공적이었다는 사실을 알 수 있다. 이병철의 예상은 적중하여 트럭 회사는 순조롭게 잘 돌아갔다. 도정사업도 물론 성공적이었다.

이병철은 사업에 강한 자신감을 느꼈다. 사업이 순조롭게 돌아가자 시간이 남아도는 것은 당연했고, 돈도 주체할 수 없을 만큼 쏟아져 들어왔다. 이병철은 두 가지 사업을 지배인인 진영주(陳永洲)에게 맡겼다. 이병철은 이때부터 위임경영을 실행하고 있었던 것 같은데 진영주가 어떤 사람이었는지는 알려진 것이 없다.

어쨌거나 이병철은 사업은 대리인에게 맡겨두고 자신은 취미생활과 풍류를 즐기는 일에 빠져들었다. 그 중에 하나가 요정 나들이었다.

그 무렵 마산에는 천해관(天海館) 등 한국식 요정이 서너 군데 있었고, 망월(望月) 등 일본식 요정이 다섯 군데 있었다. 이병철은 그 모든 곳의 단골이었다. 한국인과 일본인을 합해 80, 90명이나 되는 기생들과도 곧 낯이 익었다. 술을 잘 못하는 이병철은 술보다는 주연(酒宴)의 분위기 그 자체를 더 즐기는 편이었다.

다음 일화를 보면 이병철은 풍류를 제대로 즐길 줄 아는 한량 기질이 농후한 청년이었던 모양이다. 하루는 이병철이 바다가 훤히 내려다보이는 풍광 좋은 요정에 행차를 했다. 그날 그는 호기롭게 마산 시내의 기생들을 한 사람도 빠짐없이 한자리에 불러 놓고 질펀하게 음주가무를 즐기고 있었다. 그런데 마산 경찰서에서 순사들이 뻔질나게 찾아오고 난리가 났다.

경상남도 경찰부장이 마산에 순시를 나와서 마산경찰서장이 그를 위해 주연을 마련한 자리에 기생이 한 명도 없었던 거였다. 모든 기생을 이병철이 끼고 앉아 있는 것을 알고 그들이 찾아와서 5, 6명만 보내달라는 부탁을 했다. 하지만 이병철은 묵살하고 술을 들었다. 항상 그렇듯이 일본인 순사가 강압적인 말투로 협박을 했지만 이병철은 눈썹하나 까닥하지 않고 그들의 요구를 묵살했다. 요정의 마담이 나서서 후환이 두려우니 몇 명만 보내주자고 했으나 이병철은 대답도 하지 않았다. 사실 이병철로서도 객기를 부리고 있기는 하지만 조금은 두려웠을 것이다. 아니면 술로 좀 고즈넉해서 그날 호기를 부린 김에 내처 호기를 더 부렸을지도 모른다.

하지만 그에게는 일본 유학을 떠나면서부터 겪은 일본 경찰에 대한 반항의식이 자리잡고 있었다. 나라를 빼앗긴 식민지 백성이었지만 술자리에서까지 양보하고 싶은 마음은 없었으리라. 그날 이병철로서는 마산 최고의 경제인이 되어 있는 자신을 일본 경찰도 건드리지 못할 것이란 냉철한 판단을 하고 있었는지도 모를 일이다.

그 날은 그냥 그렇게 넘어갔으나 그 일이 있은 후부터 경찰이 이병철을 대하는 태도는 사뭇 비협조적이었다. 일출자동차의 명의변경을 신청했을 때도 허가를 일부러 미루는 등 여러 가지 보복을 당했으나 이병철은 아랑곳하지 않았다. 이병철은 이런 요정 출입 사실을 자신의 자서전〈호암자전〉에 솔직하게 적고 있는데 "남의 식민지가 되어버린 나라에 태어난 허탈감이 요정 출입의 동기가 되었던 것 같다."고 술회했다. 20대 후반의 한창 나이에 온 도시의 기생을 끼고 앉아 풍류를 즐기는 호방함은 그다지 욕먹을 일 같지는 않다.

당시의 기생들 가운데는 노래를 잘하거나 기악, 무용 등에 능한 사람들이 적지 않았다. 그들과 더불어 밤을 새워 흥청거려 보는 것도 하나의 위안은 되었을까!

이병철의 회고에 따르면 이 무렵 몸에 젖은 국악(國樂) 취미 때문에 후일 국악의 발전에 기여할 수 있게 되었다고 한다. 그는 일찍이 1955년에 유명한 국악인 기산(岐山) 박헌봉(朴憲鳳, 1905~1977) 선생에게 국악진흥운동을 일으키게 자금을 대주었다.

박헌봉은 일반인들에게 널리 알려진 인물은 아니지만 지금까지도 국악계에서 국악의 대부로 불리는 '큰 스승'이다. 그는 해방 이후 미군정 하에서 서양음악이 온 나라를 휩쓸고 있을 때, 국악을 멸시하던 풍조 속에서도 꿋꿋하게 국악발전을 위한 외길을 걸었다. 그는 가야금풍류(伽倻琴風流)·가야금병창(伽倻琴倂唱)·고법(鼓法) 등 전통음악을 공부했고 판소리·정악(正樂)·아악(雅樂) 등 국악 여러 분야를 두루 섭렵하면서 후진양성에 진력했다. 이 시기에 그의 헌신이 없었더라면 우리 국악의 명맥이 지금처럼 생생하게 보존되지 않았을 거라는 것이 전문가들의 견해다.

이병철은 박헌봉의 그러한 헌신을 높이 샀던 것이었다. 이병철은 박헌봉뿐 아니라 우리 가락에 심취해서 기꺼이 가난을 택했던 많은 국악인들을 음으로 양으로 은근히 도와주며 그들이 희망을 잃지 않도록 독려했다.

한편 이병철은 자신이 설립한 TV방송인 동양방송(TBC)에 국악프로를 신설해서 잊혀져 가던 국악을 일깨웠다. 지금이야 우리 국악이 제자리를 잡고 고고성을 울리며 세계무대에서도 각광을 받고 있지만 60~70년대만 해도 서양음악만 최고로 치던 풍조에 매몰되어 국악인들은 설자리가 거의 없었다. 가까스로 명맥을 이어오던 국악이 예술의 한 분야로 당당하게 자리잡게 된 것에 이병철의 공이 크다는 것은 부인할 수 없는 사실이다. 노년의 이병철은 교보그룹의 신용호(愼鏞虎) 회장 등 가까운 지인들과 함께 국악을 듣는 것을 취미로 삼았다고 한다.

200만 평의 대지주

그런데 여기서 잘 나가던 청년 사업가 이병철에게 새로운 인생의 전환기가 다가온다. 정미소도 잘 되고, 운수회사도 운수대통으로 잘 되서 식민지의 백성이라는 것을 빼고는 아무것도 부러울 것이 없었다.

이병철은 젊은 날부터 욕심이 많아서라기보다는 눈높이가 다른 시각을 갖고 있었다. 사업이 잘 되어 돈이 넘쳐나자 이병철은 새로운 사업거리를 찾기 시작했다. 그가 선택한 세 번째 사업은 토지였다. 쌀장사를 하다 보면 토지가격에도 자연히 관심이 가는 법이다. 더구나 수치계산에 능란한 이병철로서는 눈에 띄는 어떤 틈새가 보이지 않을 리 없었다. 당시의 상황을 리얼하게 이해하려면 〈호암자전〉의 기록을 직접 보는 게 좋을 것 같다.

당시의 토지가격은 평당 25전이고 한 두락(斗落)은 200평이다. 논 200평 한 두락의 쌀 생산량은 대두(大斗)로 26두(斗)인데, 소작료로 생산량의 반인 13두를 제하더라도 13두의 소득이 있었다. 당시 13두의 쌀값은 15원이었으므로, 관리비 1원, 지세(地稅) 1원, 작업 기타 잡비(雜費) 1원을 제한 실수입은 12원이 된다. 지가(地價) 50원의 논 한 두락에서 연 7분3리의 은행이자 3원 65전의 연간 순이익을 얻는 셈이 된다. 왜 이런 현상이 나타났을까. 세계적인 공황에다 일본제국주의의 농민수탈정책이 극심하여 이농자(離農者)가 속출했기 때문이었다.

소출에 비해 은행이자가 오히려 더 쌌으므로 은행융자로 땅을 살 수 있기만 하면 가만히 앉아서 떼돈을 벌 수 있다는 계산인 것이다. 이것은 그야말로 땅 짚고 헤엄치는 사업이 아닌가. 이병철로서는 망설일 이유가 없었다. 훗날 이병철은 "이것은 농민의 희생 아래에서 얻을 수 있는 이익이었지만 사업 확장에만 열중해 있던 당시의 내 입장에서는 거기까지 생각이 미치지 못했다."고 반성하지만 당시의 20대 청년이었던 이병철로서는 대박 나는 일생일대의 기회라고 여길 수밖에 없었을 것 같다.

이병철은 김해평야에서 경작이 가능한 전답과 매물로 나와 있는 전답을 조사했다. 처음 기회가 온 것은 일본인 아마노(天野) 소유의 논 40만 평의 매입이었다. 이병철은 현지를 답사한 후 매입을 결정하고 계약금 1만 원을 지불했다. 그리고 식산은행 마산지점에 수지계산서를 첨부하여 융자를 신청했다.

히라다 지점장과는 이미 3년간 거래하며 신용을 쌓고 있었으므로 융자는 순조로웠다. 열흘 정도 경과한 뒤에 은행장을 만났는데 놀랄 만한 뜻밖의 말을 하는 것이었다.

"이미 토지대금의 잔금 9만 원은 이미 아마노 씨에게 지불했습니다. 그리고 나머지 2만 원은 사장님의 구좌에 입금했습니다."

그 내역은 이런 것이었다. 이병철이 구입한 논은 평당 25전으로, 40만 평이니까 총액이 10만 원이다. 그런데 은행의 평당 감정가격은 38전, 대출은 감정가격의 80% 정도까지 가능해서 융자금이 평당 27전으로 나왔고 40만평이니까 합계 11만 원을 대출해줄 수 있다는 평가가 나왔다. 그래서 은행은 이병철이 이미 계약금으로 지불한 1만 원을 제하고 아마노에게 잔액 9만 원을 지불하고 남는 돈 2만 원을 이병철의 통장에 넣었던 것이다. 그 넓은 땅을 사고도 수중에 현금 2만 원이 남다니 이병철도 놀라지 않을 수 없었다.

'토지 매입대금을 은행융자로 전액 지불하고도 돈이 남다니 이렇게 손쉬운 돈벌이가 어디 있는가!'

이후부터 이병철은 적당한 물건이 나타나면 즉시 매매계약을 체결하고 싶다는 뜻을 식산은행에 통지함과 동시에 융자를 신청했다. 은행은 감정과 융자를 사무적으로 진행시켜 토지대금 지불까지 대행하기 시작하더니 명의변경, 담보권설정 등 모든 수속을 대행해 주었다.

이병철은 이런 방법으로 잇따라 토지를 매입했는데 식산은행이 마치 이병철의 개인금고인 듯 착각할 정도였다. 그 결과 이병철은 1년 남짓한 기간 동안에 1만 섬의 수확이 가능한 200만 평 토지의 대지주가 되어 있었다.

대지주란 '산과 강을 경계로 하는 자'라고 했는데 정말 200만 평이나 되는 토지를 소유하게 되고 보니 이병철은 이 산기슭에서 저 강 끝까지 눈이 닿는 모든 토지가 자신의 소유가 되는 기쁨을 맛보았다. 거기다 가을에는 1만 섬의 곡식을 거두어들일 수도 있는 것이다. 가을걷이가 끝났을 때 그걸 팔면 은행이자를 다 갚고도 돈이 남는 시절이었다. 이병철은 약관 20대 후반에 경남 일대에서는 최대의 대지주가 된 것이다. 이병철은 부산, 대구 등지의 토지도 매입하여 부동산 거부가 되었다.

이병철이 대지주로서 부푼 꿈을 더욱더 키워나가려 하고 있을 때 느닷없이 중일전쟁이 터졌다. 1937년 7월, 중일전쟁이 발생했을 때 이병철은 이 전쟁은 자신과 아무런 관련이 없다고 생각하고 있었다. 하지만 그렇지 않았다.

어느 날, 은행으로부터 앞으로는 모든 융자를 중단한다는 통고가 날아들었다. 자금을 동결하라는 명령이 떨어져 은행은 모든 대출을 중지하고 자금을 회수해야 한다는 것이었다. 그야말로 마른하늘의 날벼락이었다. 그런데 그게 끝이 아니었다. 땅값도 동시에 폭락하기 시작했다. 자신의 자금은 10~30% 정도였고, 나머지는 모두 은행에서 빌린 융자금으로 토지를 매입했는데, 은행 대출 중지와 함께 땅값까지 폭락하자 그 타격은 치명적이었다.

이병철은 이미 자신의 능력으로는 수습할 수 없는 상황이란 것을 인식했다. 그는 모든 것을 정리하기로 결심했다. 토지를 모조리 시가보다 싸게 방매했다. 그리고 잘 되던 정미소와 운수회사도 매각처리해서 빚을 청산했다. 그 결과 손에 남은 것은 미처 처분하지 못한 약 10만 평의 전답과 현금 2만 원뿐이었다. 30세가 채 못 된 청년의 가슴 속에 만감이 스쳐갔다.

이병철은 그 돈 2만 원을 고락을 함께 한 정현용과 나누어 가졌다. 몇 년간 동업을 하며 고락을 같이 한 두 사람은 요정에서 밤을 새워 술잔을 기울이며 서로를 위로했다. 그 자리에서 정현용은 서울로 올라가 살고 싶다는 뜻을 밝혔다.

모든 것이 출발시점으로 되돌아갔다. 이병철은 자기 자본이 아닌 차입금으로 사업을 한다는 것이 얼마나 무서운 도박이란 것을 절실하게 깨닫지 않을 수 없었다. 그는 '불의에 의한 부귀는 나에게 있어서 뜬구름과 같다.'는 논어의 말씀을 읊조리지 않을 수 없었다.

하지만 그때 낸 비싼 수업료는 훗날에는 값진 밑거름이 되었다. 이때의 쓰라린 경험은 그가 훗날 삼성이라는 대그룹을 일으키는 데 커다란 자산이 되었다. 후일 그는 자서전인 〈호암자전(湖巖自傳)〉에서 당시 무엇을 배웠는가에 대해 이렇게 언급했다.

> 사업은 반드시 시기와 정세에 맞춰야 한다. 그런 연후 사업을 할 때에는
> 첫째, 국내외 정세의 변동을 적확하게 통찰해야 하며,
> 둘째, 과욕을 버리고 자기 능력과 한계를 냉철하게 판단해야 한다.

셋째, 요행을 바라는 투기는 절대 피해야 하며,

넷째, 직관력의 연마를 중시하는 한편 제2, 제3의 대비책을 미리 강구해 둬야 한다. 만약 대세가 기울어 실패라는 판단이 서면 깨끗이 미련을 버리고 차선의 길을 택해야 한다는 것을 절감했다.

그 후 그는 누구보다도 민감하게 국내·외의 정세변화에 대처하면서, 결코 무모한 투기를 하지 않고, 과욕을 부리지 않는 철저한 합리주의적 경영자의 길을 걷게 된다.

삼성가(家) 가족이야기 ❸

이병철과 국악

이병철은 사업이 성공의 길로 들어서자 청년시절부터 남아도는 시간과 돈을 주체하지 못해 요정 출입을 시작한다. 당시의 권번(券番)에서는 기생들이 국악과 창 등을 공연했다. 그는 술을 잘 못 마시는 체질이었지만 기생들의 기악이나 창, 춤사위 등을 무척 좋아해서 술자리 분위기를 즐겼다. 이것이 그가 국악에 깊은 취미를 갖게 된 연유다. 국악을 즐기는 취미는 이병철의 노년에 이르러서도 여전했던 모양이다. 그는 〈호암자전〉에 이런 기록을 남겼다.

밤 한때를 국악에 귀를 기울이면서 혼자 조용히 지내는 것은 즐거움의 하나이다. 요즘은 음반이나 테이프의 질이 좋아져서 창(唱)이나 산조(散調)를 실연(實演)이나 다름없는 음색으로 손쉽게 들을 수 있게 되었다. "이런 근대적 스테레오로 하필이면 국악을 들으시다니……."하고 딸들은 말하기도 하지만, 좋은 데는 까닭이 없다. 우리 민족사의 연륜이 새겨져 있는 그윽한 선율은 무조건 마음을 한없이 안온하게 감싸준다. 나는 국악의 선율이 귀에 익은 세대이다. 친근감을 갖는 것은 당연한 것이다. 현재 몇몇 대학에 국악과가 있어 민족문화를 계승할 젊은이들이 배출되고 있다. 그러나 일상생활 속에서 국악과 교류를 갖는 세대는 내 연배가 마지막인지도 모른다.

이병철은 국악의 인기가 시들해지는 것을 한탄하며 그 청정한 선율을 듣고 있으면 〈논어〉를 읽을 때처럼 마음이 정화되는 것 같다고 말하기도 했다. 그는 오직 우리 소리를 듣기 위해 국악모임을 만들기도 했는데, 노년에는 일주일에 두세 번씩 가까운 친구들과 어울려 우리 가락을 음미했다.

그와 국악모임을 같이했던 교보그룹 창업주 신용호는 이병철을 이렇게 기렸다.

혹간 음악을 모르는 이가 끼어들어 듣는 즐거움을 느끼지 못하고 지루함을 참다 못해 연주에 참견이라도 할라 치면, "어허, 그냥 좀 소리나 들어보게."하고 점잖게 만류하던 그였습니다. 호암은 가야금병창으로 듣는 흥보가(興甫歌) 중의 몇 대목을 특히 좋아했습니다. 지긋이 눈을 감고 소리에 빠져 있다가 구성진 가락이 꺾어지는 순간이면 그만 무릎을 탁 치며, "하, 참 절묘하네 그려."하고는 소리는 이미 저만치 흘러가고 있는데 그 한 대목에 붙들려 한동안 자기만의 흥취에 잠겨 있던 모습이 아직도 선연(嬋姸)합니다. 그는 쓸쓸한 인생유전의 한스런 가락에 눈시울 적실 줄도 아는 진정한 우리 문화의 애호가이자 향유자였으며, 벗과 더불어 그 풍류를 즐길 줄 알았던 보기 드문 명사였습니다.

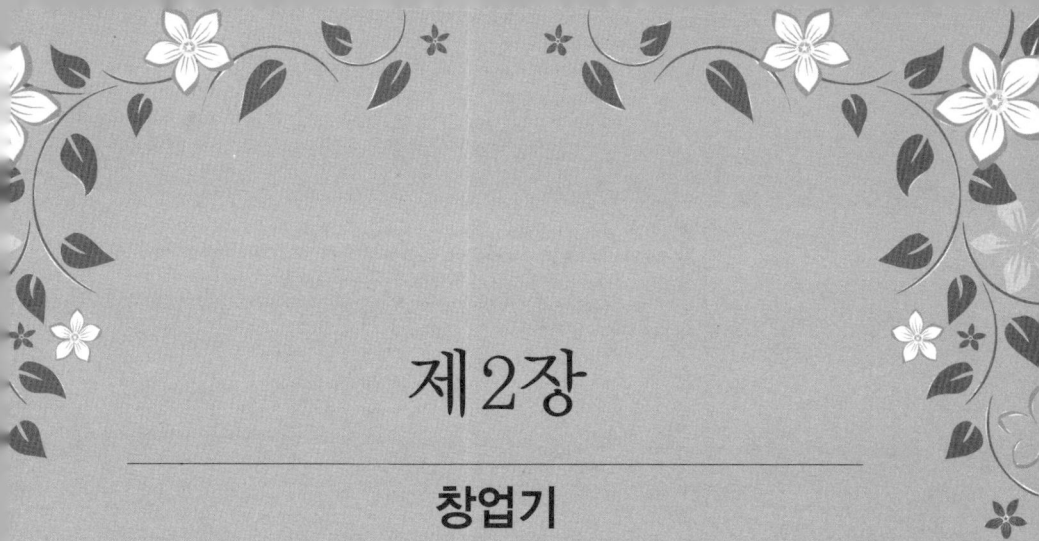

제2장

창업기

몇 년 전만 해도 사람들은
공업화와 경제적 발전을 같은 뜻을 지니는 것으로 여겨 왔고,
지금도 발전도상국의 대부분의 사람은 아직도 공장 건설과 공장에 배치할
노동자의 훈련만이 자신들이 해야 할 일인 것처럼 생각하고 있다.
그러나 사실은 그렇지가 않으며, 경제적인 발전이란 도리어 반대로
다음과 같은 네 개의 측면에서 균형 잡힌 변화가 동시에 이루어져야 하는 것이다.
첫째는 농업문제, 둘째는 도로, 수송, 통신, 수도, 전력, 학교,
병원 등과 같은 공공 서비스, 셋째는 공업적인 발전,
넷째는 분배와 신용을 위한 적절한 조직체의 발전이다.
— 피터 F. 드러커 『현대의 경영』 —

사업보국은 그 후 기업을 일으키고 경영하는 데 일관된
나의 기업관이 되어 왔다. 그러나 사회일반의 이해를 제대로 얻지 못하고,
때로는 돈벌이주의자라는 비난까지 사면서 고난의 길을 가는 출발점이 되기도 했다.
— 이병철 —

❹ 1938년, 삼성의 출발

자신감이 지나치면 법관은 오판을 할 수 있고,
교육자는 교육의 역효과를 미처 계산하지 못할 수 있고,
행정가는 일부의 이익을 지나치게 고려하게 될 수 있으며,
기업가는 국리(國利)보다는 사리(私利)에 집중할 수 있을지도 모른다.
  － 정범석, 『시행착오의 역정』 －

'삼성'이란 이름의 시작

이병철은 첫 사업에 실패한 후 절치부심하다가 무대를 바꾸어서 대구에서 새롭게 출발했다. 1938년 3월 1일의 일이었다. 대구 서문시장 골목 한 켠 목조건물(대구시 중구 인교동 61-1번지)에 '삼성상회(三星商會)'라는 간판을 내걸었다. 자본금 3만 원으로 시작한 바로 오늘날 삼성그룹의 모체이다. 이병철의 나이 28세 때였다. 그가 그곳에서 벌인 사업은 만주와 중국대륙을 상대한 무역업이었다.

이병철이 회사 이름을 '삼성(三星)'으로 지은 것은 우선 숫자 3(三)이 크고, 많고, 강한 것을 나타내는 것으로서 우리 민족이 가장 좋아하는 숫자여서였다. 그리고 성(星)은 밝고, 높고, 영원히, 깨끗이 빛나는 것을 뜻한다. '크고, 강력하고, 영원하라.' 는 뜻을 담은 상호에 이병철은 스스로 만족해 했다.

이병철이 대구를 사업장소로 택한 것은 첫 사업지인 마산보다 인구가 많을 뿐만 아니라 그곳이 교통의 요지이기 때문이었다. 대구는 예로부터 주변의 각종 농산물이 모여드는 영남 상권의 중심지였고 경부선 철도의 주요 기착지라서 그야말로 사업의 적지였다. 만주나 중국으로 상품을 원활히 실어보내기 위해서는 우선적으로 교통문제를 고려하지 않을 수 없었다. 이병철은 지리적 이점 때문에 대구를 새로운 사업지로 선택했다. 대구는 대구 일원의 사과를 비롯한 풍부한 청과물과 포항에서 들어오는 건어물을 사들이기 쉬운 곳이었다.

이병철은 두 번째 사업을 시작하기 전에 첫 번째 사업에서와 같은 참혹한 실수를 반복하지 않기 위해 치밀하게 사전준비를 했다. 그는 시장조사의 일환으로 두 달간 직접 만주와 중국대륙을 여행했고 그 여행에서 자신에게 알맞은 신규 사업을 발견했다. 중국대륙을 순회한 결과 그곳에서는 사과를 비롯한 청과물과 건어물이 부족하다는 사실을 알게 되었다. 그럼에도 불구하고 아직 전문화된 업자가 없다는 사실에 이병철은 놀랐다. 그는 이 품목이 일상생활에 반드시 필요한 물품들이므로 사업에 승부를 걸어볼만 하다고 판단했다.

이병철은 대구 지역에서 생산되는 과일과 포항 지역에서 유입되는 수산물의 종류와 품질, 시세의 흐름과 소모처를 면밀하게 파악했고, 물류의 배송망까지 확고하게 짠 후에야 사업을 시작했다.

언뜻 보기에는 단순하게 청과물, 건어물 상회를 차린 것 같지만, 이병철은 그렇게 철저히 준비를 했던 것이다. 이병철은 1976년 5월 '서울경제신문'의 〈재계회고〉에서 사업의 시작에 대해 이렇게 말했다.

> 경영에서 가장 중요한 것은 사전준비와 계획이다. 당초에 계획을 잘못 세워 중도에 자금난으로 허덕인다거나 판로가 막혀 당황하게 된다면 경영자로서의 자격이 부족하다고 볼 수밖에 없다. 내가 부동산 사업에서 실패를 본 것은 이와 같이 '경영'이 처음부터 잘못되어 있기 때문이다. 자기 능력의 한계를 올바르게 파악하고 이를 넘어서지 말아야 한다는 또 하나의 기업철칙도 이때 배운 것이다.

삼성상회는 이병철의 예상대로 순조로운 출발을 보였다. 대구 근교에서 수집한 청과물과 포항 등지에서 들여온 건어물은 중국과 만주에서 매우 환영받는 상품이 되었다. 삼성상회는 만주사변과 중일전쟁으로 만주와 중국 북부지역까지 확대된 일본 경제권을 바탕으로 무역업을 하면서 기반을 잡았다. 삼성상회는 무역업의 호조에 힘입어 제분기와 제면기를 설치하고 국수제조업에도 손을 댔다.

삼성상회는 대지 145평에 건평 250평 남짓한 지하 1층, 지상 4층 목조 건물이었는데 당시에는 대구 시내에서 보기 드문 현대식 건물이었다. 1층에는 오른쪽에 제분기, 제면기가 설치되어 있고 왼쪽엔 사무실과 응접실 겸 사장실, 그리고 온돌방이 하나 붙어 있었다. 이 온돌방에서 이병철의 가족이 생활을 하게 된다.

지하 1층과 지상 1층의 뒤쪽을 창고로 사용했고 창고에는 항상 밀가루와 국수가 가득 쌓여 있었다. 그리고 2, 3, 4층은 국수건조실이었다. 이병철은 이 건물에서 8·15해방이 되기까지 애초에 시작한 무역업에서 제분·제면업, 운수업, 부동산업, 정미업, 양조업 등의 분야로 영역을 넓히면서 사업을 확장했다.

시장조사차 떠난 중국대륙 여행

그럼 여기서 이병철이 시장조사차 떠났던 여행의 궤적을 따라가 보자.

이 여행을 살펴보면 이병철의 사업가적인 면모가 고스란히 들여다보인다.

이병철은 1937년 가을, 훌쩍 여행을 떠난다. 부산에서 기차를 타고 혼자 쓸쓸하게 출발한 여행은 서울을 거쳐 평양, 신의주를 지나 원산, 홍남으로 이어졌다. 이병철이 여행을 시작한 건 사업의 실패를 잊기 위한 심정에서였을 것이다. 하지만 그는 이 여행을 통해서 새로운 사업 대상을 발견해야겠다는 야망을 갖게 되었다.

이병철의 발길은 두만강의 도문(圖們)을 지나 만주로 이어졌다. 오늘날 헤이룽장 성의 성도인 장춘(長春), 라오닝 성의 성도인 봉천(奉天, 현재의 선양(瀋陽)) 등 만주의 여러 도시를 둘러보고, 중국대륙까지 내려가서 수도인 베이징(北京), 산둥성의 해안도시인 칭다오(靑島)를 둘러보았다. 그는 이어서 2000킬로미터 남쪽에 있는 중국의 경제 중심 도시인 상하이(上海)까지 내려갔다. 두 달 여에 걸친 멀고 먼 대륙여행이었다.

이병철은 거기서 무엇을 보았을까?

지금처럼 교통이 발달한 때가 아니어서 기차는 연착하기 일쑤였다. 기차 안은 대국인 중국답게 사람들로 북새통을 이뤘다. 여행을 하면서 이병철이 눈여겨 본 것은 시장이었다. 이 대륙 여행에서 무엇보다도 먼저 놀란 것은 상거래의 규모가 엄청나게 크다는 것이었다. 조선에서는 고작 몇 천 원 혹은 몇 만 원 단위로 거래가 이루어지고 있는 데 비해 중국에서는 단위부터가 수십, 수백만 원이었다.

이병철은 자신의 정미소나 운수사업은 아이들 장난 같았다는 생각이 들었다. 그가 마산에서 사업을 할 때는 고액어음이라는 것이 한 건에 20만 원이 고작이었다. 그러나 대륙에서는 3, 4백만 원의 어음이 예사로이 교환되고 있었다. 그리고 자본금의 규모도 엄청나게 컸다. 점포 규모로 봐서 대수롭지 않게 보이는 상인들마저 하루에 수백 대의 트럭이 드나드는 큰 창고를 몇 개씩이나 가지고 있었고 산더미처럼 상품을 쌓아 놓고 있었다.

그리고 만주는 물론 베이징, 칭다오에서도 큰 상권은 이미 일본인이 장악하고 있다는 사실도 알게 되었다. 여행기간 동안 이병철이 관심 있게 지켜본 것은 상품가격과 유통과정이었다. 면밀하게 중국의 시장을 관찰해 본 결과 이병철은 일상생활에 꼭 필요한 생활필수품이라면 승산이 있으리란 결론을 내렸다.

만주에는 사과와 같은 청과물이나 건어물이 매우 부족했다. 중국에서도 사과를 재배하지 않는 것은 아니었다. 하지만 중국 철도망이 열악해서 만주 사람들은 사과를 접할 기회를 거의 갖지 못했다. 다른 청과물이나 건어물도 마찬가지인 경우가 많았다. 그러다보니 청과물과 건어물 가격은 국내보다 가격이 엄청나게 비쌌다. 그런데도 우리나라에서 가져다 중국에 내다파는 전문업자도 거의 없었다.

이병철은 그것이 틈새시장이라는 것을 이내 깨우쳤다. 그것들은 주요 무역 품목에는 들 수 없지만 생활필수품이니만큼 그야말로 유망한 품목이 아닌가 생각했다. 중국여행을 마치고 돌아오면서 이병철은 머릿속으로 대구를 떠올렸다. 그가 대구를 우선적으로 생각한 것은 지리적으로 사과를 비롯한 청과물을 사들이기 편했고, 포항이 가까이 있는 까닭에 건어물 유입도 용이한 데다 철도를 이용하면 다른 어떤 도시보다 훨씬 더 쉽게 만주에 물건을 보낼 수 있다는 판단에서였다.

이병철은 여행에서 돌아오자마자 중국시장에 내다 팔 과일의 종류와 작황, 건어물의 어황(漁況)을 철저히 조사했다. 작황이 나빠 가격이 갑자기 급등할 때에도 위험 요소가 없는지 물건의 공급을 필요한 만큼 원활히 공급할 수 있는지 따져보았다.

철저한 사전조사를 마친 이병철은 중국 북부지역까지 확대된 일본 경제권을 제대로 활용한다면 큰 돈을 벌 수 있으리란 자신이 생겼고 마침내 삼성상회를 설립하고 무역업에 뛰어든 것이다.

지배인 이순근

여기에서 우리가 주목해야 할 점이 있는데, 이병철이 사업을 시작한 지 한 달 만에 일본 유학시절 사귄 이순근을 지배인으로 앉히고, 전권을 일임하는 지배인 제도 아래서 사업을 운영했다는 점이다.

이순근은 대학을 졸업한 후 귀국했으나 학생운동을 한 경력 때문에 경계인물이 되어 계속 일자리를 얻지 못하고 있었다. 조그마한 회사에서 경영 일체를 지배인에게 맡긴다면 위험한 일이라며 말리는 이들이 많지만 이병철은 친구를 믿었다.

그는 꼭 자신이 나서야만 할 거액융자나 거액의 자재구입, 수주 외에는 인감관리와 어음발행 등의 모든 회사업무를 이순근에게 맡겼다. 사실 이런 방침은 이병철이 마산에서 처음 정미소를 개업했을 때부터 지켜온 것이기도 했다. 이병철은 사업가가 큰일을 하려면 장부(丈夫)가 집안일을 안 사람에게 맡기듯 내부의 일은 신임하는 사람에게 맡겨야 한다는 생각을 하고 있었던 것이다. 그리고 자신은 시장의 흐름과 세계정세의 추이에만 신경을 쓰는 리더십을 발휘했던 것이다.

이순근은 자신을 믿어준 친구를 위해 열심히 일했다. 그는 좌익사상에 젖은 사람이기는 했으나 청렴하고 강직한 성격의 소유자였다. 이병철은 이순근의 사상에 공감하지는 않았지만 그가 지닌 '이상주의'와 '정의감'은 신뢰했다.

그것이 두 사람 사이를 잇는 끈끈한 우정을 만들어 냈고 초창기 삼성상회를 이끌어가는 힘이 되었다. 이병철은 철저하게 그를 신뢰했고,

그도 역시 이병철의 사업을 위해 헌신했다. 훗날 이병철은 삼성상회가 짧은 기간 안에 성장할 수 있었던 가장 큰 원동력은 자신과 이순근 사이의 우정에 있었다고 회고한다.

삼성상회가 그 후 단기간에 급성장할 수 있었던 이면에는 두터운 우정으로 보답해 준 이순근 씨의 힘이 컸었다고 나는 믿는다.

이병철은 사업 초창기부터 '의심나는 사람은 쓰지 말고, 쓰는 사람은 의심하지 말라(疑人勿用, 用人勿疑).'는 사상에 입각한 '용인철학'을 실천하고 있었다. 그는 〈호암자전〉에서 자신의 용인철학을 이렇게 기록하고 있다.

의심이 가거든 사람을 고용 말라. 의심하면서 사람을 부리면 그 사람의 장점을 살릴 수 없다. 그리고 채용된 사람도 결코 제 능력을 발휘할 수는 없을 것이다. 사람을 채용할 때는 신중을 기하라. 그리고 일단 고용했으면 대담하게 일을 맡겨라. 삼성상회의 출발과 함께 터득하고 실천했던 이 사람을 쓰는 원칙은 그 후 나의 경영철학의 굵은 기둥의 하나가 되어 왔다.

이병철은 말로만 사람을 믿은 것이 아니라 실제로 그들에게 신뢰와 권한을 줌으로써 더 큰 충성을 얻어낼 수 있었다. 이병철은 그 후에도 "나는 서류에 도장을 찍어 본적이 없다."고 강조하면서 자신은 도장을 가장 잘 찍는 사람을 뽑는 일을 하는데, "내 인생의 80%를 사람 관리에 신경을 썼다."고 말하곤 했다. 이것이 신상필벌, 능력주의, 적재적소를 강조한 이병철의 용인철학인데 이병철은 사업 초창기부터 인재관리의 달인으로서의 면모를 보여주기 시작한 것이다. 1985년 4월 22일 KBS 방송 대담에서 이병철은 이런 말을 했다.

오랫동안 사업을 해오고 있지만, 그동안 내 손으로 수표나 전표에 도장을 찍거나 물건을 직접 산 적이 없다. 무슨 일이든 사람이 직접 하는 것이다. 나는 도장을 찍고 비즈니스를 잘할 사람을 찾고 기르는 것이 내가 할 일이라고 생각한다. 그래서 사람을 기르는 데 가장 큰 비중을 두고 정성을 쏟고 있다.

말하자면 이병철은 자신의 용인철학을 평생을 두고 실천해 온 셈이었다.

그런데 이병철과 이순근의 우정 어린 행보는 그다지 오래 지속되지 못했다. 그것은 두 사람 사이의 우정의 문제라거나 사업상의 문제 때문이 아니었다. 8·15 해방을 맞이하자 이순근이 사업보다는 다시 사상운동을 선택했기 때문이었다. 본격적으로 좌익운동에 뛰어든 이순근은 여운형(呂運亨)이 이끄는 건국준비위원회(建國準備委員會) 기획부에서 일하다가 결국 월북을 선택했다. 이병철은 〈호암자전〉에서 이순근을 '청년다운 정열의 활동가'라고 칭찬하며 다음과 같이 평하고 있다.

그는 5, 6년 동안 함께 지내다가, 해방을 계기로 본격적인 좌익운동에 투신했다. 월북하여 농림상(農林相)이 되었다는 소문도 있었으나 확실한 소식은 듣지 못했다. 이상주의자로 남달리 정의감이 강한 사람이었으므로, 북의 현실에는 결국 환멸을 느꼈을 것이다.

이 시기에 또 한 가지 특이한 점은, 삼성상회의 문을 연 지 3년 만인 1941년 주식회사 체제로 전환했다는 것이다. 당시 삼성상회에는 40여 명의 종업원이 있었고 조직은 사장, 지배인, 사무직, 생산직 등으로 구분되어 이미 근대적인 기업의 조직을 구성하고 있었다. 주식회사제도는 당시 일본 기업들 사이에서 유행하기 시작한 제도였다. 일본 기업에 대한 삼성의 벤치마킹은 이때부터 이미 시작되고 있었던 셈이다.

삼성상회의 사업 다각화

삼성상회는 예상대로 순조롭게 성장했다. 대구 근교에서 수집한 청과물과 포항 등지에서 들여온 건어물은 중국과 만주에서 매우 환영받는 상품이 되었다. 그는 무역업의 호조에 힘입어 제분기와 제면기를 설치하고 국수제조업에도 손을 댔다. 이병철이 제조업을 병행하기 시작한 것은 마산에서의 실패를 답습하지 않기 위해서였다. 무역업은 시장 환경변화에 따라 큰 손해를 입을 수 있는 반면 제조업은 보다 안정적인 성장을 기할 수 있는 업종이었기 때문이었다.

당시 대구에는 국수공장이 다섯 군데 있어서 경쟁이 치열했다. 이기기 위해서는 뭔가를 차별화해야만 했다. 그는 품질에 승부를 걸었다. 당시는 먹고 살기도 힘든 시절이었으나 그렇다고 사람들의 입맛이 사라진 것은 아니었다. 이병철은 고급 밀가루를 사용해서 국수를 뽑았고 그것을 브랜드화함으로써 다른 곳과 차별화했다. 삼성상회가 만든 국수는 삼성의 '3개의 별'이 선명하게 새겨진 '별표국수' 였다. 국수는 한 묶음에 10전짜리 국수를 60묶음씩 나무상자에 담은 것과 120묶음씩 담은 것 두 종류를 판매했다.

식량난이 극심하던 당시, 별표국수는 이른바 '잔치국수'로 인기가 좋았다. 삼성상회가 만든 별표국수는 좋은 밀가루를 재료로 썼기 때문에 가격은 다소 비쌌지만 맛이 좋아서 선풍적인 인기를 끌었다. 짐자전거와 소달구지까지 끌고 온 도·소매상들이 별표국수를 사가려고 장사진을 쳤고 채 마르지도 않은 국수가 날개 돋친 듯 팔려나갔다. 대구 시내보다는 오히려 안동, 포항, 영주, 봉화 등 인근지방에서 더 큰 인기를 끌었다. 국수공장은 24시간 돌아갈 정도로 바빴다. 이 시절을 이병철이 얼마나 치열하게 살았는지를 이맹희는 〈묻어둔 이야기〉에서 이렇게 회고한다.

우선 그 공장의 기계는 늘 24시간 가동되었다. 아버지는 당시 사업에 퍽 열심이었다. 나는 어린 나이였지만 한 번도 그 기계가 서는 것을 본 적이 없다. 고장이 아닌 한 그 기계는 돌아가고 있었다. 그때의 경제적 형편으로는 우리가 집 한 칸 얻지 못할 정도는 아니었는데도 어머니와 더불어 어린 나와 인희 누이, 동생 창희, 숙희까지 이 공장의 귀퉁이 방에서 새우잠을 자야 했다. 아버지가 이익금이든 뭐든 수중에 들어오는 돈이란 돈은 전부 이 공장에 넣어버린 것이다. 덕분에 우리 가족은 가장이 퍽 돈을 많이 벌고 있음에도 불구하고 한동안 곁방살이 신세를 면치 못했다. (중략) 공장 귀퉁이 방에서 잠을 자던 아버지는 기계에 이상이 생기거나 기계 소리가 석연치 않으면 바로 일어나서 직원들과 더불어 대책을 세우곤 했다.

당시 이병철 가족은 아내 박두을과 장녀 인희, 장남 맹희, 차남 창희, 차녀 숙희 등 여섯 명이었다. 이병철은 국수기계가 왕왕 돌아가는 소음과 먼지, 밀가루 분진을 마시며 가족을 데리고 공장 귀퉁이 방에서 근 2년 가까이를 살았다.

이병철이 그런 고생을 하며 산 것은 삼성상회 건물을 사면서 진 빚을 갚기 위해서였다. 다시 이맹희의 회고를 보자.

건물 가격은 당시 돈으로 2만 원이었다. 처음에 1만 원을 선금으로 주고 나머지 1만 원은 2년 후에 갚는 조건이었다. 아버지가 먼저 1만 원은 2년 후에 갚겠다고 하자 그 분은 "젊은 양반, 용기는 대단하네. 하지만 사업은 용기로 하는 게 아닐세."라며 "남 속일 사람은 아닌 것 같으니 천천히 다 갚기나 하게."라고 오히려 여유를 주었다고 한다. 아버지가 그 잔금 1만 원을 2년도 미처 되기 전에 다 갚자 원래 주인은 퍽 탄복하더라고 했다.

이병철은 고생 끝에 삼성상회 건물을 살 때 진 빚 1만 원을 2년이 채 안 돼 모두 갚았다. 삼성상회의 기반이 잡혀 나가자 이병철은 주류사업에도 뛰어들었다.

　당시 대구에는 큰 양조장이 여덟 곳 있었는데 일본인이 네 곳, 한국인이 네 곳을 경영하고 있었다. 조선인 양조장은 막걸리나 약주를 생산하고, 일본인들은 청주를 생산하고 있었다. 마침 일본인이 경영하던 '조선양조'라는 회사가 매물로 나왔다. 연간 7천 섬을 술로 만들 수 있는, 대구에서 가장 큰 양조장에 속했는데 경영자끼리 큰 내분이 생겨 급하게 매물로 나온 것이었다. 매매 가격은 10만 원이었다.

　이병철은 한 푼도 깎지 않고 10만 원을 주고 즉각 인수했다. 3만 원의 자본금으로 시작한 삼성상회가 개업 1년만에 대구 굴지의 양조회사를 인수할 정도로 성장한 것이었다. 삼성상회의 주거래은행은 한성은행 대구지점이었다. 사업이 날로 번창함에 따라 거래의 대출한도액도 처음에는 10만 원에서 1년 후에는 20만 원으로 늘어났다.

　양조업은 당시 허가가 제한되어 있던 하나의 큰 이권 사업이었다. 시설평가액에 상당한 프리미엄이 붙는 것이 예사였다. 그것을 감안하면 헐값이라고 할 수 있었다. 게다가 계절이나 경기의 영향을 받지 않고 언제나 제일 잘 되는 장사가 술장사였다. 이병철은 술의 질을 높이고 적극적인 마케팅을 구사해서 대구 지역은 물론 인근의 경산, 칠곡 등지에서도 조선양조의 술이 인기를 얻기 시작했다.

　중일전쟁이 장기화됨에 따라 전시체제는 강화되었고, 경제활동에도 갖가지 통제가 가해지면서 경제는 더욱더 침체해갔다. 그러나 유독 양조만은 따뜻한 양지였다. 쌀이나 석유 같은 주요 생필품을 통제했는데, 허가받은 양조장에서 만드는 술만은 통제하지 않았다. 시장개척에 애쓸 필요도 없고 양조장마다 정해져 있는 할당량의 술을 빚기만 하면 절로 팔려 나갔다. 세수 확보를 위해 밀주단속이 철저해지자 양조업자는 도리어 재고가 부족해서 고민을 하는 형편이었다. 이병철은 돈이 넘쳐났고 어느덧 대구에서 손꼽히는 고액의 납세자가 되었다.

인생사와 인간사에 대한 나름의 깨우침

술장사를 하다 보니 이병철은 양조업자들과 어울려 요정에 출입하는 일이 잦아졌다. 밤마다 새벽 1시가 지나서야 귀가하고, 아침이면 10시가 지나서 겨우 일어나는 나태한 생활이 계속되었다. 당시 요정의 하루 저녁 요리값은 1인당 10원 정도였고 기생의 화대도 한 시간에 1원을 넘지 않았다.

이병철은 돈과 시간을 주체하지 못해 대구의 요정 출입에 싫증이 나면 서울이나 동래까지 원정을 갔다. 그것도 마음에 차지 않으면 온천장으로 유명한 일본의 벳부(別府)나 멀리 교토(京都)까지도 원정을 다녔다. 마산에서 한량으로서의 끼를 부릴 때보다도 더 무절제하고 방만한 생활을 하고 있었다. 이병철은 "암담한 정세 속에서 찾아드는 말할 수 없는 허전한 심정이 밤마다 발길을 주석으로 돌리게 했을 뿐이다."라고 당시를 회고하고 있다.

그런데 무엇이 그를 '말할 수 없는 허전한 심정'으로 빠져들게 한 것일까? 미래를 내다보는 예리한 힘이 강했던 이병철은 시시각각 다가오는 종말에의 예감을 떨치지 못했던 듯하다. 또한 왜 돈을 벌어야 하는 것인지, 과연 이 사람들과 어울려 다니며 사업을 해야 하는 것인지에 대한 회의가 찾아온 듯하다. 이병철은 그때까지 사업가로서의 비전을 갖지 못하고 있었던 듯하다. 원래 사람은 돈을 벌고 배가 부르면 자기 자신의 존재의 가치에 대해서 생각하는 법인데 이병철은 만나는 사람들에 대한 고찰을 통해 인생사와 인간사에 대한 나름의 깨우침을 얻어가고 있었다.

벗이란 묘(妙)한 것인가 보다. 마산에서 사업을 시작했을 무렵에는 공동출자자 외에는 벗이라고 할 만한 사람이 별로 없었는데, 사업이

번창함에 따라 친구가 늘어갔다. 그러나 부동산에서 그만 큰 실패를 겪자 그렇게 많다고 생각했던 친구들이 한 사람 떠나고, 두 사람 떠나고 하더니 대구에서 양조업에 착수하면서부터 또다시 한두 사람씩 모여들기 시작했다. 그러나 그 친구들과 격의없는 사이가 된 다음에도 나에게 분명히 충고를 해주는 사람은 드물었다. 누구나 귀에 거슬리는 말은 듣기 싫어한다. 그러므로 사람들은 귀에 거슬리는 충언을 삼가게 된다. 소원해질까 두려워하기 때문이다. 남의 일에 상관하지 않고 편하게만 살면 된다고 생각하는 사람도 역시 충언을 하기 싫어한다. 그러나 그래서는 참다운 벗이 못 된다. 충언을 서슴지 않는 것이 참된 벗이다. 참된 벗을 만나기란 여간 어렵지 않다. 나의 부덕을 자책하면서도 무척 한(恨)이 되지만 채현병(蔡鉉秉) 씨야말로 아직 잊을 수 없는 참된 벗 중의 한 분이었다.

이병철은 양조장 사업주들과 '양우회(糧友會)'라는 친목회를 만들어 업무를 중심으로 자주 모임을 가졌는데, 채현병은 그 멤버 중 한 사람으로 이병철보다 4년 연상인 선배로서 무절제한 생활을 되풀이하고 있던 이병철에게 몇 번이나 엄한 충고를 했다. 이병철은 채현병에게 자신의 심정을 솔직하게 털어놓았다.

　무엇인가 세상을 위해 봉사하고 싶다는 각오는 저도 가지고 있습니다. 그 어떤 사람에게도 뒤지지 않는다고 생각합니다만 어떤 일을 하는 것이 가장 바람직한지 감을 잡을 수가 없습니다. 좀 더 일찍 이런 날이 찾아올 것이라는 예상을 할 수 있었다면 과거에 그 '양우회' 회원들과 그런 의미 없는 세월을 보내지는 않았을 것입니다. 아마 당신의 충고를 더 깊이 받아들이고 오늘에 대비했을 것입니다.

그 오늘이란 어떤 날인가? 때는 바야흐로 태평양전쟁을 일으킨 일제가 스스로 파국으로 치닫던 시절이었다. 일본이 패망의 수렁으로 점점 더 깊이 빠져들어서 발을 빼지 못하고 허우적거리는 암울한 시기를 말함이다. 이 무렵 이병철은 사업의 문제, 우정의 문제, 조국의 운명에 대해서 깊은 사고를 하고 있었다. '망연히 취생몽사(醉生夢死)의 미망 속에 빠져 있었던 것'만은 아니었다.

그때 이병철이 내린 결단 중 하나가 회사 체제를 개인 회사가 아닌 종업원이 주인인 회사로 바꾸기 시작한 것이다. 1941년 6월 3일, 삼성상회는 '주식회사 삼성상회'로 개편되었다.

고향 의령으로의 칩거

1941년 12월 7일, 중일전쟁은 마침내 태평양전쟁으로 확대되었다. 일본군이 태평양을 건너 미국 하와이의 진주만 해군기지를 폭격함으로써 일본은 걷잡을 수 없는 늪으로 빠져들고 말았다. 태평양전쟁에서 일본은 처음에 잠깐 승리하는 양상을 보였을 뿐, 전쟁의 주도권은 미국이 잡아나갔다. 1942년 봄, 미국 공군의 도쿄 공습을 전후하여 상황이 점차 어려워졌다.

일본의 병참기지 역할을 하고 있던 조선의 경제도 군수산업체제로 바뀐다. 양조업에 있어서도 업자가 판매할 수 있는 것은 할당 양의 5%뿐이고 나머지 95%는 모두 군수용으로 납품해야 했다. 일제는 힘겨운 전쟁을 수행하느라고 민가에서 놋그릇, 놋수저까지도 걷어들이고, 기름을 짜기 위한 솔방울을 따기 위해 조선의 백성들이 동원되는 판국이었다. 무엇보다 심각한 것은 식량난이었다. 조선인들은 쌀은커녕 조나 수수도 구하기 힘들었다. 이병철은 머지않아 식량난이 닥쳐올 것이라는 판단을 하고 식량난에 대비해 대구 북쪽에 있는 왜관(倭館) 근처의 신동(新洞)이라는 곳에 1만 평 남짓한 과수원을 사두었다.

경제사정은 나날이 어려워져서 술뿐 아니라 일상용품도 암거래가 성행했다. 일본인 관료들마저 세끼 밥을 먹기 어려운 절박한 상황이 되어갔다. 삼성상회에서 채소나 건어물을 판매하고 있었는데, 95퍼센트는 군대에 납품을 하고 나머지 5퍼센트는 자유 판매가 허용되었다. 일본인 관료들까지도 이병철에게 서슴지 않고 도움을 요청하기 시작했다. 차츰 삼성상회는 거래할 물품이 없어져 갔고, 양조장은 술 빚을 쌀조차 구할 수가 없었다.

이병철은 이런 상황에서 일본이 승리할 리는 없다고 생각했다. 그러한 상황에서 사업은 더 이상 불가능했다. 아니 사업이 문제가 아니라 식솔과 자신의 안위조차 불안하다는 판단을 했다.

태평양전쟁 개전 이듬해인 1942년의 봄, 이병철은 사업 운영 일체를 이순근에게 맡기고 가족을 데리고 미리 사둔 신동의 과수원으로 몸을 피했다.

그는 이곳에서 사태를 관망하며 소일거리로 사과 과수원을 돌보았다. 그는 이곳에서 과수원 일을 하면서 고향 의령을 드나들곤 했다. 이병철은 이때부터 1945년 해방을 맞을 때까지 3년 동안 칩거의 생활을 했다. 그때 태어난 것이 이건희(1942)와 여동생 이명희(1943)였다.

일제는 그 사이에 '근로보국대'라는 이름으로 72만 명의 조선인을 일본 각지의 탄광·광산·군수공장·비행장 등의 군사기지 공사에 강제로 끌고 갔다. 갈수록 긴박해지는 정세로 보아 일본의 패색이 날로 짙어가는 것을 역력히 알 수 있었다.

1945년 8월 14일, 이병철은 연합군 측의 라디오 방송을 듣고 일본이 항복할 것이란 사실을 알았다. 이병철은 그동안 방송을 통해 히로시마(廣島)와 나가사키(長崎)에 원자폭탄이 투하되고, 소련이 참전했다는 소식을 알고 있었다. 그날 저녁 중교리를 찾아온 친구 중에는 "비밀문서인지 주재소에서 뭔가 서류를 태우고 있다. 일본의 항복이 임박한 것 같다."고 들떠서 말하는 사람도 있었다.

이병철은 사태를 관망하며 일단 침묵을 지키고 있었다. 이튿날인 15일

정오, 이병철은 집에서 라디오를 통해서 일본 천황의 떨리는 목소리를 들었다. 무조건항복을 선언하는 방송이었다. 방송이 끝나자 온 동리에 독립만세 소리가 터져 나왔다. 하루 만에 마을 길목마다 태극기가 물결쳤다. 모두들 집집마다 몰래 간직하고 있던 국기를 들고 나와서 태극기가 마을을 가득 메웠다.

그때 이맹희는 태극기를 처음 보았다 한다. 어떤 사람들은 일장기에다 태극기를 덧그렸다. 일장기의 동그라미에 검은 먹물로 칠해서 태극 무늬를 그리고 4괘라는 것을 그려 넣어 깃발처럼 흔들고 다녔다. 그렇게 '급조' 된 태극기는 지금도 그의 뇌리에 파편처럼 박혔다 한다. 그것은 소년 이맹희에게는 실로 커다란 충격이었다.

'아, 일장기가 태극기가 되다니!'

나라를 빼앗긴 지 36년, 이제는 36세의 장년이 된 이병철은 가슴이 벅찬 해방의 기쁨을 실감했다. 8월 17일, 이병철은 설레는 마음으로 대구를 향하여 출발했다.

삼성가(家) 가족이야기 ❹

열손가락 깨물어서 아프지 않은 손가락이 없다고?

이병철은 신동 과수원과 고향 의령에서 칩거할 무렵 많은 자녀를 낳았다.

연보에 따르면 1940년 3녀 이순희, 1941년 4녀 이덕희, 1942년 3남 이건희, 1943년 5녀 이명희를 낳은 것으로 되어 있다. 4년 동안에 연년생으로 네 명의 자녀를 낳은 셈이다. 칩거를 하다 보니 부부간의 정이 깊어져서 많은 아이를 생산했다고 할 수도 있을 터이다. 하지만 나이 마흔이 훨씬 넘은 박두을 여사가 갑자기 4자녀를 몰아서 낳았다는 점에 의문을 품는 이들이 많다.

사사로운 가정사로 치부해 둘 수도 있겠으나 삼성가의 이야기를 다루는 자리인 만큼 짚고 넘어가야 할 여지는 있다. 왜냐하면 이 자녀들 중에서 유산 상속에서 철저하게 소외된 자녀가 있기 때문이다.

장남 이맹희는 아버지 이병철과의 불화 때문에 한 푼도 유산을 받지 못했지만 그 상속권이 장손인 이재현에게 넘어가서 CJ그룹을 상속했다. 장남과 마찬가지로 아버지에게 내침을 당했던 3남 이창희도 새한그룹을 상속 받았다. 그리고 장녀 이인희는 한솔그룹을, 5녀 이명희는 신세계그룹을 물려받았다.

그러고 보면 차녀 이숙희와 3녀 이순희, 4녀 이덕희는 이렇다 할 상속을 받은 것이 없다. 그래서 근래에 삼성가 자녀들 사이에서 유산문제로 시끄러운 법적 공방을 하는 것일까? 열손가락 깨물어서 아프지 않은 손가락이 없다 했는데 그럴 리가 있겠는가? 또 매사에 철두철미한 이병철이 그렇게 허술한 상속을 해서 시끄러움을 자초했겠는가?

삼성가의 호적을 들여다보면 거기에 비밀의 열쇠가 있을 듯하다. 이병철은 남의 이목보다는 실리를 중시해서 일본인 처에게서 낳은 아이들까지 모두 스스로 밝힌 사람이다. 호적을 자세히 들여다보면 이병철과 박두을 여사 사이에 낳은 자식은 3남 5녀이고 그 중 4녀 이덕희는 혼외자식으로 입적되어 있음을 알 수 있다.

예부터 유교적 풍습에 젖어 살던 명망 높은 가문의 남자들은 흔히 소실(小室)을 거느리고 살았다. 요즘에야 도덕적으로 지탄 받는 일이 되었지만 당시로서는 사회의 통념으로 받아들여져서 윤리·도덕적인 면에서도 그리 큰 흉이 되지 않았다. 김영삼, 김대중 전 대통령이 그랬고 물론 이병철, 정주영 등 대표적인 한국의 재벌도 예외가 아니었다.

그런데 문제는 소실에게서 낳은 자식은 서얼(庶孼)로 취급하는 풍습이 남아 있어서 그 자녀에게는 이렇다 할 유산이 돌아가지 않은 것이다. 이러한 사실은 삼성가의 상속 분쟁이 확산되고 새로운 가족사가 속속 밝혀지면서 새롭게 드러나고 있다. 법무법인이 작성한 소장을 보면 상속 권한을 가진 자녀는 8명이 아니라 7명이다. 8남매 가운데 4녀인 이덕희만 상속 대상에서 제외되어 있는 것이었다. 7남매 설에 대해서는 최근 삼성가를 소송 사건으로 몰아넣었던 이맹희가 재판장에게 보내는 2014년 1월 14일자 법정 서신에서도 명확하게 밝히고 있다.

경남 의령 농가에서 몸을 일으켜 삼성그룹을 창업한 아버지는 우리 7남매에게 너무나 위대하면서도 어려운 분이었습니다. 저는 그런 아버지가 세운 삼성가 집안의 장자입니다.

이덕희의 생모에 대해서는 몇몇 확실한 증언이 있다. 이병철은 대구에서 요정을 드나들 무렵, 금호장이란 요정을 자주 출입했다고 한다. 당시에는 달성권번(達城券番)의 대구 예기(藝妓)조합 기생들이 유명했는데 이병철은 가야금병창에 뛰어난 솜씨를 보이던 박소저(朴小姐)라는 예기에게 흠뻑 빠져들고 말았다. 중앙일보 편집부국장을 지냈던 이용우의 〈삼성가의 사도세자 이맹희〉에는 이런 대목이 나온다.

그녀는 대구 인근 경산에서 대물려 세거(世居)해 온 선대가 을사늑약 이후 독립운동에 투신하면서 가산을 탕진하고 가세가 기울자 규방을 뛰쳐나와 달성권번에서 기예를 익힌 중인(中人)출신이었다. 그런 그녀에게 마음을 송두리째 빼앗기다시피 한 이병철은 마침내 그녀의 마음을 사로잡고 법도에 따라 머리를 얹게(정식혼례)한 뒤 소실로 맞아들였던 것이다. 하지만 앞길이 그리 순탄치 않았다. 삼성상회 인근 인교동에 한옥을 한 채 사들여 사랑의 보금자리가 됐으나 결국 이 사실이 의령 본가에 알려지고 말았다.

소저는 딸아이를 낳은 지 이태(2년)만에, 이삿짐을 싸들고 대구로 올라온 박두을 여사와 인희, 맹희 등 본가 가족들에 의해 소박을 당하고 스스로 물러날 수밖에 없었다. 그 딸아이가 바로 이종기 사장의 아내 덕희 여사이다.

여기서 이덕희의 남편으로 나오는 이종기 사장은 중앙일보 사장을 역임한 이병철의 사위다. 이종기는 이병철의 고향인 경남 의령의 대지주인 이정재 집안의 아들이었으나 그가 장성했을 때는 아주 몰락한 가문이었다. 그는 제일제당 이창업(李昌業) 사장의 눈에 띄어 이병철 회장의 사윗감으로 천거된다. 이병철은 이덕희가 숙명여대 3학년 때 이종기와 결혼을 시켰다. 이종기는 서울대 상대를 나와 서울은행에 입사해 사회생활을 시작했다가 삼성가의 사위가 된 뒤 삼성그룹에 입사했다. 이병철은 총명하고 예의 바른 이종기를 총애하고 곁에 두었으나 서얼의 사위임을 잊지는 않았다. 이종기는 중앙일보 사장, 제일제당 부회장, 삼성화재 회장 등을 역임했으나 얼굴마담 역할을 했을 뿐 실권을 행사하는 지위에 있지는 못했다.

이종기 부부는 슬하에 2남 1녀가 있었는데 1992년 둘째 아들이 미국 유학 중 교통사고를 당해 25세의 나이에 사망했다. 이 사고 이후 이종기는 우울증과 여러 가지 병에 시달리다 2000년 은퇴한다. 이후 그는 모든 대외 활동을 접고 해외로 떠돌다가 2006년 10월, 자살한 시체로 발견되었다.

장인 이병철이 생전에 자주 투숙했던 데이코쿠(帝國)호텔에서였다.

그런데 이상한 것은 이종기가 보유하고 있던 삼성생명 지분 4.7%, 당시 시세로 5312억 원을 이덕희가 삼성생명공익재단에 기부했다는 점이다. 한 푼의 유산도 물려받지 못했던 이덕희가 남편 명의로 돼 있는 5000억 원이 넘는 주식을 삼성에 기부한다는 건 상식적으로 이해하기 어렵지 않은가! 세간에서는 이종기가 보유한 주식은 이병철이 맡겨놓았던 차명주식이었고 삼성 측에서 그의 무덤에 흙이 채 마르기도 전에 몽땅 되찾아 갔다고 보고 있다.

반면 차녀 이숙희는 박두을 여사의 소생임에도 불구하고 한 푼의 유산도 상속받지 못했다. 그녀는 LG그룹의 구자학(具滋學)과 결혼을 했는데 삼성과 LG 사이가 전자사업을 두고 앙숙이 되는 바람에 벌어진 해프닝 때문이다. 그 흥미로운 사연은 다음에 살펴보기로 하자.

❺ 8·15 해방

    우리는 영국 산업혁명 이전으로 돌아가서 경제발전의 고전적 코스를 밟아 내려올 시간이 없다. 우리는 과감하게 그 순서를 바꾸어 공업화를 먼저하고 대기업에서부터 출발하여 중소기업으로 내려가는 방식을 취해야 한다. 농촌을 구제하는 것은 과감한 외자도입에 의한 공업화를 통해서 가능하다. 외자도입은 미국을 주력으로 하고 배상금 문제를 주안점으로 하는 일본, 그리고 독일·이탈리아·프랑스·네덜란드 순으로 중점을 두어야 할 것이다.

- 이병철, 1962년 한국일보 -

드디어 해방의 날이 오고……

이병철이 대구로 돌아왔을 때는 이미 건국준비위원회의 경북지부가 결성되어 활동을 개시하고 있었다. 8·15 해방과 함께 한반도에는 엄청난 정치적 열기가 몰아쳤다. 일제의 억압에 억눌려 있던 한국인들을 가히 '정치폭발'이라 할 만큼 격동 속으로 내몰았다. 1945년 11월 1일까지 미군정청에 등록된 정치단체가 무려 250여 개에 이른 것만 보아도 정치적 열기가 얼마나 대단했던가를 알 수 있다.

문제는 나라를 이끌고 갈 구심점을 찾고 있지 못하고 있다는 것이었다. 좌우 정치세력은 대립했고 급기야는 폭력사태로까지 번져갔다. 하지만 어느 쪽도 확고한 정치철학이나 국민이 따라야 할 뚜렷한 방향을 제시하지를 못하고 있어서 일반국민은 갈피를 못 잡고 우왕좌왕했다. 한편 공산당의 사주를 받은 좌익세력들은 공장에서 태업과 파업을 자행하고 있었다.

다행스럽게 삼성상회와 양조장은 이순근의 헌신적인 노력으로 별다른 피해를 입지 않고 정상적으로 운영되고 있었다. 그러나 이순근은 이병철에게 사표를 제출했다. 이병철은 '드디어 올 것이 왔구나!'하는 마음으로 이순근을 바라보며 물었다.

"이게 무엇인가?"

"사표일세. 그동안 고마웠네. 나는 이제부터 나의 길을 가야 할 것 같네."

"그게 무슨 말인가? 지금 우리가 어떻게 이 회사를 키워왔는데……."

"자네는 혼자서도 이 회사를 크게 번창시킬 수 있을 걸세. 나는 회사보다는 조국을 위해 일하고 싶네. 그것이 나의 길이란 것을 자네도 잘 알고 있지 않나?"

이병철은 말문이 막혔다. 이순근은 학생 때도 적극적으로 좌익운동에 가담할 만큼 사상으로 탄탄하게 무장이 된 친구였다. 이병철은 그를 말릴 수 없다는 것을 잘 알고 있었다.

"그럼, 앞으로 무엇을 할 것인가?"

"여운형 선생께서 건국준비위원회를 결성했다니 그곳에 가서 일을 하기로 했네."

그렇게 이순근은 떠나갔지만 두 사람의 우정에는 변함이 없었다. 이순근은 어려운 시기에 삼성상회와 양조장을 위해 여러 해 동안 모든 정성을 기울여 헌신적으로 일한 사람이었다. 이병철은 자신의 사업이 대구에서 성공할 수 있었던 것은 친구 이순근이 있었기 때문이라며 두고두고 고마워했다.

이순근은 서울로 올라가서 여운형의 건국준비위원회 기획부에서 일하다가 1948년 대한민국 정부가 수립되자 결국 월북을 선택했다. 그 이후로 두 사람은 서로 소식을 모른다.

이순근이 떠난 후, 삼성상회는 잠시 휘청거렸다. 1945년 8월 해방을 맞고 이후 38선이 가로막히자 육로를 통한 만주와 중국으로의 무역길이 막히면서 삼성상회는 문을 닫을 위기에 몰렸다. 그러나 다행히 조선양조가 호조를 보인 덕분에 일시적인 위기에서 벗어나 이병철은 지속적으로 성공을 이어 나갔다. 하지만 해방 후의 정세는 혼란, 그 자체였다. 좌익과 우익은 서로 의견을 달리하며 팽팽히 대립했다. 하지만 미군정당국은 정치활동의 자유를 기본으로 알았기에 좌우 정치세력들이 극렬하게 대립하는 것을 그저 지켜만 보고 있었다. 군정당국은 한국의 실정을 몰라도 너무 모르고 있었다. 그 무렵 군정당국의 웃지 못할 다음과 같은 코멘트를 보자.

"쌀값이 폭등하는 것은 한국 사람이 쌀만 선호하기 때문이다. 왜 고기나 과일을 주식으로 하지 않는가?"

이것은 프랑스혁명 당시 마리 앙트와네트 왕비가 굶주림으로 아우성을 치는 백성들에게 "**빵이 없으면 고기를 먹으면 될 텐데.**"라고 한 말과 무엇이 다른가! 이렇듯 미군정은 수수방관하는 것으로 일관했고,

좌익과 우익의 첨예한 대립은 장차 이 나라를 어디로 끌고 갈 것인지 한치 앞을 내다볼 수 없게 했다. 이병철의 양조장에도 정치자금의 원조를 요청하는 각 단체의 간부들이 앞다투어 줄을 섰다.

해방 후의 혼란과 갈등은 오랫동안 지속되었다. 너무 오랜 시간 동안 식민지 체제 밑에 있었던 탓에 정치적 역량과 자립경제 구축에 대한 국민 인식이 현저히 낮은 상태였던 것이다. 북한에만 집중된 공업시설과 에너지 자원으로 인해 남한은 심한 자원부족에 허덕일 수밖에 없었다. 중공업제품의 자급도는 극히 낮아졌고 그나마 있는 공장의 기술자는 대다수가 일본인이었으며, 우리 민족의 순수한 민족자본은 단 6퍼센트에 불과했다. 한국 공업자본의 94퍼센트를 점유했던 일본인 자본과 기술자의 80퍼센트였던 일본인이 떠나갔기 때문에 그것을 메울 방도가 없었다. 또한 일제 36년 동안 예속된 경제 구조와 기형적인 산업구조로 말미암아 국민들의 의식도 심한 패배주의로 흐르고 있었다.

해방 뒤 제2의 각성, '사업보국'

해를 넘긴 1946년 10월 1일, 좌익 활동이 맹위를 떨쳤던 대구에서는 '10월 폭동'이 일어났다. 대구 지역의 공산당이 사주해서 일어난 대규모 폭동이었다. 도화선은 노동자 파업이었다. 공산당들은 공장의 파업을 사주했고 공장의 근로자들이 들고 일어났다. 대구 노동평의회 건물 앞에서 수천 명의 군중이 적기가(赤旗歌)를 부르며 시위에 들어갔다. 이 사태로 대구는 무정부 상태에 빠졌고, 경제활동도 마비되었다. 조선양조 역시 원료를 구입하지 못해 그만 문을 닫아야 했다.

이병철은 대구 폭동 한가운데에 있었고, 마치 좌익혁명의 전야(前夜)와도 같은 폭동 과정을 유심히 지켜보면서 전율을 느꼈다. 그는 "군경 당국의 대응이 조금만 늦었더라도 대구 시내의 유력자는 사업가를 포함하여 몰살되었을 것이다."라고 회고하면서 사업가로서의 새로운 각성을 하게 된다. 당시 이병철은 폭동의 원인을 한마디로 '먹고 살기가 어렵기 때문'이라고 생각했다. 그래서 이병철은 생각했다.

　해방된 나라에 기여하는 길은 무엇일까? 내가 가장 잘하는 일을 하는 거다. 그건, 사업이다. 그렇다. 내가 조국을 위해 봉사하는 길은 사업에 투신하는 것이다.

　해방 후 우리 사회의 혼란상은 이병철에게 큰 영향을 미친다. 아무런 사명감 없이 돈벌이만을 위해서 사업을 벌여온 스스로를 반성하는 기회가 되었기 때문이다. 그에게는 새로운 각성이 찾아왔다. 달빛을 안고 평화롭게 잠든 아이들의 모습을 보며 사업에 뜻을 세운 것이 '제1의 각성'이라면, 해방 뒤 조국을 위해 사업을 하겠다는 신념을 굳힌 것이 '제2의 각성'이었다. 이병철은 '사업보국(事業報國)'이라는 말을 생각해냈다. 이 말은 일본의 '경영의 신'으로 불리는 마쓰시타 고노스케(松下幸之助)가 자주 쓴 말인데 이병철은 혼미스러운 해방정국을 온몸으로 치열하게 살면서 이 말의 뜻을 절실하게 느꼈다.
　이병철은 이 무렵 중학생이던 큰 아들 이맹희에게 대구 폭동을 보면서 '이 모든 혼란이 먹고 사는 문제, 즉 민생의 어려움에서 비롯된 것'이라고 말하고 '장사와 사업의 차이는 돈을 벌어서, 혹은 버는 과정에서 남과 더불어 공유하느냐, 혹은 혼자 벌어서 혼자 가지느냐의 차이에 있다.'는 사업관을 가져야 한다고 가르쳤다 한다.
　'10월 폭동'이 가라앉자 이병철은 새로운 각오로 사업을 재계했다. 그는 새 지배인에 대구식료품조합의 상무이사를 맡았던 이창업을 영입했다. 그는 대구상고를 졸업했고 누룩제조업 계통의 회사에서 경리 일을 하기도 했던 사람이다. 이순근에 이어서 발탁한 이창업 또한 성실하고 발군의 실력을 지닌 능력가였다.
　이후 이창업은 평생 이병철의 곁을 지키면서 이병철이 대기업가로 성장하는 데 큰 기여를 하게 된다. 이창업은 6·25동란 후에 위기에 빠져 있던 이병철이 재기를 하는 데 결정적인 기여를 하는 인물이다. 이병철은 사람을 보는 눈이 뛰어나다는 평가를 받곤 했는데 이창업 같은 사람을 두고 하는 말일 것이다.

사회의 무질서가 걷잡을 수 없을 지경에 이르렀지만 그런 와중에 술 소비는 더욱 늘어났다. 이병철은 재출범과 함께 한국인의 체질에 가장 적합한 양질의 청주를 개발해냈고 '월계관(月桂冠)'이란 이름을 붙였다. 월계관은 날개 돋친 듯이 팔려나갔고, 영남 일대는 물론이고 서울의 주류도매상으로부터도 주문이 밀려들 정도로 인기를 얻었다. 삼성상회의 무역도 중국이나 북한은 판로가 막혔지만 남한 전역에 새로운 판로를 개척해서 오히려 사세가 더욱 확장됐다.

이창업은 대구의 사업가들로 구성된 '을유회(乙酉會)'라는 친목단체의 멤버이기도 했다. 정치도, 경제도 혼미하기만 했던 당시 상황 속에서 기업인들도 국가를 위해 무엇인가 해야 한다는 것이 을유회 설립의 취지였다. 이 을유회는 그 명칭이 보여주듯 해방된 해의 간지(干支)를 그대로 채용한 것으로 해방의 환희를 지역사회의 발전을 위해 승화시켜 보자는 취지로 일주일에 한 차례 정도 회합을 가져 사업의 자세나 국가, 사회의 장래, 지역사회의 발전을 위해 진지하게 논의하곤 했다.

처음의 회원은 이병철과 함께 장인환(張仁煥), 채현병, 여상원(呂相源), 이흥로(李興魯), 이근채(李根栗), 박용식(朴龍植), 김재소(金在炤), 이창업 등 모두 아홉 명이었다. 그 후에 회원이 증가하여 30여 명으로 증가했다. 을유회 모임은 결코 무익하지는 않았다. 사업이나 인간으로서의 생활방식에 대하여 깊이 반성하는 기회가 되었기 때문이다.

을유회는 해방 전 일본인이 경영하던 대구의 지방지 〈조선민보(朝鮮民報)〉를 인수해서 〈대구민보(大邱民報)〉로 명칭을 바꾸고 언론 사업을 펼쳤다.

해방의 기쁨과 해방정국의 혼란을 겪어내면서 이병철은 자신의 과거를 반성하고 장래에 관하여 깊은 생각을 하고 있었다. 장인환이 사장으로 취임하고, 이병철은 총무국장을 맡아서 일을 했으나 직접 경영에까지 개입하지는 않았다. 그가 하는 일이라고는 매달 생겨나는 적자를 메꾸어 주는 것이 주요 임무였다. 하지만 이때의 경험이 〈중앙일보〉 등 매스컴에 관심을 가지게 되는 계기가 되었다.

해방 이후 이병철은 스케일이 다른 사업가로 변신하고 있었다. 해방 전 이병철에게는 경영철학 같은 것이 별로 없었다. 오로지 자신의 사업 범위에만 신경을 쓰는 것이었다. 자신의 사업이 다른 사람에게 끼치는 영향 따위는 생각조차 못했다. 그러던 것이 '제2의 각성'을 통해서 보았듯이 해방 이후의 이병철은 크게 변했다. 이 을유회도 그 변화의 결과였는지 모른다. 〈호암자전〉에는 그의 기업가정신이 이렇게 정리되어 있다.

해방 후의 혼란 속에서 정치도, 경제도 갈피를 잡지 못했고 국민의 생활은 심한 물자부족으로 빈궁하기 짝이 없었다. 그러나 이제부터는 자주독립 국가의 경제건설에 응분의 소임을 다해야 한다. 정치를 확실히 안정시키려면 우선 경제를 안정시켜야 한다. 이렇게 되면 민생도 안정된다. 민생과 경제, 정치는 삼위일체라 서로 적절하게 보완하고 결합돼야 국가사회의 발전이 비로소 약속되는 것이다. 이런 각성이 그후 기업을 일으키고 경영함에 있어서의 일관된 나의 기업관이 되었다. 기업가는 기업을 구상하여 그것을 실현시키고 합리적으로 운영하면서 국가가 무엇을 필요로 하는가를 파악하여, 새로운 기업을 단계적으로 일으킬 때 더없는 창조의 기쁨을 가지는 것 같다. 그 과정에서의 흥분과 긴장과 보람, 그리고 가끔 겪는 좌절감은 기업을 해본 사람이 아니고서는 알 수 없을 것이다. 황무지에 공장이 들어서서 수많은 종업원들이 활기에 넘쳐 일에 몰두하며 쏟아져 나오는 제품이 산더미가 되어 화차와 트럭에 만재되어 실려 나가는 모습을 볼 때 기업가는 생각한다. 이러한 창조와 혁신감에 생동하는 과정을 바라볼 때야말로, 살고 있다는 것을 다시금 확인할 수 있는 더없이 소중한 순간일 것이다.

이승만과의 만남

이병철이 1950년대에 재벌로 급부상하게 된 데는 정치적 배경이 크게 작용한 것은 아닐까? 많은 사람들이 그런 의구심을 갖고 있는 이유 중에 하나가 대통령 이승만과의 관계에서 비롯된다. 이병철은 〈호암자전〉이나 어떤 기록에서도 이승만과의 특별한 관계를 밝힌 적은 없다. 그리고 삼성과 자유당 정권과의 정권 유착에 대한 별다른 기록이나 연구는 없어 보인다. 〈호암자전〉에는 이승만과 만난 이병철의 담담한 소회가 기록되어 있을 뿐이다. 이병철과 이승만의 사이가 어땠는지 따라가 보기로 하자.

앞에서 살펴보았듯이 이병철의 아버지와 이승만은 독립협회 활동을 같이한 동지였다. 그런 이승만이 해방을 맞이해서 조국으로 돌아왔고 옛 동지의 아들을 우연히 조우하게 된다.

이승만은 '10월 폭동'이 진압되고 얼마 안 되어 대구를 방문했다. 당시 이승만은 미국에서 귀국한 직후여서 국민의 존경을 한 몸에 받고 있었다. 대구 시내의 유력인사 30여 명은 환영준비위원회를 구성하고 왜관까지 마중을 나갔다.

이승만은 이병철의 일행 30여 명과 경북 각지에서 모여든 20여 명 등 50여 명의 인사들과 일일이 악수를 나누면서 소탈하게 대화를 나누었다. 그의 태도에는 기품과 세련미가 넘쳐 흘렀고 친근감을 안겨 주었다.

이병철은 이승만과 악수를 나누고 대화를 나누는 순서가 되었을 때 이승만과 아버지 사이에 교분이 있었던 것을 알고 있었기에 아버지의 함자를 들려주며 자기소개를 했다. 그러자 이승만은 만면에 미소를 지으며 반색을 했다.

"오, 자네가 이찬우 공의 자제분이로군. 그래. 선친께서는 강녕하신가?"

"예, 선친께서는 지금 고향에서 농사일을 돌보고 계십니다."

"그래, 선친을 뵌 지도 오래 되었구먼. 그때는 우리가 다 피 끓는 청춘이었는데, 선친께 꼭 안부를 전하시게. 그런데 이군은 지금 무엇을 하고 계시나?"

"예, 조그만 무역업과 양조장을 경영하고 있습니다."

그러자 이승만은 이렇게 말하는 것이었다.

"서양 술은 오래 된 것일수록 좋다고 하는데, 우리나라의 것은 그렇지 못한 것이 안타까워. 만일 우리 고유의 좋은 술을 서양에 수출하려고 한다면 우선 오랫동안 보존할 수 있는 방법을 강구해야 할 것이야. 자네가 그것을 연구해 보도록 하시게."

이승만의 화술은 화제가 풍부해서 막힘이 없고 여유가 있었다. 이병철은 처음 만나는 인물이었지만 과연 큰 그릇이라는 강한 인상을 받았다. 이병철뿐만 아니라 그 자리에 같이한 모든 사람들이 그 날 깊은 감명을 받았다.

이병철은 이듬해 회사일로 서울에 들렀을 때, 이승만이 머물고 있는 이화장(梨花莊)을 방문했다. 왜관에서의 만남에서 이승만이 "서울로 올라오게 되면 꼭 찾아오라."한 말을 머릿속에 떠올렸기 때문이다.

사전 연락이 없이 불쑥 방문했는데도 불구하고 이승만은 반갑게 이병철을 맞이했다. 거기서 이병철은 평생 잊기 어려운 일을 체험했다. 이승만은 방금 배달되었다는 한 통의 국제전보를 이병철에게 보이면서 다음과 같이 말했다.

"미국에 있는 임병직(林炳稷, 독립운동가, 후일 외무장관, UN대사를 지냄) 동지에게서 온 전보인데 신탁통치는 모면할 수 있게 되었다는 거야. 멀지 않아 우리나라에도 진정한 독립의 날이 올 것이야."

그다지 깊은 친분도 없고 정치가도 아닌 자신에게 이런 비밀전보를 선뜻 내보이며 격의 없이 대하는 이승만에게 이병철은 감복했다. 이병철은 이 사람은 정말 대인(大人)같은 그릇을 지닌 사람이로구나 하며 생각하고 있는데 이승만의 놀라운 이야기는 더 계속되었다.

"이군, 자네는 남쪽만이라도 선거를 하는 것이 옳다고 생각하지 않는가? 분단된 채로 정부를 수립한다는 것은 뼈를 깎는 고통이지만 공산당과의 협상에 구애 받아 시기를 잃기라도 한다면 그야말로 그들 계략에 빠지고 마는 일이 된다네. 자칫하면 독립할 기회를 영원히 잃게 될지도 몰라. 이건 민족의 운명에 관계되는 일이야. 기필코 남한에서만이라도 민주정부를 수립해야 해."

그날 이병철은 남한에서 선거를 하면 대통령으로 선출될 것이 틀림없을 이승만의 입에서 나온 말의 무게와 큰 뜻을 가늠하느라고 하루 종일 생각에 잠겨야만 했다. 이승만의 생각은 이른바, '좌우합작'이나 '남북협상'을 권하고 있던 미국의 한국에 대한 정책과는 근본적으로 달랐다. 그리고 '신탁통치' 운운하는 주장들과도 달랐다. 이후 정국이 이승만의 생각대로 풀려나가는 것을 바라보며 이병철은 이승만의 정치력과 선견력에 경의를 표하지 않을 수 없었다. 혹자는 이승만 때문에 남북분단이 고착화되었다고 주장하기도 하지만 이병철은 그렇게 생각하지 않았다. 미국과 소련이 첨예하게 대립하면서 냉전체제를 구축해 가는 상황에서 이승만이 선택한 노선 외에는 달리 선택할 수가 별로 없었고, 이승만의 빠른 선택과 결단이 이니셔티브를 쥐고 대한민국 건국의 아버지로 만들었다고 믿었다. 이병철은 자신에게 "사업을 하더라도 국가를 먼저 생각해야 한다."고 말한 이승만에 대한 소회를 이렇게 밝히고 있다.

온 국민이 갈피를 잡지 못하고 우왕좌왕하고 있는 상황에서 확고한 신념에 사는 지도자가 있다는 것은 얼마나 다행한 일인가 하고 생각했다. 국민 한 사람, 한 사람의 생존이 국가를 떠나서 있을 수 없듯이 사업 또한 마찬가지다. 사업을 통해서 국가 사회의 발전에 기여하고 싶다. 그것 없이는 나의 인생은 뜻이 없다. 사업보국의 신념은 이날의 이 박사와의 만남을 계기로 더욱더 확고하게 굳혀졌다. 이 날의 이

박사 모습은 지금도 내 기억에 역력하게 남아 있는데 마치 큰 불덩이를 솜으로 싼 것 같이 느껴졌다.

서울로 무대를 옮기다

이렇게 사업보국에 대한 의지를 갖게 된 이병철은 머지않아 수립될 새정부 출범과 함께 본격적인 무역을 하기로 마음먹었다. 그는 대구라는 지역적 한계를 벗어나 보다 큰 무대로 뛰어들 것을 결심했다. 그러자 주위에서는 말리는 사람들이 많았다. 대구에서의 사업이 자리를 잡고 승승장구하고 있는데 무엇 때문에 기반도 없고 낯선 서울에서 모험을 하겠다는 것이냐고 삼성상회의 임직원들도 반대를 했다. 하지만 이병철의 생각은 달랐고 아무도 그의 도전의식을 꺾지 못했다. 그는 직원들을 불러 모아놓고 이렇게 말했다.

"우리 양조업이 오늘과 같이 발전하게 된 것은 우리 모두가 단결하여 열심히 일한 덕분입니다. 여러분들의 협동과 단결심이 살아 있는 한, 이 분야에서 경쟁에 지는 일은 절대로 있을 수 없습니다. 그 동안 축적된 이익을 이 기회에 국가와 사회의 급선무인 새 사업에 투자하고자 나는 서울로 가는 것입니다. 현사업의 경영은 모두 여러분들에게 일임합니다. 부디 좋은 결과를 만들어 내기를 바랍니다."

이병철은 대구에서의 사업을 정리하지 않고 1947년 5월 가족과 함께 서울로 올라왔다.

그는 혜화동 125번지에 당시로서는 상당히 큰 한옥집을 마련하고 새 둥지를 틀었다. 시가 500만 원이 넘는 집이었는데 당시의 환율이 달러당 15원 정도였으므로 30만 달러가 넘는 저택이었다. 이병철 자신도 조금 분에 넘치는 집이라고 생각했지만 거기에도 이병철다운 포석이 깔려 있었다. 전혀 기반이 없는 고장에서 자기 자신을 드러내는 일련의 자기광고 효과를 노린 것이었다. 그것은 과시용이 아니라 사업가로서 새로운 사람들과 교제를 할 때 자신의 신분을 알리는 것으로 집만큼 효과적인 홍보수단은 없다는 것이 이병철의 생각이었다. 어쩌면 그것은 최고와 제일만을 생각하는 이병철의 근성 때문이었는지도 모른다.

이병철은 엄혹한 박정희 군사정권시대에도 비판여론에 연연하지 않고 아무 거리낌 없이 메르세데스 벤츠600 리무진을 즐겨 타고 다녔다. 당시 이 차량은 국내에 4대뿐이었다. 청와대에 박 대통령의 전용차량과 의전용으로 두 대, 대한항공의 조중훈, 그리고 이병철이 각각 한 대씩 소유하고 있었다. 조중훈은 벤츠600 리무진을 들여오기는 했으나 청와대에 눈치가 보여서 외국에서 귀빈이 올 때나 사용하는 '의전용'으로 차고 깊숙이 박아두고 있었는데, 이병철은 벤츠600 리무진을 타고 서울 시내를 누비고 다녔다. 보고를 받은 박정희는 '어릴 때부터 고생을 모르고 호사스럽게 자라 사치를 즐기는 사람'이라고 한마디 하고는 그냥 웃어넘겼다 한다.

이렇게 혜화동에 둥지를 튼 이병철은 그러나 쉽게 움직이지 않았다. 해방 이후 미군정이 상업 활동의 자유를 보장했으므로 남한에는 각종 기업이 우후죽순처럼 생겨나 활발한 기업 활동을 벌이기 시작했다. 이병철처럼 지방에서 성공한 기업가들이 서울로 몰려든 때도 이때였다.

황해도 사리원에서 정미소를 경영하던 최성모는 서울로 올라와 고무공업회사를 열었는데 그것이 신동아그룹 창업의 모태가 되었다. 대농그룹의 창업주 박용학은 강원도 통천에서 간장공장을 경영하다 서울로 올라왔다. 코오롱그룹의 창업주인 이원만은 일본에서 모자공장으로 돈을 벌어 거금 180만 원을 손에 들고 귀국했다. 태평양화학의 창업주 서성환(徐成煥)도 서울로 올라왔고, 과자 행상을 하던 이양구(李洋球)도 서울로 올라와서 오늘날의 동양그룹을 창업한다.

8·15 해방은 일제의 억압에 억눌려 있던 사업가들에게는 새로운 기회요, 도전의 시작이었다. 이병철은 이 새로운 시기를 맞아 본격적인 무역을 하기로 마음먹은 것이다. 여기서 사업가로서 도전정신과 시세(時世)의 흐름을 정확하게 읽어낼 줄 아는 예리한 시각의 단면을 읽을 수

있다. 우선 이병철은 정식으로 대한민국 정부가 수립되는 때를 기다렸다. 그는 이승만이 초대 대통령으로 선출되리란 것을 확신하고 있었을 것이다.

그는 그동안 특유의 신중함을 보이며 국내·외 정세를 조심스럽게 살피면서 기회를 기다렸다. 그는 우선 국제무역의 동향과 아울러 신생국가인 한국의 산업이나 국민생활에 필요불가결한 것은 무엇인가를 면밀히 조사·검토했다.

당시 남한 사회는 일본인이 운영했던 대부분의 공장이 제대로 가동을 못하고 있었다. 일본인 기술자가 물러간 생산 공장은 원료, 자금, 기술 등의 부족으로 휴업상태인 곳이 많아 생활필수품이 극도로 부족했다. 시장에 나돌고 있는 물품의 대부분은 미국의 원조물자와 미군으로부터 흘러나온 것들 뿐, 새로운 생산시설을 만들려 해도 자본이나 기술이 절대적으로 부족했다. 미군정의 통화남발은 물가 폭등까지 유발해 경제는 더욱 침체일로를 걸을 수밖에 없었다. 거기에 북한이 1948년 5월부터 전력공급을 전면 공급 중단함으로써 남한경제는 일대 혼란에 빠지고 말았다. 약삭빠른 일부 상인들이 물품을 닥치는 대로 매점매석하여 폭리를 취하는 바람에 생필품 값은 그야말로 하늘 높은 줄 모르고 치솟았다.

이병철은 물자부족에 대처하기 위해서 무역업이 무엇보다 시급하다는 결론을 얻었다. 물자가 부족한 때이므로 무역업이야말로 가장 타당성 있는 사업이라고 판단한 것이다. 이번에는 수출이 아니라 수입이었다. 이병철은 일상생활에 긴요한 물건을 해외에서 들여와 팔면 자신은 돈을 벌고, 사람들은 좀 더 싸게 물건을 구입할 수 있다고 여겼다. 하지만 그는 무려 1년 반 동안이나 시장조사를 계속했다. 그러는 동안 대한민국 정부가 수립되고 초대 대통령에 이승만이 취임했다.

마침내 때가 되었다고 판단한 이병철은 1948년 11월, 서울 종로2가의 2층 건물 100여 평을 임대해서 '삼성물산공사(三星物産公司)'를 창립했다.

자본은 이병철이 75%를 출자했고, 조홍제(부사장), 김생기(金生基, 상무), 이오석(李五錫), 문철호(文哲浩), 김일옥(金一玉) 등 몇 사람의 동업자들이 합쳐 25%를 출자했다. 직원은 20여 명이었다.

조홍제와의 동업관계

여기서 눈여겨보아야 할 사람이 있다. 이병철과 삼성의 역사에 있어서 아주 중요한 역할을 하게 되는 사람, 그가 바로 조홍제다. 앞에서 살펴보았듯이 조홍제는 일본 호세이 대학 독일경제학부를 졸업하고 훗날 효성그룹을 창업한 기업인이다.

해방 직후 조홍제는 서울 명륜동에서 살고 있었다. 그는 서울에서 사업을 하기 위해 고향의 가산을 정리해서 상경을 했던 것이다. 당시 조홍제는 사업 아이템을 정하지 못해서 목하 고민에 빠져 있던 상태였다.

그의 회고에 따르면 "서울에서 마음껏 기업 활동을 전개해보기 위해 상경했으나 서울의 분위기는 살벌했다. 서울에 와 보니 모든 분야에서 혼란이 극에 달해 있었다. 건국준비위원회를 비롯한 온갖 정당, 사회단체, 군사단체, 심지어 폭력조직까지도 무수히 난립해 있고, 안국동 네거리 같은 곳에는 간간이 모리배가 어떻고 폭리가 어쩌고 하여 기업인을 악덕한으로 몰아붙이는 '삐라'가 벽면을 메우고 있었다."고 한다.

'나라가 독립이 되려는 이 마당에 굳이 모리배란 소리를 들어가면서 기업을 꼭 해야 하는가?'

조홍제는 며칠을 두고 생각한 끝에 중앙고보 때의 은사였던 인촌(仁村) 김성수를 찾아간다. 그는 사업을 한답시고 욕을 듣는 것보다 육영사업을 하고 싶으니 적당한 데가 있으면 중학교를 하나 추천해 달라고 부탁한다. 그러나 김성수는 딱 잘라 거절하며 말한다.

"이 사람아, 지금 해방이 된 우리나라에 시급히 필요한 것은 생산을 하는 기업일세. 더구나 자네는 경제학을 전공했으니 국가를 위한 사업을 일으키도록 하게!"

그러나 조홍제는 여전히 사업 아이템을 잡을 수 없었다. 그는 고향과 서울을 연신 오르내리며 토목, 철물 분야의 사업을 구상하거나 일시적으로 손을 대어도 보았지만 다 마땅치 않았다. 이렇듯 할 만한 사업을 찾느라고 여러 분야에 걸쳐 조사와 연구를 한다고 거의 1년 가까운 세월을 보내버렸다. 그는 선뜻 아무것에나 손을 댈 수가 없는 자신의 성격을 회고록 〈나의 회고〉에서 이렇게 적고 있다.

> 나는 옛날이나 지금이나 무슨 일을 시작할 때 '우선 저질러 놓고 보자.'하는 이른바 저돌형이 아니어서 여러 각도로 분석을 해 보고 또 각 인소(因素)들을 다시 종합하여 좋은 결론이 얻어져야 비로소 착수하게 된다. 그래서 이런 성격 탓으로 해방 직후의 정치유행어 '모리배' 소리에 놀라 기업의 착수에 주춤했고, 인촌 선생의 만류에 이끌려 학원 경영에도 나서지 못했던 것 같다.

그런데 문제는 점점 화폐가치가 떨어진다는 사실이었다. 인플레가 극심해서 현금을 쥐고 있는 그로서는 매일 자본금을 갉아 먹고 있는 것과 같은 상태였다.

그때 그의 앞에 이병철이 나타났다. 서울 혜화동으로 이사를 온 이병철이 가까운 명륜동에 살고 있던 조홍제를 찾은 것인데, 마침 두 사람의 집은 2, 3분이면 오갈 수 있는 지척이었다. 두 사람은 반가움에 아침저녁으로 얼굴을 마주하게 되었는데, 자주 만나다보니 사업에 대한 의논을 자연스럽게 하게 되었다.

이병철이 지금은 생필품이 태부족한 형편이니 무역업을 해서 물자를 수입해다 팔면 수익성이 좋을 것이라는 의견을 내놓았고, 조홍제도 그 의견에 동의했다. 이병철은 무역을 해야만 국민경제의 부흥과 국민생활의 안정을 이룰 수 있다면서 무역회사를 설립했다. 그러나 신중한 조홍제는 여전히 시세를 관망하는 자세를 견지하고 있었다.

말하자면 조홍제는 처음부터 삼성물산공사 경영에 참여하지 않았다는 것이다. 조홍제가 삼성물산공사의 경영에 참여하게 되는 것은 회사 창업 4개월 정도 후의 일이다.

종로에 사무실을 개설하고 무역업을 시작한 이병철이 그해 연말에 조홍제의 사업자금을 좀 빌려 달라고 부탁을 했다. 아직 사업을 하지 않고 있는 조홍제로서는 이병철이 벌인 사업의 사업성이 나쁘지 않고 돈을 활용한다는 의미에서 8백만 원을 빌려주었다.

2개월이 지난 1949년 2월경, 이병철이 찾아와서 말했다.

"예상했던 것보다 자금운영이 여의치 않네요. 차용한 돈을 갚을 형편이 안 되어서 그러니 그 돈을 그대로 투자해주면 어떨까요?"

"그 돈을 투자로 전환시키면 이익배당은 어떻게 되는 것이오?"

이병철은 그 자리에서 출자 비율대로 이익금을 나누는 지분제를 택하면 된다는 대답을 했다. 〈나의 회고〉를 보면 이때 조홍제는 빌려 준 돈 800만 원에 200만 원을 더 보탠 1000만 원을 투자한 것으로 나와 있다. 그때로부터 조홍제는 15년 동안 이병철과 동업 관계를 유지한다.

그런데 문제는 조홍제가 자신은 1000만 원을 투자한 반면 이병철은 700만 원을 투자해서 삼성물산공사의 자본금이 1700만 원이었다고 주장하는 점이다. 이 점은 〈호암자전〉에서 이병철이 자신이 75%를 출자하고 몇 사람의 동업자들이 25%를 출자했다고 기술한 점과 상치한다. 이런 의견 차이 때문에 두 사람은 훗날 삼성을 국내 최고의 기업으로 만들어 놓고 나서 결별의 수순을 밟게 되고 조홍제는 효성그룹을 창업하게 된다.

동업을 하다보면 사업상의 오해는 비일비재한 것이고 당사자들이 아닌 제3자가 누구의 주장이 옳다고 시비를 가린다는 것은 '닭이 먼저냐, 달걀이 먼저냐.'를 가리는 것보다 힘든 일이다. 그래도 두 사람은 혼신의 힘을 다 해서 15년간 삼성이란 기업을 국내 최고의 기업으로 키워내는 데 성공했다.

우리는 두 사람이 15년간을 함께 키워온 역정을 더듬어 보면서 두 사람의 인간됨됨이와 우리 기업사의 면면을 더듬어 보는 것이 좋을 것 같다.

선진경영 기법을 도입하다

이미 말했지만 삼성물산공사는 출자 비율대로 이익금을 나누는 지분제를 택한 회사다.

이병철은 조홍제와의 관계 때문인지 기회 있을 때마다 자신이 우리나라에서 '사원출자제', 즉 '사원주주제'를 가장 먼저 실시한 회사였음을 강조하고 있다. 그리고 독자적으로 모든 자본을 대지 않고 합자를 한 데에는 나름대로의 경영방침이 있었기 때문이라고 말하고 있다. 당시 이병철이 사원들에게 25% 만큼의 출자를 하도록 한 것은 출자자들에게 회사이익이 곧 자기이익이 되는 것이므로 서로 분발해서 회사를 키울 수 있도록 유도하고자 함이라는 것이다. 사원이면 누구나 응분의 투자를 하고 이익배당을 받게 되며 지분이 있으므로 모두 내 회사라는 기분으로 열심히 일하게끔 만드는 분위기로 나갔던 것이다. 요즘은 사원들이 회사의 주식을 가지고 있는 일이 비일비재하지만 당시에는 상당히 파격적인 일이었다.

그래서인지 삼성물산공사는 눈부신 성장을 거듭하게 된다.

삼성물산공사는 홍콩, 마카오, 싱가포르 등 동남아시아 지역에서부터 면사를 비롯한 설탕, 재봉틀, 의약품, 철강재, 비료 등 100여 종에 달하는 생필품을 수입했다. 그리고 한편으로는 마른오징어, 한천 등의 해산물과 면실박(棉實粕 : 목화씨에서 기름을 짜고 난 찌꺼기)을 수출했다.

그 무렵의 무역은 주로 북쪽이 가로 막히는 바람에 대륙과의 교역 대신에 바다를 통하는 수밖에 없었다. 그런데 이승만 정권이 일본과의 교역을 허용하지 않아서 무역통로는 홍콩, 싱가포르 쪽으로 열릴 수밖에 없었다.

건국 초기 무역형태는 홍콩이나 마카오의 무역선이 부산이나 인천항에 싣고 온 물품을 사들여 국내시장에 팔거나, 국내물품을 그들에게 팔아서 이윤을 남기는 단순한 형태였다. 그러다가 점차 나라가 안정을 찾아감에 따라 우리나라 무역업자들이 수출품을 무역선에 싣고 홍콩 등지의 바이어를 직접 찾아가기 시작하면서 본격적인 무역이 시작되었다. 삼성물산공사의 사업은 점차 확대돼 취급상품이 철강재료 등 원자재까지 포함해 수백 종에 이르렀다. 무역 상대국도 미국과 같은 선진국들로 확대가 됐다.

당시의 대기업 상사로는 천우사(天友社), 동아상사(東亞商社), 대한물산(大韓物産), 화신산업(和信産業), 경향실업(京鄕實業) 등이 있었는데, 그런 선배격의 대기업 상사에 뒤지지 않고 사업은 나날이 발전했다. 삼성물산공사는 이때 이미 최고 엘리트 집단으로 구성되어 있어서 홍콩, 마카오, 싱가포르 등의 물가동향, 상품시황, 무역품목 선정 등 사업에 필요한 예비지식을 갖추고 있었다.

국내에 앉아서 주먹구구식으로 사업을 하는 것이 아니라 해외시장을 파악하기 위해 조홍제 부사장을 홍콩으로, 김생기 상무를 동남아시아로 각각 파견하여 무역 확대를 도모했다.

수입한 상품은 일용잡화와 같은 자질구레한 것이라도 통관이 되기가 무섭게 사는 사람 손으로 넘어갔다. 긴급 부가결한 상품을 사전에 적확하게 파악했던 결과였다. 당시는 상품의 발주에서 입하까지 거의 2개월 정도나 걸렸다. 그 기간을 가급적 단축시켜 자금의 회전을 빠르게 해야 했다. 그러기 위해서는 유동적인 내외시장의 동향을 계속 정확하게 파악하고 있어야 했다.

이러한 무역을 통해서 삼성물산공사는 사업을 시작한 지 1년 반 만인 1950년 3월 결산에서 1억 2000만 원의 순이익을 기록했다. 이는 무역규모로 보아 당시 상공부에 등록된 543개 무역업체 중 7위에 해당하는 성과였다. 이때부터 삼성물산공사는 순항을 거듭하며 재계의 기린아로 등장하게 되었다. 1950년 2월에 결산해보니 삼성물산공사의 총재산은 무려 1억 3500만 원이나 되어 있었다. 그러자 이병철의 가슴에는 자신감이 끓어오르기 시작했다.

나는 처음으로 기업경영의 묘미를 알게 되었다. 이제 무역 이외에 어떤 사업을 하더라도 실패는 하지 않을 것이다. 축재를 떠나 기업을 경영하는 즐거움을 알았기 때문이다.

이때 삼성물산공사가 '사원출자제'를 실시해서 사원들에게 배당을 준 것은 사실인 것 같다. 조홍제의 〈나의 회고〉를 보면 다음과 같은 대목이 나온다.

그러면 이들 사원에게 돌아간 배당은 얼마나 되었는가? 그때 받은 배당금으로 살기 좋은 곳에 쓸 만한 살림집을 한 채 마련할 수가 있었으니, 지금의 돈으로 따진다면 적어도 기천만 원쯤은 될 것이다. 회사에 겨우 2년 남짓 근무하고 쓸 만한 내집을 마련할 수 있었으니, 요즘의 회사원들이 들으면 꿈같은 이야기가 될지도 모르겠다.

이병철은 사원이면 누구나 투자해서 응분의 이익을 배당받을 수 있게 했다. 또 능력에 따른 대우와 신상필벌(信賞必罰)의 기풍을 확립해서 사장은 물론 평사원까지 공존공영의 정신으로 일에 몰두할 수 있는 여건을 조성했다. 이러한 경영방침은 삼성이 재계에서 단연 두각을 나타내는 데 큰 역할을 했다.
"영업이 잘 되어 실적이 오르고 수익성이 높아지면 높아질수록 사원 개인의 이익도 많아지는 시스템을 만들면 사원들의 사기도 향상된다."
삼성물산공사 사원들의 사기는 날이 갈수록 올라갔고, 사업은 발전했다. 시장을 꿰뚫는 이병철의 혜안과 사람, 자본이라는 3박자가 효율적으로 갖춰졌기 때문이었다.

이병철이 밝힌 당시의 회사운영의 기본방침은 대략 다음과 같은 것이었다.

첫째, 일정한 자본금의 규모를 정하지 않고 사원이면 누구나 응분의 투자를 하고 이익의 배당을 투자액에 비례해서 모두 공평하게 받을 수 있는 제도를 채택했다.

둘째, 사장이거나 평사원이거나 간에 공존공영의 정신으로 일에 몰두하는 것은 물론 능력에 따른 대우와 신상필벌의 기풍을 확립했다.

셋째, 사원의 생활안정을 도모하기 위하여 운영에 지장이 없는 범위 내에서 가능한 한 우대해서 가족적 분위기가 항상 유지되도록 했다.

해방 후의 첫 일본 시찰

1950년 2월, 이병철은 일본경제 시찰단의 일원으로 일본 도쿄로 건너가게 된다. 전택보, 설경동 등 경제인 15명으로 구성된 시찰단은 5월까지 3개월간 각지를 부지런히 돌아보았다. 전택보는 당시에 1위를 달리는 무역상사인 천우사를 경영하고 있는 사업가였고, 설경동은 훗날 대한전선그룹의 창업주가 되는 사업가다.

이 시찰단을 초청한 것은 일본점령군 사령부였으나 이것을 제안한 주체는 한일 간 무역확대를 희망하고 있던 일본 재계의 리더들이었다. 한국에 새로운 독립 정부가 들어섰지만 이승만 정권은 극도의 반일 정책을 펼쳐서 정식으로 국교가 열릴 기미조차 보이지 않던 시점이었다.

이 방일시찰단이야말로 해방 후, 한국기업인의 첫 일본 공식 방문이었다. 이병철로서는 와세다 대학을 중퇴한 이후 근 20년 만에 밟아보는 도쿄였다. 이병철은 패전의 상처가 아직 채 가시지 않은 일본열도를 둘러보면서 감회가 새로웠다.

여기저기에 전쟁의 상처는 고스란히 남아 있었다. 공항에서 도심으로 향하는 길에는 판잣집들이 줄지어 늘어서 있고, 도심의 주요 건물들 대다수도 폭격을 맞아 무너진 채로 방치되어 있었다. 황궁 앞의 연합군 총사령부가 있는 석조빌딩에 휘날리는 성조기만이 유난히 눈에 띄었다.

한국의 경제시찰단은 도쿄, 오사카, 교토, 나고야 등지에 있는 일본 기업 50여 곳을 방문했다. 공업지대는 폐허로 변한 곳이 많았다. '제국 일본'의 무기생산을 도맡아 하며 승승장구하던 가와사키 중공업(川崎重工業) 방문은 충격 그 자체였다. 공장은 폭격으로 인해 건물의 골격만 남아 있을 뿐, 내부에 그 많던 기계는 거의 다 파괴되었고 남아 있는 것도 모두 고철더미나 다름없었다.

이병철이 대학을 다니던 시절 세계의 중심 도시를 표방하며 휘황함을 자랑하던 도쿄시내도 황량하기 그지없었다. 거리를 지나가는 사람들의 표정은 어두웠고 무기력해 보였다. 백화점의 상품들도 하찮은 것들뿐이었고, 그나마 백화점을 출입하는 사람도 별로 없었다.

일본 국민은 혹독한 가난에 시달리면서 패망을 가져온 군부를 원망하고 있었고, 정부에 대한 불신도 매우 컸다. 도쿄의 어느 술집에서는 여종업들이 이병철이 입은 양복 깃을 손으로 만져보며 순모선생(純毛先生)이라고 수다를 떨기도 했는데 일본의 전통적인 예의니, 조심성이니 하는 것을 다 잊어버린 사람들 같았다. 이병철이 보기에 그토록 미워하면서도 동경했던 일본은 재기하기 어려워 보였다. '이것이 일본이라니!' 나라가 망하면 사업이고 뭐고 물거품이 되고 마는 것이다. 일본의 참상을 바라보며 이병철의 뇌리에는 '국가'라는 개념이 들어와 박혔다.

모든 것은 국가가 기본이다. 국가가 번영하고 강해지면 모든 것이 올바르게 육성된다. 무역이든, 제조업이든 국가에 도움이 되는 것이 그 사업에도 도움이 되는 것이다. 그렇기 때문에, 진정한 기업인은 보다 거시적인 안목으로 기업을 발전시키고 국부형성을 위해 공헌한다는 마음을 가져야 한다.

그러면서 이병철은 사업보국의 의지를 더욱 강하게 느꼈다. 마침 도쿄에는 영국의 경제 시찰단도 와 있었다. 학계와 재계의 대표들로 구성된 40여 명의 시찰단은 일본 언론과의 인터뷰에서 "일본인들의 의리와 신의는 여전히 살아 있으니, 결코 망하지 않고 재기할 것이다."라고 시찰 소감을 밝혔다. 이병철도 똑같은 생각을 했다.

비록 일본이 패전해서 산업시설이 모조리 파괴되었다고는 하지만 일본은 아시아에서 최초로 산업화에 성공한 나라가 아닌가! 이병철은 머지않아 재건할 것이고 우리는 빠른 시일 내에 일본과 교역을 해야 한다고 생각했다. 그것이 쌍방에 이익이 된다고 확신했다.

이승만 정권의 반일정책을 이해하지 못하는 것은 아니지만 그러나 일본열도를 태평양 저쪽으로 밀어 붙일 수는 없는 노릇이 아니겠는가! 아무리 밉더라도 일본은 우리의 바로 이웃나라이고 우리보다는 산업화가 앞섰던 나라이기 때문에 배울 점이 많다는 생각을 했다. 이병철은 현실은 직시해야 한다고 생각했다. 하물며 무역과 같은 경제 관계는 싫다, 좋다 하는 감정으로 좌우되어야 할 문제는 아니라고 생각했다. 멀지 않은 장래에 일본과의 무역이 반드시 활발해진다고 확신하고 있던 이병철은 이 기회를 철저하게 활용하여 일본의 실태를 면밀하게 파악하려고 노력했다.

어느 날 저녁, 이병철은 가로등도 없는 아카사카(赤坂)의 뒷길을 걷다가 모리타(森田)라는 간판이 붙어 있는 허름한 이발소에 들어갔다. 그 이발소는 겉보기에도 매우 초라했고, 내부시설도 빈약하기 짝이 없었다. 40세 전후로 보이는 주인은 가위질 솜씨가 몹시 능숙했다. 이병철은 무심코 주인에게 물었다.

"이발 일은 언제부터 하신 겁니까?"

"제가 3대째니까, 가업이 된 지 이럭저럭 한 60년쯤 되나 봅니다. 자식 놈이 계속 이어주었으면 합니다만……."

그 소리를 듣고 이병철은 짐짓 놀랐다. 흔히 이발소 안에서 고객과 주인 사이에 이어지는 잡담 같았지만 이병철에게는 예사로 들리지 않는 말이었다. 이병철은 그 투철한 직업의식에 놀랐다. 남들이 보기에는 하찮은 직업 같지만 그 하찮은 일을 자식에게까지 물려주고자 하는 일본인의 투철한 직업정신에 감동 받았다. 직업의 귀천을 가리지 않고 무슨 일이든 대를 이어 그것을 계승하고 기술을 전승한다면 그 분야에서 최고의 경지에 오른다는 것은 당연한 일이 아닌가! 튀김가게 5대째, 과자가게 4대째, 하다못해 여관은 16대째······.

일본은 이런 식의 전통을 지닌 오래된 가게들이 각 분야에 고루 퍼져 있는 것이었다. 이렇게 몇 대를 이어 같은 일에 종사하게 되면 자연히 기술도 축적되고 개발되기 마련 아닌가! 이병철은 거기서 일본인의 직업정신을 보았고, 일본의 가능성을 보았다. 비록 패전으로 인해서 전국토가 폐허가 되었지만, 일본은 곧 다시 일어설 것임을 예감했다.

이병철은 이 일본 방문 이후 일본을 수시로 방문해서 일본 경제가 다시 일어서는 현장을 목격하게 된다. 그러면서 그는 일본 경제계에 두터운 인맥을 쌓아가기 시작하는데 그 인맥이 훗날 이병철이 삼성이라는 제국을 건설하는 데 커다란 힘을 보태는 지원군이 된다.

이병철이 일본경제 시찰단의 일원으로 도쿄 하네다 공항에 내렸을 때 마중 나온 일본 재계의 인물 중에는 몇몇 아는 얼굴들이 있었는데 그 중 한 사람이 마산에서 정미소를 할 때 거래했던 식산은행 지점장 히라다의 얼굴도 있었다. 히라다는 그 무렵 일본에서 변호사로 생활하고 있었는데 생활이 넉넉지 못한 것 같아 보였다. 이병철이 지난날의 고마움을 생각해서 촌지를 주었더니, 자신의 오랜 은행원 생활에 이렇게 기쁘기는 처음이라며 감동의 눈물을 흘렸다고 한다. 히라다가 그 후 일본 재계의 인맥을 이병철에게 얼마나 맺어 주었는지는 알 수 없는 일이다.

삼성가(家) 가족이야기 5

이건희의 '그 할머니'는 누구인가?

이건희는 1942년 1월 9일생이다. 이건희는 아버지 이병철이 삼성상회를 일으켜서 성공가도를 달리고 있다가 칩거에 들어갈 무렵 태어난 셈이다.

많은 책들이 그가 외롭게 자란 것을 기록하고 있다. 그 단초를 제공한 것은 이건희 본인이다. 그는 자신이 직접 쓴 책과 많은 인터뷰에서 고독했던 어린 시절을 실토하고 있다. 이건희는 대구에서 태어났으나 젖을 뗄 무렵 사업에 바쁜 부모 곁을 떠나 고향의 할머니에게 보내져 거기서 3년을 보낸다. 어머니가 사업하는 아버지의 뒷바라지에 바빴기 때문이다. 그 무렵 대구에는 이건희 위로도 6명이나 되는 자식들이 있었으므로 그의 어머니는 어린 이건희를 돌보기 어려웠다. 이건희의 진술을 들어보자.

그래서 그때까지 할머니가 어머니인 줄 알았죠. 1945년 해방이 되고 대구로 가서 진짜 어머니도 만나고 형제들도 만났습니다. 그런데 어머니가 누군지 몰라 누구냐고 물었습니다. 둘째 누님이 저한테 "꼭 엄마는 누구냐?"고 해서 "의령에 있다."고 대답하고, 누이한테 "꼭 엄마는 누구냐?"고 물었을 정도죠.

그러니까 이건희가 엄마 품에 처음 안겨본 것은 4살 때였고, 그전까지는 할머니를 어머니로 알고 자랐다는 것이다. 그래서 어머니를 다시 만났을 때 누군지 몰라 누구냐고 물어볼 정도였다. 마찬가지로 함께 자라지 못한 형들과 누나들과도 서먹하기는 매한가지였다.

당시만 해도 대가족의 어머니들은 맏아들에게 온 신경을 썼다. 유교적 가풍이 엄격했던 이병철의 집안도 마찬가지였다. 어머니는 두 형의 뒷바라지에 여념이 없었고 누나와 형들은 학업 때문에 어린동생들에게 신경조차 쓰지 못했다. 사업에 바쁜 아버지는 얼굴보기도 힘들었다. 그래서 의령 시절에 할머니 사랑을 독차지했던 꼬마는 외로움을 느꼈고 어린 시절을 두고 "줄곧 혼자였던 것 같다."고 회상하는 연유가 된다.

그런데 이 이야기 속에 이상한 점이 있다. 이병철의 〈호암자전〉을 보면 이런 구절이 나온다.

내 외가는 두루 장수하는 가문으로 이모들은 모두 90세가 넘는 장수를 누렸는데 이 분(어머니)만 해방도 못 보고 1941년 전란 중 시골에서 70세로 먼저 떠나 버렸다. 참으로 안타까운 일이었다.

이병철의 어머니 권재림은 이미 1941년에 세상을 떠났다는 이야기이다. 그런데 1942년생인 이건희가 어떻게 할머니 품속에서 자랄 수가 있단 말인가? 그렇다면 '그 할머니'는 누구인가?

또 한 가지 의문이 꼬리를 물고 일어나온다. 이병철 일가는 이건희가 태어난 1942년 봄 대구에서의 사업을 지배인 이순근에게 맡기고 대구를 떠난다. 그들 가족은 신동의 과수원으로 갔다가 고향 의령으로 내려가서 거기서 1945년의 해방을 맞이한다. 그런데 아버지와 어머니가 몹시 바빠서 막내아들이 젖을 떼자마자 의령의 친가로 보냈다고 한다.

시간의 순서를 따져보면 이병철 내외가 몹시 바쁘고 힘들었던 시절은 삼성상회를 시작한 1938년과 1940년 정도이다. 그 두 해 동안 이병철 가족은 공장에 딸린 귀퉁이 방에서 기거하면서 힘들게 살았다. 그러나 이병철은 2년 만에 삼성상회 건물 대금을 모두 지불했고, 조선양조장을 인수해서 승승장구하면서 대구에서 세금을 가장 많이 내는 재력가의 반열에 올라선다. 이건희가 태어난 것은 이병철이 요정 출입에 여일이 없을 무렵이다.

이건희가 시골로 보내진 것은 어머니가 아버지 사업을 돕느라 일이 바빠서가 아닌 다른 이유가 있을 것 같다. 이맹희의 회고에 따르면 그 무렵 이맹희는 서울 큰아버지 댁에서 머무르며 수송보통학교를 다니고 있어서 장남 때문에 어머니가 신경 쓸 일도 없었다.

이병철은 이건희가 태어나기 전 해에 밖에서 아이를 낳아 들여오는 사건을 일으켰다. 아무리 인내심이 강한 아내라도 남편이 요정의 기생을 소실로 들이고, 그것도 모자라 자식까지 보았다는 사실을 쉽게 참을 수는 없었을 것 같다. 이건희가 어머니와 떨어져 살게 된 것은 어머니의 스트라이크 때문이 아니었을까? 어쩌면 박두을 여사는 칩거하는 남편을 따라 의령으로 내려가지 않고 대구에 머물면서 학교 다니는 장녀 인희와 차녀 숙희의 수발을 하고 있지는 않았을까? 삼성가 사람들만이 이 수수께끼를 풀 수 있을 것 같다.

❻ 6·25전쟁의 회오리

　설혹 한민족의 본래 '하나'라는 당연태를 회복하려는 무의식적 또는 잠재의식적 의지가 그 밑바닥에서 작용했다 할지라도, 김일성의 '남반부 해방전쟁'이나, 이승만의 '북진 통일전쟁'은 깨어 있는 민족 양심의 자리에서 볼 때 절대 용납될 수 없고, 정당시할 수도 없다. 왜냐하면 전쟁이란 추상적인 것이 아니고 구체적인 현실이며, 전쟁터에서 죽고, 죽인 인간들은 공장에서 양산한 전쟁 기계들이 아니고 그들 각각이 부모형제, 아내 자식이 있는 '고귀한 생명체'들이기 때문이다. 온 우주를 주고도 바꿀 수 없는 것이 인간 생명의 존엄한 값일진대, 자유민주주의건, 사회주의건, 설령 통일 민족 이념이라 할지라도 전쟁을 통해 무수한 생명을 죽여 가면서 성취할 만한 가치는 아닌 것이다.

－ 김재준, 『평전』 －

6 · 25전쟁, 공산당 치하 서울에서의 3개월

1950년 6월 25일 새벽, 아침 일찍 눈을 뜬 이병철은 충격적인 뉴스를 라디오에서 들었다. '북한 공산군이 38선 전역에 걸쳐 남침을 개시했으며 우리 국군은 이를 격퇴 중'이라는 날벼락 같은 뉴스였다. 이병철이 일본에서 돌아온 지 채 2달도 안 되어서였다.

이병철은 그 당시 38선에서는 충돌사건이 자주 발생했기 때문에 처음에는 정부 발표를 믿고 대수롭지 않게 생각했다. 길가로 나가보니 병사들을 가득 실은 트럭 행렬이 끊임없이 북쪽을 향하여 진군하고 있었고, 시민들은 길가에 서서 승리와 무운을 빌면서 박수를 보내고 있었다.

다음날인 6월 26일은 월요일이었다. 이른 아침부터 종로 2가의 사무실에 출근하여 간부들과 대책을 협의했지만 별다른 대책이 있을 리 없었다. 사태를 잠시 관망하기로 하고 어려운 일이 있을 때 연락하자는 말만 주고받은 채 헤어졌다.

그런데 다음날인 27일 차츰 무엇인가 잘못 되어가고 있다는 사실을 인식하기 시작했다. 무엇보다도 놀라운 것은 거리에 피난민 대열이 나타났다는 것이다. 먼지를 뒤집어쓴 피난민들은 허기와 피로에 지쳐 있었고 두 눈은 공포에 가득 차 있었다. 이병철은 피난을 떠날 생각을 했지만 아무런 준비도 되어 있지 않았고 이미 길은 피난민들로 꽉 차서 엄두가 나지도 않았다. 옆 동네에 사는 조홍제 부사장은 어머니가 위독한 상태라서 피난을 포기하고 있었다. 회사 간부들과 대응책을 의논해 봤지만 별다른 묘안이 있을 수 없었다. 저녁에는 비까지 추적추적 내렸다.

그날 밤부터 천지를 울리는 포성이 밤새도록 계속되었다. 비로소 이병철은 인민군을 곧 격퇴시킬 것이라는 정부 발표를 그대로 믿었던 자신의 어리석음을 깨달았다. 저녁 뉴스는 정부가 수원을 임시수도로 정했다는 사실을 알렸다.

다음날 인민군의 탱크가 미아리 고개를 넘어서 땅을 진동하며 진군해 왔고 서울은 인민군 손에 떨어졌다. 혜화동 거리에는 인민군을 태운 트럭이 인공기를 나부끼며 남쪽으로 질주했다. 인민군의 서울 입성이 시작되자 정부는 6월 28일 새벽 3시 예고도 없이 한강 인도교를 폭파했다. 남침 개시 불과 나흘 만에 수도 서울이 적의 수중에 떨어졌고 새장 안의 새처럼 갇힌 신세가 된 셈이었다.

다음날인 29일, 벌써 인민위원회가 구성되어 조사를 나왔고 내무서(內務署)니 뭐니 하는 온갖 기관의 완장을 두른 자들이 번갈아 드나들며 재산현황과 사상에 관한 신문, 조사를 했다. 큰 집에 살고 있었기 때문에 주목 받을 각오는 하고 있었지만 그들은 이병철을 타도대상인 '자본가'로 몰아붙이면서 모든 자산을 빼앗아갔다. 많은 사람들이 여러 가지 이유로 붙잡혀 들어가 혹은 죽고 혹은 다쳤다는 풍문이 들려왔다.

이병철 일가는 그로부터 공산 치하에서 3개월 동안 모진 어려움을 겪는다. 서울을 점령한 북한군은 집집마다 인공기를 내걸게 했고 수시로 조사를 나왔다. 이병철은 날이 갈수록 서서히 압박해오는 신변의 위험을 느꼈다. 이병철은 하루 빨리 몸을 피하기로 작정했다. 그러나 마땅한 곳이 별로 없었다.

그때는 모처럼 이병철의 온가족이 모여 살던 때였다. 막내아들 이건희도 서울에 올라와 혜화초등학교를 다니고 있었다. 어찌된 셈인지 대구 경북고등학교를 다니고 있던 이맹희도 그때는 서울에 있었던 모양이다. 이병철은 자신의 안위도 안위지만 가족들의 안전 때문에 더욱 노심초사했던 것 같다. 신체 건강한 고등학생인 이맹희는 그들에게 잡히면 인민군에 끌려갈 형편이었다.

이병철은 집을 버리고 가족들을 '월계관' 판매를 위해 빌려 둔 을지로 사무실의 지하 창고로 피난시켰다. 그곳이 공산당의 주목을 받고 있는 집보다 안전할 것이라고 생각한 것이다. 그때부터 그들 가족의 생활은 위험과 고난으로 가득 찬 나날의 연속이었다.

이병철은 언제 공산당이 들이닥칠 줄 몰라서 날마다 거처를 옮겨 다녔고 위기일발의 위험한 상황을 모면한 것도 한두 번이 아니었다. 이병철이 이곳저곳을 옮겨 다니며 정세를 살피던 중 자신이 타던 승용차를 다른 사람이 타고 지나가는 장면을 목격하게 된다. 이병철은 〈호암자전〉에서 당시를 다음과 같이 회상한다.

> 서울이 공산군에 유린된 지 2주쯤 지난 7월 10일경의 일이라고 기억한다. 집에서 가까운 혜화동 로터리를 낯익은 승용차가 달려가고 있었다. 자세히 보니 나의 차, 미국제 신형 시보레였다. 동란 이틀 전인 6월 23일 주한 미국공사로부터 사들여 등록을 갓 마친 것이었다. 뒷자리에 버젓이 타고 있던 사람은, 한때 남로당위원장을 지내다가 대한민국의 정부 수립을 전후하여 월북했다고 알려진 박헌영이었다. 그때의 나의 분한 마음은 이루 다 표현할 길이 없었다. 공산 치하에서 공산당의 온갖 약탈과 만행을 목격했고, 자유라곤 한줌도 없는 암흑의 세계를 사무치게 경험했다.

암흑의 세계를 사무치게 경험하는 중에도 사람은 희망의 끈을 놓지 않는 법이다. 이병철에게는 두 개의 끈이 있었다. 그 첫 번째 끈은 라디오였다. 그에게는 성능이 좋은 미국제 제니스 라디오가 있었다. 그는 일본방송에 다이얼을 맞추어 한국전의 전황을 알리는 뉴스에 귀를 기울였다. 그 소리가 밖으로 새나가는 것이 두려워서 삼복더위를 무릅쓰고 솜이불을 뒤집어쓰며 라디오에 귀를 기울였다. 이병철은 7월 말에 인민군이 목포와 진주를, 8월 초에는 김천과 포항을 점령했다는 사실을 알고 절망했다. 자신의 고향마을도, 사업의 본거지였던 대구의 운명도, 아니 이 나라 대한민국의 운명이 어찌될 것인가를 알 수 없었다. 북한 공산군은 전쟁발발 한 달 보름 사이에 남한지역의 90% 이상을, 인구로는 92% 이상을 수중에 넣은 것이었다.

그런데 시간이 지날수록 희망적인 소식이 들려오기 시작했다. 유엔군이 8월 3일 낙동강 철교를 폭파하고 마산-왜관-영덕을 잇는 방어선, 이른바 워커라인을 구축하면서 국군과 유엔군의 대대적인 반격이 시작되고 있었던 것이다. 이병철은 세계 최강 미국이란 나라를 믿었고 세계 각지에서 모여든 유엔군을 믿었다.

두 번째 끈은 역시 사람이었다. 이병철은 삼성물산 사원들의 도움을 받아가며 한 장소에 오랫동안 머무르지 않고 요령껏 피신을 할 수 있었다. 그 중에서 가장 큰 도움을 준 사람은 이병철의 승용차 운전수 위대식(魏大植)이었다. 그는 이병철의 가족들이 원인을 알 수 없는 복통과 고열에 시달리며 고통스러워 할 때도 귀신 같이 나타나 약을 구해 왔고, 이리저리 거처를 전전하는 이병철의 손과 발이 되어 위기를 벗어날 수 있게 만들어 주었다. 이병철은 막바지 위기가 다가오고 있을 때 주로 위대식의 집 다락방에 숨어 있었다. 이때의 상황을 이맹희는 〈묻어둔 이야기〉에서 이렇게 적고 있다.

> 그런데 위대식 씨는 얼마나 재주가 용한지 때로는 전쟁터에선 참으로 구하기 힘든 암달러를 구해서 아버지에게 전하곤 했다. 나중에 알고 보았더니 벌써 인민군의 수중에 떨어진 우리의 인천 수출입 창고에서 인민군에게 뇌물을 주고 물건을 빼낸 다음 그걸 팔아서 달러로 바꿔 그 돈을 아버지에게 전하곤 했다는 것이다. 자전거를 타고 인천까지 가서 물건을 빼내고선 당시로서는 사형감인 암달러를 바꾸는 일까지 해서 아버지에게 그 돈을 전한 것이다. 물론 아무도 시킨 일이 아닌데 혼자서 그렇게 한 것이다. 하기야 시킨다고 한들 그 전쟁통에 누가 그런 지시를 들을 것인가. 그렇게 구한 달러를 위대식 씨가 아버지에게 전할 때, 아버지는 야단을 치면서도 한편으로는 흐뭇해하는 것을 어린 나도 옆에서 본 적이 있다.

그런 위대식은 나이가 꽤 지긋할 때까지 이병철의 승용차를 운전했는데 한 번도 사고를 낸 적없는 운전솜씨를 발휘했다.

이병철은 1·4후퇴 때 한 대에 200만 원씩 들여 5대의 트럭을 구입한다. 그리고 그 트럭에 가족과 직원들을 모두 태우고 대구로 피난을 갔다. 모든 것이 압수된 상황에서 위대식이 구해온 달러가 없었다면 불가능한 일이었을 것이다. 위대식은 이병철의 운전기사 생활을 30년 이상 계속했고 삼성그룹에서 이사급의 대우를 받은 것으로 유명세를 타기도 했다.

라디오에서 들려오는 전황 소식은 점점 더 희망적인 것으로 변해갔다. 워커라인을 구축하고 낙동강 전선을 중심으로 완강히 버티던 국군과 유엔군의 대대적인 반격 소식이 들려왔다. 무엇보다도 반가운 것은 미국 공군이 제공권을 장악했다는 소식이었다. 이병철은 일본에 가서 보지 않았던가. 미국 공군의 가공할 만한 폭격으로 초토화되었던 일본의 도시들을…….

이병철은 라디오를 통해 미국이 유엔 안보리를 소집해서 미군을 주축으로 한 16개국이 유엔군으로 참전을 결의한 소식을 듣고 안도했다. 8월 말쯤에는 국군과 유엔군이 화력과 인원에서도 압도적인 숫자로 전열을 재정비하여 전세를 호전시키고 있다는 뉴스가 들려왔다. 머지않아 서울이 수복될 것을 짐작하게 되자 이병철의 답답한 마음도 한결 가벼워졌다. 이병철은 어떻게든 살아남기만 한다면 희망이 있다고 가족들에게 다짐했다.

다시 원점으로 돌아간 사업

워커라인을 구축하고 낙동강 전선을 중심으로 완강히 버티던 유엔군은 9월 15일 인천상륙작전을 통해 전세를 뒤집었다. 9월 28일, 서울을 수복함으로써 맥아더 장군의 인천상륙작전은 성공적으로 끝이 났다.

이병철은 지난 3개월 동안의 악몽이 끝이 난 것이 꿈만 같았다. 이병철은 중앙청 옥상에서 흩날리는 태극기를 바라보며 감회의 눈물을 흘렸다. 이 날의 감격이 얼마나 컸던지 이병철은 훗날 맥아더의 서울수복이 없었다면 자신이 살아남지 못했을 것이라고 생각하여 '이병철 미술관'에 맥아더 장군의 동상을 세우기도 했다. 또 1980년, 미국을 방문했을 때 맥아더의 부인을 찾아 한국 식당에 초대해서 식사를 대접하고 선물을 주기도 했다.

그러나 수복된 서울은 잿더미와 다름없었다. 36년이라는 긴 시간 동안 식민 지배에 겹쳐서 터진 전쟁으로 한국 경제는 그야말로 폐허가 되고 말았다.

서울이 수복되자 잔류해 있던 삼성물산공사의 임직원이 사무실로 모여들었다. 조홍제 부사장, 김생기 전무 등과 의논해 본 결과 삼성물산공사의 남은 자산은 인천과 용산의 보세창고에 보관된 상품뿐이었다. 6.25사변 직전에 수입한 상품은 설탕, 알루미늄 잉곳트, 면사, 재봉사, 한약재, 염료, 향료 등으로 상당한 물량이 있었다. 설탕은 인천세관의 창고에, 기타 물품은 용산 창고에 들어 있었는데 특히 설탕은 그 물량이 수십만 근에 이르는, 그 당시로서는 대단히 많은 양이었다.

이병철이 사람을 보내서 조사해보니 용산 창고의 수입품들은 북한 인민군들이 모조리 약탈해 갔고, 인천 창고는 약탈은 면했지만 서울이 수복했을 때 혼란을 틈타서 남한의 어느 유력자가 가로채 착복한 것으로 나중에 밝혀졌다. 삼성물산공사는 그 진상을 밝혀내기 위해서 진력을 다했다. 그 유력자를 상대로 소송을 제기하는 등 갖은 노력을 다했다. 그러나 중공군의 참전으로 법정은 한 번도 개정되지를 못하고 말았다. 이병철은 흑백을 가리기 위해서 피난지 부산에서도 서상권(徐相權) 법무부 장관에게 진정서를 제출하고 진상을 밝혀내고자 노력했지만, 상대가 완강히 부인을 거듭하고 물적 증거도 확보하기 힘든 상태라서 결국 흐지부지 처리되고 말았다.

삼성물산공사는 이병철이 사업가로서의 책임감을 새롭게 깨닫고

1년 남짓한 짧은 동안에 기존의 기라성 같은 업체들과 경쟁해서 천신만고 끝에 키워 낸 회사였다. 그런데 하루아침에 모든 것이 물거품이 되고 만 것이었다. 그럼에도 불구하고 이병철은 회사를 재건해 보려고 갖은 노력을 다 기울여 보았으나 또 다시 서울을 내주는 상황이 되고 보니 회사의 근본 자체가 공중분해 돼 버리고 말았다.

그런데 이병철을 더 허탈하게 만드는 사건이 있었다.

서울을 탈환하고 정부가 환도하게 되자, 수사기관은 공산치하 3개월 동안 공산당에 협력했던 이른바 '부역자'를 색출하기 시작했다. 이병철로서야 그 일 자체에 반대를 하는 것이 아니었으나 미처 피난을 못 가고 서울에 잔류했던 시민 전체에 혐의를 두는 듯한 행태에 어이가 없었다. 이병철은 자신의 주위에서도 부당한 대우를 받는 사람들을 여럿 목격하고 석연치 못한 불쾌감에 사로잡혔다.

부득이한 긴급사태였다고는 하지만 시민을 버리고 도피한 것은 정부가 아닌가. 정부의 떳떳하지 못한 서울 포기 때문에 미처 피난갈 수가 없었던 시민들이 무슨 죄가 있단 말인가! 설령 그들이 어느 정도의 부역을 했다고 해도 생명의 위협 아래서 그들이 무엇을 선택할 수 있었단 말인가. 이병철은 피난할 기회조차 얻지 못했던 시민을 잔류파라 하여 죄인시하는 정부의 처사가 온당치 못하다고 생각했다.

이병철은 정부란 과연 무엇인가를 새삼 생각하지 않을 수 없었다. 서울에 잔류했던 시민은 꿈에도 생각할 수 없었던 공산치하에서 국가와 정부의 소중함을 뼈저리게 인식했으므로, 순수한 애국심에 꽉 차 있었다. 온 국민이 일치단결할 수 있는 천재일우의 기회였던 것이다. 언젠가 전경련에서 이병철은 이렇게 당시를 술회했다.

> 피난을 못 가고 적 치하에서 90일을 체험하고 보니 공산주의가 책에서 보던 것과 말로 듣던 것과는 너무나 차이가 있었습니다. 도저히 인류 사회에서는 있을 수 없던 세계였습니다. 그때 자유민주주의와 국가가 얼

마나 소중한가를 깨닫게 되었고 내 인생관도 바뀌었습니다. 국가가 있고 나서야 사업도 있고 가정도 있다고 생각하게 되었습니다.

서울 탈환 이후 국군과 유엔군은 북진을 계속해서 10월 19일 평양을 점령하고, 10월 26일 국군 제6사단 일부 병력이 압록강변에 있는 운산까지 진격했다. 10월 말까지 청천강 이북의 산악지역과 함경도 북단을 제외한 대부분이 유엔군의 수중에 들어왔다. 이제 통일이 눈앞에 다가오는 듯이 보여서 온 국민이 환호했다.

그런데 이번에는 중국공산군이 국경을 넘어서 침공을 감행한 것이다. 30만이 넘는 중국공산군은 인해전술을 감행하면서 전세를 역전시켰다. 미 공군의 융단폭격에도 중국공산군은 끝없이 밀려들었다. 정부도 이번에는 피난을 권했다. 사업재개를 생각하고 있던 이병철의 희망은 덧없이 무너졌다.

12월 초순, 이병철은 위대식이 바꾸어 다 준 달러와 삼성물산공사의 전 재산을 처분한 돈을 합쳐서 트럭 5대를 비싸게 구했다. 그리고 자신의 가족과, 김생기 상무 등 사원과 그들의 가족을 빽빽이 싣고 서울을 떠났다. 그들을 태운 트럭은 얼어붙은 한강을 건너 끝없이 이어진 피난행렬을 따라 남쪽으로 달렸다. 이병철은 전쟁의 포연 속에서 흔적도 없이 사라져 버린 삼성물산공사에 대한 애끓는 심정을 〈호암자전〉에서 이렇게 표현하고 있다.

이로써 내가 그 주식의 75%를, 김생기 상무 이하 다른 임원들이 나머지 25%를 갖고 있던 삼성물산공사는 완전히 무(無)로 돌아가 버렸던 것이다.

여기서 이병철이 삼성물산공사가 원점로 돌아간 것을 못 박아 표현한 것은 훗날 있게 될 조홍제와의 지분문제에 대한 나름의 의견을 완곡하게 피력한 것인 듯하다. 두 사람은 훗날 서로 자본금 투입에 대한 다른 주장을 하고 있지만 어쨌거나 삼성물산공사는 그때 서울을 떠남으로써 공중분해 된 회사이니 더 이상 거론하지 말자는 뜻인 듯하다.

대구에서 기사회생의 기회를 맞다

서울을 떠난 이병철 일행은 꼬박 사흘 걸려 대구에 도착했다. 피난길에 동행했던 직원들은 각자 연고를 찾아 흩어졌다. 이병철은 가족을 데리고 자신이 운영하던 조선양조장을 찾아갔다. 직원들에게 경영권을 넘겨준 양조장이었다.

다행히 대구는 낙동강 방어선이 뚫리지 않은 덕분에 전쟁의 피해가 적었다. 조선양조장은 변함없이 운영되고 있었고, 사람들도 그대로 있었다. 김재소 사장, 이창업 지배인, 김재명(金再明) 공장장 등이 반갑게 이병철을 맞이했다. 반면 이병철의 얼굴은 어두웠다.

"이제 나는 빈털터리가 되어서 돌아왔소."

이병철이 한숨을 섞인 소리로 그들에게 말했다. 그러자 지배인 이창업이 빙긋이 웃으면서 말했다.

"사장님, 살아서 돌아오신 것만 해도 어딥니까? 돈 걱정은 하지 마십시오. 우리에게 3억 원이 있습니다. 그 돈으로 다시 사업을 일으키시면 무슨 일이든 못 하시겠습니까?"

이병철은 자신의 귀를 의심했다.

"뭐라고? 3억이라 캤나?"

이병철은 깜짝 놀라 되묻지 않을 수 없었다. 그러자 이번에는 김재소가 말을 받았다.

"그렇습니다. 그동안 양조장 사업이 잘 돼서 돈이 모였습니다."

이병철이 서울에 있는 2년 동안에 조선양조는 청주 월계관과 삼성사이다를 출시해 막대한 이윤을 내고 있었던 것이다. 전쟁통이었지만 조선양조는 대구로 몰려든 피난민으로 인해 더욱 번창했다. 그야말로 돈을 가마니로 쓸어 담을 정도였다.

이병철은 너무나 감격스럽고 고마워서 눈물이 날 지경이었다. 전쟁으로 전국토가 초토화된 상태에서 3억 원이라는 거금은 이병철에게 패전 직전의 장수가 천군만마를 얻은 것과 같았다. 이병철은 서울에서의 사업이 너무 바빠서 대구 사업장을 거의 챙기지 못했다. 가끔 편지 등으로 보고를 받기는 했으나 적자를 보지 않고 잘 굴러가는 정도로만 알고 있었다. 전쟁통에 회사가 문을 닫지 않고 영업을 하고 있다는 사실만으로도 기뻤는데 3억 원이나 되는 목돈이 비축되어 있다니…….

그는 이토록 정직하고 믿음직한 사람들이 옆에 있다는 것이 너무나 고마웠다. 사실 이병철은 이곳 간부들의 인격과 능력을 믿고 있었기에 대구 사업장을 정리하지 않고 서울로 떠났었다. 그런데 그들은 인심이 극도로 흉흉해진 전쟁의 와중에서도 결코 믿음을 저버리지 않았던 것이다.

이병철은 이 자금 덕분에 피난지인 부산에서 삼성을 재건할 수 있었다. 이것이야말로 일단 채용하면 믿고 맡기는 이병철의 용인철학이 연출한 승리이자 극적인 한 편의 드라마가 아닌가! 이맹희는 〈묻어둔 이야기〉에서 아버지 이병철에게 들은 이야기를 이렇게 적고 있다.

> 내가 "그래, 무슨 이익금이 이렇게 많이 생겼느냐?"고 물었더니 "그동안 양조장도 술을 만들면 만드는 대로 다 팔리고, 과수원의 사과 장사로도 제법 쏠쏠한 재미를 봤습네다. 게다가 술을 군납을 하는 바람에 이익이 더 컸습니다."라고 하데. 나는 이창업 씨 덕분에 다시 사업을 할 수 있었다. 평생 못 잊을 사람이다. 너희들도 이창업 씨의 고마움을 늘 잊지 말아라.

이병철은 죽을 때까지 이 이야기를 하며 "나의 일생은 한마디로 무슨 사업을 할 것인가, 그리고 그것을 누구에게 맡길 것인가 골몰하는 것이었다."고 회상했다.

여기에서 우리는 이병철의 용인철학이 빛을 발휘하는 순간을 보게 된다. 그리고 그가 그후에도 왜 '인간중심', '인재제일'의 경영철학을 가장 우선시하게 되었는지를 알게 된다.

그는 매우 치밀하고 정교한 사람이었지만 사소한 일에는 매우 대범한 자세를 경주한 사업가였다.

이병철은 삼성을 경영하는 50년 동안 단 한 번도 서류에 결재를 하거나 수표에 도장을 찍지 않았다. 사업가로서 가장 중요하다고 할 수 있는 인감도장과 수표를 남에게 맡긴 채 사업을 한다는 것은 여간 해서는 있을 수 없는 일이다.

이병철은 처음부터 지배인에게 그것을 맡겨두고 자신은 사업구상을 하거나 사업시찰을 다니곤 했다. 그는 혼자서 모든 일을 할 수 없다는 것을 알고 있었기에 자기만의 일을 찾아 나섰고 그것을 몸으로 실천한 사업가다.

이병철의 이러한 행동은 그만의 탁월한 용인술이라고 볼 수도 있다. 그는 한비자(韓非子)의 다음과 같은 말을 좌우명으로 삼고 배운 덕인 것 같다.

> 한 사람의 힘으로는 다수의 힘을 이길 수 없다. 한 사람의 지혜로는 만물의 이치를 알기 어렵다. 한 사람의 지혜와 힘보다는 온 백성의 지혜와 힘을 쓰는 것이 낫다. 물론 한 사람의 생각만으로 일을 처리해도 성공하는 경우도 있지만 피로가 너무 클 것이고 실패할 경우 엉망진창이 되고 만다.

그런데 이병철이 새로운 사업자금이 되었던 이 3억 원에 대한 에피소드는 또 있다. 〈삼성 60년사〉에 실린 당시 조선양조 공장장 김재명의 회고에 따르면 3억 원의 돈이 이병철에게 쥐어지기까지는 정말 아슬아슬한 우여곡절이 있었다.

　차츰 전선이 남하하면서 대구도 인민군의 수중에 언제 떨어질지 모르는 상황에 처했다. 우리는 그동안 번 돈을 부산으로 보내 보관하기로 한다. 궤짝 두 개에 3억 원가량의 돈을 담고 서류뭉치로 위장해 조선양조의 자동차에 실어 부산에서 주류 도매업을 하고 있던 정규선에게 보냈다. 그런데 그 차는 부산에 도착하지 못하고 돈 궤짝과 함께 행방불명이 되어 버렸다. 아쉽기는 했지만 전쟁통에 알아볼 길이 없어 포기하고 말았다. 그렇게 한 달이 지난 어느 날 운전기사가 상거지가 되어 돌아왔다. 자초지종을 물으니 경북 영천을 지날 때 자동차는 미군에 징발되었고, 동행한 직원도 징집되었다는 것이었다. 그래서 급한 김에 돈 궤짝을 길가의 정미소에 감춰두었다는 것이었다. 우리는 운전기사와 함께 영천으로 달려갔다. 궤짝을 숨겨두었다는 정미소는 불에 타 뼈만 앙상하게 남아 있었다. 불에 탄 정미소를 파헤치자 다행히 궤짝은 타지 않고 고스란히 보존되어 있었다. 돈도 그대로 있었다. 궤짝을 찾아 돌아온 뒤 우리는 그 돈을 쓰지 않고 두었다. 몇 달 뒤 1·4 후퇴 때 선대회장이 대구로 내려왔다. 전쟁통에 사업 자금을 모두 잃어버린 사실을 알게 된 우리는 궤짝에 든 돈을 선대회장에게 드렸다. 선대회장은 그 돈을 갖고 부산으로 내려가 삼성물산을 설립한 것이다. 만약 그 돈이 아니었다면 과연 오늘의 삼성이 존재했을지 모르겠다는 생각도 든다. 그 당시 운전기사는 안환규라는 사람이었는데, 그가 돈 궤짝을 숨겨두지 않았다면 또 어찌 되었을까.

부산에서 새롭게 출범한 '삼성물산'

　거금을 손에 쥔 이병철은 피난지인 임시수도 부산으로 무대를 옮겼다. 그 무렵 부산은 300만 명의 피난민이 몰려들어 북새통을 이루고 있었다. 인구 50만 명의 부산에 기존 인구의 여섯 배에 이르는 사람들이 모여든 것이다. 전시하에서 부산은 모든 것이 통과하는 길목이었다. 부산항으로 들어온 원조물자는 전체 원조물자의 90%를 넘었다. 밀가루, 설탕, 의약품 등 미국의 원조물자가 쏟아져 나왔다. 하지만 너무나 많은 사람들이 몰려들어서 물자는 턱없이 부족했다. 사업가에게는 놓칠 수 없는 기회였다. 이병철은 발 빠르게 움직였다.

이병철은 동대신동에 10평 남짓한 사무실을 얻었고 연락이 닿는 회사의 임직원들을 불러 모았다. 제일 먼저 김생기 상무가 합류하고 이어 서문규(徐文圭), 도인환(都仁煥), 김일옥 등 여러 사람이 함께 했다. 그리하여 1951년 1월 10일, 다시 '삼성물산주식회사'가 출범했다.

여기서 이병철은 삼성물산주식회사를 서울에서의 삼성물산공사와는 별개의 회사임을 〈호암자전〉에서 누누이 밝히고 있다.

> 앞에서도 말했듯이 삼성물산공사의 재산은 이미 오유(烏有)로 돌아갔으므로 부산에서의 삼성의 재건은 그야말로 무(無)에서 다시 출범한 것이었다. 대구의 조선양조가 비축해 놓았던 3억 원이 명실공히 삼성물산 자금의 전부였고 그것이 새 사업의 기초를 이루었다.

조홍제 부사장의 합류는 조금 늦게 이루어진 듯하다. 이 무렵 이병철은 가족을 마산에 피난시켜 놓고 있었다. 가족을 만나러 마산에 들른 이병철은 부산지검 마산지청장인 조병진(曺秉珍)을 만나서 비로소 조홍제의 소식을 들었다. 이병철은 그곳에서 조홍제를 만나 삼성물산을 다시 출범시킨 소식을 전하고 같이 일할 것을 권했다. 조홍제는 흔쾌히 수락을 했고, 두 사람의 인연은 이렇게 해서 다시 맺어졌다. 여기서 조홍제가 다시 회사에 자금을 투자했는지에 대해서는 두 사람 다 어떤 기록도 남겨 놓지 않아서 알 수가 없다.

재출발한 삼성물산에는 운도 따랐다. 그 무렵 홍콩의 에이전트가 전쟁 직전에 실어 보냈던 면실박 대금 3만 달러를 보내 준다는 낭보가 날

아든 것이었다. 이 3만 달러는 대구에서 공수된 3억 원만큼이나 삼성물산이 날개를 다는 데 아주 큰 역할을 하게 된다.

하지만 훗날 이병철과 조홍제 두 사람이 갈라서면서 회사 지분에 대한 논쟁의 불씨가 되기도 한다. 이병철은 자서전에서 당시 삼성물산은 대구에서 가져온 3억 원이 자본금 전부였다고 기술하고 있지만 조홍제는 수출대금으로 받은 3만 달러에 대한 것과 처음 투자한 금액을 그대로 자신의 지분으로 주장하면서 이견이 생기고 서로 간의 반목은 깊어진 듯하다. 조홍제의 〈나의 회고〉를 보면 면실박 수출에 관해서 자신이 기여한 부분을 자랑스럽게 기록한 부분이 있다. 조홍제는 삼성물산공사 시절 직접 홍콩에 가서 거래처를 개척하고 임창복(林昌福)이라는 교포를 에이전트로 삼아 홍콩에 거점을 만든 모양이었다.

> 홍콩에서 돌아오고 나서부터 달러를 구하는 방안만 생각하게 되었고, 수출할 만한 것이 없을까 하고 이것저것 조사도 하고 들어오는 정보를 분석도 하며, 지내다가 우연히 목포의 면실유(綿實油) 공장에 1만 3000여 톤이나 되는 다량의 면실박이 노적된 채 방치되고 있다는 것을 알게 되었다.
> 곧 현지로 내려가 매입할 수 있는지를 확인한 다음 홍콩의 임창복 씨에게 이것이 수출이 되겠는지 그 가능성을 좀 알아봐 주도록 부탁하는 편지를 보냈다. 그 무렵 임창복 씨가 중국계뿐만 아니라 영국계 무역회사들과도 좋은 연계를 가지고 있었기 때문에, 이 면실박의 바이어를 찾아낼 수 있을 것 같았으므로 그런 부탁을 해본 것이다. 어느 정도 지나자 임창복 씨로부터 영국의 어떤 상사가 수입을 희망한다는 연락을 해왔다.

그렇게 해서 삼성물산공사는 한국에서는 아무 쓸모가 없는 면실박을 수출하게 되었고 전쟁이 나는 바람에 대금의 입금조차 확인하지 못하고 있던 상황이었다. 만약 삼성물산을 다시 세워 사업을 하지 않았더라면 공중으로 사라질 뻔한 돈이었다. 그 당시의 우리나라로서는 달러가 곧 금이나 다름이 없었다. 조홍제는 즉각 홍콩의 임창복에게 연락을 취했다.

나는 곧 홍콩의 임창복 씨에게 이 무역 재개의 소식을 알리고, 6.25 직전에 영국으로 수출한 면실박 대금에 대해 속히 알려 주도록 부탁을 했다. 임창복 씨도 우리의 무역 재개가 기뻤던 모양으로 즉각 회답을 보내 왔으며, 그 면실박 대금은 수개월 전에 이미 도착되어 있다는 것을 알려 왔다. 홍콩에 와 있는 그 대금의 액수는 약 16만 5000 홍콩 달러, 미국 본토 달러로 환산하면 약 3만 달러 정도였다. 몇 개의 회사를 제하고는 그때 일반 무역회사가 개설하는 L/C라 해 봤자 500~700달러짜리가 고작이었던 것을 생각하면 이만한 외화는 무역자금으로서는 상당한 대금이었던 것이다.

외화 확보가 어려워서 수입을 하는 것도 어려웠던 시절에 3만 달러는 큰 힘이 되었다. 달러만 있으면 돈을 긁어모을 수 있는 시대였다. 삼성물산은 이 자금으로 발군의 능력을 발휘해 무역업계에서 정상의 자리에 오를 수 있었다.
 삼성물산이 이때 처음 한 사업이 고철을 구매해서 일본에 파는 일이었다. 전쟁 상황이라 흔한 게 고철이었고, 수집상들이 그것을 모아오면 전쟁 물자를 만드는 일본으로 곧바로 수출했다. 그래서 받은 달러로 홍콩에서 설탕과 비료를 수입했다.
 미국의 원조로 먹을거리는 다소 해결됐지만 비누, 양말, 신발과 같은 일상생활용품이 턱없이 모자라던 시절이었다. 물건을 들여오면 날개 돋친 듯 팔려나갔다. 무역상사가 수입해서 도매상인에게 상품을 넘기면 불과 2~3일 사이에 값이 몇 배로 치솟는 경우가 예사였으니 그야말로 초인플레의 시대가 아닐 수 없었다.

삼성물산은 모든 사원이 최대의 기동력을 발휘하여 업무에 임했다. 예나 지금이나 무역에서의 경쟁력은 자금조달능력, 기동력, 정보력이 좌우한다. 삼성물산은 이병철의 치밀한 성격이 반영되어 미리 수요를 예측하고 수주 리스트를 작성해서 업무를 진행했다. 그래서 삼성이 다루는 대부분의 상품은 발주와 동시에 수요량이 정해져 있을 정도였다. 이병철은 설탕과 밀가루의 수요를 정확하게 예측했고 그 예측은 매번 맞아 떨어졌다. 경영관점에서 보면 삼성물산은 수입품목 선정 면에서나 물품주문에서 물품도착기간을 단축시키는 면 그리고 인력관리에서 탁월했다.

그후 삼성물산은 설탕, 비료, 종이, 양모, 나일론, 알루미늄, 의약품 등을 수입하고, 일본과 동남아에 고철, 오징어, 쌀을 수출하면서 승승장구했다. 삼성물산은 불과 6개월 만에 이익금이 10억 원을 돌파했고 1년 후의 결산에서는 자산이 20배 정도로 증가하여 60여 억 원이 되었다. 초인플레의 시대라고는 하지만 놀라운 성장이 아닐 수 없었다. 훗날 삼성이 대규모의 부를 축적하게 되는 기반을 확고하게 다졌다고 보아야 할 것이다.

하지만 이병철은 '고수익의 즐거움보다는 오히려 인플레의 무서움'에 두려움을 느꼈다. 회사는 성장하고 있지만 무역업만으로는 만족할 수 없다는 생각이 들었다. 물자부족시대였던 만큼 수입이야말로 시급하고도 필수적인 것이었으나 그것으로 근본적인 문제를 해결할 수 없다는 생각을 했다.

3년간에 걸친 동족상잔의 전쟁은 일단 소강상태에 접어들었고 판문점에서는 휴전협상이 진행되고 있었다. 휴전협상이 어떻게 전개될지 몰라 시국은 여전히 불안정했다. 하지만 이병철은 전쟁이 끝나고 난 후를 생각했다. 이병철은 진정한 사업가의 길을 고민하기 시작했다. 그는 〈호암자전〉에 그 고민을 이렇게 적고 있다.

국민이 일상적으로 사용하는 소비 물자를 수입에만 의존하고 있다가는 언제까지나 거기에서 벗어날 수 없다. 외화는 귀중하다. 우리 국민이 소비하는 것은 우리나라에서 만들어야 한다. 그뿐만 아니다. 인적 자원 외에는 자원다운 자원을 갖지 못한 한국으로서는 원자재를 수입하여 그것을 다양한 상품으로 가공하여 수출해야 한다. 이것이야말로 한국이 사는 유일한 길이다. 그러기 위해서는 우수한 기술과 가공·생산시설을 갖춘 제조업이야말로 불가결의 것이 아니겠는가.

그러나 회사 간부들의 의견은 부정적이었다. 무역업으로도 돈을 잘 벌고 있는데 무엇 때문에 위험을 안고 제조업을 하려 하냐는 것이었다. 그러나 이병철은 무역업은 진정한 사업가의 길이 아니라고 설득했다. 또한 머지않아 정국이 안정되면 수입업자들 간의 과도한 경쟁으로 무역업에 한계를 느끼게 될 것이라고도 설파했다. 그러자 국산제품을 생산하면 선진 외국제품에 비해 상품의 질이 떨어질 것이 분명한데 판로가 걱정이라는 의견도 나왔다.

하지만 이병철은 지금이야말로 상업자본에서 산업자본으로 변신을 시도해야 할 적기라고 판단하고 있었다. 회사의 운명이 달린 중대한 문제라서 회의를 거듭했지만 적극적으로 명확한 의견을 내놓는 사람은 드물었다. 모든 것은 최고경영자의 몫이었다. 장고에 들어간 이병철이 내린 결론은 제조업이었다. 제조업의 시작은 40대의 이병철에게 인생의 터닝 포인트가 된다.

삼성가(家) 가족이야기 ❻

드러내고 싶지 않은 이력

 3개월 동안 서울에 갇혀 있던 이병철이 트럭 5대를 구해서 가족과 사원들 그리고 그들의 가족을 빼곡히 태우고 사흘을 달려서 도착한 곳은 대구였다. 이병철은 다시 수세에 몰리기 시작한 전세를 낙관하지 못해서 가족들을 보다 남쪽인 마산으로 내려 보냈다. 그리고 비장한 각오를 한다. 장자인 이맹희를 보다 안전한 곳으로 피신을 시키기로 작정한 것이다. 행선지는 일본이었다. 방법은 밀항밖에 없었다.
 1951년, 이맹희의 나이 20살이었다. 당연히 군대에 입대해야 할 나이였고 또래의 친구들 대다수가 학도병으로 출전하고 있을 때였다. 이맹희는 대구의 명문 경북고등학교를 다니고 있어서 그의 동기생 중에는 훗날 한국현대사를 장식하게 되는 몇몇 이름들이 있게 된다. 그 중에 한 사람인 정호용(鄭鎬溶)은 이미 통역병으로 근무하고 있었다. 이맹희는 훗날까지도 정호용과 절친하게 지냈다. 이맹희는 〈묻어둔 이야기〉에서 이렇게 고백하고 있다.

 부산에 내려온 후 나는 일본으로 밀항하기로 결심했다. 나중에 경북중학교 동기생이면서 육군사관학교를 졸업한 후 군인의 길을 걷고 있었던 친구들에게는 "너네들이 그렇게 나라를 훌륭하게 지키리라는 것을 믿었기 때문에 나는 일본으로 가서 조국의 미래를 위해서 열심히 공부를 했다."고 우스갯소리로 넘겼지만, 그 당시 밀항했던 일이야 부끄러운 일 아닌가! 그 점에 대해서는 지금도 죄스럽게 느끼고 있다.

 이맹희는 밀항이 자신의 결심인 듯 적고 있으나 전시상황에서 이제 갓 20살의 청년이 할 수 있는 결심은 아닌 듯하다. 어쨌든 이맹희는 당시 돈 30만 원을 주고 일본행 밀항선을 탄다. 처음에 일행은 4명이 었는데 밤에 그 배에 타보니 벌써 20여 명을 싣고 왔다. 자그마한 통통배에 너무 많은 사람이 탄 것 같다고 느꼈으나 밀항선을 탄 주제에 어디 가서 하소연을 할 수도 없고 다만 일본까지 무사히 데려다 주기만을 바랄 뿐이었다.

밀항선이 이맹희 일행을 내려놓은 곳은 대마도였다. 이맹희는 대마도에서 가장 큰 도시인 이즈하라에 숨어서 한 달 정도를 지내다가 일본 세계일보(世界日報) 기자의 신분증과 명함을 얻어서 배를 타고 일본 본토로 건너갔다. 도쿄로 간 이맹희는 도쿄대학 농과대학에 진학한다. 이맹희는 농과 선택에 대한 변을 이렇게 늘어놓고 있다.

당시 내가 농과대학에 간 것은 어쩌면 자연스런 선택이었다. 우선 윗대 선조들이 모두 농촌에서 농업에 종사했고, 나도 자연스레 '제일 중요한 것은 농업의 발달이다. 그러므로 농업의 발달을 위해서 나는 농업 공부를 하고 귀국하자.'는 생각을 하고 있었다. 나중에 아버지는 용인자연농원을 통해서 당신의 꿈의 일부를 성취한 적이 있었지만 우리 부자는 늘 농사짓는 일에 대해 어떤 설렘을 가지고 있었다. 결국 나는 분재와 비료연구로 노년을 보내고 있으니 어떻게 보면 20대 초반의 푸르른 꿈이 예순을 넘긴 요즘에 와서 일부 실현되는 것 같기도 하다.

이맹희는 후일 용인자연농원(현 삼성에버랜드)을 개발하는 데 주도적 역할을 하게 되었고, 이는 도쿄 농대에서 전공한 농업경영학을 현실에 접목시키는 중요한 계기가 되었다고 술회하고 있다.

이병철은 그 다음 해에 둘째 아들 이창희도 일본으로 보낸다. 그러나 이창희는 밀항이 아닌 해외 유학생 제1호로 이승만 정권의 정식 허가를 받아 떠났다.

❼ 상업자본에서 산업자본으로

우리는 우리에게 좋은 것이 세상에도 좋을 것이라는 가정에 따라 살아왔다. 그것은 틀렸다. 우리가 삶을 바꿔야 한다. 우리가 정반대의 가정에 따라 살아야 한다. 세상에게 좋은 것이 우리에게도 좋다는 가정에 따라 살아야 한다. 그러려면 우리는 세상을 알아야 하고, 세상에 좋은 것이 무엇인지 알려고 노력해야 한다.

— 웬델 베리(Wendell Berry) —

제조업을 하기로 결정하다

1950년은 대한민국 정부가 체제를 정비하고 경제부흥5개년개발을 수립하는 등 국민경제 건설을 이루기 위한 조치들이 막 시도될 시점이었다. 그러나 뜻하지 않은 전쟁의 발발로 생산시설은 물론이고 주택까지 파괴되어 국민의 생활 기반마저 파괴되었다. 36년이라는 긴 시간 동안 식민 지배에 겹쳐서 터진 전쟁으로 한국 경제는 그야말로 폐허가 되고 말았다.

전쟁은 모든 것을 폐허로 만들었다. 얼마 있지도 않던 산업시설마저 잿더미로 변했다. 남한에서는 산업 시설의 40%가 파괴됐다. 당시 남한의 3대 공업 지역인 경인(서울과 인천 서구), 삼척(중부 및 동해안 지역), 영남(대구 및 부산 지구)이 있었다. 그 중 영남 지구만이 간신히 명맥을 유지하고 있는 형편이었고 나머지 두 지역은 생산 시설 대부분이 파괴됐다.

6·25가 한국 경제에 남긴 물질적 피해는 대략 30억 달러에 달했다. 전쟁 직후인 1953년의 국민총생산고(GNP)가 21억 6천만 달러, 해방 후 1960년까지 지속된 미국의 원조가 17억 3천 9백만 달러였다는 사실을 감안해 본다면 그 피해가 얼마나 컸는지를 짐작할 수 있을 것이다. 한국 경제는 파괴된 생존기반과 생산시설을 복구하는 일에 혼신의 힘을 다해 매달려야 했으며, 복구라기보다는 처음부터 다시 창조해야 하는 시기였다.

1953년, 휴전협정이 체결되자 정부는 외화를 절약하고 경공업을 발전시키기 위한 경제정책을 추진했다. 그렇잖아도 수입업자들 간의 과도한 경쟁으로 무역업에 한계가 드러나고 있다고 느끼고 있던 이병철은 발 빠르게 이에 대처해서 상업자본에서 산업자본으로 변신을 시도했다.

이병철은 폐허와 빈곤에서 빠져 나오는 길은 공업화를 추진하는 방법밖에 없다고 보았다. 민족자본의 축적이 전혀 이루어져있지 않던 그 시기에 이병철은 한국에 번영을 안겨 줄 원동력으로서의 중심적 역할이야말로 공업을 통한 산업화만이 살길이라고 본 것이다. 그리고 40대의 이병철에게 제조업으로의 전환은 인생의 터닝 포인트가 된다.

이병철은 1953년 제일제당을, 다음 해인 1954년에 제일모직을 설립했다. 생필품 등 모든 물자가 부족했던 그 시절에 삼성 공장에서 만든 물건들은 불티나게 팔려 나갔다. 상업자본에서 산업자본으로의 전환은 정부의 수입대체산업 지원책과 맞물려서 엄청난 성공을 거두었고, 이병철은 한국 최고의 부자 자리에 올라서면서 최초로 재벌(財閥)이라는 소리를 듣게 되었다.

삼성은 이승만 정부 말기에 이루어진 은행의 민영화에 참가해서 1957년 2월 흥업은행(현 우리은행)의 83%를, 1958년 10월에는 한국상업은행의 33%를, 1959년 4월에는 조흥은행의 55%를 인수함으로써 막강한 자본력을 과시하며 국내 상업은행의 거의 반을 인수했다.

삼성은 이 시기에 은행을 통한 풍부한 자금을 바탕으로 재정적으로 곤란을 겪고 있던 사업체들을 본격적으로 인수했다. 천일증권(1957년 8월), 한국타이어(1958년 12월), 동일방직(1958년 12월), 호남비료(1958년 12월)를 인수하면서 한국 제일의 재벌로서 입지를 굳혔던 것이다.

이병철은 금융자본까지 손에 넣고 재계의 일인자로 등극했지만, 그에게는 또다시 시련의 시기가 도래하고 있었다. 4·19와 다음 해에 이어진 5·16으로 탈세혐의자, 부정축재자로 몰리게 되었던 것이다. 그리고 세간에서는 '소비재 중심 재벌', '이익만 추구하는 장사치' 라는 색 안경을 쓰고 이병철을 바라보았다.

하지만 그것이 정당한 평가였을까?

오히려 그것이 이병철을 새로운 기업인으로 도약하는 계기를 만들어 냈던 것은 아닐까?

'삼성그룹은 기업 설립 초기부터 소비재 산업을 시작했다.' 라는 이런 주장을 하는 사람들은 당시의 상황을 너무나 모르고 있고 또 학자로서는 무책임하다고 생각한다. 도대체 1952년의 한국 상황에서 설탕이나 비누, 옷감 같은 것을 제외하고 무엇을 만들 수 있었다는 건지 답답하기만 하다. 그로부터 10년 이상이 지난 60년대에도 못 하나 제대로 만들지 못해서 시멘트 못이라는 것이 벽에 몇 번 치기만 하면 그대로 부러지는 일을 겪지 않았던가.

이맹희가 〈묻어둔 이야기〉에서 "지금으로서야 '그까짓 설탕쯤이야'라고 생각할런지 모르지만 당시로서는 어느 누구도 설탕을 만드는 것은 불가능하다고 생각했다."면서 적어 내려간 글이다.

사실 이병철이 수입품을 대체할 상품을 만들겠다고 나섰을 때 찬성하는 사람은 거의 없었다. 그때만 해도 우리나라의 실정은 설탕, 밀가루, 섬유, 비료, 종이, 의약품 등 생활에 꼭 필요한 공산품 대부분은 국내에서 만들지 못하고 수입에 의존하고 있었다. 당시 우리나라의 1인당 국민소득은 67달러, 전 세계에서 가장 못사는 국가 중 하나였다.

이병철은 사업을 하기에 앞서 전문가들을 만나 자문을 듣기도 하고 정부 관리를 만나 의논을 했다. 부정적인 견해를 나타내는 사람들이 대부분이었다. 휴전협상중이라고는 하지만 아직도 전쟁이 끝난 상태가 아니라 사회는 여전히 불안정했다. 화폐가치는 날로 폭락하고 있는데다 원조물자가 쏟아져 들어오고 있는 상황에서 제조업은 무모한 도전이라는 것이었다.

이병철이 제당공장을 만들기로 결정하고 공장 설립에 필요한 외자도입과 관련해 상담하던 미국인들이 "전쟁 와중에 전세가 어떻게 될지도 모르는데 공장을 새로 짓겠다니 이해가 되지 않는다. 그리고 한국의 기술 수준으로 설탕을 만들려고 하다니 이병철 당신은 돌았다."고 할 정도였다. 우선 제조업은 공장건설에 시간이 많이 걸리고 엄청난 돈을 쏟아 부어야 한다. 또 만들어낸 제품이 외제보다 질이 떨어질 것이 뻔하므로 투자한 돈은 언제 되돌아올지 모른다는 지적도 있었다.

그들의 말에 일리가 없는 것은 아니었다.

하지만 이병철은 제조회사를 세우겠다는 뜻을 굽히지 않았다. 이병철은 충분히 승산이 있다고 확신했다. 어찌됐든 전쟁은 멈출 것이며, 생활필수품 소비는 갈수록 늘어나리라는 생각이었다. 그는 〈호암자전〉에 자신이 제조업을 선택하게 된 까닭이 개인적인 이익만을 추구해서가 아니라 국가와 국민을 위한 선택이었음을 아주 힘주어 강조하고 있다.

왜 전재(戰災)의 폐허 속에서도 제조업을 결의하게 되었는지, 그 본뜻을 다시 한 번 밝혀 두고자 한다. 완제품의 수입은 당장 긴요한 물자를 국민에게 공급함으로써 국가 사회에 공헌할 수가 있다. 그러나 거기에는 귀중한 외화가 소요된다. 또한 국민의 일상적인 필수품을 언제까지나 수입에만 의존하고 있으면, 해외의존의 국민생활이나 경제체질을 영원히 탈피할 수 없을 뿐 아니라, 국가경제의 자립적인 형성이나 그 발전은 기대할 수 없다. 경제의 기반 없이 국가의 존립이나 국방·문화·사회의 발전은 생각할 수 없다. 국민의 생활에 꼭 필요한 것은 국산으로 그것을 충족시켜야 한다. 그래야만 국내산업이 이룩되어 보다 값싼 상품을 안정적으로 공급할 수 있을 뿐더러, 보다 많은 일자리를 국민에게 제공할 수 있으며, 기술의 축적과 산업활동의 확대에 이바지할 수 있다. 사업이 무역업에만 머무르는 데서 오는 한계를 터득함과 아울러, 한국의 당면과제로서 수입대체의 생산부문에 우선 주력하는 것이야말로 한국경제 부흥의 첫길이라는 확신을 얻었다. 전란(戰亂)이 채 가시지도 않은 상황에서 자본과 기술의 축적이 없는 채로 생산공장을 세운다는 것은 문자 그대로 개척정신과 확고한 사명감 없이는 불가능하다는 것을 절감했다. 제조업에 대한 여러 가지 조사 결과 제지, 항생물질 등 제약, 설탕의 국내 생산능력은 거의 전무한 상태여서, 국민생활이나 산업활동에 긴요한 중요물자이면서도 수입에만 의존하고 있는 실정임을 알았다.

이병철은 어떤 물건을 생산할 것인지를 결정하기 위해 사전조사에 들어갔다. 당시 삼성물산은 100가지가 넘는 상품을 수입하고 있었는데, 이병철은 그 중에 몇 가지를 염두에 두고 있었다. 그는 우선 우리보다 앞서 가고 있는 일본을 둘러보기 위해 일본으로 건너갔다.

떠나기 전에 수입 대체효과가 높은 품목을 따져 보니 설탕, 페니실린, 종이 그리고 아연도철판 등이 물망에 올라서 그 품목의 생산설비에 관해 구체적으로 조사했다. 이병철은 설탕, 페니실린, 종이 세 가지 물품 중 하나를 국내에서 생산하기로 결심하고 일본의 미쓰이(三井) 물산에 공장건설비용과 설비비용을 산출해달라고 요청했다.

우리 기술진으로 일으킨 '제일제당'

이병철의 선택은 설탕 쪽으로 기울고 있었다.

당시 설탕은 종이와 페니실린보다는 단기간에 생산해 낼 수 있다는 장점이 있었고, 이 또한 100% 수입되다 보니 이의 수입을 위해 연간 약 200만 달러의 귀중한 외화가 설탕에 의해 사라지고 있었다. 수입총액은 그렇지만 그것이 국내시장의 유통과정에서 눈덩이처럼 불어나 실거래액은 적어도 이것의 서너 배쯤이나 될 것이었다. 8·15 해방 이전에는 평양에 대일본제당이란 설탕공장이 하나 있었다. 그러나 남한에는 설탕을 생산하는 공장이 단 한 곳도 없었다. 설탕 가격이 외국보다 세 배나 비싼 것은 그러한 연유에서였다.

공장건설 견적서 가운데 제당공장 견적서가 가장 먼저 도착했다. 견적서를 받아든 이병철은 다른 견적서가 도착하는 것을 기다리지 않고 제당을 선택했다. 설탕의 수요는 나날이 늘고 있었으나 설탕을 만드는 공장은 한 군데도 없었기 때문이었다. 그는 자신의 선택을 두고 이렇게 말했다.

조사 자료의 숫자만 갖고는 가부 간의 결론이 나지 않는 경우가 많다. 그때 중요한 것이 최고경영자의 직관력이다. 다만 그 직관은 평소의 치밀한 계획과 풍부한 경험, 철저한 자료 조사를 바탕으로 한 것이어야 한다. 경영자에게 요구되는 것은 직관만이 아니라 직관에 따른 통찰을 실천에 옮기는 결단력이다.

견적서를 손에 든 이병철은 즉시 제당공장 설계계획에 착수했다. 일단 목표를 정하면 끝까지 밀어붙이는 것이 이병철의 성격이었다. 제일제당이 처음 설립되었을 때도 마찬가지였다.

이병철은 1953년 4월, 삼성물산에 제당사무소를 설치했다. 회사 이름은 '제일제당공업주식회사'로 정했다. 알기 쉽고 부르기 쉽다는 이유에서였지만, 은근히 한국경제의 '제일 주자'가 되고 싶다는 그의 기개가 깃들어 있다고 말할 수 있다.

부산의 변두리 전포동에 1500평의 공장부지를 확보하고, 6월에 발기인 총회를 열었으며, 자본금은 새로운 화폐로 2천만 환, 주주로는 대구시절부터의 친구인 여상원(呂湘源)을 비롯하여 삼성물산의 중역들이 참여했다. 이병철의 나이 43세 때의 일이다.

이 초창기의 제일제당 중역진은 사장에 이병철, 부사장에 조홍제, 전무에 구영회(具英會), 상무에 허정구, 공장장에 김재명 등이었다.

그런데 여기서 제일제당 창업에 함께한 사람 중에 몇 사람의 면면을 살펴보아야 할 것 같다. 구영회는 LG그룹 창업주 구인회의 동생으로 이병철이 부산에서 삼성물산을 창업할 때부터 참여했다. LG의 구씨 가문 중에서 유일하게 삼성 경영에 참여한 인물이다.

허정구는 LG경영에 참여한 대부분의 허씨 가문사람들과는 대조적으로 삼성그룹의 창업 멤버가 된 인물이다. 그는 보성전문(현재의 고려대) 법학과 출신으로 이병철보다 한 살 아래로 삼성물산 전무를 지냈고 제일제당과 제일모직 창업의 주역으로 활동했다.

허정구는 삼성물산 사장을 지내다가 이병철과 조홍제가 결별하던 1961년 삼성을 떠나서 삼양통상을 창업하게 된다. 삼양통상은 한때 전 세계 나이키(NIKE) 신발의 80% 가까이를 OEM(주문자 부착 상표) 방식으로 생산, 공급했을 정도로 그 규모가 커졌다. 허정구는 1999년 타계하기 며칠 전에 자신이 보유한 56억 원 상당의 주식을 사회에 기증해 뿌듯한 화제를 남겼다.

제일제당이 설립되던 무렵, 한국 정부는 화폐개혁을 단행했다. 1953년 2월 15일의 일이었다. 화폐 단위를 원에서 환으로 바꾸었는데 원 대 환의 교환비율은 100 대 1이었다. 화폐개혁은 악화일로를 걷던 전쟁 인플레를 막아야 원조를 해줄 수 있다는 미국의 압력 때문에 단행한 것이었다. 그러나 오히려 물가를 폭등시키는 결과를 낳는 등 실패한 화폐개혁으로 비판을 받았다. 하지만 예금동결 등의 과도한 조치는 취해지지 않았기 때문에 다행히 제일제당 건설에는 큰 지장이 없었다.

그런데 문제는 외환자금이었다. 일본으로부터 날아온 견적서에 의하면 일산(日産) 35톤의 제당 능력을 갖추는 데 대략 18만 달러가 필요했다. 당시의 외화사정으로 볼 때 상당히 어려운 문제였지만 담당관청인 상공부에서 전폭적인 협력을 아끼지 않아서 18만 달러의 외환배정을 받을 수 있었다.

드디어 미쓰이(三井) 물산을 통하여 다나카(田中) 기계에서 제작한 기계와 설비가 부산항에 도착했다. 그런데 뜻하지 않은 문제가 발생했다. 기계를 조립하고 시범운전을 해야 할 일본인 기술자들의 입국이 허용되지 않는 것이었다. 반일 감정이 극심했던 이승만의 정책 때문이었다. 한일 간의 정식 외교 루트가 없어서 일본인들의 출입국 자체가 막혀 있었다. 너무도 황당한 일이었으나 정부의 정책을 뜯어고칠 수도 없는 일이었다.

"이런 일이 벌어질 줄 알았다면 처음부터 일본에서 기계를 들여오지 않았을 텐데."

아무리 후회를 해도 달리 방법이 없었다. 우리 기술자의 손으로 기계를 설치해야만 했다. 하는 수 없이 기계류를 조립하고 있는 국내 서비스 회사를 찾아서 문의했다. 다행히 한 회사가 설계도만 있으면 충분히 조립할 수 있다고 했다. 국내의 조립기술로도 충분히 처리할 수 있다는 판단이 섰다. 김재명 공장장도 국내 기술진만으로 공장을 완성할 수 있다는 자신감을 내비쳤다.

이병철은 한편으로 안심하면서도, 국내에서 조립작업을 진행하는 한편 일본 현지에 있는 우리나라 사람 중에서 적당하다고 생각되는 사람을 골라 다나카 기계에서 동시에 훈련을 시켰다. 이렇게 벼락치기 공부를 한 기술자들이 투입되면서 이병철은 다소 마음을 놓을 수가 있었다.

이병철은 어차피 일본인 기술자가 들어오지 못하게 된 바에 무슨 일이 있더라도 한국인의 기술로 반드시 해보이고 싶었다.

이병철은 하루도 건설현장을 떠나지 않았다. 만일 여기서 좌절한다면 그것은 제일제당의 손실일 뿐 아니라 장차 한국의 생산 공장 건설은 더욱 차질을 빚고 더 늦어질 것이 틀림없었다. 이병철은 무거운 책임감에 사로잡혀 기술자들을 현장에서 독려했다.

작업은 생각처럼 쉽지 않았다. 어려운 일에 부딪치면 국제전화로 일본회사에 문의했다. 그때만 해도 국제전화 사정은 형편이 좋지 않았다. 아침에 신청하면 오후, 아니면 다음날 아침에나 간신히 연결이 되었다. 그나마 전화 감도 좋지 않아 싸움이라도 하듯 큰 소리로 외치지 않으면 상대가 알아듣지를 못했다.

전문적인 기술용어가 많아 전화로는 문제를 해결하지 못할 때도 있었다. 기술자들의 일본어 수준마저 낮고 보면, 일본과의 전화 통화를 통해서 '기술 전수'를 받고자 했던 것은 거의 불가능한 일이었다. 그럴 때마다 편지가 일본과 한국을 오고갔다. 편지가 오가는 기간은 2주나 걸렸다. 그동안은 작업을 중지하고 하염없이 기다리는 일도 허다했다.

제당공장의 핵심기술인 원심분리기(遠心分離機)와 결정관(結晶管) 등 플랜트 본체는 일제를 썼지만 나머지 필요 부품은 모두 국산품으로 충당했다. 그러나 간단한 부품마저 구하기가 쉬운 일이 아니었으므로 기술자들은 부산은 물론 전국의 철물업자를 찾아다니며 필요한 철판이나 철관 등의 중고품을 간신히 구해왔다.

어려운 상황이 이어졌지만 기술자들은 악전고투하며 6개월 만에 일을 마무리했다. 일본 측은 처음에 8개월을 예정했으나 그보다 두 달이나 앞당겨 설비를 완성한 것이다. 연건평 800평, 하루 25톤 생산규모의 설탕공장이었다.

드디어 시운전하는 날이 왔다. 지금으로서는 작은 공장이라고 느껴지겠지만 당시로서는 파격적으로 큰 최신식의 공장이었다. 소문이 나자 구경꾼이 몰려들었다.

이병철은 흥분을 억누르며 시동 스위치를 넣었다. 그의 손이 떨리고 있었다.

그런데 어찌 된 일인지 대만에서 수입한 원당이 기계에 들어가자마자 원심분리기가 크게 요동치며 요란한 소리를 냈다. 마찰부분에서 불꽃이 팍팍 튀어 올랐다. 기계의 진동이 생각보다 너무 커서 그 자리에 있던 모든 사람들이 벌벌 떨 정도였다. 원심분리기는 1분에 1800회나 회전하는 강력한 모터를 가진 기계였다. 기계 마찰음과 진동 때문에 공장 전체가 날아갈 것만 같았다.

그런데 설탕이 나오는 쪽으로 가보니 설탕 대신에 검은 콩깻묵 같은 것이 나오고 있었다. 기계에서 나온 것이 검은 빛을 띤 것은 원래 원당의 빛깔이 검은색이기 때문이었다. 설탕을 만드는 과정을 쉽게 말하자면 설탕의 원료인 원당을 주입해서 원심분리기와 결정관에 통과시키면 설탕이 되는 것이다. 원심분리기에는 원당을 돌리며 휘젓는 축(軸)이 있다. 이 축이 물에 녹는 원당을 돌려서 원심력의 이치를 이용하여 원당의 성분을 분류하는 것이다.

문제는 이 축이 별다른 이유 없이 자꾸 부러지는 것이었다. 답답한 일은 국내에서 이런 기계를 사용하는 일이 처음이어서 아무도 그 기계의 구조를 모르고 있으니 그 기계가 고장이 나도 원인을 찾는다는 것은 불가능했다는 점이다.

조홍제 부사장의 6촌 동생인 조민제가 일본에서 제당기술을 배워 왔는데 그가 원인을 찾지 못하고 헤맸다. 조민제는 수첩을 뒤적이며 "내가 알기로는 이렇게 하면 되는데."하며 연방고개를 갸웃거렸다. 직접 기술을 배운 조민제가 원인을 모르겠다고 하니 모두들 앞이 캄캄했다.

이병철은 기가 막혔다. 기술자들이 달려들어 기계를 총 점검하고 다나카 기계 측에 전화를 걸어 사정을 설명했다. 그러나 전화로는 도무지 원인을 찾을 수 없었다. 다시 스위치를 넣고 기계를 작동해 보았으나 결과는 마찬가지였다. 김재명 공장장 등 전사원이 기계에 붙어 밤낮없이 부속을 바꿔 끼우고 분해해서 조립하기를 되풀이했으나 도무지 실마리가 풀리지 않았다.

다음날도 전 직원이 기계에 매달려 기계를 작동해 보았으나 마찬가지였다. 또다시 일본 측에 문의를 해보았으나 어제와 같은 대답이 돌아올 뿐이었다. 이병철과 임직원들의 표정은 모두 어둡고 침통했다.

그런데 사흘째 되던 날이었다. 하청업체의 한 용접공이 유심히 들여다보더니 한마디 툭 내뱉었다.

"원당을 한꺼번에 너무 많이 넣은 것 아닙니까? 원료를 많이 넣어서 기계가 균형을 잃은 것 같구먼."

"그렇게 간단한 문제인 줄 알아요? 당신 일이나 마저 하세요."

기술자가 용접공에게 면박을 주었다. 하지만 이병철에게는 용접공의 말이 하늘에서 내린 계시처럼 느껴졌다.

'그래, 기계에 원인이 없다면 기계를 이용하는 방법에 원인이 있는지 모른다.'

그는 곧바로 기술자들에게 원료를 조금만 넣고 균형을 맞추면서 기계를 돌려볼 것을 지시했다. 그랬더니 놀랍게도 기계에서는 순백색의 설탕가루가 쏟아져 나오기 시작했다. 드디어 성공한 것이었다.

이병철은 설탕을 한 줌 집어서 입에 넣고 맛을 보았다. 달디 달았다. 외제 설탕에 결코 뒤떨어지지 않는 단맛이었다. 이병철과 임직원들은 너무도 기뻐서 서로 얼싸 안고 춤을 추었고, 바로 그날을 제일제당의 창립기념일로 정했다. 그날이 1953년 11월 5일이다.

이병철은 계시와도 같은 말을 던지고 간 용접공을 찾았는데 그 사람을 찾을 수가 없어서 못내 섭섭해 했다. 제일제당에서 설탕이 나온 후 '한국 기술로는 절대 설탕을 만들 수 없다.'고 하던 외국인들의 코가 납작해졌음은 물론이다.

대성공을 거둔 첫 생산업

1953년 11월 9일 마침내 제일제당의 설탕 '백설'이 세상에 첫선을 보였다.

제일제당은 근당 100환으로 정해서 대리점에 출고했다. 당시 수입설탕은 근당 300환 정도였으므로 거의 3분의 1에 해당하는 싼값이었다. 이병철은 그것만으로도 국민들이 설탕을 싸게 구입할 수 있고, 큰 수입 대체 효과를 거두게 되었다고 기뻐했다.

그런데 뜻밖에 소비자들의 반응은 냉담했다. 빛깔도, 순도도, 맛도 외국산 설탕과 똑같은데 팔리지 않는 것이었다. 너무나 싼 가격 때문에 소비자들은 제일제당의 설탕을 신뢰하지 않았던 것이다. 소비자들이 외제 콤플렉스에 젖어서 국산품은 싸고 나쁜 것이라는 인식을 하고 있었기 때문이었다. 판매부진 현상이 계속 이어지자 간부들은 가격을 올려보자는 의견을 내놓았으나 이병철은 단호하게 거부했다.

"그런 얄팍한 생각으로 사업을 한다면 미래가 없을 겁니다. 조금만 기다려 봅시다."

과연 두 달 정도 지나면서부터 사정이 완전히 바뀌었다. 품질이 우수하고 가격은 3분의 1밖에 되지 않는다는 매력은 어느 틈에 '백설'의 인기를 급부상시켰다. 싸고 좋은 상품이 팔리지 않는다면 그것이 오히려 더 이상한 일 아니겠는가!

소비자들의 의심이 차츰 사라져가면서 '백설'의 인기는 갈수록 높아졌고 24시간 기계를 돌려도 수요를 맞출 수 없을 정도였다. 제일제당은 불과 다섯 달도 지나지 않아서 하루 생산량 25톤을 두 배로 확장해야 하는 상황에 이르렀다. 제일제당은 증설을 거듭해서 2년 만에 하루 100톤을 만들어냈는 데도 설탕은 불티나게 팔렸다. 그래서 '아침에 설탕을 한 트럭 싣고 나가면 저녁에는 돈을 한 트럭 싣고 돌아온다.'는 말이 나돌 정도였다.

제일제당이 설탕을 생산하기 시작하면서 수입의존도가 떨어지기 시작했다. 100%였던 설탕 수입률은 1954년에는 51%로, 1955년에는 27%로, 1956년에는 7%까지 떨어졌다. 설탕의 자급자족이 달성된 것이다.

설탕 생산은 6개월 후에는 50톤으로 늘어났고, 1956년에는 하루 150톤(연간 5만 톤), 1957년에는 하루 200톤(연간 7만 톤)으로 시설이 늘어났다. 매출도 설탕이 생산된 첫 해엔 7억 2200만 환이던 것이 1958년에는 그 여덟 배에 가까운 56억 환으로 늘어났다.

회사로서도 큰 이익을 본 것은 말할 것도 없고, 국가적 견지에서 보더라도 수입대체를 이룩해서 외화의 절약에 큰 기여를 한 것이다. 적어도 연간 기백만 불을 절약시킨 셈이다. 제일제당은 삼성그룹이 최초로 시도한 근대적 기업으로서의 첫 성공 케이스라 할 수 있다.

어느 날 중역회의에서 임원들이 설탕값을 올리자는 의견을 내놓았다.

"저희들이 검토한 결과로는 현재 가격에서 50환 정도 더 인상해도 판매에는 아무런 지장이 없습니다. 현재의 근당 이익을 10환에서 60환으로 끌어올린다면 연간 회사 순익은 엄청나게 늘어날 것입니다."

그러나 이병철은 임원들의 제안에 이렇게 대답했다.

"아니, 그렇게 많은 돈을 벌어서 어쩌자는 거요. 근당 이익이 10환에서 60환이 되면 여섯 배라는 이야긴데, 우리는 한 해에 80억 환의 순이익을 내고 있는데 그 여섯 배이면 480억 환이 됩니다. 그런 폭리를 취해도 된다고 생각하시오?"

칭찬을 기대했던 임원들은 이병철의 뜻밖의 말에 어리둥절해 했다. 그들이 눈치만 살피고 있자 이병철이 자신의 생각을 털어놓았다.

"장사에도 도의가 있는 법이오. 내가 설탕을 만들겠다고 마음먹었던 것은 국민 경제에 조금이라도 도움을 주고 싶어서였소. 나는 독과점 업자가 되어 사리사욕만을 채울 생각이 추호도 없으니 설탕값을 올리자는 의견은 없었던 걸로 합시다."

이병철의 단호한 이야기에 모두들 숙연해졌다.

설탕이 국산화되면서 사회상마저 바뀌어 갔다. 당시 설탕은 설날과 추석 선물용으로 쓰일 만큼 인기가 높았고, 집에 찾아오는 손님을 접대하는 문화도 바뀌었다. 주스나 커피가 드물었던 그 시절 손님에게 설탕물을 대접하는 게 최상의 대접이 되었다.

한편 설탕 소비는 1954년 2만 8천 톤에서 1956년 6만 6천 톤으로 급증했다. 이처럼 설탕 소비가 급신장한 것은 곳곳에서 다방들이 늘어났기 때문이다. 다방이 급증한 것은 문화적 변화로 볼 수 있다. 음악다방이 인기를 얻었으며 사람들은 비즈니스 공간으로 다방을 주로 이용했기 때문이다.

제일제당의 성공을 지켜보던 여타 기업들도 제당사업에 하나둘씩 뛰어들었다. 동양제당, 한국정당, 금성제당 등 6개의 제당공장이 잇따라 설립되면서 경쟁이 치열해졌다. 제일제당의 독점체제는 무너졌으나 '백설'이라는 브랜드는 소비자들의 뇌리에 이미 각인되어서 업계 선두를 고수하는 데는 지장이 없었다.

그 후 이병철은 사업을 벌여나가는 데 있어서 마케팅 교과서에 나오는 이 '선도자의 법칙(The Law of Leadership)'을 적극적으로 활용하는 기업가가 된다.

그때부터 제일제당은 한국 식품 산업의 역사를 써왔다. 1958년 제분 사업 진출, 1963년 조미료 국산화 성공, 1979년 식용유 제조, 1980년 육가공 사업 진출을 하면서 삼성그룹에서 제일제당은 효자 노릇을 톡톡히 했다.

이병철은 훗날에도 제일제당에 대해서는 남다른 애정을 나타냈다. 그것은 자신이 세운 첫 제조업체였기 때문일 것이다. 요즘의 시각으로 보면 제일제당은 '먹는 물건을 만들어 파는 기업' 정도로 평가되겠지만, 이병철의 입장에서는 그렇지가 않았다.

제일제당이야말로 삼성의 기업적 토대를 만든 첫 작품이었고 뿐만 아니라 삼성의 인재를 길러낸 모태였다. 삼성그룹 계열사의 핵심 인재들 중에는 제일제당 출신 기업 경영인들이 많이 포진하고 있어서 한때 제일제당은 '삼성의 인재 사관학교'라는 명예로운 별명을 가지고 있기도 했다.

한 나라의 산업은 단계적으로 발전한다

그 무렵 어떤 사람들은 이병철을 가리켜 '설탕 같은 소비재 장사나 해서 돈을 번 사람'이라고 비난했다. 하지만 이병철은 개의치 않았고 떳떳했다. 이병철이 제당사업을 벌이려고 했을 당시는 주무 관청의 관리들조차 우리의 기술 수준으로는 힘든 사업이라고 반대를 하던 시대였다.

제일제당 건설 이야기가 나왔을 때 부흥부(復興部, 상공부의 전신)의 젊은 관리였던 신현확(申鉉碻, 1920~2007)만이 설탕 공장의 설립에 아주 긍정적인 반응을 보였고 적극적으로 도와주었을 뿐이었다. 다른 관리들이 반대를 할 때 그는 분명한 태도로 '힘든 일이지만 누군가 해야 한다.'고 주장했던 사람이었다. 이때의 인연으로 신현확은 자신의 선배인 홍진기(洪璡基, 1917~1986)를 이병철에게 소개하고 삼성이란 기업과 인생의 말년을 같이 하게 된다.

우스운 이야기 같지만 당시 우리나라는 양말 한 켤레를 제대로 만들지 못했던 나라였다. 여기서 설탕 부대에 대한 이야기를 하지 않을 수가 없다. 당시 우리나라엔 설탕은커녕 설탕 부대를 만들 기술도 없었다. 제일제당은 어렵게 설탕을 만들어내는 데는 성공했으나 설탕을 담을 부대가 없었다.

당장 비상이 걸렸다. 처음에는 단순하게 생각하고 국내에서 생산된 흰 천에 설탕을 담았으나 설탕가루가 줄줄 새는 것이었다. 무엇보다 설탕 부대용 천이 문제였다. 설탕을 담을 천은 공기가 적당히 통하면서 설탕이 새지 않아야 한다.

단순해 보이지만 설탕 부대는 그리 간단한 물건이 아니었다. 그런데 그때의 기술 수준으로는 그런 천을 만들 수가 없었던 것이다. 요즘엔 비닐봉지를 쓰지만 비닐이 없던 시절이었다.

생각지도 못한 복병이 나타난 셈이었다. 결국 일본에 기술자를 보내서 설탕 부대를 만들 천을 짜는 기계를 구입했다. 그런데 또 문제가 생겼다. 천은 마련이 되었으나 설탕 부대를 깁는 재봉틀이 없었다. 일반 재봉틀로 꿰매면 설탕이 자꾸 새어나왔다. 설탕 부대를 꿰매는 특수 재봉틀이어야 하는데 아무도 그것을 몰랐다.

또다시 비상이 걸렸다. 이번에는 공장장 김재명이 직접 재봉틀을 구하러 일본으로 달려갔다. 그 무렵 이맹희가 도쿄에서 공부를 하면서 삼성에서 필요로 하는 자료나 기계류 등을 수배하는 일을 하고 있었다. 두 사람은 여기저기 수소문 끝에 중고품 재봉틀을 구했다. 그런데 그 기계를 한국까지 운반할 길이 막연했다. 부산과 일본 사이를 잇는 정규적인 교통수단이 거의 없던 때였다. 한 시간이 급한 상황인데 마냥 그러고 있을 수는 없었다. 이맹희는 미군 군용기에 재봉틀을 실을 묘책을 냈다.

결국 설탕 부대를 깁는 재봉틀은 미군 군용기 신세를 졌다. 이맹희가 미군 파일럿 중위에게 얼마의 돈을 주고 일을 성사시켰다.

오늘날 사람들은 이렇듯 설탕 부대 하나 만드는 기술조차 없던 시절을 기억하지 못한다. 이병철은 부산에서 무역업을 하면서 선박업, 공작 기계, 혹은 라인 설비 등을 생산하던 기업들이 무너지는 것을 많이 보았다.

예컨대, 피난지 부산에는 선박 생산에 필요한 부품을 만드는 회사가 있었는데 이 회사는 정부로부터 '건전 중소기업'으로 선정되어 새로운 기술과 공장 설비를 갖출 자금 지원도 받았다. 이 회사가 성장하는 것은 시간문제일 것 같았다. 하지만 업자들은 국산 설비 회사의 제품을 신뢰하지 않는다는 데 있었다. 설비는 마쳤지만 판매가 이루어지지 않았다. 설비 자금을 빌려준 정부부서에 운영 자금이 모자라는 어려움을 호소했으나 담당자는 "설비 자금은 우리 부서 소관이지만, 운영 자금은 다른 부서에서 결정하는 일이기 때문에 우리는 관여치 않는다."는 태도를 보였다.

이병철은 시대적 여건을 무시하고 자동차, 선박 등의 중공업에 손을 댔다가 망하는 사람을 많이 보았다. 아무리 뜻이 크고 훌륭하다고 해도 기업이 제품 생산과 판매 이윤의 순환 고리를 만들어 내지 못한다면 존재할 수 없다는 것을 이병철은 누구보다 잘 알고 있었다. 이병철은 이렇게 생각했다.

> 한 나라의 산업은 단계적으로 발전한다. 처음에는 생활에 필요한 물품을 스스로 만들어 볼 수 있도록 소비재나 경공업을 키우며 기술력과 경험을 축적하여 돈을 모아야 한다. 그런 다음 이를 바탕으로 더 높은 기술력과 더 많은 돈이 들어가는 중화학공업이나 전자산업으로 나아가야 한다.

이병철의 생각은 옳았다. 그가 처음부터 제철, 선박 등 중화학공업을 일으켰다면 과연 성공할 수 있었을까? 훗날 이병철과 더불어 우리 기업가 1세대의 쌍벽을 이루는 정주영의 경우를 보자. 이병철과 정주영, 두 사람의 공통점은 둘 다 쌀장수로 사업을 시작했다는 점이다. 그러나 정주영은 중후장대(重厚長大)형 사업으로, 이병철은 경박단소(輕薄短小)형 사업으로 성공한 기업가로 알려져 있다.

물론 두 사람의 성격이나 사업 스타일에서 그런 평가는 나올 수 있겠다. 하지만 정주영이 처음부터 자동차를 만들고 배를 만들었던 것은 아니다. 정주영은 쌀가게 다음에는 자동차 정비소를 했고, 조그만 건설회사로 사업을 시작한다. 정주영이 본격적으로 중후장대 사업에 뛰어든 것은 박정희 정권 이후부터의 이야기이다. 이병철의 말년에 삼성과 현대는 재계 1위를 놓고 앞서거니 뒤서거니 시소를 벌이기도 하지만 박정희 정권과 보다 밀착되어 있던 현대가 건설과 조선, 자동차에서 엄청난 도약을 할 수 있었다.

그런 면에서 보면 이병철이 50여 년간 일구어낸 기업도 만만치 않다. 정미소와 양조장, 무역상에서 시작했지만 그가 펼친 사업 범위는 실로 다양하다. 삼성은 설탕, 모직에서 출발해서 비료, 전자, 석유화학, 조선, 정밀기계, 항공공업, 반도체, 컴퓨터, 유전공학 등으로 고도화의 과정을 밟아왔다. 제당·제분·모직·화학·제지·화섬·전자·건설·조선·항공·엔지니어링·은행·보험·증권·부동산·리조트·광고·백화점·호텔 등 그리고 마지막엔 첨단산업인 반도체까지 거의 모든 산업 분야에 걸쳐 있다.

가히 삼성의 역사는 한국의 산업사요, 경제사라 해도 과언이 아니다. 더구나 중요한 것은 단 한 군데의 부실기업도 만들어 내지 않은 그의 빼어난 사업가적 능력은 누구도 따라올 수 없는 업적이다.

"한 나라의 산업은 단계적으로 발전한다."라는 이병철의 말은 정답이다. 1950년대 인도의 경우 중화학공업을 일으키는 데에만 신경을 쓰다가 상대적으로 낮은 품질과 높은 가격으로 세계시장에서 경쟁력을 잃었고, 국내 판매도 신통치 않아 외국에서 빌린 돈을 제때 갚지 못해 국제적으로 망신을 당하고 있었다. 인도뿐만 아니라 브라질이나 칠레, 멕시코 등도 사정은 마찬가지였다. 이런 점에서 이병철은 확고한 신념을 갖고 있었다.

삼성의 경우 제당사업의 성공으로 제조업의 뿌리를 내릴 수 있었고 국가 경제에도 그만큼 기여를 했다고 보아야 한다.

국민은 싼 가격에 설탕을 구입할 수 있었고 국가로서는 그만큼 국산 대체 효과가 있어서 아까운 외화를 아낄 수 있었다.

제일제당이 성공하는 것을 보고 제당업체가 한꺼번에 6개나 더 생겨나서 치열한 경쟁이 벌어졌다. 1955년부터 1956년에 걸쳐 동양(東洋), 한국(韓國), 삼양(三養), 금성(金星), 대동(大東) 등의 기업이 앞 다투어 제당사업에 뛰어들었고 그것은 생산과잉과 과당경쟁으로 이어졌다.

그런데 1957년 1월, 정부가 설탕 물품세를 20환에서 60환으로 대폭 올리면서 설탕값이 껑충 뛰어올랐다. 그러자 소비자의 소비가 대폭 줄어들고 제당업계에 한파가 불어 닥쳤다. 그동안 제일제당은 계속 규모를 넓혀 종업원 수가 1000명 가까이로 늘어나 있었다.

기계를 세워놓거나 문을 닫는 업체가 속출했다. 제일제당은 시장점유율 49.5%의 1위 업체이기는 하지만 한파를 비껴갈 수는 없었다. 회사 임원들은 재고가 넘쳐나기 시작하자 간접비용과 인건비 등을 줄이는 수밖에 없다는 의견을 내놓았다. 그러나 이병철은 그것이 최선의 방법은 아니라고 생각했다.

제일제당이 궤도에 올라 1천여 명에 이르는 공장종업원들이 생산 활동에 여념이 없는 모습을 흐뭇하게 지켜보던 이병철이었다. 그렇게 되면 순식간에 종업원 몇 백 명이 실업자가 될 것이었다. 한 중역이 한 가지 방책으로서 미국식 레이오프(layoff : 일시해고)를 제안했지만 이병철은 이 방법을 채택하지 않았다. 이병철은 이렇게 생각했다.

기업이 사회에 봉사할 수 있다는 것은 무엇보다 많은 사람들에게 일자리를 주기 때문이다. 따라서 사람을 내보낸다거나 잠시라도 문을 닫아 실업자를 만들어낸다는 것은 사회적인 의무를 저버리는 것이나 마찬가지다. 때문에 기업가란 어떻게 해서든 기업을 별 탈 없이 건강하게 이끌어나가야 한다. 이윤을 챙기는 것은 그다음 문제이다.

이병철은 제당업이 벽에 부딪치자 오히려 다른 업종을 생각했다. 이병철의 지시로 업종을 검토한 중역들은 제과업이 어떻겠느냐는 의견을 내놓았다. 설탕을 찾는 사람들이 줄어들고 있으니 설탕이 많이 들어가는 과자를 만들어 팔면 일석이조라는 의견이었다. 그런데 조사결과 제과업계는 거의 다 영세사업자들이었다. 제일제당을 살리기 위해서 힘없는 회사들을 죽일 수는 없는 노릇이었다. 이병철은 대신 제분업을 선택했다.

1958년 4월 제일제당 안에 제분공장이 완성되었는데 100% 국산 기계를 써서 지은 공장이었다. 제일제당은 1959년 국내 밀가루 총생산량의 25.2%에 이르는 157만 4000부대를 만들어냄으로써 설탕 사업의 위기에서 벗어날 수 있었다. 그 후 제일제당은 제당업과 제분업을 바탕으로 조미료, 식용유, 고기 가공제품 등 수십 가지 식품부터 사료와 비료, 기초 의약품 원료까지 생산하는 종합식품회사로 성장했다.

그래서 삼성은 한때 소비재만 생산하는 기업이라는 비판을 받기도 했지만, 생필품이 절대적으로 부족했던 당시 한국의 실정으로 보아서는 불가피한 선택이었다. 훗날 돌이켜보면 실로 이병철은 단계적으로 사업을 확장했다. 그는 1960년대에 들어서면서 소비재 산업에서 중공업으로 시선을 돌리기 시작했다. 세계 최대의 생산 능력을 갖춘 한국비료의 건설이 그것이었다.

당시 우리나라는 1년에 2억 5000만 달러 규모의 원조를 받고 있었다. 이 가운데 1억 달러 가량이 비료 수입에 쓰였다. 충주와 나주에 비료공장이 있긴 했으나 연간 6만 톤밖에 생산하지 못해서 나머지는 모두 수입에 의존하고 있었던 것이다. 우리나라에서 필요한 비료의 양은 30만 톤에 달했고 장차 40만 톤에 이를 것으로 전망되고 있었다. 식량 증산이야말로 시급한 국가적 선결 과제임을 절감하고, 당시 원조자금에 의한 수입품목 중 가장 큰 비중을 차지하고 있던 비료산업에 뛰어든 것이다.

이병철에게 있어서 비료공장 건립이 일생일대의 숙원사업이었다. 그는 농촌출신인 탓인지 늘 "내 생전에 큰 비료공장만 하나 지으면 경제계를 물러나서 아무런 일을 하지 않아도 후회가 없을 것 같다."고 할 정도로 비료공장에 대한 강렬한 꿈을 갖고 있었다.

또 이병철은 1970년대의 문턱에서 전자산업에 도전했으며, 1970년대부터는 중화학공업에 본격적으로 진출했다. 1985년 4월 22일 KBS 방송 대담에서 그는 이렇게 말했다.

> 기업은 사회적 산물이라는 것을 간과해서는 안 된다. 제일제당, 제일모직을 세울 당시에 우리나라는 6·25로 폐허가 되어 온 나라가 극심한 물자난에 허덕이며 대부분의 생필품을 수입에 의존하고 있었다. 물자가 풍부한 지금에는 대수롭지 않게 생각될지 모르나 당시로서는 생필품의 수입대체를 위해 생산 공장을 짓는 것이 가장 절실하고 시급한 문제였다.
>
> 기업은 누가 뭐라고 해도 그 시대의 여건과 상황에 맞는 업종을 선택해서 합리적으로 경영해야 한다. 국가경제에는 경공업도 필요하고 중공업도 필요하다. 문제는 경쟁력 있고, 저렴하고 질 좋은 제품을 만들어 기업을 튼튼하게 키워나가는 데 있다고 본다.

제일제당이 성공의 길로 들어서면서 이병철은 기업경영에 자신감을 얻었고 자신만의 기업관을 정립하기 시작했다. 이병철은 기업경영에 대해 다음 세 가지 점을 강조하고 있다.

첫째, 시대가 요구하는 사업을 해야 한다.

실제로 이병철은 생산기반이 철저히 파괴된 해방 이후 한국전쟁 전후의 기간 중에는 무역업에 종사해 물자부족에 대비했고, 전후 재건 시기에는 제당·모직 등 수입 대체 산업에 진출했다. 그리고 1960년대 이후 개발경제 시대를 맞이해서는 삼성전자, 삼성중공업 등 핵심기술 사업에 진출해서 지금의 삼성그룹을 형성했다.

이병철은 다음과 같이 말했다.

> 국민이 소비재를 필요로 할 때는 소비재를 만들어야지, 중공업이나 조선을 해서는 안 된다. 그 시대에 맞는 것, 국민이 요구하는 것을 만들어야 기업도 사회에 기여하게 되고, 기업 자체도 영속할 수 있다.

둘째, 기업의 부실화는 사회악이다.

이병철은 삼성의 임직원들에게 삼성과 같은 대기업이 어려움을 겪는다면 그것은 한 기업의 불행일 뿐만 아니라 국가와 사회에 엄청난 손실을 가져오게 된다는 점을 명심해야 한다고 말했다.

> 기업의 역할은 동포들에게 일자리를 제공하는 것이다. 기업이 이윤 추구를 하는 것, 그 자체에는 아무런 문제가 없다. 문제는 기업이 적자를 내 일자리를 제공하지 못하는 경우에 있다. 기업이 적자를 내는 것은 큰 죄를 범하는 것이다.

실제로 이병철은 50년이라는 긴 세월 동안 수많은 기업들을 창업하고 육성했지만, 그 중 부실기업은 단 한 개도 없었다.

셋째, 모든 기업은 공존공영해야 한다.

이병철은 공존공영에 대해서 이렇게 말하고 있다.

가령 제당을 한다고 가정하면 원료를 파는 사람을 항상 유익하게 해줘야 계속해서 원료를 공급받을 수 있다. 또 시설재를 공급하는 분에게도 적정이익을 보장해줘야 항상 알맞은 것을 공급받을 수 있다. 제품을 만드는 종업원에게도 생활비를 보장해줘야 열심히 일할 것이고, 자신의 물건을 파는 대리점에도 이익이 남게 해줘야 대리점을 계속 운영할 것이다. 소비자 역시 물건이 좋고 값이 싸야 사지, 비싸고 질이 나쁘면 안 살 것이다. 기업가들이 처음부터 돈만 버는 것을 목표로 해서는 안 된다. 오히려 세상에 도움이 되고 필요한 사업을 하면 자연히 번영하게 될 것이고, 돈은 저절로 벌리게 되는 것이다. 기업의 성공과 경제적 발전에 있어서 가장 중요한 요소는 바로 '공존공영'이다. 경쟁도 중요하지만, 기업하는 사람들은 더 큰 농기를 위해 서로 돕는 법을 배워야만 한다.

이병철의 경영철학은 일본의 마쓰시타 고노스케나 미국의 아이아코카, 잭 웰치의 경영철학과 함께 대표적인 공존공영의 철학이라고 볼 수 있다.

두 번째 제조업 도전 '제일모직'

사람이 기업을 하는 동기에는 여러 가지가 있다. 그 중에서 금전욕을 뛰어넘는 창조적 의욕에 의한 것이 가장 바람직하다. 이러한 의욕과 사회적 책임감이 잘 화합될 때 진정한 의미의 기업가정신이 우러나오는 것이다. 제일제당의 성공은 나에게 창업의 기쁨과 함께 기업의 사회적 책무를 실감하게 해주었다. 따라서 신규투자를 한다면 이번에도 수입 대체 산업 중에서 생필품과 밀접하게 관계있는 공장을 건설해야겠다는 생각에서 착안한 것이 제일모직이었다.

-1976년 4월 「재계회고(서울경제신문)」-

피터 드러커에 따르면 기업의 CEO는 의도적이든 아니든 공인(公人)이며, 경제적 성과 달성을 위한 관리적 기능과 그 성과에 대한 사회적 책임(Social Accountability)을 지닌 존재이다. 다시 말하면 CEO는 자신이 경영하는 기업의 리더일 뿐만 아니라 사회 조직 전반을 움직이는 리더로서 회사의 직원은 물론 주주, 소비자, 지역 사회를 리드하고 사회를 변화시키는 창조력을 발휘해야 하는 사람이다.

제일제당의 성공과 더불어 이병철은 '진정한 기업가정신'에 눈을 떴다. 성공의 기쁨이 채 가시기도 전에 이병철은 수입 대체 산업 중에서 생필품과 관계있는 모직산업에 뛰어들었다.

당시 우리나라에는 마산과 밀양 등지에 소규모의 모직시설이 있을 뿐이었고, 그나마도 양복지와 같은 고급 모직물은 생산할 수 없는 시설이었다. 그 시설이란 일제시대의 모방 직기를 수리하여 가동하는 것이었고 말이 모직물이지 군용 모포나 다름없었다. 군용 모포 같은 모직은 마카오나 영국 등지에서 들어오는 신사복지용 서지(serge), 우스티드(worsted) 같은 모직과는 품질을 비교할 수조차 없었다. 양복지를 비롯한 모사제품의 대부분은 모두 외국에서 수입된 의류나 밀수품이 대부분이었다.

해방 후부터 1950년대에는 번듯한 양복을 입고 다니는 사람을 흔히 '마카오 신사'라고 불렀다. 그런데 마카오 양복을 맞춰 입으려면 일반 회사원 세 달 월급을 한 푼도 쓰지 않고 모아야 했다.

그래서 대부분의 사람들이 입고 다니는 양복은 대개 미군 군복을 염색한 것이었다. 이병철은 이런 상황에서 우리 손으로 현대적인 대규모 공장을 세워 가동시킬 수만 있다면 수입 대체 산업으로서도 큰 공헌을 할 것으로 믿었다.

다시 이병철의 도전이 시작되었다. 최신의 공장을 지어 생산원가를 낮추고 품질 좋은 상품을 염가로 공급하는 것이 그의 목표였다. 이병철은 국민 모두가 손쉽게 양복을 입을 수 있었으면 좋겠다는 생각을 했고 중역들에게 모방공장을 세우고 싶다는 뜻을 밝혔다. 그런데 대부분의 회사 중역들이 반대하고 나섰다. 자본, 기술, 시장 등 어느 모로 보나 위험부담이 너무 크므로 모방보다는 위험이 적은 면방을 하자고 했다.

이병철은 중역들에게 모방과 면방을 함께 조사해 보라고 지시했다. 그 결과 대규모 현대식 면방공장을 세우면 지금 있는 공장들은 모두 문을 닫을 수밖에 없다는 사실이 밝혀졌다. 그럴 수는 없는 일이었다.

답답해진 이병철은 강성태(姜聲邰) 상공부 장관을 찾아가 의견을 물었다. 그는 다음과 같이 시원하게 대답했다.

"긴 안목에서 보면 역시 면방보다 모방을 해야 합니다. 수출할 수 있을 만큼 최신식 기계를 갖추고 있다면 면방도 해볼 만합니다. 그러니 면방의 기술은 이미 한계에 이르렀습니다. 멀리 내다본다면 역시 면방보다는 모방을 해야 합니다. 정부에서도 적극 후원하겠습니다."

이병철은 고개를 끄덕였다. 그러자 장관은 이렇게 덧붙였다.

"한국에서는 연간 1천만 달러나 되는 소모사(梳毛絲)를 수입하고 있지만 양복지다운 양복지는 생산할 수 없는 상태입니다. 지금 모직물 밀수입이 그치지를 않고 있습니다. 모직공장을 세우는 것은 국가적으로도 시급한 일입니다. 이 사장님이 나서주십시오."

그 말에 용기를 얻은 이병철은 공장건설을 결심했다. 그는 회사의 중역들을 모아놓고 모직공장을 짓겠다는 선언을 했다. 그러자 제당 때처럼 많은 반대 의견이 나왔다. 찬성하는 사람들도 만일의 경우를 대비해서 우선 작은 규모로 시작하자는 의견을 내놓았다. 그러나 이병철은 단호하게 말했다.

"어떤 사업이든 실패할 위험은 항상 존재합니다. 그러나 가장 위험한 것은 처음부터 실패할지도 모른다는 불안한 마음으로 사업을 시작하는 것입니다. 100% 자신이 없으면 아예 시작부터 하지 말아야 합니다. 배수진을 치고 백척간두(百尺竿頭)에서 단호하게 결행해도 예기치 못한 일들이 생겨 고생을 합니다. 처음부터 망설이면서 출발하면 될 일도 안 됩니다."

이병철은 당시 대부분의 기업가들보다는 먼 앞날을 내다보는 안목을 갖고 있었다. 그는 모직산업에 대한 아이디어가 떠오른 후, 모직생산과 관련된 생산기술, 공장건설 등에 대해 파고들며 연구했다. 사람들에게는 신사복 원단을 만들어내는 소모방적(梳毛紡績)은 세모(細毛)를 사용해야 하기 때문에 매우 어려운 일이라는 인식이 있었다. 이병철은 모직물 생산에 대해서는 완전히 문외한이었지만 연구 끝에 기계설비만 제대로 된다면 우리 기술로 얼마든지 양복원단을 생산할 수 있다는 자신감이 생겼다. 더구나 그는 국내 시장만을 생각하고 있지 않았다.

"나는 국내시장만이 아니라 수출도 생각하고 있습니다. 우리보다 앞선 영국이나 일본과의 경쟁에서 이기려면 어떻게 해야 합니까? 당연히 값싸고 질 좋은 제품을 만들어내야 합니다. 그러려면 우리는 최신시설을 갖춘 국제 수준의 현대식 대규모 공장을 세워야 합니다."

1954년 9월 15일, '제일모직공업주식회사'가 설립되었다.

이병철이 모직공장을 짓는다는 소문이 퍼지자 많은 사람들이 입방아를 찧어댔다. 400년 전통을 지닌 영국의 모방과 겨뤄보겠다는 생각 자체가 어리석기 그지없다는 것이었다. 설탕을 팔아서 요행으로 떼돈을 벌더니 세상 일이 다 자기 뜻대로 되는 줄 아는 모양이라고 비웃는 소리도 들렸다. 물론 이병철도 모방산업이 쉽지 않다는 것은 잘 알고 있었다. 모방산업의 원조인 영국의 경우 모직기술을 축적하는 데 150년 이상의 세월이 걸렸다. 영국의 기술을 전수 받은 미국도 수십 년의 세월이 걸려서야 제대로 된 제품을 만들 수 있었기 때문이다. 일본에서 모방산업이 시작된 것은 1896년에 '다이니폰 모직(大日本毛織)'이 설립되면서부터였다. 이 회사는 처음부터 양복원단을 만든 것이 아니라 초창기엔 담요 따위를 만들다가 기술이 축적된 후 1918년이 되면서 양모로 양복원단을 만들어 내는 데 성공했다. 우리보다는 훨씬 앞서 있었지만

20년 이상 걸려서 제대로 된 모직회사로 탄생할 수 있었던 것이다. 여기서 이병철은 다시 한 번 기업가다운 결단을 내린다. 국내 최초의 모직공장인 만큼 국제경쟁력을 가진 최신 최고 설비를 갖춘 대규모 공장을 건설하기로 한 것이다. 그래야만 생산원가를 낮출 수 있고 최고의 상품을 염가에 만들어낼 수 있다는 판단 때문이었다.

이병철은 조홍제 부사장을 미국과 독일로 보내서 기계 설비에 대한 조사를 하게 하는 한편 자신은 일본으로 향했다. 한국을 떠나기 전 두 사람은 "모직이 면방보다 다소 어렵기는 하나 기본적인 생산 공정은 두 분야가 대동소이하고 우리나라의 면방직 공업이 어느 정도의 수준에 도달하고 있는 만큼 기계만 제대로 잘 산다면 생산에 있어서는 그다지 큰 문제가 없을 것이다."라는 결론을 내렸었다.

이병철이 일본 업계에 협력을 요청했으나 시장 상실을 두려워한 일본 업자들의 반응은 냉담했다. 그는 일본모방협회의 협조를 받아 일본 최대의 모방회사로 성장해 있는 다이니폰 모직을 찾아갔다. 이병철은 기술담당 이사인 하야시 고우헤이(林耕平)를 만나 공장시설에 대한 마스터플랜을 의뢰했다.

"우리 일본의 기계 설비를 발주하시고 건설공정에서 일본 기술자들이 감독을 한다는 조건이라면 마스터플랜을 작성해 드리겠습니다."

"좋습니다."

이병철이 귀국한 얼마 후, 조홍제 부사장도 미국과 유럽 여러 나라를 둘러보고 돌아왔다. 조홍제는 미국, 독일, 이탈리아, 프랑스 회사들 중에 독일 스핀바우 사의 제품이 성능 면에서는 가장 유리하다는 의견을 내놓았다. 하지만 가격과 사후 관리 면에서 일본제품보다 불리하다는 의견도 만만치 않았다. 정부의 정책도 완화되어 제일제당을 건설할 때처럼 일본인 기술자의 입국을 막는 정도는 아니었다.

그때 마침 다이니폰 모직의 하야시가 보낸 마스터플랜이 도착했다. 그 플랜에는 공장 설비에서 가동에 이르기까지의 60개 항목에 이르는 제반 문제가 매우 세밀하게 기록되어 있었다.

　꼼꼼하기로는 누구에게도 뒤지지 않는 이병철도 '이 가운데 10개 항목이라도 결여되면 결코 품질 좋은 제품을 기대할 수 없다.'라는 마지막 한 줄에는 혀를 내둘렀다. 이병철은 너무도 성실하게 꾸며진 계획서에 감동했다. 이 정도로 철저하게 준비하는 회사라면 신규 사업의 위험을 대폭 줄여줄 것 같았다.

　결국 이병철은 하야시의 마스터플랜을 바탕으로 정부에 일본 기계 도입 허가를 신청했다. 그런데 뜻하지 않은 결과가 돌아왔다. 이승만 대통령은 기계 도입을 허가하면서 일본 대신 독일 기계를 수입하라는 조건을 내세운 것이었다. 그것은 이승만의 반일감정 때문이 아니었다.

　이런 지시를 내리게 된 배경에는 정부의 독자적인 모직물공장 건설 계획이 있었기 때문이었다. 정부는 모직물 수입에 너무 많은 외화가 들어간다는 현실을 타개하고자 국영모직공장을 설립할 계획으로 이미 스핀바우 사의 방직기 5000추를 발주해놓고 있었던 것이었다. 독자적으로 모직사업에 손을 대서 공기업으로 관리하다가 시기를 보아 민간에 불하한다는 계획이었으나 기계만 발주해 놓았을 뿐 사업 추진에 문제가 많은 상태였다. 그 와중에 이병철이 모방사업을 한다니까 잘됐다 싶어 맡아달라고 한 것이었다.

　정부의 이런 계획을 꿈에도 모르고 있었던 이병철은 내심 반가웠다. 대통령의 부탁을 받아들여서 공장을 짓게 된다면 정부의 도움을 받기가 쉬울 것이었고 가격이 비싸기는 하지만 일본 기계보다는 독일 기계에 더 믿음이 갔기 때문이었다. 이병철은 다이니폰 모직과 하야시와의 인연이 조금 아쉽긴 했지만 정부 허가가 났다는 것만으로 위안을 삼았다. 이병철은 즉시 스핀바우 사의 기계를 구입하기로 결정했다. 조홍제가 이미 스핀바우 사의 중역들을 만나고 온 터라 일은 일사천리로 풀려나갔다.

　약 2달 후, 스핀바우 사로부터 모직공장 건설에 대한 마스터플랜이 도착했다. 하지만 그 플랜에는 상당한 문제가 있었다. 공장입지와 기상 등의 조건이 도무지 한국의 실정에 맞지 않았다. 이병철은 중역들과의 논의를 거쳐 주요 기계는 독일 제품을 도입하고 부속기계는 영국, 이탈리아, 프랑스 등 다른 나라에서 세계 최고의 성능을 가진 기계를 선별해서 도입하기로 결정했다.

여기에서 각국의 제품을 선별해서 별도로 도입한 데에는 이유가 있었다. 선진공업국에서는 제사(製絲), 염색, 가공, 직물 등 각 공정이 분업화되어 있고, 공장도 각각 독립적으로 전문화·분업화되어 있었다. 하지만 당시 우리나라에는 실을 만들거나 염색하는 제대로 된 공장이 거의 없었기 때문에 제사나 염색 등은 외부에 하청을 줄 수 있는 형편이 아니었다. 제일모직으로서는 이 모든 작업을 하나로 묶지 않으면 안 되었다. 모든 생산을 단일공장 내에서 해결하지 않으면 안 되었던 것이다. 그래서 기계를 발주하는 것 자체가 다른 나라에 비해서 까다로울 수밖에 없었다.

이병철은 자신의 구상대로 사업의 규모를 키우기 위해서 정부가 발주한 방직기 5000추를 인수하는 것은 물론 5000추를 추가로 스핀바우 사로부터 도입하기로 결정했다. 여기에 소요되는 100만 달러는 산업은행의 자금 5천8백30환을 융자 받고, 미국 FOA(Foreign Operation Administration)의 원조자금 60만 달러로 충당해서 해결했다. FOA는 미국의 대외활동본부로서 1954년부터 한국경제의 부흥을 위해서 2억 달러 정도를 원조한 단체이다. 이 거래는 우리나라와 독일 사이의 민간무역 제1호를 기록했다.

그러던 어느 날 미국의 유명한 모직기계 메이커인 파이팅(Whiting) 사 중역이 미국 대사관의 소개를 받고 이병철을 찾아왔다. 그는 이렇게 질문을 했다.

"당신은 미국의 원조 달러로 왜 유럽 기계를 사려고 합니까? 성능이 우수한 우리 파이팅 사의 기계가 있는데 말입니다."

이병철은 이렇게 대답했다.

"파이팅 사 기계가 성능이 뛰어나다는 것은 나도 잘 알고 있습니다. 파이팅 사의 기계는 디자인이 같은 제품을 많이 만들어낼 때는 더할 나위 없이 좋습니다. 그러나 우리나라처럼 품질이나 디자인 등이 다양한 제품을 한 공장에서 만들어내는 데에는 알맞지 않습니다."

다음날도 그 중역은 이병철을 찾아와 끈질기게 설득했다.

"우리는 지난 50여 년 동안 동남아시아, 라틴아메리카 등 세계 여러 나라에 기계를 판매하고 10여 개 이상의 공장을 지었습니다만 단 한 번도 실패한 적이 없습니다. 우리를 믿고 공장 건설을 맡겨주시오. 한국 최초의 모직공장도 우리가 건설해야 실패하지 않을 것이오."

"공장은 우리 손으로 지을 생각입니다."

이병철은 딱 잘라 말했다. 파이팅 사 중역은 어이가 없다는 듯 웃었다. 그는 갑자기 이병철 앞에서 새가 날개를 퍼덕이는 흉내를 냈다.

"만약 한국인이 지은 공장에서 3년 이내에 제대로 된 제품이 나온다면 내가 하늘을 날아 보이겠소." 그의 태도는 무례했고, 목소리는 건방지기 그지없었다. 이병철은 이렇게 말했다.

"제일제당을 지을 때도 일본인들이 당신과 비슷한 말을 했소. 그러나 우리는 훌륭히 해냈습니다. 비록 기계와 기술은 외국에서 들여오지만 이번에도 우리 손으로 공장을 직접 지어 당신들을 깜짝 놀라게 해드리지요."

"모방공장을 지으려면 적어도 24가지 전문 기술이 필요하다는 사실을 알고 하시는 말씀입니까?"

"물론 잘 알고 있소."

"알면서 그런 위험한 생각을 하시는 겁니까?"

"나는 우리나라 기술자들의 능력을 믿소."

이병철은 단호하게 말했다. 아무리 설득해도 이병철이 별다른 반응을 보이지 않자 파이팅 사 중역은 실망한 표정으로 되돌아갔다. 하지만 그 역시 만만치 않은 사람이었다. 다음날 다시 이병철을 찾아와 좀 더 생각해 보라고 압력을 넣었다.

"오랜 생각 끝에 내린 결론이니 그렇게 아셨으면 좋겠소."

그러면서 이병철은 서랍 속에서 메모를 꺼내 보여주었다. 메모에는 모직공장 건설에 반드시 필요한 온도, 습도, 전력, 노동력, 교통, 용수, 수질, 기술력, 종업원의 기술지도 및 훈련 등 48개에 이르는 문제점과 해결방법이 자세히 적혀 있었다. 그 메모를 보고 놀란 파이팅 사 중역은 이후 다시는 이병철을 찾아오지 않았다. 기계 발주를 끝낸 이병철은 공장부지 매입에 나섰다. 공장입지는 기후와 수질, 교통, 노동력, 모든 것을 감안해야 했다. 여러 지역을 물색한 끝에 대구 북부인 침산동에 7만 평의 부지를 확보했다. 7만평의 공장부지라고 하면 당시로서는 엄청난 크기의 것이었다. 그렇게 넓은 공장부지를 가진 공장이 국내에는 없었다. 중역들 중에 너무 넓다는 의견을 내세우는 사람들이 있었지만 이병철은 방침을 바꾸지 않았다. 제일모직은 그 후 잇따른 증설을 거듭하면서 20만평 규모로 확장되었고 그마저 오히려 협소한 형편이 되었다. 이를 보면 이병철의 사업가로서의 통찰력이 얼마나 뛰어났는지 충분히 이해할 수 있을 것이다.

모든 것을 우리 손으로……

1955년 1월 4일 오전 10시, 이병철이 회사 간부들과 함께 안전을 비는 고사를 지냈다. 곧 이어 수십 대의 불도저가 일제히 요란한 소리를 내며 움직이며 땅을 파기 시작했다. 그것은 우리나라 섬유공업에 새로운 시대가 열렸음을 알리는 소리였다.

얼마 후 독일 스핀바우 사의 공사현장 기술책임자가 내한했다. 그는 주문받은 기계가 이미 완성되어 선적을 끝내고 한국으로 향해 오고 있다는 사실을 알리고, 기계가 도착하는 대로 즉시 시설공사를 시작하겠다는 뜻을 전했다. 그리고 이렇게 말했다.

"저희 기술자들이 60명은 와야 하는데 아무리 서둘러도 1년은 걸려야 모든 기계와 장비를 설치할 수 있습니다."

이병철이 계산해보니 어이가 없었다. 1인당 한 달에 450달러를 지불하면 1년이면 5400달러, 60명이니까 32만 달러……, 60명의 독일 기술자가 1년간 체류할 때 소요되는 경비를 산출해 보았더니 약 30만 달러 정도의 계산이 나왔다. 웬만한 공장 하나쯤은 충분히 세울 수 있는 커다란 돈이었다.

안 될 일이었다. 반드시 써야 할 돈이라면 지출해야겠지만 이병철이 조사한 바에 따르면 그게 아니었다. 그는 기계의 본체만 제자리에 앉히면 나머지 작업은 국내 기술진으로도 가능하다는 판단을 하고 있었다. 이병철은 외국 업체로부터 제조기술만 도입하고 설치, 운영 등 그밖의 모든 것은 우리 손으로 한다는 결론을 내렸다. 이병철은 기술책임자에게 이렇게 말했다.

"기계조립은 우리 기술자만으로도 할 수 있습니다. 스핀바우 사에서는 직물기계 공정 중에서 핵심부분의 기술자 몇 명만 파견해주시면 됩니다. 그리고 반 년 안에 기계 설치를 끝냈으면 합니다."

기술책임자는 이병철을 어이가 없다는 표정으로 바라보다가 말했다.

"우리 회사는 세계 각국에서 20년간 많은 공장을 성공적으로 지었습니다. 얼마 전에는 인도와 터키에서 삼성과 비슷한 규모의 공장 건설을 맡았지만 모두 60명의 기술자를 파견했습니다. 더구나 건설에는 1년의 기간이 필요합니다."

"인도나 터키와 한국은 사정이 다릅니다. 우리나라에는 실력 있는 기술자가 많기 때문에 그 정도 인원이 필요 없습니다. 단 네 명만 있으면 충분합니다."

이병철은 확고하게 못 박아 말했다. 공장의 설비 및 기타 제반 공정은 국내에서 알아서 할 것이고, 다만 제사(製絲), 염색, 가공, 공정 분야 각 1명씩 4명만을 보내 달라 요청한 것이다. 그러자 기술책임자가 어쩔 수 없다는 듯이 말했다.

"공장을 다 지은 후에 제대로 물건이 나오지 않으면 어떻게 하실 겁니까? 그럴 경우 스핀바우 사는 책임질 수 없다는 조건에 동의하시겠습니까?"

"좋소. 그렇게 합시다."

이병철이 신념에 차서 그렇게 답변하자 기술책임자는 두 손을 들고 말았다. 이러한 이병철의 모습에서 우리는 진정한 산업자본가의 모습을 엿볼 수 있다.

결국 공사는 삼성 주도하에 진행되었다. 기계가 도착하고 본격적인 설치 작업에 들어가자 이병철은 거의 매일처럼 현장에 들렀다. 우리 기술로 해낼 수 있다고 큰소리를 치긴 했지만 속으로는 걱정이 되지 않을 수 없었으리라. 모직공장은 입지 조건이 까다로웠다. 무엇보다 기온·습도·수질이 중요한 조건이었는데, 대구는 사계절의 기온 차가 유난히 심한 지역이어서 온도와 습도를 세심하게 신경써야 했다.

이병철은 직접 섬유기술자들과 현장의 건설기술자들에게 시간이 나면 우리가 왜 모직공장을 만들어야 하는지, 우리가 공장을 제대로 만들지 못하면 한국기술자의 체면이 땅에 떨어진다는 것을 누누이 강조했다. 기술자들은 이병철의 생각에 호응했고 밤낮을 가리지 않고 열과 성을 다해서 투혼을 발휘했다.

그렇게 해서 한국 최대의 모직공장 건설이 성공적으로 진행되었다. 1년 걸릴 소모(梳毛, 짧은 섬유는 없애고 긴 섬유만 골라 가지런하게 하는 일)공장은 6개월 만에 지었고, 1956년 초에는 방모(紡毛, 실을 뽑는 일)와 직포(織布, 천을 짜는 일), 염색, 가공공장 등도 차례로 지었다. 마침내 공사는 시작한 지 1년 반 만에 끝났다. 제일모직 공장은 예정보다 훨씬 빨리 지어졌다.

이병철이 공장 시설 중에서 특별히 관심을 기울인 곳은 여직원들의 기숙사였다. 공장이 돌아가기 시작하면 1000명이 넘는 여성이 필요한데 그들에게 좀 더 나은 환경을 마련해 주고 싶었던 것이다. 당시만 해도 공장이라고 하면 생산시설 이외에 다른 부대시설은 전혀 고려하지 않았을 때였다.

이병철의 지시로 공장 전체에 국내에서 최초의 스팀 난방이 설치되었고, 기숙사에는 목욕실, 세탁실, 다리미실, 미용실, 도서실, 휴게실 등 여러 가지 편리한 시설이 들어섰다. 복도에는 오래된 소나무인 회나무를 깔아서 자연 친화적인 느낌을 갖도록 배려하는 등 환경미화에도 많은 신경을 썼다.

하루는 이창업 전무가 이병철에게 공장설비보다 기숙사에 돈을 너무 많이 들이는 것은 낭비라고 불만을 토로했다.

"공장도 완공하기 전에 기숙사부터 짓고 정원까지 꾸미는 것을 보고 사람들이 뭐라고들 합니다."

"그래요? 하지만 나는 여직원들에게 단순히 일자리만 제공하면 된다고 생각하지 않아요. 일 하는 환경이 나쁘면 작업하기 싫어지고 능률이 떨어집니다. 능률만 떨어지는 것이 아니라 좋은 제품이 만들어 지지도 않지요."

"최신식 기숙사면 충분한데, 정원을 만들고 꽃까지 심는 것은 사치고 낭비라고 사람들이 수군거립니다."

"그렇게 생각할 수도 있겠지요. 하지만 생산직 여직원들 대부분은 시골에서 혼자 대구로 올라온 아가씨들 아니오? '내 자식이 귀여우면 남의 자식도 귀여운 줄 알아야 한다.'는 속담이 있지 않소? 우리는 부모님들로부터 신뢰를 받을 수 있도록 그녀들을 맡고 있는 책임을 다해야 한다고 생각하오. 긴 안목으로 보면 그게 다 사회에 대한 봉사가 되는 거지."

이병철은 공장 곳곳에 좋은 나무를 사다 심었고, 연못과 분수까지 마련했다. 그때 심었던 나무는 공장 건물을 뒤덮을 만큼 훌륭하게 컸고, 잔디도 곱게 자라 대구 시민들은 제일모직 공장을 '제일공원'이라고 부르기까지 했다. 이렇게 하여 공장 건물 중 가장 먼저 완공한 것도 진심(眞心), 선심(善心), 숙심(淑心)이라는 이름의 여직원 기숙사였다.

훗날 이병철은 여직원들의 가족들이 면회 오면 기념촬영을 할 수 있도록 전속사진사까지 따로 둘 정도였다. 이병철이 이런 데까지 신경을 쓴 것은 모직제품같이 고가의 제품을 만드는 직원들은 대우를 최고로 해주어야 한다는 나름대로의 생각이 있었기 때문이었다.

그것은 이병철이 젊은 시절 사회주의를 경험하면서 얻은 '사원 복지'에 대한 신념 때문이었다. 와세다 대학시절 읽었던 〈여공애사〉라는 책을 읽었을 때의 깨달음이 평생 그를 따라다닌 까닭이었다. 이병철은 당시 그 책을 읽으면서 상당한 충격을 받았고 자신이 기업가가 되고 난 후에는 여공들이 그러한 비참한 환경에 놓이지 않도록 최선을 다해야 한다고 다짐했었다.

그 덕분에 제일모직 여직원 기숙사는 이화여대 기숙사 다음으로 잘 돼 있다는 말이 나왔고, 제일모직 기숙사를 두고 '제일대학'이라는 별명도 있었다. 마침내 제일모직이 사원대우를 잘 해준다고 각지에 소문이 퍼졌다. 대우도 좋고, 봉급도 국내기업 중에서는 가장 많을 것이라는 입소문이 난 후 생산직 여사원 모집공고가 붙자 공장 앞은 그야말로 인산인해를 이루었다.

이병철의 '사원 복지'에 대한 신념은 그 후에도 계속 이어졌다. 삼성전자를 설립했을 때 한국을 방문했던 이우에 사토시(井植敏, 훗날 산요전기(三洋電機)회장)는 이병철의 종업원을 위하는 마음을 다음과 같이 증언하고 있다.

> 벌써 30년도 더 된 옛날 일이지만 그때는 정말 놀랐지요. 삼성과의 합병으로 수원에 있는 공장에서 텔레비전 조립을 시작했을 무렵의 일이죠. 공장 안에 들어갔더니 이병철 회장이 마루 밑을 보라고 하는 거예요. 들어 올린 마루 밑을 들여다보니 큼지막한 독이 가득 들어 있더라고요. 김치라고 하더군요.

얘기를 들어보니 멀리 시골에서 올라온 종업원들이 맛있는 김치가 없으면 식사하기가 괴로울 거라며 그의 지시로 준비한 거라고 하더군요. 그런 데까지 마음을 쓰는 대기업 경영자가 있나 싶어 깊은 감명을 받았지요. 그 김치는 그의 인간 철학을 몸소 실천한 것이죠.

영국에 국산 양복지를 수출하다

드디어 1956년 5월 2일, 제일모직 공장은 모든 준비를 끝내고 시범 생산에 들어갔다. 그동안 영국과 독일 등 각국에서 6개월간 기술을 익힌 연수생들도 숨을 죽이며 기다렸다. 이병철은 몇 개월 동안 몸을 혹사하고 일에만 매달린 탓에 7킬로그램이나 몸무게가 줄어 있었다.

드디어 모직 원단이 짜여져 나오기 시작했다. 그러나 만들어져 나온 복지는 디자인이나 색깔 등은 나무랄 데 없이 괜찮았지만 어딘가 모르게 힘이 없었다. 독일인 기술자들도 원인을 몰라서 고개를 갸웃거릴 뿐이었다.

이병철은 설탕을 처음 만들 때 그랬던 것처럼 원인은 가까운 곳에 있을 거라는 생각을 했다. 총 점검을 시켜보니 아니나 다를까 아주 가까운 곳에 있었다. 기계로 꽉 눌러서 짜는 마지막 작업인 압착(壓搾) 프레스 작업이 제대로 이루지지 않았던 것이다.

원인을 알았으니 고치는 일은 문제가 없었다. 공정 프레스의 조정으로 원단이 늘어지는 문제는 해결되었다. 하지만 여전히 모직제품 특유의 폭신하고 부드러운 감촉이 살아나지 않았다.

"아직 영국제에는 미치지 못하지만 기존의 국산품과는 전혀 다르다." 대부분의 사원들이 이렇게 말하며 기뻐했다. 이병철은 영국제와 맞먹는 뛰어난 제품이 만들어져 나올 때까지 모든 지원을 아끼지 않겠다며 계속 연구하고, 작업 과정을 능률적으로 고쳐나가라고 지시했다. 그러나 모직물의 품질개선은 하루아침에 이를 수 있는 일이 아니었다.

우선 원료를 구입하는 것이 어려웠다. 고급 모사의 원료인 울톱

(Wool-Top)을 구하는 것이 매우 힘들었다. 제품의 품질은 원료에 의해 70% 이상이 좌우된다. 균등한 품질의 서지나 우스티드를 짜려면 우선 원료의 품질을 확보해야 했다. 천연자원이 부족한 국가의 슬픔을 뼈저리게 통감하면서 이병철은 고급원료 확보에 사운을 걸고 총력을 기울였다.

또한 제조기술 향상을 위해 주저하지 않고 적극적으로 외국에서 고급 기술자들을 초빙해서 기술을 전수 받았다. 제일모직 전 직원들은 밤낮없이 일에 빠져 지냈고, 얼마 후에는 영국제에 뒤지지 않는 복지를 만들 수 있게 되었다. 얼마 안 가서 외국인 기술자들 입에서 이제 더 이상 가르칠 것이 없다는 말이 나왔다.

공장다운 공장이 별로 없던 시대라서 제일모직 공장에는 정부 고관을 비롯하여 외국의 귀빈들도 많이 찾아왔다. 제일모직 공장은 외교관들이 해외에 나갈 때에는 반드시 제일모직을 시찰하도록 국내산업의 견학 코스로 지정되기도 했다.

1957년 10월 26일, 공장이 완공되자 대통령 이승만이 제일모직을 방문했다. 이승만은 공장과 기숙사를 두루 살피면서 이것저것 질문도 하고 기술자나 여공들의 어깨를 어루만지며 자상하게 격려하기도 했다.

"도움이 필요한 것은 없소?"

이승만의 질문에 이병철이 특별히 필요한 것은 없다고 대답하자 이승만은 고개를 끄덕이며 이렇게 말했다.

"애국적 사업이야! 이처럼 자랑스러운 공장을 세워주어서 감사하오. 제일모직의 노력으로 온 국민이 좋은 국산양복을 입게 되었어요."

이렇게 말하면서 감격한 표정을 지은 후 '의피창생(依皮創生, 옷이 새로운 삶을 만든다)'이라는 휘호를 써주었다. 그 휘호는 지금도 제일모직 대구공장의 사장실에 걸려 있다.

그날 이승만은 일본 기계를 가급적 사용하지 말라고 당부했다. 이승만으로서는 일본에 대한 반일감정 때문에 그런 말을 했을 터이지만 이병철이 실제로 독일 기계와 일본 기계의 부품 소모율을 비교해보니 독일 기계는 1년에 0.3%의 부품이 소모된 데 비해 일제는 26%라는 부품 소모율을 보이고 있었다. 독일 기계가 일본 기계보다는 현격하게 그 성능이 앞서 있었던 것이다.

제일모직은 장미표 '골덴텍스(Goldentex)'라는 브랜드로 제품을 내놓았다. 당시 영국제 복지 한 벌 값은 웬만한 봉급생활자의 3개월 월급에 해당하는 6만 환이었다. 제일모직은 골덴텍스를 1만 2천 환에 내놓았다. 그런데 설탕의 경우와 마찬가지로 소비자의 반응은 냉담했다. 영국제의 5분의 1밖에 되지 않았는데 도무지 팔리지를 않았다. 국산품은 마카오나 영국제 양복지에 비해 질이 떨어질 것이라는 선입견 때문이었다. 제일모직의 모든 직원들이 머리를 짜내어 어려움을 이겨낼 방법을 고심했다. 그리하여 '외래품을 능가하는 골덴텍스 양복지'라는 광고 문구가 신문에 등장했다.

하지만 국산 제품에 대한 불신으로 인해 그 첫 해는 5억 환의 적자를 기록했다. 그러나 상황은 설탕의 경우와 놀랄 만큼 비슷하게 전개되었다. 불과 1년 만에 제일모직의 '골덴텍스'는 외국제와 맞먹는다는 입소문이 퍼지기 시작하면서 없어서 못 파는 물건이 되어갔고, 제일모직은 곧 적자에서 벗어났다.

1958년 1월부터 정부는 외국 양복지에 대한 수입금지 조치를 내렸다. 골덴텍스가 결코 외국 제품에 뒤지지 않는다는 판단을 했기 때문이었다. 난공불락의 고지와도 같았던 영국제 복지와 경쟁한 지 2년 만에, 그리고 회사가 창립된 지 3년 만인 1958년, 제일모직은 처음으로 흑자를 기록한다. 결국 제일모직은 이 땅에서 외국 양복지를 몰아냈고, 연간 250만 달러라는 엄청난 외화가 밖으로 새어나가지 않도록 했다. 제일모직은 마침내 한국 시장에서 외제 양복지를 몰아내고 국민의류생활에 새바람을 불어넣었다.

우리나라의 풍습에는 결혼을 할 때 신부가 신랑과 신랑의 아버지에게 양복을 선물하는 풍습이 있었는데 언제부터인가 골덴텍스가 그때 선물하는 양복지의 표준이 되어 버렸다. 골덴텍스를 선물하지 않으면 신부 측이 성의가 부족하다는 소리를 듣는 일도 있었다.

골덴텍스가 잘 팔리자 '경남모직', '한국모방', '대한모방' 등 새로운 양복지 회사가 생겨났다. 골덴텍스는 시장의 70%를 점유하여 제일모직은 우리나라 섬유 산업을 선도하는 회사가 되었다. 제일모직은 이후로도 발전을 거듭해 모직의 본고장인 영국에 거꾸로 골덴텍스를 수출해서 인기를 끌게 되었다. 제일모직은 당초에 목표한 대로 국제수준의 세계적 기업이 되었다.

이병철은 제일제당과 제일모직 단 두 기업의 성공으로 전국 납세액의 4%를 감당하는 대한민국 최고의 부자가 되었다. 당시 우리나라의 경제상황에서 제일제당이나 제일모직의 존재가치가 워낙 커서 이병철이란 석자는 경제계는 물론 농촌의 초등학교 어린이들 사이에서도 오르내리는 이름이 되었다. 이병철이 재벌이라는 호칭을 듣게 된 것도 이 무렵부터다.

삼성가(家) 가족이야기 7

홍진기와 신현확

홍진기와 신현확은 경성제대 법문학부 동문으로 신현확이 3년 후배다. 두 사람은 이승만 정권에서 장관까지 지낸 관료출신인데 이병철과 아주 가까이 지낸 사람들이다.

유민(維民) 홍진기의 경우 법무부 차관, 장관, 내무부 장관을 지냈다. 〈유민 홍진기 전기〉에 따르면 두 사람이 처음 만난 것은 부산 피난 시절이라 한다. 전 신라호텔 사장 박무승(朴武昇)의 증언에 따르면 이병철로부터 "삼성그룹은 사실 이승만 정부 때 건실한 기반을 마련했다. 특히 이승만 정부에서 장관을 지낸 사람 가운데 현명하고 합리적인 분이 몇 명 있었는데 이분들 도움을 받기도 했다. 그게 송인상, 김정렬, 홍진기 씨다."라는 이야기를 들은 적이 있다고 한다.

그래서인지 〈유민 홍진기 전기〉에는 "4·19 후 유민이 수형 생활을 하던 무렵 이병철 회장은 사식과 과일 바구니를 넣어 주고 4~5차례나 직접 형무소를 찾아 특별 면회를 한 일도 있다."고 나온다. 4·19혁명 당시 홍진기는 내무부 장관직을 수행하고 있었는데 홍진기가 지휘하는 경찰에 의해 시민에 대한 발포가 이루어졌으므로 그는 발포책임자로 구속되어 처음에 사형을 선고받았으나 곧 무기징역으로 감형을 선고받았다.

이병철이 면회를 간 것은 그 무렵이었다. 이병철은 홍진기가 각료로 있을 때 도움을 많이 받은 탓인지 아니면 박식하고 시세(時勢)를 내다보는 혜안이 놀라운 홍진기에게 반한 탓인지 그를 가까이했다. 이병철은 홍진기를 1964년 자신이 창립한 '중앙라디오방송'의 사장으로 앉히고, 1967년 4월에는 3남 이건희를 홍진기의 장녀 홍라희(洪羅喜)와 혼인시켜 사돈 관계를 맺는다. 이후 이병철은 라디오방송뿐만 아니라, TBC TV(동양방송)과 중앙일보를 아우르는 중앙 매스컴 전체의 경영을 홍진기에게 일임하는 신뢰를 보낸다.

한편 간호(干湖) 신현확은 이승만 정권에서 39세에 부흥부 장관을 지낸 영민한 관료였다. 신현확은 이병철이 제일제당 사업을 시작하려고 할 때 다른 관리들은 반대했으나 "나라를 위해 누군가는 해야 한다."고 주장했던 사람이었다. 신현확은 제일모직을 설립할 때도 이병철에게 많은 협조를 아끼지 않았다. 또한 홍진기를 이병철에게 처음 소개한 사람도 신현확이라고 한다. 그래서 이병철은 평생 신현확에 대해서는 고맙게 생각했고 신현확도 이병철에 대해서는 늘 존경하는 자세로 대했다. 훗날 신현확은 삼성물산 회장, 삼성미술문화재단 이사장 등을 지내면서 이병철 사후 삼성의 후계자 선택 문제에도 큰 영향력을 발휘한다. 이맹희의 〈묻어둔 이야기〉를 보자.

신현확 전 총리는 우리 집안과 가깝다. 아버지는 오래 전부터 그분의 능력을 높이 사고 있었고 삼성의 기업 진로에 대한 조언을 늘 고맙게 생각했다. 나 역시 선배격인 그분에 대해서는 여러 차례 감명을 받은 적이 있어서 지금도 후배로서 믿고 따른다. 그분에 대한 믿음은 그분이 아버지가 돌아가시기 전 유언을 구두로 남길 때 그 자리에 참석한 사람 중 유일하게 집안 식구가 아니었다는 걸로 증명이 되겠다.

신현확은 경북 칠곡 출신으로 'TK인맥의 대부'라는 평가를 받을 정도로 정·재계를 아우르는 막후 실력자였다. 12·12 쿠데타 직후 이루어진 개각에서 신현확은 국무총리가 되었고, 총리직에서 물러난 후에도 대구 경북 지역과 군인이라는 출신의 공통점을 가지고 있는 신군부에 같은 대구 경북 출신 민간인을 연결해 주는 대부의 역할을 했다.

이병철이 사망했을 당시 신현확은 삼성그룹 고문으로 있었는데 이 사회를 겸한 원로회의의 수장으로서 "고인이 생전에 결정한 유훈에 따른다."며 이건희 부회장의 손을 들어주었다. 이병철이 숨을 거둔 지 단 5분 만에 일어난 결정이었고 누구도 이의를 제기하는 자는 없었다.

❽ 경영의 정도

경영자란 무엇인가? 사업을 하는 사람이다. 그런데 경영자와 도덕군자를 혼동하는 경향이 있다. 경영자는 실력을 구비하고 있되 거기에 보태어 덕망과 권위를 갖추고 있어야 한다. 무조건 선량하기만 한 사람, 도덕군자 노릇만 하는 유형이 있다. 그것은 신상필벌을 적용하는 문제에서 잘 나타난다. 가령 사고가 생겼을 때, 그것이 잘 하기 위해 그렇게 되었느냐, 정말 잘못해서 생긴 사고냐, 우발적인 것이냐, 이런 것을 엄밀하게 검토해 잘 하려고 애쓰다가 실패한 것이면 오히려 상을 주어야 할 것이고, 과오로 인한 사고라면 처벌해야 한다.

- 이병철 -

국내 최초의 사원 공채

반세기에 걸친 혁신적 경영 과정에서 확인된 이병철의 뛰어난 능력은 유능하고 생산적인 인재양성에서도 읽을 수 있다. 삼성의 '인재 제일주의'는 평범한 말이 아니라 이병철이 평생 동안 좌우명으로 삼았던 기업경영의 가장 핵심적인 주제였다.

삼성은 1957년, 한국에서는 최초로 공개채용 방식으로 사원을 뽑았다. 당시만 해도 대부분의 회사들이 경영주의 친인척이나 주변인물의 청탁을 받아 사람을 채용하는 풍토였기 때문에, 이러한 공개채용 방식은 새로운 기업풍토를 만들어냈다.

1956년 대학교 게시판에 삼성의 공채 광고가 나붙자 몹시 추운 겨울인데도 많은 응시자들이 모여들었다. 필기시험은 서울상대에서 치렀고 면접은 반도호텔에 있는 삼성 사무실에서 했다. 최종 합격자에 대한 신입사원교육은 대구 제일모직에서 1개월간 실시했다. 이때 뽑힌 신입사원들은 생산직 사원과 똑같이 생활하고 사원사택에서 기거하면서 사원교육을 받았다. 삼성 비서실장을 지낸 공채 1기 송세창(宋世昌)은 당시 사원교육을 이렇게 회고하고 있다.

> 교육을 얼마나 철저하게 받았는지 30년이 지난 후 제일모직 사장이 되어 대구공장을 방문했을 때 기계 이름을 기억하여 주변사람들을 놀라게 한 적도 있다. 사원교육은 강도가 높았지만 아무도 낙오하는 자가 없었다.

이병철은 '인재 제일', '사업보국', '합리 추구'라는 3대 경영 이념을 제시하고 이에 따라 공채 제도 도입, 연수원 건립 등의 인재 양성 프로그램을 만들었다. 글로벌 스탠더드에 맞는 합리적인 시스템을 제일 먼저 들여온 것이다.

"나는 족벌경영이 번성하는 사례를 본 적이 없다. 기업이란 모름지기 업무수행 능력을 기준으로 선별한 임직원들로 구성되어야 하는 것이다."

이병철은 평생 이러한 인재 제일주의에 철저했다. 그는 학연과 지연, 혈연 등 우리 고유의 정서를 배제한 채 오로지 능력주의에 입각해 사원을 채용했다. 신입사원을 뽑을 때는 성적과 인성의 비중을 5 대 5로 평가하게 했고, 면접시험 때는 직접 참여해서 사원을 선발했다.

이병철은 인재를 선별할 때 졸업장으로 따지는 서류전형보다는 인터뷰를 더 중시했다. 그러한 이병철의 뜻에 따라 삼성은 사원을 채용할 때 지원자들에게 학력공개를 강요하지 않는 회사가 되었다.

곡식을 심는 일은 일년지계(一年之計)요, 나무를 심는 것은 십년지계(十年之計)이며, 인재를 양성하는 것은 백년대계(百年大計)라는 말이 있다. 이병철은 자원, 자본, 기술, 노동력 등의 생산요소 중에서 인적 자원을 기업의 가장 큰 성장 요인으로 보았다. 그는 늘 국가와 기업의 장래는 사람에 의해 좌우된다고 말했고, 자신의 수족처럼 움직여 주는 사람을 찾았다.

그는 1957년 공채를 시작한 이래 혈연이나 지연, 학벌에 관계없이 숨어 있는 인재를 찾았고, 삼성의 규모가 너무 커져서 일일이 신입사원들을 만나 볼 수 없게 되기 전까지는 직접 면접을 한 것으로도 유명하다.

이병철은 성적보다는 인성(人性)을 따지는 편이었는데, 면접관들은 점수를 ABCD로 매기고 그는 갑을병(甲乙丙)으로 점수를 매겼다. 그에게 갑을 받으면 다른 면접관들의 점수에 관계없이 합격이었고, 병을 받은 이는 무조건 탈락이었다. 이맹희는 〈묻어둔 이야기〉에서 이병철이 신입사원을 뽑을 때의 한 장면을 설명하고 있다.

> 면접시험을 볼 때 역술가나 관상가를 곁에 두고 관상과 사주를 보았다는 이야기는 잘못 전해진 것이다. 워낙 험한 시대에 사업을 하다 보니 더러 주변 사람들이 아버지의 사주를 여기저기 들고 다녔는지는

모르지만 입사 시험장에 역술가가 있었다는 것은 와전이다. 입사 시험에서 사람을 골라 뽑는 것을 중히 여기긴 했다. 그래서 이틀이나 사흘 동안 계속 면접을 보기도 했는데 면접 중간에 아버지가 화장실에라도 가면 다른 면접 위원들이 수험생을 자연스럽게 앉혀두고 아버지가 돌아올 때까지 기다리곤 했다.

아버지는 면접 결과를 독특하게 표시했는데, 면접자의 서류에 O표를 하시면 무조건 합격을 시켜야 했고, X표는 아무리 면접 위원들이 좋게 판단을 해도 탈락시키라는 뜻이었다. 그러나 대부분이 ( )표로 이 표시는 면접 위원들이 알아서 처리하라는 뜻이었다. 내가 아버지와 더불어 면접을 보던 시절에는 학과 점수와 면접 점수가 동일하게 50점씩이었는데 아무리 학과 점수가 좋아도 면접 점수가 나쁘면 탈락시키는 경우가 있었다. 물론 이 반대로 학과 점수가 나빠도 면접 점수가 출중하면 합격하는 경우가 있었는데 현재도 삼성에서 중책을 맡아 열심히 일하는 임원 중에 그런 경우로 합격한 사람들이 있다. 그 경우를 보면서 간혹 학과 점수보다는 사람의 인상과 추후의 노력이 더 소중한 재능임을 느끼곤 한다.

또 이병철은 사람을 고르는 것만큼 사후관리도 남달리 철저해서 일단 뽑은 사원들의 능력을 개발시키기 위해 끊임없이 사내교육을 실시했다. 1982년 그는 사원교육의 현대화를 위해 총공사비 50억 원을 들여 국내 최초의 기업연수원인 삼성종합연수원(현 삼성인력개발원)을 설립해서 체계적이고 본격적인 인재양성을 위한 터전을 마련했다.

삼성에서 해마다 뽑는 신입 사원들이 제일 처음 교육받는 곳이 바로 인력개발원이다. 이곳은 학교와 기업 사이의 변화를 이어주는 중간 다리 역할을 한다.

이병철은 1977년 8월, 일본 〈닛게이 비즈니스〉와의 인터뷰에서도 자신의 인재 제일주의에 대해서 비교적 자세하게 얘기했다.

내가 생각하는 좋은 인재는 재능보다는 사람 됨됨이다. 1957년 한국에서 처음으로 공채를 시작했는데 그때 뽑은 1기생 중에서 4~5명의 사장이 나왔다. 가장 신경 쓰는 것은 외부로부터의 청탁이다. 아무리 부탁해도 전혀 받아들이지 않는다. 다만 동점자의 경우, 간부의 추천여부를 감안하지만 점수 차이가 있으면 특혜는 허용하지 않는다. 삼성의 인재들은 가장 많은 급료를 받는다. 한국에서 다른 회사들이 우리의 급료를 보고 수준을 정한다. 어느 해는 삼성이 다른 회사의 동향을 파악하기 위해 가만히 있으니까 6월이 되도록 임금을 안올리더라. 급료 경쟁은 자신 있는데, 우리가 몇 해 동안 교육한 사원의 3분의 1 정도가 달아난다.

5년쯤 삼성에 있다가 다른 회사에 과장으로, 과장은 상무로, 부장은 전무로 발탁되어 급료도 훨씬 인상되니 떠나는 거다. 하지만 우리는 절대 붙잡지 않는다. 붙잡자면 절반은 붙잡을 수 있을지 모르지만, 다른 곳에 가더라도 기업과 국가를 위해 일하는 것이니까 삼성이 그 정도의 배려나 희생은 해도 좋다는 생각이다.

어렵게 선발해서 어렵게 키운 인재를 다른 기업에 빼앗겨도 좋다는 생각은 지나친 자만심이 아닐까? 하지만 국가와 기업을 위한다는 큰 틀에서 보면 그것은 이병철만이 지닌 대범함이요, 자신감이었다. 사실 따지고 보면 삼성이 배출한 인재들은 가는 곳마다 스카우트의 대상이 되고 우리 기업 곳곳에 널리 퍼져서 성가를 올리고 있다.

치열한 경쟁을 통해 삼성에 들어왔지만, 그래도 1~2년쯤 지나면 신입사원 가운데 5~6%가 탈락한다. 그리고 전체의 30%는 매우 우수하다. 아무리 환경이 나빠도 부정을 저지르지 않는 사람들이다. 이 사람들은 차츰 인격적으로나 사회적으로 성장을 계속해서 임원도 되고 사장도 된다.

'의심나는 사람은 쓰지 말고 쓰는 사람은 의심하지 말라(疑人勿用, 用人

勿疑).'는 정신이 투철했던 그는 사람을 아무나 쓰지 않았다. 그 대신 사업을 운영할 수 있는 지도력과 능력이 있다고 판단되면 완전히 책임을 맡겨 자신의 역량을 충분히 발휘할 수 있게 배려를 아끼지 않았다.

그는 어떤 임무를 주어서 그 일을 완수하는 정도에 따라 신상필벌(信賞必罰)을 엄격히 적용했다. 그런 원칙이 있었기에 오늘날 삼성이 '인재양성소', '인재사관학교' 라고 불리는 영예를 안을 수 있게 된 것이다.

이병철은 평생 이러한 인재 제일주의에 철저했다. 그는 기업이 성공하는 요체는 인간관리이며, 인사가 성공하면 기업은 당연히 성공한다는 확고한 철학을 지닌 사람이었다. 그에 따라 창업 이래 일관되게 합리적으로 인재를 선발하고 교육시킴으로써 '인재의 삼성' 이라는 전통을 확립했던 것이다.

이병철은 '인사는 만사' 라는 말을 즐겨 했고, 유능한 인재를 얼마나 확보하고 키워서 얼마만큼 효과적으로 활용하느냐에 기업의 성패가 달려 있다고 역설했다. 이병철의 이러한 용인술은 사업 초창기부터 그 빛을 발했다.

이병철은 피난지 대구로 내려갔을 때, 자신이 경영을 맡겼던 대구 사업장 조선양조에서 3억 원이나 되는 목돈이 비축되어 있다는 보고를 받고 감격의 눈물을 흘렸고 그 자금 덕분에 피난지인 부산에서 삼성을 재건할 수 있었다.

그는 죽을 때까지 이 이야기를 하며 '나의 일생은 한마디로 무슨 사업을 할 것인가, 그리고 그것을 누구에게 맡길 것인가 골몰하는 것이었다.' 고 회상했다. 이병철은 인재양성에 대해 이렇게 소신을 피력했다.

    뽑을 때 잘 뽑아 잘 기르는 것이 경영자의 책임이다. 경영자로서 내 인생의 80%는 인재양성에 소비했다.

삼성 비서실과 위임경영

삼성은 1959년부터 비서실을 운영하기 시작했다. 비서실의 출범은 늘어나는 오너의 업무를 보조하기 위해서 20명 정도의 인원으로 구성되었다. 1950년대 말에 이미 비서실을 만들었다는 것은 삼성이 경영관리 면에서는 단연 앞서가는 기업이었다는 것을 보여준다.

삼성의 비서실은 최고경영자의 심부름이나 하는 그런 조직이 아니었다. 비서실은 전략 참모의 역할을 하는 삼성의 싱크탱크 역할을 하는 조직이었다. 삼성은 기업 규모가 지금과 비교할 수 없을 정도로 작았던 1960년대부터 이미 비서실을 전략 참모 그룹으로 활용했다. 이병철은 제일제당, 제일모직 등 계열사가 늘어나자 그룹 전체의 관리를 비서실에 위임하려고 했던 것이다.

삼성의 비서실 기능은 1975년 종합무역상사 제도가 시행됨에 따라 대대적인 확대 재편 작업에 들어갔다. 그것은 역시 미쓰비시, 스미모토, 미쓰이 등 일본 재벌들의 비서실을 벤치마킹한 결과였다. 어쨌거나 삼성 비서실은 연륜이 쌓여가면서 삼성만의 독자적인 색채를 띠는 가운데 무소불위의 힘을 발휘하는 막강한 파워 집단이 되었다.

한때 삼성 비서실에는 200명 이상의 인원이 기획, 정보수집, 자금, 인사, 홍보, 국제금융, 기술개발, 감사, 경영지도 등 광범위한 기능을 담당하면서 삼성 전체의 살림을 도맡아 했다. 그 결과 삼성 비서실은 최고의 엘리트 코스로서 삼성인들에게도 선망의 대상인 부서가 되었다. 가장 우수한 인재들이 최고경영자와 직접 멘토링·코칭을 거치기 때문에 훌륭한 인재와 참모로 커나가는 건 당연한 일이었다.

한국이 경제발전의 도약기에 이른 1970년대, 80년대에 삼성 비서실은 대한민국 최고의 엘리트 집단으로 정평이 났다. 심지어 삼성 비서실의 정보력이 안기부의 정보력을 능가한다든지, 삼성 비서실의 결정력이 청와대 비서실의 결정력보다 빠르고 정확하다는 말이 나돌 정도였다. 한때 미국 CIA의 정보보다 일본 대기업의 정보 수집 능력이 더 풍부하며 정확하다는 이야기가 떠돈 적이 있었다. 지구의 오지 중에는 미국이나 일본의 외교관은 없더라도 일본 상사의 주재원이 있는 곳은 많기 때문에 나온 말이다. 마찬가지로 삼성의 경우가 그렇다. 그것은 1990년대 초 걸프전 발발, 김일성 사망, 러시아의 영수증 발행용 금전등록기 수입 정보 등을 삼성이 국가 정보기관보다 빨리 입수했다는 것은 시장을 선점한 데서 증명되었다.

그럼 이병철이 삼성 비서실을 어떻게 운영했는가를 살펴보자.

첫째로 비서실은 삼성 전체의 살림에서 가장 중요한 자금과 인력을 관리하는 기능을 가지고 있었다.

둘째로 비서실은 사업에 필요한 정보의 수집과 분석을 통해서 경영에 필요한 기획과 조정을 담당하고 있었다.

셋째로는 감사기능을 가지고 그룹 전체를 통제하는 기능을 담당했다.

이러한 삼성 비서실의 시스템은 얄미울 정도로 빈틈이 없는 것으로 소문이 나 있다. 삼성의 감사 시스템은 휴지를 몇 칸 썼는지도 분석할 정도이고, 직원이 드라이버나 나사 하나도 빼돌릴 수 없고, 천 원짜리 한 장도 개념 없이 낭비하지 못하게 하는 시스템이라고 소문이 자자했다. 감사실의 능력은 KBS 등 공공기관에서도 감사를 의뢰할 정도로 정평이 나 있다.

특히 삼성 비서실은 1968년부터 그룹 경영 5개년 계획을 수립하면서 장기적인 그룹 발전책을 입안, 수행했다. 전략적 참모로서 그룹 회장을 보좌하며 그룹 전반에 관련된 목표를 제시하고, 신규사업을 추진하며, 계열사 간의 역할을 분담하고, 자원을 분배·관리하는 막중한 일을 맡아온 것이다.

이병철은 가장 우수한 인재를 선발해서 비서실을 전략 참모 그룹으로 활용했던 것이다. 당연한 이야기이겠지만 이병철은 비서실 출신들을 계열사 임원으로 많이 발령했다. 최고경영자와 직접 멘토링·코칭을 거치면서 일급 참모로 성장한 그들이 아닌가. 비서실에서 최고경영자의 복심(腹心)을 많이 접하게 된 그 임원은 회사 업무를 일사분란하게 집행할 수 있어서 타의추종을 불허하는 경영능력을 발휘할 수 있었다. 이것이 삼성에서 비서실 출신 CEO들이 많이 배출돼 삼성을 이끌어 오는 배경이다.

이병철은 1986년 7월 일본의 주간지인 〈일경 비즈니스〉와의 인터뷰에서 삼성 비서실의 역할에 대해 다음과 같이 말했다.

> 내 자신이 어떠한 의지가 있는 결정이라도 거기에는 항상 불확실한 요소가 있으며 경영자의 판단은 직감이나 육감에 의존하는 경우도 있습니다. 경영자 개개인의 판단력을 배양하는 동시에 판단력의 조직화가 중요합니다. 특히 한국은 기업의 역사가 짧고 질량 면에서도 전문경영인이 부족합니다. 각 그룹이 전문 분야별로 스태프 조직을 갖고, 그룹 차원에서도 비서실을 두어 젊고 유능한 인재를 모아 전문적인 지원, 조언을 제공하고 있는 것은 이 때문입니다. 비서실은 매년 3000명에 달하는 대졸 및 고졸사원들을 채용, 교육시키는 동시에 인사관계에서부터 자금관계까지 그룹 전체를 총괄하는 일을 맡고 있습니다. 회장 본인이 회사 전체를 다 볼 수는 없습니다. 회사가 잘 되면 좋지만 그렇지 않을 경우에는 왜 잘 안 되는지를 경영자에게 교육시키는 일도 비서실이 갖고 있는 기능 중의 하나입니다.

이병철 사후 삼성 비서실은 구조조정본부, 전략기획실 등으로 변신을 하게 되는데 2대 회장인 이건희도 최고의 인재를 그곳에 포진을 시킨다. 그러한 인재들의 보좌 없이는 아무리 창의성이 뛰어나고 아이디어와 기획이 뛰어나도 이를 사업화해서 성공할 수 없다는 것을 이건희도 잘 알고 있는 것이다.

기업은 사람이다

일찍이 슘페터는 기업가들의 창의력이 사회발전의 원동력이라고 설파한 바 있다. 초기 자본주의 사회에서는 기업을 일으킨 창업주들이 그 역할을 했지만, 자본주의의 발달에 따라 '경영과 소유'가 분리되어 가고 있는 현대에는 전문경영인들이 그 역할을 담당하기 시작했다. 선진 외국의 경우 뛰어난 자질을 지닌 전문경영인들은 기업의 전권을 위임받아 자율적으로 경영하며, 경영성과에 따라 국민적 영웅이 되기도 하고 국제적인 명사가 되기도 한다. 리 아이아코카나 잭 웰치, 카를로스 곤 같은 이들이 그들이다.

이병철은 한국의 기업인 중에서 탁월한 인재들을 가장 많이 배출해서 한국 경제사의 흐름을 바꾸어 놓은 주인공이다.

이병철은 첫째, 항상 문제의식을 가지고 끊임없이 새로운 아이디어를 창출해내는 사람을 좋아했다.

아이디어가 많은 사람은 항상 새로운 것을 탐구함으로써 조직에 활력을 주고, 나아가서 그 사람의 아이디어 하나가 기업을 발전시키는 요인이 되기도 하기 때문이다.

둘째, 그는 적극적이고 실천력이 강한 사람을 좋아했다.

시시각각 변하는 현대의 기업환경 속에서 어떠한 난관에 부딪치더라도 좌절하지 않고 기업을 이끌어 나갈 수 있는 대담한 의지와 굳센 정신력을 가진 사람을 그는 원했다.

셋째, 그는 책임감과 동료의식이 강한 사람을 좋아했다.

혼자 똑똑한 천재보다는 맡은 바 자기 일을 빈틈없이 처리하고, 남들과도 잘 어울리며 협조를 아끼지 않는 합리적인 사람을 인재라고 생각했던 것이다.

이병철은 이 세 가지 조건을 갖춘 사람을 인재로 규정했고, 면접 때는 그런 점에 중점을 두고 사람을 뽑았다. 그는 그렇게 공채로 뽑은 직원들을 마치 자식처럼 대하며 물심양면으로 그들의 성장을 도왔다.

1980년 7월, 이병철은 한 경제단체에서 '기업이란 과연 무엇인가?'에 대해 이렇게 이야기했다.

> 기업은 사람이다. 기업은 문자 그대로 업을 기획하는 것이다. 그런데 세상의 많은 사람들은 사람이 기업을 경영한다는 이 소박한 원리를 잊고 있는 것 같다.
> 세상에는 돈이 돈을 번다는 말이 유포되고 있지만, 돈을 버는 것은 돈이나 권력이 아니라 사람인 것이다.

그는 '기업이 곧 사람'이라는 원칙을 반세기라는 결코 짧지 않은 시간 동안 견지함으로써 한국에서 전문경영인의 시대를 열었고, 자원이 일천한 한국에서 인적 자원을 통한 경제발전의 비전을 제시한 기업가로 평가받고 있다. 그는 어떻게 사람에게 일을 맡기는가, 어떻게 사람을 움직이는가에 대해서는 달인의 경지에 도달한 사람이었다.

지난 40년간 삼성혁신의 중심에 서서 삼성전자 부사장, 삼성 SDI 사장, 삼성인력개발원 원장을 지낸 손욱이 쓴 〈삼성, 집요한 혁신의 역사〉에는 이런 대목이 나온다.

> 사람을 키우기 위한 이 회장의 독특한 질문법이 있다. 회의를 하면 구체적인 사안에 대해 질문하는 게 아니라 그저 '얘기해 보라.'는 게 전부이다. '얘길 하라.'는 건 그 사람이 맡은 조직에 대해 현재 상황, 가장 중요한 이슈·원인·대책·계획 등을 종합적으로 말하라는 뜻이다. 즉 조직의 장으로서 모든 일을 총체적으로 파악하고 있는지 알기 위한 질문이 바로 '얘기해 보라.'이다. 회의에 소집된 이들이 각자 조직의 전체적인 상황 분석, 문제 인식, 해결 방안 등을 정리해 두지 않으면 아무 얘기도 꺼낼 수 없었다. 지엽적인 문제를 말하면 경영자로서의 자질이 없는 것으로 판단했다. '이러이러한 문제·과제가 있습니

다.'라고 얘기하면 경상도 사투리로 '와 그렇노.'라는 질문이 돌아오게 마련이다. 이에 대한 답도 단편적인 얘기를 해서는 합격점을 받을 수 없었다. 적어도 다섯 번 정도는 '와 그렇노.' 소리를 들어야 그 질문이 끝났다. 문제의 본질과 심층적인 원인까지 알고자 하는 의도였다. '와 그렇노.'가 끝나면 '우짤라 그러노.'가 바로 이어진다. 바로 '대책'이다. 의사결정이라는 건 문제의 원인 분석, 거기에 대한 대책 수립이 핵심이다. 이걸로 끝나는 게 아니다. '이러이러하게 언제까지 하려고 합니다.'라고 하면 '그거만 하면 다 되노.'가 따라왔다. 모든 문제에는 반드시 잠재 문제가 있게 마련이다.

계획이 실패로 돌아갈 위험성, 즉 리스크 요인들을 미리 설정해 대책을 세우고 있는지 확인하는 질문이었다. 요약해 보면 간단한 것처럼 보이는 질문에 '상황 분석→원인 분석→의사결정→잠재 문제 분석'의 순서가 정리돼 있었다. 1986년에 삼성인력개발원을 중심으로 KT(미국의 케프너-트리고 박사가 고안한 문제 해결 분석법) 프로그래밍을 도입한 적이 있다. 미국의 최고경영자와 정치가 등 리더들을 연구했더니 그들 모두가 어떤 틀을 가지고 있다는 게 주요 내용이다. 그런데 놀랍게도 사고의 순서가 이병철 회장의 질문 순서와 같았다. 수많은 글로벌 기업들이 이 KT 프로세스를 도입했고 삼성도 EMTP (Effective Management Thinking System)라는 이름으로 들여와 전 조직에 교육시켰다.

이병철이 배출한 유능한 경영자로는 제일제당의 사장을 지낸 경주현(景周鉉), 삼성물산 사장 이창업, 삼성물산 부회장 정재은(鄭在恩), 삼성전자 부회장 윤종용(尹鍾龍), 삼성전자 부회장 강진구(姜晉求), 신세계백화점 사장 구학서(具學書), 한국투자신탁증권 사장 홍성일(洪性一), 동부그룹 부회장 이명환(李明煥), 삼성테스코 사장 이승한(李承漢), CJ쇼핑 대표 조영철(趙泳徹), 삼성 전략기획실장 겸 부회장 이학수(李鶴洙) 등이 있다.

이들은 모두 쟁쟁한 재계의 거목들이다. 이병철 인재사관학교가 배출해낸 이들의 면면만으로도 오늘날 삼성의 인재경영의 위력을 짐작하고도 남는다.

이병철 인생 스타일

이병철은 키가 큰 편이 아니다. 167cm 정도였으니 옛날 기준으로나 요즘 기준으로나 작은 편에 속한다. 몸무게는 60kg 미만이었으니 호리호리한 편이다. 그는 미식가이기는 했으나 소식가여서 성인이 된 이후 이 체중에서 평생 벗어나지 않았다 한다.

이병철은 머리카락 한 올도 흐트러져 있는 경우가 없었고 복장도 늘 단정했다. 이병철의 성격은 신중하며 까다롭기로 정평이 나 있다. 아랫사람에게는 싫다, 좋다 하는 말로써 자기 의사를 분명하게 표현하지 않고 또 표정의 변화가 없었다. 이병철이 늘 승승장구할 수 있었던 데는 결벽증적인 치밀함이 중요한 성공 요인으로 작용했다고 보는 사람들도 있다. 이병철의 비서를 지낸 박세록은 〈삼성 비서실〉에서 이병철의 성격을 이렇게 표현하기까지 했다.

> 호암의 성격은 차갑다, 맵다, 냉정하다, 냉혹하다, 사정없다, 엄하다, 무섭다, 예리하다, 날카롭다, 까다롭다 등등 이와 비슷한 단어들을 있는 대로 다 나열하면 어느 정도 그 윤곽이 잡힐 것이다. 한마디로 말해 이 회장은 강렬한 개성과 괴팍한 성격을 가진 분이다.

원래 이병철은 한 치의 오차도 허용하지 않는, 철저하면서도 완벽한 스타일의 기업인으로 알려져 있다. 그는 외모에서도 항상 머리카락 한 오라기도 흐트러뜨리지 않을 정도로 머리 끝에서부터 셔츠, 넥타이, 바짓단, 구두 끝에 이르기까지 흐트러짐이라곤 찾아보기 힘든 완벽주의자였다. 또한 그는 평생 동안 정확하고 규칙적인 하루 일과를 보내는 것으로 유명했다. 장남 이맹희는 아버지에 대해 이렇게 증언하고 있다.

> 당시는 특별한 수온 조절 기계가 없었기 때문에 목욕 시간이 불규칙적이면 목욕물 수온을 맞추기가 그리 쉽지 않았을 것이다. 그러나 늘 저녁 8시를 기준으로 목욕물의 온도를 맞추면 어김이 없었다. 집안일을 돕는 이가 수온을 맞추어두고 목욕탕 문을 나서다가 목욕탕으로 들어서는 아버지와 욕실 입구에서 부딪힌 경우가 허다했을 정도로 아버지의 목욕시간은 정확했다. 시계를 보고 움직이는 것도 아닌데 어찌 그리 정확하게 시간을 맞추었던지 지금도 신기하게만 생각된다. 아버지가 목욕탕에 들어가면 늘 목욕하는 시간도 정확하기 때문에 나와 창희, 선희 등은 그동안 바깥에서 마음 놓고 담배를 피곤히던 기억도 난다. 기상 시간도 늘 아침 6시였고, 일어나기 전에 자리에 가만히 누워서 이것저것 생각을 하곤 하셨다. 아마 중요한 결정 등은 이 시간에 하는 것 같았다. 퇴근은 저녁 6신데 일을 하다 시계도 보지 않고 자리에서 일어나면 정각 6시였다. 더러 시간이 틀린다 해도 5분 정도의 차이였다. 잠자리에 드는 시간도 늘 밤 10시에서 5분 정도의 오차밖에 없었고 심지어 월, 수, 금요일 골프를 가면 골프장에서 티업하는 시간은 어김없이 11시였다. 이 역시 평생을 두고 어김이 없었다. 식사도 정확했다. 특히 암으로 수술을 받고 나서는 소식을 했는데 그 역시 극소량의 식사를 정확하게 했다.

이병철은 국제전화를 하기 전에는 사전에 메모를 해서 그 내용을 보며 설명함으로써 요금을 아꼈고, 회사 일로 골프를 칠 때는 공금을 썼지만, 개인적인 초대일 경우에는 자신의 사비로 지불했다.

그 체질은 기업 경영에도 그대로 반영이 되고 있었다. 그는 사업을 추진할 때도 아주 세세한 부분까지 빈틈없이 챙겼는데, 예를 들어서 서울 태평로의 삼성본관 옆에 동방생명과 중앙일보 사옥을 지을 때 외벽 대리석의 색상을 직접 고르고, 대리석의 칸과 칸 사이의 간격을 몇 밀리미터로 할 것인가까지 일일이 정해 줄 정도였다고 한다. 이런 이병철의 모습을 이건희는 자신과 비교해서 어떤 인터뷰에서 다음과 같이 표현했다.

> 선대는 형식적이고, 권위적이고 집착력과 의지력이 남달리 강한 반면 2세인 우리는 현실적이고 사고가 유연합니다. 선대는 출퇴근이 시계처럼 정확했지만 나는 일할 때 일하고 외부와 스케줄이 있는 것 외에는 평소에도 일을 봅니다. 선대 회장은 1년 스케줄에 화요일과 금요일엔 골프장, 수요일은 중앙일보에 틀림없이 계셨기 때문에 전화를 안 걸어보고 가도 만나셨죠.

이토록 '깐깐한 완벽주의' 자였기에 그의 1등 기업에 대한 집념은 당연한 것일 수도 있겠다. 오늘날 삼성그룹을 만들어낸 최초의 기업들의 명칭이 '제일제당'과 '제일모직'이란 이름으로 시작되었다는 것은 이병철이 항상 최고를 고집했던 단적인 증거가 아닐까. '제일'이라는 이름에는 '무슨 일에나 제1의 기개(氣槪)로 임하자.'는 뜻이 담겨 있다고 한다.

최고에 대한 그의 집념은 일상생활에서도 마찬가지여서 그는 양복, 신발, 셔츠, 넥타이, 만년필, 가방에 이르기까지 일류 제품만을 고집했다. 서화, 도자기 등의 골동품 애호가이기도 했던 이병철은 한마디로 '장인정신'의 신봉자였다. 그는 이렇게 말한다.

> 골프채 하나를 만드는 데도 최고를 추구하는 장인정신이 명품을 낳게 한다. 이는 골프채에 그치지 않고 사업을 포함한 모든 인간 활동에 통하는 것이다.

이병철은 평소 프랑스제 워터맨 만년필을 즐겨 사용했는데, 그는 수십만 개가 같은 형에서 찍혀 나와 다 같아 보이는 만년필 가운데서도 특히 2~3%만이 최고의 품질을 갖고 있다면서 그것은 펜촉의 촉감이 사뭇 다르다고 회고할 정도였다.

이렇듯 장인의 혼이 서린 명품을 선호하던 그가 평생에 걸쳐서 국보 7점과 보물 4점을 포함해서 천여 점이 넘는 문화재를 수집했던 것도 결코 단순한 호사취미가 아니었음을 알 수 있다.

이런 철학을 지닌 이병철이 반도체에 전사적 운명을 건 투자를 시도한 것은 당연한 귀결일 수도 있었다.

그는 울산에 '한국비료' 공장을 지을 때도 세계 최고의 규모를 추구했었다. 당시 단일 비료공장으로 일본이 연산 18만 톤 규모의 공장을 가동하고 있었고 소련이 연산 30만 톤 규모의 공장을 지을 계획을 발표한 상태였었다. 이병철은 연산 33만 톤 규모의 공장을 건설함으로써 그의 1등주의 제1의 기개를 발휘했다.

이 1등 정신은 삼성전자를 세우면서 수원 매탄벌에 45만평의 대지를 확보했을 때도 여실하게 나타난다. 일본 산요전기의 도쿄 단지가 40만 평인데 우리는 그보다 한 평이라도 더 커야 한다는 것이 이병철의 생각이었던 것이다.

삼성가(家) 가족이야기 8

이병철은 관상(觀相)의 대가였는가?

이병철이 직접 신입사원을 면접하던 시절에는 면접 때 관상을 본다는 소문이 세간에 떠돌았다. 면접에 관상을 보는 역술인이 동석을 한다는 둥 이병철 자신이 직접 관상을 공부해서 사람을 뽑는다는 둥 확인되지 않은 소문은 지금도 널리 퍼져 있다.

이러한 소문이 돌게 된 데는 그럴 만한 이유가 있었다. 이병철 자신이 "눈은 마음의 창이고, 입은 진실성을 나타내며, 코는 의지를 반영한다."고 말한 바 있고, 사람은 인상이 매우 중요하다고 늘 강조하면서 면접시험에서는 반드시 눈동자가 맑은지, 인중이 뚜렷한지, 눈을 불안하게 굴리지 않는지, 너무 손발을 움직이지 않는지 등을 관찰했기 때문이다. 이병철은 1977년 8월, 일본 〈닛게이 비즈니스〉와의 인터뷰에서도 자신이 인재를 뽑는 기준에 대해서 다음과 같은 말을 했다.

나는 삼성 지망자들의 학력차이는 별로 없기 때문에 인물본위로 선발한다. 하지만 인간의 속을 체크하는 기계는 없는 것이고, 잠깐 얘기하는 것으로는 솔직히 아무것도 알 수 없다. 그래서 우선 건강한 사람인지를 보고, 다음에는 인상이 좋은지를 본다. 사람의 내면과 인상이 다르다고 하지만, 활동적인 사람, 명랑한 사람을 채용한다.

아마 이러한 이병철의 선발방식 때문에 관상이나 역술 이야기가 나왔을 것이다. 사실 이병철이 한때 관상에 큰 관심을 가졌던 것은 사실인 듯하다. 1960년대 초 종로통에 이름난 관상가가 있었는데 그 집에 이병철의 형 이병각이 자주 들러서 자문을 구한 것으로 알려져 있다. 이병각이 어느 자리에선가 "동생은 요즘 관상 연구에 몰두해 있다. 시간 날 때마다 항상 관상에 관한 책들을 들여다본다.

일본에 갔다 오면 일본에서 나온 관상 서적들도 많이 사가지고 온다."는 말을 남긴 것으로 알려져 있다. 다음은 이병철을 오랫동안 보좌했던 한 대기업 CEO의 증언이다.

호암은 신입사원 면접에 꼭 참석하셨어요. 한 사람의 인재도 놓치고 싶지 않아서죠. 면접장에는 인사팀장하고 부장급 여러 명이 배석하는데, 당시엔 간부들 중 나이든 분이 많았어요. 아마도 처음 보는 나이든 사람이 앉아 있으니까 관상 보는 분으로 오해했을 겁니다. (중략) 호암이 관상에 관심이 많았던 것은 사실입니다. 호암은 한해에 4개월 가량은 일본 도쿄에 머물면서 이듬해 경영구상을 했어요. 그러면 참모들이 홍콩 등지의 유명 역술가들에게 계열사 CEO 후보들의 새해 운수를 봐달라고 요청했지요. 하지만 그 결과는 수많은 판단자료 중에서도 단순한 참고사항에 불과했습니다. 운세를 본 결과를 이 회장께 직접 올리는 게 아니라 참모들이 종합보고서 식으로 만듭니다. 운세라는 게 해석의 여지가 크잖아요. 회장의 경영구상을 뒷받침할 수 있게 포인트를 줘서 보고하지요. 요즘 경영자들이 신규사업에 진출할 때 컨설팅을 통해 확신의 근거를 얻는 것과 비슷한 메커니즘입니다.

앞에 있던 사람이 관상을 보는 역술인이 아니라 일본의 심리학자였다는 사실이 밝혀졌지만, 사실 중요한 것은 이병철이 신입사원을 뽑을 때 관상을 보았느냐, 보지 않았느냐가 아니라 사람을 제대로 알아보려는 노력을 누구보다도 많이 기울였다는 점이다. 이병철뿐만 아니라 인재를 제대로 뽑아야 한다는 당위를 지닌 기업인이라면 누구나 관상에라도 의지해서 적재적소에 인재를 배치하고 싶을 것이다.

이병철은 누구보다도 과연 어떻게 하면 좋은 사람을 뽑을 수 있는가에 대해서는 평생 동안 궁리한 사람이다. 그는 사람을 판단하는 것은 늘 힘들다면서, 자신이 사람을 잘 판단한다는 평가를 받지만 그 확률이 반 정도밖에 되지 않는다고 밝힌 적이 있다.

제3장

성장기

내가 사업을 일으킨 것은 좀 경우가 다르다.
만약에 부만을 위해서였다면 제일제당만으로도 나는
충분히 자족할 수 있었을 것이다. 만약에 국민경제를 위한다는
신념만을 관철시키려 했다면 자유당 시대를 거쳐 민주당 시대 그리고
5.16 후에 이르기까지 칠난팔고(七難八苦) 끝에 완성시킨 한비와 함께
은거하여 유유자적의 나날을 보낼 수도 있었을 것이다.
그렇다면 영욕이 엇갈리는 괴로움을 당하지는 않았을 것이다.
나는 나의 사명감을 확인하고 또 언제까지나 청신한 창조력을 지속시켜 나가기 위해
쉴 사이없이 사업을 벌여나간 것이 아닌가 하고 생각할 때가 가끔 있다.
내가 언제나 안일함을 혐오하고 도전과 시련을 반겨왔던 것도
이런 때문이었던 것 같다.
- 1976년 6월 『재계회고(서울경제신문)』 -

조직에서 성과를 올리려면 자신의 가치관이 조직의 가치관에
맞지 않으면 안 된다. 같을 필요는 없지만, '공존'할 수 있어야 한다.
그렇지 않으면 마음이 편하지 못하고 성과도 오르지 않는다.
- 피터 드러커 -

❾ 4·19와 5·16

　나는 해방 전 식민지 통치하에서 뚜렷한 국가의식도 없이 안일한 생활에 젖어 있던 때가 개인적으로 가장 편한 시기인 듯하다. 나는 지금도 한번 잠자리에 들면 모든 것을 잊어버린다. 아침 6시에 일어나고, 무슨 일이 있어도 밤 10시에는 잔다. 일주일에 4일은 회사에서 일한다. 후계자를 정해 놓았다고 내 할 일이 끝난 것은 아니다. 나는 깨어 있는 열여섯 시간은 회사 일에 몰두한다.

- 이병철 -

혁명의 와중에 부정축재자로 몰리다

1960년대에 들어서면서부터 우리나라는 두 차례의 혁명이 일어났다. 4·19민주화 혁명과 5·16군사 쿠데타가 그것이다. 공교롭게도 이병철은 그 혁명의 때마다 한국에 없었다. 4·19 때는 비료공장을 짓기 위한 차관 교섭차 유럽과 미국을 방문하고 있었다.

이병철은 파리에서 4·19혁명의 소식을 들었다. 그는 착잡한 마음을 금할 길이 없었다. 그는 대통령 이승만의 재가를 받고 독일과 이탈리아에서 연산 25만 톤 규모의 비료공장을 세울 차관을 얻을 약속을 받아내고 파리의 오를리(orly) 공항에 도착하던 중이었다. 제당과 모직 사업에 이어 세 번째 제조업으로 비료공장을 기획하고 그것을 실행할 기반을 만들어 놓았는데 모든 것이 물거품이 되었다는 슬픔이 앞섰다. 불과 몇 개월 전에 차관 허가를 내준 대통령이 하야하고 일개 망명객으로 전락한 상황에서 무엇을 전개할 수 있을 것인가?

정치적 상황은 이병철이 조국을 떠날 당시에 이미 심상치 않았다. 하지만 조국의 불행한 뉴스를 접한 이병철은 훗날 이때만큼 조국을 멀게 느낀 적은 없었다고 회고할 정도로 쓸쓸함을 느꼈다. 그나마 다행인 것은 이승만의 하야로 유혈사태를 막을 수 있었다는 점이다. 이병철은 이승만이 경무대를 떠나는 날 아침, 바로 어제까지 폭풍우처럼 들고 일어났던 학생들도 떠나는 대통령을 눈물로 배웅했다는 소식을 듣고 안도했다.

이병철은 1960년 7월 28일 귀국했다. 서울에 돌아와 보니 사회의 혼란은 극에 달해 있었다. 해가 뜨기 무섭게 데모로 시작해서 해가 져서야 데모가 끝나는 나날이 계속되었다. 학생들만 데모를 하는 것이 아니라 심지어는 경찰관마저 데모대 속에 끼어 있기도 했다.

제1공화국이 붕괴된 후, 허정 과도정부를 거쳐 6·15 개헌에 의해 제2공화국 정부가 탄생했다. 8월 12일에는 윤보선이 대통령으로 당선되고, 19일에는 장면이 국무총리로 뽑혔다. 이 정부는 대한민국 역사상 유일한 내각제 기반의 헌정체제였다.

새 정부는 출범했지만 그러나 정부는 어떠한 대책도 내놓지 못했다. 경제상태도 엉망인 정도가 아니라 사실상 중단된 것이나 다름없었다. 가난은 더욱더 깊어져만 갔다. 그러다가 국민들의 불만을 가라앉힐 방법이라고 내놓은 것이 바로 검찰을 시켜 부정축재자들을 조사하도록 하는 것이었다. 부정축재자란 자유당 정권하에서 권력을 남용해서 사리사욕을 취한 자들도 있었지만 애꿎은 기업인들이 다수 포함되어 있었다.

그 명단에는 이병철의 이름도 올라 있었다. 상황이 이렇다보니 이병철은 비료공장을 짓는 일을 계속해 나갈 수 없다는 판단을 했다. 정부는 검찰을 통해 직접 탈세조사에 착수했다. 그 대상기업은 전국을 통틀어 61개 기업체에 이르렀는데, 삼성그룹은 14개 기업이 그 대상에 포함되었다. 조사결과 검찰은 46개 회사 24명이 세금을 내지 않고 빼돌린 돈이 196억 환에 달한다고 발표했다. 그 중에서 삼성이 91억 환으로 가장 많았다. 다음으로는 삼호방직이 21억 환, 대한전선이 20억 환이었다.

이병철은 태어나서 처음으로 검찰에 불려갔다. 출두명령서에 지시된 대로 부장검사실로 출두했다. 그 방에는 10여 명의 검사와 검찰서기들이 그가 도착하기를 기다리고 있었다. 모두들 최고 갑부인 이병철을 호기심 어린 눈으로 바라보았다. 부장검사가 이병철을 조사실로 데리고 들어갔다.

"그동안 세금을 빼돌려서 모은 돈이 얼마나 됩니까?"

부장검사가 무겁게 입을 열었다.

"아직 계산을 해보지 않아 정확한 건 모르겠습니다."

이병철은 솔직하게 대답했다. 검사 입장에서는 이상하게 들릴 수도 있는 말이었다. 보통은 그렇게 물으면 대부분의 사람들이 그런 일 없다고 딱 잡아떼는 법인데 이병철은 의외의 반응을 보인 것이다. 부장검사는 묘한 웃음을 짓더니 다시 물었다.

"왜 탈세를 했습니까?"

이병철은 평소 생각해왔던 내용을 숨김없이 털어놓았다.

"우리나라 세금제도는 문제가 있습니다. 지금의 세금제도는 전쟁 직후 세금을 보충하기 위해 만들었던 제도입니다. 전쟁이 끝나고 경제 상황이 많이 변했는데도 그렇게 세금을 내야 한다면 도저히 사업을 할 수가 없는 것 아닙니까? 현행세법에 의하면 법인세는 35%, 사업소득세는 15%, 섬유제품의 물품세는 30%입니다. 그 밖에 영업세와 각종 부가세 등을 합산하면 그 총액은 무려 전체 소득금액의 120%에 이릅니다. 1000환을 벌면 1200환을 세금으로 내게 되어 있다는 말입니다. 세법대로 납세를 하려면 소득을 모두 세금으로 지불해도 부족하다는 결과가 나옵니다. 이런 불합리한 세금제도는 젖혀두고, 온갖 어려움을 이겨내며 기업을 이끌어온 사람들을 부정축재자로 몰아 죄를 묻는 것은 옳지 않은 일입니다. 처벌에 앞서 먼저 세금제도부터 바꾸는 것이 순서입니다. 정부도 그 같은 사실을 알고 있기 때문에 법을 고치려고 국회에 안을 낸 것이 아닙니까?"

이병철의 대답은 막힘이 없었다.

"그러니까 사장님도 탈세를 하고 있다는 사실을 알고 계셨단 말이죠?"

"예, 어떻게 사장 모르게 제멋대로 탈세를 할 수 있겠습니까?"

"이것 참! 많은 삼성 직원들을 조사했는데 서로 자기가 탈세를 했다고 우기더군요. 사장님이 훈련을 아주 잘 시키신 모양입니다."

부장검사는 비꼬듯이 말했다. 그러고는 대질심문을 하겠다며 밖에서 대기하고 있던 삼성 간부들을 불러들였다. 하지만 부장검사가 무슨 질문을 해도 직원들은 하나같이 자기가 한 일이라고 우겼다. 부장검사는 어이가 없는지 웃고 말았다.

이병철은 직원들이 너무나 고마웠다. 재판에서 유죄를 선고받으면 감옥에 갈 수도 있는 상황이었던 것이다. 그런데도 끝까지 서로 죄를 뒤집어쓰려고 하는 직원들, 그들의 남다른 애사심에 이병철은 마음이 뭉클해졌다.

그해 9월, 정부는 50여 개 회사에 대하여 추징금 200억 환을 통보했다. 삼성의 경우도 6개 계열사에 50여 억 환의 추징금이 과세되었다. 전국의 모든 기업체의 탈세행위의 약 4분의 1을 삼성그룹이 지불하게 된 것이다. 삼성 간부들 사이에는 정부의 처사가 지나치게 부당하다고 항의할 것을 주장하는 이들도 있었으나 이병철은 간부들에게 이렇게 말했다.

"정부의 요구에 무리가 있더라도 따르도록 합시다. 해방 후 오늘에 이르기까지 매점매석, 귀속재산불하, 정치권력과의 결탁 등으로 졸부가 된 사람도 있고, 은행 돈으로 손쉽게 사업가가 되어 기업은 파산 직전에 있으면서도 애국적인 기업가인 척하는 사람도 있지만 우리는 그런 횡재 기업과는 달리 경제성과 경쟁력을 근간으로 하며 회사를 일으키고 운영해왔습니다. 지금과 같은 혼란 속에서 쉽게 동요되어 우리가 지켜온 큰 것까지 잃게 된다면 국가를 위하는 길이 아닙니다."

결국 삼성은 50억 환의 추징세금을 냈다. 이병철은 정부의 요구가 합당한 것은 아니었지만 '악법도 법'이란 소크라테스의 교훈을 생각하며 일단 따르기로 했다. 잘못이 없으니 돈을 내지 못하겠다고 버티면 회사는 더욱더 어려워질 것이 뻔한 일 아닌가!

실의와 은둔의 세월

그 후 이병철은 사업에 의욕을 잃고 한동안 칩거생활에 들어간다. 그는 회사 출근을 하지 않고 집안에 틀어박힌 채 한가로운 시간을 보내며 책을 읽고 음악을 들으며 사태를 관망했다. 그가 칩거생활을 하고 있는 사이에도 사회의 소요 상태는 나아지지 않고 혼미에 혼미를 더해 갔다.

의원내각제로 출범한 제2공화국 정부는 강력한 통치력을 발휘하지 못했고 사회 일각에서는 평화통일이 마치 눈앞에 있는 것처럼 여기는 분위기마저 팽배했다. 일부 학생단체는 정부의 개입을 배제하고 판문점으로 달려가 북한 학생들과 대화를 나누자는 슬로건 아래 데모가 되풀이되고 있었다.

학생시위와 노동운동의 일상화로 경제는 끝없이 위축되고 추락했다. 1960년 가을부터 1961년 봄까지 달러화에 대한 대한민국 환(?)화의 가치는 절반으로 폭락했고, 반면 실업률과 물가는 하늘 높은 줄 모르고 상승했다. 제2공화국 정부는 경공업과 농업의 생산력 증가, 실업자 해소, 국토개발 등을 목표로 한 5개년 경제개발계획을 입안했으나 그것을 집행할 시간도, 힘도 없었다. 의원내각제로 출범한 정부였지만 대통령 윤보선은 명목상의 국가원수임에도 총리를 공공연하게 간섭해서 장면 정권에 부담을 주었다. 윤보선과 장면은 공무원 인사와 국군통수권을 두고도 극심하게 대립했다. 특히, 국군통수권을 두고 벌인 두 사람의 권력 다툼은 머지않아 5·16 군사 쿠데타의 빌미로 작용했다.

그러던 어느 날, 이병철은 재무장관 김영선(金永善)의 방문을 받는다. 재무장관으로 임명된 그가 직접 이병철의 집을 찾아온 것이다. 김영선은 주일대사를 지낸 사람으로, 한국과 일본의 관계개선에 앞장을 섰던 인물이고 일본통인 이병철과도 절친한 사이였다.

"사회의 혼란과 침체를 이대로 방치하면 나라 장래가 큰 걱정입니다. 경제면에서 삼성의 적극적인 협력을 구하고자 임명장을 받자마자 이 사장님을 찾아온 것입니다."

김영선이 찾아온 목적은 비료공장 건설 때문이었다. 그는 이병철이 독일과 이탈리아에서 비료공장 건설을 위한 차관을 교섭한 경위를 빠짐없이 알고 있었다. 이병철은 대부분의 정치인들이 정치문제에만 급급한 나머지 경제활동의 중요성을 미처 깨닫지 못하고 있는 상황에서 유독 비료공장 문제 등 경제 문제에 특별한 관심을 쏟는 김영선에게 감명을 받았다. 그러나 이병철은 더 이상 비료공장 건설을 추진하고 싶은 의욕이 없었다. 이병철의 입장에서는 이미 손 안에 들어온 것이나 다름없는 공장설립 차관을 그대로 놓아버린 셈이어서 의욕이 날 리 없었다.

"나는 현재 부정축재자라는 낙인이 찍힌 몸입니다. 아무리 나라를 위해서라지만 그런 공장을 세울 재력도 없고 기력도 없습니다."

"추징금 문제는 앞으로 석 달 안에 좋은 결말이 나도록 하겠습니다. 조금만 더 참고 있다가 그때가 되면 이 일을 맡아주십시오."

그러나 추징금 문제는 아무리 재무장관이라도 김영선 혼자만의 생각으로 처리할 수 있는 성질의 것이 아니었다. 몇 개월이 지나도 아무 진전을 보이지 않았고 그해 연말까지 삼성은 추징세금 일체를 납부했다. 그런데도 김영선은 다시 이병철을 찾아왔다.

"아무리 생각해봐도 이 일은 삼성밖에 할 곳이 없습니다. 국가를 위한다는 차원에서 이 일을 맡아주시기 바랍니다."

장관의 체면을 내던진 애절한 부탁이었다. 그러나 그 간절한 바람에도 불구하고 이병철은 더 이상 비료공장 건설을 추진하고 싶지 않았다. 대신 이병철은 비료공장 건설과 관련된 서류 일체를 김영선에게 넘겨주며 말했다.

"이 계획이 잠자게 되면 큰 손해입니다. 충분히 검토해 보시고 저보다 더 유능한 분에게 일을 맡겨주십시오."

나중에 알게 된 정보에 의하면 이때 이병철이 김영선에게 건네준 서류는 어디론가 사라지고 말았다. 결국 비료공장 건설계획 자체가 없었던 일이 되고 말았다. 한마디로 어지러운 세상이었다. 이병철은 세상 돌아가는 꼴이 안타까웠고, 나라의 앞날이 걱정스러웠으며 몹시 우울해했다. 원래 회사 일을 담당 사장에게 일임하는 이병철의 경영 스타일 때문에 한 번 손을 놓고 나니 별로 할 일도 없었다. 더욱더 새로운 사업을 벌이거나 추구해야 할 일도 없었다.

이병철은 여행이나 다녀와야겠다는 생각에 여권을 신청했다. 뜻밖에도 여권이 발급되지 않는 것이었다. 부정축재자에게는 여권을 내줄 수 없다는 이유였다.

이병철은 김영선에게 전화를 걸어서 "내가 무슨 죄인이라고 해외여행까지 못하게 하느냐?"고 따졌다. 김영선은 처음 듣는 이야기라며 여권을 받을 수 있도록 손을 써주었다. 이병철은 여권을 받은 다음 날, 회사 일은 조홍제 부사장에게 맡기고 일본으로 떠났다. 1년 여 동안의 긴 외유가 시작된 것이다. 그날 비행기를 타고 떠나던 심정을 이병철은 〈호암자전〉에서 마치 망명객이 된 듯 비장한 심정처럼 이렇게 묘사하고 있다.

> 도쿄로 가는 비행기 창 너머로 황량한 조국의 산하를 침통한 심정으로 내려다보았다. 절망은 어리석은 자의 결론이라고 한다. 또는 죽도록 슬픈 마음도 또 다른 슬픔으로 다스릴 수 있다고도 한다. 마음 속 깊은 곳에 비탄을 지그시 억누르고 있을 뿐이었다.

> 가노라 삼각산아.
> 다시 보자 한강수야.
> 고국산천을 떠나고자 하랴마는
> 시절이 하 수상하니 올동말동하여라.

병자호란(丙子胡亂) 때 서울을 떠나면서 청음(淸陰) 김상헌(金尚憲)이 읊은 시조가 문득 떠올랐다.

내 전 재산을 나라에 바치겠다

이병철은 5·16 군사 쿠데타 소식도 외국에서 들었다. 그때 그는 도쿄의 데이코쿠 호텔에서 묵고 있었다. 그날 아침 일찍 그는 마침 골프를 치러 나가던 중이었다. 현관 앞에서 대기하고 있던 일본인 운전기사 구와하라가 다가와 불안한 표정으로 물었다.

"사장님, 한국에서 군사혁명이 일어났다는 뉴스 들으셨습니까?"

이병철은 그 말이 아주 생소하게 들렸다. 또 무슨 혁명이란 말인가! 서울을 떠나기 전, 이병철은 가까운 친구에게 일부 군 장교들의 움직임이 심상치 않다는 이야기를 들은 적이 있었다. 설마 했었는데 이렇게 빨리 쿠데타를 일으킬 줄은 몰랐다. 소식을 전해들은 일행들이 골프를 중지하자고 말했다.

"아니, 그냥 갑시다. 여기서 우리가 무엇을 할 수도 없을 텐데."

그러나 이병철은 골프장으로 향하는 내내 착잡한 심정을 가눌 길이 없었다.

'혁명의 주체는 누구일까? 앞으로 우리나라는 어떻게 될 것인가? 앞으로 삼성의 운명은……?'

갖가지 상념이 떠올랐으나 자신은 망명객처럼 조국을 떠나와 있는 처지가 아닌가. 어떤 정보도 없었고 그렇기에 어떤 앞날도 내다볼 수 없었다.

며칠 동안 이병철은 호텔에서 시시각각으로 전해지는 조국의 상황변화에 귀를 기울였다. 무엇보다 마음이 놓이는 것은 이번 군사 쿠데타는 강력한 반공노선을 내걸고 있다는 것, 아무런 유혈사태 없이 쿠데타 세력이 정부의 각 기관을 완전히 장악했다는 것, 그리고 치안도 회복되었다는 뉴스였다. 삼성 본사에서도 아직 별다른 지장은 없다고 했다. 이병철은 이 정도 상태라면 귀국도 가능하다고 판단했다.

하지만 삼성 도쿄지사의 직원들은 이구동성으로 당분간 귀국을 연기하라고 권했다. 혁명정부의 경제인 체포 방침 소식이 전해졌고 민주당 정권에 의해 만들어진 부정축재자들에게 다시 엄격한 응징의 조치가 내려질 것을 우려했던 것이다. 그렇게 며칠이 지났다. 5월 29일, 경제인 11명이 부정축재를 했다는 이유로 붙잡혀갔다는 기사가 나왔다. 이병철은 도무지 이해할 수 없었고 답답했다. 그는 당시의 처지와 심경을 뒷날 〈호암자전〉에서 이렇게 피력했다.

> 사회변혁이 있더라도 미군이 주둔하는 한 적화(赤化)의 우려는 없을 것이다. 혁명이 일어남으로써 도리어 정국이 안정될지도 모른다. 한편 착잡한 심경도 가눌 길이 없다. 경제인 11명이 부정축재 혐의로 구속되었다고 한다. 그 중 한 사람이 "부정축재 1호는 도쿄에 있는데 우리들 조무래기만 체포하는 건 불공평하다."고 옥중에서 불평을 한다는 말도 들려온다. 빈곤 때문에 사회혼란이 야기되고 있다. 그 빈곤 추방에 앞장서야 할 경제인들을 잘 활용해야 할 텐데 근본적인 해결책은 등한시하고 무슨 목적으로 구속한 것일까?

6월에 들어서면서 이병철을 찾아오는 발길이 하나 둘 늘어나기 시작했다. 6월 4일, 당시 재일거류민 단장이었던 권일(權逸)이 찾아와서 혁명정부인 국가재건최고회의에서 이병철의 귀국을 재촉하는 메시지를 전달했다. 이어서 혁명정부에서 직접 보냈다는 두 명의 청년이 호텔에 나타났다. 눈매가 매섭고 태도에 절도가 있는 것으로 보아서 쿠데타에 가담한 장교그룹의 일원 같았다. 그들은 '즉시 귀국하는 것이 신상에 이로울 것'이라는 충고인지 협박인지 모를 말을 남기고 돌아갔다.
삼성으로서는 조홍제 부사장이 이미 체포되어 있던 상태라 이병철에게 귀국을 권할 수도, 말릴 수도 없는 상황이었다. 이맹희는 일본에서 유학 중이었던 동생 이창희를 통해서 아버지 이병철에게 한국의 상황을 알려 주었다. 신속하게 연락을 취할 방법은 국제 전화밖에 없는데 국제 전화는 전부 도청이 되고 있을 것이 뻔했다. 그래서 두 형제는 약속을 정해 놓고 마치 암호 같은 '동해바다 파도가 높다.'는 식의 이야기로 통화를 했다. 이맹희가 동해 바다 파도가 세다고 이창희에게 이야기하면 이병철이 귀국을 미루는 식이었다.

6월 13일, 일본경시청이 이병철의 신변보호를 위해 형사 두 명을 붙였다. 이병철은 그들의 신변보호를 거절했으나 일본 경찰들은 가는 곳마다 귀찮게 따라붙었다. 그날 저녁 국회의원 박준규가 이병철을 찾아왔다. 박준규는 외가 친족으로 조카뻘이 되는 이병철보다 10년이 훨씬 넘는 손아랫사람이었다. 그는 훗날 김영삼, 김종필과 더불어 최다선인 9선 의원으로 국회의장까지 역임한다.

현역 의원인 박준규는 해외여행 도중 5·16 쿠데타를 만나 귀로에 오르는 중이라고 했다. 조국의 상황에 대해서 잘 알지 못한 것은 마찬가지였지만 두 사람은 의논할 일이 많았다. 이병철은 박준규와 함께 도쿄에서 차로 6시간 걸리는 시모베(下部)라는 온천으로 떠났다. 일본 경찰의 감시가 귀찮아서였다. 그러나 일본인 형사는 온천에까지 따라와 계속해서 감시했다. 이병철이 하코네(箱根) 온천으로 자리를 옮겨도 거기에도 어느새 형사들이 와 있었다.

이병철은 상황이 심각하다고 판단했다. 그는 삼성 도쿄지사에 연락을 했다. 이병철은 삼성의 총수가 귀국하지 않아 모든 일이 수습이 안 되고 있고 이미 구속된 경제인들이 이병철의 조속한 귀국을 바라고 있다는 소식을 전해 들었다.

'조홍제 부사장이 나 대신 감옥에 갇혀 있고, 잡혀간 경제인들도 내가 돌아오기를 바란다고 하지 않던가. 죽든 살든 내 나라로 돌아가자. 지은 죄가 있다면 벌을 받고 새롭게 출발하면 된다.'

이렇게 생각한 이병철은 귀국을 결정했다. 마음을 굳힌 이병철은 귀국에 앞서 국가재건최고회의 이주일 장군 앞으로 한 통의 편지를 보냈다.

부정축재자를 처벌한다는 혁명정부의 방침 그 자체에는 이의가 없습니다. 그러나 백해무익한 악덕 기업인과 국가 운영을 뒷받침해온 건실한 기업인은 엄격히 구별해야 합니다. 그들은 변칙적이고 불합리한 세금 제도 아래에서도 국가 경제를 다시 일으키는 데에 기여하면서 국민에게 일자리를 제공해 생활을 안정시키고 세금을 내왔습니다. 내가 염려하는 바는 오직 오늘날 혼란의 근본 원인이 국민들의 빈곤에 있는데, 그것을 해결하는 대안은 없다는 것입니다. 경제인을 처벌해서 경제 활동이 위축된다면 빈곤 추방이라는 목적을 달성할 수 없습니다. 이것은 나를 비롯한 많은 기업인들이 처벌받는 것을 모면하기 위한 궤변이 결코 아닙니다. 나는 전 재산을 헌납하는 한이 있어도 그것이 국민의 빈곤을 해결한다면 기꺼이 그렇게 하겠습니다.

편지 내용은 곧 신문에 공개됐다. 이병철의 편지를 받은 국가재건회의는 6월 11일 "이병철이 전 재산을 나라에 바치겠다고 했다."고 발표했다. 이 소식이 알려지자 이병철이 묵고 있는 데이코쿠 호텔에 수십 명의 기자가 번갈아 찾아왔다. 기자들은 끈질겼고, 집요했다.

마침내 이병철은 6월 24일 오전 10시 AP, UPI, 교토 통신 기자들과 회견을 가졌다. 기자들은 신랄하게 질문을 던졌다.

"누가 시켜서 편지를 쓴 것 아닙니까?"

"결코 아닙니다. 편지는 내 뜻을 전하기 위해 스스로 쓴 것입니다."

이병철은 침착하게 대답했다.

"이런 결심을 하게 된 이유가 뭐죠?"

"우리 국민이 가난에서 벗어날 수만 있다면 내 모든 재산을 바쳐도 아깝지 않습니다. 한국에 돌아가는 대로 필요한 절차를 밟고, 정부의 조치를 따를 것입니다."

6월 26일 오후 6시 30분, 이병철은 귀국길에 올랐다. 하네다 공항에는 굵은 빗줄기가 세차게 쏟아져 내리고 있었다. 이병철은 노스웨스트

항공기를 탔다. 김포공항까지 날아가는 시간은 잠시였지만 매우 길게 느껴졌다. 조국을 떠나올 때의 황량하고 비장했던 심정이 다시 떠올랐다.

비행기가 도착한 것은 8시 10분경이었다. 김포공항은 비바람이 심하게 몰아쳐 그의 쓰라린 귀국에 어울리는 분위기를 연출하고 있는 듯했다. 트랩이 내리자마자 한 청년이 트랩을 뛰어올라왔다. 나중에 안 일이지만 청년은 국가재건최고회의와 함께 만들어진 중앙정보부의 서울분실장 이병희(李丙禧) 중령이었다. 그는 훗날 박정희의 신임을 받아 제3공화국에서 무임소 장관을 지내고 38세에 수원에서 6대 국회의원에 당선된다. 이병희는 그때의 인연을 바탕으로 이병철을 설득해서 삼성전자 수원공장을 유치하는 데도 성공해 이후 7선 의원을 지냈다.

"어서 오십시오. 저를 따라오십시오."

이병희 중령은 비행기에서 내리는 이병철을 안내했다. 트랩 앞에는 검은색 지프 한 대가 서 있었다. 이병희 중령은 이병철을 지프 뒷좌석에 태우고 자신은 조수석에 올라탔다. 입국 절차 따위는 그들과 아무 상관없는 일이었다. 지프는 칠흑같은 어둠을 뚫고 빠른 속도로 달려나갔다. 그런데 이 장면에 대한 이맹희의 증언은 다르다. 이병철이 한국에 도착할 때 내린 공항은 김포공항이 아니라 여의도공항이라는 것이다. 별 중요한 차이는 없겠지만 1958년 이후 여의도공항은 민간공항의 기능을 김포공항에 넘기고 공군기지의 기능을 담당하고 있었다. 그런데 이병철이 탄 비행기가 착륙한 곳이 여의도공항이었다면 그가 탄 비행기도 노스웨스트가 아니었을지 모른다.

어쨌거나 이병철을 태운 지프는 빗속을 뚫고 서울 거리를 질주하고 있었다. 그러나 달리는 방향이 서대문이나 마포 쪽이 아니었다. 이병철은 잡혀간 경제인들이 서대문형무소 아니면 마포경찰서에 갇혀 있다고 들었던 것이다. 그는 고개를 갸우뚱하며 물었다.

"지금 어디로 가는 겁니까?"

"저도 아는 바 없습니다."

이 중령은 짧게 대답했다. 호송관이 가는 위치를 모른다니 알 수 없는 일이었다. 지프는 서울 시내 중심지인 명동 메트로 호텔 앞에 멈추었다. 호텔 주위에는 30여 명의 중무장한 군인들이 삼엄하게 경계를 서고 있었다.

지프에서 내린 이병철은 이 중령을 따라 2층으로 올라갔다. 호텔 안에도 각 층마다 무장군인들이 배치되어 있는 살벌한 풍경이었다.

"집에 연락을 좀 하고 싶소."

이병철이 말했다.

"알겠습니다."

이 중령은 순순히 전화를 걸게 해 주었다. 이병철은 집에 전화를 걸었다. 아내가 받았다.

"나, 지금 서울에 도착했어. 나는 무사하니 아무 걱정하지 말아."

그는 짧게 말하고 전화를 끊었다. 아내의 목소리에는 반가움이 넘쳐났다. 남편은 비록 만나지는 못했지만 그것만으로도 반가웠다.

여기서 이맹희의 그날 기록을 따라가 보자. 물론 〈묻어둔 이야기〉에 나오는 이야기이다.

이때 이맹희는 이병철이 도착한다는 소식을 듣고 여의도 비행장 부근에 차를 몇 대 준비해두고 아버지를 기다렸다. 경계가 삼엄한 상황이라서 아버지를 만날 수는 없었다. 이맹희는 멀찌감치 차를 달려서 이병철이 탄 지프차를 따라갔다. 혁명 정부의 군인들이 이병철을 데리고 간 곳은 엉뚱하게도 명동의 메트로 호텔이었다. 이맹희는 그곳이 구치소나 군인들이 주둔하고 있는 곳이 아니어서 다소 안심되었지만 그래도 마음을 놓을 수는 없었다. 그는 혹시 아버지가 모진 조사를 받는 것이 아닌가 걱정이 되어 호텔 맞은편의 건물을 잠시 빌려서 아버지가 묵고 있는 곳을 살펴보았다. 이병철은 그 호텔의 3층 스위트룸에 묵고 있었는데 커튼 사이로 이따금 아버지의 모습을 볼 수 있었다. 이맹희는 아버지가 비교적 편안한 모습으로 머물고 있는 것을 확인할 수 있었다. 그는 집에 돌아와 노심초사하고 있는 어머니에게 상황을 설명하며 안심을 시켰다.

박정희와의 첫 만남

다음날인 6월 27일 아침 9시, 이병희 중령이 호텔로 이병철을 찾아왔다. 이병철은 그와 함께 다시 지프를 타고 퇴계로에 있는 참의원회관으로 갔다. 이병희가 100평쯤 되는 넓은 방으로 안내했다. 군인 몇 명과 함께 검은 선글라스를 낀 사람이 방 저쪽에서 걸어왔다.

작은 키에 바짝 마른 체구, 그리고 검은 선글라스를 쓴 때문인지 찔러도 피 한 방울 나올 것 같지 않은 강인한 인상의 사내였다. 이병철은 그가 바로 5·16 군사 쿠데타를 일으킨 '국가재건최고회의' 부의장 박정희라는 것을 직감했다.

"언제 돌아오셨습니까? 고생은 하지 않으셨습니까?"

박정희가 의외로 부드럽게 안부인사부터 묻자 이병철은 안도감을 느꼈다. 박정희는 부정축재자 11명의 처벌에 대해 이병철의 의견을 물었다. 이병철로서는 대답하기 곤란한 질문이었다. 그 자신이 부정축재 1호가 아닌가! 이병철은 박정희의 속마음을 알 수 없었다. 이병철은 어디서부터 말해야 좋을지 감이 잡히질 않았다.

"어떤 이야기를 하셔도 좋습니다. 우리 혁명정부가 취한 조치에 대해 의견을 들으려는 것이니 기탄없이 말씀해주십시오."

이병철이 한참 동안 입을 열지 않자 박정희가 재촉했다. 그의 말에는 진심이 배어 있는 것 같았다. 이병철은 마음을 가라앉히고 솔직하게 털어놓았다.

"현재 11명을 잡아 가두셨는데 그들에게는 아무런 잘못이 없다고 생각합니다."

검은 안경을 쓰고 있어 박정희의 표정을 읽을 수 없었으나 순간 그의 얼굴이 차갑게 굳어졌다는 것을 알 수 있었다. 이병철은 아랑곳하지 않고 말을 이었다.

"모두 똑같은 조건하에서 기업을 운영했는데 액수로 봐서 11위 안에 드는 사람만 부정축재를 했다고 할 수는 없을 겁니다. 12위 이하 기업들도 역량이나 노력, 기회가 없어서 11위 안에 들지 못했을 뿐이지 부정축재를 했을 가능성은 마찬가지입니다. 그들도 똑같은 조건 속에서 기업을 운영해 왔기 때문이니까요. 어떤 선을 그어놓고 여기까지는 죄가 있고, 그 나머지는 죄가 없다고 한다면 형평에 맞지 않지요. 기업을 잘 운영해서 키워온 사람은 부정축재자로 몰려서 처벌 대상이 되고 원조 자금이나 은행 융자를 받아서 함부로 쓴 사람은 그대로 내버려둔다는 것은 자유경제원칙에도 어긋납니다. 부정축재자 처벌에 어떤 정치적 의미가 있는지 잘 모르겠지만, 기업가로서 제 의견은 그렇습니다."

이병철의 말에 박정희는 피식 웃더니 다시 물었다.

"그렇다면 앞으로 어떻게 하는 것이 좋겠습니까?"

"기업하는 사람들을 무조건 탄압하고 잡아넣는다면 경제가 위축되고 나라 살림도 어려워질 것입니다. 기업인들이 해야 할 일은 사업을 일으켜 일자리를 만들고 나라 살림에 필요한 세금을 내서 국가 운영을 뒷받침하는 것입니다. 작년에 삼성이 낸 세금이 우리나라 전체 세금의 3.4%쯤 됩니다. 다시 말해 삼성 같은 회사가 30개만 있으면 정부가 세금 걱정할 일이 없을 겁니다. 그러니 기업인들이 나라의 경제를 살리는 일을 도맡아 하도록 해주십시오. 기업인에게도 나라에도 이익이 될 것입니다."

"하지만 그 사람들을 풀어주면 국민이 납득하지 않을 것이오."

박정희의 목소리에는 진지한 고민이 담겨 있었다.

"아시다시피 저는 회사를 경영하는 사람이지 정치가가 아닙니다. 그 부분을 잘 처리하는 것이 바로 정치 아니겠습니까?"

박정희는 고개를 끄덕이더니 한동안 생각에 잠겨 아무 말도 하지 않았다. 방 안은 깊은 침묵으로 빠져들었다. 잠시 후 박정희가 미소를 지으며 물었다.

"좋은 말씀 고맙습니다. 다시 한 번 만났으면 합니다. 거처가 어디십니까?"

"명동의 메트로 호텔에 갇혀 있습니다."

순간 박정희는 깜짝 놀라는 표정을 짓더니 밖에 대기하고 있던 이병희 중령을 불러 연금을 풀어줄 것을 지시했다. 박정희와 악수를 나누고 헤어진 이병철은 이병희 중령에게 물었다.

"다른 경제인들은 어떻게 되었소?"

"아직 그대롭니다."

"그럼, 나도 갈 수 없소."

"왜 그러십니까?"

"그 분들은 모두 나와 친한 사람들이오. 부정축재자 1호인 나는 호텔에 편히 있다가 집에 가고, 자신들은 이 더운 여름날 감옥에 갇혀 있다면 그 사람들이 나를 어떻게 생각하겠소? 나중에 내가 그 사람들을 무슨 얼굴로 보겠소? 차라리 나도 감옥으로 보내주시오."

박정희는 그 말을 전해 듣고 구속된 기업인들을 모두 석방하라고 지시했다.

박정희와의 담판

이병철은 일단 풀려났으나 부정축재 문제로 여러 기관의 조사를 받게 되었다. 얼마 후, 장도영 국가재건최고회의 의장이 구속되고, 박정희가 의장이 되었다. 8월 12일, 드디어 혁명 정부는 부정축재에 대한 추징 벌과금을 부과했다. 27개 기업주에게 총 378억 800만 환, 그 중에서 삼성은 103억 400만 환으로 전체 1위, 총 금액의 27%를 차지했다.

4·19혁명 때 50억 환, 이번에는 100억 환이 넘는 추징금을 내게 되

었으니 아무리 삼성이라도 허리가 휠 지경이었고 경영에 문제가 없을 수 없었다. 사회는 여전히 어수선했고 이병철은 사업에 대한 의욕을 상실하고 또다시 칩거에 들어갔다.
 그런 어느 날, 박정희가 한남동에 있는 한식집으로 이병철을 불렀다.
 "이 사장, 경제인들 사이에서 부정축재로 벌어들인 돈을 내놓으라는 것에 대해 말이 많다고 들었습니다. 사실입니까?"
 박정희는 기업인들의 태도가 몹시 못마땅한 듯 말투가 거칠었다. 박정희는 원래 가난한 농부의 아들로 혹독한 가난을 경험하고 자란 터라 부자들을 싫어했다.
 "당연한 일이라고 생각합니다. 지금 추징된 세금을 다 내고나면 살아남을 기업이 거의 없으니까요."
 이병철은 기업인을 대표하는 심정으로 단호하게 말했다. 혁명 정부가 기업인을 풀어준 것은 1961년 그해 연말까지 추징금을 납부한다는 일방적 조건에 의한 것이었다. 만약 추징금을 납부하지 않으면 다시 구속하겠다는 조건이었던 것이다.
 "그럼 어떻게 해야 좋겠습니까?"
 박정희는 이병철의 말에 일리가 있다는 것을 깨달았다. 경제에 문외한이었지만 국민을 잘 살게 해주겠다고 혁명을 일으킨 사람이 아닌가! 그는 그 사이에 많은 경제서적을 읽고 궁리하느라 머릿속이 온통 경제 문제로 가득 차 있었다.
 가난한 농촌 출신인 박정희는 태생적으로나 생리적으로 경제와는 거리가 먼 사람이었다. 부자에 대한 인식이 부정적이었다. 군 장성으로 있으면서도 워낙 청렴해서 집안 식구들은 줄곧 생활고에 시달려야 했다.
 그러나 쿠데타를 일으키고 국정을 손에 쥐고 나자 경제에 대한 그의 인식과 거리감은 크게 바뀌지 않을 수 없었다. 1961년 당시 우리나라 국민소득은 83달러로 세계에서 가장 가난한 국가 가운데 하나였다. 수출은 4천 87만 8천 달러, 수입 3억 1천 6백만 달러라는 한심하고 참담한 수준이었다. 그래서 경제개발은 국가경영자 박정희에게 최대의 과제이자 목표였다.

하지만 '잘 사는 나라'로 만들겠다고 공언하고 쿠데타를 일으켰지만 박정희를 비롯한 혁명주체들의 가장 큰 맹점은 의욕만 넘쳤지 경제에 대해서 아무것도 모른다는 점이었다.

"처음 의장님을 만났을 때 말씀드렸듯이 기업인들을 나라 경제를 일으키는 데 활용해야 합니다. 기업인들 아니면 누가 경제를 일으킬 수 있습니까?"

"좀 더 구체적으로 말씀해 주시오."

"우리 경제인들을 풀어주었다고는 하지만 집 밖으로도 나가지 못하는 연금 상태입니다. 경제인들을 풀어주셔서 자유롭게 활동할 수 있도록 해주십시오. 그리고 추징금으로 낼 그 돈을 전부 국가 기간산업에 투자하도록 하시면 어떻겠습니까? 국민들에게 부정축재자들을 대충 처리한다는 인상을 줄까 봐 망설이시는 것 같은데, 그 문제는 정부가 공개적으로 강력한 투자명령을 내리면 해결될 것입니다."

"투자명령이라니요?"

"부정축재한 돈에 기업의 돈을 보태서 나라 경제에 필요한 공장을 지으라고 하는 겁니다. 그들이 공장을 다 지은 후에는 부정축재한 돈만큼의 주식을 정부에 내놓게 하는 겁니다."

"그거 참 좋은 생각입니다. 하지만 기업인들이 투자명령을 받아들이겠습니까?"

"아마 돈을 낼 시간을 벌 수 있는 일을 마다할 기업인은 하나도 없을 겁니다."

"그래요."

처음에 30분으로 예정되었던 면담시간은 무려 3시간이 넘도록 이어졌다. 이병철은 평소에는 과묵한 사람이었지만 그날은 달랐다. 이병철의 열변은 계속되었고 박정희는 처음부터 끝까지 매우 주의 깊게 경청하고 있었다.

이병철은 그 자리에서 혁명정부가 경제제일주의를 공약으로 내걸었는데 산업화와 경제재건을 이룩하려면 기업인들을 앞장세워야 한다는 당위성을 설파했다. 이병철은 경제부흥을 일으키기 위한 몇 가지 제안을 했다.

그 건의 내용은 경제인들로 하여금 공장을 많이 짓게 하려면 그들이 차관교섭 등 경제활동을 위해 해외에 나갈 때에는 신속히 여행 허가를 해주고 외화여비를 우선적으로 할당해 줄 것, 차관도입에 정부가 지불보증을 해준다는 원칙을 확립할 것, 신규투자에 있어서 정부는 원칙만 결정하고 세부사항은 기업가에게 맡길 것, 차관사업의 경우 외자에 대응한 내자조달을 지원해 줄 것 등이었다.

이병철과 대화를 나누면서 박정희는 상대방의 말에 납득이 되었고 기업인들을 어떻게 다루어야 할지를 심각하게 고민하게 되었다.

'부자라 해서 다 나쁜 사람은 아니다. 그들도 나름의 철학과 정당성을 갖고 사업을 영위한다. 이병철 사장의 지적마따나, 현실적이고 합리적인 원칙을 제시해 그 테두리를 벗어나지 않고도 사업을 할 수 있도록 여건을 마련해주는 것이 필요하다. 그런 다음 기업을 잘 경영하도록 단속해서 일자리를 많이 창출하고, 그로써 국가를 부강하게 만드는 방향으로 정치를 해나가야 할 것이다.'

어느새 박정희의 입가에 웃음이 번지고 있었다.

"일을 이 사장이 맡아주실 수는 없겠습니까?"

"네, 제가 힘 닿는 데까지 해보겠습니다."

그날 이후 박정희는 이병철을 경제개인교사 정도로 생각하게 되었다. 박정희의 기업인관 내지 경제관은 그렇게 유연하고 실용적인 방향으로 수정되어갔다. 그래서 두 사람은 한동안 아주 짧은 밀월의 시대를 지내게 된다.

그 후 부정축재 처리 방향은 180도 바뀌었다. 원래 정부가 89개 기

업에 내도록 한 금액은 모두 831억 환이었다. 하지만 8월 12일 정부는
그 대상 기업과 금액을 대폭 줄여서 27개 기업에 378억 800만 환으로
확정 발표했다. 그런데 정부는 그해 연말에 다시 조사 결과를 발표했
는데 전체 금액은 501억 환으로 늘어났다. 반면 삼성이 내야 할 돈은
80억 환으로 줄었다.

한국경제인협회와 울산공업단지의 탄생

1961년 8월 16일, 이병철은 한국경제인협회(지금의 전국경제인연합
회)의 초대 회장이 되었다. 공직 따위에는 전혀 관심이 없었던 이병철
이었지만 어쩔 수 없이 회장직을 맡을 수밖에 없었다. 그의 인생에 있
어서 처음이자 마지막 공직이었다. 훗날 이병철은 자신의 묘석에 다른
단체의 일을 한 것은 대체로 새기지 않았으나 이 단체의 회장을 지낸
것은 새기도록 미리 밝혀두었을 정도로 이 단체를 자신의 손으로 만든
것에 대해 강한 애착을 보였다.

창립회원은 부정축재로 구속되었던 12명의 경제인이었다. 부회장인
조성철(趙性喆) 중앙산업 사장, 남궁련(南宮鍊) 해운공사 사장을 비롯해 이
정림(李庭林), 설경동, 박흥식(朴興植), 홍재선(洪在善), 최태섭(崔泰涉), 이한원
(李漢垣), 정재호(鄭載頀), 김지태(金智泰), 이양구, 함창희(咸昌熙) 등 기업인들
이었다. 곧이어 7명이 더 들어오고, 11월에는 20여 명이 들어와 회원
은 모두 40명이 되었다.

이 무렵 이병철은 산업계의 총의를 모아 국가최고재건회의에 한 가
지 획기적인 제안을 한다. 대규모 공업단지를 조성해서 기간산업공장
을 한 곳에 유치하자는 안(案)이었다.

공업단지라는 말 자체가 낯설게 들릴 때였다. 일반인들은 물론 일부
경제 관료들조차 "공장을 지을 땅은 어딜 가든 있다. 굳이 한곳에 모아
놓을 이유가 어디 있는가?"라며 반대하고 나섰다. 이병철이 생각하기
에는 정말 답답한 일이었다.

먼저 공장을 세우려면 전기나 물 사정이 어떤지, 육지나 바다 등으로 물건을 쉽게 옮길 수 있는지 등등 여러 가지 입지 조건을 살펴야 한다. 여러 조건에 부합한 곳에 대규모 공업단지를 만들어 각종 공장을 세워야 시너지효과를 볼 수 있다. 뿐만 아니라 여기저기 공장을 짓는 것보다 돈이 덜 들어가고, 외국에서 돈을 빌리기도 쉬워진다.

이병철은 회원들과 함께 적합한 산업단지가 될 장소를 찾았다. 후보로 올라온 곳은 물금(勿禁), 삼천포(三千浦), 울산(蔚山) 등 세 군데였는데 그 중에서 울산이 가장 알맞은 장소라는 결론이 나왔다. 이병철은 그 즉시 뜻이 맞는 회원 몇 명과 울산으로 내려갔다. 삼성 일만 하기에도 바쁜 이병철이었지만 그보다는 나라 경제를 살리는 일이 더 급했다. 나라가 없으면 삼성도 존재할 수 없다는 사실을 이병철은 누구보다 잘 알고 있었다.

현장을 직접 살펴본 이병철은 울산이야말로 모든 조건을 갖춘 은혜의 땅이라는 것을 단번에 알 수 있었다. 울산만은 1만 톤급 선박 5척이 한꺼번에 입·출항할 수 있는 항만시설이며 태화강의 풍부한 물, 부산의 배후도시로서 사통팔달한 육로교통망 등 거대한 공업단지가 들어서기에 최적의 장소였다. 그야말로 대단위 공업단지를 조성할 수 있는 입지적 조건을 충분히 갖추고 있었다.

이병철은 이미 세계적 규모의 비료공장을 짓기 위해 국내의 여러 지역을 답사한 적이 있었다. 또 독일의 라인강 유역이나 네덜란드의 로테르담, 벨기에의 앤트워프 등 세계적인 공업 도시도 답사한 적이 있었다. 울산의 공업단지로서의 입지조건은 그러한 세계적 공업지구와 비교해도 손색이 없었다. 이병철은 물금이나 삼천포 등 여타 후보지는 아예 둘러볼 필요조차 없다고 판단했다.

서울로 올라온 이병철은 '울산공업단지 건설계획서'를 국가재건최고회의에 제출했다. 이 계획서는 '종합공업지대 창설에 관한 제의서'라는 이름으로 되어 있었다. 그것을 읽은 박정희는 무척이나 흡족해 했다. 계획이 타당성이 있고 이 계획이 그대로 실천되면 경제건설이 가능할 것이라고 판단했기 때문이다. 박정희는 이병철에게 전권을 위임하고 서울과 울산을 자주 오가는 데 불편함이 없도록 자신의 전용 경비행기까지 제공하며 독려했다.

박정희는 과단성 있게 울산공업단지 건설계획을 추진했다. 타당성 조사를 위한 실무반이 만들어져서 현지조사에 들어갔고, 현지조사단은 제안서의 내용이 타당성 있다는 보고를 올렸다. 무엇인가 가시적인 성과를 빨리 국민들에게 보여주어야 한다는 강박감을 갖고 있던 박정희는 울산공업지구 건설을 서둘렀다.

1962년 2월 3일, 5·16 군사 쿠데타가 발생한 지 8개월여 만에, '울산공업단지' 기공식이 거행됐다. 소나무가 드문드문 서 있고 멀리 동해의 푸른 파도가 내려다보이는 야트막한 언덕, 훗날 유공의 정유공장이 들어서는 자리에서 '울산공업센터 기공식'이 열렸다. 그 자리에는 박정희 최고회의 의장과 송요찬 내각수반, 최고위원들 그리고 이 공단조성계획에 반대했던 새뮤얼 버거 주한 미국대사를 비롯한 주한 외국인 사절들, 그리고 이병철을 비롯한 국내 기업인들이 참석했다. 학생과 시골 촌로 등 많은 군중도 모여 있었다. 겨울인데도 포근한 날씨였.

박정희가 울산공업센터 기공식의 발파 버튼을 눌렀다. 이 자리에서 박정희는 울산공업지구 설정을 선포했다. '대한민국 정부는 제1차 경제개발 5개년 계획을 실천함에 있어서 종합제철공장, 비료공장, 정유공장 및 기타 연관 산업을 건설하기 위하여 울산읍, 방어진읍 등지를 공업지구로 설정한다.'는 내용이었다. 그날 기공식에서 박정희는 희망과 열정이 넘치는 축사를 했다.

> 4천년 빈곤의 역사를 씻고 민족 숙원의 부귀를 마련하기 위하여
> 우리는 이곳 울산에 신공업도시를 건설하기로 했습니다. 이는 루르의
> 기적을 초월하는 신라의 영성(榮盛)을 재현하는 것이며, 이것은 민족중

흥의 터전을 닦는 것이고 국가 백년대계의 보고(寶庫)를 마련하는 것이니 자손만대의 번영을 약속하는 민족적 궐기인 것입니다. 제2차 산업의 우렁찬 건설의 수레 소리가 동해를 진동하고 공업생산의 검은 연기가 대기 속에 뻗어나가는 그날엔 국가민족의 희망과 발전이 눈앞에 도래했음을 알 수 있을 것입니다. 아직도 빈곤에 허덕이는 겨레 여러분! 5·16 혁명의 진의는 정권에 눈 먼 야욕 때문이 아니었으며 오로지 이 겨레로부터 빈곤을 몰아내고 영구한 민족적 번영과 복지를 일궈낼 경제 재건을 성취하여야겠다는 사명감에서 궐기했던 것입니다. 이 울산공업도시의 건설이야말로 혁명정부의 총력을 다할 상징적 웅도(雄圖)이며 그 성패는 민족 빈부의 판가름이 될 것이니 온 국민은 새로운 각성과 분발, 그리고 협동으로서 이 세기적 과업의 성공적 완수를 위하여 분기(奮起) 노력하고 협조해주시기 바랍니다.

박정희의 감동적인 축사가 끝나고 역사적인 공단건설 기공식을 마친 행사 참가자들은 가까운 경주 불국사 호텔에서 축하연회를 가졌다. 그런데 그 자리에서 축하 분위기에 찬물을 끼얹은 불미스런 일이 일어났다.

"자본·기술·자원 등 모든 조건에서 열악한 한국이 이런 대규모 공단을 조성한다는 건 시기상조이고 무리인 것 같습니다."

이렇게 비판적인 발언을 한 사람은 미국의 유솜(USOM)의 책임자인 제임스 킬렌(James S. Killen) 처장이었다. 유솜은 미국의 대한(對韓) 원조기관으로 한국에서 상당한 영향력을 갖고 있던 기관이었다. 일순 떠들썩했던 좌중의 분위기가 착 가라앉았다.

그때 민간인으로서 5·16 주체그룹에 속했던 김용태(金龍泰)가 분을 참지 못하고 벌떡 일어나 킬렌의 멱살을 잡고 소리쳤다.

"너희가 우리를 도와주러 온 것이냐? 훼방을 놓으러 온 것이냐?"

김용태는 울산 공단 건설 추진의 핵심으로 뛰고 있던 사람이었다. 그는 민간인 출신이기는 하지만 박정희 정권 때 5선 의원을 지내며 두목 (頭目)이라는 별명으로 불릴 정도로 다혈질이고 의협심이 강한 사람이었다. 그가 분을 이기지 못하고 킬렌의 멱살을 잡기는 했으나 상대는 미국 기관의 수장이었다.

주변 사람들이 뜯어말리는 바람에 그 해프닝은 촌극으로 끝났다. 그 자리에 같이 앉아 있던 이병철과 박정희는 미국이란 나라의 본심이 무엇인지를 확연하게 깨달았다. 모든 참석자들의 마음속에는 '어떡하든 이 굴욕을 극복해야 한다.'는 공감대가 형성되었고, 그것이 공단건설 성공의 커다란 자극제가 되었다.

그로부터 3년 뒤, 김용태가 여당 원내총무가 되어 국회의원들을 이끌고 베트남을 방문했을 때 일이다. 그때 마침 킬렌은 그곳의 원조기관에서 근무 중이었다. 킬렌은 김용태를 보자 반갑게 손을 내밀며 밝은 목소리로 말했다.

"울산공업단지에 많은 공장들이 들어섰다면서요? 그날 기공식 때 제가 경솔하게 실언한 것 진심으로 사과드립니다."

훗날 김용태는 미국이 울산공업단지 건설에 반대한 것은 개발도상국을 시장으로 삼고 있는 그들의 세계전략에 비추어 혁명정부의 의욕적인 자립경제 추구는 탐탁지 않은 요인이었기 때문이라고 해석했다. 그 날로부터 50년이 지난 현재 울산은 연간 수출 1000억 달러의 세계최대의 공업도시가 되어 있다.

그런데 이 문제의 킬렌 처장은 이병철이 울산에 비료공장을 지을 때도 악역을 자처하는 인물로 다시 등장하게 된다.

시련 속에 피어나는 사명감

이병철을 비롯한 기업가들이 노력한 보람이 있어서 공업단지를 건설하는 망치소리가 항구 전체에 울려 퍼졌다. 당시 군사혁명정부는 경제부흥을 소리 높여 외쳤지만 실천방안이 확실하지 못했다. 이병철은 한국경제가 나아가야 할 방향은 외자를 도입해서 공장을 건설하는 것이라고 판단했다. 이병철은 한국경제인협회 회장으로서 세 사람의 부회장들과 함께 매주 한 번씩 경제 브리핑을 위해 박정희 최고회의 의장과 만났다.

이병철은 그 자리를 빌려서 기간산업 건설만이 나라의 경제를 살리는 길이라고 누누이 강조했다. 당시 한국 경제발전 안을 두고 의견이 두 갈래로 나뉘어져 있었다. 하나는 공업화를 해야 한다는 의견이었다. 외자를 유치해서 공장을 하나라도 많이 세워 수입을 대체하고 수출을 촉진해야 한다는 것이었다. 또 하나는 인구의 대부분이 종사하는 농업을 개발한 후에 공업화를 진행해야 한다는 의견이었다.

물론 이병철을 비롯한 한국경제인협회 회원들은 나라의 기간산업 즉 전력, 철강, 가스, 석유 산업 등을 견실하게 키우는 일이 가장 우선이라고 생각했다. 이병철은 박정희에게 이렇게 말했다.

"후진성 탈피의 지름길은 공업화뿐입니다. 지금 이 기회를 놓치면 경제개발은 더욱 늦어지고 빈곤과 혼란의 악순환에서 벗어날 수 없게 됩니다."

그런데 문제는 자금이었다. 공장을 지으려면 엄청난 돈이 들어가는데 국내에는 그만한 돈이 없었다. 이병철이 제안한 제철공장 건설에 무려 1억 3000만 달러의 자금이 필요했다.

당시 한국정부가 가지고 있던 달러의 총액이 1억 3000만 달러가 간신히 넘을 때였으니 국가의 모든 재원을 투입해야 간신히 제철공장 한 개를 만들까 말까 할 정도였다.

이병철은 박정희에게 자금조달은 해외차관으로 해결하면 된다고 역설했다. 뾰족한 대안이 없었으므로 박정희는 이병철의 구상대로 해외에서 자금을 들여오기로 결론지었다.

1961년 9월 4일, 미국 샌프란시스코에서는 국제산업회의가 열렸다. 이곳에는 세계 80여 개국에서 500여 명의 기업인들이 한자리에 모여

사업을 논의했다. 이병철은 대표단을 이끌고 외자 유치를 위해 그 회의에 참석했다. 차관 교섭 문제는 몇 년 전에 경험을 해보았기 때문에 이번에는 어느 정도 자신감을 가지고 많은 기업체와 접촉할 수 있었다.

국제산업회의에서 돌아온 이병철은 민간외자도입 추진계획을 만들었다. 이병철과 경제인협회 회장단은 제1차 경제개발 5개년 계획을 실천하기 위한 외자도입안을 최고회의에 올렸다. 박정희는 이를 승인했고 이렇게 해서 제1차 민간외자도입 교섭단이 만들어졌다. 이병철이 단장이 되어 미국으로부터의 외자도입을 위해 직접 나섰고, 유럽 지역은 이정림이 맡았다.

이에 고무된 기업인들은 국가를 대신해 기간산업을 맡아서 건설하기로 했다. 시멘트공장은 금성방직이, 비료공장은 삼성·삼호·조선견직이, 전기는 대한제분이, 제철공장은 대한양회·극동해운·대한산업·동양시멘트가, 이런 식으로 단독 또는 합작으로 정부 정책 수행을 분담했다.

이병철은 워싱턴에 도착하자마자 정력적으로 투자를 받기 위해 동분서주했다. 이병철 일행은 유력한 민간 기업을 찾아다니며 투자를 요청하는 설명회를 열었다. 이 미국 여행에서는 구체적인 계약까지는 진전되지 않았지만 경제개발에 대한 한국인의 의지를 미국 조야에 각인 시키는 계기가 되었다. 걸프(Gulf)를 비롯한 몇 개의 미국의 재벌 회사들이 한국의 산업화에 깊은 관심을 갖게 되었고, 그것이 계기가 되어 걸프는 후일 울산정유에 처음으로 대규모 투자를 결정하게 된다.

정부의 투자명령으로 비료공장을 맡게 된 이병철은 차관을 들여오기 위해 다시 해외여행 길에 올랐다. 이병철은 지칠 줄 모르고 일본과 유럽 여러 나라를 찾아갔다. 그 결과 자신의 숙원 사업인 비료공장에 대한 꿈에 다시 한 번 다가설 수 있게 되었다. 독일의 크루프 그룹과 일본의 고베 제강으로부터의 차관을 받아들일 것이 결정되었던 것이다.

그러나 무슨 까닭인지 이번에도 운명의 여신은 그를 비켜 지나갔다.

당시 이병철이 계획한 공장은 연간 30만 톤을 생산하는 세계 최대의 비료공장이었다. 외국에서 5500만 달러의 차관을 들여오고 내자도 50억 환이 소요되는 대역사였다. 우리나라 한 해 수출액이 1억 달러도 채 되지 않던 때였다.

혁명주체세력 중에서 이병철이 들여오려는 차관이 너무 커서 자칫 잘못되면 나라 경제 전체에 걷잡을 수 없는 악영향을 끼칠 수 있다는 의견이 비등해졌다. 사태가 급속도로 반전되었다. 결국 이병철은 최대의 비료공장 건설의 꿈을 다시 한 번 접을 수밖에 없었다.

중단된 것은 비료공장뿐만이 아니었다. 다른 기간산업의 건설도 순조롭지 못했다. 처음 계획했던 대로 지어진 공장은 단 한 곳도 없었다. 결국 모든 것이 원점으로 되돌아오는 참으로 어설픈 결과가 나오고 말았다. 혁명주체세력들은 국정운영과 경제정책에 대한 갈피를 잡지 못하고 있었고, 한심하기 그지없는 권력투쟁에만 골몰하고 있었다.

1961년도 저물어가던 무렵, 군사정부는 마침내 부정축재자에 대한 재조사 결과를 발표했다. 이병철이 한국경제인협회 일에 전념하고 국가 경제를 살릴 방법을 고민했지만, 그렇다고 부정축재자의 오명을 완전히 벗은 건 아니었던 것이다. 이병철의 낙담과 실망은 매우 컸으나 결과에 승복하고 추징금 전액을 납부했다.

박정희와 혁명세력에게 실망한 이병철은 1년의 임기를 채우고 경제인협회 회장직에서 물러났다. 이병철은 이제 삼성에 신경을 써야겠다고 마음먹었다. 추징금과 재산환수로 말미암아 삼성그룹의 자금 사정은 아주 좋지 않았다. 보유하고 있던 시중 은행의 주식은 모두 이미 국고에 환수되었고, 합계 150억 환의 국고 납입은 삼성그룹의 입장에서는 치명적이었다. 이병철은 4·19 혁명과 5·16 군사 쿠데타로 입은 피해가 얼마나 큰지 뼈저리게 느꼈다.

화폐개혁과 삼분파동

1962년 6월 10일, 정부는 전격적으로 통화개혁을 단행했다. '환'을 '원'으로 바꾸고 화폐 가치를 10대 1로 평가절하한 기습적인 통화개혁이었다. 6월 9일 밤 10시, 정부는 라디오 방송을 통해서 "10일 0시부터 환을 원으로 바꾸고 그 가치를 10분의 1로 줄인다."는 발표를 했다. 즉 10환이 1원이 되어버린 것이다. 또 은행에 맡긴 돈도 일정 기간 동안 찾을 수 없도록 예금동결조치도 동시에 단행되었다.

1953년의 제1차 통화개혁 때는 예금동결조치는 실시되지 않았기 때문에 이병철이 제일제당을 설립하는 데 큰 지장을 받지 않았다. 그러나 이번 통화개혁은 한 사람이 하루에 500원 이상은 새로운 화폐로 바꿀 수 없다고 못 박았다.

다음날 아침 박정희가 이병철을 불러 경제계의 반응을 타진했다.

"어젯밤 방송 들으셨지요?"

"네, 들었습니다."

이병철은 떨떠름하게 대답했다.

"어떻게 생각하십니까?"

"아마 큰 혼란이 일어날 겁니다."

이병철은 서슴없이 부정적인 의견을 내놓았다.

"뭐라구요?"

박정희는 차갑게 묻더니 말을 이었다.

"경제건설을 위한 자금조달에는 이 방법밖에 없다고 판단해서 단행한 일이오."

박정희가 통화개혁을 단행한 이유를 설명했으나 이병철은 이렇게 말했다.

"화폐개혁의 목표는 큰 돈을 끌어내기 위한 것이라고 생각합니다. 하지만 지금 우리나라에는 큰 돈 가진 사람이 많지 않습니다. 자유당 정권의 화폐개혁도 실패했지만 이제까지 세계적으로도 화폐개혁이 성공한 경우가 거의 없습니다. 물론 독일은 2차 세계대전이 끝난 후 팽창하는 인플레 때문에 화폐개혁을 했습니다. 하지만 독일과 우리는 사정이 다릅니다. 수백만 명이 단지 돈을 바꾸려고 은행 창구 앞에 줄을 서는 불편한 광경을 상상해 보십시오. 그 원성이 고스란히 정부에 돌아갈 겁니다."

이병철의 기탄없는 설명을 들은 박정희는 다소 실망한 얼굴이 되어 물었다.

"그래요? 이거 참. 경제인들의 의견을 미리 들을 걸 그랬군요. 그럼 어떻게 하면 좋겠습니까?"

"해제하시도록 권하고 싶습니다."

박정희는 이병철의 단호한 한마디에 기가 찼다. 그렇게 하면 정부의 꼴이 뭐가 되는가!

"애들 장난도 아니고, 다른 방도가 없겠소?"

"전면 해제가 어려우면 국민의 불편을 최소화하시는 것이 최선이라고 생각합니다."

이병철은 그 말을 남기고 물러나왔다.

여기서 이병철과 박정희 사이가 훗날 팽팽하게 평행선을 달리게 되는 성격적 단면이 들여다 보인다. 이병철은 군사 쿠데타로 권력을 잡은 최고권력자에게 별다른 두려움을 느끼지 않는 듯 말하고 행동했다. 박정희는 박정희대로 이병철은 경제의 개인교사처럼 여기며 존중하기는 했지만 자신에게 녹록하게 굽혀오지 않는 이병철이 그다지 탐탁하게 여겨지지는 않았던 것이 아닐까 싶다. 이에 대해서는 5·16 당시 이병철과 박정희와의 첫 만남을 회고한 박태준(朴泰俊)의 〈쇳물은 멈추지 않는다〉에 잘 묘사되어 있다.

1961년 6월 어느 날, 5·16 군사정권 최고회의 부의장 비서실에서 최고권력자의 비서실장인 나는 군복 차림으로 이병철 회장과 처음 만났다. 유명한 사업가라는 소문과 달리 온화한 학자풍의 인상이었다. 그때 군사정권은 서슬 퍼런 기세로 '사회악' 일소에 나서고 있었다. 불똥은 기업에도 튀어 이 회장은 이른바 '부정축재' 혐의로 곤욕을 치러야 했다. 나는 이 회장을 정중히 맞이했다. 그 후 경제계에서 가끔 볼 때면, 이 선배는 "박 사장의 첫 인상이 무척 좋았다."고 말씀하시곤 했다. 그런 첫 인상을 받은 것은 나도 마찬가지였다. 1961년 6월에 내 사무실에 들른 사람들은 한결같이 주눅 든 표정이었지만, 이 선배는 당당하게 자기의 소신을 밝혔다. 그날 이 회장은 최고 권력자인 박정희 부의장의 마음까지 움직였다. 겨우 서른네 살이었던 나는 그 당당함과 의연함에 감명 받았다.

이병철의 예상대로 화폐개혁은 실행단계에 가서 커다란 풍파를 불러일으키고 만다. 통화개혁과 동시에 단행된 예금동결조치는 유통기능을 마비시켰다. 유통의 마비는 생산의 정체로 이어졌고 경제는 대혼란에 빠져들었다. 한 달만에 정부는 동결한 예금의 일부를 해제해 주었으나 오히려 물가상승을 유발하는 요인으로 작용했다. 그리하여 산업활동이 위축되고 외화사정은 더욱 악화되었다. 화폐개혁은 구매력 감소, 국내 재원조달의 저해, 자원배분의 불공정, 가계생활의 압박 등 악순환만을 되풀이하게 만드는 원인이 되었다. 경제가 어느 정도 안정을 찾는 데는 일 년이 넘는 시간이 필요했다.

새 지폐는 영국에서 극비리에 인쇄를 해왔는데 인쇄비가 4백 50만 달러나 들었다. 1961년도 우리나라 총수출액이 3천 8백만 달러였으니, 그 12%에 해당하는 거액을 단순히 지폐 인쇄비로 썼던 것이다. 화폐개혁은 완전히 실패한 것이었다.

1963년에 들어서면서 사태는 더욱 심각해졌다. 그 해는 태풍과 폭우가 잦아 대흉년이 있던 최악의 해였다. 정부는 지니고 있던 외화가 바닥을 드러내자 원자재를 일정량만 수입하도록 했다. 게다가 1차 생산품의 국제시장 가격이 급등하는 양상을 보이면서 국내의 제조업계는 심각한 타격을 받았다. 각종 물자의 수요와 공급이 심각한 불균형을 이루는 현상이 일어났다.

원당과 원맥의 도입 양이 평년의 절반 정도까지 떨어지자 제당과 제분업계의 수급 불균형은 심각했다. 가수요가 발생했고 곳곳에서 제품 고갈 상태를 초래했다. 유통과정에서 가격이 폭등했음은 물론이다. 밀가루의 경우에는 1962년 가을의 생산이 흉작이었고 국내 최초의 라면인 삼양라면이 시판된 것도 1963년 9월이다. 따라서 밀가루값이 오르기 시작했다. 밀가루의 시중가격이 공시가격의 세 배 가까이 올랐다. 세상의 비난은 제분업자에게 향했다. 그런데 이상한 것은 국내원료를 사용하는 시멘트마저 가격이 폭등했다는 점이다.

그 무렵 이병철은 불길한 예감에 사로잡혔다. 무엇인가 한참 잘못되어 가고 있다는 느낌이었다. 당시 설탕과 밀가루, 시멘트의 생산자 가격은 고시가였고, 도매상이나 소매상 가격은 고시가가 아니었다. 따라서 생산자는 설탕이나 밀가루를 도매상으로 넘길 때 정부가 정한 고시가로 넘겼다. 반면 도매상인이나 소매상인은 찾는 사람이 많아지면 값을 올리는 것이 당연한 일이었다.

문제는 그것의 폭이 지나치게 높다는 점이었다. 나쁜 방법으로 돈을 번 사람이 있다면 그것은 공장에서 밀가루나 설탕을 사서 일반인들에게 판 상인들이지 생산업자가 아니었다. 더군다나 시멘트는 삼성과는 아무런 상관이 없는 품목이었다.

그런데 이병철이 우려했던 일은 터지고야 말았다. 몇몇 야당 국회의원들이 문제를 국회로 끌고 갔다. 이것이 바로 그 유명한 '삼분폭리사건(三粉暴利事件)' 즉 삼분파동(三粉波動)이다. 삼분이란 밀가루, 설탕, 시멘트의 세 가지 분말제품을 말하는데 이 사건의 요지는 이들 제품을 생산하는 대한제분, 대한양회, 제일제당 등 3개 재벌을 중심으로 19개 기업이 담합해서 고시가격의 다섯 배가 넘는 폭리를 취했다는 것이다.

삼성이 그 중 밀가루와 설탕을 판매하는 과정에서 엄청난 이득을 취했다는 것이다. 제일제당은 단 한 번도 출고가격을 부당하게 인상하여 시장의 혼란을 초래하는 행동은 하지 않았는데도 삼성이 비난의 표적이 되어버렸다. 언론은 삼성이 약 15억 원의 폭리를 취했다고 보도했다. 개혁된 화폐로 15억 원이면 실로 거액이었다. 이맹희는 〈묻어둔 이야기〉에서 삼분파동에 대해 이렇게 설명하고 있다.

이 사건은 기본적으로 국내의 밀가루, 설탕 등이 부족해서 생긴 현상이었다. 절대량이 부족하니 중간 도매상들이 매점매석을 일삼고, 그 과정에서 가격은 그 중간 도매상들의 조작에 따라서 얼마든지 올릴 수 있었다. 이 사건은 그 후 삼성에는 별다른 혐의점이 없다는 조사 결과와 함께 흐지부지되었지만 당시의 삼성으로서는 상당한 타격을 입었다. 게다가 사건을 보도하는 과정에서 어떤 신문사가 악의적으로 왜곡 보도하는 것을 당한 것도 이 무렵의 일인데 그 후 한비사건에서도 이 신문사는 삼분폭리 사건의 보도 때와 같은 편파 보도를 했던 걸로 기억하고 있다.

그 신문사란 바로 경향신문(京鄕新聞)이다. 경향신문은 1963년 12월 개원한 6대 국회가 밝혀야 할 주요 의제로 삼분폭리를 꼽고 이에 대한 기획기사를 연재했다. 특히 1964년 1월 28일 사설에서는 "3분업자들의 국민에 대한 농락·수탈로 인해 오늘과 같은 물가고의 한 원인이 되었음에도 정부가 그들을 두둔하는 인상을 언제까지 지속시킬 것인가."라고 박정희 정권을 비판했다. 같은 날 야당 의원들이 제출한 진상규명위원회 구성결의안이 석연찮은 이유로 동참자들이 중도에 빠지면서 국회에서 반려되자 삼분폭리 사건은 정치문제로 비화했다.
1964년 1월 15일 삼민회 대표 박순천(朴順天) 의원이 재벌들이 폭리를 취하고 있고, 여당인 공화당은 이를 이용하여 정치자금을 챙기고 있다고 국회에서 폭로한 것이다. 박순천 의원의 폭로 이후, 이는 진상규명에 적극적으로 나선 민주당 유창렬 의원과 삼성그룹 간의 싸움으로 번졌다. 삼성은 그와 같은 내용을 언론에 흘린 국회의원과 허위과장 보도한 신문을 명예훼손으로 제소하고, 사직당국에 엄중한 조사를 요청했다. 하지만 국회에서는 '특정재벌의 국민경제파괴 반민족행위 조사를 위한 특별위원회 구성 결의안'과 '정치 및 행정 권력과 결탁한 국민경제 파괴 및 범법행위의 실태조사를 위한 특별위원회 구성에 관한 결의안'이라는 긴 이름의 법안을 준비하고 있었고 악화된 여론은 점점 반(反) 삼성 분위기로 들끓었다.

  사직당국의 조사결과는 실로 엉뚱하게 나왔다. 문제의 삼분파동은 소문과는 전혀 다른 요인에 의한 것으로 밝혀졌다. 관련 사업가 가운데 한 사람이 허위사실을 조작해서 사건을 꾸미고 국회의원들과 언론에 유포한 것으로 드러난 것이다. 이병철은 〈호암자전〉에서 당시를 이렇게 적고 있다.

> 관계없는 경제인에게 책임을 뒤집어씌우는 일이 있어서는 안 된다고 생각하고 그 국회의원과 신문을 명예훼손으로 제소하는 한편 사직당국의 엄중한 조사를 요청한 사실도 있었다. 그 결과 삼분파동은 동업자의 한 사람이 허위사실을 조작하여 사건을 만들고 국회의원이나 신문에 유포했다는 진상이 드러났고 그 사람은 도리어 친부(親父)를 밀가루 판매총책으로 앉혀 놓고 중간유통 과정에서 막대한 폭리를 취했다는 것이 밝혀져 많은 벌금을 물게 되었다. 결국 삼분파동은 그 장본인의 자작극이었다.

하지만 대중들은 그 같은 사실을 쉽사리 믿으려 하지 않았다. 몇몇 정치인은 이병철을 파렴치한 기업인으로 몰고 갔다. 일부 신문사도 이병철과 삼성이 뒤에서 모든 일을 꾸민 것처럼 보도했다. 여론은 갈

수록 나빠졌다. 박정희는 마침내 경찰에 삼분폭리사건을 철저히 수사하라고 지시했다. 정부는 1964년 4월 1일에 수사 결과를 다음과 같이 발표했다.

> 1964년도 삼분 판매 금액은 모두 239억 원이다. 그 중 밀가루가 138억 원이고 설탕이 29억 원, 시멘트가 62억 원이다. 삼분을 만드는 사람들이 벌어들인 돈은 모두 25억 원으로 밀가루가 13억 원, 설탕이 5억 원, 시멘트가 7억 원이다. 이에 대해 내야 할 세금은 모두 8억 7614만 원인데 제조업체가 내야 할 돈은 4억 2887만 원이고, 판매업체가 내야 할 돈은 4억 4727만 원이다.

일부 정치인과 신문사가 힘을 합쳐 삼성을 여론재판에 몰아넣은 것에 비하면 성과는 참으로 보잘것없는 것이었다. 하지만 이들 기업 중에서 삼성이 가장 큰 기업이었고 그 때문에 국민들의 뇌리에는 '비리의 삼성'으로 각인되어 오래도록 사라지지 않았다. 삼성을 규탄하는 전단이 학원가에 뿌려질 정도로 삼성의 이미지는 돌이킬 수 없을 정도로 크게 망가졌다.

이 사건으로 이병철이 입은 마음의 상처는 상당히 깊었다. 최선을 다해 기업을 운영하면서 종업원을 먹여 살리고 국가를 위해 정당하게 세금을 내도 일등을 한다는 이유만으로 매도되는 세태가 너무도 슬펐다.

그러나 이 사건도 그 다음에 터질 한비사건에 비하면 아무것도 아니었으니 평탄한 것만 같이 느꼈던 이병철의 삶도 자세히 들여다보면 깊은 고뇌와 질곡 어린 삶이었던 것 같다. 삼분파동은 50년이나 지났지만 아직도 1963년 대통령선거와 국회의원선거를 앞두고 민주공화당이 설탕·밀가루·시멘트 산업의 재벌로부터 불법이득을 취하게 해주는 대가로 3800만 달러 상당의 뇌물을 받은 사건이라고 믿는 사람들이 많을 정도로 한국 현대사에서 잊을 수 없는 사건이 되었다.

박정희의 회유

1963년 대통령선거에서 승리한 박정희는 탄탄한 통치 기반을 다질 수 있게 되었다. 하지만 통화개혁의 실패는 박정희가 집권한 뒤 처음으로 겪은 정치적 실패이자 위기였다. 그는 선거에서 승리함으로써 그 위기에서 벗어날 수 있었으나 하나의 귀중한 교훈을 터득하게 되었다. 통화개혁 결과 동원할 만한 규모의 민족자본이 축적되어 있지 않다는 사실이 드러났다. 그는 경제의 중요성을 뼈저리게 통감했고 내자(內資)를 동원하는 경제개발 전략은 포기하는 계기로 삼았다. 대신에 그는 외자도입과 보세가공무역, 수출 등 대외 개방노선을 경제개발정책의 기둥으로 세우는 발상의 전환을 하게 된다.

박정희는 경제의 개인교사와도 같았던 이병철을 생각하지 않을 수 없었다. 그는 화폐개혁을 단행한 다음날 그토록 날카롭게 잘못을 지적하던 이병철의 모습을 잊을 수 없었다. 삼분폭리사건이 마무리되자 박정희는 이병철을 청와대로 불러들였다.

1964년 5월 중순, 군정이 끝나고 제3공화국이 출범한 시기였다. 대통령 박정희는 공업발전 못지않게 농업을 발전시켜 생산을 증대시키고 농민들을 빈곤에서 해방시켜 주는 것이 시급하다는 강박관념에 항상 쫓기고 있었다. 그런 관심과 갈망의 연장선에서 중점적으로 추진한 것이 비료공장 건설이었다. 그래서 그는 이병철을 찾은 것이었다.

"이 사장, 정부가 하는 일을 도와줄 생각은 없습니까?"

박정희는 심각한 얼굴로 물었다.

"어떤 일을 말씀하십니까?"

"비료공장 말입니다."

고수는 고수끼리 알아본다고 청와대에 불려올 때 이미 이병철은 박정희의 속셈을 알고 있었다. 그러나 이병철의 심사는 그리 밝지 못했다. 이병철은 그 동안 박정희에게 많은 조언을 하고 협조를 했지만 박정희는 생각한 것만큼 강단 있게 일을 밀어 붙이지 못했다. 물론 혁명 초기라서 그에게 힘이 없었을 수도 있다. 하지만 힘이 없는 것과 신의를 배신하는 것은 다르다고 이병철은 생각했다. 훗날 일들을 돌이켜보면 이병철은 그때 이미 박정희와 자신은 추구하는 가치가 다르다는 것을 간파하고 있었는지도 모를 일이다.

당시 혁명정부 내에는 서북파와 영남파라는 혁명 세력들 사이의 노선 갈등이 심했다. 그래서 그들의 고래싸움에 등이 터지는 것은 기업인이란 새우들이었다. 그런데 노련한 이병철이 보기에 박정희는 힘이 없는 것이 아니라 그 사실을 알고는 있었으나 통제하지 않고 있었다. 박정희는 그들 파벌 간을 교묘하게 조정하면서 충성경쟁을 끌어내고 자신의 권력 강화에 이용하고 있는 것이었다. 그것이 박정희 스타일의 통치술이었다.

박정희의 통치술에 대해서는 이병철이 남긴 유명한 이야기가 있는데 그것은 나중에 살펴보기로 하자.

박정희가 비료공장 이야기를 꺼내자 이병철은 거부 반응부터 보였다.

"죄송합니다만 기술, 자본, 시장성 등을 아직 자세히 조사해 보지 않아서 당장 뭐라고 대답할 수가 없습니다."

이병철이 은근히 버티자, 박정희가 싸늘한 표정으로 말했다.

"이 사장은 우리 정부에 협조할 생각이 없으신 모양입니다."

"그렇지 않습니다. 다만 제가 힘이 부족해서 그럽니다."

"이 사장 같은 분이 힘이 부족하다면 누가 힘이 있겠소? 정부가 적극적으로 지원해드릴 테니 비료공장 하나 지어주시오. 필요한 것이 있으면 무엇이든 털어놓고 말씀하세요. 제가 다 들어드리겠습니다."

박정희는 이병철의 능력을 알고 있기에 진심으로 한 이야기였다. 그러나 이병철은 보다 확실한 보장을 받고 싶었다. 비료공장 건은 비록 혁명정부이기는 하지만 이 정권하에서 차관도입까지 다 성사를 시켰건만 그것을 무산시킨 것이 누구이던가! 더구나 삼분파동으로 입은 상처가 채 가시지 않은 때였다. 당분간 비료공장 일에는 손대고 싶지 않은 것이 이병철의 솔직한 심정이었다. 이병철은 결심한 듯 말했다.

"대통령 혼자 애쓴다고 될 일이 아닙니다. 행정부의 적극적인 협조가 필요합니다."

"잘 알겠소."

박정희는 곧바로 부총리 겸 경제기획원장관 장기영을 불렀다.

"이 사장께서 비료공장을 짓기로 약속했소. 그러니까 장 부총리가 모든 책임을 지고 적극적인 지원을 해주시오."

"네, 알겠습니다. 최선을 다해 돕겠습니다."

이병철로서는 어처구니없는 상황이었다. 하지만 어떻게 생각하면 자신은 전부터 비료공장 건설에 대한 꿈을 꾸어오고 있지 않았던가! 그는 비료공장이야 말로 자신의 운명이라고 생각했다. 박정희는 농촌 출신이어서 비료가 농촌에 얼마나 필요한 것인가를 잘 알고 있었다. 또한 그는 이병철이 비료공장에 대한 원대한 구상을 갖고 있다는 것도 알고 있었던 것이다. 그렇게 해서 탄생하게 되는 것이 한국비료공장이다. 그러나 그 비료공장이 이병철에게 그리고 그 아들들에게 뜻하지 않은 운명교향곡이 될 줄이야! 그것은 아무도 예상하지 못한 상황이었다.

그래서인지 청와대를 물러나온 이병철은 계속해서 확답을 하지 않고 뜸을 들인다.

어느 날 아침 일찍 장기영은 이병철의 집으로 찾아왔다. 연장자이기는 했으나 국가 권력 서열 3위인 사람의 내방을 받은 이병철로서는 다소 황감했다.

"이 사장님 부탁드립니다. 각하의 뜻도 그렇고, 저 자신도 재임 중에 비료공장 문제만큼은 어떻게 해서든 해결하고 싶습니다. 이게 다 나라와 국민을 위한 일이라고 생각해 주십시오."

덩치도 크고 우람한 사람이 끈질기게 버티고 앉아 설득하자 이병철의 마음도 흔들렸다. 장기영은 불도저처럼 밀어붙이는 근성을 지닌 사나이였다. 한국의 공업화 초기에 장기영이 남긴 족적은 뚜렷하다. 그는 초대 부총리 겸 경제기획원장관으로서 3년 반 동안 산업의 근대화와 경제자립의 터전을 마련하는 데 힘썼다. 그는 박정희의 신임이 두터웠고 금리현실화와 유리창행정, 연탄의 흑백논쟁 등 숱한 일화를 남기면서 우리나라 경제의 고도성장의 기틀을 잡은 인물이다. 장기영은 한국일보를 경영하는 언론사 사장이기도 했다. 몇 년 후 이병철이 중앙일보를 창간한 후 두 사람은 언론사 사주로서 친밀하게 지내게 된다. 이병철은 터놓고 장기영에게 말했다.

"장관님, 연간 30만 톤을 생산하는 비료공장을 지으려면 정부 시책이 자꾸 달라져서는 안 됩니다. 그리고 차관 문제로 외국과 협상을 벌일 때 모든 권한을 삼성에 맡기겠다는 정부의 공식문서가 필요합니다."

"잘 알겠습니다. 비료공장만 제대로 지어주십시오. 뭐든 도와드리겠습니다."

장기영은 흔쾌히 대답했다.

비로소 이병철은 서랍 속에 넣어두었던 비료공장 건설계획서를 다시 꺼냈다. 세계 최대 규모인 연산 33만 톤의 질소비료를 생산하는 공장에 대한 계획서였다. 당시 국내 비료 1톤 가격은 86~90달러 수준이었다. 이병철은 우리나라에서 비료를 만들면 톤당 56달러 수준에서 비료 공급이 가능할 것이라고 분석했다. 주위에서는 연간 생산량을 줄이는 것이 좋을 것 같다는 의견을 내놓았으나 이병철은 다른 어떤 나라의 공장보다 규모가 커야 한다고 생각했다.

세계 최대의 비료공장

일본에서 제일 큰 비료공장이 연간 18만 톤을 생산하고 있을 때였다. 소련이 30만 톤 규모의 공장을 짓겠다고 발표해 큰 화제가 되고 있었다. 이병철은 제일제당과 제일모직의 경험에 비추어서 최대 최고가 아니면 그 시너지 효과를 얻을 수 없다고 판단하고 있었다. 세계 최대인 33만 톤 규모의 공장을 짓는 것이 이병철의 목표였다.

장기영은 행정 허가, 대외차관, 자금 등 모든 면에서 적극 지원할 것을 약속했고 이병철은 다시금 비료공장에 대한 의욕에 불타기 시작했다. 그런데 일을 시작하기도 전에 문제가 발생했다. 미국 원조처 유솜의 킬렌 처장이 제동을 걸고 나선 것이었다. 그와는 울산공단 기공식에서 험한 꼴을 본 인연이 있었지만 그가 자신의 일과 맞닥뜨리게 될 지는 몰랐던 사람이었다. 이병철은 직접 그를 찾아가서 설득했다.

"지금 우리나라는 최빈국을 벗어나기 위해서 반드시 비료가 필요합니다. 도와주십시오."

그러나 킬렌 처장은 벽창호 같았다. 그는 한국의 제3, 제4비료공장도 미국이 투자해준 것인데 또다시 세계 최대 규모의 공장을 건설해서 공급과잉이 되면 장차 어떻게 막대한 원리금을 갚아나갈 것인가 물었다. 말하자면 반대한다는 의미였다. 이병철은 앞으로 5년 안에 한국의 비료 소비량은 45~50만 톤으로 늘어날 것이므로 생산과 수급에 아무 무리가 없으니 그럴 문제는 생기지 않을 것이라고 차분하게 설명했다.

그러나 킬렌은 여전히 부정적인 언사만 남발하고 있었다. 그 때문에 이병철이 현실성 없는 계획을 밀어붙이고 있다는 얘기까지 나돌았다. 이병철은 그들의 작태로 보아서 미국이 한국을 식민지 그 이상도 이하로도 보고 있지 않다는 사실도 알고 있었다. 이병철은 약소국의 비애를 느끼지 않을 수 없었다.

그러던 어느 날 박정희가 이병철을 불러 물었다.

"이 사장, 차관문제는 잘 돼 가고 있습니까?"

비료공장을 짓겠다고 했는데 아무런 소식이 없어 궁금했던 모양이었다. 이병철은 기회다 싶어 유송 책임자의 반대가 심해 이러지도 못하고 저러지도 못하고 있다고 털어놓았다.

"그런 일이 있었군요. 알겠습니다. 내가 직접 나서 보지요."

박정희가 곧바로 킬렌 처장에게 전화를 걸어 협조를 부탁했다. 아무리 고집불통인 킬렌이지만 대통령의 부탁마저 거절할 수는 없었던지 마지못해 들어주었다.

이병철은 건설자금 차관을 조건으로 미국, 독일, 일본 등에 견적을 의뢰했다. 얼마 후 여러 나라에서 견적서들이 도착했다. 미국이 6500만 달러였고 독일이 6000만 달러, 일본이 5000만 달러였다. 정부에서는 비료공장 건설을 삼성에 일임한다는 장기영 장관 명의의 공문을 만들어 주었다.

이병철은 즉시 일본으로 날아갔다. 이나야마 요시히로(稲山嘉寬) 야와타 제철(八幡製鐵) 사장, 미즈카미 다쓰조(水上達三) 미쓰이 물산사장, 후지노 츄지로(藤野忠次郎) 미쓰비시(三菱)상사 사장, 도시마 겐키치(外島健吉) 고베 제강 사장, 가바야마(樺山) 마루베니이다(丸紅飯田, 현 마루베니 丸紅) 사장 등 평소 친분이 있고 쟁쟁한 경제계 지도자들을 초청해서 정부의 공문을 보여주며 협조를 요청했다.

"정부로부터 비료공장 건설을 의뢰 받았습니다. 일본의 플랜트를 택해야 할지 미국이나 유럽의 플랜트를 택해야 할지 이것은 오직 여러분의 협조 여하에 달려 있습니다."

이나야마 사장이 매우 놀라면서 말했다.

"이 사장님, 우리가 최대한 협력할 터이니 이 플랜트 사업은 일본에 맡겨 주십시오."

그런 소식이 전해지면서 일본의 비료업계는 발칵 뒤집혔다. 일본 비료업계로서는 한국이 큰 시장인데 그 시장을 잃게 되는 것은 물론 장차 해외시장에서 한국이 강력한 경쟁상대가 될지도 모른다는 점 때문이었다. 당시 일본의 비료공장은 규모가 작았다. 제일 큰 공장이 18만 톤 규모였고 나머지는 10만 톤에서 5, 6만 톤 안팎의 규모였다. 그나마 시설이 이미 노후화되고 있었으므로 한국에서 세계 최대의 최신 공장을 건설하면 한국과의 경쟁에서 뒤처질 것이 뻔했다.

다급해진 일본의 비료업계를 대표하여 쇼와전공(昭和電工)의 안자이 마사오(安西正夫)사장이 찾아와 말했다.

"공장건설 계획을 백지화 하시면 우리가 최대한 협조하겠습니다. 앞으로 한국에는 가장 저렴한 가격으로 장기적으로 공급하겠습니다."

이병철은 한마디로 거절했다. 그러자 비료업계의 대표들은 차관공여를 저지하려는 방해공작을 펼치기 시작했다. 반면 일본 경제계는 비료업계와는 달리 이병철에게 호의적이었다. 그들은 공장을 짓는 데 필요한 기계·설비를 싼값에 내주고, 공장이 무사히 지어질 수 있도록 최대한 협조할 것을 약속했다. 그러면서 한국의 농민이 절실히 필요로 하는 비료공장이 일본의 도움으로 건설되면 한일 양국 간의 관계가 보다 더 좋아질 수 있을 것이라고 강조했다.

처음에는 4개 회사가 공동으로 사업을 추진하는 방향으로 방침이 결정될 듯했는데 생각처럼 일이 쉽게 진행되지 않았다. 그 기업들은 모두 자본과 기술에서 실력이 비슷했고, 조직력과 역량이 비슷했다. 5000만 달러짜리 공장의 수주라면 당시는 일본으로서도 엄청나게 큰 프로젝트였다. 이병철은 창구를 일원화 할 것을 결심했다. 여러 회사가 얽혀 있으면 일이 빨리 진행되지 않기 때문이었다.

이병철은 냉정하고 신중하게 검토한 결과 과거부터 인연이 있는 미쓰이를 선택하기로 했다. 미쓰이와는 대구에서 삼성상회를 경영하고 있던 시절부터 거래관계가 있었다. 미즈카미 사장은 그 당시 미쓰이 물산의 신입사원으로 한국으로 비료를 팔러왔다가 이병철과 인연을 맺게 된 사람이었다. 두 사람은 공과 사를 가리지 않고 친분을 쌓아왔다. 이병철은 미즈카미 사장이라면 성의를 다해줄 것이라는 신뢰감이 있었다.

이병철은 미쓰이 물산으로 창구를 단일화 할 것을 요청했다. 물론 반대가 있을 수 없었고 공장 건설은 미쓰이 물산의 단일창구를 통해서 추진하게 되었다. 미쓰이 물산 측의 최고대표자는 니시지마(西島) 상무였고, 실무담당자는 하리모토(張本) 해외담당 본부장이었다.

며칠 후 이병철은 삼성 도쿄지사에서 미쓰이 물산 실무 담당자인 하리모토 본부장과 본격적인 상담에 들어갔다. 그런데 이 인물이 사뭇 건방진 데가 있었다. 그는 건장한 체구에 두뇌가 명석한 미쓰이 물산의 엘리트 사원이었다.

"한국이 과연 33만 톤이나 되는 규모의 비료공장을 지을 수 있겠습니까?"

하리모토 본부장은 건방진 태도로 농담하듯 말했다.

"물론입니다."

이병철은 몹시 불쾌했지만 그렇게 생각할 법도 하다고 생각하며 꾹 참았다.

"어느 정도의 확률을 가지고 계십니까?"

"100% 확신이 없다면 이런 일을 왜 시작하겠소? 그것보다 내가 듣기에 일본에서는 플랜트 수출은 50%에서 두 배까지 이익을 취한다는 것으로 알고 있습니다. 그러나 이번 비료공장만은 그럴 수 없을 겁니다. 부디 적정가격을 산출해 주기 바랍니다. 각 기계회사에서 견적을 받을 때에 각 부문마다 최저가격을 설정하고, 상사의 마진은 3% 이내로 억제해 주십시오."

그러자 하리모토 본부장이 펄쩍 뛰었다.

"이 사장님, 농담하지 마십시오. 플랜트 수출에서 3%라는 마진은 들어본 적이 없습니다. 한국 같은 불안한 나라에 수출하는데 적어도 10%는 보장해 주셔야 일을 진행할 수 있습니다. 이래서는 상담이 진행될 수 없습니다."

그러고는 거만하게 다리를 꼰 채 천장을 바라보는 것이 아닌가. 이병철은 치솟는 화를 참을 길이 없어 정색을 하고 소리쳤다.

"당신 도대체 고객에 대한 태도가 그게 뭐요? 미쓰이와는 거래를 안 해도 좋으니 당장 나가시오."

회의장은 순간 물을 끼얹은 것처럼 정적에 휩싸였다. 이병철은 자리를 박차고 일어나 그 자리를 떠났다. 얼마 후 미즈카미 사장으로부터 부하 직원의 무례한 태도에 대한 사과 전화가 걸려왔다. 사과를 하러 찾아오겠다는 그의 요청을 이병철은 정중하게 거절했다. 이병철은 거래선을 바꿀 생각까지 했다. 차관을 빌리는 처지일망정 자신은 고객이 아닌가! 가난한 나라의 기업인이라고 무시하는 태도를 보이는 것은 참을 수 없었다. 수모를 겪으면서까지 상담을 진행시킬 생각은 추호도 없었다.

그 후 하리모토 본부장이 여러 번 이병철을 찾아왔으나 이병철은 그때마다 면회를 거절했다. 이병철은 그가 여섯 번째 찾아왔을 때 비로소 그와 만났다. 결국 미쓰이 측의 마진은 3%로 결정되었다. 이병철은 금리와 보험료 등은 삼성이 부담한다는 조건을 고려하면 미쓰이의 3% 마진은 결코 적은 것이 아니라고 판단했다. 그러나 당시 일본이 한국과 같은 개발도상국에 공여하는 플랜트 수출치고는 파격적인 것 또한 사실이었다. 원칙이 결정되자 나머지 상담은 쉽게 풀려 나갔다.

그 후 하리모토 본부장은 협조를 아끼지 않았다. 그는 막상 일을 함께해 보니 서글서글하고 남자다운 장점이 있었다. 두 사람은 매우 가까운 친구 사이가 되었다. 당초 5000만 달러로 예정했던 차관도 4190만 달러로 최종 결정되어 쌍방이 계약을 체결했다. 2년 거치 8년 상환이었고 연리는 5.5%였다. 우리나라 기업이 정부의 보증 없이 외국과 맺은 최초의 민간차관이었다. 한일협정 조인에 1년 앞선 1964년 8월 20일이었다.

이병철은 계약서에 서명을 하면서 어려서부터 눈에 익은 농민들의 모습이 떠올라 복받치는 감격을 누를 수 없었다 한다. 계약서에 사인을 하고 곧바로 서울로 돌아온 이병철은 그해 8월 27일 한국비료공업 주식회사를 세우고 사장이 되었다.

그러나 모든 일이 끝난 것은 아니었다. 정식 국교가 맺어져 있는 상태가 아니었던 만큼 5000만 달러 가까운 차관은 당시로서는 난항이 예상되었다. 현재와 달리 일본의 외화사정도 결코 좋은 편은 아니었다. 여러 달 동안 협상이 이어진 끝에 1965년 6월에 한일협정 조인이 완료되었고, 드디어 한국비료의 건설이 궤도에 올랐다.

　울산공업단지에 35만 평 건설부지가 마련되었고, 1965년 12월 10일, 마침내 울산공업단지 안에서 역사적인 한국비료공장 기공식이 열렸다. 국내 굴지의 건설사들을 비롯해서 30여 개 기업이 참여했고, 일본에서는 각종 기계와 부품 공급에 100여 개 사가 참여할 정도로 대공사였다. 당시로서는 국내 최대공사였음은 물론, 일본으로서도 전후 최대의 해외공사였다. 동원된 인원도 총 125만 명에 달했다.

　이병철은 부문별 시설을 점검하다가 머리에 문득 한 가지 아이디어가 떠올랐다. 보일러나 파이프의 용량과 배치는 모두 당초 계획대로 하더라도, 암모니아와 요소(尿素)의 주요 부문 시설을 늘릴 수 있을 것이라는 생각이었다. 미즈카미 사장과 설계를 담당한 동양 엔지니어링 사장은 이병철의 아이디어를 듣더니, 참으로 기발하다면서 검토해 볼 만하다고 했다. 결국 대수롭지 않은 생각 하나로 3만 톤을 늘릴 수 있는 방법이 찾아졌고 공장 생산능력은 36만 톤으로 확대되었다.

　보통 이 정도의 비료공장을 건설하는 데 필요한 공사기간은 약 40개월이라고 알려져 있었다. 이병철은 그것을 18개월로 단축, 완성시킨다는 계획을 제출했다. 공사기간이 짧아지면 그만큼 건설비용이 줄어든다. 일본 측에서는 난색을 보였지만 이병철은 우리 기술자들을 믿었다. 매우 까다롭고 복잡한 공사였지만 우리 기술자들은 밤낮을 가리지 않고 헌신적으로 일했다. 한국비료 건설은 착공 1년 만에 차차 윤곽이 잡혀 갔다. 덕분에 공사는 18개월 안에 완공될 수 있을 것 같았다. 놀라운 공사 진행속도에 모두 탄성을 울릴 정도였다.

　그런데 바로 그 무렵 이병철은 완공된 한비공장에서 손을 떼야 하는 뜻밖의 사건에 맞닥뜨리고 만다.

삼성가(家) 가족이야기 9

이병철의 일본인 아내와 자식들

많은 사람들이 삼성이란 기업의 성공은 일본을 철저하게 벤치마킹한 데서 시작되었다고 보고 있다. 사실 이병철은 1년에 몇 달 동안은 일본에 머물러 있었고, 세 아들 모두를 일본에 유학 보내 일본을 배우도록 했다.

특히 이병철은 연말연시가 되면 반드시 도쿄에 건너가 있었다. 이른바 '도쿄 구상'이란 것으로 유명한데 자신만의 시간을 갖는 것이었다. 그는 주로 데이코쿠 호텔에 머물면서 그곳에서 일본 재계의 인물들을 만나고 사업 구상을 한 것으로 알려져 있다.

4·19 혁명이 일어나고 자신이 부정축재자로 몰리자 정나미가 떨어진 이병철은 아예 일본으로 건너가서 돌아올 생각을 하지 않았다. 그래서 5·16이 일어났을 때도 그는 일본에 머물고 있었던 것이다. 그 긴 시간 동안 아무도 간섭하는 이가 없는데 그가 수도사처럼 수양만 하고 있었을 것인가.

이미 앞에서 밝힌 대로 이병철에게는 일본에서 얻은 소실이 있었고 1남 1녀의 자식도 있었다. 그 사실은 훗날 본인 스스로가 자서전에서 밝히기도 했지만 그 이전에 장남 이맹희 때문에 세상에 알려지게 되었다. 이병철과 일본 여자 구라다 사이의 관계는 비밀로 유지되어 왔었다. 그러던 것이 1980년대 초반부터 서서히 외부로 알려지기 시작했다.

이맹희가 아버지의 여인 구라다를 처음 만난 것은 1951년 밀항을 해서 도쿄에 갔을 때였다. 이병철로서는 전쟁통에 경황없이 아들을 밀항시켰지만 당장 거처할 곳이 마땅치 않았다. 만약 밀입국자로 붙들린 경우 '오무라 수용소'로 끌려갈 것이었다. 이병철은 하는 수 없이 이맹희의 숙식문제를 현지 처인 구라다에게 맡겼다.

다음 해에 둘째 이창희가 일본으로 유학을 떠났을 때도. 막내 이건희가 유학을 떠났을 때도 이병철은 숙식문제를 전적으로 구라다에게 맡겼다.

그러다보니 서울의 가족들이 이병철의 일본인 소실에 대한 이야기를 자연히 알게 되었다. 장남 이맹희는 구라다와 나이 차이가 별로 나지 않아서 하숙생처럼 서먹서먹하게 지냈다. 그는 이따금 아무 것도 모르고 있는 고국의 어머니 생각 때문에 심사가 뒤틀릴 때면 구라다에게 증오심을 느끼고 시비를 걸었다 한다. 그 일로 해서 이맹희는 아버지에게 평생 처음이자 마지막으로 손찌검을 당하기도 했다. 그런데 막내인 이건희는 구라다와도 비교적 가깝게 지내는 편이었고 이복동생인 야스테루(泰輝)와는 뒹굴며 놀고 우애가 깊었다고 한다.

이병철 연보에 의하면 아들 야스테루는 1953년에 태어났고, 딸 게이코(惠子)는 1962년에 태어난 것으로 기록되어 있다. 이들은 이병철의 생전에는 한동안 한국에서 살기도 했다. 4남 태휘는 1977년 게이오 대학을 졸업하고 한때 삼성그룹 비서실 이사, 제일제당 상무로 근무하기도 했지만, 이병철이 세상을 떠난 후 일본으로 돌아간 것으로 알려져 있다.

얼마 전 리제트 리(한국명 이지영)라는 여자가 게이코의 외동딸로 알려져서 세간의 이목이 집중했으나 이병철 사후 구라다와 그들 가족이 어떻게 살고 있는가에 대해서는 별로 알려진 것이 없다.

그런데 1990년 여류작가 오정인이 펴낸 〈유리성〉이라는 소설이 세간을 뜨겁게 달구었다. 작가는 이맹희에게 직접 들은 이야기를 바탕으로 그 소설을 썼다고 주장했는데 그 소설은 삼성을 연상시키는 '오성그룹'을 배경으로 하고 작중 주인공이 아버지의 애첩인 일본인 여성을 가로채 부자 간에 갈등을 빚는다는 내용을 담고 있었다.

또 오성그룹의 삼남은 자동차 편집광으로 나오는데 이건희가 자동차 마니아인 것을 빗댄 설정으로 보는 사람이 많았다. 그런데 이 소설은 오성그룹의 삼남이 엘리베이터걸과 사랑에 빠져서 그 사이에서 아들을 낳고 이로 인해 질투심에 불탄 부인이 그 엘리베이터 걸을 쫓아낸다는 스토리도 담고 있어 당시 독자들의 호기심을 자극했다.

 이맹희는 극구 변명했음에도 불구하고 또 다른 곡해만 사고 아버지 이병철에게도 씻을 수 없는 불효자가 되고 만다. 물론 이 일은 이병철 사후에 일어난 일이기는 하지만 이맹희는 그런 종류의 일들을 벌이고 다닌 때문에 아버지의 미움을 더 사게 되었는지도 모른다. 그리고 동생 이건희에게도 화해할 수 없는 치욕을 느끼게 했는지도 모를 일이다.

 우리는 앞으로 장자인 이맹희가 왜 삼성의 대권을 물려받지 못하게 되었는지는 좀 더 심도 깊게 살펴보게 될 것이다.

❿ 도쿄 구상-크게 보고 멀리 보라

    가능성 있는 상품이나 서비스가 나오면, 나 역시 고객이기 때문에, 고객의 눈으로 그것을 봅니다. 요리사와 비슷해요. 음식 맛보기를 좋아하는데, 맛이 좋지 않으면 고객들에게 제공하지 않지요. 항상 내가 하고 있는 일을 감시합니다. 그리고 고객인 나를 행복하게 해줄 것 같은 금융서비스를 제공하기 위해 보다 좋은 방법을 항상 찾으려고 합니다.

- 찰스 슈왑(Charles Schwab) -

도쿄 구상

한국 경제에 있어서 이병철은 롯데그룹의 신격호와 더불어 유명한 일본통이다. 신격호야 일본에서 사업을 일으킨 사람이니까 그렇다 하더라도 이병철의 일본기업 따라잡기는 그의 부단한 노력의 소산이라 할 수 있겠다.

이병철은 그 유명한 '도쿄 구상'을 통해서 일본의 앞서가는 기업들을 꾸준히 벤치마킹하면서 삼성을 재계 1위의 기업으로 이끌어왔다. 이병철의 도쿄 구상은 처음부터 의도했던 것은 아니었다. 나중에 연례화 된 도쿄 구상은 우연한 기회에 이루어졌다.

1959년 12월 말, 이병철은 일본 방문을 마치고 귀국하려 했으나 서울에 폭설이 내려서 비행기가 이륙하지 못하는 사태가 벌어졌다. 그래서 할 수 없이 일본 체류기간 중의 숙소였던 데이코쿠 호텔로 발길을 돌려야 했다.

그날 밤 일본 TV에서는 연말을 맞이해 특별 기획한 경제전망 기획 프로그램을 방영하고 있었다. 일본의 저명한 저널리스트, 석학들이 나와서 지난해의 경제 동향에 대한 총결산과 새해 경제에 대한 전망을 하고 있었다.

그때 이병철은 무릎을 쳤다.

"내게 저런 것을 보여주려고 서울에 폭설이 내린 모양이구나."

그는 귀국을 연기한 채 일본경제에 정통한 경제 담당 기자들을 만나서 TV에서 본 내용을 확인하며 그들의 이야기를 들었다. 기자들은 수치상으로 나타난 경제지표뿐만 아니라 실제로 경제 현장에서 일어나는 많은 이야기를 들려주었다.

이병철은 기자들의 이야기 가운데서 흥미 있는 분야를 골라냈다. 그리고 다시 그 분야의 전문가, 학자들을 만나서 새로운 시대가 요구하는 우수 업종과 상품에 대한 조언을 들었다.

그런 다음 그는 재계의 유명사업가를 초청했다. 사업가들은 사업현장에서 실제로 겪은 자신들의 경험과 노하우를 들려주었고, 이병철 회장에게 새로운 사업을 바라보는 시각을 제시해 주었다. 이병철은 일본의 재계 인물들과 폭넓은 교류관계를 맺고 있었으므로 그들을 만나서 좀 더 구체적이고 확실한 정보를 얻을 수 있었던 것이다.

이런 몇 단계의 만남 끝에 이병철은 자신의 생각을 정리하고 구상을 다듬어 나갔다. 그는 귀국 즉시 자신이 직접 작성한 유망 업종 리스트를 비서실에 건네며 우리 실정에 맞는 사업을 하나하나 점검하라고 지시했다.

그 후 이병철은 해마다 연말, 연초를 일본에서 지냈다. 그는 일본 언론이 특별 기획한 경제전망 기획 프로그램을 보면서 자신의 사업구상을 정리하곤 했다. 당시 일본은 고도성장기를 맞고 있었으므로 매스컴에서는 해마다 신정 연휴 동안 일본의 경제발전에 초점을 맞추어 집중적으로 기획물을 내보내고 있었다.

이병철은 이 기간 동안 일본의 경제개발 경험과 기업가들의 역할에 대해 진지하게 공부하고 연구할 수 있었다. 일본의 공업화는 이병철 회장에게는 더없이 중요한 벤치마킹의 대상이자 교과서였다. 그는 우리보다 앞서가는 일본 기업의 노하우를 자기 나름대로 소화해냈고, 그것을 자기 방식으로 활용하는 방법을 터득했던 것이다. 이렇게 해서 선정된 업종이 훗날 삼성의 주력기업이 된 매스컴, 제지, 보험, 전자, 중공업, 석유화학 등이었다.

그런 가운데 이병철이 처음으로 구상한 사업이 훗날 그가 완공해서 한국 정부에 헌납하게 된 동양 최대의 비료공장 한국비료이었다. 당시 농업은 우리나라에서 가장 중요한 산업이었고, 비료 수요 또한 지속적으로 늘었지만 자급률은 20%에 지나지 않은 상태였다.

이병철은 평소 농업국가인 우리나라에 비료공장이 반드시 필요하다고 생각했지만 문제는 자금이었다. 그런데 도쿄에 머무르던 그는 어느 날 선진 10개국이 발의한 "개발가능성이 있는 후진국에 장기저리로 차관을 제공한다."는 기획 뉴스를 보게 되었다. 지금은 초등학생들도 '외국에서 돈을 빌려오는 차관'이라는 것이 있다는 걸 알고 있지만 당시는 "개인이 외국에서 차관을 구할 수 있다."는 사실을 어느 누구도 모르고 있었다.

이병철이 정부의 보증만 있으면 개인 자격으로라도 차관을 얻을 수 있다는 사실을 처음 알게 된 것은 그 기획 뉴스를 통해서였다. 그날 아침 이병철은 큰아들 이맹희와 함께 그 방송을 보고 있었다. 세계의 뉴스를 전하는 코너에서 외국에서 차관을 얻어서 사업을 한다는 코멘트가 나왔다.

"아부지, 보이소. 저렇게 돈을 빌려서 하는 방법도 있네예."

이병철은 아들의 말에 고개를 끄덕이며 깊은 생각에 잠겼다. 이병철은 처음으로 사기업의 자격으로도 차관을 구할 수 있다는 사실을 알게 된 것이다. 그는 그것을 보고 비료공장에 대한 사업 구상을 하게 되었다. 이것이 '도쿄 구상'의 효시이자 실체다.

그가 해마다 연초에 도쿄에서 사업 구상을 한 데는 이처럼 속 깊은 내막이 있었다. 그는 우리보다 앞서가는 일본의 시스템을 자기 나름대로 소화해냈고, 그것을 자기 방식으로 활용하는 방법을 터득했던 것이다. 이렇게 해서 선정된 업종이 훗날 삼성의 주력기업이 된 매스컴, 제지, 보험, 전자, 중공업, 석유화학 등이었다.

흔히 '도쿄 구상'이라 하면 이병철의 호사스러운 취미 정도로 생각하는 면이 있는데, 이것이야말로 철저하게 기업가다운 그의 일면을 보여주는 예라고 할 수 있다. 도쿄는 우리나라와 가장 가까이 있는 국제도시이자, 세계경제의 흐름을 접할 수 없는 곳이었다. 말하자면 이병철은 도쿄라는 창(窓)을 통해 세계를 보았던 것이다.

이병철이 사업을 위해 갔을 때는 주로 '데이코쿠' 호텔을 이용했고, 개인적으로 갔을 때는 대부분 '오오쿠라' 호텔을 이용했으며 대개는 장기 투숙이었다. 오오쿠라 호텔은 그의 단골 호텔로 이미 널리 알려져 있었다. 그는 이 호텔을 무척 마음에 들어 했고 편안함을 느꼈다. 연말이면 거의 빠짐없이 이 호텔을 찾아 투숙했고 이곳에서 신년 구상을 했다.

도쿄 구상의 산물들

1960년대에 삼성은 제당업, 모직업, 보험업, 수출에 주력했다. 그러나 경공업 중심의 산업으로는 세계적 기업으로 발돋움하기 어렵다는 것을 깨달은 이병철은 새로운 분야로의 진출을 모색하기 시작했다. 70년대가 가까워지자 이병철은 그동안 벌여온 소비재 위주의 사업보다는 전기·전자 계통의 첨단산업이 앞으로의 세상을 지배할 것이란 생각을 하게 되었다.

전자산업 진출을 결심한 이병철 회장은 산요전기 공장을 방문해서 이우에 토시오(井植歲男) 회장을 만났다. 그는 일본에서 '경영의 신'이라고 불리는 마쓰시다 고노스케의 처남으로 마쓰시타와 함께 마쓰시타 그룹을 일으켰으나 독립해서 산요전기를 창업한 인물이었다. 평소 이병철 회장과 돈독한 친분을 나누고 있던 이우에 회장은 진심에서 우러난 조언을 해주었다.

전자산업은 모래를 원료로 한 반도체 칩에서 TV에 이르기까지 무에서 유를 창조하는 산업입니다. 부가가치 99%의 창조 산업이니 전자산업으로 미래를 준비하세요.

산요전기를 둘러본 이병철은 깜짝 놀랐다. 산요전기 공장은 40만 평의 대지 위에 어마어마한 규모를 자랑하고 있었던 것이다. 전자산업에 미래가 달려 있다는 것을 확인한 이병철 회장은 귀국하자마자 수원 근교 매탄벌에 45만 평의 부지를 사들이고 전자산업을 시작할 준비를 서둘렀다.

1969년 1월, 이병철 회장은 삼성전자주식회사를 설립했다.

　그리고 삼성은 1969년 12월, 일본 산요전기와 합작으로 삼성산요전기를, 1970년 1월에는 삼성NEC를 각각 설립해서 삼성전자를 이륙시킬 준비를 착착 진행했다.

　일본 산요전기와 NEC의 입장에서 볼 때 삼성전자는 저렴한 임금과 풍부한 노동력을 제공하는 아웃소싱 전진기지였다.

　삼성전자를 설립한 이후 이병철 회장은 라디오, TV에서부터 반도체, 컴퓨터 등의 첨단산업에 전력을 기울이는 한편, 중화학공업과 방위산업 등에도 발 빠른 행보를 계속하면서 삼성의 세계화를 위해 진력했다.

　1970년대는 제1차 오일쇼크 등의 외풍이 몰아쳐서 성장의 기복이 극히 심했던 시대였다. 1973년, 정부는 경공업 중심의 경제성장에 한계를 느끼고 중화학공업을 적극 추진하기 시작했다. 정부는 1975년에 수출 부진을 타개하기 위한 강력한 수출 드라이브 정책의 일환으로 종합무역상사(General Trading Companies) 제도를 도입하여 수출의 견인차 역할을 맡게 했다.

　이는 1971년 1월 삼성이 일본의 종합무역상사를 모델로 하는 '종합무역상사 육성에 관한 건의'를 정부측에 제출한 데 따른 것이었다. 이 건의안에는 종합무역상사를 양성하는 목적과 방법이 포함되어 있었으며, 정부는 삼성의 건의 중 상당 부분을 받아들여 법을 발효시켰다.

　그리하여 삼성은 1975년 5월 19일, 종합무역상사 제1호로 등록을 했다. 그 후 종합무역상사는 한국 재벌그룹을 대표하는 견인차 역할을 하면서 국제시장을 개척하고 '수출 한국'의 기치를 드높이며 점차 강력한 국제경쟁력을 갖추는 기회를 만들어 나갔다.

　종합무역상사로 등록한 삼성은 1975년 당시 16개였던 해외지부를 1978년에는 38개로 늘리면서 수출을 확대하기 위해 세계 각 지역으로 수출시장을 다변화했다. 또한 그룹의 사업구조에서 중공업의 비중을 높이기로 결정하고 조선과 중화학을 포함하는 중화학공업으로의 진출에 박차를 가했다. 그러면서 주요 수출 품목도 경공업 품목에서 중공업 품목과 플랜트로 전환했다.

삼성은 중화학공업 진출을 서둘러 1972년에는 제일합섬, 1974년에는 삼성중공업과 삼성석유화학, 1978년에는 코리아엔지니어링과 삼성정밀 등을 설립하면서 중화학, 조선, 항공, 기계 사업 부문의 계열사를 만들어갔다. 또 1970년대 중반 중동 건설특수를 계기로 1977년에는 삼성종합건설을 설립해 뒤늦게 건설업에도 진출했다. 그뿐만 아니라 1977년 삼성반도체와 삼성GTE통신을 설립함으로써 향후 전개될 첨단산업 시대에 대비하는 밑그림을 그렸다.

일본 재계의 인맥들

이병철의 도쿄 구상은 이병철의 머리에서 나오기는 했으나 그것을 실현할 수 있도록 지원해준 사람들은 일본 재계에 널리 포진해 있던 인맥들이었다. 앞에서도 얼핏 살펴보았지만 이병철은 일본에 쟁쟁한 인맥을 지니고 있었다. 이병철이 그 인맥을 쌓아갈 수 있었던 것은 골프 때문이었다.

4·19혁명이 일어나고 부정축재자로 몰려서 사회적 지탄의 대상이 된 이병철은 많은 낙담을 했던 듯하다. 자신의 처지가 딱하기도 했지만 한치 앞도 내다보이지 않는 한국 정세의 혼미 때문이기도 했다. 이병철은 거의 1년 가까이 일본에서 망명객처럼 지내며 울적함을 달래기 위해 자주 골프를 쳤다. 그러다보니 자연히 많은 일본 재계의 인물들을 만나게 되었다. 골프를 자주 치게 되자 핸디는 17에서 10으로 올라갔다.

"골프를 해보면 그 사람 됨됨이를 알 수 있어."

이것이 이병철의 지론이었다. 이병철은 정계·재계·관계·문화계 등 각계의 일본 지도층과 폭넓게 교류하여 깊은 친교를 맺었다. 그때

친교를 나누었던 많은 사람들이 이병철의 인맥이 되었고 그가 일본 기업을 벤치마킹하는 데 많은 후원을 아끼지 않는 응원군이 되었다.

그 후에도 이병철은 계절이 바뀔 때마다 도쿄를 찾았다. 이때 보름에서 한 달 정도 도쿄에 머문 그는 회식 자리와 골프장 혹은 사무실에서 많은 교류를 나눴다. 당시 삼성 일본지사(현 일본삼성)가 있던 도쿄 가스미가세키 빌딩 31층 회장실에는 늘 일본 재계의 인사들이 드나들었다.

이병철은 반은 의식적으로 반은 무의식적으로 일본을 벤치마킹하는 것만이 삼성의 살길이라고 믿고 있었던 듯하다. 그래서 일본과 사업적인 관련이 많아 일본 경제인들과 폭넓게 교류했다. 사업 때문에 일본을 자주 오갔을 뿐 아니라, 개인적인 휴식을 위해서도 자주 일본을 찾았다.

이병철의 골프 상대는 토고 도시오 도시바 회장, 산요전기 이우에 토시오 회장, 이나야마 요시히로 철강연맹 회장, 안도 도요로쿠 오노다 시멘트 사장, 고토 노보루 도큐그룹 회장, 신토고우 NTT(일본 최대 전신전화 회사) 사장, 이시자카 다이조 일본 경단련 회장, 우에무라 고고로 JAL(일본항공) 사장, 나카노 시케오 신일본제철 사장, 이마자토 히로키 일본정공 사장 등 일본 경제를 움직여 나가고 있는 쟁쟁한 인사들이었다.

이병철은 일본의 경제계 원로들과 자주 골프회동을 가지면서 많은 사업정보도 얻고, 필요에 따라 사업적으로 그들과 제휴할 기회를 만들었다. 따라서 골프는 이병철에게는 빼놓을 수 없는 취미이자 생활의 중요한 부분이었다.

일본에는 '300CC'라고 이름 붙여진 일본 최고의 골프장이 있다. 앞에 아라비아 숫자 300이 붙은 것은 회원 수가 단 300명이기 때문이다. 이 골프장은 영리를 떠나 그 회원수를 일본 전국에서 단 300명으로 제한하고 있다.

그래서 이 골프장의 회원이 된다는 것은 하늘의 별따기다. 당대 일본의 최정상급 인사만이 '300CC' 회원이 될 수 있다. 일례로 나카소네 야스히로 전 총리도 장관시절 이 골프클럽의 회원이 되고자 했으나 번번이 고배를 마시다가 총리가 된 후에 겨우 그 소원을 풀 수 있었다.

이병철은 한국인 최초로 '300CC'의 회원이 되었다. 두 번째 한국인은 현대그룹 회장 정주영이었다. 오늘날에도 '300CC'의 전통은 이어져서 '300CC'는 '500CC', '700CC' 두 개의 골프장으로 나뉘어져 여전히 500명, 700명의 회원만을 고집하고 있다.

그렇다면 이병철의 골프 수준은 얼마나 될까?

이병철의 골프실력은 상당한 수준이다. 이병철은 골퍼들도 평생의 꿈이라는 '홀인원'을 세 번이나 기록했다. 일본의 가스미가세키CC와 호도가야CC, 안양CC에서 세 번의 홀인원을 기록한 바 있다. 이는 아마추어로서는 보기 드문 기록이다. 홀인원이나 이글은 마음먹는다고 되는 것이 아니다. 이러한 사실은 이병철이 골프에 애착을 가졌다는 것을 말하기도 하지만, 남에게 지는 것을 싫어하는 그의 근성 때문일 것이다. 이병철의 골프친구였던 일본의 토고 도시오 도시바 회장의 말 중에 이런 부분이 있다.

"일이 되고 안 되고는 능력이 모자라서가 아니라 집념이 모자라서이다."

삼성가(家) 가족이야기 🔟

세 아들의 유학시절

이병철은 세 아들을 모두 일본으로 유학 보냈고 맏이 이맹희와 셋째 이건희는 미국으로도 유학을 보냈다.

이맹희는 도쿄대학 농과대학을 나온 후, 결혼 한 아내와 함께 미국 유학을 했다. 미시건 주립대학에서 공업 경영학을 공부했고 박사학위를 받았다. 아내 손복남은 당시 아동교육학에 대해서 공부했다. 미국 유학시절 이맹희 부부는 딸 이미경과 아들 이재현을 낳았다.

이창희는 1952년 이승만 정권하에서 정식으로 허가를 받은 유학생 제1기로 오사카대학 경제학부에 입학했다. 이창희는 이 유학시절에 만난 나카네 히로미(후에 이영자로 개명)씨와 연애결혼을 했다. 이영자의 집안은 원래 할아버지가 공작이고 아버지는 나카네 쇼지(中根正司)로 자작인 명문 집안이었으나 일본의 패전으로 몰락한 가문이었다. 이병철은 이 결혼을 반대했으나 이창희는 끝까지 고집을 꺾지 않았다. 결국 그는 집안의 허락 없이 혼자서 도쿄의 데이코쿠 호텔에서 결혼식을 올렸다.

한편 이건희는 일본을 배우라는 아버지의 지시에 따라 초등학교 5학년 때 일본으로 유학을 떠나야 했다. 일본말도 서툰 소년 이건희는 학교에서는 친구들로부터 '조센징'이라는 놀림을 받았던 탓에 친구를 사귀지 못하고 혼자 영화를 보는 것으로 시간을 때웠다. 그 무렵 그가 본 영화가 1300편이 넘는다고 한다. 그는 학교에 가지 않는 날에는 하루 종일 극장에 가서 영화를 보며 지냈다. 그는 훗날 그 시절을 이렇게 회상했다.

나면서부터 떨어져 사는 게 버릇이 돼서 내성적인 성격이 되었어요. 저희 남매들이 부모님과 함께 다 모인 게 손가락으로 셀 정도였습니다. 중학교 3학년 때 처음으로 모두 모이게 되어서 사진관에 연락해 사진을 찍은 적이 있으니까요. 그래서 그런지 지금도 혼자 있거나 떨어져 있는 건 아무렇지도 않아요. 그게 보통인 것 같아요. 가장 감성이 민감한 때에 일본에 머무르게 되어서 민족차별, 분노, 객지에서의 외로움, 부모에 대한 그리움, 이런 걸 다 느꼈습니다. 그래서 지금도 일본에는 뭐든지 지고 싶지 않아요. 상품은 물론이고 레슬링, 탁구, 뭐든지 일본에 이기면 즐거워요.

이건희는 일본에서 초등학교를 다니는 동안 영화와 책, 그리고 생각에 잠기는 것이 전부인 삶을 살았다. 중학교에 들어간 이건희는 더는 외로움을 견디지 못하여 아버지를 졸라 서울로 돌아와서 서울 사대부중에 입학했다.

이건희는 서울에서 사대부고를 졸업하고 1965년에 다시 일본으로 유학을 떠나 와세다대학교에서 공부했다. 와세다대학교 상과대학을 졸업한 그는 1966년 9월 미국 조지워싱턴대학교 경영대학원에서 MBA 과정을 수료하고 귀국한 뒤 삼성그룹 경영 일선에 참여하기 시작했다.

이병철은 자신이 그러했던 것처럼 세 아들의 학교 성적이나 유학생활을 하면서 얻은 학위나 졸업장 따위에는 별다른 의미를 부여치 않았던 것 같다. 그는 유학이라는 것이 이공 계통의 특별한 기술 변화나 아니면 세계적인 조류의 변화를 캐치하는 것쯤으로 인식하고 있었던 듯하다.

아버지 판단에는 아마도 일본에서의 석사 학위나 박사 학위가 그렇게 중요하지 않다고 생각했을 수도 있다. 원래 유학을 보낸 목적도 그 공부를 통해서 교수가 되거나 학자가 되라는 것은 아니었다. 우리 3형제가 모두 일본, 미국 유학을 했지만 다들 공부보다는 과학 기술과 기업 운영의 선진 외국인 일본과 미국의 분위기를 보고 오라고 보냈다고 생각했다. 그리고 나는 지금도 그런 판단은 옳다고 생각한다.

⑪ 위기는 기회다

　기회가 찾아오지 않음을 원망하는 사람은 바로 자신의 무능력을 시인하는 사람과 같다. 행운이란 진실로 그것을 원하는 사람에게 찾아오는 법이다. 절실함이 더욱 애절할수록 성공 가능성도 높다. 따라서 지금 현 상황이 절실한 사람이 앞으로 성공할 가능성이 그만큼 높은 사람이다.

- 록펠러 -

대체 누가 삼성을 죽이려 하는가

"호외요, 호외! 재벌 기업 삼성! 사카린 밀수!"

1966년 9월 15일 아침, 서울 시내 곳곳에서는 신문 호외가 삐라처럼 뿌려졌다. 이병철과 삼성에게는 가장 치명적이면서 가장 씻을 수 없는 사건이 터진 것이다. 호외를 들여다 본 사람들은 저마다 한 마디씩 투덜거렸다.

"얼마나 돈을 더 벌겠다고 재벌이 이런 짓까지 하는 거야?"

"돈을 싸들고 저승까지 가져가려는 모양이지."

시민들의 분노의 목소리가 여기저기에서 터져 나왔다.

그날 이병철은 일본에 있었다. 한국비료는 공사를 시작한지 채 1년도 되지 않았지만 공정은 벌써 80% 정도가 진행되고 있었다. 발주한 기계와 기자재를 포함하여 30여 만 종류가 넘었고 중량으로 18만 톤에 달했다. 도중에 설계가 변경되어 필요한 자재는 더 늘어났고, 일본의 협력회사도 그 수가 480사(社)를 넘었다. 이병철은 하루빨리 한국비료 공장을 세워야 한다는 생각밖에 없었기에 일본에서 기자재 수급을 점검하고 있었다. 그런 그에게 서울에서 긴급 국제전화가 걸려왔다.

"회장님 큰일 났습니다. 언론이 OSTA 사건을 크게 터트리고 있습니다."

이병철은 뭔가 심상치 않다는 점을 직감했다. 그가 알기로 이 사건은 4개월 전에 마무리가 된 사건이었다.

'OSTA 사건'이란 한국비료 보세창고에 보관 중이던 OSTA라는 약품이 시중에 유출돼 판매된 것이 발단이 된 사건이었다. OSTA란 이탈리아 몬테카티니사(현 몬테티손사)가 개발한 질소비료 공정 중 하나인 탄산가스의 흡수재생 공정에 쓰이는 물질이었다. 또한 사카린의 원료이기도 해서 일명 '사카린'으로 불리기도 했다. 당시만 해도 설탕값이 비싼 탓에 사카린으로 단맛을 내곤했다. 빵에도 사카린이 들어갔고, 주스에도 사카린을 넣어 단맛을 냈다.

성상영(成尙永) 한비 부사장에게 OTSA가 유출되었다는 보고를 받은 것이 5월 22일이었다. 한비 상무인 이일섭이 OTSA 1400여 부대를 금북화학에 팔려다 부산 세관 감시과 직원에게 걸렸다는 것이다. 금북화학은 사카린을 만드는 회사였다. 부산세관은 1,059포대를 압수하고 벌금 2천여만 원을 부과하고 사건을 종결시켰다. 삼성에서는 이일섭 상무가 한국비료의 일시적인 자금난을 해결하기 위해서 자의적으로 저지른 짓이라고 밝혔고, 정치권에서도 이 사건의 확대를 바라지 않아서 벌금을 받는 것으로 사건을 종결해 버렸다. 이병철로서도 완전히 면죄부를 받았다고 여겼으나 정치권의 누군가가 일을 다시 키우기 시작한 것이었다.

'왜 일사부재리(一事不再理 : 형사소송법에서 한 번 판결이 난 사건에 대해서는 다시 공소를 제기할 수 없다는 원칙)를 깨면서까지 사건을 확대시키는 것일까?'

귀국하는 비행기 안에서 이병철은 갖가지 상념에 휩싸였다. 부정축재자로 몰렸을 때도, 삼분폭리사건으로 언론사들이 시끄럽게 떠들었을 때에도 침착했던 이병철이었다. 하지만 이번에는 달랐다. 마음을 가라앉히려 애쓸수록 진정이 되지를 않았다.

이병철이 김포공항에 도착하자 기자들이 벌떼처럼 달려들어 질문을 퍼부었다.

"이 회장님! 이번 한비사건을 어떻게 생각하십니까?"

"사카린을 밀수한 것이 사실입니까?"

이병철은 기자들에게 할 말이 없었다.

"미안하지만 지금 막 일본에서 돌아오는 길이라 아는 바가 없소."

이병철은 쏟아지는 질문을 뒤로 하고 차에 올랐다. 이병철은 곧장 경제부총리 장기영에게로 갔다.

"도대체 일사부재리 원칙을 무시하고 재수사를 하는 이유가 뭡니까?"

"글쎄, 나도 그 배후를 모르니 답답합니다."

장기영은 이병철과 함께 한국비료가 제대로 완공되기를 간절히 바라던 사람이었다. 그는 정부의 최고위급 관료이기는 했으나 중앙정보부나 청와대에서 다루는 정치적 정보나 정치공작에 대해서는 아는 바가 없어 보였다.

"이런 말씀은 드리지 않으려고 했는데 내가 일본에 가기 전에 권력의 중추에 있는 인물이 한국비료의 주식 30%를 내놓으라고 요구했었습니다."

그 말은 들은 장기영은 깜짝 놀라서 물었다.

"그런 일이 있었습니까? 그 사람이 누구입니까?"

"내가 어떻게 그것을 밝힐 수 있겠습니까. 장관께서 한국비료에 대한 모든 지원을 해주시기로 한 만큼 이번 사태를 정부차원에서 막아주세요. 반드시 막아주셔야 합니다. 그렇지 않으면 나도 그 동안 오고간 정치 자금과 우리 삼성에게 부당한 행위를 한 정치인들의 실상을 밝힐 생각입니다."

쥐가 도망갈 길이 막히면 고양이에게 덤빈다고 했다. 이병철로서도 그런 쥐의 심정으로 장기영을 겁박했을 것이다. 그러나 사건은 이병철이 원하는 대로 흘러가지 않았다. 그는 어두운 표정으로 뭔가 내막이 있음을 암시하면서 "뭔가 정치적 작위(作爲)가 있었음을 뜻한다."했다.

여야는 이 문제를 놓고 특별조사 위원회 구성을 논의하기 시작했다. 언론보도대로 삼성은 이 OSTA를 밀수입한 것으로 밝혀졌고 파장은 걷잡을 수 없이 커졌다. 국민 여론은 재벌의 밀수에 대해 극도로 악화됐다. 이병철은 신음하듯 낮게 소리쳤다. 이병철 일생에 있어서 가장 큰 치욕을 안겨다 준 이른바 '한국비료 사카린 밀수 사건'이 터진 것이었다.

"대체 누가 삼성을 죽이려 하는가!"

이병철은 〈호암자전〉에서 "그날을 결코 잊을 수 없다."고 썼다.

치욕적인 한비사건

그렇다면 이 사건은 어떻게 시작되고 전개되었으며 어떻게 마무리된 것일까?

1963년 12월, 대통령에 당선된 박정희는 1967년에 있을 대통령 선거에 대비해서 무언가 업적을 하나 준비하고 싶어서 이병철에게 반 강압적으로 비료공장을 지을 것을 권했다. 박정희는 삼성이 비료공장을 지으면 적극 지원하겠다고 제안했다. 박정희는 선거 전까지 무슨 일이 있어도 공장 건설을 완료할 것을 주문했고, 이병철은 정부 차원의 전폭적인 지원을 요구했다. 이게 앞에서 살펴 본대로 1964년 말의 일이었다.

이렇게 해서 1965년 9월과 10월에 각각 비료공장 건설 허가와 울산의 공장부지 작업 허가가 났고, 일본과의 차관 협정이 맺어져서 12월에 공사가 시작되었다. 그 과정에서 미쓰이 물산 측은 기계를 사준 데 대한 감사의 표시로 100만 달러의 리베이트를 제공했다. 뜻밖의 공돈이었으나 이 돈이 문제의 씨앗이었다. 당시의 외환관리법은 정부에 신고하지 않은 외화는 들여올 수 없게 되어 있었다. 합법적 리베이트로 받은 돈이었으나 국내로는 들여올 수가 없었으니, 이것을 어떻게 처리하느냐가 문제였다. 이맹희의 술회에 따르면 고민하던 이병철은 박정희에게 이런 사실을 알렸다. 이맹희는 이것이 이병철의 큰 실수였다고 말한다. 〈묻어둔 이야기〉에는 이런 대목이 나온다.

> 처음, 아이디어를 낸 사람은 박대통령이었다. 즉, '그렇게 돈을 가져오는 것이 힘들면 물건을 사와서 여기서 처분을 하면 될 것 아니냐?'는 이야기였다. 덧붙여 박대통령은 돈을 만든 다음 3분의 1은 정치자금으로, 3분의 1은 부족한 공장 건설 대금으로, 3분의 1은 한비의 운영자금으로 하자는 안까지 내어놓았다. 쉽게 말해서 그 돈을 단순하게 운반할 게 아니라 그 돈을 다시 한 번 부풀려서 이용하자는

것이 박대통령의 아이디어였다. 군사 쿠데타가 일어난 지 불과 3년여 아직도 군사 정부 시절의 기강이 시퍼렇게 살아 있던 시기에 정부의 묵인이나 적극적인 협조 없이 대단위의 밀수를 한다는 것은 불가능했다. 이른바 한비 밀수 사건은 이렇게 토양이 갖추어진 상황에서 그 싹이 자라기 시작했다.

대통령이 밀수 아이디어를 냈다는 이야기는 황당한 소리로 들리지만, 당시 정황을 더듬어 보면 정치자금이 거의 없었던 박 정권으로서는 '돈 대신 물건'으로 들여오는 것에 대해서는 암묵적인 동의를 했을 것 같다.

이때 이맹희는 당시 쉽게 수입할 수 없어 국내에서 고가로 팔리는 물품들을 골라 반입하도록 결정했다. 양변기, 냉장고, 에어컨, 전화기, 스테인리스판, 공작 기계와 건설용 기계 그리고 문제의 OTSA 등이었다. 이맹희가 추산한 바로는 일본에서 물건을 들여와서 국내 시장에 팔면 약 4배 정도의 돈을 얻을 수 있다는 계산이 나왔다. 바꿔서 말하자면 1백만 달러로 물건을 사와서 국내에서 판매를 하면 4백만 달러 정도를 만들 수 있다는 것이었다.

양변기의 예를 보자. 그 무렵에도 부유층 사람들은 외제 화장실 양변기를 사용했다. 국내에서 양변기를 생산하는 곳은 하나도 없어서 외제를 쓸 수밖에 없었는데 이 외제 양변기의 가격이 대략 15만원 정도였다. 일본에서는 한화로 3만 원 정도면 구입할 수 있었다. 에어컨, 냉장고의 경우도 거의 마찬가지였다.

정식으로 L/C를 개설해서 들여오는 것이 아니었기에 물자 반입도 실무상 쉬운 것은 아니었다. 그러나 일본에서 울산의 한국비료 건설현장으로 들어오는 배는 세관의 조사도 거의 없었기에 삼성이 물건을 들여오는 데는 큰 애로사항이 없었다. 이맹희는 어떤 물건이 필요한지 시장조사를 해서 동생 이창희에게 목록을 넘겨주었고, 이창희는 일본에서 사들일 물건을 정하여 연락을 하고, 일본 현지에서는 신운철 상무와 손영희 과장이 물건 구매를 맡았다. 이맹희와 이일섭 상무는 그 물건을 암시장으로 유통시키는 일을 맡았다. 어차피 정부에서 눈감아 주는 사업이었으므로 일은 순조롭게 끝이 나는 듯했다. 이맹희의 주장이 사실이라면 박정희도 밀수의 가담자가 되는 셈이다. 그런데 문제의 OTSA는 그해 5월 세관에 걸려들었고, 그것은 4개월 후 삼성을 무려 반년 동안이나 융단 폭격하는 전초전이 되었다.

사태의 심각성에 등이 떠밀린 당국은 1966년 9월 16일, 삼성의 이른바 '한비공장 건설과 연관된 사카린 밀수 사건'의 전반적인 조사 내용을 국세청 세무국장을 통해서 발표한다.

밀수 사건의 주모자는 한비의 상무이사로 근무하던 이일섭이며 그는 주소 불명의 이창식과 손잡고 사카린의 원료인 OTSA 2400부대를 건설자재와 함께 밀수입했다. 주모자 이일섭은 5월 16일 시가 1백1만원에 해당하는 141부대를 시중에 매각했으며 뒤이어 1430부대를 부산시 동래구 소재 금북화학공업주식회사에 정상 수입품인 것처럼 매각하려다가 5월 19일 부산 세관 감시과에 의해 적발되었다. 이일섭은 세관에 의해 밀수 행위가 적발되자 나머지 856부대를 세관에 자진 신고했으며 부산 세관은 이 856부대와 금북화학에 팔리던 1430부대 등 도합 2259부대를 압수했다. 한편 세관은 이 밀수가 사카린 원료의 감정 가격을 원가에 의해 5백만 원으로 감정하고 그의 4배 되는 2220만 원을 이일섭으로부터 추징했다.

그런 발표 이후에도 중앙일보를 제외한 온 언론이 들고 일어났고 전국이 들끓었다. 당시 동아일보는 다음과 같은 사설을 실었다.

밀수, 그것은 곧 망국이다. 나라의 경제를 좀먹고, 나아가 나라를 망치는 흉악 중에서도 가장 가증스럽고 끔찍스러운 범죄. (중략) 또한 5·16 이후 이 망국행위를 근절키 위해 특별입법으로 '특정범죄가중 처벌법'까지 만들어 어떤 밀수항목에게는 사형을 언도한 일까지 있다. - 동아일보 1966년 9월 16일 사설「삼성재벌의 밀수」-

이 사건이 확대된 이유에 대해서는 권력 핵심부 내에서 갈등하던 두 집단 사이의 '파워게임' 때문이라는 설이 큰 설득력을 갖는다. 또한 삼성이 중앙일보와 TBC 방송국을 세운 것을 타 언론사들이 못마땅하게 여기고 있다는 것도 악재였다. 경향신문, 동아일보 등이 악착 같이 한비사건을 물고 늘어지며 삼성을 흠집 내고자 했던 것은 자신들의 생존권을 지키고자 하는 방어심리의 작동 때문이었다.

1966년 9월 21일 오후, 이병철의 셋째 사위인 김규 당시 동양방송 전무는 주한 미국대사관 직원인 홀부르크 브래들리를 만나 집권 공화당의 2인자인 김종필계가 대통령 비서실장인 이후락계를 제거하기 위한 정치공작 때문이라고 밝힌 것으로 알려져 있다. 브래들리가 작성한 '김규 면담 보고록'에 따르면 김규는 정치권으로 들어가기로 한 정치자금을 놓고 이 서로를 견제하는 과정에서 정보가 유출되면서 결국 일이 크게 터지고 만 것이라고 주장하고 있다. 김규는 김종필계가 삼성의 사카린 밀수 관련 정보를 경향신문에 흘렸고 경향신문은 이를 대대적으로 보도했다고 설명했다.

그때까지만 해도 이병철은 박정희와 한 약속을 굳게 믿고 박정희가 삼성을 지켜줄 것이라고 생각했다. 하지만 그게 아니었다. 모든 언론이 삼성을 융단 폭격하듯 공격했다. 특히 동아일보는 신문 자체가 한비사건 보도를 위해 존재하는 듯 거의 전 지면을 한비사건으로 채우고 연일 집중포화를 날렸다.

삼성은 처음 기사가 실린 날부터 무려 45일간을 매스컴과 정부 사정기관, 그리고 국민들로부터 집중적인 공격을 당했다.

도전에 대한 응전이었을까. 이병철은 이번 사건을 터트린 것이 야당이 아닌 여당이라는 사실을 감지하고 있었다. 이병철은 자신이 소유하고 있던 '중앙매스컴'을 총동원해서 방어에 나섰다. 9월 18일 아침 9시 30분, 방영된 TBC 동양텔레비전의 〈일요응접실〉이라는 교양 프로그램에 출연한 중앙일보 논설위원 신상초와 서울대 교수 김기두는 삼성을 비호하는 방송을 했다. 또 그날 저녁 7시 〈석양의 데이트〉라는 프로그램에선 이화여대 출판부장 정충량, 황성모, 중앙일보 논설위원 김승환, 경희대 교수 박경화 등 지식인들이 출연해서 삼성을 비호하는 방송을 했다.

그런데 이 방송을 지켜본 박정희는 진노했다. 아무리 이번 사건에서 억울한 점이 있더라도 방송과 신문을 동원해서 변명하고 비호한다는 것은 정권에 대한 도전으로 보였던 것이다. 9월 21일 박정희는 재벌과 언론의 완전 분리 방안을 연구하라는 지시를 내렸다. 박정희의 이 같은 결정은 중앙 매스컴의 일방적인 삼성 비호에 대한 여론이 좋지 않았기 때문이기도 했다.

또한 박정희는 여론이 심상치 않게 돌아가자 밀수에 대한 철저한 조사를 지시했다. 박정희의 배신으로 이병철은 분노했으나 속수무책이었다. 삼성으로서는 최고권력자 박정희가 돌아선 이상 아무런 대책도 세울 수 없었다.

그런 와중에 상상도 못할 일이 국회에서 일어났다. 9월 22일, 그날 대정부 질문 첫 발언자로 나선 공화당 이만섭(李萬燮)은 "이병철 씨를 왜 구속하지 않습니까?"라면서 직격탄을 날렸다. 뒤이어 나선 민중당의 김대중(金大中)도 이병철의 즉각 구속을 주장하며 이만섭의 주장을 거들었다. 낮 12시 45분, 마지막 질문자였던 무소속의 김두한(金斗漢) 의원이 단상에 올랐다. 김두한은 연단에 오를 때 흰 보자기로 싼 네모난 상자를 들고 올라갔는데 처음에 아무도 그것이 무엇인지 알지 못했다. 그는 자신의 항일투쟁, 반공투쟁 경력 등을 소개한 뒤에 이렇게 말했다.

나는 감옥을 별장같이 드나든 사람이며 또 들어갈 결심이 되었습니다. 나는 배운 게 없어서 말은 잘 할 줄 모르지만, 다른 사람이 할 줄 모르는 행동을 잘 할 수 있습니다. 5·16 군사혁명을 일으킨 현 정권이 민주주의를 파괴하고 또 국민의 참정권을 박탈하는 것까지는 용서할 수 있으나, 전 국민의 대다수를 빈곤으로 몰아넣고 몇 놈에게만 특혜조치를 주고 있는 건 용서할 수 없습니다. 이병철이 밀수를 할 수 있었던 것은 정부가 범죄를 저지를 만한 환경을 조성해 줬기 때문입니다. 나는 민족주의를 파괴하고 재벌과 유착하는 부정한 역사를 되풀이하는 현 정권을 응징하고자 합니다. 대통령이 여기 나왔다면 한번 따지고 싶지만 없으니 국무총리를 대통령 대리로 보고, 또한 총리와 장관들을 지난 3년 몇 개월 동안 부정과 부패를 합리화한 피고로 다루겠습니다. 여러분은 사카린이 무엇인지 알고 계십니까?

그러면서 김두한은 연단 위에 놓았던 흰 보자기를 풀었다. 거기에서는 사카린처럼 보이는 밀가루가 흩어져 나왔다. 그런데 그게 다가 아니었다. 그는 느닷없이 상자 안에 든 물통 같은 깡통을 번쩍 들어 그 안의 내용물을 국무위원석에 퍼부으며 외쳤다.
"이건 국민들이 주는 사카린이니 골고루 맛 좀 봐라."
그가 국무위원들에게 뿌린 것은 사카린 아닌 시커먼 오물(인분)이었다. 국무총리 정일권, 경제기획원 장관 장기영, 재무장관 김정렴, 법무장관 민복기, 상공장관 박충훈 등 국무위원들이 미처 피할 틈도 없이 인분을 뒤집어쓰고 말았다. 그 인분은 파고다 공원 화장실에서 가져온 것이었다.
똥물을 머리에서부터 온몸에 뒤집어쓴 국무위원들은 기겁을 하며 의사당을 뛰쳐나갔고, 아수라장 속에 회의는 중단되었다. 이것이 유명한

'김두한의 국회 오물투척 사건'이었다.

김두한의 국회 오물투척 사건으로 국민의 여론은 완전히 삼성에게 등을 돌렸다. 국민 여론은 삼성과 이병철을 국가적 범죄를 지은 죄인 취급을 하는 듯했다. 급기야 '이제 삼성은 끝이다' 라는 소문이 퍼지기까지 했다.

이 사건으로 김두한은 국회의원직을 잃었고, 남산 중앙정보부로 끌려가서 폐인이 될 정도로 고문을 당했다. 박정희는 국회의장에게 이 사건을 개탄하는 특별공한을 보내 이 사건에 대한 유감의 뜻을 전했고, 전 국무위원은 총리공관에서 임시국무회의를 열어 내각 총사퇴를 결의했다. 이 사건에서 해임된 것은 법무장관 민복기, 재무장관 김정렴이었다.

이병철은 더 이상의 퇴로가 없음을 판단했다. 국회 오물투척 사건과 차남 이창희가 검찰에 출두하던 날인 9월 22일 토요일 오후 3시, 이병철은 중앙일보 회의실에서 기자회견을 열었다. 그는 "한국비료의 국가 헌납과 동시에 모든 사업 경영에서 은퇴하겠다."는 내용의 성명서를 담담하게 읽어 내려갔다. 그는 마지막에 다음과 같이 덧붙였다.

> 외자 5000만 달러와 내자 30여 억 원이 투입된 거대한 규모의 한비가 고작 1000만 원 때문에 밀수를 했겠습니까? 사카린이 시중에 많이 나돌면 저희 제일제당이 제일 타격을 입을 텐데, 우리가 그럴 리가 있습니까? 이는 여러분의 상식적 판단에 맡기겠습니다. 그러나 한비 밀수사건에 대해 무어라 말할 수 없을 정도로 절실한 책임감을 느끼고 국민 여러분에게 사과드립니다.

이병철이 전격적인 은퇴라는 충격적인 발표를 한 이면에는 그와 같은 극약 처방으로 삼성을 정치권과 국민의 압박으로부터 탈출시키고자 하는 의도가 있었음은 말할 것도 없다.

박정희에게 삼성 밀수 사건에 대한 전면 재수사 지시를 받은 대검특별수사부는 재수사를 시작한 지 18일 만인 10월 6일 수사결과를 발표하는 것으로 이 사건을 마무리 지었다. 검찰의 수사 발표 요지는 한비가 사카린의 원료인 OTSA 1403부대 시가 약 1800만원 어치를 밀수하여 시중에 풀었다는 것이었다. 검찰은 "이창희는 특정범죄가중처벌법 위반으로, 이일섭은 업무상 배임 및 관련 문서를 함부로 없앤 혐의로 구속하고 서울 형사지법에 기소했다. 다만 이병철은 밀수사건과 직접적인 관련이 없다."고 밝혔다.

하지만 이병철도 참고인으로 불려가 몇 차례 심문을 받았다. 그의 몸과 마음은 지칠 대로 지쳐서 기필코 내 손으로 한비공장을 완성하고 말겠다는 의욕마저 사라졌다.

10월 15일 민중당은 대구 수성천변에서 '특정재벌 밀수진상폭로 및 규탄대회'를 개최했다. 이 대회에서 당시 가장 영향력 있는 잡지 〈사상계(思想界)〉 사장이었던 장준하(張俊河)는 "박정희야말로 우리나라 밀수왕초다."라는 말을 해서 박정희를 분노케 했고 그 때문에 구속되었다. 장준하는 두 달 후인 12월에 석방되었고, 이듬해의 공판에서 징역 6개월에 집행유예를 선고받았다. 징역 5년에 벌금 1700만 원을 선고받았던 이창희는 6개월 만인 1967년 3월, 당시로서는 최고액인 100만 원을 내고 병보석으로 석방되었다.

그런데 일은 거기서 끝난 것이 아니었다. 정부는 한국비료를 헌납하려면 완공 후에 하라고 나온 것이었다. 이병철은 씁쓰레한 웃음을 웃지 않을 수 없었다. 이병철은 빗발치는 비난 속에서도 묵묵히 공사에 전력을 기울였다. 그 후 이병철은 사채를 끌어다 써가며 공장을 지었고, 동양화재보험을 비롯한 몇몇 기업과 현재 한진빌딩이 세워져 있는 서울 중심가의 금싸라기 같은 땅 등을 처분해서 공사대금과 한국비료 주식매입 자금으로 충당했다.

한국 최고의 사업가라는 자부심 하나로 살아가던 이병철로서는 자존심과 명예를 잃고 재정적으로도 너무 힘든 코너에 몰리자 박정희의 배신에 대한 반항의식이 피어났다. 한때 이병철은 정부에 정면으로 도전할 마음도 먹었었다. 왜냐하면 한비사건은 삼성 혼자 벌인 일이 아니었기 때문이다. 그래서 그는 "헌납사건은 정부와 일부 과격한 언론의 조작극이며 문제의 각서도 자의에 의한 것이 아니었다."는 등 정부에 정면으로 도전하는 발언을 하기도 했다.

이러한 이병철의 발언은 박정희를 격노하게 만들었다. 이 사태로 장기영 경제기획원장관이 해임되고 내각이 총사퇴하는 등 정치적 파문이 커졌다. 결국 이병철은 1967년 10월 11일 한국비료 주식 51%를 국가에 헌납하고 백기를 들고 말았다.

한비사건을 일으켰던 장본인이자 가장 가까이서 박정희의 배신과 이병철의 은퇴를 지켜본 이맹희는 당시 상황을 이렇게 회고하고 있다.

> 정치인의 입장에서 그렇게 태도를 바꿀 수밖에 없었던 사정은 이해할 수도 있었지만 당시 박 대통령의 태도는 너무나 냉혹했다. 아버지는 당시 56세에 불과했다. 아직 기업을 은퇴할 나이는 아니었다. 아니 한창 기업을 성장시키고 활동할 연세였다. 그러나, 정권에 대한 실망감 외에도 여러 가지 요인들이 아버지를 젊은 나이에 은퇴하도록 몰아치고 있었다. 일단 최고 실권자인 박 대통령의 신임이 떨어졌다고 소문이 나자 갖가지 규제와 압력이 삼성에 가해지기 시작했다. 대표적으로 정치자금에 관한 문제가 그러했다. 그동안 정치자금에 대해서는 입도 뻥긋하지 않았던 숱한 정치인이 삼성에 손을 벌리기 시작했다. 정치판은 냉혹하다는 느낌을 지나서 추잡하게 느껴질 정도였다. 강한 자에게는 한없이 약하고 약한 자에게는 한없이 강한 면을 보여주고 있었다.

이맹희의 박정희의 배신에 대한 이야기가 사실이라면, 우파 논객이면서 대표적인 박정희 지지자인 조갑제(趙甲濟)마저도 "만약 이맹희가 1966년 당시에 이런 폭로를 했더라면 '아무리 강력한 박정희 정권이라 하더라도 문을 닫아야 했을 정도'의 충격적인 내용이다."라고 할 정도의 사안이었다. 하지만 당시의 한국 사회는 그런 고백이 가능했던 시대가 아니었다. 당시 상황에서 그런 고백을 하려는 사람은 고백하기 전에 쥐도 새도 모르게 죽임을 당했을 게 뻔하지 않았을까.

이병철이 중앙정보부장 김형욱에게 불려가서 "만일 내가 한국비료를 헌납하지 않으면 어떻게 되지요?"라고 물었을 때 김형욱은 "이 사장 가족이 국내에서 무사히 거주하는 걸 보장하지 못합니다."라고 말했었다.

이런 협박을 받은 이병철로서는 강한 정신적 충격을 받지 않을 수 없었다. 그것은 믿었던 박정희에 대한 실망을 가져왔다. 이병철이 '경제계에서 은퇴하겠다고 결심했던 가장 큰 이유는 당시 최고 집권자인 박정희 대통령에 대한 실망감 때문'이라는 이맹희의 주장은 상당한 설득력이 있다. 이병철과 박정희는 5·16 이후부터 한비 건설을 의논할 무렵까지는 상당히 비밀스런 이야기까지 오가는 사이가 되어 있었다. 이병철은 박정희가 과단성 있는 경제정책을 추진하리라 믿었다. 그런데 자신을 경제의 가정교사쯤으로 여기던 사람이 부하들의 권력 게임에 놀아나면서 어느 날 갑자기 태도를 바꾸어 도리어 자신을 처벌하는 입장에 서자 절망에 가까운 실망을 느낄 수밖에 없었다. 혁명정부 내에서도 서북파와 영남파라는 혁명 세력들 사이의 갈등 관계가 겹쳐져서 이병철로서는 그들의 진정한 의도를 파악할 수가 없었다. 그래서 이병철은 은퇴를 선언할 수밖에 없었다.

유종의 미를 거두고

1967년 5월과 6월의 대통령 선거와 국회의원 선거는 박정희와 공화당의 압승으로 끝났다. 이병철은 박정희에게는 말할 것도 없고 정치에 대해 환멸을 느꼈다. 그런데 한비사건은 밖으로 뿐만 아니라 삼성 내부에서도 많은 균열을 가져다주었다. 이병철은 당시 상황을 이렇게 회고하고 있다.

  한비사건은 파란 많던 나의 생애에서도 더할 나위 없는 쓰디쓴 체험이 아닐 수 없다. 이러한 비극의 와중에서 설상가상으로 이 사건으로 삼성이 파산하는 줄 알고 신임했던 두 사람이 나를 배반했다. 한 간부는 내가 평소 사람을 잘 믿는 것을 이용하여 인감을 맡긴 것을 기회로 삼성 재산의 3분의 1을 횡령했던 것이다. 추궁했더니 거의 반환했지만 어이없는 일이었다. 또 다른 하나는 간부사원인데 삼성을 만드는 데 자신의 공이 절반이니 삼성의 재산 절반을 달라는 요구였다. 참으로 웃지 못 할 일이었다.

  스스로 인재 경영의 귀재라고 자부하던 이병철로서는 자신이 키운 사람들에게 역습을 당한 혹독한 체험이었다. 이병철은 이 사건을 통해서 '사람'을 다루는 일이 얼마나 어려운 것인지 새삼 통감했다.
  거기에 삼성에 가해진 온갖 규제와 압력은 날이 갈수록 그 도를 더해 갔다. 한 마디로 총체적 난국이 도래한 것이다. 이병철로서는 사업초년생일 때 겪었던 김해 땅 투기사업의 실패 이후 두 번째 맛보는 크나큰 실패였다.
  하지만 타고난 기업가인 이병철은 추호의 흔들림도 내비치지 않았다. 1966년 10월 12일 오전, 이병철은 장기영을 찾아가 한비 주식 51%를 나라에 바치겠다는 내용의 문서에 사인을 했다.
  다음날 이병철은 곧바로 울산 현장으로 달려갔다. 이병철이 나타나자 회사 문을 닫는 줄 알고 잔뜩 풀이 죽어 있던 한비 직원과 수천 명의 일꾼들이 일제히 환호를 올리며 기뻐했다. 이병철은 그들을 향해서 즉석 연설을 했다.

"이처럼 크고 거대한 공장이 형태를 갖추게 된 것은 모두 여러분 이 밤낮을 가리지 않고 일한 덕분입니다. 참으로 고맙습니다. 그간 좋지 않은 사건으로 세상이 시끄러웠고, 여러분도 마음고생을 많이 하셨을 겁니다. 그러나 이번 사건은 신문이 떠들어대고 있는 것과는 달리 실수였습니다. 저 스스로 책임을 느끼고는 있지만 절대 제 욕심을 채우기 위해 저지른 사건이 아니라는 것만은 자신 있게 말씀드릴 수 있습니다.

이번 사건으로 몇몇 정부 관리들이 물러나고 제 자식까지 구속되었습니다. 정말 마음 아픈 일이 아닐 수 없습니다. 하지만 이 공장은 우리 국민의 60%를 차지하는 농민들을 위한 것이고, 국가 산업을 일으키기 위한 것이니만큼 저 개인의 희생은 달게 받아들일 것입니다. 사건이 어떻게 됐든 이 공장은 여러분이 지켜야 하고, 여러분이 지어야 합니다. 우리가 목표로 한 11월 말까지는 기필코 완공시켜야 합니다. 여러분의 피와 땀으로 지어진 이 공장은 여러분의 영원한 자랑이 될 것입니다. 마지막까지 애써주시길 바랍니다."

말을 마치자 우렁찬 박수가 터져 나왔다. 그 소리는 이병철이 현장사무소에 들어갈 때까지 계속되었다. 이후 이병철은 한비공장 공사가 끝날 때까지 전과 변함없이 열과 성을 다해서 공장건설에 매진했다. 그것은 어차피 이 일은 자신에게 주어진 '운명' 같은 것이었고, 끝까지 최선을 다하는 모습을 보여줌으로써 자기 자신과 국민에게 면죄부를 얻고자 함이었으리라.

이병철은 어린 시절부터 아버지가 가르쳐준 '사필귀정'이라는 교훈을 가슴에 새기며 견뎌냈다. 무슨 말을 해도 변명으로밖에 받아들여지지 않는 분위기 속에서 단지 견디는 것 외에 방법이 없었다. 이병철은 빗발치는 비난 속에서도 묵묵히 공사에 전력을 기울였다.

마침내 시운전이 시작됐고 이듬해인 1967년 4월 20일 준공식을 치렀다. 3개월 동안 시범운전을 하고 비료를 만들어내기 시작한 것이 일주일 전인 4월 13일이었다.

준공식장에 참석하여 기념사를 읽어 내려가는 이병철의 뇌리에는 여러 가지 감회가 스쳐 지나갔다. 기념식장에는 4만여 명의 군중들이 몰려와 있었다. 이병철은 "작은 힘이나마 한비 공장 건설을 통해 사업보국이라는 기업 이념을 실현한 것에 대해 자부심과 보람을 느낀다."고 목이 메인 목소리로 말했다. 10년에 걸쳐 세 번이나 도전하여 겨우 완성시킨 비료 공장이었다. 하지만 그의 손에 쥐어진 것은 아무 것도 없었다. 남은 것이라고는 밀수재벌이라는 불명예와 씻을 수 없는 치욕과 한국비료를 짓느라고 남겨진 빚뿐이었다. 한국비료 공장은 준공과 함께 정부 관리 기업이 되었다.

가동을 시작한 한국비료는 총 36만 톤에 달하는 비료를 생산해냈다. 국내 총생산량의 4배나 되는 엄청난 규모였다. 이 때문에 농협 인도 가격이 톤당 86달러에서 56달러로 30달러나 떨어졌다. 국가경제에 엄청난 플러스요인이 발생한 것이다. 박 정권은 그것을 자신들의 업적이라고 대대적인 홍보를 했다.

공장이 완공되자 이병철은 도쿄로 날아갔다. 여기서 우리는 대사업가다운 이병철의 면모와 만나게 된다. 그는 그동안 한비건설을 도와준 일본 재계 인사들과 관련자들을 데이코쿠 호텔로 불러 모아 연회를 베풀었다. 이 연회에는 일본의 저명한 경제인 500여 명이 참석했다.

일본 측의 계약 당사자인 미쓰이 물산의 미즈카미 사장과 간부들, 이시카와 지마하리마중공업, 고베 제강 등 일본의 기계 메이커 160개 회사의 간부들과 하청업체 등 모두 400여 개 회사의 관계자들이 모였다. 사업가적 야심과 집념으로 완성한 한비 공장을 고스란히 빼앗긴 상태였으나 그는 도리를 다하기 위해 도움을 준 사람들에게 감사를 표했다. 이들은 18개월 만에 성공적으로 한비 공장을 완공시킨 이병철의 집념과 노력에 아낌없는 찬사를 보냈다.

데이코쿠 호텔의 연회가 끝나고 난 후, 이병철은 도쿄 신바시의 신성

요정에 한비공장 건설에 결정적 도움을 준 일본 재계의 중진 15명을 초대했다. 이 연회에는 이나야마 사장, 미즈카미 사장, 우에무라, 안도, 야스니시를 비롯한 일본 재계의 수뇌부들이 참석했다.

이병철은 때마침 도쿄 공연을 위해 일본에 와 있던 박귀희 국악단과 배뱅이굿으로 유명한 이은관 씨 등 일행 30명에게 특별공연을 부탁했다. 그 자리에 참석한 일본 재계의 수뇌들은 아름답고 우아한 한국 특유의 국악에 완전히 매료되었다.

그들 중에는 한국 국악을 처음 접한 사람들이 많았는데 그들 모두가 국악의 선율과 유연한 율동에 도취되어 찬사를 아끼지 않았다. 어느 틈에 연회는 일본 재계의 수뇌들에게 우리 국악을 소개하는 자리로 변했다. 우리 전통 무용의 현란한 춤사위와 판소리의 유장한 울림에 일본 재계의 수뇌들은 모두 넋을 잃었다.

이 연회의 의의는 매우 컸다. 그 자리에 참석한 이들은 모두 이병철이 어떤 고초를 겪으면서 한국비료 공장을 완공했고 지금 그가 어떤 심정이라는 것을 잘 알고 있는 사람들이었다. 그런 와중에도 이렇게 성대한 자리를 마련한 것을 보면 이병철의 그릇을 가히 짐작했을 것이다.

군자불기(君子不器)라는 말이 있다. 군자는 그릇처럼 쓰임새가 한정되어서는 아니 된다는 말인데 일본 재계의 수뇌들은 연회를 마치고 돌아가면서 군자불기라는 말을 되뇌었을지 모를 일이다. 아무튼 이병철은 이 연회 이후 이들 인사들과 더욱 돈독한 관계를 맺고 한일 간 사업 교류에 박차를 가하게 된다.

이병철의 손에 의해 완공된 한국비료는 국내 자급자족은 물론 한국의 비료수출에도 큰 기여를 하게 된다. 그러나 30년 가까운 세월이 흐른 뒤 한국비료는 경영부실을 가져왔고 정부는 민영화 방침을 세웠다. 이병철은 죽기 전까지도 비서실에 반드시 한비를 되찾아야 한다는 말을 유언처럼 남겼다.

이건희는 아버지의 유업을 받들어서 2400억 원의 돈으로 한비를 사들이고 이름을 삼성정밀화학으로 바꾼다. 이병철이 타계하고 난 5년 후의 일이다.

경영 일선에서 물러나다

1966년 9월 22일, 은퇴 선언 후 이병철은 경영 일선에서 물러났다. 56세라는 한창 일할 나이에 기업경영에서 손을 뗀다는 것은 그다지 쉬운 일이 아니었다. 하지만 삼성에 대한 비난을 서둘러 잠재워야 했고 또 구속된 차남 창희도 걱정스러웠다. 그래서 서둘러 은퇴를 선언했다.

이병철은 일단 후계자로 이맹희를 선택했다. 이맹희는 장남이었고 그때 나이 36세였다. 당시 삼성은 17개의 계열사를 거느리고 있었다. 이맹희는 10여 년 가까이 후계 수업을 쌓아온 바 있기에 아직 젊은 나이이긴 하지만 잠정적인 대권을 맡겨보기로 했다.

1967년 7월 3일 월요일, 삼성 사장단 회의가 열렸다. 그 자리에서 이병철은 사장단에게 다음과 같은 내용의 요지로 당부를 했다.

"앞으로 맹희 부사장이 나를 대신해서 삼성의 일을 처리하게 될 겁니다. 아직 나이가 어리니 여러분들이 잘 도와주십시오. 나는 당분간 기업경영 일선에서 떠나 있으려 합니다. 물론 출근도 하고 여러분을 만나기도 할 것입니다. 하지만 실제적인 일은 맹희 부사장과 더불어 진행하도록 하세요. 만약 정당한 일인데 맹희 부사장이 들어주지 않으면 세 번 이야기해 보고 그래도 듣지 않으면 나에게 이야기해 주십시오. 나는 쉬고 있을 것이니 예전처럼 일을 챙기는 것은 모두 맹희 부사장이 할 것입니다."

이병철이 은퇴 선언을 한 지 9개월이 넘어서의 일이었다. 그 자리에는 홍진기 중앙일보 사장, 이창업 고문, 정수창 삼성물산 사장, 김재명 제일제당 사장, 이은택 제일모직 사장, 조우동 동방생명(현 삼성생명) 사장, 그리고 맹희의 장인인 손영기 안국화재(현 삼성화재) 사장 등 삼성의 창업공신과 원로들이 모두 참석했었다. 창업 30년 만에 2세 경영체제의 출범을 알리는 듯한 자리였다.

이렇게 이맹희는 자연스레 아버지의 뒤를 이어 삼성의 주력 계열사를 총지휘하게 된다. 하지만 그것은 잠정적인 승계 작업이었다. 이병철은 일을 손에서 놓은 듯 했으나 매일 출근을 했다. 이맹희는 6시 30분이면 아버지를 모시러 가서 아버지와 같이 아침 식사를 하고 같이 출근을 했다. 이병철은 일일이 회사 일에 개입을 하지는 않았지만 중요한 일은 보고를 받았다. 이맹희는 일을 진행하면서 중간보고는 하지 않았고 사후에 보고를 하는 식으로 일처리를 해나갔다. 말하자면 왕위에 상왕이 존재하는 일종의 '수렴청정(垂簾聽政)'이었다.

이맹희에 대한 일종의 후계자 테스트 기간이었던 셈이다. 1968년 2월 주주총회에서 이맹희는 삼성물산 및 미풍 부사장 자리를 차지했다. 같은 해 4월에는 중앙일보 부사장이 되었다.

그런데 이때부터 이맹희의 독주가 시작된다. 그는 아버지가 다시 일선으로 복귀할 수도 있다는 생각을 전혀 하지 않고 열정적으로 일에 매달렸다. 뜨거운 피가 끓던 젊은 총수 이맹희는 우선 한국비료 사건으로 나락에 빠진 삼성을 살리려고 정력적으로 뛰었다. 〈묻어둔 이야기〉에서 이맹희는 그 당시의 자신을 이렇게 표현하고 있다.

> 무서울 것도 두려울 것도 없었다. 돈을 벌기 위해서 일을 하는 것이 아니라 최고의 조직을 두 손에 쥐고 큰 기업을 만드는 것만이 나에게 주어진 의무였고, 나 스스로 정한 목표였다. 그리고 내 젊은 피가 나를 무섭게 뛰도록 만들었다. 참으로 원도 한도 없이 열심히 살았던 기간이었다.

당시 이맹희로서는 자신에게 맡겨진 일에 신이 날만도 했다. 그는 일본과 미국에서 공부를 하고 돌아온 공업경제학 박사였고, 자신의 배움을 실전에서 펼쳐볼 날개를 단 셈이었다. 더구나 그에게는 상당한 인맥이 포진하고 있었다. 일시적인 어려움이 있기는 했으나 삼성그룹은 타의 추종을 불허하는 재계 1위의 기업군이었다.

당시 정부 요로에는 중학교 시절부터 친분이 있었던 선배 윤필용(尹必鏞)이 수도경비 사령관으로 있었고, 비교적 삼성에 긍정적이었던 대통령 경호실장 박종규(朴鐘圭)도 있어서 정부와의 관계도 그리 힘들지만은 않았다. 특히 대구에서의 학창시절 절친했던 친구 전두환(全斗煥) 중령은 청와대 경호를 책임지는 30대의 대대장이었다.

당시 삼성상회 앞에는 개천이 흐르고 있었는데 그 개천 너머에 전두환의 집이 있어서 사람들은 전두환을 '개천 너머 아이'라고 불렀다. 전두환은 5·16 군사 정변이 발생할 때 육사 생도였는데 육군 사관학교에서 5·16 지지 시위를 주도해서 박정희의 신임을 얻고 승승장구하고 있었다.

이맹희는 경북중학교(6년제)를 다녔고 전두환은 대구공고를 다녔다. 이맹희의 경북중학교 동기 동창 중에는 훗날 전두환과 더불어 12·12 사건을 일으키고 정권을 장악했던 신군부의 핵심들인 노태우(盧泰愚), 정호용, 김복동(金復東)이 있었고 훗날 민정당의 국회의원을 지낸 김윤환(金潤煥), 유수호 등이 있었다.

이맹희는 1967년 11월 초에 〈삼성재건위원회〉를 설치하고 한비의 오명을 씻고 한비사건 때문에 빚더미에 앉은 삼성을 위기에서 구해보고자 몸부림을 쳤다. 젊은 총수는 아버지와 삼성인들에게 무엇인가 보여주어야 한다는 강박에 쫓기고 있었다.

본관 505호 회의실에선 연일 '5인 특별위원회'가 열렸다. 재건위 핵심 멤버는 삼성물산 부사장 이맹희, 한비 부사장 이창희, 제일모직 사장 이은택, 한비 상무 이일섭, 한비 이사 김뇌성 등이었다. 이들 멤버들은 체계적으로 업무를 추진하기보다는 가시적인 효과를 빨리 얻어내고 싶어 했다. 그들은 새로운 수익 사업을 찾아 미국, 유럽, 일본 등 선진 공업국을 돌면서 기업 정보, 신제품, 카탈로그 등을 마구잡이로 수집했다. 이때 1년이 조금 넘는 기간 동안 연 인원 1만 명이 넘는 사람들이 해외 출장을 나갔고 이들이 가져온 샘플만도 창고 하나를 가득 채울 정도였다.

이병철은 강렬한 투지를 가지고 돌진하는 듯한 아들이 조금은 불안하기는 했으나 대견한 기분이 들기도 했다. 그래서 늘 "니는, 능력을 열심히 길러서 삼성을 더 큰 회사로, 세계적인 회사로 만들어야 한다."고 다짐을 주곤 했다. 그 무렵 이병철은 이맹희에게 이런 질문을 가끔 던지곤 했다.

"맹희야, 니는 내가 죽기 전에 삼성을 100배로 늘릴 자신이 있나?"

"맹희야, 니, 삼성을 세계의 삼성으로 만들 자신이 있나?"

그러면 아들은 아버지에게 이렇게 대답하곤 했다.

"예, 아부지! 열심히 하겠십니더."

이맹희는 누가 뭐래도 삼성가의 적장자라는 자부심이 있었고, 10년 가까이 아버지를 보필하면서 삼성 경영에 대해서도 어느 정도 자신감을 얻어가고 있었다. 비록 아버지는 정권과 불편한 관계가 되어 버렸지만 자신은 학연·지연으로 얽힌 정·관계 인사들을 잘 활용할 자신도 있었다.

아들의 지나친 자신감을 걱정한 아버지는 정치하는 사람들과는 가까이 하지도 말고 멀리도 하지도 말라는 자신의 불가근불가원 원칙을 충고하는 것도 잊지 않았다.

"맹희야! 정치하는 사람들 믿지 마라. 무신 말인지 잘 알겠제?"

"예, 아부지! 명심하겠십니더."

"정치하는 사람들 아주 약고 의리가 없다 카이. 내는 그동안 기업하믄서 정치하는 사람들과 불가분의 관계로 큰 경험을 했다. 애써 키운 재산도 많이 빼앗겨 보고……, 앞으로 니는 절대 그런 유혹에 빠져서는 안 되는 기라."

이병철은 아침에 집무실이 있는 중앙개발에 출근한 후 11시 30분에 중앙일보로 건너가서 그곳에서 지내다가 퇴근을 했다. 중앙일보에 가서는 주로 홍진기 사장과 담소를 나누거나 신문을 읽고 독서를 하는 것으로 소일을 했다. 이병철은 1주일에 한 번은 삼성 본관으로 가서 그동안 진행된 사업에 대한 개략적인 상황을 보고받고 회사 안팎의 사람들을 만나며 하루 일과를 보내곤 했다. 그러다가 이맹희가 외국으로 나가는 때가 되면 1주일에 사흘을 삼성 본관에서 보냈다. 아들에게 모든 걸 다 맡겨두기가 불안했던 모양이었다.

그런데 이병철이 〈삼성재건위원회〉의 존재를 알게 되고부터 상황이 조금씩 바뀌기 시작했다. 이병철의 측근들이나 삼성의 창업 공신들은 급진적 성향이 강한 '5인 특별위원회'의 멤버들이 벌이는 일이 마뜩치 않았다. 여기저기에서 불평이 터져 나왔고, 경험도 없는 '젊은 부사장'이 삼성을 망쳐가고 있다는 말도 많았다. '5인 특별위원회'의 전횡으로 탄탄했던 조직은 어수선해져 갔다. 이병철이 없는 삼성은 조직이 흩어져서 무중력 상태와도 같다고 말하는 중역들이 많아졌다. 이병철이 이 같은 사실을 정식으로 보고받은 것은 〈삼성재건위원회〉가 발족하고 나서 1년 3개월 정도 지난 1968년 새해 벽두였다.

삼성가(家) 가족이야기 11

이병철 자녀들의 결혼

이병철은 아직 노인이라고는 할 수 없는 57세 때 3남 5녀나 되는 모든 자식들의 출가를 마쳤다. 흔히 '재벌가의 혼맥'은 돈과 권력을 따라 혼인관계를 형성하는 경우가 많다. 하지만 이병철은 자녀들을 그러한 정략적 도구로 사용하지는 않았다. 이병철 자식들 혼사의 특징은 이른바 권력층이나 재벌 집안과의 결혼이 드물었다. 국내 최고의 재벌이라는 자부심 탓인지 그럴 필요성을 느끼지 않았던 듯하다. 자녀가 많았던 만큼 다양한 혼맥을 이루기는 했으나 의도적인 선택을 하거나 화려한 혼인관계를 맺지는 않았다.

장녀 이인희

장녀 이인희는 일찍 결혼했다. 1948년, 경북지방의 대지주였던 조범석의 3남 1녀 가운데 막내인 조운해(趙雲海)와 결혼했다. 그녀의 나이 만 19세 때였다. 조운해의 가문은 경북지역에서 유명한 명문이었다. 수많은 학자, 의사, 판검사를 배출했으며 해방 후 박사를 14명이나 배출한 명문가였다. 조운해는 의대생이었고 이인희는 이화여대 가정과 3학년이었다. 당시 이화여대의 교칙은 결혼하면 학교를 다닐 수 없었다. 결국 그녀는 학업을 포기하고 결혼을 했다. 결혼을 그렇게 서두를 이유는 없었을 텐데 그렇게 했다. 조운해는 1950년 대구의과대학(현 경북대학)을 졸업한 후, 일본에 유학하여 소아과를 전공하여 의학박사 학위를 받았다. 서울대학병원 의사로 시작해서 고려병원(현 강북삼성병원) 원장, 병원협회장 등을 역임했다. 두 사람은 슬하에 조동혁(趙東赫), 조동만(趙東晩), 조동길(趙東吉) 등 3형제와 장녀인 조옥형, 막내딸 조자형 등 2녀를 두었다. 조운해, 이인희 부부는 1991년 삼성그룹으로부터 전주제지를 물려받았고, 1993년 한솔그룹으로 독립했다.

장남 이맹희

이맹희는 1956년 11월 3일 아버지의 연락을 받고 영문도 모른 채 귀국했다. 귀국해서야 그는 귀국 사유가 결혼 때문이라는 것을 알았다. 신부감은 농림부 양정국장, 경기도 지사 등을 역임했던 손영기의 장녀 손복남이다. 그녀는 이화여대 교육학과를 나왔고 키가 늘씬하고 참하게 생겨서 이맹희는 단숨에 마음에 들었다. 손영기는 경북 칠곡 출신으로 이병철과 막역한 관계여서 두 사람은 일찍이 사돈을 맺기로 서로 약속한 일이 있었다고 한다. 이맹희는 자신이 4살 때부터 이미 결정되어 있던 혼사라는 사실에 깜짝 놀랐다. 결혼식은 길일을 받아 그해 12월 1일, 현재 서울 허리우드 극장 뒤편에 있는 천도교 회관의 예식장에서 치렀다. 두 사람은 슬하에 장남 이재현과 딸 이미경, 차남 이재환 등 2남 1녀를 두었다. 장남 이재현은 삼성가의 장손으로 어려서부터 할아버지 이병철과 할머니 박두을의 귀여움을 독차지하며 함께 살았다. 이병철은 눈 밖에 난 장남 대신에 맏며느리인 손복남에게 유산을 상속했는데 여러 가지 과정을 거쳐서 삼성그룹의 기초를 닦았던 제일제당이 이들 가족에게 넘어갔고 현재의 CJ그룹으로 성장했다.

차남 이창희

이창희는 와세다 대학 유학시절에 사귄 일본여성 나카네 히로미와 결혼했다. 연애결혼을 장려하지 않던 이병철 집안에서 이단아가 태어난 것이었다. 이창희는 아버지의 반대에도 불구하고 사랑하는 여자를 선택했다. 1963년 도쿄의 데이코쿠 호텔에서 열린 결혼식에는 이병철 식구들은 아무도 참석하지 않았고 처가 식구들만 참석을 했다. 장인은 이미 세상을 뜬 후라서 이창희 처남과 장모밖에 없는 단출한 식구였으니 무척 쓸쓸한 결혼식이었을 것이다. 한동안 이병철 집안에서는 아무도 그 결혼에 대해서 입에 올리지 않았다. 이창희는 학업을 마치고 아내와 함께 한국에 돌아와서 생활했다. 이창희의 일본인 부인은 결혼 23년 만인 1986년, 한국이름 이영자(李永子)로 개명했다. 그러나 그들의 행복한 결혼은 1991년 이창희가 혈액

암으로 미국에서 사망하면서 끝이 났다. 이창희는 독자적으로 경영하던 '새한미디어'가 성공하면서 사업가로서의 능력을 인정받은 데다 제일합섬을 아버지로부터 물려받아 국내 굴지의 재벌로 성장하려던 참이었는데 너무도 아쉽게 58세를 일기로 세상을 떠나고 말았다. 이창희 사후에 부인 이영자가 뒤를 이어 '새한미디어'의 회장에 취임했고 그들의 장남 이재관이 부회장을 맡았으나 새한그룹은 오래 가지 못하고 2000년, 몰락하는 비운을 맞고 말았다. 더구나 2010년 차남 이재찬(李在燦)이 삶을 비관한 나머지 아파트에서 투신자살하여 주위 사람들을 충격에 빠트렸다. 이창희, 이영자 부부는 슬하에 이재관, 이재찬, 이재원 등의 3남과 딸 이혜진을 두었다.

차녀 이숙희

이숙희는 이병철의 자식 중에 유일하게 재벌과 혼인을 한 경우다. 그러나 이 결혼도 의도적으로 이루어진 정략적 혼인은 아닌 듯하다. 이숙희는 이맹희보다 10개월 먼저인 1956년 2월 LG가와 혼인을 맺게 된다. 배우자는 LG그룹의 창업주 구인회의 3남 구자학이다. 이병철과 구인회는 보통학교 동창으로 어린 시절부터 잘 알고 지내던 사이였고 사업가로서의 만남 이전에 서로 간에 깊은 교류가 있던 사이가 아니었던가. 하지만 당시 한국 재계의 큰 기둥인 삼성그룹과 LG그룹이 사돈을 맺는다는 자체만으로도 큰 화제를 불러 일으켰다. 구자학은 해군소령으로 예편한 뒤, 삼성에 입사해서 제일제당, 동양TV 등을 거쳐 호텔신라 사장, 중앙개발 사장 등을 거치며 삼성 사람이 되는 듯 했으나 이병철이 구인회의 성역인 전자 쪽에 뛰어들면서 두 사람 사이의 의리에 금이 가면서 본가인 LG로 돌아가 금성사사장, LG반도체 사장, LG건설 회장 등을 역임했다. 비슷한 시기에 결혼을 하게 된 이맹희 부부와 구자학 부부는 비슷한 시기에 미국으로 유학을 떠났다. 두 부부는 미국에서 유학생활을 함께 하면서 무척 친하게 지냈다. 구자학, 이숙희 부부는 슬하에 아들 구본성과 구미현, 구명진, 구지은 등 3녀를 두고 있다.

3녀 이순희

이순희는 이병철의 딸 중 유일하게 연애결혼을 했다. 그녀는 1961년 이화여대를 졸업하던 해 김규(金圭)와 결혼했다. 김규는 서울대 영문과를 거쳐 미국 시라큐스 대학 대학원을 졸업했다. 그가 삼성가의 사위가 된 것은 50년대 후반 우연한 기회에 이순희의 학업을 도운 것이 계기가 되어 열렬한 연애로 이어진 때문이었다. 김규는 결혼 후에 3~4년간 KBS-TV 편성, 제작 과장으로 근무하다가 1964년 TBC동양방송이 개국했을 때 상무이사로 자리를 옮겨 TBC의 발전에 기여했다. 그는 이병철의 사위로서 전도가 유망했으나 1970년대 초반 유명 연예인과의 스캔들에 휘말리고 만다. 장인은 분노했고 사위는 중앙매스컴을 그만두고 서강대학교 신문방송학과 교수로 새로운 인생을 시작했다. 한때 김규와 이순희는 이혼설까지 나돌 정도였으나 이순희는 평생을 평범한 전업주부로 지냈고 김규는 평생 학자의 길을 걸었다. 김규는 다수의 매스컴 관계 저서를 냈고, 서강대 영상대학원 원장, 한국방송학회 초대회장을 지냈으며 현재 제일기획 상임고문을 맡고 있다. 김규, 이순희 슬하에는 외아들 김상용이 있다. 이들 부부는 별다른 유산을 물려받지는 못했으나, 김상용이 1998년 자본금 1억원으로 설립한 애니모드, 영보엔지니어링이 연매출 4000억 원을 넘보는 중견기업으로 성장했다.

4녀 이덕희

이덕희는 이병철의 딸들이 모두 이화여대를 나왔는데 혼자서만 숙명여대를 나왔다. 그녀는 대학 3학년 때 이병철의 고향인 경남 의령의 대지주였던 이정재 집안의 이종기와 결혼했다. 앞에서 살펴보았지만 이덕희는 이병철의 호적에 혼외자식으로 올라 있는 딸이다. 그래서 유산상속에서도 제외되는 등 여러 가지 차별대우를 받은 듯하다. 남편 이종기는 삼성가의 사위가 된 뒤 중앙일보 사장, 제일제당 부회장, 삼성화재 회장 등 화려한 출세를 한 듯 보이지만 자살로 생을 마감함으로써 재산과 관련된 소외감이 심했던 듯하다. 이종기, 이순희 부부 사이에는 슬하에 2남 1녀가 있었는데 둘째 아들이 미국 유학 중 교통사고로 사망하는 불운을 당하기도 했다. 아들 이권수, 딸 이유정이 있다.

3남 이건희

이건희는 1967년 홍진기의 장녀 홍라희와 결혼했다. 당시 홍진기는 중앙매스컴의 사장이었다. 홍진기는 앞으로 살펴보게 되지만 이건희가 대권을 이어받는데 지대한 역할을 한 인물이다. 이병철과 홍진기는 7살의 나이 차이는 났지만 오랫동안 교분을 쌓아 온 친구와 같은 사이였고 두 사람 사이에 자녀들을 결혼시키기로 한 약속이 있었다. 홍라희는 아버지들 간의 약속 때문에 1966년 일본 도쿄 하네다 공항에서 이건희를 처음 만났다. 두 사람은 서로가 첫눈에 마음에 들었다고 한다. 홍라희는 서울대 응용미술학과를 나왔으며 훤칠한 키에 미모와 지성을 갖춘 재원이었다. 두 사람은 첫 만남 이후 7개월 만인 1967년 5월 결혼을 했다. 그때는 삼성이 한국비료 사건으로 큰 홍역을 치루고 이병철이 경영의 일선에서 물러나 있을 때였다. 그 무렵은 이병철은 장남 이맹희와 차남 이창희에 대해 회의적인 시선을 보내고 있을 때였다. 한 마디로 후계문제를 재검토하기 시작할 때였는데 이건희는 든든한 후원자 홍진기를 장인으로 맞이함으로써 이병철의 심중(心中)에 더욱 다가설 수 있었을 것이다. 이건희, 홍라희 부부는 외아들 이재용과 이부진, 이서현, 이윤형 등 세 딸을 두었으나 막내 딸이 미국에서 자살을 하는 비운을 겪기도 했다. 이건희의 직계가족들은 모두 삼성맨으로 활발히 활동하고 있다.

막내딸 이명희

이명희는 이화여대 미대를 졸업했다. 막내딸로서 이병철의 사랑을 가장 많이 받고 자란 딸로 알려져 있다. 그녀는 1967년 오빠 이건희가 결혼하던 같은 해에 정재은(鄭在恩)과 결혼했다. 정재은은 3대, 5대 두 차례 국회의원과 삼호방직·삼호무역 회장을 지낸 정상희(鄭商熙)의 차남이다. 그는 경기고와 서울대 공대, 미국 콜럼비아 대학을 나온 수재로서 삼성가의 사위가 된 후 삼성항공, 삼성종합화학 부회장, 삼성전기 회장, 삼성전자 대표이사 등을 역임하는 등 삼성그룹에서 많은 활동을 했다. 이명희는 결혼 후 현모양처가 되기 위해 집에만 있었는데 아버지 이병철이 막내딸의 사업적 재주를 알아보고 백화점 사업을 맡기는 바람에 39세 때 사업에 뛰어들었다. 이명희는 현재 이병철의 딸들 가운데 가장 활발히 활동하고 있고 할인매장 '이마트'의 아이디어도 직접 고안해 내는 등 신세계그룹을 반석 위에 올려놓은 뛰어난 수완을 발휘하고 있다. 이명희는 현재 신세계그룹 회장이며 한국 여성부호 1위에 올라있다. 정재은은 2006년 실시되었던 '우주인 선발'에 고령의 나이(67세)로 응모하여 노익장을 과시하며 화제에 올랐지만 탈락하고 말았다. 신세계가는 2006년 9월 보유주식(147만 주)을 자녀에게 증여하고, 증여세 약 3500억 원을 납부하여 세간의 화제를 모으기도 했다. 정재은, 이명희 부부는 슬하에 정용진, 정유경 남매가 있다. 정용진은 신세계그룹 부회장이며 미스코리아 출신의 탤런트 고현정과의 결혼으로 큰 화제가 되기도 했다. 그들은 2003년 이혼했다.

4남 이태휘
이태휘는 1953년 5월 8일, 이병철의 일본인 소실인 구라다 미찌꼬에게서 태어났다. 일본이름 야스테루인 그는 게이오 대학을 졸업하고 미쓰비시 상사에서 근무하던 중, 이병철의 부름을 받아 삼성그룹에 입사 삼성 비서실 이사로 근무하다가 제일제당 상무일을 보았다. 그런데 이태휘는 이병철의 죽음과 함께 홀연히 사라진다. 그는 1980년에 일본 여자와 결혼을 했고 현재 일본에 거주하면서 빌딩 운영사업을 하고 있는 것으로 알려져 있다.

6녀 이혜자
이혜자에 대해서는 그녀가 1962년 생이라는 것과 일본인과 결혼해서 살고 있다는 것 외에는 별로 알려진 것이 없다. 현재는 일본에 거주하고 있는 것으로 알려져 있다. 얼마 전 이병철의 외손녀라고 주장한 여인이 나타났으나 이혜자의 딸인지 확실한 관계는 알 수 없다.

⑫ 이병철의 복귀

　1960년대 후반 들어서 "우리나라에서 제일 돈 많은 사람이 누구냐?" 하면 "이병철이다."라는 이야기가 많이 들렸다. 이때 나는 '내 일평생 쓰고 남는 것은 결국 내 재산이 아닌데, 자원도 부족하고 나라 살림도 어려운 형편에 내가 국가 재산을 너무 많이 가지고 있구나!' 하는 생각을 하게 되었다. 그래서 재산을 3등분하여 3분의 1은 문화재단에, 3분의 1은 삼성의 유공자, 종업원들의 후생단체 등에 헌납하고 나머지 3분의 1만 내가 가졌다.

　　　　　　　　－ 이병철, 1985년 4월 22일 『KBS 방송 대담』 －

제왕의 복귀

1968년 1월 1일 오전 10시경, 서울 거리에는 새해를 축복하듯 눈이 내려 쌓이고 있었다. 태평로 삼성빌딩 앞에 그룹 계열사의 임원을 태운 승용차들이 줄지어 몰려들었다. 예전에는 신정 연휴가 끝나는 4일에 신년하례식을 거행했는데 1월 1일에 새해맞이 행사를 하는 것은 이 날이 처음이었다.

오전 11시, 두루마기 차림의 이병철이 행사장에 들어서자 기다리고 있던 임원들이 모두 일어서서 큰 박수로 맞이했다. 한국비료 사태로 경영일선에서 물러난 지 1년 3개월 만의 공식석상 등장이었다. 잠시 후 이병철은 식순에 따라 신년사를 시작했다. 나직하지만 카랑카랑한 그의 목소리에는 잔잔한 떨림이 있었다.

> 새해를 맞아 삼성 가족 여러분의 가정에 큰 복이 깃들기를 진심으로 기원합니다. 돌이켜보면 지난 한 해는 창업 이후 가장 어려웠던 고난의 해였습니다. 농촌 경제를 살리고 우리 스스로 비료를 만들기 위해 모든 힘을 다 바쳐 건설했던 한국비료를 나라에 바쳐야 했고, 그로 인해 밤낮을 가리지 않고 공장을 짓느라 애썼던 삼성의 임직원들은 허탈함과 쓰라림을 맛보았습니다. 하지만 원인이나 결과가 어떻든 우리는 창업 이념인 사업보국을 이루었다는 데 자부심을 가져야 합니다. 그 후 우리 삼성이 어려움을 겪고 있다는 것은 부인할 수 없는 사실입니다. 그러나 지금 우리가 겪고 있는 이 어려움을 이겨내야 할 사람은 바로 우리 자신입니다. 올해는 삼성을 다시 일으키겠다는 굳은 의지를 가다듬고, 모든 임직원이 힘을 모아 삼성이 살길을 찾아야 합니다.

순간 자리에 앉아 숙연하게 듣고 있던 임원들이 일제히 박수를 쳤다. 이병철은 잠시 숨을 돌리고 말을 이어나갔다. 이병철은 임원들 얼굴을 한 명 한 명 쳐다보며 말을 계속했다. 임원들은 숨을 죽이고 이병철의 말을 귀 기울여 들었다.

온갖 어려움을 이겨내고 다시 일어섰을 때 다가오는 기쁨은 결코 창조의 기쁨 못지 않습니다. 지금 나는 삼성 임직원들이 하나가 되어 열심히 노력하는 모습을 보고 삼성은 반드시 다시 일어선다는 믿음을 가지게 되었고, 나 자신이 기필코 삼성의 영광을 재현하고야 말겠다는 결심을 하게 되었습니다. 오늘날과 같은 치열한 기업풍토에서는 수구(守舊)와 정지(靜止)는 상대적 정체와 퇴영을 의미할 뿐입니다. 미국의 경영 이념의 하나인 "진보는 가장 중요한 생산이다."라는 말은 우리의 기업 현실에도 적용될 수 있을 것입니다. 따라서 삼성그룹은 새로운 체제로 정비하여 내적 충실을 기하면서 창조적 아이디어를 총합하여 자금 운영의 방법, 신규 사업의 발굴 등에 전력을 다하여 기업의 계속성을 보장해야 할 것입니다. 솔직히 털어놓자면 지난 30여 년간 사업을 하느라 지쳐서 이제 좀 물러나 쉬려고 했습니다. 하지만 이는 내 양심을 속이는 것이고, 모든 일은 반드시 바른 길로 돌아간다는 큰 뜻에도 어긋나는 행동임을 알았습니다. 삼성이 아직 위기에서 벗어나지 못하고 있는 이때 나는 회사로 되돌아와서 여러분과 함께 있는 힘을 다해 삼성을 일으키려 합니다. 이제 삼성은 제2의 창업을 통해 세계를 향해 힘차게 뻗어나갈 것입니다.

이병철이 말을 마치자 임원들은 모두 일어서서 박수를 쳤다. 박수소리는 그칠 줄 모르고 행사장 안에 울려 퍼졌다. 임원들은 모두 이병철의 경영일선 복귀를 환영했다. 사실 이병철은 은퇴 선언 이후 국내·외 친분이 있는 재계 인사들로부터 강력한 경영복귀를 종용 받아왔다. 1982년 〈경향신문〉 기획기사를 보자.

1967년 8월 박정희 대통령 취임 경축사절로 험프리 미국 부통령이 내한했을 때 동행한 미국 재계 원로들은 "한국을 위해서라도 당신이 사업을 해야 한다. 한창 일할 나이에 이게 뭐냐?"고 충동했고 일본 재계 거물들은 동경에서 만날 때마다 '지금이 삼성의 위기'라고 경고를 해주었다. 이들의 기업가적 판단이 정확하다고 보았기에 이병철은 고심할 수밖에 없었다.

이병철이 경영에 복귀하기는 했지만 아들 이맹희를 밀어낸 것은 아니었다. 이병철은 대외적인 업무는 이맹희에게 맡겨놓고 점진적인 컴백을 도모했다. 이맹희는 여전히 국내·외로 다니면서 정력적으로 업무를 주관했고 아버지의 경영 복귀가 무엇을 의미하는지 심각하게 생각하지 않았다. 그는 경영일선으로 복귀하려는 아버지의 속 깊은 뜻을 전혀 헤아리지 못하고 있었다. 그는 모든 것이 자신에게 짐 지워진 줄로만 알았고 조금도 그 점에 대해서는 의심한 적이 없었다.

이병철의 경영 복귀 소식에 재계는 잠시 술렁거렸으나 이병철의 깊은 속내를 아는 사람은 아무도 없었다. 그로부터 6개월 후, 이병철은 한국의 재계를 발칵 뒤집어 놓는 발언을 한다. 1968년 6월 12일, 이병철은 일본에서 가장 많은 부수를 발행하는 〈아사히(朝日)신문〉과의 인터뷰를 통해 경영 일선 복귀와 전자산업 진출을 선언했다.

한국 재벌의 공통점은 소비재 산업에 기반을 두고 있다. 따라서 중화학공업화에 어떻게 적응해 나가느냐가 큰 과제이다. 전자공업은 앞으로의 성장 분야이다. 전자산업은 앞으로 충분히 성장할 수 있는 분야이므로 이에 도전해 볼 생각이다. 지금 미국이 최첨단을 가고 있지만 삼성도 그 대열에 참석하고 싶다.

이미 이병철은 1968년 2월부터 삼성물산 안에 개발부를 신설하고 신규 사업 추진 업무를 개시한 터였다. 그룹 총사령탑을 떠난 지 1년 반 만이었다. 신훈철(전 삼성항공 사장, 성우회 회장)이 팀장을 맡았고 전상호(소相昊 : 전 삼성데이타시스템 사장), 손경식(孫京植 : 전 제일제당 회장), 박정웅(朴正雄) 등이 팀원이 되어 신규 사업 추진 팀을 꾸렸다. 그 신규 사업이란 전자산업이었다. 이병철은 위기를 맞은 삼성이 재도약할 수 있는 방안은 전자산업밖에 없다고 판단했던 것이다.

새로운 선택, 전자산업에 뛰어들다

한국에는 1960년대 중반부터 정부의 해외 기업 유치정책 덕분에 저임금에 비해서 풍부한 노동력을 활용하기 위한 외국 기업들의 진출이 두드러졌다. 이 가운데 전자업체가 많았지만, 대부분 한국을 조립 생산 기지로만 이용했다. 이병철은 미국과 일본을 둘러보고 경제의 흐름을 분석한 결과 독자적인 전자산업을 일으켜야겠다는 결심을 했다.

이맹희의 회고를 들어보면 이병철은 아들과 함께 자동차산업과 전자산업을 놓고 고심하다가 전자산업을 택했다. 〈묻어둔 이야기〉에는 이런 대목이 나온다.

> 나는 당시 전자산업과 자동차산업이 미래에 큰 인기를 끌 것이라고 생각하고 있었는데 아버지는 전자를 먼저 시작하자는 의견을 내놓았다. 내가 강력하게 자동차와 전자를 동시에 시작하자고 주장했지만 아버지는 끝까지 전자를 먼저 하자고 주장했다.

신훈철이 이끄는 개발부는 4개월 동안 여러 사업을 조사하고 연구한 끝에 전자산업이 가장 유망하다는 결론을 내놓았다. 이병철은 개발부가 제출한 보고서를 읽고 '전자산업이야말로 기술과 노동력, 부가가치, 그리고 내수와 수출 전망 등 여러 면에서 우리나라 경제 실정에 꼭 알맞은 산업'이라는 판단을 내렸다.

일단 결정이 내려지면 그것을 민첩하게 실천에 옮기는 것이 이병철의 경영 스타일 아닌가. 그는 즉시 일본으로 날아가 산요전기의 이우에 토시오 회장을 만났다. 그는 일본의 재계 인사 중에 이병철과 가장 막역한 사이였다. 당시 산요는 일본형 세탁기 개발에 성공하며 일본 전자 업계의 황금기를 이끌고 있었다.

이우에 토시오는 이병철이 전자산업으로 진출하겠다는 결심을 밝히자 산요의 전자단지로 안내했다. 이병철은 40만 평에 달하는 산요의 전자단지를 보고 할 말을 잃었다. 고작 몇 천 평 규모의 국내 전자회사와는 비교 자체가 되지 않았다. 그 대규모 단지에 즐비하게 들어선 공장에서는 텔레비전, 냉장고, 세탁기, 에어컨 등 다양한 가전제품이 쏟아져 나오고 있었다. 이병철은 그렇게 생산된 제품들이 일본 국내뿐만 아니라 미국, 유럽 등 전 세계 시장으로 수출된다는 사실에 주목했다. 당시 일본은 경제 재건을 시작한 지 불과 10여 년 만에 구미열강과 어깨를 나란히 하던 중이었다.

삼성을 세계적 기업으로 키우고 싶었던 이병철로서는 전자산업이야말로 앞으로 삼성이 가야 할 길이라고 판단했다. 시찰을 마치고 난 후, 이우에 토시오는 이병철에게 말했다.

"이 회장, 전자산업이야말로 무에서 유를 창조하는 산업이지요, 모래로 된 실리콘 칩에서 텔레비전 수상기에 이르기까지 부가가치 99%의 산업입니다."

그 말을 들은 이병철은 오래 전부터 우정을 나눠온 이우에 토시오에게 고마움을 느꼈다. 두 사람은 한국과 일본이라는 나라를 떠나서 진정한 벗으로서 대화를 나누는 사이였던 것이다. 그때 이병철은 마음속으로 모든 것을 결정해 버렸다.

"이우에 회장 고맙습니다. 전자산업이야말로 내가 가야 할 길 같습니다. 우리 삼성도 전자산업을 시작할 것이오. 부디 많은 것을 가르쳐주시기 바랍니다."

이병철은 돌아오는 비행기 안에서 산요전기보다 더 큰 공장을 세우겠다는 마음을 먹었다. 〈호암자전〉에서 이병철은 다음과 같이 회고했다.

> 전자산업이야말로 기술, 노동력, 부가가치, 내수와 수출 전망 등 어느 모로 보나 우리나라 경제에 꼭 맞는 산업이라는 결론을 얻었다. 당시 국내 기업은 상당히 낙후되어 있었다. 50년대 전자공업에 진출한 일본은 미국, 유럽과 어깨를 견줄 정도로 컸지만, 국내 기업들은 외국 부품을 들여다가 조립하는 단계에 불과했다. 가격도 엄청나게 비쌌다. 나는 가전으로 시작해 기반을 다지면 반도체, 컴퓨터 등 산업용 분야로 발전시킬 요량도 갖고 있었다.

이병철은 국내로 돌아오자마자 전자단지를 만들 부지매입에 착수했다. 그는 산요보다 한 평이라도 더 큰 공장을 짓기 위해 수원 매탄동에 45만 평의 부지를 사들였다. 그러자 사회 여론은 또 다시 엉뚱한 방향으로 들끓었다. 이번에는 삼성이 부동산 투기에 뛰어들었다고 난리였다. 당시 국내에서 큰 공장이라고 해봤자 만 평을 넘는 공장이 거의 없었던 때문이다. 더구나 그 땅이 서울에 인접한 수원이라서 비판여론이 비등했다. 그러나 사람들이 그 공장부지가 전혀 넓지 않았다는 사실을 깨닫게 되는 데는 그리 오랜 시간이 걸리지 않았다.

들끓는 여론에도 불구하고 이병철의 '누가 무어라 하든지 내 길을 가겠다.'는 의지는 굳건했다.

1969년 1월 13일, 이병철은 삼성전자주식회사를 설립하고 법원에 설립등기까지 마쳤다. 이렇게 해서 삼성전자의 역사가 시작된 것이다.

때마침 1969년 1월 28일 정부는 전자공업 진흥법을 공포했다. 이에 용기를 얻은 이병철은 1969년 12월 삼성이 50%의 자본을 출자하고, 일본 산요전기가 40%, 스미토모상사가 10%를 출자하는 '삼성산요전자공업주식회사'를 설립했다.

  삼성전자는 1969년 2월과 4월, 137명의 남녀 해외연수생을 공개 채용했다. 그리고 1969년 9월 5일, 63명의 연수생을 1차로 일본에 파견시킨 데 이어서 2차, 3차 연수생도 파견해서 산요전기와 반도체, TV 공장을 견학하게 했다.

  1970년 1월에는 삼성NEC를 각각 설립해서 미래의 거함 삼성전자를 이륙시킬 준비를 착착 진행했다. 일본 산요전기와 NEC의 입장에서 볼 때 삼성전자는 저렴한 임금과 풍부한 노동력을 제공하는 아웃소싱 전진기지였다.

  삼성전자를 설립한 이후 이병철은 라디오, TV에서부터 반도체, 컴퓨터 등의 첨단산업에 전력을 기울이는 한편, 중화학공업과 방위산업 등에도 발 빠른 행보를 계속하면서 삼성의 세계화를 위해 진력했다.

'왕자의 난'

  그 무렵 이병철의 차남 이창희는 엄청난 불만에 휩싸여 있었다. 그는 한비사건의 책임을 지고 옥살이까지 하고 나왔으나 아버지는 따뜻한 위로의 말 대신에 오히려 냉랭한 태도를 보이는 것이었다. 무슨 오해가 있는 것이라 생각했지만 스스로 납득할 수 있는 일은 하나도 없었다. 거기에 출옥 후에도 그는 법률상의 제재 조항에 묶여 향후 5년간 공식적인 기업 활동을 할 수 없게 되어 있었다.

  이창희는 제일모직 부사장으로 일을 하고 있었으나 실제적으로 주어진 것은 아무 것도 없다는 생각으로 불만에 휩싸여 있었다. 출옥을 하고 나니 그동안 기업 운영은 전부 형인 이맹희가 하고 있고 자신은 완전히 배제되어 있다고 느꼈던 것 같다. 그래서 이창희는 형에게 이렇게 말한 적이 있다.

  "형이 일을 하는 것은 이해를 하겠는데 정부와 갈등관계에 있는 아버지가 다시 돌아오게 되는 것은 삼성을 위해서도 좋지 않은 일이야."

이맹희가 외국으로 자주 나간 사실도 엉뚱한 영향을 미쳤다.

"형만 외국으로 나가고 나면 아버지가 모든 일을 다 하시는데……, 정부와의 관계도 있는데 아버지가 전면에 나서면 삼성이 불이익을 받거나 아무 일도 진행이 안 될 거야."

이것이 이창희가 형 이맹희에게 털어놓는 불만이었다. 더구나 이병철은 이맹희가 외국으로 나가고 나면 자신과 의논을 하는 것이 아니라 늘 "맹희 언제 오느냐?"고 묻는 것도 이창희에게는 소외감을 더해주는 일이었다.

그런데 이병철은 1969년 12월 삼성전자를 출범시키고 본격적인 경영 복귀의 행보를 보인다. 이창희는 불만을 지나서 위기감을 느꼈다. 그는 아직 정부의 권력실세들과 빚어진 갈등도 해소되지 않았는데 아버지가 다시 경영일선에 나선다면 삼성을 위해서도 결코 좋은 일이 아니라고 나름대로 판단했다.

'어떻게 해서라도 아버지의 경영 복귀를 막아야 한다. 그렇지 않으면 삼성은 앞으로 3년 이내에 쓰러지고 만다. 우리가 새롭게 삼성을 이끌어나가야 국가권력의 눈총에서 벗어나 살아남을 수 있다.'

이렇게 생각한 이창희는 비수를 뽑아들었다. 이른바 '청와대 탄원서 사건', 삼성가로 볼 때는 '왕자의 난'이었다. 그렇다고 이 일은 이창희 혼자서만 벌인 일은 아니다. 그가 주동이 되기는 했지만 전직 비서실장을 포함하여 다섯 사람의 공작 팀이 구성되어 벌인 일이었다. 이병철의 비리 사실을 폭로하는 자료를 만들어서 기업에서 영원히 손을 떼게 만들고자 모의를 진행했다. 이창희는 그를 추종하는 일부 임원들의 부추김에 넘어간 때문인지 몰라도 아버지 이병철이 지니고 있는 힘을 지나치게 과소평가하고 있었다.

그들의 작전사령부, 즉 CP(Commanding Post)는 그랜드 호텔, 내자 호텔, 피시픽 호텔 등지였다. 그들은 보안을 유지하기 위해 수시로 이곳저곳 옮기면서 몇 달 동안 치밀한 조사와 공작을 한 끝에 이 사건을 터트렸다. 이창희 팀은 이병철의 비리 내용을 담은 탄원서를 청와대로 보냈다. 이 탄원서의 자세한 내용은 이맹희의 〈묻어둔 이야기〉에서 확인할 수 있다.

당시 창희가 청와대에 제출한 서류에는 모두 6가지의 탄원 사항이 적혀 있었다. 우선 아버지가 해외로 1백만 달러를 밀반출하여 외화 도피를 했다는 것이 처음이었고 현충사를 지을 때 삼성에서 조경을 진행했는데 물론 기증이긴 했지만 경비를 4천만 원을 썼으나 7천만 원을 쓴 것처럼 부풀려서 생색을 냈다는 것도 포함이 되어 있었다. 이 부분은 나도 잘 알고 있는데 창희는 경비 사항에 인건비와 기술료 등을 포함하지 않았으니 창희의 계산이 틀린 것이다. 그 중엔 제일모직의 탈세와 제일제당의 탈세도 포함이 되어 있었는데 그 자료는 창희가 평소 정리했던 것이었던 만큼 상당히 정확하고 삼성으로서는 도저히 빠져나갈 수 없는 치명적인 것이었다. 나중에 들으니 이 문서를 청와대에서 제일 먼저 손에 넣은 사람은 전두환 중령이었고 이걸 박종규 경호실장에게 보여준 다음 바로 박대통령에게 보고를 했다고 한다. 박종규 실장의 전언으로는 당시 박대통령은 이 문서를 살펴보곤 다른 것은 문제를 삼지 않고 재산 해외 도피문제는 알아보고 조치를 취하라고 했다고 한다.

박정희는 이 사건을 접하고서 이병철과 껄끄러운 사이로 지내고 있었음에도 "자식이 아버지를 모함하고 고발한다는 것은 천륜(天倫)에 어긋나는 일이다. 이 사건은 묵살하도록 해라."라고 지시했다. 이병철로서는 한국비료 사건에서 받은 배신의 뼈아픈 상처가 채 아물기도 전에 다시 한 번 등에 칼을 맞은 셈이 되었다. 그것도 자식에게……. 이병철은 이창희를 불러 당장 한국을 떠나라고 했다. 아버지의 호령은 단호했다.

"창희, 니는 내 눈에 흙이 들어가기 전에 절대로 내 앞에서 얼씬 거리지도 말거래이."

그때 이맹희는 독일 출장 중에 있었다. 그는 소식을 듣고 부랴부랴 서울로 돌아왔다. 이창희는 아버지의 결정에 강하게 반발하면서 이맹희를 설득하려고 했다.

"내가 뭘 잘못했다고 미국으로 갑니까? 나는 삼성을 살리려고 그렇게 했습니다. 형님이 아시다시피 아버님이 삼성에 개입해 계시는 동안엔 삼성은 절대 살아남을 수 없습니다. 그렇지 않으면 삼성은 앞으로 3년 내에 쓰러집니다."

"창희야, 너는 이놈아 와 그렇게 바보 같노? 니는 아직도 아부지가 어떤 사람인지 모르나? 다른 사람들이 니를 이용할라 카는 거 모리겠나? 이 바보야!"

정말 답답한 일은 이때까지도 이창희 그룹의 사람들은 계속 그 일을 확산시키자고 이창희를 부추기고 있었다. 청와대가 탄원서에 대해서 반응을 보이지 않자 언론 등을 통해서 이 문제를 확산시키자는 것이었다. 그때 이창희는 아버지의 마음이 셋째 이건희에게 옮겨 가고 있다는 것을 간파했고 그것을 은근히 사주하는 사람이 이건희의 장인인 홍진기라고 판단했다. 이창희는 이건희를 앞세운 홍진기의 역성혁명을 막아야 한다고 주장했다.

청와대 투서사건은 이창희가 미국으로 떠남으로써 겉으로는 일단락되었다.

이창희가 미국으로 떠나는 날 공항에는 어머니 박두을과 이맹희만이 전송을 나갔다. 어머니로서는 아들을 마지막으로 보는 자리라고 생각해서 울음을 터트렸다. 남편이 자신이 살아 있는 동안 돌아오지 말라고 내쫓는 아들이 아닌가. 그녀는 아들이 출국하고 난 뒤에도 계속 눈물을 흘렸다.

역모 사건이 실패로 돌아가자 딱해진 것은 이창희의 공작팀이었다.

그들은 삼성에서 내쳐진 것은 물론이고 작전본부로 사용했던 일부 호텔의 숙박비도 정산하지 못해서 김포공항에서 미국으로 떠나려는 이창희를 붙들고 실갱이할 정도로 몰락하고 말았다.

이창희가 미국으로 떠난 후 이병철과 이맹희 사이는 겉으로는 아무런 변화가 없었다. 이맹희는 여전히 새벽 6시면 아버지 집으로 가서 식사를 하고 아버지를 모시고 출근을 했다. 이병철은 여전히 일주일에 3번씩은 골프장에 나가며 소일을 했다. 서로 이창희에 대해서는 일체 말을 꺼내지 않았다.

그 사이에 청와대 경호실은 이병철이 100만 달러의 비자금을 불법으로 해외에 반출해 도피시켰다는 사안에 대한 조사를 끝마치고 있었다. 청와대 경호실장이 특정 기업인의 외화 도피 여부를 조사한다는 것이 말이 안 되는 소리 같지만 당시는 너무도 당연한 일처럼 여겨지던 시절이었다. 박종규 경호실장은 삼성 비서실에 소명 자료 제출을 요구했고 삼성 비서실은 의문의 100만 달러는 삼성물산 도쿄지사에서 이병철의 지시에 따라 일본으로 유출된 고려청자 2점을 매입하는 데 쓰인 것으로 밝혔다.

이때 구입한 고려청자는 국보급 청자인 진사연표형주자(辰砂蓮瓢形注子)와 상감운학모란국문매병(靑磁象嵌雲鶴牡丹菊紋梅甁)이었다. 1960년대 초 도굴꾼들에 의해 일본으로 밀반출되었던 것을 이병철이 도쿄의 어느 전시장에 들렀다가 우연히 발견하고 엄청난 가격을 주고 사들여서 국내로 들여온 것이었다. 결국 100만 달러 외화도피 문제는 박종규 경호실장이 나서서 박정희에게 해명함으로써 없던 일로 넘어갔다.

그런데 이맹희로서는 일이 거기서 끝난 것이 아니었다. 아버지는 큰 아들마저 의혹의 시선으로 바라보고 있었던 것이었다. 어느 날 아버지는 아들에게 은근히 물었다.

"맹희, 니는 이 문제를 우에 생각하노?"

"도저히 용납할 수 없는 일입니다. 아부지한테 감히 우에 그런 짓을 할 수 있습니까?"

그러자 이병철은 다시 되물었다.

"맹희 니, 진짜로 그래 생각하나?"

"예, 아부지! 진심입니더."

이맹희는 거듭 진심이라고 대답했으나 이병철은 의심의 눈길을 완전히 거두지 않았던 듯하다. 그도 그럴 것이 문제의 탄원서를 맨 처음 손에 넣은 사람이 전두환 중령이고 일을 처리한 사람도 평소 이맹희와 친분이 두터운 박종규 실장이었기 때문이다. 그 무렵 이맹희는 아버지를 대신해서 청와대와 관계를 개선해보겠다고 청와대를 자주 출입하고 있었다.

이병철은 대구 삼성상회 시절부터 전두환을 잘 알고 있었다. 왜냐하면 고등학생 전두환보다 그의 가족을 알고 있었던 까닭이었다. 다른 교류가 있었던 것이 아니라 이병철의 공장에서 전두환 집안의 사람들이 일을 하던 인연 때문이었다. 이병철은 그 집 아들 전두환이 청와대 경호를 하는 부대에 있고 이맹희와 절친하게 지낸다는 사실을 알고 있었던 것이다.

그런 전두환의 손에 이창희의 투서가 들려졌는데 이맹희와 교감이 없었으리라는 것을 이병철은 믿지 못했다. 이맹희가 적극적으로 가담하지는 않았다 하더라도 적어도 묵인은 했으리라고 얼마든지 생각할 수 있는 상황이었다. 〈묻어둔 이야기〉에 나오는 당시 상황을 살펴보자. 중앙정보부장 김형욱이 이맹희를 불러서 전두환과의 관계를 묻고 있다.

    김형욱 : 전 소령이, 평소 이 부사장이 도움을 많이 주신다던데 ……, 그것 참 고맙게 여기고 있습니다. 아무쪼록 경제적으로 힘든 군인들 많이 도와주십시오.

    나 : 별거 아닙니다.

김형욱 : 그래 한 달에 어느 정도 도와주시고 있습니까?
나 : 어릴 적부터 아는 사이라서 그저 조그마하게 도와주고 있습니다.

이때 김형욱이 꼬치꼬지 묻기에 이맹희는 "한 달에 회식비조로 2~3만 원 정도 주고 있다."고 대답했다. 사실 이맹희는 육사 11기 동기회 회장을 하고 있던 전두환에게 '불고기 값' 정도는 늘 전하고 있었다. 그런데 김형욱은 박정희에게 "전두환 소령이 삼성의 이맹희 부사장으로부터 몇 백 만 원의 뇌물을 받았습니다."라는 보고를 해버렸다. 그 일로 전두환은 박정희에게 불려가서 혼이 났다. 전두환은 어린 시절부터 친하고 부잣집 아들이라 동기생들 불고기 사주고 하는 것 정도의 도움을 받은 것뿐이라고 대답해서 무사히 넘어갔다.

이맹희로서는 절친이라고 생각했던 전두환이 그렇게 중대한 사안을 가장 먼저 접하고서도 삼성을 조종하고 주무를 생각만 했지 자신에게 알려서 문제를 조기에 수습할 생각은 조금도 하지 않았던 것에 심한 배신감을 느꼈다고 했다. 아마 전두환은 이창희의 탄원서를 이용해서 삼성의 약점을 잡으려고 했거나 박정희에 대한 충성 때문에 친구 간의 의리 따위는 안중에 없었을지 모른다.

만약 그때 전두환이 탄원서의 내용을 이맹희에게 먼저 알리고, 박정희에게까지 올라가지 않았다면 삼성의 역사는 달라졌을지 모른다. 이병철이 그 투서 사건에 대해서 알지 못했다면 그리고 아무 일도 없었던 것이 되었더라면 삼성의 후계 구도에도 변화가 있었을지 모른다.

전두환은 박정희의 총애를 받고 있었던 덕분에 무사히 넘어갔으나 이맹희는 무사히 넘어가지 못하고 있었다. 아버지가 겨누고 있는 화살이 결국 이맹희의 가슴에 꽂히고 말았으니까.

삼성가(家) 가족이야기 ⑫

이창희 가(家)의 비극

　미국으로 떠났던 이창희는 6년 만에 한국으로 돌아왔다. 그는 이병철의 아들답게 사업적인 감각이 뛰어났다. 오랜 기간 동안 절치부심하면서 첨단산업에 대한 연구를 계속하다가 1973년 미국의 마그네틱미디어와 합작으로 마그네틱미디어코리아를 설립했고 1977년 새한전자를 인수해서 마그네틱미디어코리아를 통합하여 새한미디어를 창립하여 독자 운영하며 재기에 성공했다. 새한미디어는 국내 최초로 오디오 카세트테이프를 생산했고, 1982년 비디오테이프 자체 개발에도 성공했다.
　이 과정에서 이창희는 아버지에게 용서를 빌었지만 의지하지는 않았다. 다만 이창희는 매주 월요일 아침마다 아버지 사무실을 찾아 문안 인사를 드렸다. 근 3년 동안 그렇게 인사를 다니자 이병철의 마음도 조금 누그려졌다. 그동안 이창희는 사업에 어려움이 많았지만 단 한 번도 아버지에게 자신의 어려움을 호소하지 않았다. 이병철 또한 한 번도 아들에게 새한미디어의 경영에 대해서 세세히 묻지 않았다. 그렇게 3년이나 지난 어느날 이병철은 아들에게 물었다.
　"창희 니, 각 사장들에게 잘못했다고 빌 수 있겠나?"
　이창희는 아버지의 말이 무슨 뜻인지 알아듣고 대답했다.
　"예, 그러겠습니다."
　그날부터 이창희는 삼성그룹의 각 계열사 사장들을 찾아가서 그간의 잘못을 빌었다. 그렇게 아들의 사죄를 받아낸 이병철은 이창희의 사업을 도와주기 시작했다. 비서실 직원을 새한미디어로 보내기도 했고 삼성 비서실에서는 거래 은행에 새한미디어는 삼성 계열사나 다름없다는 입장을 표명해서 은행융자에 어려움이 없게 해주었다.
　새한미디어는 비디오테이프를 주종으로 수출하면서 아일랜드를 비롯한 해외에 잇단 현지 법인을 세우는 등 중견 그룹으로 착실하게 성장했다. 새한미디어는 충주 비료공장 부지를 인수하여 인천공장에 이어 1985년 2월에 충주공장을 확장했고, 1987년에는 테이프의 원료인 자성산화철을 국내 최초로 생산하여 수출 전략 사업으로 삼는 등 새한미디어그룹으로 출발했다.

하지만 이창희는 1991년 백혈병으로 미국에서 치료 중 세상을 떠나고 만다. 한창 일할 나이인 58세였다. 이것이 이창희 가(家) 불행의 시작이었다.

이창희 사후 새한은 1995년 삼성그룹으로부터 분리된 제일합섬을 넘겨받아 기존의 새한미디어와 함께 그룹 체제를 갖추었다. 계열사 수도 새한종합개발, 새한로직스, 새한텔레콤, 새한정보시스템, 황성통운, 신영인더스트리, 새한콘크리트 등 12개까지 늘었으며, 자산규모로 재계 27위까지 올랐다.

하지만 오너가 갑자기 세상을 뜬 새한그룹은 경영권에 많은 문제가 발생했다. 이창희 사후 새한은 미망인 이영자가 회장에 오르고 맏아들 이재관이 부회장을 둘째 아들 이재찬이 새한미디어 사장을 맡아 경영을 이끌었다. 그런데 IMF 외환위기에 새한은 잘못 대처했다. 대부분의 기업들이 IMF 외환위기를 맞아 구조조정에 주력했으나, 새한은 오히려 구미공장의 화학섬유필름 부문에 1조원을 투자하는 등 대대적으로 사업을 확장했다.

사업 경험이 일천한 그들 형제는 젊은 혈기와 의욕만으로 경영에 임해서 화를 자초했다. 새한의 몰락 과정에서 주목할 핵심 인물은 부회장 이재관이다. 그는 수십억짜리 교회를 지어 헌납했다. 기흥 땅 수만 평에다 최고급 주택을 짓는다고 수십억을 들여 견본주택을 만들었다가 허물었다. 경북 경산의 옛 제일합섬 부지 30여 만 평에 대규모 레저단지를 구상하다가 IMF의 치명상을 입었다. 그는 또 1999년 대규모 구조조정을 하자는 임원의 말을 무시하고 오히려 그를 경질시켜 버린다. 그러나 누구도 젊은 오너의 '지시'를 거역하지 못했다. 젊은 오너는 시대의 흐름을 읽지 못하고 있었고 누구도 그것을 지적하는 사람이 없었다.

　IMF 이전에 7000억 원대이던 부채가 1998년에는 1조 7000억 원대로 급증했다. 거기에 주력 사업인 합섬과 비디오테이프 경기가 침체되면서 손실 규모도 눈덩이처럼 불어났다. 급기야 금융기관들이 자금 회수에 나서자 더 이상 버틸 여력이 없었다. 새한그룹은 2000년 워크아웃에 들어갔다. 새한그룹의 주력사로 삼성그룹 계열사였던 제일합섬 후신 (주)새한이 웅진그룹으로 넘어가 웅진케미컬로 바뀌었다. 이후 오너 일가가 주식 포기 각서 제출 후에 워크아웃이 승인, 개시되어 계열사는 모두 매각하거나 청산되었다. 새한그룹은 재계의 무대 뒤로 사라진 것이다.

　이후로도 이창희 가 형제에게 불운은 끊이지 않았다. 장남 이재관은 워크아웃 직전 분식회계를 통해 대규모 불법 대출을 받은 혐의로 2003년 징역 3년·집행유예 5년을 선고받았다. 차남 이재찬은 1992년 한국 최초의 대형 연예·음반기획사인 '디지털미디어'를 설립하기도 했고, 새한그룹 몰락 후 디지털미디어의 자회사인 '스타서치'를 만들어 이름을 떨치기도 했으나 재기하는 데 성공하지 못했다.

　이재찬은 최원석 전 동아그룹 회장의 딸인 최선희와 결혼해서 아들 둘을 낳았으나 워크아웃 이후 가정불화 끝에 이혼하고 만다. 빈털터리가 되어 고단한 삶을 살아가던 이재찬은 2010년 10월, 자신이 세들어 살던 아파트 옥상에서 투신, 스스로 목숨을 끊었다. 이창희 가에 또 다시 몰아닥친 비극이었다.

　월 150만 원의 월세 집에서 살았던 이재찬은 월세도 6개월 치나 밀려 있었고 인근의 세탁소, 슈퍼마켓 등 여기저기에서 적지 않은 외상을 진 상태였다. 우편물 함에는 교통 범칙금 청구서가 여러 통 들어 있었는데 모두 청구 일자가 꽤 지난 것들이었다. 인근 주민들 중 그가 삼성가의 혈족인 줄 아는 사람은 아무도 없었다.

　빈소도 차려지지 않은 이재찬의 장례식장에는 이혼한 부인과 두 아들, 친형제들만 참석했을 뿐 삼성가의 사람들은 아무도 보이지 않았다.

⑬ 비운의 황태자, 이맹희

사소한 일탈을 경험하게 되면, 그러한 일탈 행위가 기준이 됩니다. 자신이 믿고 있는 일을 일관성 있게 진행할 수가 없죠. 가치관은 투명하고 항상 실천되어야 한다고 생각합니다. 그렇게 한다면 좋은 기업이 될 수 있죠. 물론 그것이 아니더라도 좋은 기업을 만들 수는 있으나 오래 걸릴 것입니다.

- 폴 오닐(Paul O'neill), 앨코아(Alcoa) CEO -

황태자의 자리를 빼앗기고

흔히 이맹희를 '비운의 황태자', '삼성가의 양녕대군'이라고 부른다. 얼마 전에는 '삼성가의 사도세자 이맹희'라는 책까지 나와서 그에 대한 동정 여론을 만들기도 했다. 이맹희는 80대의 고령이 되도록 살아 있건만 아버지 영조(英祖)에 의해 뒤주 속에 갇혀서 억울하게 죽어간 사도세자에 비유되고 있는 것이다.

이맹희의 입장에서는 많이 억울했으리라. 태종이 양녕대군을 버리고 세종을 택했듯이 이병철은 3남을 선택했다. 이병철의 비서를 지낸 박세록은 〈삼성 비서실〉에서 이병철의 선택의 당위성을 이렇게 평가하고 있다.

> 호암의 이와 같은 상속 패턴을 두고 흔히 태종의 상속 패턴과 같다고들 말한다. 맞는 말이다. 여러 가지 뜻에서 그렇다. 그러나 무엇보다 중요한 것은, 호암이 세속적인 재산상속이 아니라 경영상속을 한 것과 같이 태종 역시 세속적인 왕권상속이 아니라 통치상속을 했다는 사실이다. 태종은 나라를 옳게 다스리고 백성을 외적으로부터 보호해야 한다는 이 통치술을 3남인 세종에게 상속시킨 것이다. 바로 그것이 태종이 남긴 또 하나의 위대성이다.

결과론적으로 보면 태종의 선택이 현명했듯이 이병철의 선택도 옳았던 듯하다. 거대한 삼성그룹을 이끌어가는 경영자는 단순히 재산상속자가 아니라 경영상속자이어야 했다. 전체 조직의 총수는 조직의 구심점으로서 전체 운영을 지휘해야 하는 관리능력과 덕망이 필수조건이다.

이병철은 일찍부터 후계문제에 많은 신경을 썼다. 그래서 1960년대 중반, 환갑을 맞기 훨씬 이전부터 장남인 이맹희와 차남인 이창희에게 경영 수련을 시켰다.

이병철은 한비사건이 있기 전까지는 적장자인 이맹희 이외의 대안을 생각하지 않았다. 그는 적장자 상속의 원칙을 지키는 것이 당연하다고 생각해서 이맹희를 경영일선에 내세워 오너 경영을 수련시켰다. 그러나 한비사건을 겪고 이창희의 쿠데타 음모까지를 겪으면서 이병철의 생각은 수정되었다. 더구나 이창희의 투서사건으로 이병철은 또 다시 재산을 헌납해야 하는 불운을 맞았다. 이번에는 이후락 비서실장이 나서서 대구대학을 5·16 장학재단에 넘기라고 요구했다. 그 당시 단과대학이던 대구대학은 삼성이 소유하고 있었다. 아들의 배신으로 약점을 잡힌 이병철로서는 버틸 기력도 마음의 여유도 없었다. 또 다시 대구대학마저 헌납하게 되자 이병철은 두 아들에 대한 신임을 거두어들일 수밖에 없었다.

결국 1970년대에 들어 이병철은 3남인 이건희에게 모든 것을 상속하기로 결정한다. 이병철은 이 경영상속 과정에서 장남과 차남이 배제된 데 대해 자서전인 〈호암자전〉에서 다음과 같이 밝히고 있다.

> 장남 맹희에게 그룹 일부의 경영을 맡겨보았다. 그러나 6개월도 채 못 되어 맡겼던 기업체는 물론, 그룹 전체가 혼란에 빠지고 말았다. 본인이 자청해 물러났다. 차남 창희는 그룹 산하의 많은 사람을 통솔하고 복잡한 대조직을 관리하는 것보다는 자신에게 적합한 회사를 건전하게 경영하고 싶다고 희망했으므로 본인의 뜻을 들어주기로 했다. 3남 건희는 와세다 대학을 졸업하고 미국 조지워싱턴 대학 수학 후 귀국해보니 삼성그룹의 전체 경영을 이어갈 사람이 없음을 깨닫고 그룹 경영의 일선에 차출 참여하게 되었다. 본인의 취미와 의향이 기업 경영에 있으며, 열심히 참여하고 공부하는 것이 보였다. 고생길을 왜 택하느냐, 중앙일보만 맡았으면 하는 것이 나의 심정이었지만 본인이 하고 싶다면 그대로 놔두는 것이 옳지 않을까 생각했다. 이 계승이 삼성의 확고부동한 새로운 발전의 계기가 되고 기틀이 되기를 간절히 바라며 3남 건희를 후계자로 정하는 것이 좋다고 생각한다.

이병철의 이러한 진술에는 다소 억지가 있어 보인다. 아들들에게 실망하고 심지어는 절망까지도 했을 아버지로서 분노를 지긋이 누르고 애써 담담하게 적어 내려가느라 자기 편리한 대로 사실을 윤색한 모양이다.

이맹희는 자신이 아버지를 대신해서 혹은 아버지와 같이 오너 경영에 참여한 기간이 6개월이 아니라 7년이라고 주장하고 있다. 그는 1967년부터 1973년 사이의 신문 기사를 찾아보면 모든 것이 명백히 드러난다고 말하고 있다.

또 '맹희는 경영자로서 문제점이 있어서'라거나 '둘째 창희는 본인이 중소기업을 운영하겠다고 해서'라고 표현된 부분들도 사실이 아니라고 밝히고 있다. 이맹희의 이러한 진술은 객관적으로 볼 때 타당성이 있다.

어쨌거나 한비사건과 '왕자의 난'으로 인해 아버지와 두 아들 사이의 갈등의 골이 깊어지기 시작했다는 사실에는 변함이 없다. 만약 한비사건이 일어나지 않고 이맹희의 미숙한 일처리에 실망하지 않았다면 이병철은 장남에게 대권을 넘겨주었을 것이다. 또 어쩌면 이창희의 쿠데타 음모만 없었더라도 3남 이건희에게 대권은 넘어가지 않았을지 모른다.

이맹희로서는 이창희의 투서사건에 대해서 자신은 결백했노라고 주장하고 있지만 정황상 아버지는 두 아들을 다 같이 의심할 수밖에 없었다. 그것은 결국 이병철이 후계자로 3남 이건희를 선택하는 데 결정적인 작용을 했다.

이창희가 미국으로 쫓겨 간 후에도 이병철과 이맹희 부자 사이에는 겉으로는 아무런 변화가 없는 듯이 보였다. 아버지와 아들은 함께 출근하고 함께 퇴근하는 일이 많았다. 그러나 아버지는 아들에게 맡겼던 경영 전반의 일을 하나하나 직접 챙기기 시작했다. 아들은 아직 눈치채지 못하고 있었으나 후계구도에 변화가 오고 있었다.

우선 1972년 무렵부터 이병철이 삼성 본관에 머무는 시간이 길어졌다. 이전보다 계열사 사장들을 불러서 직접 지시를 하는 일이 잦아졌다. 비서실장 이진석이 몹시 바쁘게 움직이고 있었고 이병철이 뭔가를 챙기거나 지시하는 모습도 많이 볼 수가 있었다.

1973년에 들어서면서부터 이맹희는 확연하게 아버지의 마음이 바뀌었다는 것을 깨달았다. 어떤 경우 이병철은 아들을 앞에 앉혀 놓고도 보란 듯이 측근들과 필담을 나누기도 했다. 그제서야 아들은 아버지의 마음이 오래 전부터 식어 있었다는 것을 알게 되었다. 점차 이맹희의 운신의 폭이 좁아져 갔음은 물론이다.

그 무렵부터 이병철은 그 옛날의 패기와 자신감 그리고 영민한 사업적 감각을 되찾은 듯이 보였다. 1973년 1월부터 기분 좋은 소식이 날아들었다. 삼성전자에서 만든 텔레비전의 미국과 캐나다 처녀 수출이 1월 21일에 무사히 이루어졌다는 내용이었다. 어렵사리 출항시킨 삼성전자라는 배는 순항을 시작하고 있었고 껄끄럽던 박 정권과의 사이도 많이 호전되어 있었다. 박정희는 1972년 '10월 유신'을 통해서 권력을 강화하는 데 성공한 탓에 삼성전자를 통해 수출역군으로 변모해 가고 있는 이병철을 거칠게 대할 하등의 이유가 없었다.

이병철은 은퇴 선언에도 불구하고 사그러들지 않던 국민과 언론으로부터의 비난과 질시를 이겨냈고, 정권과의 싸움으로 삼성이 무너질지도 모른다는 두려움에서도 벗어났다. 이제 이병철로서는 경영일선으로의 실질적인 복귀만이 남은 셈이었다. 결국 1973년 여름, 이병철은 자기 방으로 이맹희를 불렀다. 〈묻어둔 이야기〉를 보자.

아버지 방에 에어컨을 틀어두었던 기억이 나니 한여름이었던 것 같다. 아버지는 나를 부르더니 나에게 "니 지금 직함을 몇 개나 가지고 있노?"라고 물었다. 내가 정확히는 모르지만 열댓 되는 것 같다고 했더니 "니가 다 할 수 있나?"라고 되물었다. 아버지의 얼굴이 밝질 않았다. 그 이전부터 뭔가 낌새를 채고 있었기에 "다 잘 할 수는 없 심더."라고 했더니 "그라모 할 수 있는 것만 해라."라고 말을 잘랐다.

그리고 다시 며칠이 지났다. 이번엔 아버지가 "내가 한번 보게 직함을 얼마나 가지고 있는지 종이에 써와 봐라."라고 했다. 이진석 비서실장을 시켜서 내 직함을 써오니 전부 17개였다. 삼성전자, 중앙일보, 삼성물산, 제일제당, 신세계, 동방생명, 안국화재, 제일모직, 성균관대, 삼성문화재단 등 모두 부사장, 전무, 상무, 이사의 직책으로 17개의 타이틀을 가지고 있었다. 나 역시도 내 직함이 그렇게 많은 줄은 그때 처음 알았다.

헤어짐의 시작이었다. 아버지와 내가 갈라서는 일은 그렇게 시작되었다. 말투는 의논조로 "이건 하기 힘들제?", "이건 너 할 수 없제?"라고 했지만 아버지는 이미 예정을 하고 있었던 듯 연필로 직함들에 줄을 죽죽 그었다. 대부분을 그렇게 줄을 긋고 나에게는 삼성물산, 삼성전자, 제일제당의 부사장 직함 3개를 남겨 두었다. 그리고 삼성의 운영에 상당한 실권이 있었던 삼성문화재단의 상무이사 자리와 안양 골프장 운영위원 등 한두 개의 자리는 더 남겨져 있었던 듯하다. 그제서야 나는 사태를 깨달았다. '아, 아버지가 나보고 물러나라고 하시는구나.'

아버지는 아들에게 복귀 의사를 강력하게 내보인 것이었다. 아들은 아버지의 마음을 뒤늦게 알았다. 그것이 최종적인 통고라는 것을. 그때부터 이맹희는 실질적으로 삼성과 아버지의 곁을 떠난 셈이다. 그는 거의 국내·외로 방랑생활을 하며 풍류를 즐기는 한량으로 변모했다. 또 그 무렵부터 이병철은 3남 이건희에게 본격적인 후계자 수업을 시켜 나간다.

아들의 반항

이맹희는 그날부터 맥이 탁 빠져서 아무 일도 할 의욕이 없어졌다. 성격이 급하고 불같이 끓어오르기를 잘하는 그는 아버지를 이해할 것 같으면서도 아버지에 대한 섭섭함과 반항의 심사가 부글거리는 것을 어쩌지 못하고 있었다. 그러나 그는 자신이 삼성에서 영원히 내쳐지는 것이 아니라 일시적인 현상일 것이라고 스스로를 위안했다. 사실 아버지가 은퇴를 하기엔 너무 이른 나이가 아닌가. 그동안 아버지는 얼마나 답답했을까. 이맹희는 이렇게 스스로를 위안하면서 '그래, 이 참에 나도 좀 쉬어 가자.' 라는 생각도 했다.

이맹희는 오너 경영의 선봉에 서 있는 동안 스스로 치열하게 살았다고 자부하고 있었다. 한창 수원에 전자 공장을 짓고 있을 때의 일이다. 이맹희는 공사 기간을 단축하기 위해서 불철주야 뛰어다니면서 현장을 독려했다. 공장을 새로 하나 지으면 대부분 외자나 국내의 자본을 빌려 쓰기 마련이다. 이 경우 2년 걸려서 지을 공장을 1년 만에 지으면 나머지 1년간의 원금상환 같은 자금 압력이 없어진다. 즉, 하루라도 공사가 단축되면 공사비도 적게 들거니와 투자비용의 회수도 빠르고 소요되는 경비도 줄어든다.

이맹희는 공기 단축을 위해 철야 작업을 강행했다. 그는 한국에서 만들지 못하던 2kW짜리 전구를 130개를 일본 NEC에 직접 발주했다. 일본에서 전구가 도착한 후에는 밤에도 대낮같이 불을 밝히고 24시간 일을 했다. 그는 텐트를 치고 현장에서 먹고 자면서 불철주야 24시간을 밀어붙였다. 그는 극성이 지나쳐서 직원의 아내가 출산을 해도 못 가게 하고, 신혼여행도 줄이라고 했다. 심지어는 제사를 지내러 가야 한다는 직원을 붙들고 죽은 사람보다는 나라를 살리는 공장을 짓는 일이 더 중요하다고 보내지 않았다. 또 그는 집안에 환자가 있다고 해도 귀가를 허락하지 않았다.

이맹희의 회고록 〈묻어둔 이야기〉를 보면 자신이 직원들에게 특별하게 가혹했다는 의식이 별로 없다. 그는 스스로에게도 혹독했던 모양이다. 그는 삼성코닝 공장과 미풍 공장을 건설할 때 단 하루도 12시 이전에 집에 들어가 본 적이 없고 새벽 6시만 되면 집에서 나왔다고 회고한다. 그것도 모자라 텐트를 치고 아예 현장에서 생활을 했다. 집안일이 죽이 되든 밥이 되든, 아내와 아이들은 잊어버리고 살았다. 조국 근대화를 이끌어낸 산업화 시대의 혁혁한 전사의 모습에 다름 아니다.

훗날 이맹희는 자신이 팽 당한 것이 아버지를 둘러싼 가신 그룹의 탓이 크다고 주장하기도 하지만 어쩌면 이병철은 이맹희의 위와 같은 행동에 대해서 보고를 받고 있었는지 모른다. 그리하여 지나치게 적극적이고 모가 난 행동을 서슴지 않는 이맹희가 최고경영자로서는 자질이 모자란다는 판단을 했을 가능성이 높다. 그래서 그는 태종이 양녕을 버리고 세종을 선택했듯이 이건희의 손을 들어 주었을 것 같다.

이맹희는 그때부터 매일 하던 출근을 일주일에 서너 번 정도만 했다. 그렇게 6개월 정도를 보냈는데 그의 입지는 점점 더 좁아져만 갔다. 아버지가 모든 일을 결정하는데 그가 끼어든다는 것도 우스운 일이었다. 이맹희는 아버지의 신임이 두터운 김재명을 만나 자신의 심경을 토로했다. 김재명은 삼성의 창업 공신으로 1970년대 말까지 제일제당 사장까지 지내다가 자기 사업을 위해 삼성을 그만두고 커피 회사인 동서산업을 창업한 이병철이 가장 아끼는 가신 중 한 사람이다.

"아저씨, 별로 할 일도 없고 당분간 일본에 가서 쉬었으면 좋겠어요."

그런데 김재명을 통해서 돌아온 아버지의 대답은 놀라운 것이었다.

"그것 참 좋은 생각이다. 그런 기발한 생각을 하다니. 쉬고 싶은 때는 쉬어야지."

이맹희는 그 길로 짐을 싸서 일본으로 건너갔다. 길고 긴 이별의 시작이었다.

그때부터 이맹희의 생활은 무의도식, 백수건달, 한량, 그리고 반항아의 삶 그 자체였다.

이병철은 아들을 그대로 방치해 두고 있었다. 그러다가 부자 사이에 첫 번째 마찰이 일본에서 일어났다. 이병철이 일본을 방문하는 날 이맹희는 그 사실을 알면서도 공항에 마중을 나가지 않았다. 권위주의적인 아버지 이병철로서는 도저히 묵과할 수 없는 일이었다. 아버지가 외국에 가면 그곳에 머무는 아들이나 집안 식구들이 공항으로 마중 나가는 것은 당연한 일 아닌가. 당연히 해야 하는 일을 하지 않은 것은 아버지에게 공공연하게 반기를 드는 행위였다.

그런데 일은 거기서 그치지 않았다. 이병철이 도쿄지점 직원들과 회식을 하던 자리에서 또 하나 일이 터졌다. 이병철이 아들이 도쿄지점에 출근하는 줄 알고 말을 꺼내자 이맹희가 퉁명스럽게 대답했다.

"지가 동경에 쉬러 왔는데 뭐 하러 지점에 나갑니까? 저, 지점에 나갈 필요 없심더."

이병철의 낯빛이 파랗게 변했음은 물론이다. 아들의 속 좁은 짓에 부자의 골은 더욱 깊게 파였다. 공개적인 자리였지만 이병철은 그 자리에서 아무 말도 하지 않았다. 아니, 그 후에도 그 문제에 대해서는 아무런 언급도 하지 않았다. 다만 이맹희는 자신이 '당분간 일선에서 물러서 있는 처지'에서 '영원히 삼성을 떠나게 되는 처지'가 되어가고 있다는 사실을 깨닫고 있었다.

1975년 봄, 이맹희는 일본에서 돌아와 다시 회사에 나가기 시작했지만 그가 할 일은 없었다. 일과 관련된 사항은 일체 그에게 맡겨지는 것이 없었다.

> 아버지의 의도를 알 것 같았다. 누구와 의견 충돌이라도 생기면 성격이 불같이 변하는 나를 휘어잡고자 함이었다. 마찰이 있으면 심지어는 내가 세상에서 제일 무서워했던 아버지에게까지 반항할 수 있는 나의 기를 꺾고자 함이었다.

그때라도 이맹희가 조용히 근신했다면 상황이 달라졌을지도 모른다. 하지만 그는 또 다시 반항아의 길을 선택한다. 그는 회사 출근을 포기하고 총을 메고 사냥터를 찾아다니기 시작했다. 겨울엔 사냥을 다니고 여름엔 워커힐에서 말을 타고 돌아다니는 생활을 계속했다. 그는 고향인 의령으로 내려가서 빈농가를 하나 구해서 숙소로 만든 다음 본격적인 멧돼지 사냥을 다녔다. 그렇게 3, 4년을 보내다보니 그 일마저 시들해졌다. 독실한 불교신자인 아내 손복남은 남편이 짐승을 쏘아 죽이는 일을 몹시 안타까워했다.

이런저런 핑계로 서울에 올라왔으나 이맹희가 할 수 있는 일은 거의 없었다. 그는 친구들을 불러 모아서 거의 골프장에서 세월을 보냈다. 일주일에 한 번 정도 아버지를 찾아가 인사를 드렸으나 아버지는 인사만 받았을 뿐 쓰다 달다 말이 없었다.

그는 이번에는 부산으로 내려갔다. 해운대에는 삼성가의 별장이 있었다. 그는 그곳에 터를 잡고 친구들과 어울려서 낮에는 골프를 치고 밤에는 책을 읽는 생활을 시작했다. 이맹희의 고백에 따르면 자신은 술을 거의 마시지 못하는 탓에 술로 인한 실수 같은 것은 한 적이 없다고 한다. 그런데도 그는 늘 술로 날을 지새우는 주태백이로 세간에 회자되기도 했다. 삼성가는 이병철을 비롯해서 아들 삼형제가 모두 체질상 술을 잘 하지 못한다. 이맹희는 활명수만 마셔도 몸에 알러지가 생기는 바람에 아예 술을 멀리하고 있었다.

해운대 생활이 길어지자 아버지와의 사이는 더욱 멀어졌다. 이맹희는 언젠가 아버지가 자신을 불러 줄 것이라고 믿었지만 그 일은 요원해져만 가고 있었다.

속마음 같아서는 무조건 아버지에게 무릎을 꿇고 용서를 빌고 싶기도 했지만 그는 그런 것이 잘 되지 않는 사람이었다. 이맹희는 2006년 한 인터넷 신문과의 인터뷰에서 이렇게 말하고 있다.

내 사주에는 일할 때 앞뒤를 재지 않고 고집피우고, 상상할 수도 없을 정도로 자존심 센 것으로 나온다는 얘기를 여러 차례 들었다. 나를 잘 아는 이들이 나더러 '성격이 급하다, 불덩이 같다.'고도 하니 이 평가는 맞는 것 같다. 아버지와의 관계에서도 마찬가지였다. 사실 나는 여러 번 아버지 곁으로 돌아갈 기회가 있었다. 자존심을 조금만 굽히고 아버지 곁에서 기다렸으면 모든 문제가 잘 풀릴 수도 있었다. 아니, 아버지 당신께서 여러 번 그런 신호를 보냈다. 그러나 나는 그런 기회마저 강하게 거부했다. 나와는 달리 실제적으로 큰 잘못을 저질렀던 창희는 무려 3년간 아버지 곁에서 몸을 낮추고 기다린 결과 용서를 받았다.

그러는 사이에 변수가 생겼다. 동생 이창희가 돌아온 것이다. 1977년, 떠난 지 6년 만에 돌아온 이창희는 제일 먼저 아버지를 찾아가서 용서를 빌었다. 또한 아버지가 내린 귀국 금지 명령에 대한 반항을 하느라고 돌아 온 것이 아니라 자신만의 사업을 일으키기 위해서 돌아온 것이라 밝혔다.

"아버지께 도움을 요청하지는 않겠습니다. 그냥 지켜만 봐주십시오."

아버지는 고개를 끄덕였다.

이창희는 마그네틱미디어코리아를 설립해 독자 경영의 길을 걸었다. 이 회사는 나중에 새한미디어라는 이름으로 바뀌고 새한그룹의 모태가 되는 회사인데 당시로서는 첨단 사업인 오디오테이프 및 비디오테이프를 제조·판매하는 회사였다. 이창희는 이 회사를 혼자 힘으로 만들어서 운영하면서 성공의 가도를 달리기 시작하고 있었다.

착실한 기업가로 변신한 이창희는 월요일 아침이면 빠트리지 않고 아버지의 사무실로 찾아가 인사를 올렸다. 그렇게 3년 쯤 지난 뒤에 이병철은 이창희에게 지나가는 투로 물었다.

"창희 니, 각 사장들에게 잘못했다고 빌 수 있겠나?"

느닷없는 말이었지만, 아들이 저지른 잘못을 용서해 줄 수도 있다는 뜻이었다. 이창희는 삼성그룹의 각 계열사 사장실을 돌면서 잘못했다고 빌었고, 영문도 모르는 사장들은 멀뚱하게 이창희를 바라보았다. 이병철은 이렇게 이창희의 기를 꺾은 다음에야 아들로서 받아들이고 그의 새한미디어를 여러 가지 방면으로 지원했다. 비서실 직원을 새한미디어로 보내기도 하고 비서실에서 은행이 새한미디어에 융자를 잘 해주도록 부탁을 하게 하기도 했다. 그리고 자기가 가지고 있던 제일합섬의 주식 전량을 이창희에게 넘겨주기도 했다.

그 소식을 전해 듣고도 이맹희는 해운대에서의 생활을 계속해서 영위해 나갔다. 사실 이맹희에게는 여러 번 아버지 곁으로 돌아갈 기회가 있었다. 그의 때 늦은 고백처럼 자존심을 조금만 죽이고 아버지 곁으로 돌아가 동생 창희처럼 때를 기다렸다면 모든 문제는 잘 풀릴 수도 있었다. 그러나 그는 그런 기회마저 강하게 거부하는 묘한 성격의 사내였다.

아버지의 분노

아버지와 아들 사이에는 두 사람만 있는 것이 아니었다. 두 사람 사이에는 온갖 풍문과 중상모략과 기우와 추측과 예언이 난무했다. 한국 재계의 일인자와 그 후계를 둘러싼 후계자 사이에는 부자간의 정보다는 일인자의 지위를 지켜내야 한다는 냉엄한 현실이 앞서는 것이었다.

이미 이병철은 3남 이건희를 대권의 상속자로 지목하고 많은 일을 진행시키고 있었다. 이맹희의 회고록을 보면 아버지가 자신이 머리를 굽히고 들어갔으면 상황이 많이 바뀌었을 것이라는 회한의 구절이 꽤 등장하지만 과연 그랬을까? 과연 이맹희가 이창희처럼 아버지 앞에 무릎을 꿇고 머리를 조아리며 용서를 빌었더라면 후계구도가 바뀌었을까?

그것은 희망사항이었을 뿐인지 모른다. 훗날 이맹희에게 가해진 아버지의 압박이 무엇을 말하는지 보면 알 것이다. 이병철과 이맹희 사이에는 이제 두 사람의 마음이나 부자간의 정보다는 거추장스런 관계라는, 덜어내야 할 문제덩어리라는 것만 남았다. 이병철에게 들려오는 아들에 관한 소리는 모두 불미스러운 것들뿐이었다. 이제는 이맹희가 머리를 굽히고 들어간다고 해결될 문제가 아니었다.

이병철은 왕세자 충녕을 지키기 위한 고육지책에 골몰했던 태종과 똑같았다. 이병철은 1979년 2월, 3남 이건희를 그룹 부회장에 발령함으로써 이건희가 삼성의 후계자임을 공식화했다. 그때부터 이병철이 이맹희에게 바라는 것은 "나는 무조건 아버지의 뜻을 따를 것이며, 삼성의 후계자가 되려는 생각은 전혀 가지고 있지 않다."라고 밝히고 무릎을 꿇는 것이었다.

그러나 이맹희는 그러지 않았다. 이맹희는 그때까지도 골프와 사냥으로 세월을 보내고 있었다. 이맹희는 그룹 경영에 대한 어떤 일도 시도하지 않았는데 온갖 풍설이 나돌았다. 특히 이건희를 둘러싼 온갖 나쁜 소문들이 나돌기 시작했는데 이병철은 그 진원지를 이맹희와 그의 측근들이라고 보았다. 비서실의 보고는 이맹희가 장남이니까 결국에는 대권이 이맹희에게 가지 않을까 하여 이맹희에게 꼬여드는 사람들이 많다는 것이었다.

그래서 일어난 웃지 못 할 일들이 꽤 많다. 그 당시 삼성과 관련된 루머라면 무조건 이맹희로부터 시작되었고 확인 절차 같은 것도 필요 없었다. 이맹희는 부산에서 엎드려 있는데 TBC 탤런트와의 터무니없는 스캔들이 무시로 나돌았다.

한 번은 이맹희의 사촌 형 그러니까 이병각의 큰 아들인 이동희 제일병원 원장이 부산에 들렸다가 이맹희에게 돈 1백만 원을 준 적이 있었다. 이동희는 이맹희의 처지가 딱해보였던지 "맹희 니가 참 안됐다. 몸조심해라."는 말을 하면서 수표 한 장을 주고 갔다.

이맹희는 그 수표를 별장관리인에게 생활비로 쓰라고 주었다. 그런데 어떻게 알았는지 이병철은 그 수표추적을 했다. 추적 결과, 수표사용자가 모르는 여자의 이름으로 나오자 이병철은 그게 별장 관리인 이봉희의 처인 줄도 모르고 "봐라, 맹희가 부산서 여자들한테 1백만 원짜리 수표를 이래 함부로 주고 그런다."라고 했다는 것이었다.

이병철은 집안 친척이기도 한 별장 관리인 이봉희를 불러올려서 이렇게 물었다.

"맹희가 매일 여자들을 바꿔가며 몇 명씩이나 데리고 잔다는데 그거이 사실이가?"

이봉희가 아니라고 했으나 이병철은 그다지 믿는 눈치가 아니었다.

한 번은 이런 일도 있었다. 이맹희가 경북 의성 별장에 머물고 있을 때 일이다. 사냥을 나갔다가 돌아오는 길에 저녁 식사를 위해 의성 읍내에 들렸으나 밤 11시가 넘어서 식당들이 문을 모두 닫았다. 조그만 카페가 하나 문을 열고 있었는데 거기서 요기가 될 만한 것은 돈가스밖에 없었다. 돈가스를 주문하고 기다리는 데 10대 소녀들이 여주인과 테이블 하나를 차지하고 앉아 도란도란 얘기를 나누는 소리가 들렸다. 소녀들은 여주인에게 "당분간 먹여주고 재워주면 열심히 일 하겠다."고 통사정을 하고 있었다.

이맹희가 끼어들어서 자초지종을 물어보니 소녀들은 대구시내 여고 2학년 학생들인데 새 학기 등록금도 내지 못하는 형편이라 가출을 했다는 것이었다. 이맹희는 가난한 부모를 만나 등록금도 제대로 못 내고 가출까지 한 아이들을 보자니 심란한 생각이 들었다.

그는 당장 잠잘 곳도 없다는 아이들을 차에 태워 별장으로 돌아 왔다. 그는 관리인 노부부에게 부탁해서 라면을 끓여 먹이고 하룻밤을 묵게 했다. 그리고 다음날 아이들에게 등록금을 쥐어 주고 시외버스에 태워 대구로 보냈다.

그런데 그 일이 엄청난 사건으로 비화되고 말았다. 소녀들은 버스에서 내리자마자 집에도 들르지 않고 학교로 달려가 의기양양하게 밀린 등록금부터 냈다. 그러자 담임선생이 무단결석과 가출을 문제 삼으면서 "어디서 무슨 짓을 했으며 등록금은 어디서 어떻게 마련했느냐?"며 닥달했다. 아이들은 마치 입을 맞춘 듯 "삼성그룹 이 회장의 도움으로 별장에서 하룻밤을 묵고 등록금도 얻어 왔다."고 말했다. 이맹희는 자신이 누구라고 아이들에게 말한 적도 없었으나 아이들은 별장 관리인 노부부가 '삼성그룹의 이 회장'이라며 이맹희에게 "회장님! 회장님!" 하고 호칭하는 바람에 이맹희가 말로만 듣던 그 유명한 '이병철 회장'으로 둔갑한 것이었다.

담임선생은 사실 여부를 좀 더 알아보지도 않고 '삼성의 이 회장이 어린 가출소녀들을 꾀어 함께 자고 돈까지 주었다.'는 엉뚱한 생각에 사로잡혀서 대구 법조기자단에 제보했다. 삼성 비서실이 발칵 뒤집혔고 이병철은 대노했다.

"이놈이 이거, 지 정신이 아이다. 미친놈이 아이고서는 우째 지애비 이름까지 팔아가믄서 못된 짓만 골라서 하노 말이다."

조사 결과 이맹희가 그저 선행을 베푼 사건으로 밝혀졌다고 하는데 이병철을 옹위하고 있는 가신 그룹은 이 같은 사실을 믿지 않았고 그 일을 '이맹희 죽이기'의 좋은 소재로 활용했다.

아들의 친구들에게 TBC를 빼앗기고······

그런데 이맹희가 실제적으로 아버지에게 철저하게 배제된 사건이 일어난다.

1980년 일어난 신군부의 언론 통폐합 사건 때문이다. 앞에서도 밝힌 바 있지만 이맹희는 12·12 군부 쿠데타를 주도한 신군부의 주역들과 죽마고우로 아주 막역한 사이였다. 전두환만 학교가 달랐을 뿐, 노태우, 정호용, 김복동과는 중·고등학교 6년 동안을 같은 반에서 공부한 동기동창이었다. 거기에 언론인 출신으로 군사정권에 참여해서 국회의원을 지낸 김윤환, 유수호 등도 같은 클래스메이트였다.

문제는 이맹희와 절친한 친구들이 나라의 정권을 거머쥐었는데 그 친구들이 또 다시 삼성의 목을 조이기 시작했다는 점이다. 이병철은 박정희 정권에게 사운을 걸고 건설한 한국비료를 빼앗기고 대구대학을 빼앗긴데 이어 1980년에는 TBC동양방송을 제5공화국 신군부에 빼앗겼다. 불과 3개월 전, 여의도에 지상 10층 연건평 1만 평 규모의 최신 최고의 시설을 갖춘 매머드급 스튜디오(현 KBS)를 완공했는데 신군부는 이 건물마저 송두리째 빼앗아갔다.

피땀 흘려 이룩해 놓은 자산과 기업을 빼앗기는데 이골이 난 이병철이었지만 이번에 겪는 분한 마음은 그 종류가 달랐다. 그 강탈의 주체들이 자신이 천둥벌거숭이 소년 시절부터 보아온 아들의 친구들이었다는 데 너무도 기가 막혔다. 특히 전두환의 가족은 삼성국수에서 일을 한 적도 있고 동생 전경환을 삼성 비서실 요원으로 특채시킨 일도 있었다. 그런 사람들이 죽마고우의 아버지 가슴에 칼을 들이 댄 것이다.

"아, 맹희가 앞장서서 우리 방송 뺏어가고 즈그 친구 두환이(전두환 대통령)하고 삼성도 다 뺏어가지고 아부지한테 복수한다 카던데 그기 무신 말이고?"

집안 살림만 하던 이병철의 아내 박두을 마저도 그 소식을 듣고 걱정이 태산 같았다. 그도 그럴 것이 당시는 재계 서열 7위에 올라 있던 국제그룹이 정권실세에게 밉보여서 아무런 이유도 없이 공중분해 되던 시절이었다.

"아버지에게 버림받은 이맹희가 복수하기 위해 전두환 대통령과 노태우 보안사령관 등 신군부의 실세를 등에 업고 삼성을 접수하러 간다 카더라."

이러한 풍문은 이병철의 귀에까지 들어갔다. 이맹희의 옛 친구들은 이제 대통령을 비롯해 장관·국회의원·군 수뇌부 등 제5공화국의 최고 권력층의 기라성 같은 멤버들이었다. 이병철의 뇌리에는 둘째 아들

창희가 삼성의 경영권을 차지하기 위해 역모를 꾀했던 악몽이 떠올랐다. 이병철로서는 왕조시대 때 왜 피바람이 늘 진동했는지를 이해할 수 있게 되었다. 이병철은 사업에서는 늘 일등을 했지만 자식을 다스리는 일에서 일등을 했다고 자신할 수 없었다. 그리고 자식농사야 말로 가장 큰 경영임을 깨달았다.

이병철은 역전의 노장답게 마음을 단단하게 먹고 대처해 나가기로 했다. 그는 아들 이맹희가 우직하고 불뚝심이 있어서 그렇지 직접 친구들을 이용해서 허튼 짓을 할 자식은 아니란 것을 알고 있었다. 설령 그런 일이 닥치더라도 그는 대처해 나갈 수 있다고 확신했다.

1980년대 초반만 해도 삼성은 이미 그 옛날의 삼성이 아니었다. 한국은 수출 200억 달러를 돌파하는 중진국 대열에 진입하고 있었고, 삼성은 국내 제일의 대기업 집단일 뿐만 아니라 해외로 뻗어나가는 글로벌 기업의 리더가 되어 있었다. 이병철은 삼성이 흔들리면 국가경제도 정권도 안녕치 못하리라는 것을 아무리 무식한 군인들이라도 알 것이라 믿었다.

이병철은 일단 이맹희와 신군부주체들의 연결 고리를 끊는 데 주력했다. 이병철이 어떤 수를 썼는지는 모르지만 이맹희는 신군부주체들과 그다지 자주 만나지도 않았고, 어떤 일도 도모한 흔적이 없다. 오히려 이맹희의 〈묻어둔 이야기〉를 보면 대통령이 된 친구 전두환이 자신을 홀대했다고 서운해 하는 글이 자주 보인다.

　　이곳(경북 영덕)에서 새롭게 생활을 시작하고자 했던 내 의도도 끝내 이루어지지 않았다. 전 대통령 시절이었는데, 내가 그곳에 정착하려고 한다는 사설이 알려지면서 전 대통령은 아버지에게 연락을 한 것 같았다. 결국 그곳에 집을 지으려고 은행 융자를 내려고 하니 집안의 친척이 아버지의 명령을 받들고 와서 내가 거래하고자 했던 은행마다 "융자를 해주지 말라."고 쐐기를 박았다. 이 내용도 나중에야 들었고 그때는 아무것도 모른 채 융자가 잘 되지 않는 것을 이상하게만 생각했다. 게다가 전 대통령이 어린 시절부터 죽마고우이면서 나를 홀대했던 일도 겪었다. 권력이 그렇게 만들었는지 혹은 다른 어떤 힘이 작용했는지는 모르지만 나는 영덕에서 '건축법 위반' 등등의 일에 휘말리면서 그 집을 다른 이에게 넘겨주고 다시 대구로 나와야 했다. 결국 내가 영덕에 거주하고자 시도했던 일은 나에게 오랜 친구를 마음속에서 잃어버리는 상처만 남겨주었다.

위의 대목을 보면 전두환은 이맹희의 뒤를 봐준 것이 아니라 오히려 이병철과 더 가까운 거래를 하고 있는 사람처럼 읽힌다. 이맹희는 해운대 별장을 떠나 영덕에서 약 3천 평 정도 되는 땅에 집을 지어서 살려고 했는데 그마저도 마음대로 하지 못했다는 토로를 하고 있는 것이다.

이때부터 이병철은 태종 이방원이 세종의 통치기반 강화를 위해 주변의 잔가지들을 모두 정리하듯 부회장 이건희의 경영 기반을 확고히 만들어 줄 모든 노력을 기울인다.

태종은 후계자 세종을 위해 가열한 가지치기 작업을 벌인다. 오른팔과 같았던 측근 이숙번(李叔蕃)의 제거는 물론, 처남인 민무구(閔無咎), 민무질(閔無疾) 형제를 사사하고, 외척의 발호를 미연에 방지하기 위해 세종의 장인인 심온(沈溫)마저도 자결하게 만든다. 태종의 이 모든 행위는 자신의 후계자 세종에게 안정적인 권력기반을 다져주기 위한 것임은 익히 알려진 사실이다.

황태자의 쫓기는 삶

이병철은 이맹희가 굽히지 않고 버티는 것을 자신에 대한 반항이라고 여겼고, 나아가서 자신의 사후 이건희의 경영 행보에 걸림돌이 될 수도 있다고 판단했다. 그 무렵 삼성 비서실은 전국을 떠돌아다니며 말썽만 일으키는 이맹희를 단속해야 한다고 이병철에게 건의를 했고 이병철은 그 건의를 받아들인 듯싶다.

이른바 '해운대 납치 미수 사건'이 그것이다. 이 사건은 1984년 9월 중순 삼성 비서실에서 이맹희를 정신병자로 몰아 정신요양원에 입원시키려다 미수에 그친 사건이다.

그해 여름의 어느 날, 이맹희는 죽마고우인 치안본부의 김상조 치안감으로부터 전화를 받고 서울로 올라와 그를 만났다.

"너네 삼성에서 누가 나한테 와서 네가 성광증(性狂症)이 심해서 서울대 병원에 입원시키려고 하는데 아무래도 맹희 네가 말을 안 들을 것 같아서 그런지 형사 두 명만 보내달라고 하더라."

이맹희는 처음엔 그게 무슨 소리인 줄 몰랐으나 '성광증'이란 이른바 섹스 사이코, 즉 색정도착증(色情倒錯症)을 말한다. 여자가 없으면 못 자고 그것도 비정상적인 자극으로만 색정이 동해 주로 앳된 소녀들을 상대한다는 것이었다. 이맹희는 대뜸 삼성의 비서실에서 개입한 일이란 것을 알았다. 김상조는 계속해서 말했다.

"그래서 내가 말해줬지. 내가 맹희를 어린 시절부터 잘 아는데 맹희는 절대 그런 사람이 아니다. 만약 집안에 무슨 문제가 있어서 그런다면 맹희는 다른 사람보다 미국에 있는 딸 미키(이미경)를 제일 아끼니까 그 애를 불러서 맹희가 제 발로 오도록 설득하는 게 나을 것이라고, 그리고 형사들 보내달라고 했던 이야기는 없었던 걸로 하자고 했다."

그러면서 김상조는 혹시 모르니 부산에 가면 힘깨나 쓰는 사람을 두셋 정도 고용하는 것이 낫겠다는 충고도 해주었다. 다시 해운대로 내려온 이맹희는 보디가드를 고용하라는 친구의 조언을 따르는 대신, 평소에 자기가 앉는 거실 의자 아래에 휘발유통 세 개를 준비해 뒀다.

어느 날, 염려하던 일이 일어났다. 그가 거실에 있을 때 삼성에서 보냈다는 건장한 청년 두 명이 나타났다. 척 보아도 주먹깨나 쓰는 건달들이었다.

"누고? 누가 시켜서 왔노? 너거들 삼성 직원은 아닌 것 같은데?"

일순 두 녀석이 멈칫거리는 사이에 이맹희는 휘발유통을 집어내서 그들에게 확 뿌린 다음 가스라이터를 치켜들었다. 라이터만 켜면 곧장 불길에 휩싸일 긴박한 상황이 연출되었다. 깜짝 놀란 두 녀석이 서로 얼굴을 마주 보더니 현관으로 줄행랑을 쳐서 달아났다.

이 일이 있고 나서도 이맹희에 대한 공작은 계속되었다. 어느 날 이맹희가 골프를 치고 돌아와 보니 해운대 별장에 괴한들이 들이닥쳐 이맹희의 물건을 몽땅 트럭에 싣고 가버렸다. 게다가 전기, 전화와 수도까지 끊어버려서 사람이 살 수 없도록 만들어 놓았다.

일이 그렇게 진행된 것은 삼성가의 가족회의에서 이곳저곳 쏘다니면서 말썽만 일으키는 이맹희를 기흥별장에 가두어두기로 결정이 난 까닭이었다. 물론 그것은 이병철의 의기가 반영된 결정이었다.

그러나 이맹희는 감옥에 갇혀서 사는 삶을 살고 싶지 않았다. 한번은 이맹희가 서울에 올라와서 중학교 후배이자 고려병원에서 정신과 과장으로 근무하는 이시형(李時炯)을 만났다. 그는 집안 식구 중 한 사람이 와서 '어르신(이병철)의 지시'라며 이맹희가 정신병 환자라는 증명서를 만들어 달라고 했다는 것이었다. 이맹희는 정말로 기가 차서 말이 나오지 않았다. 훗날 그는 이렇게 해명하고 있다.

> 나는 '성광증'을 앓고 있지도 않다. '정신병'은 아버지가 날 돌아오게 하려는 압력 중의 하나였다. 실제로 부산 모 병원에 양심 없는 의사를 찾아가 돈 300만 원을 쥐어주고 내가 정신병이란 의사 소견서를 받아냈더라. 뿐만 아니라 은행 대출까지도 아버지는 사람을 시켜 막았으며, 부산 별장에 묶을 당시 사람을 시켜 집안 내 세간 일체를 몽땅 가져갔다. 대구 땅이 유일한 희망이었는데 그것마저도 아버지가 처분하고 나자 돈도 없이 길거리에 나앉게 됐다.

참으로 비운의 황태자의 기구한 삶이라 아니할 수가 없다. 그 뒤 이맹희는 강제로 감금을 당하는 일은 피했지만 백령도, 마라도, 영덕 등지로 전전해야 했다. 물론 모든 것이 이병철이 지시한 사항이었을 것이다. 그 누구도 아버지 이병철의 지시를 거역할 수 없었다. 그것은 어머니 박두을 여사도 마찬가지였다.

그래서 이맹희의 어머니와 아내 손복남은 늘 가슴을 조리며 눈물로 날을 지새야 했다. 황태자의 쫓기는 삶은 아버지가 세상을 떠날 때까지 계속되었다. 그리고 동생 이건희가 삼성의 대권을 이어받은 후에도 그다지 나아지지 않았다.

삼성가(家) 가족이야기 ⑬

왜 25년이 지난 후에?

흔히 이맹희를 삼성가의 '양녕대군'이라고 부른다. 어떤 이는 아예 영조가 뒤주에 가두어서 죽인 '사도세자'라고도 부른다. 하지만 이맹희는 이병철이 세상을 떠나자 아버지의 유지를 고분고분 받아들였다. 그는 〈묻어둔 이야기〉에서 당시를 이렇게 회고하고 있다.

아버지가 돌아가신 후 나는 외국으로 길을 떠났다. 내가 길을 떠난 이유는 단 한가지였다. 동생 건희가 정식으로 삼성의 총수가 된 마당에 그에게 부담을 줄 수 있다고 생각했기 때문이다. 혹시 조금이라도 건희가 나를 부담스러워하면 그것이 바로 삼성의 경영에 영향을 미칠 것이기에 나는 솔직히 말하자면, 외국에서 영원히 살면서 귀국하지 않을 생각을 했었다. 그동안의 떠돌이 생활이 아버지의 강압에 의한 것이었다면 이번 길은 내가 자발적으로 선택한 것이었다.

이맹희는 삼성그룹과 동생 이건희의 성공을 위해 밀알처럼 썩어졌던 것이다.

이병철은 아들 이맹희의 불같은 성격 때문에 많은 걱정을 했고, 그래서 그가 삼성과 이건희의 발목을 잡는 일을 차단하려고 무진 애를 썼다. 아버지의 뜻을 받아들인 탓인지 이맹희는 자신의 고백대로 그 동안 야인(野人)으로서 행동하며, 심지어 CJ그룹의 경영에도 일체 관여하지 않았다. 그런 그가 왜 25년이 지난 후에 80세가 넘는 고령의 나이에 작심하고 소송을 재기한 것일까?

이맹희는 1심에서 패소하고 삼성에버랜드에 대한 소를 취소하며 동생 이건희 삼성 회장과 화해를 원하는 자필 편지를 재판부에 보냈다. 이 편지에서 이맹희는 "자신은 삼성 경영권을 노리는 것이 아니며, 건희가 가족을 책임지겠다고 해놓고 아들 재현이(이재현 CJ그룹 회장) 미행도 모자라 날 공개 망신시켜서 동생에 대한 배신감이 들었었다."고 밝혔다. 폐암 수술을 받고 항암 치료를 하고 있는 83세의 노인이 25년 만에 갑자기 배신감에 사무쳐서 동생을 응징하기 위해서 4조 849억 원대 소송을 제기했단 말인가?

이맹희는 "선대 회장(이병철)의 차명 주식을 이건희가 다른 상속인(형제자매들)에게 알리지 않고 단독 명의로 변경해 버렸다."며 반환소송을 낸 것이다. 삼성가 상속 소송이 벌어진 지난 2년간 1심과 2심에서 치열한 법정 공방이 벌어졌지만, 이맹희 측의 청구는 단 하나도 받아들여지지 않았다. "상속 재산으로 인정된 일부 주식은 제척 기간(법률상 권리행사 기간)인 10년이 지났고 나머지 청구 대상 주식은 상속 재산과 동일한 것으로 인정하기 힘들다."는 것이 1심, 2심 재판부의 판단이었다.

사실 이맹희는 후계 구도뿐만 아니라 유산 분배에서도 철저히 배제되었다. 그가 은연자중하고 살아오기는 했지만 삼성가의 맏이로서 억울한 심정이야 말로 형언할 수 없는 것이었으리라. 하지만 이병철의 경영권 승계에는 분명한 원칙이 있었다. 삼성가 소송에서 피고 측 대리인은 '이건희가 주요 계열사와 경영권을 승계하고, 나머지 자녀에게는 생전에 배분하며, 원고(이맹희)는 배제하지만 원고의 처와 아들에게 생전 안국화재를 배분하는 것'이라고 밝혔다. 그는 "일반 상속 소송과 다른 점은 선대 회장이 말, 행동, 암시 등 절대적 카리스마를 갖고 있는데 이에 의해 모든 게 이뤄졌고 나머지 상속인들도 모두 받아들였다."고 덧붙였다. 또 피고 측 대리인은 "1993년 이맹희 자서전 〈묻어둔 이야기〉를 보거나 1977년 창업주(이병철)의 일본통신과의 인터뷰, 그리고 1986년 조선일보와의 인터뷰, 〈호암자전〉 등을 보면 이건희가 선대 회장의 유일한 승계자라는 사실이 여러 차례 나온다."고 주장했다.

이맹희 개인은 소외당한 억울함이 절절했겠지만 그의 아들 이재현은 삼성그룹 계열 분리 이후 하나의 계열사에 불과하던 제일제당을 재계 14위의 대기업 CJ그룹으로 키워냈다. CJ그룹은 1995년 매출 1조 7300억 원에서 2012년 매출 26조 8000억 원을 돌파하며 20년도 안 되는 기간 동안 15배 넘는 급성장을 이뤘다.

그런데 이맹희는 왜 엄청난 소송비용을 들여가면서 노욕을 부리는 것일까? 삼성가 상속 소송에서 겉으로 드러나지 않은 것 같지만 이건희 이후의 삼성, 즉 삼성가 '3세 경영시대'에 영향력을 행사하겠다는 목적이 있는 것은 아닐까?

삼성가 상속 소송은 항소심 패소로 이맹희 측이 부담해야 할 비용은 변호사 선임 비용만 100억원, 소송 인지대만 127억여 원에 달한다. 만만치 않은 비용과 이맹희의 나이 등을 감안하면 그가 금전을 목적으로 소송을 제기했다고 보긴 어렵지 않은가?

이맹희는 삼성가의 장손으로서의 정통성과 법통을 생각하고 있는지도 모른다. 그는 전에도 아버지 이병철의 유언과 관련해서 "이건희 회장 이후 삼성그룹을 이재현 회장에 물려주기로 했다."라고 말한 적이 있다. 80세가 넘은 그가 상속 소송을 제기한 것은 외아들 이재현을 생각해서 삼성가의 관계를 자신의 생각대로 재정리해보고자 하는 의도가 있는 것은 아닐까?

이맹희는 재판부에 보낸 편지에서 "관계를 복원시키려는 여러 시도가 무산됐다."면서 "이제 재현이는 감옥에 갈 처지에 있고, 저도 돈 욕심이나 내는 금치산자로 매도당하는 와중에도 이 재판이 끝나면 내 가족은 또 어떻게 될지 막막한 심정이라 저로서는 굴욕적으로 보일지 몰라도 화해를 통해서만이 내 가족을 지킬 수 있다는 생각을 갖게 되었다."고 밝히면서 "해원상생(解冤相生, 원망을 풀고 서로 도우며 사는 것)의 마음으로 묵은 감정을 모두 털어내어 서로 화합하며 아버지 생전의 우애 깊었던 가족으로 다시 돌아가고 싶다."고 밝히고 있다. 이맹희는 그것이 "굴욕적으로 보일지 몰라도 삼성가 장자로서 마지막 바람"이라고 말하고 있다.

어쩌면 이맹희는 일생일대의 위기에 봉착해 있는 외아들 이재현과 CJ그룹을 위해서 마지막 노력을 하고 있는 것인지도 모른다.

해외 페이퍼컴퍼니를 통한 조세포탈 혐의로 시작된 검찰 수사가 이재현의 해외 비자금 조성과 운용, 비자금을 동원한 그룹 지배력 강화, 주가조작 등 전방위로 펼쳐졌고, 그는 결국 1천 600억 원대 횡령·배임·탈세 혐의로 기소되어 2014년 2월 14일 징역 4년과 벌금 260억 원을 선고받았다. CJ그룹은 창사 이후 최대의 위기 상황에 처한 셈이다.

이맹희는 위기에 빠진 아들 이재현을 어떤 방식으로든 도와보려던 것인데 그것이 역효과를 나타낸 것은 아닐지 의문이다. 비록 소송을 걸었으나 이맹희는 동생 이건희를 향해 화해의 메시지를 거듭 보냈지만 이건희의 반응은 냉담하다.

이건희 측은 "이번 사건의 본질은 돈 문제가 아니라 삼성그룹 경영권 승계의 정통성과 원칙에 관한 문제이고 이맹희 씨는 선대 회장의 유지를 왜곡하면서 이건희의 정통성을 훼손하는 주장을 하고 있다."고 밝히며 화해 제안을 거절했다. 또한 이건희 측은 "해외 언론과 투자자들도 우려의 시선으로 이 소송을 보고 있다."면서 "가족·형제간의 문제를 넘어 세계적 그룹 반열에 오른 삼성그룹의 신뢰와 경영 안정성에 대한 문제"라고 덧붙였다.

이번 소송 사건으로 삼성가는 형제자매들 간에 서로 편을 갈라서 싸우는 바람에 서로에게 씻을 수 없는 앙금을 남겼다. 극적 화해 가능성이 없지 않으나 피를 나눈 골육 간에 서로에 대한 불신의 골만 더 파버린 셈이 되어서 끝내 돌아올 수 없는 다리를 건넌 것으로 보인다.

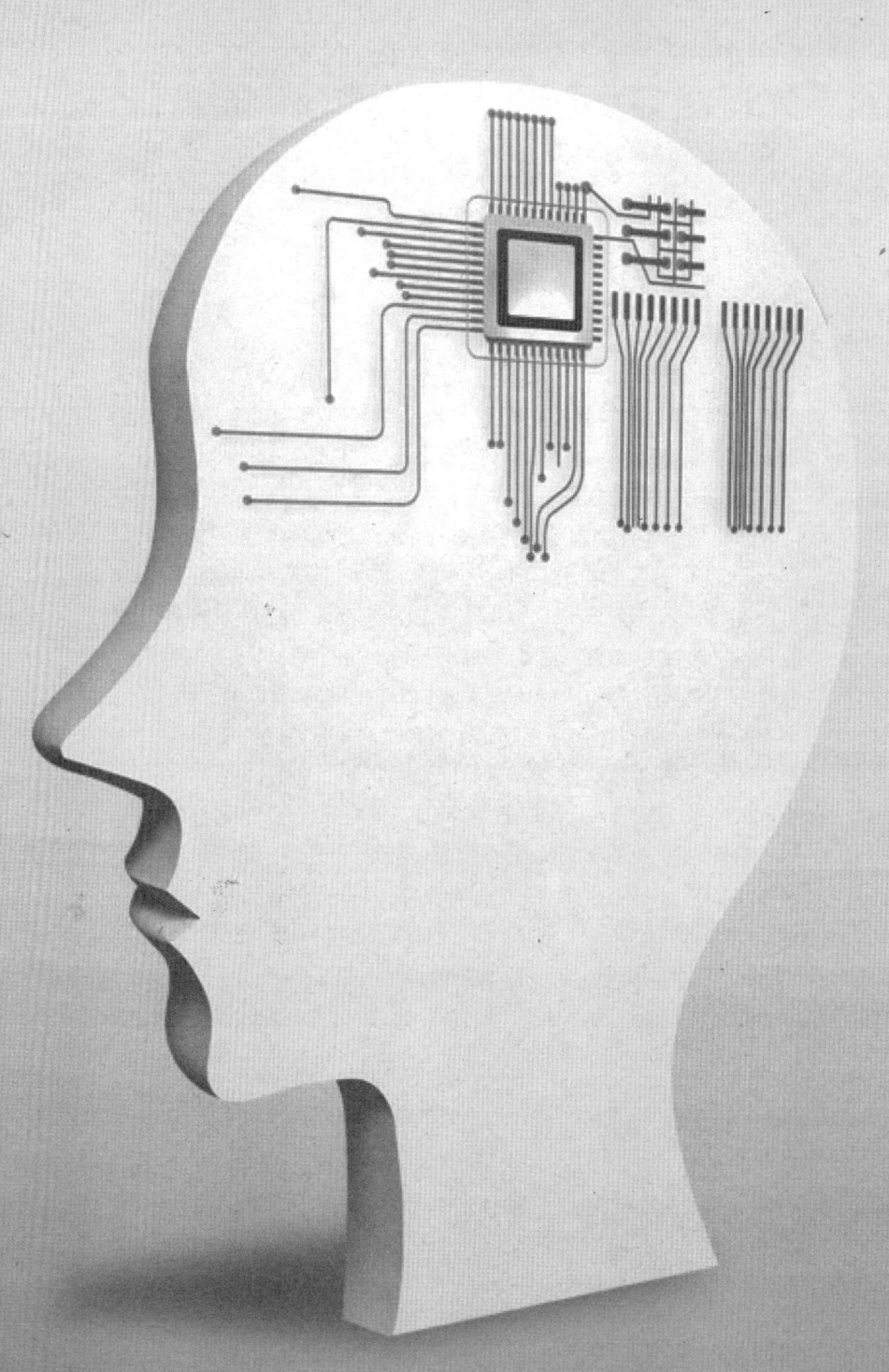

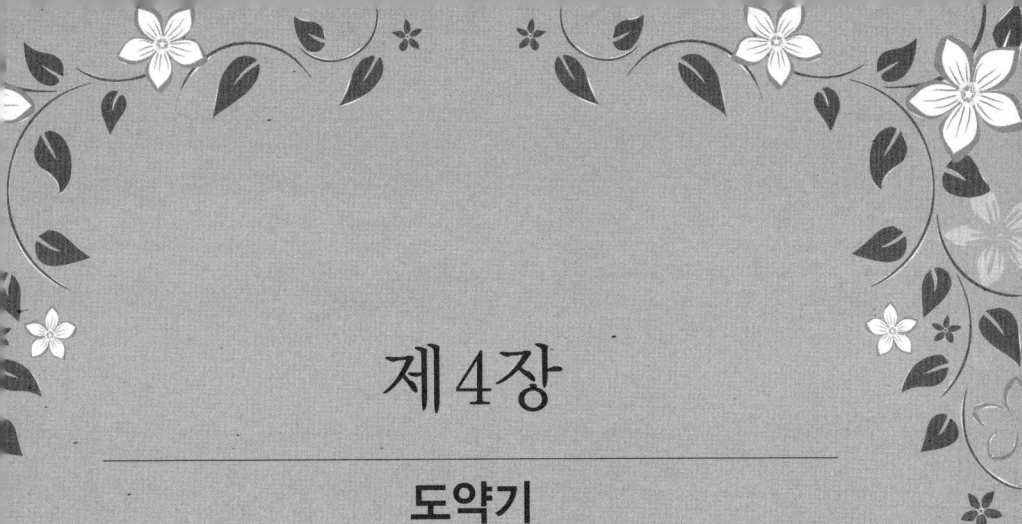

제4장

도약기

동물이나 식물은 사람과 달라서 속일 수가 없다.
이론과 실제를 알고 항상 연구하고 개선해야지 자만해서는 안 된다.
필요하다면 일본뿐만 아니라 유럽에도 가서 배우도록 하자.
우리는 실패율을 낮추고 더 빨리 성장해야 한다.
열심히 하면 이곳은 정년퇴직도 없고 평생 일할 수 있으며
또 기술을 배워 자영을 할 수도 있다. 책임지고 끝까지 잘될 수 있도록
모든 담당자들이 최선을 다하도록 하라.
- 이병철, 1986년 9월 10일 용인 자연농원에서 -

극단적 느낌은 들지만 조직문화를 가꿔가는
최고경영자의 결연함이 엿보이는 대목이라 하지 않을 수 없습니다.
16000여 명의 직원들이 공동명의로, 〈회장에 대한 감사의 편지〉를
신문에 광고로 게재한 CEO, 허브 켈러허의 말이라 더욱 의미 있게 다가옵니다.
- 페덱스사의 1 : 10 : 100 법칙 -

⑭ 집요한 혁신과 영역 확장

  처음으로 돌이나 나뭇가지를 주워서 도구를 사용하는 순간, 인간을 자신과 환경 사이의 균형을 돌이킬 수 없이 바꾼 셈이 되었다. (중략) 이러한 도구의 수가 적을 때에는 그 영향력이 퍼져서 변화를 일으키는 데 오랜 세월이 걸렸지만, 사용하는 도구의 수가 늘어남에 따라 점차 상황이 달라졌다. 도구가 많아질수록 변화의 속도 또한 더 빨라지게 될 것이다.

- 제임스 버크, 『상호 연결성』 -

경공업에서 유통·서비스, 첨단사업으로

1970년대가 가까워 오면서 이병철은 경공업 중심의 산업으로는 세계적 기업으로 발돋움하기 어렵다는 것을 깨닫고 새로운 분야로의 진출을 모색하기 시작했다. 무엇보다 중대한 사업 전환은 삼성이 전자사업을 선택한 데서 이루어졌다. 1968년 이병철은 신규 유망 업종으로 전자산업을 선택한 뒤 미국, 일본 전자업계와의 제휴를 모색하기 시작했다. 전자산업은 수입 대체 효과도 있고 해외 수출이 모두 가능한 첨단산업이었기 때문이다. 삼성전자를 설립한 이후 이병철은 반도체, 컴퓨터 등의 첨단산업에 전력을 기울이는 한편, 중화학공업과 방위산업 등에도 발 빠른 행보를 계속하면서 삼성의 세계화를 위해서 진력했다.

삼성전자의 설립으로 이병철은 한국 기업사의 또 다른 한 획을 긋게 된다.

여기서 가장 주목할 것은 삼성의 반도체산업 투자이다. 이 과감한 결단과 투자는 이병철이 지닌 대담한 기업가정신(bold entrepreneurship)과 기업 이니셔티브를 보여주는 좋은 예라고 할 수 있다. 그는 이 결단으로 '소비재 중심 재벌', '이익만 추구하는 장사치'라는 오명을 깨끗이 벗어던지고 삼성을 세계 일류 기업군에 들어서게 하는 첫발을 내디뎠다.

지금은 세계 최대·최고의 전자업체로 등극한 삼성전자이지만 처음부터 축복 속에서 태어난 회사가 아니다. 이미 살펴보았듯이 삼성그룹은 50년대 말부터 이미 국내 최대 재벌로 군림하고 있었다. 그런데 당시 군사혁명으로 최고 권력자가 된 박정희는 삼성을 탐탁지 않게 여기고 있었다.

한비사건에서 배신을 때린 것은 박정희인데 미움을 받는 것은 이병철이었다. 그것은 최고 권력자 앞에 고분고분하지 않는 이병철의 성격 탓이었다. 이병철은 사운을 걸고 만들어낸 자신의 최대 야심작이었던 '한국비료'를 국가에 헌납해야 했다.

그런데도 박정희는 소비재 사업과 경공업 분야에만 치중한 이병철을 돈벌이만을 추구하는 장사치 정도로 치부하고 있었다. 박정희는 이병철을 '호사스럽게 자라서 사치스럽게 사는 사람', '돈 벌이 되는 소비재 장사나 하는 사람'으로 치부하고 있었고, 이병철은 이병철대로 박정희를 '일본인이 세운 만주사관학교를 나온 정체를 알 수 없는 군인', '좌익으로 잡혔을 때 동지들을 배신한 기회주의적이고 신의 없는 사람' 정도로 여기고 있었다.

실제로 박정희 정권 시절에 이병철은 다른 경제인들이 다 문안을 가는 청와대 신년 인사를 간 적이 한 번도 없었다. 자신이 박정희보다 7살이나 나이가 많다는 이유에서였다.

박정희 vs 김완희 vs 이병철

경제개발에 전념하고 있던 박정희는 60년대 중반부터 전자산업에 많은 관심을 보이기 시작했다. 그가 전자산업에 초미의 관심을 가지고 빠져들게 된 데는 훗날 '한국 전자공업의 대부'라고 불리게 되는 김완희(金玩熙) 당시 콜롬비아 대학 전자공학과 교수를 만난 이후부터다.

김완희 박사는 '전자공학계의 피타고라스 정리'라 할 정도로 유명한 '브루니의 정리에 대한 예외'를 발견한 박사논문으로 일약 전자공학계의 스타가 된 사람으로 콜롬비아 대학으로부터 종신 교수직을 보장받을 만큼 세계적인 권위를 가진 공학자였다.

김완희는 1926년 경기도 화성군 오산에서 태어나서 경기중학교를 졸업하고 서울대학교 공과대학에서 전기공학을 전공했다. 그는 1953년 미국 유타대학 대학원에서 박사과정을 밟으면서 그 유명한 학위 논문을 발표했던 것이다. 김 박사의 이론은 전자공학계의 기초를 발견한 것으로서 전자회로 설계에 중요한 표준으로 자리 잡았다.

박정희는 그에 대한 정보를 접하자 김완희를 간곡하게 한국으로 초청했다.

1967년 9월, 한국을 방문한 김완희는 국내의 전자관련 연구소와 공장을 직접 둘러본 후, 청와대에서 2시간 동안 한국 전자공업 육성에 대한 브리핑을 하게 되었다. 김완희는 트랜지스터도 제대로 만들지 못하는 한국의 전자업계의 현실을 날카롭게 지적하면서 한국형 전자산업 육성 방안을 제시했다.

전자공업은 다른 산업에 비해 첨단 기술에 대한 이해 없이는 정책 수립은 물론 지원도 어려운 분야입니다. 정책을 주도하는 사람들은 세계 시장을 선점하고 리드해 가는 기술을 이해하고 그 진행 방향을 짐작하여 정책에 충분히 반영시켜야 하거든요. 그러지 않고서는 세계 시장에 발을 붙일 수가 없습니다.

김완희의 해박한 지식과 식견에 감동한 박정희는 두 시간 동안 꼼짝도 하지 않고 경청했다. 김완희는 김완희대로 대통령의 그러한 자세에 감동을 먹었다.

"박 대통령은 정말 꼼짝도 하지 않았어요. 차트에서 눈을 뗀 적도 없었습니다. 교단에서 많은 학생들을 가르쳐 왔지만 대통령만큼 집중해서 듣는 학생을 본 적이 없었거든요. 보고를 하면서 보니 다소 전문적인 내용까지도 대통령은 이해하는 듯했어요."

브리핑이 끝나고 식사를 하는 자리에서 박정희는 뭔가를 꺼내더니 탁자 위에 놓으면서 이렇게 말했다.

"김 박사, 미국 모토로라가 한국에서 이걸 만들겠다고 하면서 공장 부지 매입을 허가해 달랍니다."

탁자 위에 올려진 것은 작은 트랜지스터였다.

요 쪼매난(조그마한) 것이 한 개 20~30달러나 하고, 손가방 하나면 몇 만 달러가 된다고 합디다. 그런데 우리는 지금도 면직물밖에 수출하지 못하니……. 차로 한 곳간을 채워도 손가방 하나만큼도 못하니

……. 내, 이래서 김 박사를 보자고 한 겁니다. 김 박사, 제발 이 나라의 앞날을 위해서 전자공업을 제대로 육성할 수 있는 방도를 제시해 주시오.

박정희는 김완희의 학식과 전문적인 경험을 국내 전자공업과 과학기술 육성에 활용하려 했고 김완희는 박정희의 청렴한 성격과 강직한 지도력에 끌렸다. 그 자리에서 김완희는 경제·산업·정치·사회·과학기술 등에 관해 솔직히 또 소신 있게 진언하면서 트랜지스터도 제대로 만들지 못하던 한국의 전자업계를 일으켜 세우는 한국형 전자산업 육성 방안을 제시했다.

박정희는 전적으로 김완희의 의견에 동의했고, 주무 관계자들에게 신속한 지시를 내렸다.

약 8개월에 걸쳐 내외의 200여 명에 달하는 전문가의 협조와 도움으로 1968년 5월 드디어 '전자공업진흥을 위한 조사 보고서'가 완성됐다. 그 골자는 전자공업진흥원의 설립방안과 이를 법적으로 뒷받침해 줄 전자공업진흥법의 제정이었다.

이 보고서는 영문으로 총 4권, 1000여 쪽에 달하는 방대한 분량이었다. 한글로 번역해 차트용으로 요약하는 데 2주일이 걸렸고 1968년 8월 1일 박정희에게 보고됐다.

보고서에 따르면 전자공업진흥원의 역할은 시제품 등 신제품을 직접 만들어 기업에 넘겨주며 해외시장 개척에 나서는 일이었다. 이 보고서는 한국 전자공업이 개화할 때 전자업계에서는 일종의 복음서로 통했다. 이 보고서는 1969년 전자공업진흥법의 제정을 포함해 상공부, 과기처 등 정부 부처의 정책 입안 과정에 지대한 영향을 미쳤으며 기업인들의 전자공업의 기반 구축에 대한 방향 설정과 전자공업에 대한 신규투자에 방향타의 역할을 했다.

1968년 12월 28일, 정부는 김완희가 제출한 '전자공업진흥을 위한 조사보고서'를 바탕으로 전자산업 기반 구축을 마련하기 위한 전자공업진흥법을 제정하게 된다. 이 보고서에서 김 박사는 초창기 전자산업의 효율적인 육성을 위해 전자공업진흥법을 제정하고, 제2차 경제개발 5개년 계획이 완료되는 1971년까지 이를 전담할 기관을 설립해야 한다고 건의했다.

한편 김완희는 상공부와 청와대 비서실에서 짠 스케줄에 따라 경제계 대표들을 만났다. 그의 역할은 한국 경제인들이 전자산업에 투자하도록 권유하는 것이었다. 그것은 산업계와 경제계 대표들을 만나 전자공업에 참여하도록 권유해 달라는 박정희의 요청 때문이다. 당시 박정희는 전자산업에 심취해 있어서 성심여자고등학교 3학년에 재학 중이던 큰딸 박근혜를 서강대학교 전자공학과로 진학시킬 정도였다.

박정희는 김완희가 한국에 머물면서 전자공업진흥을 위해 일해 줄 것을 간곡하게 부탁했으나 김완희는 콜롬비아 대학과의 관계를 쉽게 정리할 수 없는 처지라고 훗날을 기약해야만 했다.

김완희는 박정희의 열정과 진심에서 우러난 신뢰 때문에 미국으로 돌아간 후에도 박 대통령에게 수시로 편지를 보내 한국 전자산업에 대한 조언을 아끼지 않았다. 그 후, 10년 동안 130여 통의 서신 왕래가 이어졌고, 박정희는 김완희의 편지를 일일이 읽고 난 후 메모까지 붙여 해당 부서에 지시를 내렸다.

훗날 김완희는 박정희의 권유로 귀국해서 제2대 한국전자공업진흥회장(1978~1982년)에 취임함으로써 국내 전자산업을 설계한 장본인으로서 30년간 전자산업을 한국 최고의 수출산업으로 키워내는 데 큰 기여를 하게 된다.

1967년 9월, 이병철은 한국을 방문하고 있던 김완희를 만나는 기회를 만들었다. 김완희와 경기중학교 동창인 유회춘 당시 전주제지 사장의 주선으로 이루어진 만남이었다. 이병철은 김완희에게 전자사업에 진출할 생각을 피력했고 김완희는 조용하지만 예리한 질문을 던지면서 도움을 요청하는 이병철에게 반해서 그 후, 귀국할 때마다 만나 전자산업에 대한 이야기를 듣고 성실히 자문을 해주었다. 당시 이병철이 차기 사업 분야로 '자동차' 보다 '전자'를 염두에 둔 이유가 전자는 생산품 1g당 부가가치가 17원인 반면 자동차는 1g당 3원 몇 십 전에 불과해서였다는 재미있는 이야기가 전해 오기도 한다.

이병철은 미국, 일본 전자업계와의 제휴를 모색하기 시작하면서 수원 매탄벌에 당시로서는 엄청난 규모인 45만 평의 대지를 확보했다. 그리고 경남 울주에도 70만 평의 공장부지를 확보했다. 삼성이 대규모 공장 부지를 매입하자 사회 일각에서는 아직 사업을 시작도 안 한 시기에 턱 없이 많은 땅을 사들이는 이유가 뭔가. 삼성이 부동산 투기를 하는 것이 아니냐고 의혹을 재기했으나 이병철은 그에 아랑곳하지 않고 이렇게 답변했다.

"전자산업이야말로 수입 대체 효과도 있고 해외 수출이 모두 가능한 첨단산업이다. 일본 산요전기의 도쿄 단지가 40만 평이다. 우리는 그보다 한 평이라도 더 커야 한다. 전자산업은 규모의 경제가 무엇인가를 보여주는 사업이다."

훗날 73세에 노익장을 과시하며 사운을 건 반도체 투자의 결단을 내린 이병철다움을 보여주는 안목이라고 할 수 있다.

그런데 삼성으로서는 넘어야 할 산이 많았다. 우선 삼성이 전자산업에 관심을 갖기 시작하자 박정희가 불편한 심기를 드러냈다. 이병철과 만나 상당한 친밀감을 느꼈던 김완희가 박정희에게 은근히 삼성의 입장을 전달했다.

"삼성이 매우 구체적으로 전자사업을 검토하고 있는 것으로 보입니다."

그러자 박정희는 시큰둥한 반응을 내비쳤다.

"이 회장, 그 사람은 돈 냄새를 너무 잘 맡아요. 돈 버는 일에만 매달리는 그런 사람이 힘든 전자공업을 할 수 있을 것 같소?"

삼성전자의 시작

그러나 1969년 3월, 삼성은 일본의 산요전기와 합작 투자 계약을 체결하고 정부에 전자 사업 인가 신청을 낸다. 삼성은 기존 전자 회사들의 반발을 감안해서 한국에서 TV와 라디오를 생산하되 85%는 수출하고, 15%만 내수 시장에 공급한다는 사업 계획을 밝혔다. 예상대로 기존 전자 업체들의 반발은 극심했다. 그들은 삼성의 전자 사업 진출을 극렬히 반대하며 강경 투쟁 의사를 밝혔다. 삼성은 시작도 해보기 전에 곤경에 처하고 말았다.

1969년 6월 19일, 정부는 전자공업 육성 8개년 계획안을 대대적으로 발표했다.

그러자 이병철은 가장 적극적이고 발 빠른 행보를 보였다. 사업성을 검토해 본 결과, 전자산업이야말로 기술과 노동력, 부가가치, 내수와 수출 전망 등 어느 모로 보나 우리나라의 경제 단계에 꼭 알맞은 산업이라는 결론을 내린 그는 정부 계획안이 발표되자 대중 앞에 잘 나타나지 않는 관례를 깨고 중앙일보에 '전자공업의 오늘과 내일'이라는 제목의 칼럼을 3회에 걸쳐 발표했다.

> 전자산업은 그 영역과 기술 혁신의 속도가 다른 분야에 비할 바가 아니어서 부단한 국제경쟁을 감수해야 하는 어려운 사업입니다. 하지만 전자산업은 부가가치가 높아 우리나라에서 꼭 해야 할 사업입니다. 현재 삼성이 계획하고 있는 사업이 순조롭게 진행되면 2년 후에는 연간 생산고 7000만 달러, 원화로는 210억 원에 달하게 되어 이 중 90%를 수출하게 될 것입니다.

이렇게 시작한 칼럼에서 이병철은 전자공업의 시대적 당위성을 설명하고 삼성의 전자 사업 진출을 천명한다. 이병철은 삼성이 수출을 겨냥하고 전자산업에 진출한다는 명분을 정확히 밝힌 것이다.

1969년 6월 26일, 전자 업체들의 모임인 한국전자공업 협동조합 산하 59개 전자업체는 일제히 들고 일어났다.

"삼성이 추진하고 있는 전자공업의 합작투자 사업은 전자산업이 아니라 조립사업에 지나지 않는다. 정부는 합작투자를 허용해서는 안 된다."

그들은 이런 취지의 대정부 건의서를 내고 삼성의 발목을 잡고 늘어졌다.

그런데 이 싸움의 막후에는 이미 10년이나 전인 1958년 전자사업을 시작해서 막강한 영향력을 구축하고 있던 전자업체의 '대부' 격인 금성사(현 LG전자)가 버티고 있었다. 삼성의 도전장에 선발 업체인 금성사가 제동을 걸고 나선 싸움인 셈이었다.

이미 살펴보았지만 금성사의 구인회와 삼성 이병철은 고향 사람으로 수지보통학교의 동기 동창 관계이기도 하다. 게다가 1957년 구인회의 삼남 구자학과 이병철의 차녀 이숙희가 혼인을 한 사돈 관계이기까지 해서 무척 절친한 사이였다. 이병철은 양가의 혼사 전 제당업을 함께 하자고 제안했을 정도로 양가의 관계는 좋았다.

또 두 사람은 '라디오 서울' 방송사를 함께 경영하기도 했다. 그런데 두 사람이 공동 투자한 방송국은 신규 회사로 방송 광고 수입이 많지 않아 적자가 지속되었다. 그 결과 구인회 측이 방송국 운영을 철수하면서 두 사람 사이에는 약간의 균열이 생겼다.

그런데 이병철이 자신의 '텃밭'인 전자 사업에 뛰어들겠다고 나서자 구인회는 큰 충격을 받은 것이었다. 그것이 1968년 봄의 일이었다. 이맹희의 〈묻어둔 이야기〉에 그 이야기가 나온다.

> 그날 야외 테이블에서 아버지와 구 회장님, 그리고 내가 앉아서 커피를 마시며 이런저런 담소를 나누다가 아버지가 전자 사업에 대해서 이야기를 꺼냈다.
> "구 회장, 우리도 앞으로 전자 사업을 하려고 하네."

지금도 분명히 기억하고 있지만 아버지는 꼭 이렇게 이야기했다. 아버지는 별다른 생각 없이 지나가는 투로 이야기를 던졌는데 반응은 예상치 못하게 터져 나왔다. 구 회장은 벌컥 화를 내면서 "남으니까 하려고 하지!"라고 느닷없이 쏘아붙였다. 즉, 이익이 보이니까 사돈이 하고 있는 사업에 끼어들려고 하지 않느냐는 뜻이었다. 나와 아버지로서는 전혀 예상할 수 없었던 반응이었다. 아직 전자 사업을 시작한 것도 아닌 시기에 설마 불만이 있다 하더라도 그렇게 화를 낼 줄은 상상도 하지 못했었다. 그때까지는 퍽 친하게 지내셨던 두 분은 이 일로 아주 서먹서먹해졌다.

나는 그 후로도 아버지가 그토록 난감해 하고 곤란해 하는 모습을 본 적이 없다. 아버지는 구 회장이 화를 내자 아무런 말도 못하고 그저 민망해 하더니 자리에서 일어났다. 그 일로 두 분 사이는 아주 멀어졌다. 그 후 매제 구자학이는 결국 이 일로 처가격인 삼성의 일을 하다가 금성사로 돌아갔다.

또 구인회의 전기를 보면 삼성의 전자 사업 진출에 섭섭함을 표시하는 대목이 여러 번 등장한다. 구인회는 장남 구자경 전 LG그룹 명예회장에게 이병철에 대한 서운한 감정을 이렇게 말했다.

그쪽에서 꼭 그래 하겠다면, 서운한 일이지만 우짜겠노. 서로 자식을 주고 있는 처진데 우짜노 말이다. 한 가지 섭섭한 점이 있다면 금성사가 지금 어려운 형편에 있는 점을 노려서 다리를 걸어 넘어뜨리자고 덤비는 것 같은 기라. 그러나 내는 내 할 일만 할란다. 나도 설탕 사업 할락하면 못할 거 있나. 하지만 나는 안 한다. 사돈이 하는 사업에는 손대지 않을 끼다.

당시 금성사는 흑백 TV를 생산하고 있었으나 일본 제품에 비해 품질이 훨씬 떨어졌고 그나마 가격도 웬만한 월급쟁이는 엄두도 못 낼 정도로 상당히 비싸서 금성사는 판매 부진으로 고전을 하고 있던 터였다. 어쨌거나 한때 영원한 우정을 과시할 것처럼 보였던 이병철과 구인회는 삼성의 전자사업 진출로 인해 돌이킬 수 없는 강을 건넜다. 이 일을 계기로 제일제당, 동양TV 이사, 호텔신라 사장, 중앙개발 사장 등 처가에서 활발한 경영활동을 하던 구자학은 본가로 돌아가서 금성사 사장, LG반도체 회장 등을 지내게 된다.

사연이야 어찌되었거나 삼성그룹과 LG그룹의 대표선수 격에 해당하는 '삼성전자'와 'LG전자'는 오늘날 한국 경제를 이룩하는 데 있어 핵심적 역할을 해온 공신들이다. 그 과정 속에서 두 회사는 서로 치열한 경쟁을 펼치는 동시에 이를 밑바탕 삼아 세계 유수의 전자 기업으로 성장했다.

이병철이 삼성물산의 전신인 '삼성상회'를 세운 것이 1938년, 구인회 LG그룹 창업주가 LG화학의 전신인 '락희화학공업사'를 세운 것이 1947년이다. 기업 나이로 따지면 삼성이 9년 선배지만 전자산업은 LG전자가 오히려 10년 먼저 시작했다. 구인회 회장이 금성사를 세운 해는 1959년이고, 이병철이 삼성전자를 세운 해가 1969년이다.

구인회는 먹고 살기조차 힘든 시절에 '망하기 십상'인 전자 사업을 삼성보다 10년이나 일찍 시작했다는 점은 오늘날 생각해보아도 놀라운 벤처 정신이 아닐 수 없다. 〈LG전자 50년〉을 보면, 1958년 구인회는 형제들과 장남 구자경(具滋暻, 2대 LG 회장)을 불러 놓고 이렇게 말했다.

    우리가 언제까지 미제 PX 물건만 사 쓰고 라디오 하나 몬 맹글어 되겠나. 누구라도 해야 하는 기 안이가? 우리가 한번 해보는 기라. 몬자 하는 사람이 고생도 되겠지만서도 하다보면 나쇼날이다, 도시바 하는 거 맹키로 안 되겠나.

그런 점에서 LG전자의 창립은 삼성과 LG의 대결뿐 아니라 우리나라 산업 역사에 있어서도 매우 중대한 의미를 갖는다. LG전자와 삼성전자의 창립은 각 그룹의 창립주인 구인회와 이병철의 굳은 결심이 있었기에 가능했다.

전자사업을 하겠다는 삼성과 죽어도 삼성의 전자산업 진출을 막아야겠다는 기존 업체들 사이의 대치 상황이 벌어졌고, 정부 관리들은 눈치만 살피는 상황이 연출되었다.

결국 카드를 쥔 것은 박정희였다.

결국 이병철은 박정희를 설득하기 위해서 면담을 요청했고, 청와대는 그를 불러들여서 자리를 마련했다. 이 자리에서 이병철은 전자산업의 장래성을 설명하고 전자산업을 국가적인 사업으로 육성해야 하며 삼성이 그 일에 앞장서게 해달라고 박정희를 설득했다. 박정희는 이병철의 뛰어난 사업 수완은 인정하고 있었던 터라 마지못해 삼성의 손을 들어 주었다.

하지만 삼성이 만든 모든 전자제품은 전량 수출해야 한다는 조건이었다. 이병철은 울며 겨자 먹기로 그 조건을 수락하지 않을 수 없었다. 그리하여 1969년 9월 2일 삼성전자에 대한 정부 인가가 났고 삼성은 그해 12월 4일 일본 산요전기와의 합작 법인인 '삼성산요전기'의 설립 등기를 마칠 수 있었다.

그렇게 해서 삼성전자는 산요전기에서 트랜지스터와 라디오·TV 기술을 배우면서 걸음마를 시작했고, 70년대 들어서면서 연간 15만 대의 흑백 TV를 생산하는 것을 비롯해서 라디오, 냉장고, 세탁기 등의 생산에 들어갈 수 있었다.

어렵게 좌판을 벌이기는 했으나 당시 선발 주자들의 텃세는 대단했다.

라디오와 흑백 TV는 금성사가 시장을 평정하고 있었고, 냉장고는 대한전선까지 시장을 선점하고 있어서 3파전이 벌어졌다. 선풍기 시장은 한일 선풍기와 신일 선풍기가 왕자의 자리를 누리고 있었다.

이렇게 어렵사리 사업을 시작한 삼성전자는 차츰 자리를 잡아가기 시작했다. 1974년 3월 냉장고, 1974년 10월 세탁기, 1978년 11월 전자레인지가 본격 생산되기 시작했다.

그런데 문제는 1970년대 후반기로 접어들면서 삼성과 박정희의 관계가 다시 악화되었다는 점이다. 이건희는 당시를 이렇게 회고한다.

> 70년대에 삼성이 새 업종을 한 게 석유화학하고 항공 두 개밖에 없다. 그때는 박 대통령하고 사이가 나빠서 삼성이 신규사업 허가 신청을 내면 전부 퇴짜 맞을 때였다.

그러니 삼성이 70년대 들어서 뒤늦게 전자사업을 하겠다고 했다면, 어쩌면 '삼성전자' 라는 회사는 태어나지 못했을 수도 있다는 이야기가 나오는 것이다.

70년대 초반까지 삼성전자는 고전을 면치 못했다. 후발 기업이라 온통 불리한 조건투성이였고 일본과의 합작 계약도 불공평해서 만성 적자에 시달렸다. 더구나 내수 판매를 하지 못하고 오로지 수출만 해야 했기에 이중 삼중의 고통이 더해졌다.

시작은 미약했으나

삼성전자는 1969년 1월 13일, 자본금 3억 3000만 원, 직원 36명으로 '삼성전자 공업주식회사' 가 설립됨으로써 그 역사가 시작되었다. 삼성전자의 시작은 이처럼 미약했다. 삼성전자가 설립될 당시에는 전자산업에 대한 기술이 전무한 상태였다. 첫해에 매출액은 3700만 원이었고, 영업이익은 마이너스 700만 원이었다.

초기에 삼성전자는 흑백 TV를 만들기 시작했는데 1970년 11월 감격어린 TV 첫 생산에 성공했고, 두 달 뒤인 1971년 1월 중남미 파나마에 첫 수출을 시작했다. 이 수출은 국내 최초로 이루어진 TV 수출로서 한국 전자제품 수출에 신기원을 이룬 쾌거였다.

이어서 삼성전자는 미국과 파나마 시장에 5만 7000대의 수출을 성사시키면서 창립 5년 만인 1974년, 매출 134억 원을 올리며 순이익 6억 1700만 원으로 첫 흑자를 기록했다.

흑백 TV를 만들던 삼성전자는 곧 컬러 TV 개발의 필요성을 느꼈다. 국내에서는 컬러 TV가 방영되지 않고 있었지만 선진국에서는 이미 50년대부터 컬러 TV가 방영되고 있었고 동남아 국가들에서도 컬러 TV가 방영되던 시절이라 컬러 TV를 만들어내지 않으면 삼성전자로서는 희망이 없었다.

1974년 컬러 TV 개발을 시작한 삼성전자가 일본의 주요 TV 메이커들에게 브라운관을 공급해달라고 요청했으나, 모두 이를 거절했다. 삼성전자의 기술 수준이 너무 낮아서 기술을 제공하려고 해도 받는 쪽에서 소화할 수 있는 능력이 없기 때문에 기술 제휴를 할 수 없다는 이유에서였다. 결국에는 마쓰시다 전기에서 컬러 TV용 브라운관을 팔겠다는 제의를 받아 생산을 시작할 수 있었다.

삼성전자는 1970년대 말까지 핵심 부품을 전량 일본의 부품 업체에서 조달하여 조립만 하는 형태로 제품을 생산했으며, 제품과 품질에서 모두 열세에 있었다. 그밖에도 삼성전자에서 생산한 선풍기는 설계부터 잘못되어 손으로 들어 올리면 선풍기 목 부분이 부러질 정도로 품질이 형편없었다. 지금이라면 심각한 문제라고 인식하겠지만, 그 당시 삼성전자에는 "전자제품은 정교하고 복잡하니 고장이 날 수도 있다."라는 사고방식이 지배적이었다. 점차적으로 삼성전자는 생산 기술을 연마하고, 때로는 외부에서 기술을 사들여 품질을 향상시켰다. 한 예로 삼성전자는 미국의 암페어스(Ampherex)라는 회사에서 핵심 부품인 마그네트론(magnetron)을 생산하는 공장을 인수함으로써 전자레인지 제조 기술과 생산 시설을 동시에 확보할 수 있었다. 이 때문에 삼성의 전자레인지는 그 품질이 뛰어나서 상당 기간 동안 삼성전자의 주요 수출품목이 되었다. 사설교환기 기술은 미국의 GTE사와 한국의 카이스트가 공동 개발한 제품을 인수받아 생산 기술을 확보했다. 삼성은 1977년 삼성반도체를 설립함으로써 향후 전개될 첨단산업시대에 대비하는 밑그림을 짰다.

제대로 된 삼성전자의 출범은 바로 이때부터라고 보는 것이 옳을 것이다.

당시는 일본과 미국의 첨단기술 회사들이 이미 반도체산업에서 우위를 차지하고 있었기 때문에 삼성이 후발 주자로 반도체를 생산한다고 발표했을 때 모두 회의적인 반응을 보였다. 그러나 이병철은 일본이 성공적으로 이룩한 고부가가치 산업, 하이테크 산업과 자원 절약 산업으로의 전환에 깊은 인상을 받았다. 그래서 앞으로 나아갈 길은 그것뿐이라는 확신을 가졌다.

사실 삼성이 반도체 부문에 대한 대규모 투자를 결정하는 데는 일본이 결정적인 모델이 되었고, 투자를 결정하기까지는 현실적으로 일본 기업의 도움도 많이 받았다. 그러나 삼성이 본격적인 반도체 개발에 들어가 제품이 출하되기 시작하자 일본의 반도체업계는 삼성의 시장 진입에 방해 공작을 펴기 시작했다.

삼성이 1981년 64K D램, 1985년 256K D램을 대량으로 생산하기 시작하자 일본 반도체업자들은 256K D램의 가격하락을 주도하면서 덤핑을 시작했다. 당시의 삼성은 한 해에 수천억 원의 적자를 기록하면서 기업의 운명이 바뀔지도 모른다는 판단이 설 만큼 심각한 타격을 받았다.

삼성가(家) 가족이야기 14

전자냐? 자동차냐?

이병철은 한비사건과 이창희 모반 사건이 일어나기 전까지는 이맹희를 후계자로 세우는데 별다른 의문을 가지고 있지 않았던 듯하다. 이병철은 경영 일선에서 물러나 있었지만 끊임없이 새로운 사업에 대한 관심을 갖고 있었고 직접 모색에 나섰다.

그 무렵만 해도 이병철은 신사업에 대한 아이디어가 떠오르면 이맹희를 불러 기탄없이 의견을 나누었다. 이병철은 일본을 오가면서 전자와 중화학공업에 관심을 두었다. 한국비료가 허사로 돌아간 마당에 이병철로서는 그것을 대신할, 아니 몇 배 설욕할 대체 산업을 일으키고자 하는 야망이 있었을 것이었다.

이맹희는 공업경영학 박사답게 역시 생산업, 그 중에서도 전자와 자동차 산업을 일으키는 꿈을 지니고 있었다. 그가 미국에서 공부를 한 곳은 미시간 주였다. 그는 박사 과정을 밟는 동안 거대한 자동차 도시 디트로이트에서 틈틈이 자동차 공장을 견학했다.

당시 한국에서는 '신진자동차'가 '새나라자동차'를 양산하고 있었지만, 이맹희가 보기에 미국 포드자동차와 합작으로 '코티나'의 양산 체제에 돌입하고 있던 '현대자동차'가 무서운 기세로 커갈 것 같았다.

이맹희가 원래 관심이 깊었던 부분은 생산업, 특히 전자 제품이나 자동차 등의 공장 설립과 운영에 관한 것이었다. 그가 처음 아버지에게 제안한 것은 바로 전자산업과 자동차산업이었다. 그는 자동차와 전자를 동시에 시작하자고 주장했고 아버지는 전자를 먼저 시작하자는 의견을 내놓았다.

이병철이 자동차보다 전자를 택한 이유는 부가가치 창출에 있었다. 그 당시 이병철이 계산해 본 바에 의하면 전자는 생산품 1g당부가가치가 17원인 반면 자동차는 1g당 3원 정도에 불과한 것으로 나왔다. 전자산업이 자동차보다 부가가치가 높기 때문에 이병철은 전자를 선택한 것이다.

이맹희는 그 당시 자동차산업을 시작하지 않았던 것은 크나큰 회한으로 남는다고 했다. 그때 자동차 산업을 시작했으면 지금 삼성은 훨씬 큰 기업이 되어 있을 것이라는 것이 그의 생각이었다. 그가 생각하기에 아버지가 전자를 먼저 시작하자고 고집한 것은 당시 교유하던 일본 경제인들의 인맥의 영향 때문이었다. 이병철이 흉금을 털어놓고 지내는 사람들 중에는 NEC(일본 전기), 도에이, 미쓰이, 산요 등 전지업계 경영자들이 많았다. 그중 NEC의 고바야시 사장은 이병철에게, 이제 삼성에서는 자동차보다는 전자를 해야 한다고 여러 차례 강력하게 이야기를 했고 그 소리를 들은 이맹희는 그가 내심 밉게 느껴졌다고 한다.

삼성이 전자산업에 뛰어들고 그룹의 중심이 전자로 기울고 있을 때도 이맹희는 자동차에 대한 꿈을 버리지 않았다고 한다. 〈묻어둔 이야기〉를 보자.

나는 그 무렵만 하더라도 오늘날처럼 전자산업이 확산될 줄 모르고 전자는 거의 끝나가니 이젠 자동차로 옮겨가야 한다고 생각했다. 나의 의견에 아버지도 "니가 그래 생각한다면 그래 진행해라."고 했다. 그래서 나는 1970년을 넘기며 독일의 벤츠 승용차를 만드는 보쉬 사(社)와 합작 문제로 접촉을 가지기도 했다.

그 무렵 이맹희는 일본의 NEC와 산요 간에 맺은 기술 제휴가 성에 차지 않아서 좀더 나은 필립스의 선진 기술을 도입하기 위해 유럽으로 날아갔다. 그러나 그가 유럽으로 출장을 떠난 진짜 속셈은 자동차 사업에 대한 준비를 위해서였다. 아버지의 반승낙도 얻은 참이니 독일의 벤츠 승용차 부품을 만드는 보쉬 사와 합작 문제를 타진해 보는 것이 가장 큰 목적이었다.

그러나 이맹희의 자동차산업은 시작도 해보기 전에 끝이 났다. 한국에 돌아와 보니 이창희에 의한 돌이킬 수 없는 쿠데타가 발생해 있었다. 청와대 투서 사건이 그것이었다.

그후 이맹희는 아버지와 삼성과 결별의 수순을 밟아야 했다. 만약 그때 삼성이 자동차를 시작했더라면 지금 국내와 세계 자동차 시장의 판도는 어떻게 변해 있을까?

⑮ 후계자 이건희

거친 역사의 소용돌이 속에서 나는 삼성을 축으로 하는 사업 전개에 몰두했다. 물론 그 도정은 역사의 파동과 무관할 수는 없었다. 어떤 때는 사업만 앞세운다는 비난을 받기도 했고 또한 어떤 때는 심혈이 맺힌 기업이나 자본을 단장의 심정으로 내놓아야 하는 사태에 직면하기도 했다. 사회의 곡해는 한 개인에게는 때로 과중했다. '일하는 자에게는, 일하지 않는 자가 항상 가장 가혹한 비판자 노릇을 하는지도 모른다.' 이러한 생각을 되새기면서 분노와 비애를 내일에의 용기로 바꾸려고 잠을 이루지 못한 밤이 몇 밤이었다.

- 이병철, 『호암자전』 서문 -

삼성가의 충녕대군, 이건희

이병철이 이건희를 후계자로 세우기로 마음먹기 시작한 것은 언제부터일까?

지금까지 살펴본 바로는 한비사건과 이창희의 청와대 투서사건이 이루어진 그 언저리쯤이었을 거라는 판단이 선다. 만약 한비사건이란 삼성의 운명을 가름할 사건이 없었더라면 장자 승계의 원칙에 따라 삼성의 대권은 이맹희에게 넘어갔을 가능성이 크다. 이병철은 그때까지 장남을 신임하고 있었고 이맹희는 이맹희대로 최선을 다해 경영에 참여하고 있었던 터였다.

그러나 위기의 순간에 그 사람의 진면목이 나타나는 법이다. 이병철이 보기에 이맹희는 위기에 대처하는 데 미숙했고 때로 독선적이었으며 리더십의 문제가 노정되기 시작했다. 여기에 삼성 비서실을 비롯한 이병철의 가신그룹이 이맹희를 비토하면서 이병철의 마음은 차츰 장남에게서 멀어져갔다. 거기에 차남인 이창희는 아버지의 등에 비수를 꽂는 어이없는 짓을 벌임으로써 대권 경쟁에서 멀어져갔다.

그렇다고 이건희가 삼성가의 충녕대군답게 두 형을 가볍게 제치고 대권을 거머쥔 것일까?

아니다. 이건희로 이어지는 승계 과정이 순조롭게 이어진 듯 하지만 실은 그렇지 않았다. 이건희는 이건희대로 노심초사(勞心焦思)했고, 좌고우면(左顧右眄)했고, 한신포복(韓信匍匐)했다.

그랬다. 이건희는 무려 21년이라는 오랜 세월을 기다렸고 오랜 전투 끝에 삼성그룹이라는 '천하'를 얻었다.

이건희는 1966년 아버지의 부름을 받고 미국에서 귀국한다. 1965년 와세대 대학 경제학부를 졸업하고 미국으로 건너가 조지 워싱턴 대학 경영대학원에서 공부하던 중이었다. 이 무렵은 한비사건이 터져서 이병철이 코너에 몰려 있고 장남과 차남에게 실망하고 있을 때였다. 그래서 이병철은 이건희가 미국에서의 공부도 마치기 전에 서둘러 귀국을 시킨다. 이건희는 그때부터 '황태자 수업'이라고 불리는 강도 높은 경영 훈련을 받기 시작한다.

물론 이때부터 이병철이 이건희를 후계자로 지목한 것은 아니다. 다만 두 아들에게 실망하기 시작한 아버지는 제3의 대안을 생각하지 않을 수 없었던 듯하다. 이건희는 귀국한 후 1967년 5월 결혼 전까지 견습 사원으로 삼성 비서실에 출근했다.

당시 그가 한 일은 출근 하자마자 그날 조간신문을 읽고 삼성과 관련된 기사와 한국 경제의 주요한 상황, 국내외 경제 환경의 변화를 찾아 붉은색으로 밑줄을 긋는 일이었다. 아버지가 기사 내용을 쉽게 파악할 수 있도록 그런 작업을 한 것이었다. 그런데 그것도 후계자 수업의 일종이었다. 이병철은 막내 아들이 밑줄 그은 기사들을 읽고 나서 왜 그 기사에 밑줄을 그었는지 물었고 아들이 놓친 기사가 무엇인지 가르쳐주었던 것이다.

이건희는 그때부터 아버지를 24시간 따라다니는 수행비서로서의 역할을 했다. 이병철이 골프를 치는 날은 골프장까지 따라 다녔고, 사업 현장에 나가는 날은 현장까지 아버지를 수행하며 실무를 익혔다. 하지만 이때 이병철은 이미 경영 일선에서 물러나 이맹희가 대외적인 일을 하던 때였다. 이건희는 결혼을 하고 나서는 아내 홍라희와 함께 미국으로 떠났다.

그러던 1968년 말, 이병철은 미국에 나가 있던 이건희를 다시 불러들여 중앙매스컴(중앙일보, 동양방송)의 이사로 임명했다. 삼성비서실에서 견습생활을 하다 미국으로 간지 1년 만의 일이었다. 이건희가 공식적으로 처음 삼성이라는 조직에 발을 들여놓은 것이다. 아마 이때부터 이병철의 복심이 이건희 쪽으로 움직이기 시작한 듯하다.

모든 것이 명확해진 것은 1970년대 들어서부터다. 1971년 1월의 어느 날, 이병철은 숱한 고뇌를 끝내고 다음과 같은 유언장을 직접 작성했다.

장남 맹희는 경영에 뜻이 없고, 차남 창희는 많은 기업을 하기 싫어한다. 이러한 뜻을 무시할 수도 없는 일이다. 3남 건희도 당초에는 본인이 사양했으나 마지막에는 "역량은 부족하나 맡아보겠다."라는 뜻을 가져주었다. 이러한 경위로 삼성그룹의 후계자는 건희로 정한 만큼 건희를 중심으로 삼성을 이끌어 갈 것이며, 홍진기 중앙일보 회장이 뒷받침해서 승계해 주기 바란다.

삼성그룹의 후계자를 명확하게 밝힌 유언장이었다. 이병철은 고문변호사의 공증을 받은 후 금고 속에 유언장을 보관했다. 그때는 이병철이 세상을 떠나기 무려 16년 전의 일이었고, 이건희는 30세를 바라보는 나이였다. 당사자인 이건희는 그 과정을 훗날 다음과 같이 얘기하고 있다.

> 73년인가 후계 구도가 내막적으로 정해질 때 선대 회장께서 "맹희도 안 되겠고 창희도 안 되겠다. 건희 니가 해야 되겠다."고 하셨어요. 그 전까지만 해도 중앙일보와 동방생명, 중앙개발 3개 사가 내 앞으로 되어 있었거든요. 집안에서도 나는 성격이 고분고분하고 사교적이지 못해서 기업가로선 잘 안 맞는다고 되어 있었고, 선대 회장도 "골치 아픈 건 니가 할 것 뭐 있노." 했었어요. 동방생명의 자금에다 중앙매스컴, 그땐 TBC도 있을 때죠. 부동산 회사까지 있겠다 남부러울 거 없지 뭐. 그러다가 아버지의 집념에 몰렸어요. 어물어물하다가 하게끔 몰린 것이죠. 그래서 74년 쯤인가는 3개 해서 골치 아프나 10개 해서 골치 아프나 같은 거 아니냐, 그런 생각이 들었고. 나도 한다고 하니까 78년인가 79년에 후계자가 됐다고 발표를 했죠.
> ― 신동아, 1993년 9월 『나는 그 동안 속아 살았다』 ―

이병철이 유언장을 작성하고 나서 이건희는 무려 16년 동안 후계자

수업을 받았다. 그래서 이건희는 스스로 '준비된 후계자'란 소리를 하기도 했다. 이병철이 셋째 아들을 후계자로 정할 때 풍부한 상상력을 바탕으로 시대를 멀리 내다볼 줄 아는 능력을 높이 샀다고 한다.

삼성가 사람들에게 이건희의 후계 체제가 공식화 된 것은 1976년 9월의 일이었다.

위암 수술과 충격적 유언

1976년 9월, 이병철은 일본에 있었다. 그는 경영일선에 복귀한 이후 다시 기민하게 움직이며 삼성을 부동의 1위 기업으로 키워 나가고 있었다. 1973년 1차 오일쇼크 사태로 잠시 힘든 시절이 있기는 했지만 삼성호는 세계 일류기업을 향해 순항하고 있었다.

이병철은 이번 일본 방문에서 오일쇼크 사태로 잠시 중단했던 호텔신라와 조선소 설립을 위한 자본금 문제를 해결하고 홀가분한 기분이 되었다. 그런데 얼마 전부터 속이 더부룩하고 입맛이 없는 데다 이따금 가슴이 뻐근하게 아프곤 했다. 이병철은 혹시나 해서 게이오 대학병원에서 건강검진을 받았다.

X레이 사진을 찍고 검사해 본 결과 담당 의사는 위궤양이라고 진단했다. 의사는 수술을 권했으나 이병철은 할 일이 너무 많아서 시간을 낼 수 없었다. 위궤양이라면서 당장 수술을 해야 한다는 것이 이상하다는 느낌이 들기도 했다. X레이 사진을 들고 곧바로 서울로 돌아왔다. 그날 밤 이병철은 사위 조운해 고려병원(현 강북삼성병원) 원장과 장조카 이동희 제일병원 원장을 불러 X레이 사진을 보여주었다. 한참 동안 X레이 사진을 들여다 본 두 사람의 표정이 밝지 못한 것을 보고 이병철은 넌지시 말했다.

"위궤양이라면 심각한 병은 아니니 약물 치료로나 받았으면 좋겠구나."

그러자 두 사람은 위궤양도 방치하면 안 좋으니 수술을 받는 것이 좋다고 말했다. 이병철은 두 사람의 표정을 보고 자신의 병이 위궤양이 아니라는 사실을 알았다.

"더 이상 속일 것 없다. 혹시 암이 아니냐?"

그러자 사위 조운해가 힘겹게 입을 열었다.

"아직 단정할 수는 없지만 암일 가능성도 있습니다."

그 말을 들은 이병철은 생애에 있어서 '모든 것을 내려놓는 순간' 이 자신에게도 찾아왔음을 깨달았다. 담담했다. 억울하다거나 살고 싶다고 몸부림치고 싶은 마음은 없었다. 한국비료 사건으로 실추된 자신의 명예도 회복하고 해야 할 일이 태산처럼 많다고 생각했으나 불치의 병이라면 태연하게 받아들일 수밖에 없지 않은가!

"인간은 누구나 죽는다. 고칠 수 없는 병이라면 받아들여야지. 어쩔 수 없지 않느냐?"

이병철이 애써 태연하게 말하자 이동희가 말했다.

"작은 아버지. 너무 걱정 마십시오. X레이 사진으로 보아서는 암이라고 단정할 수 없습니다. 만약 암도 위암 초기일 것 같습니다. 제가 도쿄 암연구소 원장인 가지타니(梶谷) 박사를 잘 알고 있습니다. 위암은 전 세계에서 일본 사람이 가장 많이 앓고 있는 병이라서 치료도 세계에서 가장 앞서 있습니다. 가지타니 박사는 소화기계통 암의 세계적인 권위자입니다. 내일 당장 제가 일본으로 가서 수술 절차를 밟겠습니다."

사위 조운해도 거들고 나섰다.

"아버님, 너무 걱정하지 마십시오. 만약 위암이라도 요즘은 초기 위암은 수술하면 깨끗이 없앨 수 있는 확률이 높습니다. 저도 같이 따라가서 준비를 하겠습니다."

그렇게 해서 사위 조운해와 장조카 이동희는 일본으로 날아갔다.

마음의 각오를 한 이병철은 수술을 받으러 떠나기 전날, 가족들을 용인에 있는 별장으로 불렀다. 그 자리에는 아내 박두을과 이맹희 부부, 그리고 인희, 숙희, 순희, 덕희, 명희 등 다섯 딸들이 모두 모였다.

수술 결과가 좋지 않을 경우 마지막이 될 수도 있는 자리였다. 그 자리에서 이병철은 몇 년 전 금고 속에 넣어둔 유언장의 내용을 처음 밝혔다. 가족들은 중요한 이야기가 나올지도 모른다고 짐작했지만 이병철의 입에서 나온 말은 예상보다 훨씬 더 충격적이었다.
"앞으로 삼성은 건희가 이끌어 가도록 하겠다."
당시의 충격을 이맹희는 다음과 같이 회상한다.

> 그 말을 듣는 순간의 충격을 나는 잊지 못한다. 그 무렵엔 벌써 아버지와의 사이에 상당한 틈새가 있었지만 그래도 나는 언젠가는 나에게 삼성의 대권이 주어질 것이라고 믿고 있었다. 아내와 어머니도 멍한 표정이었다.

이창희와 이건희는 그 자리에 없었다. 미국으로 쫓겨난 이창희는 연락도 받지 못했고, 이건희는 이병철의 수술 준비를 위해 조운해, 이동희와 함께 도쿄로 떠난 때문이었다.
이병철은 가족들에게 충격적 유언을 남기고 곧바로 수술을 받기 위해 일본으로 떠났다.
1976년 9월 13일, 도쿄 암연구 센터. 이병철은 수술복으로 갈아입고 수술대에 올랐다. 이건희와 홍라희, 그리고 조운해, 이동희가 수술실로 들어가는 그를 지켜보고 있었다.
이병철의 위암 수술은 성공적으로 끝났다. 집도를 맡았던 가지타니 박사가 마취에서 깨어난 이병철에게 밝은 표정으로 말했다.
"다행이 위암 초기라서 완벽한 수술을 했습니다. 회장님은 담배만 끊으시면 앞으로 20년은 걱정 없습니다."
가지타니 박사는 이병철보다 한 살 많은 백발이 성성한 믿음직한 의사였다. 그는 그때까지 1만 번에 달하는 수술에 관여했는데 그중에서 반은 자신이 메스를 쥐었다고 했다. 이병철은 그의 충고를 받아들여

40년 동안 즐겼던 담배를 끊었다.

당시는 암의 진단 기술도 지금처럼 발전되지 않았고 항암약이나 시술하는 기술도 뒤떨어져서 암 환자가 수술을 받고 회생하는 확률이 그다지 높지 않을 때였다. 그래서 의사나 가족들도 환자에게는 그 사실을 잘 알려주지 않던 시절이었다. 암이라는 사실을 알고 수술을 받는 환자는 100명 중에 5명 정도였다.

이병철은 그 5명 중 1명인 셈이었는데 의사들은 이병철이 모든 것을 내려놓은 듯 아주 평온하고 초연한 자세로 수술에 임하는 것을 보고 과연 보통 사람과는 다르다는 것을 느꼈다고 말했다. 하지만 아니었다. 그는 속으로 앞으로 10년만 더 살았으면 좋겠다고 속으로 간절히 빌면서 수술실로 들어갔었다.

다행히 수술 경과가 좋았다. 이병철은 곧 건강을 되찾았다. 이병철은 자기가 소원한 10년 보다 1년을 더 살았다.

제2의 삶, 그리고 후계자

그런데 그 11년이 이병철에게는 제2의 인생과도 같았다. 그는 마치 새 생명을 얻은 기쁨을 구가하듯 나이를 잊고 신들린 듯 맹렬하게 사업 일으켰다.

1977년에 삼성종합건설, 삼성조선, 삼성정밀, 삼성해외건설, 삼성GTE통신을 설립하고 대성중공업과 한국반도체를 인수했다. 그리고 코리아엔지니어링(1978년), 한국전자통신(1980년), 한국안전시스템(1981), 삼성 라이온즈 프로야구(1982년), 호암미술관(1982년), 삼성시계(1983년), 조선호텔(1983년), 삼성의료기기(1984년), 삼성휴렛패커트(1984년), 삼성유나이티드항공(1985년), 삼성데이타시스템(1985년), 삼성경제연구소(1986년) 등을 설립하거나 인수하는 등 제국의 영토를 의욕적으로 넓혀나갔다. 그는 이처럼 설립, 합병, 인수 등 반 년에 한 건 꼴로 프로젝트를 완성하면서 오늘의 삼성이 있게 하는 토대를 만들어 놓는다.

실제로 삼성그룹은 1970년에서 1980년에 이르는 10년 동안 자산은 연평균 41%, 매출은 48%, 직원은 50%가 늘어나는 놀라운 성장세를 보였다. 이 시기는 박정희 개발독재가 열매를 거두기 시작한 시기이기도 하다. 이 시기 우리 경제는 연평균 10%대의 고도 성장을 이룩했고 후진 농업국에서 중진 공업국으로 발전하는 '압축성장'을 달성했다.

이병철과 박정희는 견원지간(犬猿之間)처럼 지내기는 했지만 박정희는 한때 자신의 경제 개인교사와도 같았던 이병철에 대한 예의를 아주 거두지는 않았다. 그것은 아무리 철권으로 내리 눌러도 눌리지 않는 이병철과 삼성의 괴력에 은근히 놀라고 있었기 때문이었을지 모른다.

군사 정권의 속성상 각종 법률과 행정 규제로 기업을 감시하고 경영을 간섭하는 것이 관례였는데 삼성은 그런 규제와 정권의 횡포에도 불구하고 승승장구하고 있었다. 정보기관을 통해서 탄압하고 세무 사찰을 통해서 전 계열사의 장부를 가져다 조사해도 삼성은 그리 쉽게 허점을 보이지 않았고 전혀 흔들림이 없었다. 박정희가 보기에 이병철은 불가사의한 존재였다.

게다가 국가 경제 규모가 커지면서 삼성이 글로벌 경쟁력마저 갖추게 되자 삼성은 일개 기업이 아닌 존재로 변신했다. 삼성물산은 1969년 한국 최고 수출업체로 지명된 이후 1970년대 내내 매출에 있어 한국의 3대 기업에 올라 있었다. 1975년 5월 19일 종합무역상사로 맨 처음 등록한 회사도 삼성이었다. 삼성은 1975년 16개이던 해외 지부를 1978년 38개로 늘렸다. 1976년 미국 경제지 〈Fortune〉은 '미국을 제외한 세계 500대 기업' 순위에서 삼성을 293위에 올렸다. 1977년 삼성은 6억 2천만 달러를 수출했는데 이는 한국의 총 수출의 6%에 달하는 액수였다. 1977년 삼성전자는 흑백 TV 100만 대를 생산하는 기록을 세우면서 컬러 TV 생산에도 성공했다. 그리고 다음 해인 1978년 흑백 TV 400만 대를 생산해 당당히 세계 1위 자리를 차지했다.

이쯤 되자 박 정권도 삼성이라는 대기업을 무턱대고 무시할 수만은 없었다. 삼성은 1970년대 초 전자산업의 확대에 집중했고 1970년대 중반에 들어서는 석유화학과 중장비, 정밀기계, 건설, 조선업 같은 중화학공업 분야에 진입했다. 제2차 오일쇼크 여파로 삼성의 중화학공업 진출은 상당한 어려움을 겪지만 1979년 10·26 사건으로 박정희가 사망한 이후 1980년대를 맞이한 삼성은 또 다시 재계 1위로 복귀하면서 한국의 산업화를 견인하는 주역이 된다.

1977년 8월, 이병철은 〈닛케이 비즈니스〉와 가진 인터뷰에서 3남 이건희가 삼성의 후계자임을 공식적으로 밝혔다. 1979년 2월 12일, 이병철은 호텔신라에서 칠순 잔치를 가졌다. 삼성 창업공신을 비롯한 200여 명의 임원만이 부부동반으로 참석한 조촐한 연회였다. 그리고 5일 후 이병철은 셋째 아들 이건희를 부회장으로 임명했다. 이로서 세 형제간의 경영 승계를 위한 경쟁은 막을 내렸다.

1979년 2월 27일, 이건희는 중앙일보 이사에서 그룹 부회장으로 승진하면서 삼성본관 28층의 회장실 옆방으로 자리를 옮겼다. 1979년 2월 28일자 신문들은 전날에 있었던 삼성그룹의 인사 내용을 짤막하게 소개했다.

> 삼성그룹(회장 이병철)은 27일 그룹 부회장제를 신설, 이건희 중앙매스컴 이사(37)를 부회장으로 선임했다. 이로써 지난해 해외사업추진위원장으로 취임했던 이 회장의 3남 이건희 씨는 삼성그룹의 실질적인 후계자로 등장했다.

그러나 이건희의 등장에 주목하는 사람은 그다지 많지 않았다. 삼성그룹에서 창업주 이병철을 대신할 만한 사람의 존재를 언론이나 대중은 인식하지 못했고 받아들이는 데는 오랜 시간이 걸릴 터였다. 어찌되었건 이건희는 후계자로 등극했고 본격적인 경영수업이 시작된 것이다.

좌우명 : 경청(傾聽)

1979년 2월 27일, 이병철은 이건희를 그룹 부회장으로 승진시킨 후, 출근 첫날 자기 방으로 불렀다. 아버지는 붓글씨로 '경청(傾聽)'이라는 글을 써서 아들에게 주며 매사에 말을 아끼고 다른 사람의 의견을 많이 들을 것을 당부한다. 그때의 일을 이건희는 이렇게 회고하고 있다.

> 선친께선 제가 부회장이 되자마자 직접 붓으로 쓰신 '경청'이라는 글귀를 선물로 주시더군요. 그래서 그 후엔 회의할 때나 현장에 갈 때 가능하면 한마디도 말을 안 하려고 했습니다. 그래서 "이건희는 말을 못한다."는 소문까지 돌았다고 합니다. 당시 제 짧은 생각에도 참으로 좋은 가르침인 것 같았어요. 그렇게 10년 가까이 지내는 동안 상대방의 처지를 헤아리고 생각하는 힘을 키울 수 있었습니다.

그 후 이건희는 그 말을 좌우명으로 삼아 남의 말을 끝까지 들어주는 경영자가 되었다.

이건희는 그때부터 이병철이 타계한 1987년에 이르기까지 근 10년간 이 같은 철학에 바탕을 둔 경영수업을 받았다. 이건희는 셋째 아들로서 우리나라의 전통적인 장자 승계의 사고방식대로라면 후계자가 될 수 없었던 사람이었다. 하지만 이병철은 일찌감치 자식들의 숨겨진 재능을 간파했고 태종 이방원이 그랬던 것처럼 셋째 아들을 후계자로 지목했고 그가 대권을 이어받는 데 아무 걸림돌도 남겨 놓지 않았다.

그런 점에서 이건희는 행운아이기는 했다. 사실 이건희는 이 땅에서 처음 공식적으로 '인재제일'을 부르짖으며 자기 인생의 80%를 인재를 키우는 데 투자했던 사람을 아버지로 가지고 있는 행운아였다. 그는 그런 아버지 밑에서 아버지의 일거수일투족을 보고 배우며 후계자로 키워졌다. 말하자면 이건희는 아버지에 의해서 만들어진 완벽한 후계자인 셈이다.

그러나 이 황태자 수업은 혹독했다. 이건희는 아버지에게 삼성을 단순히 물려받은 게 아니었다. 그는 소위 제왕학(帝王學)이라 할 수 있는 후계자 교육을 철두철미하게 받았다. 그는 근 10년간 아버지의 스케줄에 맞추어 그림자처럼 수행했다. 이건희는 아버지와 함께 출근했고 때로는 용인에 있는 아버지 숙소로 가서 취침을 확인한 후 귀가하는 생활을 해야 했다.

이병철은 자신의 후계자가 될 아들에게 "사람에 대한 공부를 가장 많이 해라.", "적고 또 적어라. 거기서 큰 그림이 나온다.", "말을 삼가고 반복해 캐묻고 경청하라.", "검을 들되, 휘두르지 않고 목적을 달성하라." 등의 뜻 깊은 가르침을 남겼다. 이건희가 훗날 시대를 앞서가는 경구를 발하고 시대를 예견할 수 있었던 것은 그만큼 많은 공부와 생각과 정신적 단련을 했기 때문이다.

아버지는 늘 아들에게 그 자리에서 "직접 해보라."며 많은 일을 주문했다. 하지만 그 어떤 일도 자세하게 설명해주지는 않았다. 이건희에 따르면 "이럴 때는 이렇게 하고, 저런 경우에는 저렇게 처리하라고 구체적으로 가르치는 식이 절대 아니었다."고 회고했다. 이 '완벽한 황태자'는 때로 개인적 고독을 즐기면서도 강력한 리더십이 무엇이고 번뜩이는 카리스마가 무엇인지를 철저하게 깨달아간 셈이다.

25년간 삼성그룹의 자문 역할을 맡아온 이창우 성균관대학 명예교수는 〈다시 이병철에게 배워라〉에서 "이병철 회장은 후계자인 이건희 회장을 교육시킬 때 무엇보다 2세 경영인으로서 상황 변화에 대처하는 '어떻게(How)'의 개념을 심어주기 위해 노력했다."고 언급했다. 이건희는 문제가 생길 때마다 어떻게 대처할 것인가를 자신에게 끊임없이 물으며 사고를 키워 나가는 소위 '케이스 스터디(case study)'를 받았다. 이것이 이병철의 후계자 교육의 핵심이었던 것이다.

이병철의 독특한 교육 방법은 경영자 수업을 받는 학생 이건희에게는 매우 난감한 퍼즐과도 같았다. 이건희는 처음에는 답답하기도 하고 이해되지 않을 때도 많았다. 그렇다고 회장실을 박차고 들어가 이것은 이렇고, 저것은 저렇고 따져 물을 처지도 아니었다. 속절없이 속만 태우며 스스로 풀어 나가야만 했다.

그런 아들의 마음과는 아랑곳없이 이병철은 현장에서 부딪치며 스스로 익히는 방식을 묵묵히 지도해 나갔다. 10년 가까운 시간이 지나면서 '가르치기보다는 스스로 배우고 익히게 만든다.'는 독특한 수업 방식은 점차 빛을 발하기 시작했다.

이건희는 훗날 "어느덧 현장을 통해 경영을 생각하는 자신을 발견하게 됐다."고 회고했다. 주어지는 여건에 따라 수시로 변화하는 것이 경영 현장이므로 해결하는 방법도 그만큼 다양하다는 것을 깨닫게 된 것이다. 이쯤 되자 이건희는 모든 상황에는 그에 적절한 대처 방식이 있다는 사실을 자연스럽게 알게 되었다.

이러한 배경 아래, 이건희는 선친으로부터 '경영은 이론이 아닌 실제이며 감이라는 체험적 교훈을 배울 수 있었다. 직접 보고, 만지고, 해결하는 현장 중심의 훈련을 통해 경영 일선에서 발견되는 각종 문제점을 느끼고 반사적으로 대처하는 감(感)의 지혜를 터득한 것이다.

이처럼 아버지 이병철의 엄격하면서도 독특한 교육은 이건희가 삼성그룹을 지금의 재계 1위 기업으로 성장시키는 초석이 되었다. 이 당시 자신이 받은 경영수업에 대해 이건희는 자신의 에세이집에서 이렇게 회고했다.

> 선친은 경영일선에 항상 나를 동반하셨고 많은 일을 내게 직접 해보라고 주문하셨다. 하지만 자세하게 설명해 주지는 않으셨다. 현장에 부딪치며 스스로 익히도록 하셨던 것이다. 이런 시간이 쌓이면서 '경영은 이론이 아닌 실제이며 감(感)이다.'는 체험적 교훈을 배웠다. 한편 장인(홍진기)은 기업 경영과 관련된 정치, 경제, 법률, 행정 등의 지식이 어떻게 서로 작용하며, 이 지식들을 어떻게 활용할 것인지를

문답식으로 자상하게 설명해 주셨다. 결국 나는 두 분의 가르침을 통해 경영에 관한 이론과 실무를 동시에 배운 셈이다.

더욱이 이건희 회장에게는 아버지 이병철의 평생 사업 동반자인 홍진기 중앙일보 회장이 있었다. 법무부·내무부 장관을 지낸 그는 1965년부터 1986년 세상을 떠날 때까지 중앙일보와 동양방송을 이끌었고 있었다. 홍진기와 이건희는 장인과 사위로 인연을 맺은 사이로서 이건희가 삼성의 대권을 이어받는 데 음양(陰陽)으로 큰 역할을 한 주역이었다.

홍진기는 1970년대 후반부터 한국의 미래가 IT 산업에 달려 있다고 내다본 사람이다. 그가 이건희를 편들어서 이병철에게 반도체사업 진출을 건의한 것은 유명한 일화다. 홍진기에 대해서는 2부 '이건희 시대'에서 구체적으로 살펴보기로 하자.

삼성가(家) 가족이야기 15

이건희 가의 가족은?

이건희는 부인 홍라희와의 사이에 맏이이자 외아들인 이재용과 이부진, 이서현, 이윤형 등 딸 셋을 두었다.

홍라희는 서울대 미대 응용미술과 출신으로 국전에 출품하여 입상할 정도의 실력파였다. 1985년부터 중앙일보 상무로 대외적인 활동을 시작한 후 1995년 호암미술관장으로 취임했다. 그리고 미술전공자다운 뛰어난 미적 감각을 발휘해 호암미술관을 수준 높은 미술관으로 거듭나게 하는 능력을 발휘했다.

한편 그녀는 해외 활동도 활발히 전개해서 메트로폴리탄 미술관에 한국관을 탄생시킨 것을 비롯해 영국 빅토리아·앨버트 미술관의 한국관, 프랑스 기메 박물관의 한국관 등을 건립했다. 또한 1993에는 CIMAM(국제 근현대 미술박물관 위원회) 위원이 되었다. 이런 활발한 활동을 인정받아 1996년 프랑스 문학예술훈장인 '코망되르'를 받았으며, 2003년에는 제57회 '자랑스런 서울대인' 상을 수상하기도 했다.

그녀는 2004년 11월에는 서울 용산구 한남동 '승지원' 옆에 국내 최고 수준의 미술관인 '리움(Leeum)'을 개관해 관장으로 취임함으로써 세계 유수 미술관과 자웅을 겨루게 되었다. 그녀는 독실한 원불교 신자로 불이회 회장을 맡고 있다.

맏이이자 외아들인 이재용은 삼성그룹의 후계자로 주목 받고 있다. 경복고등학교와 서울대 동양사학과를 거쳐 일본 게이오대, 하버드 비즈니스 스쿨을 마쳤다. 그후 1991년 삼성전자에 입사해 현재 삼성전자 부회장으로 있다.

이재용은 아버지와 마찬가지로 첨단기술에 관심이 많아 혼자서도 사업장을 둘러보고 관련 전문가들에게 전문 지식을 습득하는 등 열심히 '경영수업'을 받고 있다는 평이다. 이재용은 삼성전자의 미래

사업과 관련된 회의에는 빠지지 않고 참석하고 있으며, 1년에 수차례 GE 등을 방문해 첨단산업의 흐름을 공부하고 있다.

이재용은 1998년 대상그룹 임창욱(林昌郁) 회장의 장녀 임세령 씨와 결혼해 아들 이지호와 딸 이원주를 두었다. 결혼 당시 임세령(林世玲)이 연세대(경영학과 2학년)에 재학 중인 어린 신부였다는 것과 과거 '미원-미풍 전쟁'을 벌였던 라이벌 기업, 영호남 대표기업의 혼사라는 것 등이 화제를 불러 모았다. 두 사람은 그동안 잉꼬 커플로 알려졌으나 2009년 결혼 11년 만에 이혼했다. 최근 아들 이지호가 영훈국제중학교에 부정 입학하여 논란이 되기도 했으나 현재는 자퇴한 상태이다.

맏딸인 이부진은 연세대 아동학과를 나왔고 현재 호텔신라 사장, 삼성에버랜드 사장, 삼성물산 고문이다. 1995년 삼성복지재단에 입사한 뒤 삼성전자 전략기획실을 거쳐 2001년 신라호텔로 옮겼다. 이부진은 호텔 경영에 각별한 애정을 쏟으며 강력한 '개혁 드라이브'를 걸고 있는 것으로 알려져 있다.

1999년 삼성 계열사의 평범한 회사원 임우재(任佑宰)와 결혼함으로써 화제를 불러 일으켰다. 그녀는 그룹 회장이자 아버지인 이건희에게 인정받을 정도로 뛰어난 경영 능력을 지니고 있다. 남편 임우재는 삼성전자 미주 본사 전략팀에 적을 두고 유학 생활을 하다가 현재 삼성전기 부사장으로 있다. 결혼 후 8년 동안 아이가 없었으나 2007년 첫 아들을 안는 기쁨을 누렸다.

둘째 딸인 이서현은 미국 뉴욕의 패션전문학교 파슨스 출신으로 현재 에버랜드 패션부문 경영기획담당 사장이다. 그녀는 2000년 제일기획 상무보였던 김재열(金載烈)과 결혼했는데, 김재열은 김병관(金炳琯) 동아일보 명예회장의 아들이다. 재계 일각에서는 오너 집안의 부부가 한 회사에서 일하는 것은 이례적인 일이라며 제일모직은 이서현의 몫이라는 전망을 내놓고 있다. 조금 차가워 보이는 인상이지만 디자인 전공자답게 남다르게 시크한 패션 감각으로 유명하다. 자녀 욕심도 많아서 딸 3명에 아들 1명, 총 4명의 자녀를 두고 있다. 현재 김재열은 삼성엔지니어링 사장으로 있으면서 한국 빙상연맹 회장직도 맡고 있다.

막내딸인 이윤형은 이화여대 불문과를 나왔다. 2003년 싸이월드 미니 홈페이지에 개인 홈페이지를 공개해 화제가 되기도 했다. 당시 이윤형은 재벌가의 딸답지 않은 소탈하고 귀여운 글을 많이 남기기도 했다. 집안일을 외부에 알리지 않는 것으로 정평이 나 있는 삼성가의 딸이 가족과 스키장에 놀러 간 이야기, 치아교정을 시작해 고생한 이야기, 남자친구를 만난 이야기, 집에서 김장을 시작한 이야기 등 아기자기한 일상을 공개했다는 것 자체가 신선한 소식이었다. 그래서 누리꾼 사이에서 인기를 얻었지만, 언론에 홈페이지가 공개되어 방문자가 폭주하자 홈페이지를 폐쇄하고 말았다.

그런데 그녀는 2005년 9월부터 뉴욕대에서 예술 경영을 공부하던 중 2005년 11월 21일, 불행하게도 뉴욕의 한 아파트에서 자살로 생을 마감했다. 처음에는 미국 현지에서 교통사고로 사망한 것으로 알려졌지만 후에 자살을 한 것으로 밝혀졌다. 자살 이유는 알려져 있지 않다.

⑯ 이병철의 위대한 선택

  삼성은 해방 후와 동란 중에는 무역을 통해 물자 조달의 기능을 맡았다. 휴전 후에는 수입대체산업을 일으켜 한국 경제가 원조경제에서 자립경제로 전환하는 기틀을 잡는 데 노력을 아끼지 않았다. 이어 중화학 공업의 건설로 기간산업의 기반 조성에 몰두했다. 이제는 그것을 터전으로 해서 첨단기술 산업을 개척해야 할 시기가 되었다고 판단했다. 언제나 삼성은 새 사업을 선택할 때는 항상 그 기준이 명확했다. 국가적 필요성이 무엇이냐, 국민의 이해가 어떻게 되느냐 또는 세계 시장에서 경쟁할 수 있을까 하는 것 등이 그것이다. 이 기준에 견주어 현 단계의 국가적 과제는 '산업의 쌀'이며 21세기를 개척할 산업 혁신의 핵인 반도체를 개발하는 것이라고 판단했다.

- 이병철, 『호암자전』 -

미래를 내다보는 힘

이병철의 경영 인생 50년에서 가장 주목할 것은 삼성의 반도체산업에 대한 투자이다. 삼성의 명운을 가르게 되는 반도체에 대한 투자가 어떻게 이루어졌는지 살펴보자.

이병철과 스티브 잡스의 만남을 아는가?

일찍이 1983년, 스티브 잡스가 한국에 와서 삼성을 방문해서 이병철을 만난 적이 있었다. 당시 이병철은 73세였고 잡스는 겨우 28세의 청년이었다. 개인용 컴퓨터를 만들어 하루아침에 유명인이 된 잡스와 백전노장 이병철은 그해 11월 서울 중구 태평로 삼성본관 이병철의 집무실에서 만났다. 삼성과 애플의 떼려야 뗄 수 없는 관계는 이때부터 시작되고 있었다.

당시 삼성은 반도체산업에 사운을 걸고 매진하고 있을 때였고 애플은 애플대로 품질 좋고 저렴한 반도체 칩의 안정된 공급이 필요한 때였다. 어찌 보면 할아버지와 손자와의 만남 같았지만 두 사람은 사업적으로 서로 잘 통했다. 잡스는 그 자리에서 두 달 뒤에 출시할 '매킨토시' 컴퓨터를 이병철에게 자신만만하게 소개했다. 이병철은 단번에 잡스의 진가를 알아보았다.

'굉장히 훌륭한 기술을 가진 젊은이다. 앞으로 IBM과 대적할 만한 인물이 되겠어.'

이렇게 생각하고 있는 이병철에게 잡스는 겸손하게 자신이 걸어야 할 경영자의 길을 물었다. 그러자 이병철은 서슴없이 자신이 사업가로서 살아오면서 철칙처럼 지켜 온 세 가지를 당부했다.

"우선 지금 하고 있는 사업이 인류에게 도움이 되는지를 확인하고, 인재를 중시하며, 다른 회사와 공존공영 관계를 중시해야만 자신도 성공할 수 있습니다."

이병철과의 만남 얼마 후 잡스는 매킨토시의 실패로 자신이 창업한 애플에서 쫓겨나는 수모를 겪는다. 또 이병철은 그 4년 후 세상을 뜨고 만다. 그러나 잡스는 이병철의 조언을 마음에 새겼는지 다시 애플로 복귀한 이후 독선적인 성격을 버리고 '집단창의(인재중시)와, 기술 지상주의 대신 철저히 고객 중심의 사고(인류기여), 독자개발 대신 대외협력(공존공영)'을 중시하는 최고의 사업가로 거듭났다.

삼성가와 잡스와의 인연은 이병철의 사후에도 계속 이어져서 이건희와 잡스는 오랜 우정을 나누었고 이재용 역시 잡스의 생전에 애플 본사를 자주 방문했다고 한다. 그럴 때면 잡스는 이재용에게 애플의 신제품 샘플을 직접 가져와 특징을 꼼꼼히 설명해주기도 했다고 한다.

이병철은 스티브 잡스와의 만남과 일본과 미국 방문을 통해서 반도체산업의 중요성을 깨닫게 되었다. 그런데 삼성의 반도체산업 선택은 이병철의 도쿄 구상에서 나온 작품이 아니다.

삼성의 반도체 사업 도전의 역사는 이건희의 아이디어에서 비롯되었다. 간단하게 그 사연을 요약하면 삼성의 반도체 진출은 아들 이건희의 미래를 내다보는 선견력과 아버지 이병철의 과감한 결단력이 절묘하게 합쳐진 성공 신화라고 할 수 있다.

1974년, 이건희가 동양방송 이사로 있었을 때의 일이다.

1973년 오일쇼크를 겪으면서 이건희는 자원이 없는 한국의 비참한 현실을 뼈저리게 느끼고 있었다. 당시 일본 업체들이 TV, 냉장고에 들어가는 핵심 부품인 IC의 물량과 가격을 통제하며 횡포를 부리자 이건희는 우리나라가 국제적인 경쟁력을 갖추려면 두뇌로 경쟁해야 하고, 부가가치가 높은 하이테크 산업으로 진출해야 한다고 생각했다.

그리고 여러 가지 사업 유형을 검토하다가 반도체가 전자산업의 씨앗이 될 것이라는 것을 인식하고 반도체 사업이 가장 유망하다는 결론을 내렸다.

이건희의 사업에 대한 선견력은 일찍이 반도체 사업의 미래를 내다보는 데서부터 나타났다고 보는 것이 옳을 것이다.

내가 기업 경영에 몸담은 것은 66년 동양방송에서부터였다. 처음 입사한 그때부터 지금까지 많은 어려움을 겪고 결단의 순간을 거쳤지만, 지금 와서 보면 반도체 사업처럼 내 어깨를 무겁게 했던 일도 없는 것 같다. 사실 나는 어려서부터 전자와 자동차 기술에 남다른 관심을 가지고 있었다. 일본 유학 시절에도 새로 나온 전자제품들을 사다 뜯어보는 것이 취미였다. 수많은 전자제품을 만져보면서 나는 자원이 없는 우리나라가 선진국 틈에 끼여 경쟁하려면 머리를 쓰는 수밖에 없다고 생각하게 되었다. 특히 73년에 닥친 오일쇼크에 큰 충격을 받은 이후, 그동안 내 나름대로 한국은 부가가치가 높은 첨단 하이테크 산업에 진출해야 한다는 확신을 가졌다. 74년 마침 한국반도체라는 회사가 파산에 직면했다는 소식을 들었다. 무엇보다도 '반도체'라는 이름에 끌렸다. 산업을 물색하면서 반도체 사업을 염두에 두고 있던 중이었다. 시대 조류가 산업사회에서 정보사회로 넘어가는 조짐을 보이고 있었고, 그 중 핵심인 반도체 사업이 우리 민족의 재주와 특성에 딱 들어맞는 업종이라고 생각하고 있었다. 우리는 '젓가락문화권'이어서 손재주가 좋고, 주거 생활 자체가 신발을 벗고 생활하는 등 청결을 중시한다. 이런 문화는 반도체 생산에 아주 적합하다. 반도체 생산은 미세한 작업이 요구되고 먼지 하나라도 있으면 안 되는, 고도의 청정 상태를 유지해야 하는 공정이기 때문이다.

마침 국내에는 시계에 들어가는 칩인 '워치칩'을 만드는 한국반도체란 회사가 부천에 공장을 가지고 있었다. 당시 그 공장은 초기 단계의 집적회로(IC)를 사용해서 숫자로 표시하는 전자 손목시계를 만들고 있었는데 이 제품은 박정희 시절, 청와대를 방문하는 외국인들에게 '한국의 기술'을 과시하는 선물 목록이 되기도 했다. 이 회사는 미국의 캠코사와 합작으로 운영하는 합작회사였는데 경영 미숙으로 어려움을 겪고 있었다.

이건희는 아버지 이병철에게 한국반도체를 인수하자고 건의했다. 그러나 이병철은 아직까지 반도체의 중요성을 잘 인식하지 못하고 있었고, 비서진들도 사업 전망에 대한 확신을 갖지 못한 탓에 결단을 내리지 못했다.

그로부터 며칠 후 이건희는 자신의 사재(私財)를 털어서 국내 최초의 웨이퍼 가공업체인 한국반도체를 인수해서 삼성반도체를 설립했다. 그것이 삼성의 반도체 사업 씨앗이 되었다. 1974년 12월 6일의 일이었고 이건희는 당시 갓 서른 살을 넘긴 청년이었다. 만약 미래를 내다보는 그 결단이 없었다면 현재의 초일류 기업 삼성은 존재하지 않았을지도 모른다.

이렇게 인수한 반도체 공장은 말이 반도체 공장이지 트랜지스터 웨이퍼를 생산할 정도의 조악한 시설을 가지고 있었다. 이건희는 공장 규모를 키워서 일본 기업과 어깨를 나란히 하는 반도체 회사를 만들 것을 건의했다.

하지만 삼성 사장단은 반도체 사업에 본격적으로 진출하는 것을 두려워하고 있었다.

2004년 12월 반도체 30년 기념식에서 이건희는 당시를 이렇게 회고하며 말했다.

> 반도체 사업 진출 당시 경영진들이 "TV도 제대로 못 만드는데 너무 최첨단으로 가는 것은 위험하다."고 만류했지만 우리 기업이 살아남을 길은 머리를 쓰는 하이테크산업밖에 없다고 생각해 과감히 투자를 결정했었다. 다른 분야도 그렇지만 반도체에서 시기를 놓치면 기회 손실이 큰 만큼 선점 투자가 무엇보다 중요하다.

하지만 반도체 사업은 장치산업으로 본격적인 반도체산업을 하려면 당장 4000억 원의 투자가 필요했다. 당시 삼성그룹 전체의 연 시설투자 규모가 8000억 원 남짓인 것을 감안한다면 앞날이 불투명한 신규 사업에 그러한 투자를 할 결단을 내린다는 것은 힘든 일이었다.

30년 전에 반도체산업의 미래를 밝게 전망하는 사람은 삼성 안에서도 찾아보기 어려웠던 것이다. 동물적인 사업 감각의 소유자였던 이병철 회장도 아들이 반도체 이야기를 꺼내면 이렇게 핀잔을 주었다.

"이놈아, 그 돈이면 TV를 몇 백만 대나 더 만들 수 있는데 그 쪼그만 것 만드는 데 쓰겠다는 거냐?"

하지만 이건희는 끊임없이 미래 산업의 변화상을 설명하면서 아버지에게 선진 감각을 불어넣었다. 그는 장인인 홍진기 중앙일보 회장에게도 그런 설명을 했고 장인을 움직여서 아버지를 설득시키기도 했다. 그러자 홍진기는 이건희의 혜안을 기특하게 생각해서 이병철 회장에게 이렇게 말했다.

"내가 외국에 나가봐도 사위의 얘기가 맞습디다."

그러면서 학구파였던 홍진기는 삼성이 반도체 사업을 시작할 때 반도체에 관한 책을 거의 있는 대로 다 구해다 이병철에게 아이디어를 주었다. 삼성전자의 반도체 사업에서도 홍진기의 기여가 컸다는 것이 삼성그룹과 삼성전자를 거쳐 간 사람들의 일치된 생각이다.

청년 이건희가 한국 경제의 총아가 된 반도체산업의 중요성에 눈을 뜨게 된 계기에 대해 이건희의 아내 홍라희는 "시아버님(이병철)과 친정아버지(홍진기)와 남편(이건희)의 합작품"이라고 증언하고 있다.

반도체 산업 진출에 대해 처음 관심을 가진 분은 아마 이병철 회장님이실 겁니다. 이 회장님이 일본에서 반도체에 관한 말을 듣고 아버지에게 한번 검토해 보시라고 했겠지요. 아버지는 그때부터 반도체에 대해 공부하기 시작하셨어요. 당시 저는 일주일에 한 번씩 아이들을 데리고 친정에 들렀는데 어머니가 한 번씩 불평하시던 기억이 생생합니다.

"얘, 지금 너희 아버지가 저 연세에 밤 1시까지 반도체 책을 읽는 단다."

제가 머리맡에 놓인 책을 보니 갈피갈피마다 연필로 밑줄이 그어져 있었어요. 반도체가 당시에는 얼마나 생소한 개념이었겠어요? 그렇게 반도체를 공부한 아버지는 사위인 이건희 회장에게 "호암이 반도체에 관심을 갖고 있으니 자네도 공부해 두게."라고 조언했습니다. 결국 이건희는 아버지의 꿈을 이뤄내지 않았습니까? 사비를 들여 한국반도체를 인수한 것도 이건희였어요.

그런 과정을 겪으면서 이병철은 반도체의 중요성을 인식하게 되었고, 반도체 사업에 본격적으로 손을 대기 시작했다.

하지만 삼성의 반도체 사업이 처음부터 순탄한 과정을 겪었던 것은 아니다.

사업 초기 삼성은 후발 주자로서 선두 업체와의 간격을 하루빨리 줄여야 했지만 기술 장벽은 너무도 높아서 기술 확보에 무진 애를 먹고 있었다. 반도체 기술에 대한 이해는 고사하고 클린 룸을 어떻게 설계할지조차 모르는 시절이었다.

이병철은 고민 끝에 평소 친분이 있던 일본 NEC의 고바야시 사장을 초빙하여 기술 지원을 정중하게 요청했다. 그러나 1976년 NEC 엔지니어들의 방한이 이루어졌지만 그들은 차일피일 핑계를 대며 기술 이전을 기피했고, 삼성반도체는 적자를 면치 못했다.

이건희는 이건희 회장대로 반도체의 시련을 극복하기 위해서 진력을 다 바쳤다.

그는 1970년대 중반 무렵, 미국 실리콘밸리를 50여 차례나 드나들었을 만큼 반도체에 미쳐 있었다. 그는 아이비리그를 비롯해 미국 전역의 대학을 강의실까지 뒤져가며 반도체 분야를 전공한 한국계 연구 인력을 맨투맨으로 만났다. 그는 그렇게 찾아낸 30대 초반의 젊은 인재들을 400만~500만 원의 파격적인 월급에 아파트까지 제공하는 조건으로 대거 스카우트했다. 당시 삼성전자 사장 월급이 100만 원이었다는 점을 감안하면 그들에 대한 대우가 얼마나 파격적이었는지 알만할 것이다. 그것이 훗날 삼성 반도체 신화를 낳는 밑거름이 되었다.

기술에 목말라하던 이건희는 반도체에 대한 선진 기술을 가지고 있던 미국 페어차일드사를 여러 차례 방문하여 기술 이전을 요청한 끝에 삼성반도체 지분의 30%를 내놓는 조건으로 승낙을 받아냈다. 그는 지분을 양보하더라도 기술 도입이 필요하다는 판단이 섰던 것이다.

하지만 문제는 거기서 끝나지 않았다. 기술 도입을 위해 미국 현지에 파견되었던 실무진들은 정말 당황스러운 결론을 내놓았다.

"삼성의 기술 수준으로는 페어차일드의 64K D램 개발 신기술에 도전할 수 없다."

참으로 안타깝고 막막한 일이었다. 이건희는 그것이 한국의 실정이었고 삼성의 한계인 것을 뼈저리게 느꼈다.

1979년, 더 이상 반도체 사업을 방치할 수 없다고 판단한 이병철이 직접 나섰다.

그는 당시 가전·TV 생산 담당이었던 김광호 이사를 반도체사업부로 보내서 사업을 정상화시키라는 특명을 내렸다.

김광호는 서울대 공대 출신으로 동양방송 기술 담당으로 있으면서 탁월한 엔지니어 감각을 가진 것으로 알려져서 삼성전자 가전·TV 생산 담당 이사로 발탁되었던 인물이었다.

당시 강진구 반도체 사장은 직원들에게 김 이사를 소개하면서 이렇게 배수진을 쳤다.

"만약 김 이사가 온 후에도 삼성반도체를 살리지 못한다면 더 이상 반도체 사업을 계속할 수 없을 것이다."

김광호는 대방동과 부천으로 나뉘졌던 공장을 부천으로 통합하고 80년 말 삼성반도체를 삼성전자에 인수·합병시키는 한편, 시계칩 시장을 집중공략, 전 세계 시계칩 시장의 점유율을 60%로 끌어 올리며 흑자회사로 변신시켰다. 그는 훗날 삼성전자 회장까지 지내게 된다.

그러나 반도체는 계속해서 진화하고 있었고, 삼성 반도체가 갈 길은 아직도 멀었다.

도쿄 선언

나머지 선택은 아버지의 몫이었다.

시대의 흐름을 빠르고 정확하게 간파했던 이병철은 기민한 대처로 새로운 산업시대를 개척한 선구자적 기업가였다. 그는 무수한 기업들을 창업, 육성해오는 동안 단 하나의 부실 기업도 용납치 않음으로써 한국 경영자들의 귀감이 된 사람이었다.

그러나 아들이 반도체 사업을 할 것을 권유하자 늙은 아버지는 "반도체가 뭐꼬?" 할 정도로 반도체를 알지 못했다. 그러나 아들이 개인 돈을 털어서 반도체 기업을 인수하고 강한 의지를 내보이자 차츰 반도체에 대한 관심을 가지기 시작했다.

1980년 초의 어느 날, 이병철은 삼성전자의 강진구 사장을 불러서 물었다.

"도대체 반도체는 몇 가지 종류나 있는 거요? 말하는 사람마다 다르니 종을 잡을 수가 없어."

"회장님, 그건 사람이 몇 종류나 되느냐고 물으신 거나 마찬가지입니다. 세상 사람들을 남자와 여자라는 성별로 구분하고, 황인종이냐 백인종이냐 하는 식으로 구분하고, 연령별로도 나누는 것과 같습니다. 반도체도 마찬가지로 구분하기에 따라 종류와 수가 달라지는 겁니다. 한마디로 몇 종류라고 말씀드릴 수가 없을 정도로 다양합니다."

그 후 이병철은 미국과 일본을 방문해서 반도체 전문가들을 수도 없이 만났다. 또 국내에서도 전자산업 전문가들을 불러들여서 반도체와 컴퓨터에 관한 의견을 들었다. 그 결과 어느 정도의 판단이 섰고 반도체산업의 가능성을 읽을 수 있었다.

이병철이 반도체를 해야겠다고 결심하기까지는 일본 산업에 대한 면밀한 분석이 있었다. 그는 일본이 우리와 같이 오일쇼크를 겪으면서도 무역 흑자 행진을 거듭하고 있는 사실에 주목했다. 당시 일본 경제는 오일쇼크를 겪으면서 제철, 조선, 석유화학, 시멘트, 섬유 등 기간산업 위주에서 반도체, 컴퓨터, 신소재, 광통신, 유전공학, 우주 및 해양산업 등 고부가가치 하이테크 산업 위주로 변신하고 있었다. 일본은 1982년 1백 50억 달러 이상의 무역 흑자를 기록함으로써 세계 경제 대국으로 발돋움하고 있었다.

1981년 9월 이병철은 그룹 전체 임원 회의에서 앞으로 반도체와 컴퓨터에 삼성의 흥망을 걸겠다는 선언을 했다. 그는 이 새로운 사업에 투신하기 위해서 미국의 실리콘밸리를 찾았다.

1982년 3월, 미국을 방문한 이병철은 놀라움을 금치 못했다. 실리콘밸리야말로 미래 산업의 나아갈 바를 밝혀주는 이정표와 같은 곳이었기 때문이었다. 그곳은 무수한 벤처기업들이 24시간 불을 밝히고 연구에 몰두하는 진정한 '반도체의 메카'였던 것이다.

그런데 이병철은 미국 방문 중에 아주 중요한 한 가지 사실을 깨달을 수 있었다. 그것은 미국은 오일쇼크 이후의 불황에 잘 대처하지 못해서 산업 전반이 크게 위축되어 있다는 사실이었다.

이병철은 앞으로 살아남기 위해서는 일본의 경우처럼 하이테크 산업에 역량을 집중해야 한다는 것을 새삼 깨달았다. 그가 보기에 가장 중요한 것은 모든 분야의 소형화·자동화·다기능화를 가능하게 하는 반도체산업이었다.

이병철은 귀국한 후, 그해 9월부터 반도체 신사업 추진팀을 구성했다. 신사업 추진팀은 즉각 반도체 사업과 관련된 수많은 자료 수집과 철저한 사업성 분석 작업에 들어갔다. 추진팀장은 당시 반도체 사업본부장'이었던 김광호 상무였고, 그룹 비서실의 이형도 이사가 그룹 차원의 지원을 위해서 함께 참여했다. 팀원으로 참여했던 사람은 비서실 기획팀 최성열 과장, 반도체 사업부 기획과 김재명 사원, 영업관리과 양덕준 사원, 경리과 김위섭 사원 등 각 분야에서 차출된 엘리트들이었다. 이들은 부천 반도체 사업본부의 2층 구석방에 처박혀 외부와의 연락을 일절 끊고 작업에 들어갔다.

1982년 10월 작업팀은 이병철에게 방대한 분량의 보고서를 냈다. 이병철은 연필로 밑줄을 그어가며 읽기 시작했다. 이 보고서에는 과거 8년 동안 삼성이 벌여온 반도체 사업 평가, 제품별 성장 전망과 경쟁력 분석, 반도체 사업의 추진 방향 등이 담겨 있었다. 보고서를 읽던 이병철은 '메모리'란 항목에 동그라미를 쳤다. 그리고 메모리를 중심으로 사업계획서를 다시 만들어보라고 지시했다.

메모리 반도체는 1982년 세계 시장규모가 30억 1천 8백만 달러로, 전체 반도체 시장 규모(145억 3100만 달러) 가운데 20.8%를 차지하고 있었으며, 향후 1988년까지 연평균 28%씩 고도 성장할 것으로 전망되고 있었다.

이에 따라 1988년에는 메모리 반도체의 시장 규모가 132억 5천만 달러로 확대되어 전체 반도체 시장의 30.2%를 차지, 명실공히 반도체 시장을 주도할 것으로 예상됐다.

이병철은 '첨단 반도체 중에서 일본이 미국보다 유일하게 앞선 분야가 메모리'라는 사실에 주목했다. 세계 전자기술을 주도해 온 미국이 메모리 분야에서는 일본에 뒤졌다는 것은 메모리 반도체가 원천적인 기술 못지않게 생산 기술에 의존함을 의미하는 것이다. 즉 손톱만한 크기의 칩 위에 수백만 개의 기억 공간을 올려놓는 첨단 설계 기술도 중요하지만 대량 생산을 가능케 하는 공정 기술만 갖추면 충분히 따라갈 수 있다는 결론이 나온다.

게다가 메모리 제품은 세계적으로 규격이 통일되어 있고 수요가 많기 때문에 대량 생산이 가능하고 한번 투자하면 투자한 액수의 서너 배를 금방 뽑아낼 수 있는 장점이 있었다.

이병철은 반도체 사업을 메모리 위주로 추진한다는 방침을 굳혔다.

1983년 2월, 이병철은 도쿄의 오쿠라 호텔에 머무르면서 '반도체 신규 투자'에 대한 최종 결심을 굳히고 있었다. 당시 삼성이 반도체에 사운을 건 투자를 하기에는 많은 위험이 도사리고 있었다. 선진국과의 심한 기술 격차, 막대한 투자 재원 조달, 고급 기술 인력의 확보, 공장 건설에 필요한 특수 설비, 불투명한 시장 전망 등 어느 것 하나 쉬운 조건이 없었다.

그러나 이병철은 최첨단 사업인 반도체 사업을 포기하고 그대로 물러난다면 삼성이 첨단기술을 보유한 일등 기업이 될 기회를 포기하고 마는 것이며, 그것은 선진국의 길을 포기하는 것과 같다는 신념에서 삼성의 운명을 건 대 결단을 내렸다.

2월 8일 도쿄에서 결심을 굳힌 선대 회장은 반도체 투자의 단안을 내리고, 홍진기 중앙일보 회장에게 전화로 통보하면서 이를 내외에 공식적으로 선언하도록 했다.

우리나라는 인구가 많고 좁은 국토의 4분의 3이 산지로 덮여 있는데다 석유, 우라늄 같은 필요한 천연자원 역시 거의 없는 형편이다. 다행히 우리에게는 교육수준이 높고 근면하고 성실한 인적 자원이 풍부하여 그 동안 이 인적 자원을 이용한 저가품(低價品)의 대량 수출 정책으로 고도성장을 해왔다. 그러나 세계 각국의 장기적인 불황과 보호무역주의의 강화로 수출에 의한 국력신장도 이제는 한계에 이르게 되었다.

이러한 상황 아래서 삼성은 자원이 거의 없는 우리의 자연적 조건에 적합하면서 부가가치가 높고 고도의 기술을 요하는 제품의 개발이 요구되었다. 그것만이 현재의 어려움을 타개하고 제2의 도약을 기할 수 있는 유일한 길이라고 확신하여 첨단 반도체 산업을 적극 추진키로 했다. 반도체 산업은 그 자체로서도 성장성이 클 뿐 아니라 타(他) 산업으로의 파급효과도 지대하고 기술 및 두뇌 집약적인 고부가가치 산업이다. 이러한 반도체 산업을 우리 민족 특유의 강인한 정신력과 창조성을 바탕으로 추진하고자 한다.
― 1983년 3월 15일 삼성그룹 발표문, 『우리는 반도체 사업을 해야 하는가』 ―

이것이 유명한 이병철의 '도쿄선언'이었다. 이병철은 도쿄선언과 동시에 64K D램 기술 개발 착수를 선언했다. 그러자 이미 우위를 점하고 있던 미국과 일본의 첨단기술 회사들은 그렇게 쉽지만은 않을 것이라며 냉소적 반응을 보였다.

당시 세계 최대의 반도체 업체인 인텔의 한 간부는 이병철을 가리켜 "그는 과대망상증 환자다(He is megalomaniac!)!"라고까지 평할 정도였다. 그러나 이병철은 일본이 성공적으로 이룩한 고부가가치 산업, 하이테크산업에 깊은 인상을 받고 있었고, 앞으로 나아갈 길은 그것뿐이라는 확신을 가졌다. 이병철은 이러한 결단을 내리게 된 이유를 다음과 같이 〈호암자전〉에 기술하고 있다.

삼성은 해방 후와 동난 중에는 무역을 통해 물자 조달의 기능을 맡았다. 휴전 후에는 수입대체산업을 일으켜 한국 경제가 원조경제에서 자립경제로 전환하는 기틀을 잡는 데 노력을 아끼지 않았다. 이어 중화학 공업의 건설로 기간산업의 기반 조성에 몰두했다. 이제는 그것을 터전으로 해서 첨단기술 산업을 개척해야 할 시기가 되었다고 판단했다. 언제나 삼성은 새 사업을 선택할 때는 항상 그 기준이 명확했다. 국가적 필요성이 무엇이냐, 국민의 이해가 어떻게 되느냐 또는 세계 시장에서 경쟁할 수 있을까 하는 것 등이 그것이다. 이 기준에 견주어 현 단계의 국가적 과제는 '산업의 쌀'이며 21세기를 개척할 산업 혁신의 핵인 반도체를 개발하는 것이라고 판단했다.

2001년 노벨경제학상을 수상한 마이클 스펜스(Michael Spence)는 최근에 펴낸 〈넥스트 컨버전스(Next Convergence)〉에서 당시 상황을 이렇게 표현하고 있다.

> 가전제품 제조업체인 삼성은 반도체 칩을 개발하고 생산하겠다는 의지를 표명해 서구의 관측자들에 놀라움을 안겼다. 서구인들은 삼성의 선언을 정신이상자의 발언쯤으로 간주했다. 그러나 10년 뒤, 삼성은 처음으로 256메가비트 메모리 장치를 생산해냈다. 이는 반도체산업에서 중요한 이정표가 됐고, 해외의 회의론자들을 잠잠하게 만들었다.

그 후 이병철은 반도체 사업을 진두지휘하면서 한국 반도체의 신화를 이끌어냈다. 그는 우선 부천 공장을 대체할 대규모 반도체 공장 부지의 물색에 나섰다. 먼저 후보지로 서울에서 1시간 거리에 위치한 수원, 신갈 저수지 부근, 관악골프장 부근, 판교 부근, 기흥이 선정됐다. 이병철은 직접 국내외 지질·수질 전문가들과 함께 헬기를 타고 조사한 끝에 그해 12월 18일, 기흥 지역을 최종 낙점했다. 하지만 당시 기흥은 절대농지에다 산림보존지역으로 공장 설립이 불가능한 곳이었다.

이병철은 내무부장관을 역임했던 최치환 반도체부문 사장과 함께 정부를 끈질기게 설득해서 1차로 10만 평에 대한 허가를 얻어내는 데 성공했다.

그 후 이병철은 기흥 공장 건설에 삼성의 모든 것을 쏟아 부었다. 당시 그는 73세의 노인이었다. 그는 반도체 사업을 생애의 마지막 사업으로 점찍고 이에 전력 투신했다.

이 과감한 결단과 투자는 이병철이 지닌 대담한 기업가 정신과 기업 이니셔티브를 보여주는 좋은 예라고 할 수 있다.

그는 이 결단으로 '소비재 중심 재벌', '이익만 추구하는 장사치'라는 오명을 깨끗이 벗고 삼성을 세계 일류 기업군에 들어서게 하는 첫

발을 내디뎠던 것이다.

반도체 신사유람단

공장을 짓는 동안 삼성은 기술 인력을 키우기 위해 해외 인력 연수를 계획했다.

1차로 1982년 말부터 1983년 초 사이에 입사한 신입사원을 중심으로 잠재성, 인내성, 적극성 등 모든 속성을 망라해 인재를 엄선, 발굴했다.

프로그램을 압축한 단기 과정을 개설하고 6~8주에 걸쳐 영어와 일어를 반으로 나누어 집중적으로 교육하게 되었다. 이 과정에서는 미국인 전문강사 및 일본인 전문강사 한 명당 6~8명씩 연수생을 배치해 직접 지도 방식으로 하여 회화와 독해력을 중심으로 운영했다.

여기에 국제 에티켓을 위한 실무코스(호텔 레스토랑에서 식사 예절 교육)도 별도로 운영하는 등 기본 소양 교육을 시켰다.

연수생들은 많은 과제로 인해 고작해야 네 시간 정도 잠을 자야 했고 주어진 과제들을 해결하느라 주말 외출도 하지 못할 만큼 강행군을 해야 했다.

삼성의 '반도체 신사유람단'은 이렇게 탄생했다.

일본과 미국 현지 법인(SSI) 등에 가서 반도체에 대해서 배우고 익히며, 외국인 기술자들로부터 기술을 빼오기 위해서는 무엇보다도 유창한 외국어 실력과 매너, 그리고 기술에 대한 고급 지식이 필요했다. 외국 기술자들과 어울리면서 반도체 생산에 관한 기술을 최대한 거두어 와야만 했다. 삼성의 교육은 철저하게 이 점에 포커스를 맞추고 진행됐다.

실무교육을 실시한 뒤 해외연수를 떠나가 직전에 산악 훈련도 실시했다. 인내력과 적극성을 배양하는 것을 목표로 삼고 '무박 2일'로 64km를 강행군 했다. 한잠도 안 자고 이틀간 64km를 행군한 것은

64K D램을 단숨에 개발하겠다는 희망을 표현한 것이었다.

연수생들은 이렇게 6개월 동안 국제교육, 실무교육, 정신교육 등을 마치고 64K D램의 생산기술을 배우기 위해 7명으로 팀을 구성해 마이크론사에 기술연수를 받으러 갔다. 팀장은 이윤우 개발실장(현 삼성전자 부회장)이었다. 회사의 사활이 걸린 문제라 연수계획은 치밀할 수밖에 없었다. 그러나 삼성은 마이크론사에 파견한 '신사유람단'을 통해 별다른 소득을 올릴 수 없었다.

> 태극기가 걸려 있다는 미국 지사 중역의 말씀에 용기와 희망을 가지고 갔던 우리의 기대는 처음부터 무너지고 있었다. 마이크론사에 태극기가 걸려 있기는커녕 우리는 문전에서 박대를 당했다. 이유는 연수 인원(7명)이 너무 많다는 것이었다. 당초 초기 연수 인원 외에 2차, 3차의 지원조를 파견하여 6개월여의 기간 동안 순차적으로 기술을 도입하려 했던 계획은 아예 불가능한 것이었다. 마이크론사는 2, 3주간 몇 명 정도의 연수 인원을 받아 기본적인 자료만 제공했고, 라인 출입은 두 명으로 제한하며 연수 인원 변경을 요구하는 등 성의를 보이지 않아 끝내 한 달 만에 연수를 종료해야 했다. 그때 기술 없는 자의 설움을 자탄하면서 바라보던 창밖의 미국 달이 아직도 생생하다.

마이크론사에 신사유람단의 일원으로 연수를 갔던 한 연구원의 말이다. 이윤우는 기술 장벽을 넘어서기 위해서 이번에는 기술진을 이끌고 일본을 찾았다. 하지만 어느 회사도 기술 전수에 인색했다. 이윤우는 하는 수 없이 반도체에서는 '2류'에 속했던 샤프사를 찾아갔다. 하지만 샤프사에서는 삼성 기술진들을 기술 연수생 대우를 하면서, 생산 공정도 자유롭게 견학할 기회를 주지 않았다. 삼성의 박사급 연구원들은 샤프사의 고졸 출신 엔지니어 뒤를 졸졸 따라다니며 어깨너머로 생산 공정을 훔쳐봐야만 했다. 이것은 기술 없는 회사가 겪어야 하는 설움이었다. 이렇게 삼성의 64K D램 반도체 개발은 설움 속에서 시작됐다. 이윤우는 기흥 공장이 완공되자 그때의 서러운 경험을 되새기며 반도체 개발에 박차를 가했다.

기흥 반도체 단지

삼성은 기흥 반도체 공장 건설에 설계와 공사를 병행하는 속전속결의 전략을 펼쳤다. 그리하여 대개 1년 반이 걸리는 공사를 6개월 만에 완공했고, 제품 생산을 2년이나 단축했다. 이렇게 전력투구를 기울인 결과 삼성은 64K D램 기술 개발 착수를 발표한 지 10개월 만인 1983년 12월에 미국, 일본에 이어 세계에서 세 번째로 64K D램을 독자 개발해내는 데 성공했다. 그러자 세계 반도체 업계는 믿을 수 없다는 반응을 보이면서 충격을 감추지 못했다.

하지만 이러한 기적에 가까운 기록은 평가절하되었다. 아쉽게도 반도체 설계기술 능력이 뒤떨어졌던 삼성은 64K D램의 설계에 미국의 마이크론의 설계도를 기반으로 제품 개발을 했던 것이다. 이러한 평가에 자존심이 상한 삼성 기술진은 256K D램의 자체 개발에 나섰고, 1984년 10월 드디어 삼성의 자체 순수 설계로 256K D램의 자체 개발에 성공했다.

삼성이 이렇게 놀라운 결과를 얻을 수 있었던 것은 256K D램을 개발할 때 기존의 4인치 웨이퍼에서 5인치를 거치지 않고 곧바로 6인치 웨이퍼를 사용하기로 결정했기 때문이었다.

그 무렵 일본 반도체 업계가 사용한 웨이퍼 크기는 5인치였다.

5인치와 6인치는 불과 1인치, 즉 2.5cm 차이 밖에 나지 않지만 웨이퍼 크기는 반도체 생산량과 직결되기 때문에 반도체 공정에서는 사활을 건 전쟁이 되고 있다. 반도체 제작 공정에 있어서 웨이퍼 지름이 클수록 한 번에 많은 반도체를 생산할 수 있다. 웨이퍼 면적은 반지름의 제곱에 비례하므로 6인치의 면적은 4인치의 두 배가 넘는다. 64K D

램의 경우 4인치 웨이퍼에서 40~50개를 생산할 수 있는 반면 6인치 웨이퍼에서는 100개 이상을 만들어 낼 수 있다.

하지만 넓은 웨이퍼를 쓰는 새 기술을 적용하는 데는 수조 원에 달하는 막대한 자금이 들기 때문에 반도체 기업들은 불황일수록 투자하기가 쉽지 않았다.

당시 전 세계적으로 6인치 웨이퍼를 쓰는 기업은 NEC, 인텔, 내셔널 세미컨덕터 등 극소수였다. 속도전에서 승리하지 못하면 이길 수 없다는 판단하에 삼성은 무리를 해서라도 지름길을 선택했다. 남들을 따라만 가다가는 절대로 그들을 앞설 수 없다고 판단했기 때문이다. 그 결과 삼성은 1.4배의 생산성 향상 효과를 낳았다.

또 삼성은 선진 기업을 조기에 따라잡는 방안으로 '병렬 개발 시스템'을 운영했다.

삼성은 독자 개발과 기술 도입, 기술 단계가 다른 제품의 동시 개발, 기술 개발과 생산라인 건설의 동시 진행 등 여러 가능성을 동시에 추진하는 '병렬 개발 시스템'을 효율적으로 운용해서 시간을 버는 데 성공했다. 반도체 사업은 시간 싸움이라는 특성 때문에 많은 업체들이 이 시스템을 운영했지만 삼성만큼 철저하게 시행하여 성공한 경우는 없었다.

그러나 문제는 그때부터 발생하기 시작했다. 본격적인 반도체 개발에 들어가 제품이 출하되기 시작하자 일본의 반도체업계는 삼성의 시장 진입을 방해하는 공작을 펴기 시작했다.

일본 업체들은 삼성이 64K D램을 본격 생산하기 시작하자 삼성을 고사시키기 위해서 덤핑 가격으로 물건을 출고했다. 국제 시장에서 64K D램 가격은 대거 폭락했다. 그러자 이번에 미국은 일본의 반도체 기업들에게 반덤핑 관세를 매기기에 바빴다.

설상가상으로 1984년과 1985년에 전 세계는 극심한 반도체 불황에 빠져들었다. 삼성은 개발엔 성공했지만 후발 업체여서 64K D램의 경우엔 제조 원가인 1달러 30센트에도 못 미치는 1달러를 받고 파는 등 극심한 손실을 보고 있었다. 삼성은 1천 400억 원이 넘는 누적 적자를 보았다. 재계 일각에서는 삼성이 반도체 때문에 자멸할지도 모른다는 우려를 하는 사람들도 있었다.

그러나 일본의 덤핑 전략은 삼성에게 상처만 남긴 것은 아니었다. 미국이 일본의 반도체 기업에게 반덤핑 관세를 매기며 공세를 취하는 사이에 일본의 256K D램 투자와 생산에 공백이 생기게 되었는데, 삼성은 이때를 치고 들어갈 수 있는 절호의 기회로 삼았다.

당시의 불황은 반도체 선발 업체인 인텔마저 D램 사업을 포기하게 만드는 결과를 낳을 정도로 심각한 것이었다. 하지만 삼성은 오히려 256K D램, 1M D램 등 설비 투자를 늘리며 버텨나갔다. 많은 사람들이 그때 삼성이 버티지 않았더라면 지금의 삼성은 없었을 것이라는데 동의하고 있다. 하지만 삼성도 곧 미국의 반도체 기업들로부터 견제를 받게 되어, 결국 삼성은 720억 원이라는 어마어마한 돈을 반덤핑 관세로 지불해야 했다.

반도체 1위 기업이 되다

이를 계기로 삼성은 일본에 의지하던 기술 개발을 미국 쪽으로 선회했다. 그리고 미국 회사에서 근무하던 한국인 기술자의 결정적인 도움을 받아 차세대 제품의 개발에 성공할 수 있었다. 다행히 1986년부터 세계 시장에서 반도체 가격이 상승하기 시작해 삼성은 명운을 가르는 갈림길에서 성공의 길로 들어설 수 있었다.

여기에는 삼성의 기업 전략이 주효했다. 삼성의 기업 전략이란 과거 일본처럼 '미국 회사에서 기술을 사들이고 해외의 확실한 수요자 없이도 수출한다는 생산전략' 이었다. 결국 삼성은 일본 반도체의 성공 전략을 벤치마킹했지만, 그들의 공격을 받자 미국 기술에 의존하면서 기사회생의 길을 걸었다.

그 후 삼성은 기술 독립의 필요성을 뼈저리게 느끼고 자체 기술 개발에 매달린 결과 진정한 성공을 거머쥐게 되었다. 국제 시장에서 일본과 경쟁을 벌여 승리함으로써 마침내 세계 1위를 차지하고 초일류기업의 반열에 서는 쾌거를 이룩한 것이다. 삼성의 이러한 성공은 국내 경제에도 막대하게 기여했고, 삼성반도체는 1992년 세계 반도체 1위에 처음으로 오른 이후 단 한 차례도 선두를 빼앗기지 않고 20년 가까이 연속 수출 1위의 자리를 지키고 있다.

이병철은 기업의 부침이 심한 우리나라에서 50년간 사업가의 길을 걸어오며 재계 정상의 자리를 지켜온 거목이다. 그는 일단 사업에 손을 대면 언제나 우리나라 제일의 기업으로 만들었고, 그의 손을 거친 물건만은 믿을 수 있다는 신화를 창조해냈으며, 반도체 사업에서도 성공을 거둠으로써 국제 경쟁 사회에서 '기술 한국'의 이미지를 부각시키는 데 성공했다.

하지만 삼성의 사운을 건 반도체 사업은 이병철의 생전에는 빛을 발하지 못했다.

삼성은 1974년 한국반도체를 인수한 뒤, 무려 13년 동안 연속 적자를 내야만 했다. 적자의 규모도 수천 억 단위에 달해서 주변에서는 삼성이 결국 반도체 사업으로 망한다는 이야기까지 했다. 모두가 반도체 사업은 이미 미국과 일본의 경쟁으로 승산이 없고, 더구나 기술이 전무한 삼성이 무모하게 도전할 사업이 아니라고 했다. 그런데 그토록 적자 사업을 기피하고 사업의 수익에 민감했던 이병철은 반도체 사업의 적자에는 관대했다. 반도체 사업만이 한국의 첨단산업을 꽃피울 수 있다는 믿음 때문이었다.

이병철은 반도체 계열사석 이름을 '삼성통신반도체주식회사'라고 올렸을 때 '삼성반도체통신주식회사'로 바꾸라고 할 정도로 반도체 사업이 미래 삼성의 주력 사업임을 확신하고 있었다. 그는 연속 적자에도 불구하고 페어차일드 인수 등 과감한 투자를 계속 진행했으며, 매월 두 차례 이상 과장급 실무자까지 참석시킨 반도체 회의를 열 정도로 반도체 사업에 공을 들이고 애정을 쏟아 부었다.

그런데 아이러니한 것은 삼성반도체는 13년 동안 계속적인 적자를 면치 못하다가 이병철이 작고 한 다음 해인 1988년에 이르러서야 흑자를 기록하기 시작했다는 점이다. 1988년 첫 흑자 기록은 그 동안의 누적 적자를 메우고도 3000억 원이 넘는 흑자를 내는 경이적인 것이었다. 그 흑자는 13년 연속 적자를 상쇄하고도 남았다. 그리고 삼성은 1992년 세계 메모리 시장의 최대 강자로 떠올랐다. 메모리에서 벌어들인 돈을 기반으로 삼성전자는 향후 LCD, 휴대폰 시장을 키울 든든한 자금력을 보유할 수 있었고, 이러한 투자가 빛을 발해서 결국 오늘날 세계 1위의 IT 기업 탄생이라는 기적이 일어난 것이다.

이건희가 시동을 건 삼성의 반도체 사업은 묘하게도 창업주가 타계한 이듬해부터 흑자 구도를 만들어냄으로써 2세 경영인인 이건희의 입지를 공고히 굳히고, 선친의 그늘로부터 벗어나, 그룹 총수의 자질을 검증받게 만드는 절묘한 타이밍을 제공해 주었다.

삼성은 DRAM 시장이 호황을 누리던 1994년, 반도체 사업 부문에서만 약 3조 원 이상의 영업이익을 올리는 등 막대한 성과를 거두며 세계적인 기업으로 도약하기 시작했다. 특히 1990년대 후반 반도체 경기가 극심한 불황을 겪을 때에도 삼성은 흑자 기조를 유지함으로써 '일등기업은 불황에도 살아남는다.'는 신화를 창조해냈다.

그 후 삼성은 D램 반도체 분야에서 20년째 세계 1위를 고수하고 있고, 삼성은 물론 대한민국을 먹여 살리는 효자 노릇을 톡톡하게 하고 있다.

반도체 사업에 대한 이건희의 선견력을 가진 투자 결정은 10년 뒤에 비로소 꽃을 피운 셈이고, 그것은 삼성이 세계 최고의 IT 기업으로 성장하는 데 결정적인 역할을 한 셈이다.

2000년, 삼성전자가 6조 원의 흑자를 내자, 세계 시장이 호황인 탓이라고 보는 시각이 우세했지만, 다음 해 전 세계적인 IT업계의 불황이 몰아닥치고 세계적인 기업들이 적자의 늪에 빠져든 2001년에도 삼성은 2조 9000억 원의 흑자를 냈고, 2002년, 2003년, 2004년에도 지속적인 대규모 흑자를 내자, 전 세계가 삼성을 주목하기 시작했다. 그리하여 삼성의 반도체 사업은 '이병철 선대 회장의 마지막 작품'이자 '이건희의 첫 작품'이 되었다.

삼성가(家) 가족이야기 16

박두을 여사

박두을 여사는 1907년 11월 8일생으로 남편 이병철보다 3살 연상이었다. 그녀는 7남매를 낳아 기르며 사업하는 남편을 내조했다. 남편은 나라 안 최고의 사업가였지만 박두을은 남편 때문에 마음고생을 많이 했다. 남편은 소실에게서 나온 자식을 별다른 의논도 없이 호적에 올려놓았다.

자식들은 자식들대로 가슴앓이를 시켰다. 장남이 아버지와의 불화로 후계구도에서 밀려나 평생을 방황하는 모습을 지켜봐야 했다. 차남 창희가 사카린 밀수 사건을 책임지고 감옥에 가는 것도 지켜봐야 했다. 그 아들이 아버지를 모함하다 미국으로 쫓겨 가는 모습도 지켜봐야 했다. 그리고 그 아들이 결국 어머니보다 먼저 세상을 떠나는 꼴도 보아야 했다.

국내 최고 재벌의 안주인이었지만 박두을은 한 번도 밖으로 자신을 드러낸 적이 없다. 그런 그녀가 생전 유일한 인터뷰를 한 기사가 있다.

〈주부생활〉 1986년 3월호.

이병철이 타계하기 한 해 전에 '최초 인터뷰 이병철 부인 박두을의 결혼 60년'이란 제목의 인터뷰를 했다. 평생 인터뷰라고는 해본 적이 없는 그녀의 인터뷰 장소는 신라호텔 다이너스티 홀. 1986년 2월 12일 이병철의 77세 희수(喜壽) 기념 및 자서전 출간 축하 행사가 열린 때였다.

국내 인사 1000여 명이 모인 이날 박두을은 분홍빛 고운 한복을 차려입어 주목을 받았다. 밀려드는 축하객들과 일일이 인사를 하면서 카메라맨의 집중적인 플래시 공세에도 담담한 미소를 지었다. 당시 기사를 쓴 이정규 기자는 두 시간 행사 틈틈이 박 여사에게 질문을 던졌다. 생전 풍모를 간접적으로나마 알 수 있는 유일한 자료다. 다음은 기사 일부다.

"소감은 어떠신지요?"
"축하야 뭐 회장님이 받으셔야지. 내야 뭐라고 하노."
경상도 사투리가 질박하게 섞인 박 여사의 대답은 의외로 솔직하고 시원하게 나왔다. 게다가 팔순 고개에 접어든 노인의 목소리라곤 믿기지 않을 만큼 또렷하고 힘이 들어 있었다.
"그래도 60년을 함께 산 부부로 지금 느끼는 심정이야 각별한 것 아니겠습니까?"
"허허허. 그거사 그렇지만 지난 세월 돌이켜봐도 지금은 마 담담하요."
"평소에 회장님 생신뿐 아니라 아들딸, 며느님 생일까지 일일이 기억하시고 선물을 마련해 주신다던데요."
"허이, 우째서 그런 말까지 밖에 났는가. 내사 본시 며누리라고 꼭 시어머이 노릇보다 출가한 딸처럼 생각하고 선물이라고 해야 별것 없어요. 그저 평소에 생활비 같은 걸 아껴 모아놓았다가 주거나 그걸로 조그만 선물 사서 나누어주는 것이지. 또 가을에 햇곡식이나 과일들이 들어오면 모두 불러 나누어주고. 그나저나 반갑습니다. 그렇게 섰지 말고 마 앉아요."
"댁에서 회장님 식사는 손수 해드리십니까. 아니면……"
"얼마 전까지만 해도 내가 직접 봐드렸제. 지금은 딸들하고 며느리들이 더 잘하니까. 나는 회장님 좋아하는 음식을 일러주고 소홀하지 않게끔 당부하고는 하지."
"주로 즐겨 드시는 음식 종류가 뭔지 궁금한데요."
"특별히 가리시는 음식은 없어요. 워낙에 젊었을 때부터 별 가리는 음식 없이 다 잘 드셨으니까. 요즘은 조반에는 흰죽 콩죽 잣죽에다 김, 콩 절인 것, 생선구이같이 가벼운 걸로 드시고 출근하시지."
그러면서 특히 좋아하는 음식으로 된장찌개, 된장국을 즐겨 먹는다고 덧붙인다.

박두을은 결혼한 이후 남편과 함께 산 기간보다 떨어져 산 기간이 더 길었다. 말년에도 박두을은 장충동 집에서 손자들과 함께 살았고 기관지가 약했던 호암은 세상을 뜰 때까지 공기 좋은 한남동 집에서 살았다.

박두을은 2000년 1월 93세를 일기로 세상을 떠났다. 2000년 1월 3일 삼성서울병원에 차려진 그녀의 빈소에는 정·재계, 금융계, 학계 인사들이 줄을 이어 조문했다. 타계한 차남과 미국에 폐암수술을 하러 가 있던 이건희를 제외한 대부분의 상주가 자리를 지켰다. 특히 당시 오랜 세월 은둔 생활을 해왔던 장남 이맹희가 불편한 몸을 이끌고 모습을 드러내 문상객들의 눈길을 끌었다. 상주는 이맹희의 장남인 이재현 당시 제일제당 부회장이었다. 딸 이명희 신세계 고문의 아들인 신세계 상무 정용진과 탤런트 출신 며느리 고현정도 모습을 드러내 세간의 관심을 샀다. 세간에서는 어머니의 빈소에 이건희가 나타나지 않았다고 악플을 다는 사람들이 많다. 아무리 그래도 그렇지 어머니의 빈소를 지키기 싫어서 암 수술을 받으러 간 사람도 있을까?

⑰ 이병철 vs 정주영

　인간은 다 비슷한 조건에서 출발한다고 생각해야 한다. 그런데도 어떤 이는 잘되고 어떤 이는 잘 안 되기도 하는데, 대개의 사람들은 비슷한 출발에서, 과정의 능력과 노력에 차이가 있었다는 것은 생각하지 않고, 결과의 불균형에 대해서만 불평을 품는다. 돈이란 자신의 의식주를 해결하는 그 이상의 것은 자기의 소유가 아니라고 생각한다. 내 의식 속에는 '부자'라는 단어는 없다.

- 정주영 -

기회를 창출하는 기업가는 영웅

십년 전 '영웅시대'라는 기업 드라마가 한창 인기를 끈 적이 있다.

한국 현대사의 걸출한 기업인인 삼성그룹의 창업자 이병철과 현대그룹의 창업자 정주영, 이 두 거물의 일대기를 다룬 까닭에 드라마가 방영되기 전부터 세인의 이목을 끈 작품이다. 이 드라마의 두 인물은 매우 대조적인 성격과 사업관을 가지고 있지만, 남다른 야심과 지모를 가지고 한국 경제발전의 견인차 역할을 하면서 '한강의 기적'을 만들어낸 한국 현대사의 영웅들이다.

그들은 사업을 성공적으로 이끌어냈을 뿐만 아니라 남다른 인간적 매력으로 숱한 일화를 뿌린 주인공들이어서 이 드라마는 처음부터 호응을 얻었다.

재계의 거목이었던 두 사람의 공과(功過)는 보는 이에 따라 여러 가지로 갈릴 수 있겠지만, 그들이 오늘의 한국 경제를 만든 두 주역이었음은 누구도 부인하기 어려울 것이다.

사실 이병철과 정주영은 매우 대조적인 경영 스타일로 거대기업을 일으킨, 대한민국을 대표하는 영웅들이다. 극중에서 주인공을 맡은 전광렬의 표현을 빌리자면, 드라마에서 표현되는 이병철은 이런 사람이다.

"천석꾼의 아들로 별고생 없이 산 줄 알았는데 6·25전쟁 때 재산몰수를 당하고, 5·16 군사정변 때는 부정축재자로 몰리고, 사카린 사건을 겪었는가 하면 1980년대 군부독재 때는 동양방송(TBC)을 뺏기는 등 우여곡절이 많았더라고요. 그런 와중에 천하제일, 최고가 되겠다는 용기와 추진력, 인재제일의 경영철학 등으로 오늘의 삼성을 일궈냈으니 대단한 분이죠."

또 그는 이렇게 덧붙였다.

"용기, 신념, 주도면밀한 추진력 등 '인재제일'의 경영철학과 예술에도 관심을 가졌던 이병철 씨는 무엇을 만들든 천하제일로 하겠다는 신념이 있었어요. 그리고 삼성에 노조가 없는 이유도 그가 추구하는 인재제일 경영철학과 무관하지 않은 것 같습니다."

한편 가난한 농군의 장남으로 태어난 정주영은 어려서부터 아버지에게서 가난한 집안의 맏이가 짊어져야 할 의무에 대해서 끊임없이 교육을 받으며 자랐다. 그러나 그의 집안이 소유한 땅은 너무 적고 가족은 지나치게 많았다. 어린 그의 눈에는 고향에서 할 일이 도무지 없어 보였다.

그는 무작정 서울로 올라와 쌀가게 점원으로 시작해서 기업가의 길을 걷기 시작한다. 건설업과 자동차산업, 조선업에 투신한 정주영은 중동 주베일 항만공사를 따내고 현대조선소 신화, 포니 신화를 만들어 내면서 세계 굴지의 기업을 이끌게 된다. 그는 이병철과 맞수가 되어 한국 경제발전의 양대 주역으로 떠오른다.

그는 88 서울올림픽 유치를 성공적으로 이뤄냈고, 대통령 후보로 대권에도 도전했으며, 1998년에는 84세의 고령에도 불구하고 500마리의 소를 몰고 휴전선을 넘는 극적인 장면을 연출하면서 남북 화해와 교류의 새 시대를 연 주역이기도 하다.

그들이 추진한 사업만 보아도 두 사람의 성격 차이가 확연히 드러난다. 이병철은 제당·합섬·전자·반도체 등 '경박단소(輕薄短小)'한 산업 쪽에 승부를 걸었지만, 정주영은 건설·조선·중공업·자동차 등과 같이 '중후장대(重厚長大)'한 산업에 승부를 걸었다.

한마디로 말해서 이병철은 차분하고 이지적인 스타일로서 사람을 중시하는 경영철학을 평생 간직하면서 경영에 임했고, 정주영은 뛰어난 직관과 상황대처 능력으로 저돌적이고 공격적인 경영을 했다.

이처럼 자신만의 독특한 경영 방식을 통해서 두 사람은 각자의 기업을 키워 나갔고, '한강의 기적'을 이룩한 주역으로서 개발도상국이던 우리나라를 신흥공업국의 대열에 올려놓으며 20세기 한국을 대표하는 세계적 기업가로 거대한 족적을 남겼다.

미국의 40대 대통령 레이건(Ronald Reagan)은 취임사에서 "신념을 가지고 새로운 고용과 부의 기회를 창출하는 기업가는 영웅"이라는 말을 남겼다. 그런 의미에서 이병철과 정주영은 영웅이었음에 틀림없다.

재계 1위를 뺏기고

1982년 7월 17일 오후, 이병철은 서울 태평로의 삼성 본관 옥상에서 헬기에 올라탔다. 울산공단 방문을 위해서였다. 울산은 그에게 애증이 교차하는 곳이기도 했다 5·16 군사정권이 국내 최초의 산업공단을 기획했을 때, 이병철은 울산을 선택했고 삼성이 부지 선정과 공단 조성사업을 주도했었다. 하지만 울산은 뼈저린 회한과 저주가 서린 곳으로 변해버렸다.

1966년 사카린 밀수 사건 여파로, 삼성은 사운을 걸고 설립한 한국비료를 정부에 헌납했다. 이병철은 그 뒤로 20년 가까이 울산 쪽으로는 고개도 돌리지 않았다. 그런 그가 갑자기 울산을 방문한다니, 실로 놀라운 일이었다. 지금 울산공단은 현대그룹 주력사업장이 밀집해 있는 이른바 현대왕국이 되어버렸다.

이병철이 느닷없이 울산 방문에 나선 것은 현대중공업과 미포조선, 현대자동차 등 현대그룹 주력사업장을 두루 살펴보는 데 목적이 있었다. 삼성이 전년도 결산에서 재계 1위 자리를 현대에 내주고 말았다. 이병철은 내내 노심초사하다가 현대 정주영 회장을 만나러 가는 것이었다.

이 시기 삼성은 극심한 경영난을 겪고 있었다. 제5공화국의 엄혹한 통제경제에 휘둘린 탓이었다. 대부분의 기업들은 신군부의 서슬 퍼런 위세에 눌려 있었고, 재계 서열 7위를 달리던 국제그룹은 해체되는 비운을 맞았던 시절이었다. 삼성도 1980년 신군부 세력의 언론 통·폐합으로 중앙매스컴의 최대 수입원이던 TBC동양방송을 빼앗긴 상태였다.

그러나 당시 삼성의 실적은 그다지 나쁜 것은 아니었다. 그룹의 주력 계열사인 삼성전자는 창립 9년 만인 1978년 세계 최대 생산기록을 세웠다. 흑백 TV 200만 대 생산으로 일본 마쓰시타 전기를 앞질렀던 것이다.

하지만 건설, 조선, 자동차를 앞세운 중후장대의 중공업을 주축으로 한 현대의 도약은 놀라운 것이었다. 삼성은 이른바 '제일주의'의 오만함으로 안주하다가 '현대'라는 무서운 복병을 만나 수세에 몰리고 말았던 것이다.

창업 이래 줄곧 지켜온 재계의 선두자리를 처음으로 현대에 내주고 2위로 밀려났다. 당시 현대그룹은 매출·자산·수출 등 모든 부문에서 근소한 차이로 삼성을 앞질렀다. 창업 이래 경영에 있어서 '숫자'를 강조해온 이병철이었다. 그는 수치상으로도 현대에 뒤졌다는 사실에 절망했다.

이병철은 비서실장 소병해(蘇秉海)가 내민 정부의 공식 데이터를 도저히 믿을 수 없었다. 소 실장에게 다시 한 번 확인해보라고 지시했지만, 그것은 엄연한 현실이었다. 이후 며칠 동안 이병철은 잠도 제대로 못 이루고 안절부절 못했다. 마치 전교 1등만 하다가 느닷없이 전학 온 알지도 못하는 아이에게 1등을 빼앗긴 학생 같았다.

그러나 이병철이 누구인가? 그는 차분하게 모든 것을 받아들이기로 마음을 다잡고 울산행을 결심했다. 도대체 정주영이 어떻게 사업장을 운영하고 있는지 두 눈으로 확인해보고 싶었다. 이병철은 선뜻 내키지는 않았지만 정주영에게 전화를 걸었다. 정주영은 뜻밖의 전화를 받고 반갑게 이병철의 방문을 환영했다.

이병철은 과장급에 불과한 수행비서만 대동하고 헬기를 타고 떠나기로 했다. 평소 나들이 때 관계사 최고 경영자나 중역급 비서진을 데리고 요란스럽게 움직이는 것이 이병철의 스타일이었는데 이번에는 완전히 달랐다. 소병해가 비서팀장(전무급 경호담당)이라도 수행하도록 하라고 건의했으나 이병철은 수행비서만 데리고 헬기에 올랐다.

헬기에 오르면서 이병철은 비로소 재계 1위 자리를 현대에 빼앗겼다는 현실을 인정하게 되었다. 헬기는 서울을 떠난 지 한 시간여 만에 울산 현대중공업 헬기장에 도착했다.

정주영은 미리 나와서 기다리고 있다가 반갑게 손님을 맞았다.

"형님! 이거 몇 해 만이외까? 서로 바쁘게 살다보니 그동안 소원했습네다."

정주영은 1915년생으로 이병철보다 5살이 적었다. 두 사람은 서로 호형호제하는 사이였다. 경제인 모임에서 자연스럽게 만나는 사이이기는 했지만 이병철이 워낙 모임 같은 곳에 드나드는 스타일이 아니라서 가물에 콩 나듯 만나곤 했다. 전에는 골프 모임에서 자주 만나기도 했으나 서로 재계의 선두자리를 놓고 치열하게 경쟁하다보니 서로를 경계하는 경쟁심 때문인지 적조한 사이가 되어 버렸다.

"그동안 너무 적조했소. 그래 오늘은 내가 작정하고 아우님을 찾아왔다 카이."

정주영은 평소처럼 현장을 누비는 진회색 유니폼 차림이었고 이병철은 깔끔한 정장 차림이었다. 두 사람의 복장이 벌써 두 사람이 경영하는 사업 스타일의 차이를 보여주는 듯했다.

정주영은 이병철이 홀연히 단신으로 자신의 성을 찾아온 것에 내심 놀라고 있었다. '만년 1등주의'를 자랑하며 콧대가 하늘을 찌르던 이병철이 아닌가! 그런 이병철이 백기를 든 모양새로 자신을 찾아올 줄이야! 하지만 이병철이 누구인가? 이병철은 의연하고 표표한 눈길로 적진을 살펴보고 있었다.

지금도 그렇지만 현대중공업에 발을 들여놓자마자 한눈에 들어오는 것은 세계 최대 규모의 골리앗 크레인이었다. 당시 삼성중공업 거제조선소에 있는 크레인과는 상대가 되지 않았다. 이병철은 겉으로는 별다른 감정 변화를 보이지 않았지만 내심 저것이 현대와 삼성의 위세 차이가 아닌가 하는 생각을 했을 듯하다.

이병철은 처음으로 뼈저린 회한을 느꼈다. 현대가 재계 1위에 올라선 데는 이른바 '빅3'인 건설, 조선, 자동차가 비약적인 발전에 기인한 것이었다. 현대건설의 해외 수주가 전년도에 비해 거의 두 배나 늘어났고, 현대중공업의 선박 수주량과 건조 능력은 세계 1위 일본을 앞질렀으며, 현대자동차가 개발한 한국형 자동차 포니가 해외 시장에서 큰 성과를 거둔 덕분이었다.

한편 정주영은 적진 깊숙이 들어와서 적군의 진영을 직접 둘러보는 이병철에게 경외감을 느꼈다. 보통의 리더 같으면 어느 날 갑자기 2등으로 추락한 것에 분통을 느끼고 자신의 수하들을 채찍질하기에 바쁠 것이다. 하지만 이병철은 패배를 인정하고 제 발로 찾아와서 적군의 작업 현장을 직접 확인하고 있는 것이다. 다시 재계의 정상자리를 탈환할 모색을 하기 위함이 아닌가. 정주영은 이병철이 정말 무서운 사람이라는 생각을 했고 그래서 오만한 태도를 전혀 보이지 않았다. 현대가 1위를 하기는 했지만 삼성은 수십 년간 1위를 달려온 저력과 탄탄한 기반이 있다고 판단했기 때문이다.

정주영은 현대그룹 영빈관에 주연의 자리를 만들고 이병철을 주빈으로 모셨다. 그는 이병철의 국악 취미를 익히 알고 있기에 부랴부랴 국악인들까지 불러 만찬 분위기를 돋웠다. 판소리 적벽가, 흥보가에 육자배기까지 곁들이고 '꽃춤', '승무' 등 전통무용으로 만찬장의 분위기가 한껏 고조되었다.

"내가 마, 한비사건 이후론 울산에 발길을 안 했는데 아우님 덕분에 와 보니 참 많이도 변했구먼."

도통 말이 없던 이병철이 주연이 무르익자 입을 열었다.

"이게 다 형님 덕분 아닙네까? 형님이 그때 울산공업단지 생각을 못했더라면 지금의 울산도 현대도 없었을 겁네다."

"허, 말이 그렇게 되나? 그 말을 들으니 기분이 나쁘지는 않으이."

사실 이병철은 낮에 헬기에서 울산공업도시를 내려다보면서 벅찬 감회를 느꼈다. 대통령 박정희와는 이상하게 운명이 꼬여서 악연으로 지냈지만 이 나라가 이만큼의 경제발전을 이루게 된 것이 5·16 당시 잠시라도 손발이 맞아서 뛰어다닌 결과가 아닐까 하는 생각을 했던 것이다.

"형님이 이렇게 찾아오실 줄은 꿈에도 몰랐소이다. 내레 앞으로 형님을 자주 찾아 뵐 것이외다."

정주영은 1등 자리를 빼앗겼다고 백기를 들고 찾아온 이병철을 진심으로 성의를 다해 환대했다. 현대중공업과 현대자동차의 사업장을 둘러본 이병철은 자신이 왜 정주영에게 1등 자리를 빼앗겼는지 알게 된 것이 무엇보다 기뻤다. 그는 현대의 사업이 대단한 것은 인정하지만 자신은 전자 사업을 통해서 다시 도약할 수 있다는 판단을 했다. 무식한 군사정권의 권력 실세들은 미래전략산업을 잘 몰라서 전자산업을 홀대하고 있지만 삼성전자의 반도체산업은 황금알을 낳는 미래산업으로 성장할 것이었다. 그는 현대에 빼앗긴 1등 자리를 되찾는 것은 시간문제일 뿐이라고 생각했다.

실제로 이병철은 현대그룹의 현장을 방문한 이듬해인 1983년 사운을 건 대대적인 반도체 사업을 펼침으로써 재계 1등 자리를 되찾는 발판을 마련하게 된다.

전자산업, 그거 아무나하는 게 아닌데

이병철은 현대의 사업장을 시찰한 지 3개월여 만에 정주영을 수원의 삼성전자 산업단지로 초대한다. 삼성전자의 위용을 과시함으로써 1등을 빼앗긴 콤플렉스를 벗어나보고자 함이 아니었을까. 그것은 현대가 재계 1위에 오르자마자 전자 사업에 뛰어들 준비를 하고 있다는 정보 때문이기도 했다.

"전자산업, 그거 아무나하는 게 아닌데?"

이병철은 회심의 미소를 지으며 중얼거렸다. 지금까지 건설, 자동차, 조선 등 중후장대형 사업만 벌여오던 현대가 전자산업에 그것도 반도체 분야에 눈독을 들이고 있다는 정보가 들어왔던 것이다. 강력한 경쟁자인 LG에 이어 현대까지 반도체 사업에 뛰어든다면 삼성으로서는 위기였다. 하지만 이병철이 회심의 미소를 짓는 데는 다 이유가 있었다.

1981년 9월, 이병철은 그룹 전체 임원회의에서 앞으로 반도체와 컴퓨터에 삼성의 흥망을 걸겠다는 선언을 했다. 그는 이 새로운 사업에 투신하기 위해서 미국의 실리콘밸리를 찾았다.

1982년 3월, 보스턴대에 명예박사 학위를 받으러 미국을 방문한 이병철은 IBM 공장을 둘러보고 놀라움을 금치 못했다. 삼성은 당시 OEM(주문자상표부착방식)으로 저급 컴퓨터를 만들었는데, 대형 컴퓨터 업체인 IBM이 반도체를 만드는 모습을 보고 이병철은 큰 충격을 받았다. 그는 그때 '반도체가 없으면 우리나라가 곧 미국과 일본에 예속되겠다.'는 생각을 했다. 또 실리콘밸리를 방문하고서는 이곳이야말로 미래 산업의 나아갈 바를 밝혀주는 이정표와 같은 곳이라고 생각했다.

이병철은 선진 외국의 첨단시설을 둘러본 결과 삼성은 해낼 수 있다는 자신감을 얻었다. 당시 삼성전자는 반도체, 컴퓨터 등 산업용 최첨단산업에 주력하는 단계에 들어서 있었다. 그동안 삼성은 반도체 사업에 뛰어든 이후, 1975년 9월, 그 첫 번째 작품으로 손목시계용 반도체를 개발했고, 이후 1977년에 흑백 TV용 트랜지스터, 1981년에 컬러 TV용 IC 개발에 성공해서 반도체 기술의 기초를 구축했다. 삼성전자는 미국 ITT와 기술제휴한 반도체 부문은 D램의 일괄공정체제가 가동되어 본격적인 양산에 들어간 시점이었다.

이병철은 작심을 하고 정주영뿐 아니라 10대 그룹의 총수들을 모두 초청했다. 삼성전자 산업단지에는 45만 평의 대지에 주력 기업인 삼성전자를 비롯해서 삼성전관(현 삼성SDI), 삼성전기, 삼성전자부품, 삼성코닝, 삼성정밀, 삼성GTE통신, 삼성BP 등 연관 업체가 대단위 종합전자산업체로 수직계열화되어 있어서 가히 전자왕국이라 부를 만한 위용을 자랑했다. 삼성전자 산업단지 시찰을 마친 재계 10위권의 총수들은 놀라움을 금치 못했다. 그 정도의 생산규모와 작업 시스템을 갖추려면 천문학적 자금과 무수한 전문 인력이 필요하다는 것을 누구나 알 수 있는 일이었다. 이병철이 삼성전자 산업단지로 그들을 초청한 것도 그런 이유에서다.

재계 10위권의 총수들이 삼성전자산업단지 시찰을 마친 4개월 후 이병철은 생애 마지막 도전에 착수한다.

1983년 2월 8일, 이른바 '2·8 도쿄 선언'으로 본격적인 반도체 사업에 투자할 것과 64K D램 기술개발 착수를 선언한 것이다. 그러자 이미 우위를 점하고 있던 미국과 일본의 첨단기술 회사들은 그렇게 쉽지만은 않을 것이라며 냉소적 반응을 보였다. 그러나 이병철은 일본이 성공적으로 이룩한 고부가가치 산업, 하이테크 산업에 깊은 인상을 받고 있었고, 앞으로 나아갈 길은 그것뿐이라는 확신을 가졌다. 1982년 일본은 150억 달러가 넘는 무역흑자를 냈는데 반도체를 비롯한 하이테크 산업이 이룩한 성과였다.

그런데 놀라운 것은 이병철의 포석에도 불구하고 도쿄선언 보름만에 정주영은 "반도체를 주력업종으로 하는 현대전자를 창립하겠다."고 전격 발표한다. 또한 그해 말에는 LG전자도 반도체 사업에 뛰어들게 된다. 재미있는 것은 LG에서 반도체 분야의 주역으로 나선 사람은 이병철의 둘째 사위인 구자학 금성일렉트론 회장이라는 사실이었다. 구자학은 이맹희와 함께 이건희를 상대로 유산소송을 냈던 이숙희의 남편이다.

이병철의 삼성전자 설립이 평생 친구이자 사돈지간인 구인회 LG회장의 심기를 건드린 것이었다면 가전 중심의 LG가 반도체 사업에 뛰어든 것은 사위가 장인의 심기를 건드린 사건이었다. 그 때문인지 이병철은 둘째 딸 이숙희에게는 한 푼의 유산도 물려주지 않아서 그녀를 유산소송의 대열에 참여하게 만들었다.

"전자산업, 그거 아무나하는 게 아닌데?"

이병철은 이렇게 회심의 미소를 지으며 중얼거렸던 데는 이유가 있었다. 반도체에 있어서 현대는 삼성과 다른 전략을 세웠다. 삼성은 사업 초기에 미국과 일본에 기술연수단을 보내 기술을 습득하고 최고 수준의 반도체 전문가를 초빙한 반면 현대는 실리콘밸리에 연구 법인을 세워 현지에서 D램을 개발하고 국내에서 양산에 들어가는 방식을 선택했다. 그러다보니 현대가 이천에 세운 반도체 공장은 삼성처럼 일괄 공정 체제를 갖출 만한 기술을 확보하지 못했다. 규모는 대규모 공장이었으나 해외 업체의 제품을 들여와 조립하는 수준에서 벗어나지 못했다.

여기서 정주영과 이병철의 경영 스타일이 확연하게 드러난다 하겠다. 반도체는 이병철의 치밀한 경영스타일에 맞는 사업이었고 직관을 중시하고 저돌적인 경영을 하는 정주영에게는 맞지 않는 사업이었다. 결국 현대의 반도체 사업은 창업 3년 만에 실패하고 만다. 현대는 미국의 현지 법인을 독일 지멘스사에 매각하고, 실리콘밸리에서 철수했다.

소작농의 장남과 천석꾼의 막내

이병철과 정주영.

두 사람의 경쟁사를 가장 극적으로 보여주는 것은 너무나도 다른 성장 환경이다. 강원도의 가난한 소작농의 장남으로 19세 때 네 번째 가출 이후 쌀가게에서 일을 시작한 정주영은 맨손으로 기업을 일군 자수성가형 인물이다.

그는 자동차 수리업을 하다가 우연히 관청에서 건설업자들에게 거액의 돈이 지급되는 것을 보고 건설업에 뛰어들었다. 가난에 대한 깊은 증오감을 가진 그는 건설, 조선, 중공업, 자동차 등 무겁고 큰 업종에서 승부를 걸어야 개인과 국가의 가난을 극복할 수 있다고 믿었다. 그는 막걸리를 좋아하고 순두부와 김치를 즐겼으며 종업원들과 스스럼없이 씨름을 즐긴 씨름꾼이었다.

반면 이병철은 경상도 천석꾼의 아들로 일본 와세다 대학을 중퇴하고 도정업으로 사업을 시작한 후, 식품, 무역, 가전, 반도체에서 큰 기업을 키워냈다. 그는 정주영과는 반대로 술을 거의 마시지 않으면서 고급 요리를 즐겼고, 미술품 수집과 명품 골프채 수집에 열광한 골프광으로 알려져 있다.

상상력이 풍부한 불도저와 논리적인 계산기

두 사람은 성격이 다른 만큼 사업 스타일도 판이하게 달랐다. 이병철은 신중하고 조용하면서 매사를 체계적으로 검증한 뒤 실행에 옮기는 사람이었다. 그는 사람들과 어울리는 것, 놀거나 즐기는 것도 싫어했다. 그는 시대의 추이를 주의 깊게 관찰하면서 돈이 된다는 판단이 서면 끝까지 승부를 거는 스타일이었다. 이에 반해 정주영은 정열적이고 상상력이 풍부한 열정가였다. 주변 사람들을 자신 주위로 모으는 재주도 뛰어났고 계산을 하기보다는 몸으로 부딪혀보고 판단하는 공격적인 불도저였다.

정주영이 조선 사업을 시작하면서 배를 건조할 도크 하나 없는 상황에서 거북선이 그려진 우리나라 지폐를 외국인에게 보여주면서 투자를 이끌어냈다는 에피소드는 너무도 유명하다. 이에 반해 삼성은 현대의 조선 성공사를 지켜본 뒤 철저한 준비 끝에 조선업에 후발 주자로 뛰어들어 삼성중공업이라는 대형 조선소를 만들어내기도 했다.

"이봐, 해봤어?"와 "흉내도 못 내게 하라"

정주영은 부하 임직원들을 나무랄 때 "이봐, 해봤어?"라는 말을 자주 했다. 직접 실행에 옮겨보지도 않고 사업 타당성을 들어 뭔가 새로운 일을 하기를 꺼려하는 사람들에게는 늘 불호령이 떨어졌다. '소떼몰이 방북' 같은 세계를 깜짝 놀라게 만드는 이벤트도 그의 '해봤어 주의'에서 비롯됐다고 할 수 있다. 한번 신임하면 작은 과오는 눈감아주면서 끝까지 믿고 맡기는 스타일이다.

반면 이병철은 "아무도 따라오지 못하게 하라, 흉내조차도 내지 못하게 하라."는 말을 자주 했다. 여기서 삼성의 1등 주의가 시작된 것이다. 삼성그룹 최고경영자들이 세계적인 석학과의 교류를 게을리하지 않고 천재급 인재를 뽑는 데 인색하지 않는 것도 이런 엘리트주의의 일환이다. 관상까지 봐가며 사람을 뽑았던 이병철은 인사에 관한 한 비서실 조직을 중심으로 그룹 전체를 중앙집권적으로 관리했다.

두 사람의 공통점

하지만 두 사람은 다른 점만 있는 게 아니다.

두 사람은 우선 실패를 극복한 점이 같다. 이병철은 중일전쟁으로 은행 대출 회수조치가 취해지는 바람에 첫 번째 사업에서 실패를 했고 6.25 전쟁으로 재산을 날리기도 했다. 정주영은 자동차 정비소가 화재로 전소되는 아픔도 겪었고 노후에는 대선 출마로 인해 정권의 눈 밖에 나는 바람에 어려운 시절을 겪었다. 그럼에도 그들은 실패를 재기의 기회로 삼아 극적인 반전을 이뤄낸 사람들이었다.

현재 이병철이 남긴 삼성은 그 특유의 관리 경영에 힘입어 한국 경제의 대들보가 돼 있다. 현대도 한때 어려운 시절을 겪었으나 현대자동차를 기반으로 다시 한 번 '왕회장' 정주영의 도전 정신을 재현해내고 있다.

후계구도의 문제
- 현대의 경우

정주영의 대권도전 실패 이후, 현대는 알게 모르게 정권의 견제와 탄압을 받았고 정주영은 전과 같은 활력을 잃어갔다. 연로한 나이 탓에 건강도 급격한 쇠락을 보이기 시작했다. 그렇다고 그의 카리스마와 그룹 장악력이 떨어진 것은 아니지만 정권의 견제가 심해서 그룹 운영에 있어서 차츰 운신의 폭이 그전만큼 자유롭지 못했다.

정주영은 돌파구를 찾기 위해서 여러 가지 모색을 하기에 이른다.

1996년 1월 3일, 정주영은 그룹 회장을 동생 정세영에서 장자격인 정몽구(鄭夢九)로 바꾸는 인사를 단행한다. 그룹의 회장 교체는 그 동안 한시체제(限時體制)로 운영되던 경영권이 정비되고 창업자의 후계구도가 표출되었음을 의미하는 것이었다. 이는 그룹의 지분과 경영권이 고스란히 대물림되는 족벌체제의 한국적 특성을 답습한 것이라 할 수 있다.

정몽구 신임회장은 선친의 뜻을 받들어 현대그룹이 계속하여 국가경제 발전에 기여하고 국민에게 사랑받는 세계적인 기업으로 성장해 가도록 노력하겠다고 취임 소감을 밝히면서, 현대그룹의 경영 이념과 정신은 창업자의 근면·검소·친애의 정신과 경영 철학을 계승·발전시킬 것임을 분명히 했다.

창업자 정주영의 기업가 정신은 "기업은 정정당당한 자유·경쟁을 통하여 성장해야 하며 기업의 발전은 반드시 국민경제의 발전을 수반하는 것이라야 한다."는 표현으로 요약될 수 있다. 이러한 기업가 정신의 구현을 구체화한 것이 현대정신인바, 창조적 예지·적극의지·강인한 추진력·근검의 기풍으로 표현되고 있다.

정주영의 뜻에 따라 2세 경영인으로서 현대그룹의 회장이 된 정몽구는 이와 같은 현대정신을 계승하여 창업 이념에 바탕을 둔 새로운 경영이념으로서의 '가치경영'을 제시하고 현대그룹 전반의 쇄신과 경영혁신을 주도해 나가겠다고 천명했다.

하지만 일은 거기서 끝나지 않았다.

현대 정씨 일가의 분열은 2000년 3월 '왕자의 난'을 통해 표면화 됐다. 정몽헌(鄭夢憲) 회장 사람으로 알려진 이익치 사장의 인사발령으로 비롯된 왕자의 난은 현대그룹 이미지에도 심대한 타격을 입혔다.

왕자의 난 당시 현대건설과 현대전자(현 하이닉스반도체), 현대상선, 현대엘리베이터 등 현대그룹의 중요 계열사를 이끌었던 정몽헌은 사실상 현대그룹 후계자의 지위를 확보했다는 평가를 받았다. 그러나 그 과정에서 정몽구의 강력한 반발과 계열사 내에 취약한 지분 구조로 인해 현대·기아차 경영권 확보에 실패하면서 정몽헌과 정몽구의 운명은 엇갈리기 시작했다.

현대중공업과 현대전자가 잇따라 현대그룹에서 떨어져 나오면서 그룹은 현대건설·현대상선·현대아산으로 축소됐고, 이어 현대건설마저 채권단으로 넘어가 정몽헌의 입지는 상당히 줄어들었다. 더욱이 대북 사업이 정권 교체기에 특검과 북핵 문제라는 암초에 걸리면서 난관에 봉착하게 된 점도 정몽헌 회장에게 상당히 부담으로 작용했던 것으로 보인다.

반면 정몽구는 현대기아차의 경영권 확보 이후 현대기아차를 재계서열 2위로 끌어올리며 승승장구하는 모습을 보였다. '저돌적인 돌쇠형'인 정몽구 회장은 사업 수완을 인정받았을 뿐 아니라, 아들 정의선을 기아차 회장으로 승진시켜 후계구도도 착실히 다졌다는 평가를 받고 있다.

- 삼성의 경우

이 같은 모습은 삼성과 대비되기도 한다. 삼성의 경우 3남인 이건희가 삼성호라는 거함의 지휘권을 이양받았지만, 맞수기업이었던 현대의 '왕자의 난' 만큼 요란한 잡음 같은 것은 없었다. 그것은 창업주 이병철의 치밀한 성격 탓일 수도 있는데, 그는 온갖 어려움 속에서도 사후의 문제를 풀어 나갈 수 있게 미리 교통정리를 잘해 두었던 것이다.

창업 1대에서 거대한 부나 사업을 이룩했더라도 그것을 자손들이 이어받아서 몇 대에 걸쳐 부귀와 영화를 누리는 경우는 매우 드물다. 창업자는 자신이 일으킨 사업의 요체를 정확히 파악하고 있고, 많은 경험이 축적되어 있어서 어떤 난제가 생길 때 적절히 대응하고 위기를 넘길 수 있다.

하지만 창업 2대는 그렇지 못한 경우가 허다하다. 대개의 경우 창업자의 자손들은 창업자보다 더 좋은 교육을 받고, 더 논리적이며, 더 좋은 품성을 타고난 경우가 많다. 하지만 사업은 지식이나 품성만으로 이루어지는 것이 아니기 때문에 그들이 수성(守成)을 이루어내는 경우는 극히 드물다.

한마디로 말해서 창업도 어려운 일이지만 그만큼 수성은 어려운 사업이라는 것이다. 그래서 GE의 잭 웰치는 후계자 발굴과 육성에 10년 이상 심혈을 기울인 끝에 아쉬움 없이 그 자리에서 물러날 수 있었다. 한국적인 기업풍토에서 GE와 같이 전문기업인에게 CEO를 승계하는 일은 아직 요원하다고 볼 수 있지만, 어쨌거나 삼성의 후계자 선정은 성공적이었던 셈이다. 이병철 창업주가 타계한 뒤 이건희가 이끌고 있는 삼성은 명실상부한 국내 대표기업으로 자리를 굳혔다.

반면 현대가 걸어온 길은 대조적이다. 정주영 창업주의 공식 후계자인 정몽헌이 물려받은 전자와 건설, 상선 분야를 축으로 하는 좁은 의미의 현대그룹은 모두 추락했다. 은행을 통해 밑 빠진 독에 물 붓기 식으로 공적자금이 투입됐다. 이 가운데 상당액은 세금으로 채워야 할 것이다. 현대에서 계열분리 된 자동차와 중공업그룹의 독자생존이 그나마 불행 중 다행이다.

무엇이 오랜 라이벌인 삼성과 현대의 운명을 이렇게 갈라놨을까.

이러한 현대 붕괴의 원인은 바로 가족 간의 불화이다. 물론 정주영의 생전이기는 하지만 지난 98년 당시 정세영 현대자동차 명예회장과 정몽구 현대 회장 '숙질(叔姪)'간에 현대자동차를 놓고 벌인 한 판 대결 이후 2000년에는 '왕자의 난'을 겪으면서 '현대가(家)'는 무너지기 시작했다.

삼성가(家) 가족이야기 17

아버지와 각별했던 막내딸 이명희

이명희는 이병철의 막내딸로서 아버지의 남다른 사랑을 받고 자란 듯하다. 그녀는 2005년 1월 신세계 사보 특별기고를 통해 아버지에 대한 추억과 아버지 때문에 자신이 신세계를 이끌게 된 사연을 진솔하게 털어놓았다.

사보에서 이명희는 아버지에 대해 "우리 형제들은 아버지를 차갑고 냉정한 경영자로 기억할지 모르지만 나에게는 따뜻하고 인자한 분이었다. 막내딸인 내게는 큰 칭찬이나 꾸지람 없이 항상 정을 주셨다."고 회상했다. 이명희는 이병철의 노년에 아침저녁으로 전화통화를 하고 거의 매일 어디든 동행했다고 한다.

그때 아버지께 가장 많이 들은 말이 "뭐하노?"였어요. 이 말은 경상도 사투리였지만 제게는 "어서 오라."고 하시는 가장 부드러운 말씀이었죠. 이처럼 아버지는 당신의 성격처럼 단어 하나하나가 모두 함축적이고 간결했어요. 손님을 만날 때 저를 늘 데리고 다니시면서 가르치셨죠.

그녀는 이병철이 도쿄에서 위암 수술을 받을 때도 동행했다.

수술이 끝나고 난 후 아버지께 수술실에 들어갈 때 무슨 생각을 했느냐고 물었더니 "니가……"하면서 말을 잇지 못하고 눈물만 글썽이시더라고요. 저도 그만 아버지 가슴에 얼굴을 묻고 눈물만 흘렸어요.

이 대목에 이르면 부녀간의 정에 가슴이 뭉클하기까지 하다. 이명희는 원래 사업에는 별 관심이 없었다. 학창시절의 꿈이 현모양처였고 시집을 간 후에도 39살까지 자식 낳고 살림하는 평범한 가정주부의 삶을 살았다. 그러던 이명희가 경영 일선에 나서게 된 것은 아버지의 뜻이었다고 한다.

처음엔 "아버지 전 못합니다."했죠. 자꾸 뒤로 빼니까 나중엔 화를 내셨어요. 당시 아버지의 지론은 여자도 가정에 안주하지 말고 남자 못지않게 사회에 나가서 활동하고 스스로 발전해야 한다는 것이었어요. 아버지의 강요로 저는 현모양처의 꿈을 접고 신세계에서 일을 시작했어요. 아버지가 보시기에 제가 분석하는 걸 좋아하고, 변화무쌍한 것, 새로운 것을 좋아하니까 백화점 사업을 맡기신 것 같아요.

이명희 가족은 이병철 사후 삼성가의 재산분할 때 신세계 백화점과 조선호텔만을 분할 받았다. 그런데 이명희는 사업 수완을 발휘해서 백화점과 할인매장을 주축으로 신세계첼시 · 신세계건설 · 신세계푸드시스템 · 조선호텔 등 14개 계열사를 거느리며 신세계그룹을 일구어냈다. 국내 최대의 글로벌 종합 유통기업 '이마트'도 이명희의 아이디어에서 비롯되었다고 한다. 사람을 보는 안목이 높았던 이병철이 막내딸의 경영능력을 제대로 보았던 모양이다.
이명희는 신세계 그룹 회장으로서 한국에서 가장 부유한 여성 1위에 올라 있고 현재 대한민국 여성 직장인이 가장 닮고 싶어 하는 CEO가 됐다.

⑱ 이병철의 유업

여기에 자기 자신보다도 현명한 인물들을 끌어 모으는 방법을 터득했던 사람이 묻혀 있다.

- 철강왕 앤드루 카네기의 묘비명 -

한 걸음, 한 걸음이 모여 인생을 이룬다

'보보시도장(步步是道場)', 이것이 인생이다. 나는 한 걸음 한 걸음이 바로 도장(道場)이라는 생각 아래 사업을 계속 일으켜왔다. 인생은 도장이고, 나에게는 끊임없이 사업을 일으켜가는 것이 나 자신에 대한 연마였다. 행복의 척도는 사람에 따라 모두 다르다. 인생을 도장이라고 친다면, 그 도장에서 살아가는 데 적합한 내 나름대로의 삶의 방법을 끝까지 지키고 싶을 따름이다. 인생이라는 석재에 신의 모습을 새기는 것도 좋고, 악마의 모습을 새기는 것도 좋다. 다만 나는 그 석재에 사업을 위해 산 한 사나이를 새겼으면 한다.

-이병철-

'보보시도장'은 언제 어디서 들은 말인지는 모르지만 이병철이 늘 마음속에 아로새기던 말이다. 인생은 늙어서 죽는 것과는 다르다. 그는 일보일보(一步一步) 길을 개척하려고 하는 자기 자신에 대한 연마(鍊磨)를 중지했을 때 죽음이 시작된다 말했다. 그래서 그는 80살을 바라보는 나이까지 사업을 계속 일으켰다.

제일제당과 제일모직을 궤도에 올려놓은 시점에서 멈추었어도 그는 최고의 부자로 잘 살 수 있었다. 하지만 그는 돈이 목적이 아니었다. 그에게 있어서 인생은 도장이고 계속 사업을 일으키는 것이 자기 자신에 대한 연마였기 때문에 멈출 수 없었다.

이병철은 일제강점기가 시작되는 1910년 태어나 3·1 운동, 중일전쟁, 태평양전쟁을 겪고 8·15 해방 공간을 맞이해서 본격적인 사업가의 길을 걸었으나 6·25 동란 중에는 적 치하에서 배고픔과 죽음의 공포에 떨며 은신해야 했다. 그 후에도 4·19 혁명, 5·16 군사정변, 12·12 군사정변, 5·18 광주항쟁 등 끊임없이 이어지는 격동의 시대에, 국내 제일의 사업가로 갖가지 영욕을 겪으며 쓰러지지 않고 버텨왔다. 그는 원하는 것, 하고자 했던 것은 거의 모두 성취했다. 이제 그는 여유롭고 편안하게 여생을 즐길 나이에 이르렀다.

이병철은 만년에 이르러 서예에 심취해서 마음의 평안을 얻었다. 이건희를 후계자인 부회장에 임명한 다음날 '경청'이란 글귀를 써준 것도 서예 솜씨가 많이 늘었을 때였다. 당시 이병철은 태평로 삼성 본관의 회장실에서 글씨를 공부했다. 스승은 중진 서예가 송천(松泉) 정하건(鄭夏建)이었다. 이병철은 집무실에 늘 지필묵을 갖춰놓고 하루의 일과를 서예 작업으로 시작할 만큼 서예에 열성을 가졌다. 비서실에서 처음 서예 강의를 부탁하러 왔을 때 정하건은 다음과 같이 말했다고 한다.

연로하신 관계로 힘차고 좋은 글씨를 쓰기에는 이미 시작이 늦으신 감이 있습니다. 이 점을 전제로 욕심 없이 글씨를 배우신다면 지도해 보겠습니다. 단 두 가지 조건이 있습니다. 나도 바쁜 사람이니 회장이 부득이 자리를 비우시는 날은 미리 사전에 연락을 주시어 헛걸음을 치는 일이 없도록 해 줄 것과, 교통편만 마련하여 주신다면 일체의 조건은 다른 개인지도를 받는 사람과 똑같은 조건으로 하겠습니다.

이렇게 시작된 서예 공부는 10년 동안 계속 이어졌다. 오랜 세월 서예를 함께 공부한 다음 정하건과 친숙해진 이병철은 다음과 같이 말했다고 한다.

제가 서예 선생님을 구하고자 비서실을 통하여 여러 선생님을 접촉하여 본 즉 모든 분들이 아무 조건도 없이 나서서 지도를 자청했습니다. 송천 선생만 조건을 내 걸었고, 그 조건이 아주 합당했다고 생각했습니다. 그리고 제가 여러 서예가들과 교류하고 글씨를 받아본 결과 대부분의 선생님들이 자기 글씨는 잘 쓰셨으나, 지도를 하는 데는 별로라는 생각을 금할 수 없었습니다. 또한 곧은 성격과 바른 몸가짐을 갖고 사시는 송천 선생께 배우는 동안 한결 같은 마음과 정신에 감동했습니다.

이렇게 인간관계를 맺은 이병철은 서예 스승의 개인전에 도움을 주기도 했다. 1985년 10월에 열린 송천 정하건의 제3회 개인전은 신세계백화점 화랑에서 열렸는데 이병철이 직접 나와 개막 테이프를 끊으며 축하했다.

이병철이 가장 즐겨 썼던 구절은 '공수래공수거(空手來空手去)'였다. 그는 살아서 최고의 부를 축적했지만 결국은 빈손으로 돌아간다는 사실을 받아들이고 담담한 무심의 경지에 이르고자 그런 글을 쓰기를 좋아했던 것이다.

생의 마지막이 도래하다

1986년 봄 무렵부터 이병철은 감기, 몸살 등 잔병치레가 많아졌다. 그해 5월, 마치 삶의 마지막 불꽃을 사르는 것처럼 반도체 사업에 혼신의 힘을 쏟아 붓고 있던 이병철은 병원을 찾아갔다. 진찰 결과 왼쪽 폐에 이상이 생겼음을 알게 되었다. 폐암이었다. 위암 수술 후 십여 년 동안 담배를 끊었는데도 뜻밖에 폐암이었다. 수술을 받고 건강을 되찾아 누구보다 열심히 살았다. 그의 나이는 이미 76세.

이병철은 담담하게 현실을 받아들였다. 10여 년 전 위암으로 수술을 받으러 들어갈 때 10년만 더 살게 해달라고 기도했던 일이 생각났다. 그 기도가 통했는지 10년을 더 살았다. 그리고 원도 없이 일을 했다. 아직 반도체의 결실을 거두지 못하고 있지만 조만간 좋은 결과가 나올 것이다. 마지막으로 인터뷰한 일본인 저널리스트에게 이병철은 다음과 같이 말했다.

> 인간인 이상 생로병사를 피할 수는 없다. 불치병이라면 받아들여야 하지 않을까. 하지만 차분히 떠난다는 건 아무래도 이상에 지나지 않는 것 같고, 적어도 살아서 아등바등하는 흉한 꼴만은 남들에게 보여주지 말아야겠다고 생각할 뿐이다.

이건희는 아버지의 병을 치료하기 위해 직접 일본의 유명 병원을 찾아다녔다. 그 사실을 안 이병철이 아들을 불러들였다.

"네는 이미 고령이라 살만큼 살은 기라. 지난 번도 우에 살아나 이만큼 삶을 누렸는데 더는 욕심을 부리지 않으란다."

이병철은 일본이나 미국으로 치료 받으러 가는 것을 포기했다. 그렇다고 투병 자체를 포기한 것은 아니었다. 다만 인터뷰에서 말했듯이 흉한 노욕을 내려놓은 것뿐이었다. 그는 10년 전 위암에 걸렸을 때도 그랬듯이 이번에도 암을 떨쳐버릴 수 있을 거라 믿었다. 이병철은 폐암에 대한 책들을 읽고, 전문가들의 의견을 체계적으로 분석하고 검토하며 질긴 병마와 맞서 싸웠다.

이병철은 고령이라 암의 진행이 늦을 거라는 전문의들의 위로를 받으며 암연구회부속병원에서 통원 치료를 받았다. 방사선 요법, 화학요법 등 1년 넘게 최선의 치료를 받았다. 그러나 별 차도는 없었고 강한 투병 의지에도 불구하고 병세는 더욱 악화되었다.

이병철은 마음속으로 모든 것을 내려놓기 시작했다. 이미 삼성그룹은 셋째 아들 이건희를 중심으로 움직이고 있었다. 아직 글로벌 삼성, 세계 1등은 요원했으나 아들에게 그 숙제를 넘겨야 했다. 가장 걱정되는 것이 반도체 사업이었으나 반도체 사업은 선진국과의 기술 격차를 차츰차츰 줄여나가고 있는 중이었다.

1987년 8월 7일, 이병철은 아픈 몸을 이끌고 반도체 3라인 기흥공장 착공식에 참석해서 테이프를 끊었다. 이미 1·2라인 건설로 엄청난 적자를 내고 있어 3억 4000만 달러가 들어가는 3라인 투자는 자살행위라고 임원들이 걱정을 했으나 이병철은 "반도체가 없으면 우리나라가 곧 미국과 일본에 예속된다."면서 강하게 밀어 붙였다. 이병철은 착공식 3개월 뒤 세상을 떴지만 삼성전자의 반도체 신화는 그의 의지를 따라 본격화된 것이었다.

1987년 10월 17일, 병중임에도 이병철은 안국빌딩 준공식에 참석했다. 그것이 마지막 공식 행사 참석이었다. 10월 20일, 이병철은 이번에는 안양 골프장을 찾아갔다. 낮부터 부슬부슬 가랑비가 내리고 있었다. 이병철은 사람들의 부축을 받으며 2층으로 올라갔다. 그는 창가에서 안양 골프장의 잔디를 하염없이 바라보았다. 내리던 비가 그치고, 어둠이 내려앉는 시간이었다.

"골프화를 가져오게."

이병철은 직원을 불러 골프화를 가져오라고 일렀다. 당시 안양 골프장에 근무하고 있던 이강선 프로골퍼가 그 말을 듣고 골프화와 골프채를 가져다주었다.

"한번 쳐보시겠습니까?"

"그러지."

두 사람은 골프장으로 나가 카트를 타고 1번 홀로 향했다. 이병철의 첫 번째 샷은 헛스윙이나 다름없었다.

"이강선 프로, 같이 칩시다."

이병철이 이강선에게 말했다. 이강선이 샷을 날렸다. 시원스레 공이 날아갔다. 이병철이 엷은 미소를 지으며 두 번째 스윙을 했다. 두 번째 샷도 약 10m 나가는 데 그쳤다.

"가세."

이병철은 앞장서서 갔다. 그때부터 이병철도 평상시처럼 플레이를 했다. 세 번째 홀에 다다르자 주위가 많이 어두워졌다. 사람들은 이병철이 조금이라도 더 골프를 치고 싶어 한다는 사실을 알았다. 그래서 골프 카트 네 대, 오토바이 세 대, 차에 달려 있는 헤드라이트를 모두 밝혀 그들이 걸어가는 필드 쪽을 비췄다. 그러나 이병철의 체력이 따라주지 않았다. 손과 다리에 힘이 풀렸다.

"회장님, 그만 들어가시죠."

이강선이 말했다.

"그래, 들어가지."

들어가다가 이병철이 말했다.

"그린을 좀 돌아주겠나?"

이강선은 선뜻 그러자고 했다. 이병철은 카트를 탄 채 그린을 세 바퀴 돌았다. 많은 상념이 지나가는 듯했다. 이병철은 마침내 아쉬운 마음을 접고 골프장을 떠났다. 그것이 이병철의 마지막 골프였다. 이병철은 안양 골프장을 들른 지 20일 만에 세상을 떠났다.

거인은 세상을 떠나고

10월 23일, 이병철은 불편한 몸을 이끌고 고려병원으로 갔다. 그날 간호사가 혈관을 제대로 찾지 못해 수십 번 주삿바늘을 찔렀다. 이병철은 표정의 변화도 없이 참고 있다가 간호사가 나가자 주치의에게 "검사과정이 정말 괴롭군."하면서 환한 미소를 지었다. 그날 검사결과 이병철의 몸 상태는 더욱 안 좋아져 있었다. 이병철은 그 와중에도 삼성종합기술원 개원식에 참석하지 못한 것을 끝내 아쉬워했다. 이병철은 기술에 대한 집념이 매우 강해 1982년부터 1986년까지 종합기술원에 모두 4600억 원을 쏟아 부어 완공했다. 그만큼 기술개발의 중요성을 절절하게 느꼈기 때문이다. 삼성종합기술원은 그의 사업가로서의 마지막 사업이었다. 그는 종합기술원의 준공을 꼭 보고 싶어 했으나 결국 참석하지 못하고 말았다.

이맹희는 사촌형 이동희로부터 아버지가 위중하다는 소식을 듣고서 아버지의 병상을 찾아갔다. 아버지는 의식은 있었지만 말은 하지 못했다. 아들은 뼈만 앙상하게 남은 아버지 앞에 무릎을 꿇었다. 이맹희는 〈묻어둔 이야기〉에서 마지막 순간 아버지와의 화해를 이렇게 적고 있다.

> 내 나이 어언 쉰 여섯, 아버지는 일흔 일곱이었다. (중략) 나는 내가 첫날 인사를 드릴 때, 말씀이 없으셔도 얼굴 가득히 밝은 표정을 짓던 아버지의 모습을 잊지 못한다. 그 후 일주일 동안 계속 나를 보면

미소 짓던 얼굴도 잊지 못할 것이다. 돌이켜 생각해 보면 무려 15년 만에 처음으로 보는 아버지의 따뜻한 미소였다. 나는 지금도 아버지의 그때 그 따뜻한 미소가 나를 용서하는 시그널이라고 믿고 있다. 긴 세월을 돌아서 아버지와 나는 그렇게 화해를 했다. 내가 용서를 빌고 아버지가 미소를 지으면서 그 모든 과정들은 흘러 가버린 것이다. 그 후로는 쭉 아버지 곁에서 보냈다. 더러 내가 집에 가 있는 동안은 집안 식구들이 교대로 아버지의 병상을 지켰다. 건희는 당시 벌써 삼성을 끌고 가야 하는 처지라서 자주 오지 못하고 병상에는 어머니와 인희 누이, 창희, 명희, 덕희가 늘 곁에 붙어있었다. 벌써 서른을 넘긴 야스테루도 곁에 있었다.

병세가 더욱 악화되자 이병철은 서울대병원에 입원했다. 방사선 전문의인 미국 슬로언캐터링센터 방사선과 김재호 박사까지 초빙해서 진료를 했으나 병세는 빠른 속도로 악화되어 갔다. 이병철은 세상을 떠나기 전 일주일 동안은 정신이 혼미해져서 거의 의식 불명이었다. 이따금 의식이 돌아오면 가족을 바라보며 눈시울이 붉어지고 손을 꼭 잡고 놓지 않는 때가 많아졌다.

11월 19일이 되자 이병철은 점점 더 숨쉬기가 힘들어졌다. 시간이 갈수록 숨구멍이 좁혀지는 느낌이었다. 이병철은 집에 가겠다는 뜻을 밝혔다. 병원에서 마지막 순간을 맞이하고 싶지는 않았던 것이다. 가족들도 이병철의 뜻을 따랐다.

이병철은 숨을 거두기 5시간 전, 용산구 이태원동 한옥집으로 돌아왔다. 비록 생명은 꺼져가고 있었지만 이병철은 아내와 자식들의 손을 하나하나 잡으며 걱정하지 말라고 위로했다. 이병철은 가족들이 지켜보는 가운데 '空手來空手去'라는 자신이 글씨를 쓴 액자가 걸린 방에서 마침내 세상을 떠났다. 1987년 11월 19일 오후 5시 5분이었다. 폐암 진단 후 약 1년 8개월 만이었다. 그의 나이 78세였다.

그의 마지막 가는 길

1987년 11월 19일 오후 6시경. 국내 언론사 기자들이 바쁘게 움직이기 시작했다. 삼성그룹 측이 이병철의 사망을 공식 발표한 것이다. AP와 로이터 등의 통신사는 이병철 타계 소식을 서울에서 전 세계로 발신했다. 각국의 통신사들은 그의 타계 소식과 더불어 '한국 경제발전의 설계자', '한국사회를 성장력 있는 산업사회로 변모시킨 주인공' 등의 찬사를 아끼지 않았다.

그날 저녁부터 빈소가 마련된 이태원동 자택에는 경제인과 정치인 등 수많은 조문 행렬이 끊이질 않았다. 이듬해인 1988년 3월 1일은 삼성그룹의 출발점인 삼성상회 창립 50주년이 되는 날이었다. 삼성에서는 1988년 서울올림픽을 앞두고 대대적인 창업 50주년 행사를 준비하고 있었다. 그날 이병철은 이건희에게 삼성을 완전히 물려주고 은퇴할 생각을 하고 있었다. 그러나 그는 50주년을 불과 넉 달 앞두고 숨을 거두고 만 것이었다.

이병철의 죽음을 애도하며 세계 각국에서 조의를 보내왔다. 레이건 대통령은 "이병철이 한국의 경제발전에 남긴 발자취는 매우 영예로운 것이며 전 세계인의 존경을 받아 마땅하다."고 했다.

11월 23일 오전 8시. 이태원동 자택 빈소에서 발인을 마친 이병철의 유해는 호암아트홀로 옮겨졌다. 장례식에서 전 조계종 총무원장 녹원 스님이 법어를 했고, 고인에 대한 묵념과 약력보고, 조사 순으로 장례식이 진행되었다. 평생의 라이벌이었던 현대그룹 정주영 회장도 조사를 했다.

이병철 회장이 뛰어난 사업가였다는 것은 세상 모든 사람들이 다 알 것입니다. 이병철 회장은 치밀한 판단력과 사물을 꿰뚫어보는 밝은 눈으로 삼성이라는 대그룹을 일구었고, 오늘날 삼성이 한국의 울타리를 뛰어넘어 세계로 나아갈 수 있는 디딤돌을 놓았습니다.

정주영 회장에 이어 일본 측 조문단에서는 이토추상사의 세지마 류조 회장이 대표로 조사를 했고, 미국 측에서는 GE의 잭 웰치 회장이 조사를 했다.

합작 문제로 이병철 회장을 몇 번 만나는 동안, 나는 그와 내가 여러 가지 면에서 참 비슷하다는 생각을 했습니다. 나는 경영자에게 가장 필요한 네 가지는 책임감과 사람을 중시하는 경영, 적재적소에 사람을 배치하는 능력, 그리고 올바른 비전이라고 생각합니다. 그런데 이병철 회장은 그 네 가지를 골고루 갖춘 경영자였습니다. 특히 인재제일주의에 관해서는 이병철 회장의 생각에 전적으로 동의합니다. 이병철 회장의 경영 스타일을 들자면 대단한 성실성과 기술개발에 대한 놀라운 관심도 빠뜨릴 수 없습니다. 이병철 회장을 만나보고 나서 기적이라 불리는 한국 경제의 놀라운 성장이 어떻게 가능했는지 이해할 수 있게 되었습니다.

10시 30분, 이병철의 유해는 장례식장을 떠나 태평로 삼성본관에 도착한 후, 고인의 체취가 배어 있는 28층을 돌며 고별식을 가졌다. 그 광경을 3000여 삼성 가족들이 눈물로 지켜보았다.

고인의 유해는 수원 전자단지와 기흥 반도체단지, 그리고 삼성종합기술원을 마지막으로 둘러보고 작별을 고했다. 오후 2시, 고인은 용인자연농원의 햇볕이 잘 드는 언덕에 묻혔다. 이병철이 묻힌 자리는 용인 자연농원 안에 있는 호암미술관 뜰 안이었다. 그곳은 20여 년 전 맏아들 이맹희가 용인 자연농원 땅을 고르고 있을 무렵 이병철이 격려차 들렸다가보고 정한 자리였다.

그때 이병철은 이맹희에게 말했었다.

"저곳이 자리가 좋다. 앞에는 물이 흐르고, 뒷산도 아늑하다. 저만하면 여름에는 시원하고 겨울에는 따뜻하겠다."

〈호암자전〉에서 "生은 寄이고 死는 歸이다."라고 썼듯이 이병철은 이 세상에 잠시 머물다 원래 자리로 돌아갔지만, 그가 세상에 남긴 건 적지 않았다.

이건희 회장 추대를 결의하다

1987년 11월 19일, 이건희는 아버지 이병철이 숨을 거둔 지 5분 만에 사장단 회의의 결정으로 삼성그룹의 회장으로 추대된다. 이병철이 숨을 거두자 서울 중구 태평로 삼성본관 28층 회의실에는 전 국무총리이자 삼성의 대부 격인 신현확 삼성물산 회장이 주재하는 삼성 계열사 사장단 회의가 열렸다.

"조금 전 이 회장님이 운명했습니다. 충격과 애석함은 말로 표현할 수 없으나 거대기업 삼성의 경영이 잠시라도 공백이 있으면 안 되겠기에 고인의 뜻에 따라 이건희 부회장을 회장으로 추대하도록 합시다. 부회장의 회장 승계는 고인의 뜻일 뿐 아니라, 이 부회장은 고인의 유지를 올바로 이해하고 실천할 수 있는 최적임자라고 우리 모두 생각합니다."

이병철이 숨을 거두자마자 5분 만에 사장단들이 이건희 회장 추대를 결의한 것은 아주 작은 잡음도 용납하지 않겠다는 의미였다. 물론 이것이 고인의 뜻이었음은 말할 것도 없다.

이병철은 이때를 대비해서 제일제당, 삼성반도체통신, 삼성물산, 삼성전자, 제일모직, 중앙일보, 동방생명 등 주력 기업의 주식 소유에서 이건희 부회장이 다른 형제자매들에 비해서 상대적 우위를 확보할 수 있도록 이미 조치를 다 해놓은 상태였다. 그 사실을 모르는 회의 참석자들은 하나도 없었다. 그런 상황이라면 일반적인 사회 통념인 장자상속의 틀이 깨진다 하더라도 어떤 문제가 발생할 가능성은 거의 없을 것이었다.

신현확은 일치단결해서 후계 회장을 모시고 경영에 차질이 일어나지 않도록 하자고 제의했다. 참석자들은 모두 동의했다. 마침내 삼남 이건희는 삼성그룹의 회장이 되었다. 취임식은 그로부터 12일 지난 뒤에 열렸다.

이제 이건희가 거함 삼성호를 이끌고 갈 선장이 된 것이다.

삼성가(家) 가족이야기 18

이병철이 물었던 '인생에 관한 절실한 질문 24가지'

　이병철은 종교인은 아니었다. 이병철은 세상을 떠나기 한 달 전에 천주교 절두산성당 박희봉 신부에게 지인을 통해 다섯 쪽짜리 질문지를 보냈다. '인생에 관한 절실한 질문 24가지'라는 제목의 예사롭지 않은 물음이 담긴 질문지였다.
　"신(神)이 존재한다면 왜 자신을 드러내지 않는가?"라는 첫 물음부터 "지구의 종말(終末)은 오는가?"라는 마지막 물음까지, 죽음을 앞두고 한 인간으로서 이병철이 던졌던 인생의 근본 문제를 묻는 깊은 물음이었다.
　이병철의 구술을 비서가 받아 적은 이 질문지를 받은 박 신부는 당시 가톨릭계의 석학으로 알려진 정의채 신부에게 건넸다. 정 신부는 이 질문에 대한 답변을 하고자 이병철과 만나기로 약속까지 했으나 이병철이 갑자기 세상을 떠나는 바람에 두 사람의 만남은 무산되었다.
　그 후 정의채 신부는 20년 넘게 질문지를 간직하고 있다가 제자인 차동엽 신부에게 전했고 여기에 차 신부가 마침내 답을 달아서 2012년에 〈잊혀진 질문〉이란 제목의 책으로 펴냈다. 24년 동안 잠자고 있던 이병철의 '인생에 관한 절실한 질문 24가지'가 비로소 세상에 알려진 것이다. 베스트셀러 〈무지개 원리〉의 저자인 차 신부는 '잊혀진 질문'에서 이병철의 질문에 신학적인 관점을 제시했다.
　저자는 이병철의 질문을 다시 '근본적 물음' 15가지와 거기서 파생된 '절실한 물음' 11가지로 나눠서 답했다. 차 신부는 "이 질문지에는 지위고하도 없고, 빈부도 없다. 인간의 깊은 고뇌만 있다. 나는 그 고뇌에 답변해야 하는 사제다. 그래서 답한다"고 말했다.
　〈잊혀진 질문〉이 발간된 이후 프레시안의 칼럼니스트 윤재석과 불교계 불학연구소장 허정 스님도 답을 했다. 그리고 이병철의 질문에 대한 답을 단 4권의 책이 더 발간됐다. 〈이병철 회장의 질문에 답하다(김상욱 저)〉, 〈인생에 대한 질문과 해답(김왕기 저)〉, 〈가슴속의 질문, 삶속의 고백(유영희 저)〉, 〈삼성 이병철 회장의 24가지 질문에 대한 철학적 신학적 명품 답변(이우각 저)〉 등이 그것이다.

여기에 최근 한 권의 책이 더 보태졌다. 신간 〈백만장자의 마지막 질문(김용규 저)〉이 그것이다. 이 책은 독일 프라이부르크대학과 튀빙겐대학에서 철학과 신학을 공부한 김용규가 이병철의 질문에 대해 철학적 신학적 관점에서 답을 제시했다.

이병철이 남긴 24가지 질문은 다음과 같다.

1. 신의 존재를 어떻게 증명할 수 있나? 신은 왜 자신의 존재를 똑똑히 들어내 보이지 않는가?
2. 신은 우주만물의 창조주라는데 무엇으로 증명할 수 있는가?
3. 생물학자들은 인간도 오랜 진화 과정의 산물이라고 하는데 신의 인간창조와 어떻게 다른가? 인간이나 생물도 진화의 산물 아닌가?
4. 언젠가 생명의 합성, 무병장수의 시대도 가능할 것 같다. 이처럼 과학이 끝없이 발달하면 신의 존재도 부인되는 것이 아닌가?
5. 신은 인간을 사랑했다면, 왜 고통과 불행과 죽음을 주었는가?
6. 신은 왜 악인을 만들었는가? (예 : 히틀러나 스탈린, 또는 갖가지 흉악범들)
7. 예수는 우리의 죄를 대신 속죄하기 위해 죽었다는데 우리의 죄란 무엇인가? 왜 우리로 하여금 죄를 짓게 내버려 두었는가?
8. 성경은 어떻게 만들어 졌는가? 그것이 하느님의 말씀이라는 것을 어떻게 증명할 수 있나?
9. 종교란 무엇인가? 왜 인간에게 필요한가?
10. 영혼이란 무엇인가?
11. 종교의 종류와 특징은 무엇인가?

12. 천주교를 믿지 않고는 천국에 갈 수 없는가? 무종교인, 무신론자, 타종교인들 중에도 착한 사람이 많은데, 이들은 죽어서 어디로 가는가?
13. 종교의 목적은 모두 착하게 사는 것인데 왜 천주교만 제일이고, 다른 종교는 이단시하나?
14. 인간이 죽은 후에 영혼은 죽지 않고, 천국이나 지옥으로 간다는 것을 어떻게 믿을 수 있나?
15. 신앙이 없어도 부귀를 누리고, 악인 중에도 부귀와 안락을 누리는 사람이 많은데, 신의 교훈은 무엇인가?
16. 성경에 부자가 천국에 가는 것을 낙타가 바늘구멍에 들어가는 것에 비유했는데, 부자는 악인이란 말인가?
17. 이태리 같은 나라는 국민의 99%가 천주교도인데, 사회 혼란과 범죄가 왜 그리 많으며, 세계의 모범국이 되지 못하는가?
18. 신앙인은 때때로 광인처럼 되는데, 공산당원이 공산주의에 미치는 것과 어떻게 다른가?
19. 천주교와 공산주의는 상극이라고 하는데, 천주교도가 많은 나라들이 왜 공산국이 되었나? (예 : 폴란드 등 동구제국, 니카라구아 등)
20. 우리나라는 두 집 건너 교회가 있고, 신자도 많은데 사회 범죄와 시련이 왜 그리 많은가?
21. 로마 교황의 결정에 잘못이 없다는데, 그도 사람인데 어떻게 그런 독선이 가능한가?
22. 신부는 어떤 사람인가? 왜 독신인가? 수녀는 어떤 사람인가? 왜 독신인가?
23. 천주교의 어떤 단체는 기업주를 착취자로, 근로자를 착취당하는 자로 단정, 기업의 분열과 파괴를 조장하는데 자본주의 체제와 미덕을 부인하는 것인가?
24. 지구의 종말은 오는가?

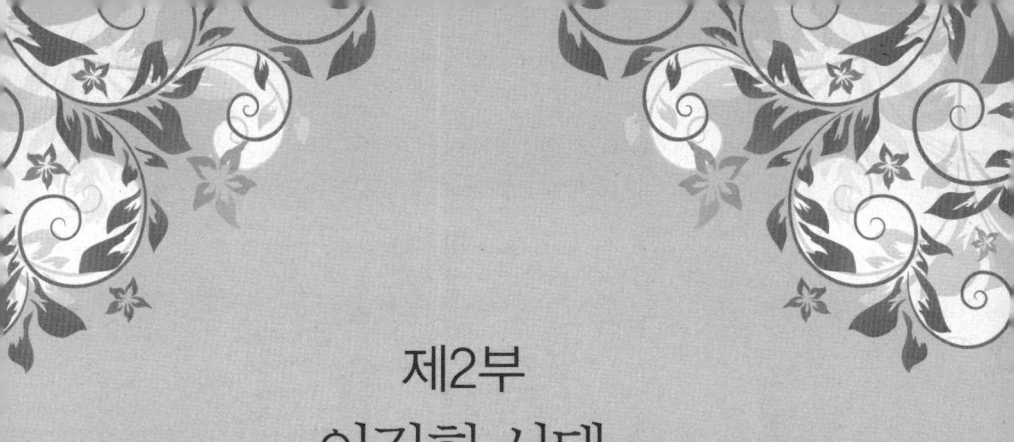

제2부
이건희 시대

이병철 시대가 산업화 시대의 체제였다고 한다면, 그 뒤를 이은 이건희 시대의 체제는 지식정보화 시대의 체제로 바뀌고 있었다. 앨빈 토플러와 피터 드러커의 애독자인 이건희는 산업화 시대와 지식정보화 시대는 전적으로 다른 시대라는 것을 인식하고 있었다. 산업화 시대의 기업가들은 열심히 제품을 만들고 사업에만 신경을 쓰면 모든 것이 절로 이루어지는 시대를 살았다. 그들은 자사의 이사회를 거의 완벽히 통제하고 있었고, 소비자들은 물건만 제대로 만들어 주면 별로 불만이 없었으며, 정부나 언론도 거의 기업가의 편이었다. 선대 회장 시절 삼성은 거의 그런 길을 걸었다. 하지만 2대 회장이 취임한 이후 모든 것이 바뀌어갔다. 지식정보화 시대의 기업은 좋은 제품을 만드는 것만으로는 충분하지 않으며 더 멋진 디자인의 제품, 더 혁신적인 기능을 가진 제품을 만들어야만 소비자에게 어필한다. 그들의 경쟁자는 국내 기업이 아니고 세계 초일류기업인 경우가 많다.

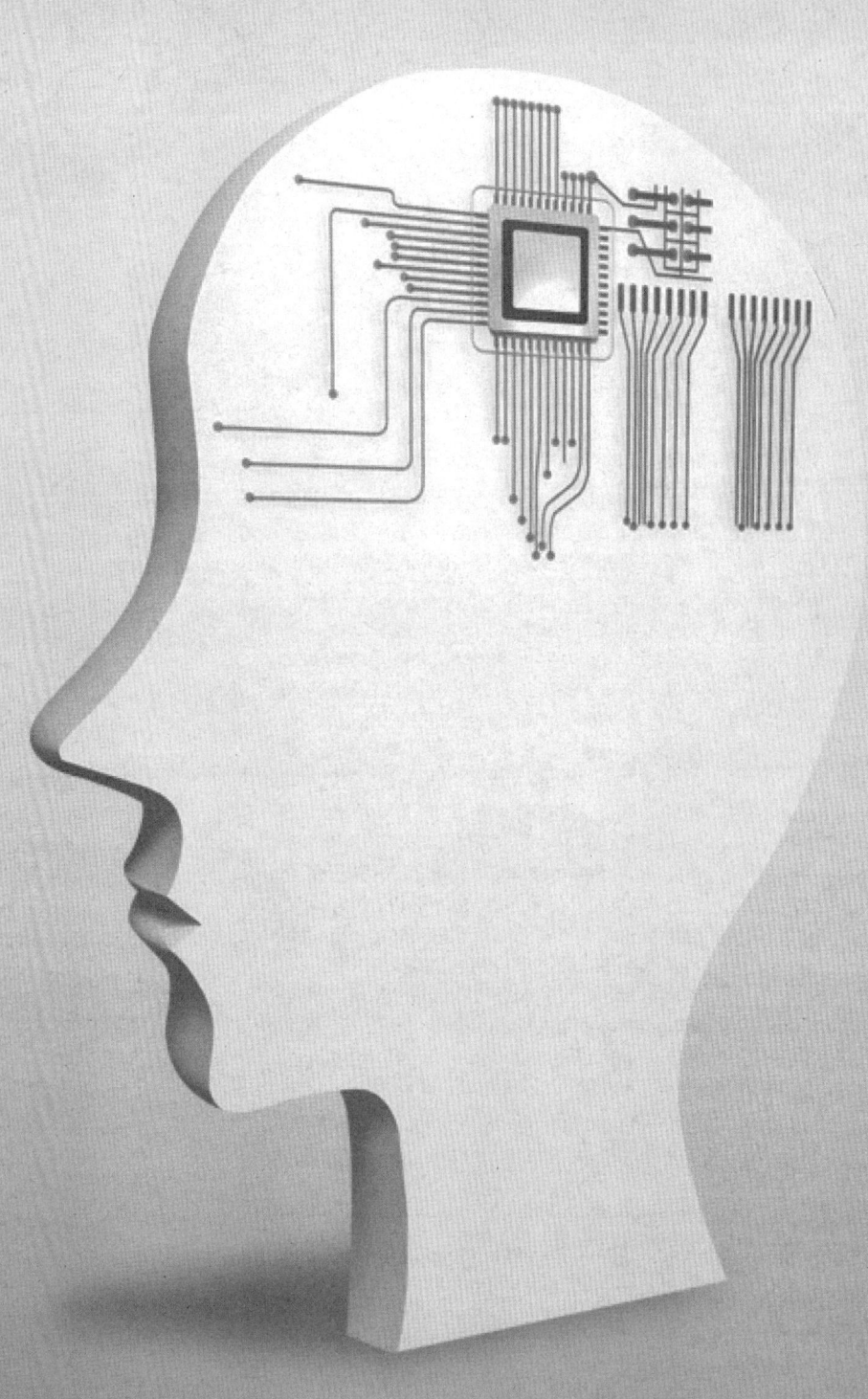

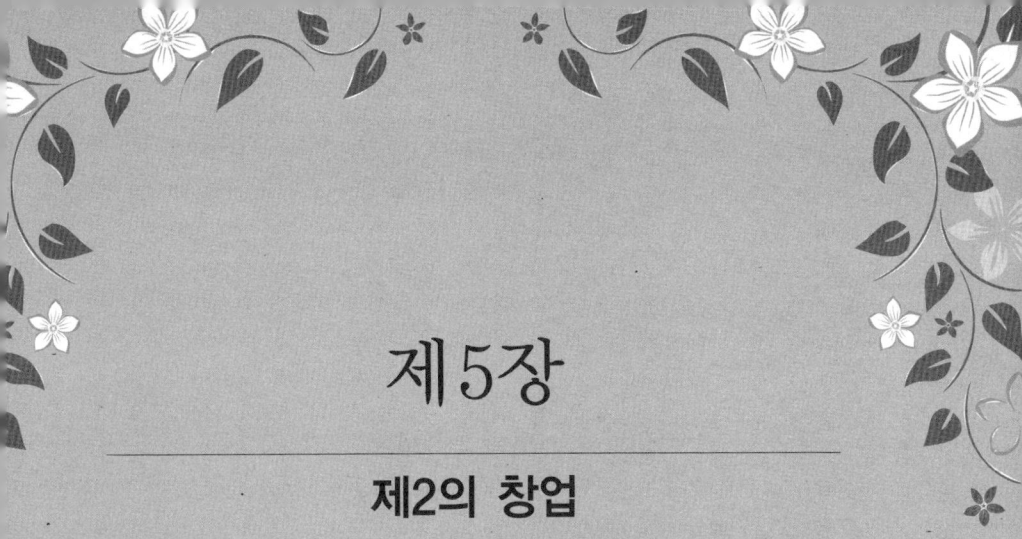

제5장

제2의 창업

현대 비즈니스계에서는
아무리 창의적이고 독창적인 아이디어가 있어도
자신이 창조한 것을 팔 수 없다면 무용지물이다.
아무리 좋은 아이디어라도 뛰어난 세일즈맨이
그 아이디어를 제시하지 않는다면 경영진의 눈에 띄길 기대할 수 없다.
- 데이비드 오길비 -

나는 그동안 경영활동을 해오면서 많은 사람을 만나 보았고
경험도 해 보았다. 조직을 살찌우고 활성화시키는 훌륭한 삶도 보아 왔고
조직을 망치는 사람도 겪었다. 사람의 유형을 보면 우선 '예스맨'과 '소신파'를 들 수 있다.
예스맨은 해바라기형으로 언제나 듣기 좋은 말만 한다.
그러나 자신의 소견은 없다. 문제는 숨기고 본질에 대해서는 모르거나 알더라도 말하지 않는다.
소신파는 일에 대한 자부심이 있고 프로 기질과 책임감도 있다.
당당하게 주장을 편다. 고집이 세서 타협이 어렵지만
어려울 때 힘이 되는 쪽은 역시 소신파다.
- 이건희 회장 에세이집 『생각 좀 하며 세상을 보자』 -

⑲ 46세, 외로운 선장

사업의 성공은 훈련과 절도, 고된 노력을 요한다.
그러나 이런 것들에 지레 겁먹지만 않으면
성공의 기회는 오늘도 그 어느 때 못지않다.

- 데이비드 록펠러 -

젊은 선장은 불안했다

1987년 창업주 이병철의 타계로 삼성은 재계의 비상한 관심을 불러일으켰다. 창업주의 3남이자 그룹 부회장인 이건희가 회장으로 취임했다. 많은 사람들이 과연 46세의 젊은 회장이 한국 최고의 기업집단을 잘 통솔해 나갈 수 있을 것인가를 우려의 시선으로 바라보았다. 선대 회장이 이루어 놓은 업적이 지대하고 그의 카리스마가 곧 삼성이라고 할 만큼 대단한 위력을 지녔기에 더욱 그런 우려를 낳았다.

거기에 신임 회장은 장남이 아니라 3남이라는 약점을 가지고 있었다. 물론 선대 회장이 자기 이후의 일을 잘 마무리해 놓긴 했지만 엄연히 황태자 격인 장남이 살아 있었기 때문에 세인의 주목을 끌기에 충분했다. 유교적 전통과 장자 승계가 원칙인 한국에서 3남이 대권을 승계한 것은 양녕대군, 효령대군 대신 3남인 충녕대군(世宗)을 택한 태종의 결단처럼 받아들여졌다.

"창업은 쉽고, 이룬 것을 지키기는 어렵다."는 말이 있다.

창업 1대에서 거대한 부나 사업을 이룩했더라도 자손들이 이어받아서 더욱 큰 번영을 누리는 경우는 매우 드물다. 창업자는 자신이 일으킨 사업의 요체를 정확히 파악하고 있고 많은 경험이 축적되어 있어서 어떤 난제가 생길 때 적절히 대응하고 위기를 넘길 수 있다. 하지만 창업 2대는 그렇지 못한 경우가 허다하다.

대개의 경우 창업자의 자손들은 창업자보다 더 좋은 교육을 받고, 더 논리적이며, 더 좋은 품성을 타고난다. 하지만 사업은 지식이나 품성만으로 이루어지는 것이 아니기 때문에 그들이 수성(守成)을 이루어내는 경우는 극히 드물다. 한마디로 말해서 창업도 어려운 일이지만 그만큼 수성도 어려운 것이 사업이다.

사실 이건희는 선친의 유업으로 삼성호의 키를 쥔 새로운 선장으로서 망망대해에 떠있는 망연함을 무수히 느꼈다고 한다. 2세 경영인으로서 창업 1세에서 2세로 넘어오면서 수성을 하기 위해서는 창업보다 더 진지한 각오와 각고의 노력이 필요하다는 것을 절실하게 느꼈다.

이건희는 셋째 아들로서 우리나라의 전통적인 장자 승계의 사고방식대로라면 후계자가 될 수 없었던 사람이었다. 하지만 이병철은 일찌감치 자식들의 숨겨진 재능을 간파하여 태종 이방원이 그랬던 것처럼 셋째 아들을 후계자로 지목했고 그가 대권을 이어받는 데 아무 걸림돌도 남겨 놓지 않았다. 그런 점에서 그는 행운아이기는 했다.

그렇다. 이건희는 선대 회장인 이병철의 체계와 카리스마를 그대로 이어받은 행운아다. 그러나 정작 본인은 그것이 불만이었고 불안하기도 했던 모양이다.

삼성호의 키를 넘겨받은 46세의 젊은 선장은 고개를 갸우뚱했다.

당시 삼성은 국내에서 가장 잘나가는 기업이었다. 삼성의 매출은 국내 1위를 달리고 있었고, 삼성인들의 사기와 자부심은 그 어느 때보다 높아 보였다. 그러나 이건희가 보기에 삼성은 국내 제일의 기업이라고 하지만 많은 문제점을 안고 있었다. 막상 회장에 취임하고 나서 이건희의 눈에 비친 삼성은 수준 이하였다.

거기에 직관력이 빠른 이건희는 무엇인가 다른 세상이 가까이 오고 있음을 감지하기 시작했다. 산업화 시대, 즉 굴뚝산업이라고 불리는 제조업의 시대가 저물고 컴퓨터, 인터넷으로 대변되는 지식정보화 사회가 도래하고 있었던 것이다.

이병철 시대가 산업화 시대의 체제였다고 한다면, 그 뒤를 이은 이건희 시대의 체제는 지식정보화 시대의 체제로 바뀌고 있었다. 앨빈 토플러와 피터 드러커의 애독자인 이건희는 산업화 시대와 지식정보화 시대는 전적으로 다른 시대라는 것을 인식하고 있었다.

산업화 시대의 기업가들은 열심히 제품을 만들고 사업에만 신경을 쓰면 모든 것이 저절로 이루어지는 시대를 살았다. 그들은 자사의 이 사회를 거의 완벽히 통제하고 있었고, 소비자들은 물건만 제대로 만들어 주면 별로 불만이 없었으며, 정부나 언론도 거의 기업가의 편이었다. 선대 회장시절 삼성은 거의 그런 길을 걸었다.

하지만 2대 회장이 취임한 이후 모든 것이 바뀌어갔다.

지식정보화 시대의 기업은 좋은 제품을 만드는 것만으로는 충분하지 않으며 더 멋진 디자인의 제품, 더 혁신적인 기능을 가진 제품을 만들어야만 소비자에게 어필한다. 그들의 경쟁자는 국내 기업이 아니고 세계 초일류기업인 경우가 많다.

이건희는 당시 상황을 긴박하게 인식하고 있었다. 다음은 1992년 경영자 대상(大賞) 수상기념 강연에서 그가 한 말이다.

> 세기말적 변화로 나타나는 구체적인 징후로 먼저 국내에서는 민주화 열풍이 일어났습니다. 우리 삼성이 제2창업 2단계를 선언하는 시점에서 쏟아진 신정부의 개혁의지는 아주 큰 변화로 볼 수 있습니다. 또한 잘 아시겠지만 EC가 통합되고 냉전체제가 붕괴되는 등 세계적으로도 많은 세기말적인 변화가 진행되고 있습니다. 특히 불과 몇 십 년 전에 북한에 무기를 원조해 우리나라를 침공하게 했던 소련이 국교를 열고 우리나라의 경제 원조를 받는 엄청난 변화가 일어났습니다. 이젠 외교라는 것도 그 의미가 과거와는 달라지고 있고 전 세계가 국경 없는 경쟁 시대에 돌입한 것입니다. 선대가 경영했던 87년 이전과 지금의 경영 상황에는 엄청난 차이가 있습니다. 특히 선대까지는 기업경영이나 상품이 단순하면서도 하드적인 것이었습니다. 그러나 이제부터는 시스템화, 소프트화가 필요하며 세계적 변화의 흐름을 제대로 이해하고 대응해 나가야 합니다.

이건희는 거함 삼성호의 키를 물려받기까지 아버지에게서 혹독한 경영수업을 받았다. 이건희는 2세 경영인으로서 창업 1세에서 2세로 넘어오면서 수성을 하기 위해서는 창업보다 더 진지한 각오가 필요하다는 것을 절실하게 느꼈다. 그는 매년 〈포춘〉지가 발표하는 세계 500대

기업 리스트의 자료를 보면서 기업의 평균수명은 30년이고, 즉 십 년에 3분의 1씩 도태되고 있다는 현실을 직시했다.

그는 새로운 패러다임의 시대가 목전에 도래하고 있음을 간파하고 그에 대처할 방법을 암중모색하기에 이른다. 이건희가 보기에 삼성은 국내 제일의 기업이라고 하지만 많은 문제점을 안고 있었다.

삼성전자는 3만 명이 만든 물건을 6천 명이 고치러 다닙니다. 이런 낭비적 집단은 이 세상에 없어요. 삼성전자는 암으로 치면 2기입니다.

사람들은 신속한 애프터서비스(AS)가 삼성전자의 강점이라고 했지만, 신임 회장이 보기에 삼성전자는 중병에 걸린 환자였다. 새로운 선장은 삼성전자를 살리는 길은 변화와 개혁밖에 없다고 생각했다.

그는 삼성인 개개인은 모두 훌륭하지만 의사소통이 잘 안되고 있다는 것, 너무 급하게 결과를 얻으려고 해서 진정한 연구가 이루어지지 않고 있다는 것, 그러면서도 한국에서 제일이라는 쓸데없는 자만에 빠져 있다는 것을 간파하고 여러 차례 지시를 내렸다.

잘한다는 삼성이 왜 이것밖에 못 만들고, 그것밖에 못 받느냐 우리 삼성은 분명히 2류다. 지금은 죽느냐 사느냐 할 때이다. 단지 더 잘해 보자고 할 때가 아니다.

제2창업 선언

제2창업 정신의 핵심내용으로 우선 자율경영을 제시했습니다. 자율경영을 성공적으로 정착시키기 위해서는 물론 여러 가지 훈련이 필요하지만 제일 중요한 점은 인간적으로 존중하고 물리적인 월급은 말할 필요도 없이 분위기라는 측면에서 인간적인 대우를 함으로써 스스로 하고 싶도록 만드는 일입니다. 자율경영은 인간존중을 바탕으로 할 때 비로소 가능할 수 있기 때문입니다.

−이건희, 경영자 대상 수상기념 강연−

이건희는 삼성호를 넘겨받은 이듬해인 1988년 새롭게 각오를 다지며 제2창업 선언을 선언했다. 그는 '세계 초일류 기업으로의 도약'을 그룹의 21세기 비전으로 제시하며 대대적인 구조조정에 들어갔다. 그는 경영의 효율성을 높이기 위해 그때까지 분리되어 있던 전자, 반도체, 통신을 삼성전자 산하로 합병하고 유전공학, 우주항공 분야의 신규 사업을 추진하는 단안을 내렸다.

그런데 여러 해가 지나도 50년 동안 굳어진 삼성의 체질은 쉽게 바뀌지 않았다. 삼성의 가장 큰 병폐는 삼성이 제일이라는 자만에서 나오는 이른바 '삼성병'이었다. 삼성인들은 삼성 제품이 세계 시장에서는 싸구려로 찬밥 대접을 받고 있는 것도 모르고 국내 제일이라는 헛된 망상에 사로 잡혀서 개선의 의지조차 보이지를 않았던 것이다.

취임 직후인 1988년 5월, 이건희는 마이크로파이브를 인수하게 하고, 10월에는 프랑스 빠이오와 합작회사를 설립하게 하는 등 의욕적으로 공격 경영에 나섰지만, 조직 안팎에서는 우려와 의심이 어린 시선으로 새로운 선장의 항해를 바라볼 뿐이었다. 이건희는 답답했다. 어디서 어떻게 구체적으로 풀어나가야 할지 막막했다. 이건희는 자신이 이끄는 삼성이 3류 기업으로 전락할지 모른다는 불안을 떨쳐 버릴 수 없었다. 당시의 심정을 1997년에 발간한 수필집 〈이건희 에세이〉에서 다음과 같이 회고했다.

> 회장으로 취임한 이듬해, 제2창업을 선언하고 변화와 개혁을 강조했다. 그러나 몇 년이 지나도록 변하는 것이 없었다. 50년 동안 굳어진 체질은 너무도 단단했다. 삼성이 제일이라는 착각에서 벗어나지 못했다. 특히 1992년 여름에서 겨울까지 나는 불면증에 시달렸다. 이대로 가다가는 삼성 전체가 사그라질 것 같은 절박한 심정이었다. 체중이 10kg 이상 줄었다.

이건희 체제가 시작된 시점은 국내·외 정세가 소용돌이치던 시기이기도 했다.

국내에서는 1987년 6월 항쟁 결과 전두환 대통령이 후계자로 지목한 노태우는 대통령 직선제라는 국민의 민주주의적 열망을 받아들였고, 1988년에는 서울 올림픽이 성공적으로 치루어졌다. 국제적으로는 1985년 소련의 고르바초프가 페레스트로이카를 선언한 이래 냉전 체제가 종식되고 냉전보다 더 무서운 경제 전쟁이 본격화되고 있던 시기였다.

바야흐로 새로운 패러다임의 시대가 열리고 있었다. 그런 와중에 이건희는 세계 각국을 순방하면서 세계 시장에서 삼성이 차지하는 초라한 위상을 확인하고, 절체절명의 위기감 속에서 새로운 변신을 시도하게 된다. 삼성전자는 1988년 6월, 중국에 현지 공장 건설을 시작으로 9월에는 헝가리에 컬러 TV를 생산하는 합작회사 공장을 건설하기로 합의서를 교환했다.

산업화 시대의 기업가들은 열심히 제품을 만들고 사업에만 신경을 쓰면 모든 것이 절로 이루어지는 시대를 살았다. 그들은 자사의 이사회를 거의 완벽히 통제하고 있었고, 소비자들은 물건만 제대로 만들어 주면 별로 불만이 없었으며, 정부나 언론도 거의 기업가의 편이었다.

선대 회장시절 삼성은 거의 그런 길을 걸었다.

하지만 2대 회장이 취임한 이후 모든 것이 바뀌어갔다. 산업화 시대, 즉 굴뚝산업이라고 불리는 제조업의 시대가 저물고 컴퓨터, 인터넷으로 대변되는 지식정보화 사회가 도래하고 있었던 것이다.

산업 사회에서 지식정보화 사회로의 전환은 거의 모든 것의 변화를 의미했다. 지식정보화 시대는 모든 정보가 공개되고 공유되는 시대이다. 그것은 기업의 경우도 예외가 아니어서 많은 부분에서 기업은 소비자, 시민단체, 언론의 견제를 받기 시작했다.

오늘날의 기업은 좋은 제품을 만드는 것만으로는 충분하지 않으며 더 멋진 제품, 더 혁신적인 기능을 가진 제품을 만들어야만 소비자에게 어필한다. 그들의 경쟁자는 국내 기업이 아니고 세계 초일류기업인 경우가 많다.

제2창업 선언을 하고 5년 동안 삼성호를 이끌던 새 선장은 점점 더 큰 위기감을 느끼기 시작했다. 이건희는 세계 각국을 순방하면서 세계 시장에서 삼성이 차지하는 초라한 위상을 확인하고, 절체절명의 위기감 속에서 새로운 변신을 시도하게 된다.

부족할 게 없는 환경, 고독한 어린 시절

이건희는 1942년 1월 9일 대구 중구 인교동 61(현 성내3동)에서 이병철의 8남매 중 셋째 아들로 태어났다. 그는 말하자면 한국 최고의 부잣집에 태어나 열 살 때부터 골프채와 운전대를 잡고 부족할 것이 없는 환경 속에서 자라났다.

하지만 그는 어려서부터 아주 많은 고독을 느끼며 자라나야 했다. 그는 어머니가 사업하는 아버지의 뒷바라지를 해야 하기 때문에 태어나자마자 시골로 보내졌다. 그가 엄마 품에 처음 안겨본 것은 네 살 때였다. 인생의 가장 결핍된 시기에 이건희는 어머니의 사랑을 받지 못하고 자랐다.

그가 대구에서 자라난 곳은 아버지가 경영하는 4층짜리 삼성상회 사무실 바로 옆의 가정집이었다. 서문시장 옆에 붙어 있는 그의 생가는 기계공구상에게 팔렸고 지금은 그 터엔 공구상 건물이 들어서 있다. 이건희는 방이 4개 있는 그 집에서 부모님과 3남 5녀, 일꾼 등 모두 열다섯 식구와 함께 살았다.

그는 그곳에서 유치원을 다니다가 아버지가 사업장을 서울로 옮기던 1947년 서울로 올라와 서울 혜화초등학교에 들어가게 된다. 하지만 그는 초등학교 시절에 6·25 전쟁을 만나 피난을 다니는 통에 초등학교를 무려 다섯 차례나 옮겨야 했다. 부족할 것이 없는 환경에서 태어났으나 이상하게도 고독한 어린 시절을 보내야 할 운명이었다.

부산사범 부속초등학교 시절 4, 5학년을 같이 다녔던 전 한겨레신문 권근술 사장은 언론과의 인터뷰를 통해 이건희 회장을 다음과 같이 회상했다.

> 건희가 천장에 매달면 끈을 물고 뱅뱅 돌아가는 비행기, 레일 위를 달리는 모형기차 등 당시로서는 구경하기도 힘든 장난감을 가져와서 함께 놀던 생각은 나는데, 말이 없고 장난도 잘 치지 않는 아이라 다른 기억은 거의 없다.

'함께 놀던'이라고 표현은 하지만 학교에서도 이건희는 다른 아이들과 놀지 않았을 것이다. 소년 이건희로서는 아이들이 쉽게 구경도 할 수 없는 비싼 장난감을 가지고 가서 친구들의 관심을 끌고 싶었을 것이다. 하지만 아이들은 그의 곁을 빙빙 돌기만 할뿐 선뜻 다가서지 않았다. 그는 그저 값비싼 장난감을 갖고 노는 부러운 부잣집 아이에 불과했다.

그러다가 이건희는 초등학교 5학년 때 일본을 배우라는 아버지의 지시에 따라 일본으로 유학을 떠나야 했다. 그래서 이건희는 부모와 함께 지낸 추억을 거의 가지지 못하고 자라났다.

이병철이 세 아들을 일본에 유학 보낸 것은 6·25 전쟁 전후 어수선한 한국에서 교육을 시키는 것보다는 비교적 안정된 일본에서 더 배울 것이 많을 것이라는 판단 때문이었을 것이다.

하지만 겨우 열두 살의 어린 소년으로서는 무척이나 외로웠을 것이다. 게다가 처음 1년 동안은 말이 통하지 않아서 고생을 많이 했다고 한다.

그는 일본에서 둘째 형 창희와 자취생활을 했지만 나이가 9살이나 터울이 지는 탓에 함께 하는 시간이 별로 없었고, 대부분의 시간을 혼자서 지내야 했다. 그래서 그는 어릴 때부터 말수가 적고 혼자 생각에 빠져 지냈다. 그는 일본에서 초등학교를 다니는 동안 영화와 책, 그리고 생각에 잠기는 것이 전부인 삶을 살았다.

일본에서 초등학교를 졸업한 후 이건희는 더는 외로움을 견디지 못하고 아버지를 졸라 서울로 돌아와서 중학교에 입학했다. 그러나 그는 한국에서의 생활에서도 외로움을 느끼고 잘 적응하지 못했다. 가족들은 각자의 생활을 하고 있어서 여전히 잘 만날 수 없었고, 친구도 쉽게 사귀지 못했다. 이건희가 평소에 대외적으로 자신을 잘 드러내지 않는 성격을 가지게 된 것은 외로웠던 어린 시절의 영향이 크다고 볼 수 있겠다.

그는 골프도 혼자서 치는 것을 즐길 만큼 남들과 번잡스럽게 어울리는 것을 좋아하지 않는다. 최근에 전경련의 재계 원로들이 집까지 찾아가서 회장직을 맡아줄 것을 부탁했지만 결국 고사한 것도, 여러 가지 복잡한 이유가 있겠지만 남들과 어울리는 것을 싫어하는 그의 성격에 기인하는 것이라는 분석이다.

어려서부터 혼자 지내는 데 익숙해져서 그룹 회장이 된 이후에도 대외적으로 언론 등에 거의 나서지 않고, 취미생활도 대부분 혼자 즐기는 쪽을 선호한다. 특히 젊은 시절에 혼자 사는 사람이 즐기는 취미인

애완견 키우기에 몰두했다는 것은 이미 유명한 이야기다.
  그는 미국 유학시절 차를 여섯 번이나 바꾸었는데 그것은 자신이 직접 차를 뜯어보고, 구조를 익히고, 다시 조립하는 취미를 붙였기 때문이라고 한다. 훗날 그의 이러한 취미는 삼성의 전자제품을 한 단계 격이 높은 제품으로 만들어내는 데 큰 기여를 하게 된다.

학창시절

  이건희는 중·고등학생 시절에도 여전히 조용하고 차분한 아이였다. 그는 당시 친구들로부터 서툰 한국 발음과 무의식적으로 배어나오는 일본에서의 습관 때문에 '쪽바리'이라는 놀림을 받으면 여전히 외로움을 타야만 했다.
  이건희도 삼성가의 핏줄을 이어받은 탓인지 공부에는 그다지 신경쓰지 않는 편이었다. 고등학교에 올라가자 그는 의외로 레슬링부에 들어가서 선수로 활동하기 시작했다. 그것은 그가 일본에 있을 때 한창 프로레슬링이 유행했는데 그는 당시 가장 유명했던 역도산을 무척 좋아한 것이 레슬링을 하게 된 동기가 되었다.

> 제가 일본에 있을 때 한창 프로레슬링이 유행했습니다. 프로하고 아마추어하곤 전혀 다르지만 그 영향을 받았는지, 유도를 할까 레슬링을 할까 하다 레슬링을 하게 됐죠.

  그는 레슬링에 출중한 재능을 나타내서 웰터급 선수로 전국 규모의 대회에 나가서 수상할 정도의 실력을 보였다. 이건희는 레슬링이 좋았다. 땀이 비 오듯 쏟아지는 가운데 고통의 극한에서 자기의 육체적인 한계를 시험할 수 있어서 좋았다. 무엇보다도 동아리 활동을 통해서 친구들을 사귈 수 있어서 좋았다. 운동을 마친 뒤 친구들과 함께 우르르 대중목욕탕에 가서 샤워도 하고 여럿이 어울려 풀방 따위의 길거리

음식을 먹는 것도 좋았다. 당시 을지로 5가에 교사(校舍)가 있던 서울사대부고를 건희와 함께 다녔던 동창생 오방근은 당시를 다음과 같이 회상한다.

건희는 학교 다닐 때 광목으로 된 교복을 입고 다녔는데 그때 건희가 새 교복을 일부러 빨아 낡은 것처럼 하고 입고 다녔습니다. 학교 근처의 청계천 시장에서 친구들과 어울려 선짓국이나 값싼 백반을 즐겨먹던 일도 기억납니다.

또 레슬링부 활동을 함께 했던 송경희는 건희로 인한 유쾌한 경험을 다음과 같이 회상한다.

한 번은 건희네서 귀한 바나나를 짐칸 가득히 싣고 왔어. 시합 전이라 체중조절을 해야 되는데도 다들 정신없이 먹었지. 너무 많이 먹어 설사를 하는 바람에 결국 저절로 체중조절이 됐지.

이때 동아리 활동을 함께했던 서울사대부고 13회 졸업 동기생들이 그 뒤로도 계속 우정을 나누는 사이가 되었다는 사실을 놓고 보면, 이때 함께 운동했던 친구들 사이의 우정이 무척이나 끈끈했음을 알 수 있다.

하지만 연습 중에 눈썹 부근이 찢어지는 불상사가 나는 바람에 가족들의 반대로 레슬링부를 떠나야 했다. 이때의 인연으로 이건희는 훗날 한국레슬링협회의 회장을 맡았는데, 그는 해외에 나갈 때마다 유럽 등 레슬링 강국의 훌륭한 선수나 코치가 있으면 아무리 오지라도 찾아가서 그들의 경기 모습과 기술을 배워 왔다. 그리고 특히 훌륭하다고 생각되는 사람은 국내에 초청해서 우리 선수들이 많이 배울 수 있게 했다. 그 결과 한국은 올림픽에 나가 레슬링 부문에서 많은 메달을 딸 수 있었다.

레슬링을 그만둔 이건희는 이번에는 럭비에 빠져들었다. 레슬링 합숙훈련 때 럭비부원들도 함께했던 인연 때문이었다. 이건희는 럭비를 통해서 인생과 자기 존재를 바라보는 태도를 바꾸는 소중한 경험을 하게 되었다.

럭비는 한 번 시작하면 눈비가 와도 중지하지 않고 계속한다. 걷기조차 힘든 진흙탕에서도 온몸으로 부딪치고 뛴다. 오직 전진이라는 팀의 목표를 향해 격렬한 태클과 공격을 반복하면서 하나로 뭉친다. 그래서인지 럭비 선수들은 학교를 졸업하고 나서도 럭비 팀으로 모이기만 하면 사회적인 지위에 관계없이 모두 하나가 된다고 한다. 악천후를 이겨내는 불굴의 투지, 하나로 뭉치는 단결력, 태클을 뚫고 나가는 강인한 정신력, 이것이 럭비에 담긴 정신이다. 이 시점에 우리에게 가장 필요한 것은 몸을 던져서라도 난관을 돌파하는 럭비 정신으로 현재의 정신과 패배주의를 극복하는 일이다.

이건희는 럭비를 통해서 팀플레이라는 걸 처음으로 해보았다. 그가 지금까지 했던 모든 활동은 혼자서만 하는 활동이었다. 개를 돌보는 것이나 영화를 보는 것, 기계류를 분해하고 조립하는 것, 책을 보는 것이 모두 다 그랬다. 레슬링도 상대방과 겨루기는 하지만 혼자서 상대와 싸우는 경기였다. 하지만 럭비는 여럿이 함께하는 단체 운동이었다. 이건희는 럭비를 통해서 비로소 집단을 알았고, 공동의 목표라는 개념을 난생 처음으로 깨달았다.

이때의 경험이 이건희에게 얼마나 소중했는지는, 나중에 사대부고에서 럭비부를 지도했던 스승이 도쿄올림픽 행사 참석차 일본에 갔을 때 당시 와세다대학교 학생으로 일본에 머물던 이건희가 스승에게 간청해 자기 집에 머물게 했던 사실에서도 확인할 수 있다.

홍사덕 전 의원과의 일화
'제2한강교는 통일 후 화물선이 다닐 다리'

서울대학교 사범대학부속고등학교 동기생인 홍사덕 전 의원은 고교 시절 이건희와 비교적 절친하게 지냈는데 그는 이건희의 세상을 바라보는 독특한 시각에 깜짝 놀라거나 압도당하는 일이 많았다고 회상한다. 어떤 때는 자신이 한참씩 궁리해야 비로소 말뜻을 알아들을 때가 허다했다는 것이다.

"이익을 내지 못하는 기업은 사실상 나라를 좀먹는 존재다.", '나는 사람에 대한 공부를 제일 열심히 한다."는 등등 이건희는 평범한 고등학생으로서는 생각도 해보지 못할 소리를 늘 내뱉었던 것이다. 홍사덕은 당시의 이건희를 이렇게 회고했다.

건희는 늘 깊은 생각에 빠져 있었다. '생각'이라기보다 '묵상'에 가까웠다. 그때도 지금처럼 무표정한 얼굴로 말이 없었다. 친구들이 말을 걸면 돌아오는 답은 '응', '아니' 뿐이었다. 동작도 느릿느릿했고 한 번도 놀라는 것을 보지 못했다. 그래서 '너는 천둥벼락이 내리쳐 다른 놈들은 다 기절해도 터덜터덜 집에 가서 다음 날 아침에나 기절할 놈'이라고 놀려줬다.

건희는 어쩌다 입을 열면 싱거운 소리를 잘했는데, 더러는 충격적일 만큼 독특한 시각과 발상을 내비쳤다. 그런 말을 앞뒤 설명도 없이 '본체'만 툭툭 던졌는데, 책깨나 팠다고 거들먹거리던 나도 한참을 생각해봐야 겨우 뜻을 짐작할 수 있었다. 가령 '미국에서 차관을 많이 들여와야 미국의 이해관계 때문에 우리 안보가 튼튼해진다.' 라든가 '공장을 지어서 일자리를 많이 만드는 게 어떤 웅변보다 애국하는 길이다.' 등등 내가 상상도 하지 못했던 분야에 대해 그는 특유의 싱거운 표정으로 샘솟듯 이런 저런 얘기를 들려줬다. 어떤 때는 내가 한참씩 궁리해야 비로소 그의 말뜻을 알아들을 때가 허다했다. 건희는 생각이 많았지만 그것들이 제각기 연결돼 하나의 얼개를 이뤘다. 여러 구조물이 공학적으로 긴밀하게 서로 연결돼 거대한 건물을 지탱하듯, 한 가닥의 실만 잡아당기면 실타래 전부가 풀려나오듯, 그와 얘기해보면 음악이나 미술에서 화두를 열어도 기업경영, 국가, 인류의 주제로까지 자연스럽게 이어졌다. 그는 북(鼓) 같은 친구였다. 작게 두드리면 작게, 크게 두드리면 크게 울려오는 북……. 그것은 묵상과 직관의 힘이었다.

그러면서 홍사덕은 이건희가 보다 실제적인 면에서도 남다른 감각과 세상을 보는 눈을 일찍부터 가지고 있었음을 증언하고 있다.

당시 삼성에서 간부 한 분이 내쳐졌어요. 그런데 고교생 건희가 아버지(고 이병철 회장)께 그분의 복권을 고집스레 건의하더군요. 그분은 나중에 삼성 발전에 큰 기여를 했지요. 당시 건희에게 "고등학생이 뭘 안다고 그러느냐?"고 물어봤어요. 그랬더니 건희가 그러더군요. "나는 사람에 대한 공부를 제일 열심히 한다."고.

이건희는 고등학교를 졸업하고 1965년에 다시 일본으로 유학을 떠나 와세다대학교에서 공부했다. 홍사덕은 대학생이 되었을 때는 이런 일도 있었다고 한다.

와세다대학에 다니다가 방학을 맞아 돌아왔을 때 그는 다시 한 번 나의 기를 죽여 놓고 갔다. 손수 운전으로 드라이브를 즐기던 우리가 제2한강교(지금의 양화대교)에 닿았을 때다. "이게 우리 기술로 만든 다리다. 대단하지?" "이놈아, 생각 좀 하면서 세상을 봐라. 한강은 장차 통일되면 화물선이 다닐 강이다. 다리 한복판 교각은 좀 길게 잡았어야 할 것 아이가?" 실로 괴이한 두뇌의 소유자였다.

삼성가(家) 가족이야기 ⑲

이건희와 홍라희의 결혼

 1967년 5월 27일, 이병철의 3남 이건희와 홍진기의 장녀 홍라희가 결혼을 했다. 이 결혼은 두 아버지의 합작품이다. 이건희와 홍라희가 처음 만난 것은 7개월 쯤 전인 1966년 8월 말 일본 도쿄 하네다 공항에서였다. 당시 이건희는 조지 워싱턴 대학 경영대학원에서 공부하던 중 여름방학을 이용해 멕시코 여행을 하다가 미국 재입국 비자를 받는 것을 깜빡 잊어버려 도쿄에 와서 비자를 기다리던 중이었다.
 그때 홍라희는 덕수초등학교와 경기여중·고를 거쳐 서울대학교 응용미술과에 재학 중이던 미모의 여학생이었다. 그녀는 아버지에게서 선을 보라는 말을 듣고 펄쩍 뛰었다. 무엇보다 대한민국 미술전람회(일명 '국전(國展)')에 작품 출품 준비로 눈코 뜰 새가 없었고, 졸업 후에는 미국 유학을 계획 중이었기 때문이다. 어머니 김윤남(金允楠)은 그런 딸을 겨우 달래서 모녀가 함께 일본행 비행기를 탔다. 이건희는 하네다 공항으로 두 모녀를 마중 나갔고 묵고 있던 오쿠라 호텔로 안내했다. 이건희는 키가 크고 이목구비가 또렷한 홍라희가 마음에 들었다. 홍라희는 말수가 적지만 눈이 선하게 생긴 이건희가 마음에 들었다. 다음 날 두 사람은 영화 〈닥터 지바고〉를 보며 데이트를 했다.
 홍라희는 이건희보다 세 살 아래였고 해방이 되기 한 달 전인 1945년 7월 15에 전주에서 태어났다. 아버지는 홍진기가 전주에서 판사로 있을 때 태어난 맏딸이었다. 홍진기는 첫딸의 출생이 얼마나 기뻤는지 '전라도에서 얻은 기쁨'이란 의미로 '라희(羅喜)'로 지었다.
 이건희는 첫 만남 이후 미국으로 돌아가서 학업을 마칠 예정이었다. 그러나 두 사람의 결혼은 한비사건이란 악재 때문에 빨리 이루어졌다. 9월 15일 한비사건이 터지자 이병철은 아들에게 귀국해서 일을 도우라고 명령했다. 태평양을 사이에 두고 당분간 못 만날 줄 알았던 두 사람은 서울에서 데이트를 계속 이어가게 되었다. 홍라희는 그해 국전에서 〈센터 캐비닛과 의자〉라는 작품으로 공예 부문 특선을 차지했다. 두 사람은 다음 해인 1967년 1월 약혼을 하고 5월 27일 결혼했다.

두 사람의 결혼에는 세상에 잘 알려지지 않은 일화가 있다. 1965년 국전이 열리고 있을 때였다. 홍진기는 딸에게 "이병철 회장을 모시고 국전을 안내하라."고 일렀다. 미술 애호가인 이병철은 거의 매년 국전을 관람할 정도로 미술에 관심이 많았다. 당시 대학 3학년이던 홍라희는 공예부문에 〈티 테이블〉이란 작품을 출품해 입선했던 터라 아버지가 딸의 솜씨를 그렇게 자랑하려나 보다 생각하고 별 생각 없이 이병철을 안내했다. 그러나 이병철은 자신의 며느릿감을 선보는 자리였고, 국전 입상작에 대한 요령 있는 설명을 하는 홍라희가 마음에 쏙 들었다. 공교롭게도 그 장면을 놓치지 않은 기자들 덕분에 그녀는 자신이 "이병철 회장의 셋째 아들과 약혼했다."는 소문을 듣게 되었다.

홍라희는 결혼 후에 시아버지의 재미있는 테스트를 받게 된다. 이병철은 며느리에게 매일 10만 원을 주면서 인사동에 가서 골동품을 사오라는 주문을 했다. 며느리는 시아버지가 왜 그런 일을 시키는지 그 깊은 속을 알지는 못했지만 자신의 취미를 개발 시킬 수 있는 기회로 생각하고 열심히 인사동을 드나들었다. 석 달쯤 지나자 집안은 민화나 토기 자기 같은 소품들 천지가 되고 말았다. 이병철은 며느리가 사들인 물건들을 바라보며 흡족한 미소를 지었다.

"그 동안 네가 미술품을 보는 안목을 테스트를 한 것인데 이 정도면 참으로 훌륭하다카이."

이병철은 그때 이미 미술 사업을 염두에 두고 있었고 미술학도인 막내며느리에게 미술품을 보는 안목을 키워주기 위한 실험을 했던 것이다. 이병철의 홍라희에 대한 사랑이 각별했음을 보여주는 대목이다. 홍라희는 이병철의 이러한 배려 덕분에 훗날 호암미술관 관장(1995년), 그리고 리움미술관 관장(2004년)으로 또 삼성문화재단 이사로 있으면서 자신의 꿈을 실현할 자기 시대를 준비할 수 있었다.

한편 장인 홍진기도 사위를 아들처럼 아끼고 사랑했다. 이건희가 홍라희와 결혼했을 때 그녀의 동생들은 모두 미성년자였다. 그래서 이건희는 홍 씨 집안의 장남 노릇을 했다. 홍진기는 이건희가 동양방송 이사를 맡게 되자 이병철의 부탁을 받고 사위에게 본격적인 경영 수업을 시켰다. 홍라희는 당시를 이렇게 말했다

남편은 기업인으로서 행운을 타고났다고 생각한다. 아버지인 이병철 회장님으로부터는 천부적인 직관력과 동물적인 경영 감각을 물려받았고, 장인인 우리 아버지로부터는 행정 경험, 법에 대한 개념, 그리고 사회에 대한 총괄적인 개념을 듣고 배웠다. 아버지가 한번은 이런 말씀을 하셨다. "얘, 나는 이 서방을 가르치는 게 재미가 나." 내가 "왜요?"라고 여쭸더니 아버지는 "쓸데없는 선입관이 있으면 그걸 다 꺼내 놔야 되잖니? 그런데 이 서방은 그릇도 큰 데다 남의 말을 경청하고, 그것을 실천하려고 노력하니까 내가 그냥 쏙쏙 넣어 주고 싶다."고 하셨다. 아버지가 쓰신 표현 그대로다.

⑳ 비서실을 장악하다

삶은 소유가 아닌 창조를 통해 드러난다.

— 비다 D. 스커더 —

아버지의 그림자를 거두고

모든 후계자는 부채가 있는 법이다. 물려받은 자산이 자기 자신이 일구어낸 것이 아니기 때문이다. 그 자산이 큰 것일수록 물려받은 사람은 그것을 물려준 사람의 영향력에 짓눌리게 마련이다. 이건희에게 아버지 이병철이 드리운 그림자는 너무나 크고 짙었다. 새로운 회장이 취임하고 오랜 시간이 지났는데도 사장단과 임원진, 비서진들은 기득권을 놓치지 않기 위해 서로 눈치만 보고 움직이지 않았다. 그렇다고 지난날 많은 업적을 남기며 아버지와 함께 삼성을 키워온 원로들을 함부로 내칠 수도 없는 일이었다.

삼성그룹의 총수가 된 이건희는 회장 취임 4개월 만에 한 월간지와 가진 인터뷰에서 다른 재벌 2세들과는 달리 자신은 준비된 후계자임을 천명하는 의미심장한 발언을 한다.

> 아까 다른 대기업 2세 얘기를 하셨지만 그분들과 저는 기본적으로 다른 점이 있다고 생각해요. 회장이나 총수가 되는 절차가 달랐다는 것입니다. 저는 공식적인 후계자 지명을 받고 회장 곁에서 늘 결재하는 과정을 지켜보는 경영자 수업을 받은 반면, 그분들은 그런 공식적 절차를 거치지 않았다는 생각입니다. 물론 그분들이 후계자 준비를 하지 않았다는 것은 아닙니다만.

그는 자신이 부회장이 된 것은 10년이지만 실제 후계자로 지명을 받은 건 15년이 넘었고, 그 15년이라는 긴 세월 동안 삼성호를 넘겨받을 준비를 해왔다는 것을 강조했다.

물론 이건희는 아버지로부터 받은 혹독한 후계자 수업을 통해 사업의 큰 그림을 그리는 능력, 즉 핵심파악력·조직장악력·사업집중력·카리스마 등을 갖게 됐다. 같은 2세 경영자이지만 대부분의 2세들이 수성 전에 공격부터 한 것과 달리 이건희는 수련→정비→축성→공격의 전법을 순서대로 밟아갔다. 신경영 이후에 이건희가 보여준 족적은 그가 얼마나 잘 훈련되고 준비된 오너인지를 보여주는 증거인 셈이다.

그러나 당시 젊은 선장은 불안했다. 그는 선대 회장 시절부터 막강한 정보력과 권한을 자랑했던 비서실부터 뜯어고쳐야겠다고 마음먹었다. 비서실은 신임 회장이 등극한지 오랜 시간이 지나도 과거의 모습 그대로 움직이고 있었다. 이건희는 아버지의 체취가 서려있는 막강한 비서실의 개편 없이는 자신이 한 발자국도 앞으로 나아가지 못하리란 것을 깨달았다.

삼성은 1959년부터 비서실을 운영하기 시작했다. 이병철의 지시로 만들어진 비서실은 처음 직원 20여 명으로 삼성물산의 일개 '과(課)'에 불과했다. 이병철은 제일제당, 제일모직 등 계열사가 늘어나자 그룹 전체의 관리를 비서실에 위임했다. 그러던 것이 1967년 비서실 안에 그룹 감사실이 생기면서 비서실의 그룹 내 위상과 권한은 크게 확대됐다. 또 1975년 종합무역상사 제도가 시행됨에 따라 대대적인 확대 재편 작업에 들어갔다.

삼성비서실을 삼성만의 독자적인 색채를 띠면서 무소불위의 힘을 발휘하는 막강한 파워 집단으로 만든 사람은 소병해(蘇秉海)였다. 1978년 8월에 비서실장이 된 그는 이병철이 사망할 때까지 그 자리를 지키면서 삼성 비서실을 그룹의 명실상부한 전략사령탑으로 만들었다. 그는 이병철의 절대적인 신임하에 기존의 정보수집, 기획, 재무, 감사, 비서, 연수의 6개 팀에 정보시스템, 경영관리, 인사, 국제금융, 홍보, 전산 등의 팀을 더하여 15개 팀 250여 명으로 조직을 확충하며 막강 비서실의 위용을 갖췄다.

이병철은 1년에 3분의 1을 일본에서 생활하고 있었던 탓에 삼성 비서실장은 이병철 회장의 분신이라고 일컬어지며 막강한 권한을 휘둘러왔다. 특히 소병해는 무려 12년이나 삼성 비서실장을 지낸 노련한 책사였다.

그런 조직이기에 신임 회장의 명령이 잘 먹혀들지 않았다. 이병철은 삼성을 경영하는 50년 동안 단 한 번도 서류에 결재를 하거나 수표에 도장을 찍지 않았던 위임 경영의 달인이었다. 하지만 신임 회장의 입장은 달랐다. 이건희는 그룹 회장이 되긴 했으나 50년 동안 굳어버린 체제는 아직도 선대 회장의 체제였고 사람들은 아버지의 사람들이었던 것이다. 당시 이건희는 이렇게 분통을 터트렸다.

    내가 공장이라도 방문할라치면 비서실은 이렇게 지시했다. '회장 얼굴 보지 말고 열심히 일하는 체해라. 부동자세 취하라.'는 등. 내 앞에서는 좋은 소리만 했다. 안 되는 것 갖고 오라 해도 안 됐다.

신임 회장은 취임하고 5년 동안이나 그렇게 속앓이를 하고 있었던 것이었다. 그는 또 이런 말도 했다.

    삼성의 사장단 회의는 어전회의였다. 선대 회장을 비판하려는 게 아니다. 비서실장이 회의 전날 PD 노릇을 했다. "A사장 이것 준비하고, B상무. 이것을 물을 거야. C이사, 당신에게는 이것을 물을지 몰라." 등등……. 이게 과거 우리 그룹의 사장단 회의 모습이었다.

이쯤 되니 이건희가 보기에 세상이 그렇게 훌륭하다고 선망하는 비서실은 '암 덩어리'와 같은 존재였고 '삼성병' 그 자체였다. 1990년 가을부터 소병해의 경질은 예고되기 시작했다. 이건희는 비서실 임원들을 신라호텔로 여러 차례 불러서 자율경영체제에 대한 자기 의지가 제대로 관철되지 않는다고 심하게 질타했다. 1989년 11월에 가졌던 한 월간지와의 인터뷰에서 이런 말을 한 적이 있다.

선대 회장은 경영진의 80%를 쥐고, 비서실이 10%, 각 계열사에 10%를 나눠 행사했다. 나는 앞으로 회장이 20%, 비서실 40%, 각 사장이 40%를 행사하는 식으로 바꾸겠다.

여기서 이건희가 노린 것은 이병철의 그림자가 짙은 비서실을 축소하는 것이고, 또 하나는 각 계열사가 실패에 대한 부담을 조금이라도 더 적게 가지고 새로운 사업에 도전할 수 있도록 자율경영의 폭을 강화하자는 것이었다. 하지만 비서실은 하나도 변하지 않고 있었다. 그래서 이건희는 비서실은 '조선 500년'과 같다고 하면서 이렇게 외쳤다.

과거의 비서실은 권위에 싸여 있었다. 게슈타포, KGB라고 불릴 정도로, 나도 그렇게 느꼈다. 비서실장은 잘 알 것이다. 회장이 된 후, 나는 비서실에 과거의 모든 잘못을 다 내놓으라고 했다. 많이 내놓을수록 상을 주겠다고 했다. 몇 번인가 말했는데, 그러나 안 나오더라. 포기 직전까지 갈 수밖에. 나는 도와주려고 그랬는데, 과거 비서실은 '체' 병에 걸려 있었다. 내가 공장이라도 방문할라치면 비서실은 이렇게 지시했다. '회장 얼굴 보지 말고 열심히 일하는 체 해라. 부동자세 취하라.'는 등 내 앞에서는 좋은 소리만 했다. 안 되는 것을 갖고 오라 해도 그마저 안 됐다.

결국 칼을 뽑아들 수밖에 없는 것이 수순이었다. 이건희의 비서실 개혁은 1990년 1월부터 시작되었다. 그는 아버지의 삼년상이 끝나는 시점에 칼을 빼들고 아버지의 수족들을 잘라냈다. 소병해는 1942년생으로 이건희와 동갑이었다. 그는 경북 칠곡 출신으로 대구상고와 성균관대를 졸업했는데, 재무와 관리 분야에서는 가히 천재적인 능력을 발휘해서 그토록 까다롭다는 이병철의 수족이 되었던 사람이었다. 이병철의 지시를 받고 이맹희가 성광증에 걸렸다고 서류를 조작하고 납치하려고 시도를 했던 사람도 바로 소병해였다. 어느 날 이병철이 소병해에게 물었다.

"소 군, 자네는 직책이 뭐꼬?"

"예, 저는 이사입니다."

"그래 이사제, 이사 맞제?"

소병해의 파워가 하늘을 찌른다는 소문을 들은 이병철이 넌지시 경고를 던진 것이었으나 그렇다고 소병해에 대한 신임을 거둔 적은 없었다.

어쨌거나 취임 3년 만에 칼을 빼어든 이건희는 비서실의 수장 소병해를 삼성생명 부회장으로 전출시키고 15개에 달하는 비서실 조직을 10개로 축소했다. 그리고 그해 정기 인사를 통해 총 20명에 달하는 비서실 임원 대부분을 교체했다.

비서실이 생긴 이래 최대 규모의 물갈이를 단행했던 것이다. 이건희는 서울사대부고 4년 선배인 이수빈(李洙彬)을 비서실장에 임명했다. 이수빈은 2008년, 이건희가 일시적으로 경영 일선에서 물러났을 때 삼성생명의 회장으로서 삼성그룹 사장단 회의의 좌장 역할을 할 정도로 이건희의 신임이 깊은 사람이다.

이건희는 이수빈 외에도 구 세력에게 밀려 삼성을 떠났던 제일제당의 사장을 지낸바 있던 경주현을 영입하고, 또 이병철 말년에 한직으로 밀려났던 삼성전자 부회장을 지낸 강진구(姜晉求) 등을 다시 등용했다. 드디어 이병철의 사람들이 이건희의 사람들로 물갈이 되는 변화의 파도가 몰아쳐 온 것이었다.

이건희는 1987년 12월에 법적인 그룹의 총수가 되기는 했으나 그동안 아버지의 사람들과 아버지의 카리스마에 눌려 지낸 그림자에 지나지 않았다. 아버지의 그림자가 그를 덮치고 있어서 그는 그림자조차 보이지 않을 때도 있었다. 이건희는 아버지의 그림자들을 걷어내는 데 성공함으로써 비로소 실질적으로 삼성이라는 조직을 장악한 오너가 된 것이었다. 이와 관련해서 이건희는 1993년 8월에 가진 한 인터뷰에서도 다음과 같이 말했다.

창업 2세대가 그룹을 이끌려면 첫째, 집안의 굴복은 못 받을지언정 잡음은 없어야 하고, 둘째, 회사 임직원한테 인정을 받아야 합니다. 창업세대가 키워놓은 세력들이 남아 있으므로 거부세력이 있게 마련입니다. 2세는 젊으니 어리고 약하다고 볼 수 있는 것이죠. 셋째, 사회의 인정을 받아야 합니다. 제 경우는 집안정리하고 회사정리 끝내는 데 5년 정도가 걸렸다고 보면 됩니다.

제2창업 2기

비서실을 장악한 이건희는 1991년 말 삼성 역사상 최대 규모의 대대적인 인사 조치를 단행했다. 무려 217명을 임원으로 승진, 발령했는데, 생산기술부문에서 38명, 해외부문에서 17명에 이르는 기술개발과 국제화에 역점을 둔 인사개편이었다. 바야흐로 이건희 체제의 개막을 알리는 인사개편이었다.

아버지 이병철과는 전혀 다른 친위 쿠데타와도 같은 인사 조치였고 새로운 경영방식을 보여주는 것이었다. 이건희는 2세 경영인으로서 창업 1세에서 2세로 넘어오면서 수성을 하기 위해서는 창업보다 더 진지한 각오가 필요하다는 것을 절실하게 느꼈다. 이건희는 당시 상황을 긴박하게 인식하고 있었다. 다음은 1992년 경영자 대상(大賞) 수상기념 강연에서 그가 한 말이다.

세기말적 변화로 나타나는 구체적인 징후로 먼저 국내에서는 민주화 열풍이 일어났습니다. 우리 삼성이 제2창업 2단계를 선언하는 시점에서 쏟아진 신정부의 개혁 의지는 아주 큰 변화로 볼 수 있습니다. 또한 잘 아시겠지만 EC가 통합되고 냉전체제가 붕괴되는 등 세계적으로도 많은 세기말적인 변화가 진행되고 있습니다. 특히 불과 몇 십 년 전에 북한에

무기를 원조해 우리나라를 침공하게 했던 소련이 국교를 열고 우리나라의 경제 원조를 받는 엄청난 변화가 일어났습니다. 이젠 외교라는 것도 그 의미가 과거와는 달라지고 있고 전 세계가 국경 없는 경쟁시대에 돌입한 것입니다. 선대가 경영했던 87년 이전과 지금의 경영 상황에는 엄청난 차이가 있습니다. 특히 선대까지는 기업경영이나 상품이 단순하면서도 하드적인 것이었습니다. 그러나 이제부터는 시스템화, 소프트화가 필요하며 세계적 변화의 흐름을 제대로 이해하고 대응해 나가야 합니다.

아버지의 체제를 무너뜨리고 단숨에 삼성그룹을 장악해 나간 그해 1992년 삼성이 거둔 성과는 바람직했다. 3월에 삼성물산이 국내 최초로 매출 10조 원을 돌파했고, 삼성전자는 10.4인치 TFT-LCD를 개발하는 데 성공했다. 4월에는 삼성전기의 포르투갈 공장이 생산을 시작했고, 5월에는 삼성전자 제품 가운데 컬러텔레비전 등 4개 제품이 세계 명품으로 선정되었다. 7월에는 삼성전자가 영국 빌링엄에 컬러텔레비전 공장을 건설하고, 8월에는 세계 최초로 64메가 D램을 개발했다. 11월에는 삼성전자가 중국에 생산 법인을 설립했으며, 11월 30일에는 삼성전자가 제조업체 최초로 수출 40억 달러를 돌파했다.

또한 이건희가 회장으로 취임한 이후 거둔 경영 성과도 괜찮았다. 취임 첫해인 1988년에는 삼성그룹의 총 매출이 20조 1000억 원, 총 세후이익은 3411억 원이었다. 그런데 1992년의 총 매출액은 38조 2100억 원으로 두 배 가까이 늘어났고 수출액도 1987년의 11.25억 달러에서 1990년에 17.3억 달러 그리고 1992년에 18.6억 달러로 꾸준하게 늘어났다.

이만하면 됐다고 판단한 이건희는 '세계 초일류 기업으로의 도약'을 그룹의 21세기 비전으로 제시하며 대대적인 구조조정에 들어갔다. 전자와 반도체, 통신을 하나로 합병했으며 선대 회장 시절 막강한 정보력과 권한을 자랑했던 비서실부터 대대적 개혁을 시작했다.

그는 대부분의 오너들이 알면서도 엄두를 못 내던 원론을 추구해 나가기 시작했다. 예컨대 단기간의 수익이나 매출에 급급하지 말고 세계 최고제품을 만들어야 한다는 것, 그리고 고객만족도를 높이기 위해 애프터서비스만큼은 철저히 하라는 것 등이었다.

이런 원론 추구는 대대적인 개혁으로 이어졌다. 이건희는 경영의 효율성을 높이기 위해 그때까지 분리되어 있던 전자, 반도체, 통신을 삼성전자 산하로 합병하고 유전공학, 우주항공 분야의 신규사업을 추진하는 단안을 내렸다. 또한 재무, 총무, 인사, 경리 등 관리부서가 주축이던 그룹 내 권력중심을 반도체 휴대폰 TFT-LCD 등 기술부서에 분산시켰다.

이건희는 제2창업 제2기를 선포하고 그룹의 경영 이념과 정신, 그룹마크, 사가 등을 바꾸고 대대적인 개혁 작업에 나섰다. 삼성은 그동안 일부 관계사들이 독자적인 CI를 추진함으로써 그룹 이미지가 점진적으로 분산되었다. 특히 1980년대 후반부터는 삼성물산과 삼성전자를 비롯한 관계사들이 활발하게 해외에 진출했으나 서로 다른 심벌과 로고를 사용했기 때문에 삼성의 통일된 이미지를 세계인들에게 심을 수 없었다. 삼성은 1991년 3월에 '그룹 CI추진팀'을 발족시켰다. 파트너로는 세계 5대 CI업체 중 하나인 L&M사를 선정하고 과학적인 이미지 분석과 창의적인 설계를 통해 최종안을 만들었다.

삼성 측의 설명에 따르자면, 삼성의 영문자를 중심으로 디자인한 워드마크는 세계제일주의, 기술주의, 고객중시, 혁신, 사회에 대한 책임 등 다섯 가지 핵심가치를 함축하고 있다. 삼성의 워드마크는 타원이 비스듬하게 처리돼 있어 동적인 느낌, 혜성과 같은 느낌, 혁신적인 느낌을 준다. 아울러 누구나 부담 없이 대하는 평범한 인상을 주도록 함으로써 고객 중시의 핵심가치를 나타내도록 했다.

해외 지역 전문가제도

이 시기에 이건희가 가장 중점을 두고 추진했던 삼성다운 사업은 '해외 지역 전문가제도'였다. 이 제도는 실행단계에서 변화를 둘러싼 신임회장과 비서실 및 사장단 사이의 불협화음이 대외적으로도 크게 불거졌던 제도다. 이 제도는 1991년에 그룹 차원에서 처음 실시되었지만 이건희는 부회장 시절부터 실시할 것을 주장했으나 비서실과 사장단의 미온적인 태도로 묵살되고 있었다. 이건희는 사장단 회의에서 '해외 지역 전문가제도'의 실행에 대해서 이렇게 질타했다.

> 내가 부회장 시절인 15년 전부터 삼성맨의 국제화를 위해 사원 해외파견을 지시했으나 이루어지지 않았어요. 내가 회장이 되고 나서도 계속 말했는데도 이행되지 않다가 화를 내니까 그때서야 실시할 정도로 회장의 말이 먹혀들어 가지 않는 겁니다. 사원 해외 파견 제도가 10년 전에만 실시됐어도 삼성의 모습은 오늘날과는 크게 달라졌을 것이오.

그렇게 해서 '해외 지역 전문가제도'는 1993년부터 그룹의 모든 계열사들이 실행하게 되었다.

아버지가 드리운 그림자는 그렇게 크고도 길었던 것이다. 이 제도는 1989년부터 삼성물산과 삼성전자를 중심으로 시범적으로 운영되었다. 당시에는 파견 기간이 6개월에서 1년이었는데, 비서실이나 그룹 임원들이 이 제도에 반대한 것은 업무와 관련해서 구체적인 성과가 없는데다 비용은 많이 들고, 또 기회가 주어지지 않은 사원들이 불만을 가질 것이라는 게 이유였다.

그런데 이 '해외 지역 전문가제도'는 젊은 사원들로부터 절대적인 지지를 받았다.

삼성의 교육 프로그램 가운데 가장 유명한 '지역전문가' 제도는 기업의 경쟁력은 물론 직원 개인의 경쟁력과 국가 경쟁력까지 끌어 올린다는 평가를 받는다. 현재 전 세계에 흩어져 있는 삼성의 외국 주재원 35%가 이 제도를 통해 배출되었는데 그들의 활약은 가히 눈부실 정도다.

삼성전자 관계자는 "지역전문가 한 사람당 30명의 지인을 만들었다면 현재 전세계에 10만 명의 삼성 네트워크가 결성돼 있는 셈"이라고 말했다.

인도네시아 법인의 한 차장급 직원은 지역전문가 시절 맺은 인연으로 현지 고위관료의 딸과 결혼, 인도네시아전자협회 회장을 맡을 정도로 현지화에 성공했다. 왕실 가문의 딸과 결혼해 현지의 '로열패밀리'로 부상한 지역전문가 출신도 있다.

지역전문가로 선발된 사람은 현지로 부임하기 전 경기도 용인의 삼성인력개발원에서 12주간의 합숙교육을 받은 뒤 현지로 떠나 1년 동안 현지에서 머물며 언어공부와 현지화를 위한 작업을 수행하고 직무 관련 과제연구를 실시한다. 지역전문가들은 초창기에는 주로 미국, 유럽 지역에 편중되어 있었지만 요즘은 주로 중국, 인도, 러시아 등 '전략지역'에 포진돼 있다.

지역전문가로 발탁이 되면 연봉과 별도로 5만 달러나 지급되는 '두둑한' 활동비를 지급 받고 나이, 지위, 성별, 직업을 가리지 않고 다양한 현지인들을 만나 관계를 다진다.

지역전문가들은 가장 중요한 언어 문제만 해결되면 현지의 풍물과 제도, 문화를 이해하고 '인맥'을 쌓는 일에 몰입한다. 자유롭게 다니며 그 나라를 배우는 과정으로 가족들은 한국에 두고 가야 하기 때문에 한때 '독신 파견제'라고 불리기도 했다. 파견기간 동안 해당 국가 안에서는 비행기를 타는 것이 금지되어 있고 주로 육로를 이용해서 현지인과 접촉하고 그 나라의 풍물을 익혀야 한다. 철저한 현지화를 위해서 미혼인 경우 현지인과의 결혼도 적극 장려하고 있다. 금지된 것은 아니지만 파견기간에 친지나 친구를 만나 개인적인 시간을 보내는 것은 좋은 평가를 받지 못한다.

이들이 파견되어 있는 동안 디지털 카메라로 매일 같이 자신이 겪은 일을 찍어서 삼성 포털사이트인 마이싱글에 올리기 때문에 삼성맨들은 그의 활동을 실시간으로 보고 느끼며 현지 상황과 전 세계 시장의 흐름을 읽을 수 있는 가장 정확한 정보를 얻을 수 있다.

그야말로 인재에게 아낌없이 투자를 하고 승부를 거는 삼성다운 경영이 아닐 수 없다. 그것은 기업의 경쟁력은 곧 인재의 경쟁력이라는 이건희 경영철학의 시대적 요청인 셈이다.

삼성가(家) 가족이야기 20

이병철과 홍진기와 중앙매스컴

 노년의 이병철과 홍진기는 평상시 일주일에 사흘을 함께 보냈다. 이병철이 수요일에는 골프를 쳤고, 주말에는 업무를 보지 않았기 때문이었다. 홍진기는 월요일, 화요일, 목요일 오후를 이병철과 함께 삼성 그룹 본사에서 보냈다. 두 사람의 만남은 이병철의 표현대로 동지적 결합이었다. 이병철의 소망과 홍진기의 경영능력이 만나 이룬 성과가 〈중앙일보〉를 비롯한 중앙매스컴의 성장이다. 이병철은 4·19, 5·16을 겪으면서 부정축재자로 몰리고 정치적 격랑에 휩쓸려 제대로 된 기업경영을 할 수 없는 상황에 몰리자 정치권력과 대항하기 위해서 자신이 직접 정치에 뛰어들어야겠다는 생각마저도 하게 되었다.

 나는 생애에 단 한 번 정치가가 되려고 생각한 적이 있다. 4·19와 5·16을 거치면서 우리나라 경제가 혼미를 거듭하고 있을 무렵이었다. 기업 활동에서 얻은 수익으로 세금을 납부해 정부운영과 국가 방위를 뒷받침하는 경제인의 막중한 사명과 사회적 공헌은 전적으로 무시되고 부정축재자라는 죄인의 오명까지 쓰게 되었다. 경제인의 힘의 미약함과 한계를 통감한 것도 정치가가 되려고 한 동기였다. 그러나 1년여를 숙고한 끝에 정치가로 가는 길은 단념했다. 올바른 정치를 권장하고 나쁜 정치를 못 하도록 하며, 정치보다 더 강한 힘으로 사회의 조화와 안정에 기여할 수 있는 방법은 없을지를 생각한 끝에 종합매스컴 창설을 결심했다.

 부정축재자라는 죄인의 오명이 얼마나 지긋지긋했을 것인가. 그러나 정치가가 되어서 정치 전면에 나서는 것은 위험했다. 까딱하다간 그간 쌓아온 삼성이 한꺼번에 무너질 수도 있다. 그것은 훗날 이병철의 라이벌이었던 정주영이 대선에 뛰어들었다가 패배하는 바람에 대통령에 당선된 김영삼에게 무참한 보복을 당하면서 현대그룹 전체가 휘청거렸던 일을 생각하면 족할 것이다. 더구나 당시는 박정희의 철권통치 시기가 아닌가!

종합매스컴을 창설하기로 결심한 이병철은 홍진기가 그 경영 대리인으로 적임자라고 생각했다. 이병철은 1964년 5월 9일 라디오방송국인 〈라디오서울〉을, 11월 7일에는 텔레비전 방송국인 〈TBC동양텔레비전방송〉을 개국했다. 또 다음 해인 1965년 9월 22일에 〈중앙일보〉를 창간했고 홍진기가 그 경영을 맡게 되었다.

중앙일보 창간은 우선 판매부수 면에서 성공적이었다. 신문은 내용과 편집도 중요하지만 영향력은 역시 발행부수였다. 이병철이 회고하는 내용에 따르면, 당시 전국의 일간지는 서울의 전국지 8개지를 포함해서 모두 40여 개였고, 최고로 많은 발행부수를 기록하던 신문사가 26만 부를 발행했고 2위가 20만부 정도였다. 처음 중앙일보가 창간될 때 발행부수는 8만부가 적당하다는 보고가 올라왔다. 이병철은 창간 즉시 20만부로 출범하라고 지시했다. 시장에서 일등 아니면 시작도 하지 않겠다는 이병철 특유의 자신감이 베어난 지시였다. 중앙일보는 창간 1년 뒤에는 28만 부를 돌파했으며, 경영도 삼성의 자금 지원에 의존하지 않을 정도로 탄탄해졌다. 홍진기는 이병철의 신뢰에 보답하느라 끊임없는 공부 본능과 창조적인 아이디어로 기존의 언론 패러다임을 바꾸어 나갔다.

당시 신문사의 상업성은 자칫 오해를 부를 수 있는 풍토였으나 홍진기는 발상을 전환하여 기업으로서의 신문사를 표방했다. "언론 자유를 지키려면 수입이 있어야 한다. 경영이 충실해야 언론 자유를 지킬 수 있지 않는가? 언론사가 권력으로부터 약점을 잡히지 않으려면 흑자를 내야 한다."가 홍진기의 지론이었다.

1970년대에 들어서면서 〈중앙일보〉는 발행부수가 100만 부를 넘어섰고, 월간중앙, 여성중앙, 학생중앙, 소년중앙, 계간미술, 문예중앙, 이코노미스트, 중앙신서 등 신문, 잡지, 서적 등으로 영역을 넓히면서 확고한 위치를 차지하고 있었다. 〈동양 라디오방송〉과 〈TBC 동양텔레비전〉은 압도적인 시청률을 기록하고 있었다.

이병철은 홍진기를 사돈이면서 사업상의 동지로 여겨서 그후 삼성그룹 전체의 방향과 진로에 대해서도 그의 의견을 구한다. 1970년대 중반 반도체산업 구상이나 삼성중공업 설립에 관한 상의가 대표적인 사례다. 홍진기는 이병철보다 7살이 적은 나이였으나 이병철보다 한 해 먼저 세상을 떠났다. 이병철은 절절한 추도사로 애끓는 마음을 표현했다. 이병철은 자신의 동지애를 이렇게 쓰고 있다.

홍 사장은 나의 사돈이면서 고락을 같이한 동지라고 생각하고 있다. 중앙매스컴의 운영에 있어서 나는 기본 방침만을 정하는 데 그치고 일체를 홍 사장에게 일임했다. 그는 신문·방송의 운영 전체를 책임지고 성심성의껏 심혈을 기울여 왔다. 홍 사장만큼 나를 이해해 주고 협력해 준 사람도 드물다.

㉑ 삼성가의 재산 분할

경영이란 바로 다른 이들에게 동기를 부여하는 일이다.

― 리 아이아코카 ―

삼성가의 빅딜

이건희는 삼성이란 조직을 어느 정도 다스려 놓고 나자 다음 번 작업에 들어갔다. 그는 자신의 체제를 굳히는 데 가장 큰 걸림돌이 자신의 형제자매들이라고 생각했다. 이건희는 가족들의 불화는 곧 치명적인 경영위기를 가져올 수 있다고 판단하고 형제자매들과의 빅딜을 성사시키기로 작정했다.

이병철은 3남이 경영 대권을 물려받게 될 경우 벌어질 수 있을 형제간의 경영권 다툼에 미리 대비해두었다. 그는 경영상속을 위해 재산의 93.6%를 삼성그룹에 귀속시키고 나머지 6.4% 정도를 다른 자녀들에게 물려주되 아예 기업을 독립시켜 주는 분가원칙을 취한 것이다. 그리고 맏형인 이맹희는 아버지가 세상을 떠나자 외국으로 길을 떠났다. 어차피 동생 건희가 정식으로 삼성의 총수가 된 마당에 그에게 부담을 줄 수 없다고 생각했던 모양이다. 혹시 조금이라도 동생이 자신을 부담스러워 한다하면 그것은 삼성의 경영에 영향을 미칠 것이고 그러한 일은 없어야 된다고 판단했다는 것이 그가 길을 떠난 이유라고 한다.

하지만 이건희는 지분 정리를 제대로 하지 않고서는 앞으로 한 발자국도 나아가지 못할지도 모른다고 생각했다. 그것은 맏형인 이맹희가 눈이 시퍼렇게 살아 있고 둘째 형 이창희도 만만찮은 인물이라는 것은 그가 누구보다도 잘 아는 사실이었다. 게다가 5명이나 되는 누나와 누이 또한 만만치 않았다. 여러 형제가 힘을 합해서 달려들 경우 이건희로서는 막아낼 방도가 없을 수도 있었다. 그리고 그는 성격상 형제간의 재산 싸움 따위에 휘말리는 것이 싫었을 것이다.

이건희는 자신의 형제자매들과의 빅딜을 성사시키기로 작정했다. 그런데 1991년 7월, 둘째 형 이창희가 LA에서 백혈병으로 사망했다. 이 일을 기점으로 형제자매간의 재산분할은 신속하게 진행되었다. 이건희는 누나인 이인희에게는 전주제지와 고려병원을 떼어주었다. 또 여동생인 이명희에게는 신세계백화점과 조선호텔을 떼어주었다.

삼성 분할이 최종적으로 마무리되는 건 그로부터 3년여 세월이 지난 뒤인 1995년 2월, LA에서 열린 가족 모임에서였다. 이날 모인 가족은 이건희를 비롯해서 장녀인 이인희 한솔제지 고문, 막내인 이명희 신세계백화점 상무, 그리고 이맹희의 아들이자 장손인 이재현 제일제당 상무 등이었다. 이 자리에서 삼성의 재산 분할이 어느 정도 교통정리 되었다. 외부에 크게 잡음 없이 그 복잡한 삼성의 재산이 교통정리 된 것은 이병철의 잘 준비된 재산 분할과 자손들의 양보와 타협 덕택이었다.

이날 열린 가족회의에서 제일제당은 장남인 이맹희 집안으로 넘어가서 오늘날의 CJ그룹이 되었고, 제일합섬은 새한미디어에 편입되어 이창희의 부인 이영자와 아들 이재관에게 넘어갔다.

삼성그룹의 분가에 가장 걸림돌이 바로 알토란같은 현금줄인 삼성생명 주식을 누구에게로 넘기느냐에 있었다. 비상장기업이지만 현금 동원 능력이 뛰어난 삼성생명은 가족 간의 오랜 협의 끝에 이건희의 몫이 되었다. 이날 서로 사고 판 주식 가격은 정확히 밝혀진 것은 없지만 삼성생명 대주주였던 신세계백화점 15.5%와 제일제당 11.5%는 이건희에게 모두 넘겨 실질적인 이건희 체제를 인정한 것이다. 이 과정에서 다른 가족들이 가지고 있던 지분을 서로 바꾸거나 매입하는 경우가 발생했다. 비상장기업인 삼성생명의 경우 주식 가격 평가를 어떻게 해서 매매가 이루어졌는지는 가족들만 아는 비밀로 남아 있다.

이로써 삼성은 전자와 물산, 중공업, 건설, 전관, 전기, 항공, 신용카드, 호텔신라 등만이 남아 총계열사가 24개로 됐고 나머지 한솔그룹과 제일제당 그룹, 그리고 신세계 등은 가족그룹으로 완전 분리된 것이다. 기업 분가 후 잔잔한 갈등이야 있었지만 대체적으로 무난히 각자 제 갈 길을 가고 있는 것은 이병철의 선견지명이 크게 작용한 것이라 할 수 있다.

그후 이들 기업군은 삼성가의 후예들답게 약진을 거듭해서 막강한 기업으로 성장해 한국 재계의 판도를 바꾸며 각자의 위치를 굳혀가고 있다. 삼성, 신세계, CJ, 한솔 등 삼성가 기업의 자산을 합하면 430조 원에 이르고 총매출은 320조 원(2013년)을 넘어 전체 국부의 3분의 1에 육박한다.

CJ그룹

CJ그룹은 이병철의 장남인 이맹희의 장남 이재현이 2002년 CJ그룹의 회장으로 취임하면서 독자적 그룹으로 급성장했다. CJ는 1990년대 중반까지 설탕·조미료·밀가루 위주의 식품회사였다. 1993년 삼성그룹에서 계열을 분리할 당시 성장 한계를 보이고 있었다.

이재현은 고려대 법대를 나온 후 삼성과 무관한 씨티은행에 공채시험을 통해 입사했다. 할아버지 이병철이 그 사실을 알고 "재현이에게 왜 남의 집살이를 시키냐"며 호통을 치는 바람에 제일제당 경리부로 자리를 옮기게 되었다. 이재현은 그 인연을 계기로 CJ그룹을 독자적인 그룹으로 만들어낼 수 있었다.

CJ그룹은 식품회사로 출발했지만 이재현은 식품·바이오·유통·미디어 및 엔터테인먼트를 4대 미래산업으로 선정, 성장전략을 선도해왔고, CJ 엔터테인먼트, CJ CGV, CJ 미디어, CJ 아메리카 등 사업의 다각화를 통해서 만만찮은 위상을 보여주고 있다. 이재현은 삼성가의 장손이라는 자부심 아래 4대 사업 포트폴리오 체제를 구성해서 CJ를 글로벌 문화창조 기업으로 변신시켰다.

CJ그룹 핵심계열사는 CJ 제일제당을 비롯해 CJ E&M, CJ 오쇼핑, CJ 대한통운 등이다. CJ그룹의 순자산 가치에 CJ 제일제당과 CJ 오쇼핑, CJ 대한통운이 45% 정도를 차지하는데, 이들 기업의 실적이 곧 CJ그룹 전체 경영실적을 좌우한다.

이재현은 뛰어난 경영 수완을 발휘해서 삼성그룹의 한 계열사에 불과했던 제일제당을 재계 13위(2013년말 대한상공회의소 기준)의 대기업으로 키워내는 데 성공했다. CJ그룹 출범 초기인 1995년 1조 7000억 원에 불과하던 매출은 2012년 26조 8000억 원을 기록하며 17년 만에 15배 넘게 성장했다. CJ그룹의 자산도 지난 10년 동안 4조 9350억 원에서 24조 1430억 원으로 5배에 육박하는 덩치로 커졌다. 종업원 수는 6,800명에서 국내·외 4만여 명으로 늘어났다. 이재현의 아들 이선호가 미국 컬럼비아 대 금융경제학과를 졸업하고 2013년 7월에 신입사원으로 입사해서 경영 승계를 준비하고 있다.

한솔그룹

한솔그룹은 이병철 회장의 장녀인 이인희가 거느리는 기업군이다. 한솔그룹은 전주제지를 모기업으로 하여 성장한 기업체군이다. 삼성그룹에서 계열 분리한 한솔그룹은 한솔화학·한솔개발·한솔건설·한솔유통 등을 잇달아 설립하며 화학·건설·레저·유통업에 사업 다각화를 활발히 추진하면서 1996년에는 계열사가 16개에 이르는 등 승승장구하면서 국내 30대 대기업집단에 진입했다.

그러나 과도한 몸집 불리기는 1997년 외환위기 때 시련으로 돌아왔다. 뼈를 깎는 구조조정을 해야 했다. 한솔아이홀딩스·한솔아이벤처스·한솔텔레콤·한통엔지니어링·팬아시아페이퍼코리아 등을 매각하고 주력인 신문용지 사업까지 매각해야 하는 아픔을 겪었다. 결국 한솔제지에서 신문용지 부문을 떼 내 10억 달러를 유치한 덕분에 유동성 위기를 벗어날 수 있었다. 외환위기 때 혹독한 수업료를 지불한 셈이다. 그 결과 한솔의 재계 순위는 현재 50위 밖으로 밀려났다가 2013년 다시 기사회생하여 48위로 복귀했다.

구조조정 과정에서 장남인 조동혁(趙東赫)이 회장직에서 물러나고 3남인 조동길(趙東吉)이 경영권을 물려받았다. 구조조정으로 정보통신과 금융 부문이 매각되거나 떨어져 나가면서 자연스럽게 그룹의 경영권도 조동길 회장에게로 넘어간 것이다. 조동길은 연세대 경제학과와 미국 필립스 아카데미를 졸업하고 한솔제지에 입사한 뒤 제지 부회장과 그룹 부회장을 맡아 오다가 그룹 최고경영자가 됐다. 조동길은 2008년 인티큐브, 2009년 아트원제지, 2011년 대한페이퍼텍과 솔라시아, 2012년 신텍 등을 인수·합병하며 전자재료·플랜트 등으로 그룹의 성장 루트를 확대했다. 한솔그룹은 한솔제지, 한솔파텍, 한솔 CSN, 한솔케미칼, 한솔홈데코, 한솔테크닉스 등의 기업을 거느리고 있다.

신세계그룹

신세계를 인수받은 사람은 이건희의 여동생인 이명희였다. 그녀는 1979년부터 실질적으로 신세계 경영에 참여하고 있었던 탓에 재계에서는 당연한 일로 받아들여졌다.

이명희가 이끄는 신세계호는 1991년 삼성그룹으로부터 분리, 독립을 선언한 이후 1993년 국내 최초의 할인점인 이마트 창동점을 오픈하면서부터 국내 유통업의 흐름을 바꿔놓았다. 당시 백화점을 중심으로 형성되어 있던 국내 쇼핑 환경은 신세계의 신업태 도입과 함께 합리성과 다양성을 갖춘 현대화의 길을 걷기 시작한다. 이명희는 계열 분리 때 백화점과 조선호텔만 가지고 나왔지만 불과 7년 만에 백화점과 할인점 이마트를 주축으로 13개의 계열사를 가진 국내 최고의 유통그룹으로 변모시켰다.

이명희와 함께 실질적인 경영 일선에서 활동하고 있는 사람은 아들인 정용진이다. 정용진은 1995년부터 신세계 이사로 경영에 참여한 뒤 2006년 부회장에 올랐다. 딸 정유경은 1996년 조선호텔 마케팅담당 임원이 된 뒤 2009년 신세계 부사장에 올랐다.

이마트는 2011년 5월 1일자로 신세계백화점과 분리 독립했다. 이명희는 신세계백화점, 이마트, 조선호텔 등을 경영하면서 삼성가의 딸들 가운데 가장 뛰어난 경영 수완을 발휘해서 신세계를 국내 최고의 유통 '명가'로 키웠다. 신세계 그룹은 유통·서비스업만으로 재계 15위(2013년)를 차지하는 위상을 보여주고 있다.

중앙일보 · 보광그룹

중앙일보 · 보광그룹은 이건희의 처가가 이루고 있는 기업군이다.

중앙일보 · 보광그룹은 중앙일보의 창업공신이자 이건희의 장인인 홍진기의 후손들이 이끌고 있다. 현재 중앙일보는 장남인 홍석현(洪錫炫)이 회장으로 있고, 보광그룹은 4남인 홍석규가 이끌고 있다. 유명한 수재 가문이어서 아들 넷이 모두 서울대를 나왔다.

홍석현은 서울대 전자공학과를 졸업하고 미국 스탠포드대학교 산업공학 석사, 경제학 박사다. 그는 노무현(盧武鉉) 정권 때 주미대사로 임명되어 국제 무대에서 활약하던 중 X파일 사건이 터짐에 따라 책임을 지고 물러났다가 2006년 12월 27일에 중앙일보 회장으로 복귀했다.

보광그룹 회장 홍석규는 경기고와 서울대 외교학과를 졸업하고 1979년 제13회 외무고시에 합격해 외무부 의전과에서 외교관 생활을 시작했다. 청와대 비서실에서 근무하다가 보광 상무이사로 경영활동에 뛰어든 후, 보광그룹 회장이 된다.

보광그룹은 일반에 잘 알려져 있지 않지만 편의점인 보광훼미리마트, 자판기 유통업체인 휘닉스벤딩서비스, 보광창업투자, 휘닉스커뮤니케이션즈, 문화상품권 발행사인 한국문화진흥, PDP 부품업체인 휘닉스PDE, 반도체 관련 업체인 휘닉스디지탈테크, 반도체 패키지 제조업체인 STS반도체통신 등의 계열사를 거느리고 있다.

홍진기의 네 아들 중 둘째인 홍석조는 서울대 법학과를 졸업하고 사법고시에 합격한 뒤 서울지검 남부지청장, 법무부 검찰국장, 인천지검장 등 요직을 두루 거쳤고 광주고검장을 끝으로 검찰을 떠났다. 퇴임 후 2007년 3월 보광훼미리마트 대표이사 회장에 취임했다.

셋째 홍석중은 서울대 사회학과 출신으로 1986년에 미국 노스웨스턴대학교 경영학 석사를 마친 뒤 삼성코닝 이사로 입사했다. 1995년 삼성전관(현 삼성SDI)으로 옮긴 후 2002년에 부사장으로 승진한다.

그리고 막내딸인 홍라영은 이화여대 불문과, 미국 뉴욕대학교 예술

경영학 석사 출신으로 노신영 전 국무총리의 둘째 아들인 노철수와 결혼하고, 1995년에 삼성문화재단 기획실에 입사한 뒤 삼성미술관 리움의 총괄부관장이 된다.

삼성가(家) 가족이야기 21

승지원(承志院)

이건희는 1987년 11월 회장 취임 이후 신경영선언 이전까지 5년 동안 칩거에 가까운 행보를 보였다. 당시 삼성그룹 회장 집무실은 태평로에 있는 삼성본관 28층에 있었지만, 그는 회사 사무실에는 거의 출근하지 않고 개인집무실이자 영빈관인 이태원동 승지원(承志院)에서 대부분의 시간을 보냈다.

'선친의 뜻을 이어받자.'는 뜻에서 승지원으로 불리는 이곳은 원래 이병철이 기거하던 집으로 대지 300평에 건평 100평의 전통 한옥으로 지어진 본관과 서양식 부속건물 1층으로 이루어져 있다. 이건희는 그 집 내부를 개조하여, 자신이 사무를 보는 사무실로 쓰면서 주요 인사를 만날 때는 접견실로 사용하고 있다.

승지원은 이건희의 집과 걸어서 2~3분 거리에 있어서 출퇴근하기는 더할 나위 없이 좋은 곳이었다. 뒤로는 남산이 있고 앞으로는 한강이 훤히 내려다보이는 곳이라 이른바 명당자리라 할 수 있겠다. 이건희는 자신이 출근을 하지 않는 것에 대해서 갖은 구설수가 나돌았으나 한 마디로 일축하고 자신이 재택근무를 하는 이유를 이렇게 설명했다.

내가 출근하면 임원들이 회장 집무실만 바라본다. 내 심기가 어떨 것인지, 회장이 자리에 있는지 없는지만 생각할 것이다. 경영 현장은 CEO들에게 맡기면 된다. 나는 '시대감각'을 익히는 데 힘을 쏟고 있다. 그게 내 일이다.

그는 요즘처럼 각종 통신시설이 발달되어 있는 세상에 집무실이

한 군데로 고정될 이유가 없다며 자신이 있는 곳이 곧 집무실이라고 말한다. 또한 그에게 있어서 근무시간은 자신이 깨어 있는 시간이 바로 근무시간이다. 이건희는 특이한 생활습관을 가지고 있다. 그는 올빼미형 인간이어서 주로 새벽 1~2까지 일하다가 잠들고 아침 10시 정도 되어야 기상을 한다고 한다. 아이디어에 몰두할 때는 이틀이고 사흘이고 두문불출하면서 잠도 자지 않고 집중한다. 그런 사람이 정시 출퇴근한다는 것은 좀 힘든 일일 것이다. 하지만 그것은 그의 개성인 것이지 그가 괴팍한 삶을 살고 있기 때문은 아니다. 이건희의 진면목은 그가 어떤 생활을 하고 있는가를 들여다보면 쉽게 이해할 수 있을 것이다.

승지원은 삼성의 영빈관 노릇도 톡톡히 하고 있다. 이곳을 찾은 세계의 저명인사는 제프리 이멜트 제너럴일렉트릭 회장, 주바치 료지 소니 사장, 제임스 호튼 미국 코닝 회장, 휴렛패커드의 피오리나 회장, 요네쿠라 히로마사 스미토모화학 회장, 마이클 델 델 컴퓨터 회장, 미래학자 앨빈 토플러 등이 있다. 재계 총수들이 이건희에게 "차기 전경련 회장직을 맡아달라."고 간청했을 때 이건희가 회장단을 불러 간곡하게 고사한 곳도 승지원이다. 또 삼성 계열사 사장단과의 회의나 면담 등도 이곳에서 진행된다.

승지원은 전통 한옥의 모습을 띠고 있지만, 내부는 7년에 걸친 공사 끝에 완공한 것으로 빌 게이츠의 자택을 벤치마킹한 최첨단 디지털 시스템을 갖추고 있다. 승지원의 지하 집무실은 업무실이라기보다는 첨단제품 실험실이라는 말을 들을 정도란다.

2010년 경영에 복귀한 이건희는 서울 서초동 삼성전자사옥 42층으로 출근 경영을 시작했다. 그때부터 이건희는 3군데에 똑같은 환경의 방을 만들어 놓고 근무하고 있다고 한다. 서울 '승지원', 서울 서초동 삼성전자사옥 42층 회장실, 일본 도쿄 롯폰기 티큐브 빌딩에 위치한 일본삼성 사옥의 회장실. 이 3곳에는 똑같은 구조의 방이 자리 잡고 있다. 바로 이건희의 집무실이다. 이건희는 주변 환경이 급격하게 변하는 것을 좋아하지 않기 때문에 3곳의 환경을 모두 똑같이 해놓고 업무를 보고 있다고 한다. 물론 가장 오래 근무하고 가장 즐겨 찾는 곳은 이태원동의 승지원이다.

얼마 전 이건희는 집을 대대적으로 확장해서 이태원동으로 이사를 하면서 언론의 플래시를 받았다. 강준만의 〈이건희 시대〉란 책에는 그 집의 규모에 대해서 이렇게 실려 있다.

이태원동 135번지 일대에서 10년째 공사를 벌인 '이건희 타운'은 전체 대지 면적 1,650평, 연면적 2,744평, 주차 차량 45대, 지하 3층의 요새다. 메인 건물 등 네 동으로 구성돼 있는 건물 전체가 거대한 실험실로, 땅값만 250억 원에 공사비를 합치면 800억 원이 넘는다. '이건희 타운'엔 전혀 새로운 시설이 들어섰지만 그게 무엇인지는 그 누구도 모른다는 데에 묘미가 있다.

브랜드 파워 세계 8위 기업의 총수가 그 정도 집에 사는 것에 대해서 말이 많은 것에는 별로 할 말은 없다. 다만 그 집에서 이건희의 업무실이 어떻게 변했는지 궁금할 뿐이다. 그는 그의 집에 자신의 업무실을 거대한 실험실로 꾸며놓고 새로운 비교전시경영을 실천하기 휘한 노력을 기울이고 있는 것은 아닌가 싶다.

1994년 10월 당시 마이콜 헤슬타인 영국 상공부 장관이 승지원을 찾았을 때 만찬 자리에서 정치 참여에 대한 질문을 받고 이건희는 이런 농담을 했다고 한다.

선친이 장사하는 것을 보며 세살 때부터 주판을 갖고 놀았습니다. 정치보다 장사를 잘 알고 거기에 맞는 사람으로 키워졌습니다. 난 양복과 잠옷만 있고 중간 옷이 없습니다. 잠옷 입고 있는 시간이 더 많은데 잠옷을 입고 정치할 수는 없지 않겠습니까.

㉒ 타고난 엔지니어 정신의 소유자

경제적 빈곤은 문제가 아니다. 생각의 빈곤이 문제다.

- 켄 하쿠다 -

드라이버샷으로 180야드 나가는 사람이 코치를 받아 200야드를 보내기는 쉽다. 더 배우면 220야드도 보낼 수 있다. 그러나 250야드 이상을 보내려면 그립 잡는 법부터 스탠스 등 모든 것을 바꿔야 한다.

- 이건희 -

큰 그림을 그리는 깊은 생각과 안목

〈뉴스위크〉지는 2003년 11월 이건희를 커버스토리 기사로 다루었는데, 그를 '수도자적 제왕(The Hermit King)'이라고 표현하면서 보이지 않는 카리스마에 주목했다. 앞에서 살펴보았지만 이건희는 당시 집무실이 있던 태평로 삼성본관 28층에 있는 회장실에 모습을 드러내는 일이 많지 않았다. 그는 개인집무실이자 영빈관인 한남동 승지원에서 대부분의 시간을 보낸다.

이에 대해 〈뉴스위크〉는 각 계열사의 자율경영을 우선시해서 일상 경영 현안은 각 사의 CEO에게 일임하고, 회장 자신은 전략구상 등 좀더 상징적인 역할에 주력하고 있다는 점에서 과거의 재벌총수와 차별화된다고 분석했다.

이건희는 늘 혼자서 생각하고 행동하는 습관에 젖어 있다. 그는 어떤 일에 한번 집중하면 거의 잠도 자지 않고 문제가 해결될 때까지 몇 날 며칠을 파고든다고 한다. 그러다 문제가 해결되면 48시간을 내리 자기도 한다고 한다. 사람들은 이러한 이건희의 성격이 어린 시절을 외롭게 보내면서 형성된 것으로 분석한다. 이건희의 생각의 깊이는 거의 철학자를 연상시킬 정도다. 그는 눈에 보이는 것보다 그 이면에 숨겨진 원리를 찾는 데 매우 집착하는 성격이다.

> 나는 사물의 본질은 그것에 대하여 최대한 다각적으로 접근할 때 가장 분명하게 드러날 수 있다고 생각한다. 그것의 변화 가능성, 전체적인 은맥에서 갖는 의미 등을 여러 각도로 생각하는 것이다. 물론 이것이 본질에 이르는 유일한 방법은 아니겠지만 적어도 유력한 방법은 된다고 믿는다. 그래서 지금도 나는 TV를 세 번 이상 재미있게 보고도 TV 수상기의 내부에 관심이 없는 사람이라면 훌륭한 경영자라 할 수 없다고 생각한다. 이와 같은 다각적 사고를 나는 공간적 사고 또는 입체적 사고라 부른다. 입체적 사고의 훈련은 거의 초인적인

노력을 요구하는 과정이지만 나는 이 같은 노력을 모든 경영자에게 요구한다.

이건희는 표정에 변화가 없고 말투도 어눌하지만 늘 깊이 생각하고 말을 꺼내므로, 그와 대화를 나누기 위해서는 문제의 핵심까지 알고 있어야 한다. 그래서 그를 보좌하는 사람들은 늘 긴장하고 꼼꼼히 준비를 해야 한다고 한다. 그는 그리 성격이 급하지는 않지만 엄격하고 빈틈없는 성격은 선대 회장을 많이 닮았다.

이건희의 혈액형은 AB형이다. 알려진 바로 AB형의 성격은 합리적이고 비판과 분석이 명확하며, 한 가지만을 생각하는 것이 아니라 다양한 각도로 상황을 고려해 생각하기 때문에 여러 가지 일을 동시에 진행하는 것이 가능한 타입이라고 한다. 그런 면에서도 이건희는 전형적인 AB형 성격이다.

그는 말수가 많지 않아 붙임성이 없고 무뚝뚝해 보이지만 남을 배려하고 이야기를 잘 들어주며, 어려운 부탁도 받아주는 유형의 사람이다. 노력하는 자기 모습에 만족하고 노력하는 자체에 의미를 두기 때문에 매사에 의욕이 넘치고, 무슨 일이든지 열심히 하려고 하기 때문에 대인관계에서 신선한 느낌을 준다. 가족은 물론 주변 사람들을 특별한 구별 없이 항상 공평하게 대하려고 노력하는 느낌을 많이 주기 때문에 대외적으로 언제나 깔끔한 성격이다.

그런가 하면 그는 아는 것에 대해 욕심이 대단히 많고 본능적으로 효율이 높은 것에 매우 집착하는 사람이다. 그는 서재에 TV 세 대를 나란히 놓고 방송 3사의 방송을 동시에 보며 비교분석한다고 한다.

왕성한 호기심과 여러 분야를 파고드는 성격 때문에 이건희는 아는 게 무척 많은 사람이다. 그는 기계나 첨단기술에 지대한 관심을 기울이고 있고, 일류 전문가를 만나면 토론으로 밤을 꼬박 새우기도 한다. 또 자동차나 전자제품 같은 것을 모두 해체했다가 다시 조립하는 것을 즐기기 때문에 사람들은 그를 '엔지니어 회장'이라고 부른다.

이건희는 부회장 시절부터 세계 일류라는 것에 집요하리만큼 집착해서 각종 분야에서 두각을 나타내는 사람을 만나는 것을 무척 즐긴다. 이병철은 셋째 아들을 후계자로 정할 때 풍부한 상상력을 바탕으로 시대를 멀리 내다볼 줄 아는 능력을 높이 샀다고 한다.

엔지니어링 취미와 경영의 접목

그런데 이건희는 어떻게 전자제품을 하나하나 분해하면서 제품의 기능과 부품들의 차이점을 지적해 나갈 수 있었을까?

그는 일본 와세다대학에서 경제학을, 미국 조지워싱턴 대학에서 경영학을 전공했다. 전공으로 보면 그가 그런 능력을 지니고 있을 것으로 보이지 않는다. 하지만 그는 어려서부터 직접 전자제품을 분해해 보고 조립하는 취미를 가진 탓에 오디오, VTR, 심지어 자동차마저도 뜯어보고 조립할 줄 아는 실력을 갖추고 있었다. 또한 그는 그 취미를 엔지니어링 경영에 접목시켜서 각 분야에서 전문가 못지않은 전문 지식을 갖추고 있었다. 그는 세계 어느 경영자보다 과학기술을 중시하는 사람이고, 그러한 엔지니어 정신에 투철한 경영을 해야 한다고 믿는 사람이었다. 그래서 이건희는 심지어 이런 철학적인 말까지 남겼다.

> 사물의 본질을 알지 못하면 주체적인 삶을 살 수 없다. 언제나 수동적인 곁도는 존재로 남고 만다. 가령 지하철을 타더라도 그 운행 원리를 알지 못하면 그것을 타는 것이 아니라 그것에 태워지는 것에 불과하다. 삶이란 언제나 그러한 것이다. 나는 어려서부터 수없이 많은 물건을 구매하여 뜯어보았다. 그 속을 보고 싶었기 때문이다. 나는 이러한 일을 누구보다 많이 했다고 자부한다. 이러한 활동을 통하여 나는 사물의 외관이 던지는 의문에 대하여 겉모습뿐만 아니라 그 이면까지 들여다 보는 훈련을 받을 수 있었다.

일본과 미국 삼성 본사의 주요업무 중 하나는 선진제품의 개발동향이나 컴덱스쇼 등 전시회 관련 비디오나 신제품을 회장에게 보내는 것이다. 또한 삼성전자에서 개발하는 신제품은 항상 회장에게 가장 먼저 보내진다.

제품을 받아본 이건희는 GE, 노키아, 소니 등 경쟁사의 신제품과 삼성 제품을 비교한다. 그런데 놀라운 것은 단지 비교만 하는 게 아니라 직접 그 제품을 사용해보는 것은 물론, 어떤 경우에는 제품을 분해해보고 재조립해보면서 매우 구체적으로 비교분석한다는 점이다. 삼성에서 라인스톱 제도나 비교전시경영이 가능했던 것은 이건희의 이러한 엔지니어 정신과 관련이 있다.

세상에는 컴퓨터작업은 직원들에게 시키면 된다고 믿는 경영자들이 많다. 그러나 이건희는 "자신이 모르는 일을 하는 사람의 생산성을 무슨 수로 평가한단 말인가?" 하고 묻는다.

그는 생산관리와 품질향상은 설비생산성의 향상만으로 해결되지 않는다는 것을 알고 있다. 제품의 경쟁력은 생산량에 대한 경쟁력이 아니라 생산관리 방법의 경쟁력이라고 강조하면서 제품은 엔지니어 경영자가 만들어야 한다는 지론을 가지고 있는 것이다. 그 결과 그의 엔지니어 경영철학이 생겨났다. 이건희의 취임 이후 삼성이 엔지니어 중심의 경영을 하게 된 데도 이러한 엔지니어링 정신이 작용한 것으로 평가받고 있다.

그래서 1987년 이건희가 취임한 이후 삼성전자에는 자연스럽게 엔지니어 CEO들의 전성시대가 도래했다. 이건희는 "기술의 진행 방향을 아는 사람이 전자 CEO를 맡아야 한다."고 관리 부문 출신 사장을 테크노 CEO인 강진구 사장으로 교체했다. 그후 삼성전자는 강진구-김광호-윤종용으로 이어지는 테크노 CEO들의 활약으로 반도체, 휴대전화, LCD로 이어지는 월드베스트 상품을 만들어내 세계 초일류 기업의 대열에 선착하게 된다.

이건희는 어려서부터 호기심이 많아서 어떤 물건을 보면 그 원리를 알고 싶어 했고 그것을 뜯어보고 조립하는 취미를 가지고 있었다.

이건희는 미국 유학 생활 1년 반 동안 승용차를 여섯 번이나 바꾸었는데, 그 이유는 재벌 2세로서의 호사 취미라기보다 차를 보다 잘 알기 위해서였다는 사실은 잘 알려져 있는 일이다.

> 제가 처음 산 차는 이집트 대사가 타던 차였어요. 새 차를 사 놓고 50마일도 안 뛰었는데 아랍전쟁이 터져서 본국으로 발령이 난 겁니다. 새 차가 6천 6백 불 할 땐데 그걸 4천 2백 불에 샀습니다. 그걸 서너 달 타고 4천 8백 불에 팔았습니다. 6백 불을 남긴 거죠. 또 미국인이 1년도 안 탄 걸 사서 깨끗하게 청소하고 왁스 먹여서 타다가 팔았죠. 이렇게 1년 반 사는 동안 여섯 번 차를 바꾸었는데 나중에 올 때 보니까 6~7백 불 정도가 남았더라구요. 우린 힘이 남을 때니까 청소를 잘해서 몇 달 타고도 팔 때는 더 비싸게 팔수 있는 거죠.
>
> — 오효진, 월간조선, 1989년 12월 『삼성 뉴리더 이건희 회장』—

사물의 본질을 알지 못하면 주체적인 삶을 살 수 없다는 것이 그의 지론이다. 그는 자동차를 6번이나 바꾸어 타면서 차에 대해서 잘 알게 된 탓에 오히려 이문을 남기고 그 생활을 즐길 수 있었던 것이다. 기업도 그처럼 다각적이고 입체적인 사고를 하면서 거듭나야만 주체적인 기업으로 살아남는다는 것이 그의 생각이다.

> 제 성격이 여러 분야에 관심이 많아 파고들고, 또 세계일류라면 특히 관심이 많습니다. 심지어 사기전과 20범이라든지, 절도전과 20범이라든지……. 또 어떤 사람이 대한민국 1등이라면 전 만나보고 싶고 얘기하고 싶고 그렇습니다
>
> — 오효진, 앞의 글 —

이처럼 이건희의 관심은 외양적으로 들어난 사실이나 현상보다는 그 이면에 내재된 원리나 뜻을 파고드는 데 있었다. 그는 독특하고 새로운 것을 그냥 지나치는 법이 없었다.

미래에 대한 선견력과 비전 제시는 어느 날 갑자기 생겨나는 것이 아니다. 미래를 직관적으로 느끼고 기회를 선점하는 전략을 세우기 위해서는 무엇보다 관련 분야에 대해 전문적인 지식과 사고력을 갖추고 있어야 한다. 이건희는 이런 말을 한 적도 있다.

> 저는 광복이 되던 해인 네 살 때부터 경제를 알았다고 얘기를 합니다. 선대 회장께서 삼성상회를 운영하셔서 매일 주판을 놓고 물건을 사고팔고 맞추는 것을 보면서 자랐지요. 종일 비즈니스 환경에서 생활했기 때문에 상거래에 관한 한 다른 사람이 초등학교 졸업해야 아는 것을 그때 알게 된 겁니다. 당시의 경험이 지금도 큰 도움이 되고 있어요.

네 살부터 경제를 알았다는 말은 일반인이 듣기에는 다소 황당하게 들리기도 하겠지만, 인간은 환경을 통해서 만들어진다는 것을 제대로 설파한 말이다. 맹자 어머니가 아들을 위해 이사를 여러 번 했던 맹모삼천지교도 있지 않은가?

뿐만 아니라 자신의 업을 제대로 계승시키기 위한 이병철식 교육은 그 후에 혹독하고 집요하게 계속적으로 이어져 나간다. 어린 시절의 일본 유학도 그렇지만, 이병철은 연세대학에 입학한 이건희를 자신이 나온 와세다대학으로 보내서 경영학을 공부하게 했고, 이어 미국도 알아야 한다고 미국 조지 워싱턴대학 경영대학원을 수료하게 했다. 미국 유학을 마친 이건희는 1966년 동양방송에 입사했으며 중앙일보, 동양방송 이사 등을 거치면서 위로 두 형을 제쳐두고 후계자의 자리를 차지하게 된다.

이 과정에서 후계 경영자 이건희는 20년 가까이 아버지 이병철 밑에서 철저한 경영수업을 쌓았다. 이건희는 그런 아버지 밑에서 아버지의 일거수일투족을 보고 배우며 후계자로 키워졌다. 그는 1978년 삼성 부회장으로 승진한 후, 회장실 바로 옆방에서 일을 보았고, 아버지의 스케줄에 따라 그림자처럼 수행했다. 이미 네 살 때부터 경제를 알았다고 말하는 이건희가 규범적 실행력과 카리스마를 그대로 보고 배운 것은 자명한 일일 것이다.

이건희는 청와대 정보팀에 뒤지지 않는다는 삼성 정보팀이 올려주는 최신 정보를 매일 접하고 있으므로 미래의 경영이나 기술이 어떻게 변화하는지 알 수 있는 유리한 입장에 있다.

그에게는 휴대전화든 오디오든 웬만한 첨단 기기를 직접 분해하고 조립할 수 있는 능력도 있다. 또 그는 일본인 고문을 비롯한 각계 전문가와 수시로 대화를 나누며 상상력과 직관력을 키울 수 있는 위치에 있다. 그의 남다른 통찰력과 집중력은 그러한 여건 속에서 나온다고 볼 수 있다.

이처럼 이건희의 직관형 코드는 IT산업과 딱 맞아떨어져서 삼성을 초일류기업으로 키우게 만들었고 그를 시대를 선도하는 인물로 만들어냈다.

이건희의 이러한 오너십은 1978년 삼성물산 부회장에 취임해 경영에 참여하면서부터 이미 드러났다. 그는 공채출신을 우대하는 삼성의 순혈주의를 지켜가면서도 한편으로 다양한 분야의 인재들을 과감히 영입하자는 '잡종(雜種) 강세론'을 아버지 이병철에게 건의했다.

그때부터 삼성의 '인재제일주의' 콘텐츠에 적잖은 변화가 생기기 시작했다. 정통 엘리트를 중시하던 삼성의 인재관에 다양성의 바람이 불기 시작한 것이다. 이건희는 세계은행의 국제금융 전문가를 초대 기획조정실장으로 영입했고, 국내·외 대학에서 전문가들을 발탁해 요직에 포진시켰다.

1987년 회장 취임 후 이건희는 본격적으로 인사제도에 많은 변화를 주기 시작했다. 대졸 학력제한을 대기업 가운데 가장 먼저 없앴고, 신입사원들에게 가전제품을 팔아오게 하는 식의 교육도 없앴다.

삼성가(家) 가족이야기 22

영화광 이건희의 감성경영

 소년시절부터 엄청나게 많은 영화를 본 이건희는 영화에 대한 애착이 얼마나 남달랐던지, 만약 자신이 다른 환경에서 태어났더라면 아마 영화사를 했거나 감독을 했을 것이라고 말하곤 했다. 영화를 보면서 얻은 것은 영화에 대한 사랑이나 외로움으로부터의 탈출만이 아니라 자신의 감성을 일깨우는 훈련의 과정이기도 했던 것 같다.
 이건희는 성인이 된 후에도 전문가 이상으로 영화와 다큐멘터리를 많이 보고 즐기는 것으로 유명하다. 그는 무턱대고 영화나 다큐멘터리를 감상하는 것이 아니라 자기만의 독특한 감상법으로 그것을 즐긴다. 처음에는 줄거리 위주로 보고, 다음은 배역 위주로 보고, 또 다음은 무대조명 위주로 보는, 그러니까 볼 때마다 관점을 달리하는 방식이다. 그러면 동일한 사물을 보면서도 여러 각도에서 살펴보는 입체적 감상법인 셈이다.

 영화를 감상할 때, 대개 주인공에 치중해서 보게 됩니다. 주인공의 처지에 흠뻑 빠지다 보면 자기가 그 사람인 양 착각하기도 하고, 그의 애환에 따라 울고 웃습니다. 그런데 스스로를 조연이라 생각하면서 영화를 보면 아주 색다른 느낌을 받습니다. 나아가 주연·조연뿐 아니라 등장인물 각자의 처지에서 보면, 영화에 나오는 모든 사람의 인생까지 느끼게 됩니다. 거기에 감독·카메라맨의 자리에서까지 두루 생각하면서 보면 또 다른 감동을 맛볼 수 있습니다.

 그래서인지 이건희는 상당히 감성적인 사람이다. 아니 감성 지능이 높은 사람이다. 감성 지능이 높은 사람은 다른 사람의 기분을 잘 파악하고, 다른 사람의 감정을 잘 이해한다. 또 감성 지능이 높은 사람은 음악이나 예술을 좋아하고, 한 가지에 열정적으로 몰입하는 경향이 있다.
 이건희는 찰턴 헤스턴 주연의 '벤허'를 수십 번이나 보았다고 한다. 그는 이 영화를 통해 경영에 활용할 멋진 교훈을 얻었다고 한다. 벤허의 하이라이트는 콜로세움 경기장에서의 전차 경주 장면인데 주인공 벤허와 맞수인 멧살라의 말을 다루는 스타일은 전혀 다르다. 멧살라는 채찍으로 말을 강하게 후려치며 질주하는 반면, 벤허는 채찍이 없다. 대신 벤허는 경기 전날 밤 네 마리의 말을 사랑의 손길로 어루만지며 용기를 북돋아 주었다. 결과는 벤허의 역전승이었다. 이건희는 자신의 저서 〈생각 좀 하며 세상을 보자〉에서 이런 말을 하고 있다.

 말은 훌륭한 조련사를 만나야 좋은 말이 될 수 있다. 조련사도 그 기술이나 능력에 따라 여러 등급이 있는데, 2급 조련사는 주로 회초리로 말을 때려서 길들이고, 1급 조련사는 당근과 회초리를 함께 쓴다고 한다. 못할 때만 회초리를 쓰고 잘하면 당근을 주는 것이다. 그러나 특급 조련사는 회초리를 전혀 쓰지 않고 당근만 가지고 훈련시켜서 훌륭한 말을 길러낸다고 한다. 이런 사실은 〈벤허〉라는 영화의 전차 경주 장면을 자세히 보면 알 수 있다. 벤허와 멧살라는 말을 모는 스타일부터 전혀 다르다. 멧살라는 채찍으로 강하게 후려치면서 달리는데, 벤허는 채찍 없이도 결국 승리한다. 물론 영화감독이 일부러 그렇게 만들었는지 모르겠지만, 그 경주는 한마디로 2급 조련사와 특급 조련사의 경기나 다름없었다. 특히 벤허는 경기 전날 밤 네 마리의 말을 한 마리씩 어루만지면서 사랑을 쏟고 용기를 북돋워 주기까지 한다.

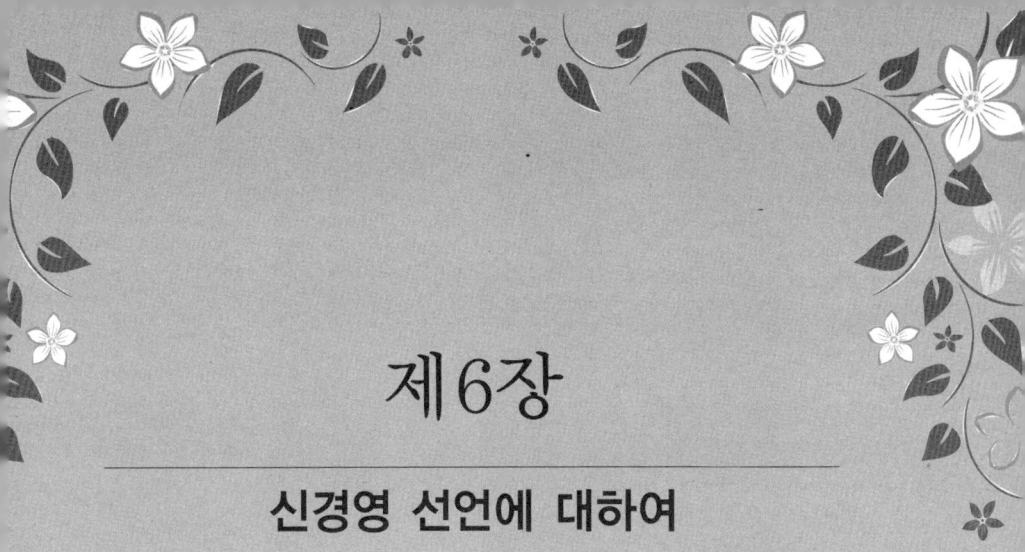

제6장

신경영 선언에 대하여

한국은 과거 1950년대까지의 폐허와 혼란을 딛고 30여 년간을 하나의 자신감으로 줄곧 전진하여 세계 사상 유례가 없는 경제성장의 기적을 이룬 국가이다. 그리고 삼성은 이러한 한국 사회의 진보를 선두에서 이끌어 왔다.

그런데 전진하는 대열의 선두가 변화하는 환경을 제대로 파악하지 못하고 파멸적인 방향으로 나아간다면 전체 대열이 위태롭게 되고 만다. 삼성의 패배가 심각한 결과를 초래하리라는 상상이 내 마음을 무겁게 했다.

이 시기에 내가 느낀 위기감은 대단한 것이어서 등에 땀이 나고 밤에도 한잠을 못 잘 정도였다. 위기는 입체적으로 다가오는데 삼성의 행태는 여전히 평면을 기고 있는 상황이라는 생각이 들었다. 그 무렵 조직 내부에서 발생한 몇몇 비도덕적 행위들은 비록 그것이 외관상 사소한 것이라 하여도 실망을 넘어 나를 분노케 했다.

상황의 일대 반전을 위하여 나는 프랑크푸르트 선언, 소위 '신경영 선언'을 했다. 선언은 계획에 없던 것이었고 임원진 회의의 결과도 아니었다. 신경영을 선언했을 때 나는 변화의 소용돌이 가운데 혼자서 거대한 책임의 산 앞에 서있는 것 같은 절대고독을 느꼈다. 동시에 위기상황에 대한 책임감이 강해졌다. 나는 바로 그 날 이것의 성공을 위하여 나의 명예와 생명을 걸 것임을 전 삼성 임직원 앞에 엄숙히 약속했다. 또한 나는 "처자식 빼고 모든 것을 바꾸자."고 변화를 주창했으며 나 자신이 변화대열의 최선봉에 서서 실천할 것도 약속했다.

이 선언은 물론 한국사회 내부의 조그만 한 목소리에 불과할 지도 모르지만 당사자인 우리들에게 있어서는 150년 전의 '공산당 선언' 못지않은 의의를 갖는 것이었다. 항상 각 시대는 자신의 상황에 알맞은 선언을 갖는 법이다. 그런 의미에서 신경영 선언은 우리 시대의 이상적 경영상을 반영한 것이다.

- 이건희, 1995년 『Agenda fur das 21. Jahrhundert』 -

㉓ 신경영 선언

기업은 이익을 내야 한다. 그렇지 많으면 망할 것이다.
그러나 오직 이익을 내기 위해서 비즈니스를 한다면,
그 경우에도 망할 것이다.
왜냐하면 더 이상 존재할 이유가 없기 때문이다.

― 헨리 포드 ―

신경영의 시작, LA회의

1993년 1월, 이건희는 삼성의 전자관련 사장단을 이끌고 LA 시내의 가전제품 매장을 둘러보다가 아연실색했다. 매장 중앙에는 GE, 월풀, 필립스, 소니, NEC 등 세계적 브랜드의 상품들이 전시되어 있었는데, 삼성 제품은 눈에도 잘 띄지 않는 구석에 처박혀 있었던 것이다. 이건희는 삼성의 현주소를 거기서 읽었다.

당시 삼성 제품은 월마트 등의 할인점에서 중저가 제품으로 팔리고 있었을 뿐 블루밍 데일스나 노드스트롬 같은 고급 백화점에서는 제대로 취급하지 않고 있었다. 삼성의 제품은 누가 보아도 세계 일류상품들에 비해 기능이나 디자인 면에서 뒤떨어져 있었다.

이건희는 이렇게 나가다가는 삼성이 세계 일류기업이 되기는커녕 삼류로 몰락하고 말 것이라는 불길한 예감에 또 다시 사로잡혔다. 그는 그해 2월, 삼성전자의 수뇌부를 몽땅 LA로 불러 모았다. 김광호 삼성전자 사장, 윤종용 삼성전기 사장 등 7, 8명의 전자 사장단이 영문도 모르고 달려왔다. 이건희는 LA 시내에 있는 모든 일류 전자제품을 사 모았다. 그리고 센트리플라자 호텔에서 '전자부문 수출품 현지 비교평가회의'를 열었다.

이 비교평가회의가 열린 200여 평의 홀에는 VTR, 냉장고, 세탁기, 에어컨, 텔레비전, 전자레인지 등 78가지에 이르는 경쟁사의 제품들이 삼성 제품과 나란히 전시되어 있었다. 여러 회사의 제품이 한자리에 모이자 제품의 디자인, 재질, 성능이 한눈에 비교가 되었다.

이건희는 세계 최고제품의 디자인과 품질을 삼성 제품과 비교, 평가했다.

삼성이 생산하는 VTR의 부품이 도시바보다 30%나 많으면서 가격은 오히려 30%가 싼데, 어떻게 경쟁이 되겠습니까? TV의 가로세로가 4 대 3이나 16 대 9가 아닌, 독창적인 와이드 제품을 만들어야 합니다. TV 브라운관이 볼록한데 평면으로 만드는 길을 찾아봅시다. 그리고 리모컨이 너무 복잡해요. 리모컨이 복잡한 것은 기술진이 사용자들의 편의를 생각지 않았기 때문입니다. 손에 잡기 쉽고 간단히 온·오프 기능만 있는 리모컨을 만드는 방안을 연구해 봅시다.

그는 제품의 겉모양만을 따진 것이 아니라 사장단이 보는 앞에서 삼성 제품과 경쟁사 제품을 하나하나 분해하면서 제품의 기능과 부품들의 차이점을 지적해 나갔다. 그 결과 삼성 제품의 문제점이 고스란히 도출되었다. 삼성 사장단은 모두 하나같이 이건희의 지적에 공감하고 고개를 푹 떨구었다. 이 회의의 말미에서 이건희는 비장한 어조로 말했다.

삼성은 지난 1986년도에 망한 회사입니다. 나는 이미 15년 전부터 위기를 느껴왔습니다. 지금은 잘해 보자고 할 때가 아니라 죽느냐 사느냐의 기로에 서 있는 때입니다. 우리 제품은 선진국을 따라잡기에는 아직 멀었습니다. 2등 정신을 버리십시오. 세계 제일이 아니면 앞으로 살아남을 수 없습니다.

이 말은 삼성이 국내 최고라는 자만심에 빠져 있던 삼성 사장단들에게 폭탄선언처럼 들렸다. 이건희는 이 비교평가회의를 나흘 동안이나 주재하면서 사장단 전체에게 자기가 만든 제품의 속까지 낱낱이 알지 못하면 안 된다는 것을 깨닫게 했다. 훗날 이건희는 LA회의의 의미를 다음과 같이 밝혔다.

LA회의는 현 위치를 바로 알자는 것이었다. 과거 10년간 삼성은 너무 놀았다. 방향도 엉망이었다. 바로 가자, 힘을 합치자, 우리의 위치를 알자! 실력에 비해 너무 억울한 것 아니냐는 안타까움에서 마련된 게 LA회의였다.

후쿠다 보고서

새로운 회장 체제가 가동된 이후 삼성이 거둔 경영성과는 나쁘지 않았다. 이건희가 회장에 취임한 첫 해인 1988년, 삼성그룹의 총 매출이 20조 1000억 원, 총 세후이익은 3411억 원이었다. 전년도에 비해 매출은 2조 7000억 원이 늘어났고 이익은 1200억 원이 늘어났다.

그리고 이건희가 아연실색을 하며 LA회의를 주도하던 바로 전 해인 1992년의 총 매출액은 38조 2100억 원으로 1988년보다 두 배 가까이 늘어났고 수출액도 1987년의 11.25억 달러에서 1992년에 18.6억 달러로 꾸준하게 늘어나 있었다.

그해 8월에는 세계 최초로 64메가 D램을 개발했고, 11월에는 삼성전자가 중국에 생산 법인을 설립했으며, 11월 30일, 수출의 날에 삼성전자는 제조업체 최초로 수출 40억 달러를 돌파하는 기염을 토했다.

그러나 이건희는 여전히 불안감에 휩싸여 있었다. 세계 일등 기업을 꿈꾸는 그에게 있어서 눈에도 잘 띄지 않는 구석에 처박혀 먼지를 뒤집어쓰고 있는 삼성 제품의 몰골은 악몽과도 같은 것이었다. 그때부터 이건희는 드러내놓고 무사안일에 빠진 경영진과 임원들을 암덩어리에 비유하며 강한 비판을 시작했다.

나는 1979년부터 불량은 안 된다고 소리소리 질렀으나 부회장 혹은 후계자라는 핸디캡에 따라 내 말이 먹히지 않았습니다. 회장 취임 5년이 지나서도 불량은 안 된다, 양이 아니라 질로 향해 가라고 했는데도 아직 양을 외치고 있습니다. 비서실장, 삼성전자 사장, 비서실 전자팀장, 전자의 본부장이 양을 지향합니다. 어처구니없는 발상입니다. 썩어 빠진 정신입니다. 암을 번지게 하는 것입니다.

LA에서 비교평가회의를 마치고 난 몇 달 후인 6월 4일, 일본 도쿄 오쿠라호텔에서는 이건희 회장 주재로 삼성전자 기술개발 대책회의가 열리고 있었다. 이 자리에는 이수빈 비서실장, 윤종용 삼성전기 사장, 배종렬 홍보팀장, 후쿠다 삼성전자 디자인 고문 등 10여 명이 참석하고 있었다.

　무거운 분위기 속에 회의가 끝나자 이건희는 후쿠다 타미오(福田民郎) 고문을 포함한 3, 4명의 일본인 고문을 따로 객실로 불러들였다. 이들은 일본 전자업체의 선진 기술을 전수받기 위해 지난 1988년부터 이건희가 직접 스카우트한 인물들이었다. 이건희는 그날 삼성전자의 문제점을 지적해주는 그들과 밤을 새워 이야기를 나누었다.

　일본인 고문들은 각자가 느낀 삼성의 문제점을 지적했다. 이 자리에서 가장 솔직하고 신랄한 비판을 가한 사람은 디자인 고문 후쿠다였다. 그는 삼성제품의 디자인이 갖는 문제점을 낱낱이 지적하면서 조속한 시일 내에 디자인 개혁을 이루지 않으면 삼성의 성장은 있을 수 없다고 단언했다. 그는 삼성의 디자인 수준은 한마디로 수준 이하이며 자신이 "삼성의 고문으로 온 것을 후회하고 있다."는 말까지 했다.

　후쿠다의 신랄한 지적은 이건희 회장에게 또 하나의 충격을 안겨주었다. 후쿠다는 뜻밖에도 이 자리에서 미리 준비한 삼성전자에 대한 문제점을 담은 '경영과 디자인'이란 제목의 보고서를 이건희 회장에게 전달했다. 이것이 이른바 '후쿠다 보고서'이다.

　후쿠다 타미오는 1948년 일본 고베에서 태어나 경도공예섬유대 의장공예학과와 미국 일리노이공과대학원 디자인학과를 나온 후, NEC 디자인센터, 교세라 디자인실 경영전략팀에서 근무하다 1989년부터 삼성전자 정보통신 부문 디자인 고문으로 영입된 사람이었다.

　다음날 오후, 이건희는 독일 프랑크푸르트로 향하는 비행기 안에서 '후쿠다 보고서'를 펼쳐들고 몇 번이고 정독해 나갔다. 삼성 디자인의 문제점을 낱낱이 지적한 그 보고서는 "삼성이 디자인 개혁을 이루지 않으면 삼성의 성장은 있을 수 없다"고 단언하면서 삼성전자가 하루빨리 디자인과 상품 기획 실력을 더 키워야 한다는 지적을 하고 있었다. 후쿠다의 지적은 이건희의 심중을 흔들었고, 그의 개혁에의 의지에 불을 당겼다.

그런데 프랑크푸르트에는 이건희가 개혁에의 의지에 불을 당기는 데 기폭제가 된 또 하나의 사건이 기다리고 있었다.

1993년 6월 5일, 하네다 공항을 떠나려는 이건희 회장에게 SBC(삼성사내방송)팀이 제작한 30분짜리 비디오테이프 한 개가 전달되었다. 프랑크푸르트에 도착한 이건희는 호텔에서 여장을 풀자마자 그 비디오테이프를 틀어 보았다. 그 테이프에는 세탁기 제조 과정에서 금형이 잘못되어 세탁기 문이 잘 닫히지 않는데도 플라스틱 모서리 부분을 일일이 칼로 잘라내며 어설픈 응급조치를 하면서 생산되는 과정이 그대로 취재되어 담겨 있었다.

이건희는 분노와 허탈감을 느꼈고, 곧바로 서울로 전화를 걸었다. 그는 전화를 받은 이학수 비서실 차장에게 삼성 핵심 경영진을 당장 프랑크푸르트로 소집할 것을 명령했다.

이건희는 이때의 감정을 국내로 돌아온 석 달 뒤인 9월에 한 월간지 기자와 가진 인터뷰에서 다음과 같이 격렬하게 토로했다.

LA회의 이후 모두 잘하겠다고 해서 잘하는 줄로만 알았어요. 그러다가 프랑크푸르트로 가는 비행기 안에서 후쿠다 타미오 산업디자인 고문이 제 앞으로 올린 보고서를 우연히 보게 됐습니다. 그 보고서의 내용은 삼성전자가 이래 갖고는 안 된다는 경고장과 같았습니다. 그것을 사업본부장에게 수없이 올렸는데도 안 먹히니 마지막으로 물러날 각오를 하고 나에게 올렸다고 되어 있었어요. 기가 막히고 화가 치밀어 올랐습니다. 비서실장이고 본부장이고 사장이고 몽땅 나한테 거짓말을 했어요. 모두가 나를 속인 것이죠. 집안에 병균이 들어왔는데 5년, 10년 동안 나를 속여 왔습니다. 소위 측근이라는 사람들이 이 정도라면 나머지 사람들은 어느 정도였겠습니까?

프랑크푸르트 선언 '마누라와 자식 빼고 모두 다 바꿔라!'

그리하여 6월 7일 프랑크푸르트 켐벤스키호텔에는 난데없이 윤종용 사장, 비서실 김순택 경영관리팀장, 현명관 삼성물산 건설부문 사장 등 200여 명의 삼성 경영진들이 몰려드는 진풍경이 연출되었다.

비상경영회의장에 이건희가 비장감이 어린 모습을 드러내자 참석자들의 긴장은 극에 이르렀다. 이건희는 독일 프랑크푸르트 켐벤스키호텔에 모인 삼성 경영진에게 '신경영 선언'을 하고 '질경영'에 대한 그의 경영철학을 설파하며 열변을 토했다.

앞으로 21세기에는 초일류가 아니면 살아남지 못합니다. 대변혁의 시대에 하루 속히 글로벌 스탠더드에 적응하지 못하면 삼성은 영원히 이류, 삼류로 뒤처지고 맙니다. 마누라와 자식을 빼고는 다 바꾸어야 합니다. 그래야 살아남을 수 있습니다.

'나부터 변하자', '마누라 자식 빼고 다 바꾸자', '양(量)을 버리고 질(質) 위주로 가자'는 취지의 이 신경영 선언은 삼성 조직 전체에 대한 대폭적 수술의 시작을 알리는 신호탄이었다.

그는 4개월간 LA, 도쿄, 프랑크푸르트, 오사카, 런던 등 삼성의 세계 주요 거점 도시로 1800여 명의 임직원을 불러들여 세계가 어떻게 변해가고 있는가, 세계 무대에서 삼성이 어떤 위치에 있는가를 눈으로 보여주면서 장장 500시간에 걸쳐 삼성이 가져야 할 비전을 직접 설파했다. 특히 사장단과는 장장 800시간에 걸쳐서 삼성이 가져야 할 비전을 설파했는데 이 회의는 저녁 8시에 시작해서 다음날 새벽 2시까지 이어지기 일쑤였다.

그해 6월 7일 프랑크푸르트에서 시작된 해외 간담회는 68일간이나 이어졌다.

평소에 말이 없고 과묵한 것으로 알려졌던 이건희 회장으로서는 정말 이례적인 사건이었다. 이건희는 표정에 변화가 없고 말투도 어눌했지만 눈에 보이는 것보다 그 이면에 숨겨진 원리를 찾아내서 문제의 핵심을 파고들었다. 그의 생각의 깊이는 거의 철학자를 연상시킬 정도였다. 그는 시대를 리드하는 화두를 제시하며 삼성인들을 일사분란하고 기민하게 움직이게 만드는 카리스마를 발휘하기 시작했다.

〈삼성 60년사〉 연보를 보면 프랑크푸르트 회의, 그 첫날인 6월 7일을 '삼성 신경영 선언'을 한 날로 기록하고 있고, 다음과 같이 신경영을 규정해 놓고 있다.

> 현실에 대한 명확한 인식과 자기반성을 통해 '남을 탓하기보다는 나부터 변화하겠다.'는 의지를 가지고 인간미와 도덕성, 예의범절, 에티켓 등을 기본으로 해서 변화의 방향을 한 방향으로 통일하며, 질 위주 경영을 바탕으로 국제화와 정보화 그리고 복합화를 이룩해 국제 경쟁력을 높이고 궁극적으로 인류 사회에 봉사하는 21세기 세계 초일류기업을 지향하는 경영철학이다.

이건희의 이 같은 신경영 선언은 한 마디로 잘나가는 것으로 알고 있던 삼성인들에게 국내에서의 일등에 만족하며 희희낙락하던 우물 안 개구리임을 일깨우는 새로운 비전 제시였고 삼성을 철저하게 변혁시켰다. 이건희의 리더십은 그때부터 빛을 발하기 시작했다.

그는 단순히 비전 제시에만 그치지 않았다. 그는 숨 쉴 틈 없이 가시적 실행 조치의 지침을 내렸다. 7시에 출근하고 4시에 퇴근하는 7·4제, 불량품이 나올 경우 라인을 세우는 '라인스톱제도' 등 새로운 규범이 삼성인들을 강타했다.

그때 많은 삼성인들이 이것은 '진짜 혁명'이라는 이야기를 했다. 삼성은 그전까지는 '어떤 일이 있더라도 생산라인은 세우지 않는다.'는 철칙을 가지고 있었기 때문이다. 삼성인들은 신경영의 깊은 철학이 무엇인지는 몰라도 바로 이것이 변화와 개혁임을 실감하기 시작했다.

임원들에 대한 개혁의 강도는 더욱 높았다. 임원들은 사무실에 앉아 있을 시간이 없었다. 현장을 중시하는 이건희의 경영방침에 따라 그들은 영업 현장이나 생산 공장으로 나가야 했다. 심지어는 6개월 동안 차출되어 신경영에 대한 교육을 받기도 했다.

신경영은 문화혁명으로 자리를 잡아갔다. 이후 삼성은 정보화 시대에 대비해 정보인프라를 갖추고, 글로벌경영을 위해 해외투자를 늘리고, 핵심역량 중심으로 사업구조를 개편하기 시작했다.

> 양과 질의 비중이 1 : 99도 안 된다. 0 : 100이다. 10 : 900이나 1 : 99로 생각한다면, 이것이 언젠가는 5 : 5로 간다. 한쪽을 0으로 만들지 않는 한 절대로 안 된다.

이건희는 이렇게 강조하며 신경영의 핵심 키워드를 '질을 높이는 경영'으로 잡았고, 질에 대해 확고한 의지를 보였다. 그는 불량품이 나올 경우 몇 개월이 걸리더라도 라인을 돌리지 못하게 했다. 완전한 제품이 나오기 전까지는 사재를 털어서 종업원들의 임금을 주겠다고 선언하기도 했다. 그의 변신은 이미 1993년 신년사에서 예고되고 있었다.

> 첨단 경영 시대의 승리자가 되기 위해서는 남보다 앞서는 정보력과 기업 안보 차원의 홍보력 강화가 필수요건입니다.

이건희는 이미 그해 초부터 바삐 움직이고 있었다. 4월에 대구 성서 공단에 소형 승용차 공장을 건설하는 문제를 놓고 대구시장과 협의를 했고, 5월 12일, 중소기업인들을 대상으로 '국가 경쟁력 강화를 위한 대기업과 중소기업의 역할' 이라는 주제로 대중 강연을 했으며, 5월 15일에는 고려대학교 강당에서 한국경영학회가 주는 경영자 대상을 수상하며 '삼성의 제2창업과 한국 기업'이라는 주제로 기념 강연을 했다. 이건희의 행보는 거기에 그치지 않았다.

그는 5월 17일부터 20일까지 KBS 라디오의 '경제 전망대'에 출연했고, 또 5월 26일에는 충남 대전 대덕에 있는 한국과학기술원 강당에서 초중고 과학교사 및 교수들을 상대로 해서 '과학한국의 오늘과 내일'이란 주제로 강연을 했다.

이런 사람을 두고 어떻게 '은둔하는 황태자'라고 할 수 있겠는가?

이건희는 그렇게 변신의 의지를 다지다가 마침내 프랑크푸르트 선언으로 신경영의 칼을 높이 뽑아든 것이었다. 그 신경영 선언을 위한 행보를 미리 준비해 놓고 한 걸음 한 걸음 발걸음을 대딛고 있었던 셈이다.

또한 이건희는 제2창업 제2기를 선포하는 의미에서 그룹의 경영 이념과 정신, 그룹 마크, 사가 등을 바꾸고 대대적인 개혁 작업에 나섰다. 삼성 측의 설명에 따르자면, 특히 삼성의 워드마크는 타원이 비스듬하게 처리돼 있어 동적이고 혁신적인 느낌을 주도록 했으며, 아울러 영문 로고의 디자인을 정교하게 처리하여 기술주의를 표방하며 전반적으로 누구나 부담 없이 대하는 평범한 인상을 주도록 함으로써 고객 중시의 핵심가치를 나타내도록 했다.

한편 5월 3일, 미국의 종합경제지인 〈포춘(Fortune)〉은 한국의 대표적인 기업인으로 이건희 회장을 선정하고 표지 인물로 실었으며 삼성그룹을 커버스토리로 다루며 삼성전자를 주목하라는 기사를 실었다.

세계 일등기업을 벤치마킹하라

삼성이 신경영 선언 이후 가장 먼저 실행에 들어간 작업은 세계 일등기업에 대한 벤치마킹이었다. 이건희의 프랑크푸르트 대장정에 참여했던 삼성 수뇌부는 삼성의 취약점을 보강하려면 세계 일등기업들을 배우는 방법밖에 없다고 결론을 내렸다.

삼성은 1993년, 1994년 2년 동안에 걸쳐 그룹 차원에서 대대적인 벤치마킹을 벌여나갔다.

우선 전자, 중공업, 섬유, 재고관리, 마케팅, 고객서비스, 물류, 판매관리 등 각 분야의 세계적인 노하우를 가진 일등기업들을 선정했다. 그리고 본격적인 연구와 벤치마킹에 들어갔다.

벤치마킹 대상으로 확정된 기업은 당연히 일본과 미국의 선진 기업들이었다. 과거 이병철이 일본 기업에 대한 벤치마킹을 실시해서 삼성이 거느린 많은 계열사를 만들어냈다면, 이번의 벤치마킹은 회장 개인의 차원을 넘어 그룹의 모든 임원이 참여한 벤치마킹이었다. 그야말로 그룹 출범 이래 유래를 찾아볼 수 없는 대대적이고 전폭적인 벤치마킹이었다.

삼성의 벤치마킹은 산업부문별 벤치마킹과 경영기법별 벤치마킹, 두 파트로 나뉘어져 진행되었다.

첫 번째 산업부문별 벤치마킹의 대상을 보면, 전자는 소니와 마쓰시타, 중공업은 미쓰비시, 섬유는 도레이를 벤치마킹하기로 결정했다. 또 두 번째 경영기법에 대한 벤치마킹 대상을 살펴보면, 신제품 개발은 모토로라, 소니, 3M, 생산작업관리는 HP·필립모리스, 품질관리는 제록스·웨스팅하우스, 마케팅은 마이크로소프트, 헬렌 커티, 더 리미티드, 판매관리는 IBM, P&G, 재고관리는 웨스팅하우스, 애플컴퓨터, 페덱스(FedEx), 고객서비스는 제록스, 노드스트롬, 물류는 허시, 메리케이 코스메틱 등 산업분야 전반에 걸쳐 광범위하게 선정되었다.

이러한 벤치마킹이 이루어지는 동안 삼성은 한편으로는 대대적인 내부 정비에 들어갔다. 1993년 삼성은 그룹 창립 이래 최대인 299명의 임원에 대한 인사를 단행했다. 그것은 삼성 개혁의 단호한 의지의 발로였고, 조직 전체에 개혁 분위기를 확고하게 심는 결과를 가져왔다. 신경영

성공의 마지막 요인은 '사람이 경쟁력' 이라는 인식 때문이었다.

이건희는 신경영은 교육을 통해서 정착된다고 생각했다. 그래서 신경영이라는 이름 아래 그룹 차원에서, 각 회사 차원에서, 단위 사업장 차원에서 삼성인을 대상으로 한 교육이 이루어졌다. 교육은 국내에서뿐만 아니라 독일의 프랑크푸르트, 일본의 도쿄, 미국의 LA 등지에서 많은 비용을 들여가며 강도 높게 실시되었다.

이건희는 신경영의 정착을 위해서는 세계 최고 수준의 인재를 뽑아야 하고, 그들이 제대로 능력을 발휘할 수 있게 여건을 만들어주어야 하며, 성과에 대해서는 철저히 보상한다는 '인재·성과 중심 경영'을 신경영의 핵심으로 내세웠던 것이다.

이건희는 동시에 삼성 제품을 세계 최고 수준으로 끌어올리기 위한 작업에 들어갔다. 그는 삼성인들에게 삼성의 기술 수준을 파악한 후, 이를 세계 초우량기업의 수준과 비교해 격차를 측정하고, 그 격차를 조기에 축소시키는 전략을 기본전략으로 세웠다.

우선 전 삼성인을 벤치마커(Benchmarker)로 만드는 삼성 신경영이 시작되었다. 이건희는 삼성의 4천여 임원 모두에게 과제를 내주었고, 그 과제를 달성하지 못하는 사람은 옷을 벗을 각오를 하라고 단단히 못 박았다. 또한 850명에 달하는 최고경영진의 개혁을 위해 전문 CEO 과정 교육을 실시했다.

이들은 국내·외에서 각각 3개월간 교육을 받았는데, 특히 해외연수 중에는 해당 국가를 좀더 잘 이해하게 하기 위해 비행기를 타지 말고 내륙으로 이동하며 그 나라의 실정을 파악하게 했다.

삼성인들은 수천 명의 임원과 엔지니어들이 세계 각지를 돌면서 우선 핵심 일등기업들에 대한 벤치마킹을 통해서 그들의 앞선 운영 시스템을 도출해내는 데 주력했다. 그들은 자신들의 기술 수준을 파악한 후 이를 세계 초우량기업의 수준과 비교해 격차를 측정하고, 그 격차를 조기에 축소시키는 전략을 기본전략으로 세웠다.

신경영을 시작했을 때 세계 DRAM 시장은 호황기를 맞이해서 삼성전자는 1994년, 반도체사업 부문에서만 약 3조 원 이상의 영업이익을 올리는 등 막대한 성과를 거두며 세계적인 기업으로 도약하기 시작했다.

삼성의 '신경영 효과'는 한국 경제가 사상 초유의 혼란에 빠졌던 IMF 시기에 극적인 효과를 나타냈다. IMF 구제금융 사태로 한국 경제 전체가 휘청거릴 때 삼성도 다른 기업과 마찬가지로 잠시 허둥대기는 했지만, 다른 기업에 비하면 의연하게 그 터널을 빠져나올 수 있었다. 신경영을 통해서 이미 구조조정을 단행했기 때문이다.

구조조정 결과 삼성인의 역량이 몇 단계 업그레이드된 상태였기에 역설적으로 말해서 삼성인은 이미 IMF를 준비해 둔 셈이 되었다. IMF 시기의 구조조정은 삼성인에게는 결코 새로운 것이 아니어서 초기의 혼란을 거치면서 새로운 상황에 비교적 잘 적응할 수 있었고, 삼성을 다시 한 번 업그레이드시키는 계기가 되었다.

이건희는 IMF 한파가 몰아닥친 1998년 신년사에서 자신의 생명·재산·명예를 포함한 모든 것을 던질 각오가 되어 있다고 말하고, 일류가 되지 않으면 살아남을 수 없다고 선언했다. 그리하여 다른 어느 기업보다 신속하게 구조조정을 완수한 삼성은 1998년부터 다시 흑자를 내기 시작해서 1999년에 5조 원, 2000년에는 10조 원대의 이익을 만들어냈다.

삼성은 IMF 외환위기를 성공적으로 극복하고 10년도 안 되는 짧은 기간에 디지털 융합 시대를 주도하는 초일류기업으로 도약하는 전기를 마련했던 것이다. 만약 삼성이 다른 그룹들처럼 신경영을 통한 구조조정을 미리 해놓지 않은 상태에서 IMF 직격탄을 맞았다면 지금의 삼성은 존재하지 않았을 것이다.

삼성가(家) 가족이야기 23

이건희의 교통사고와 루머

1982년 가을, 이건희는 끔직한 자동차 사고를 당한다. 그가 몰고 가던 푸조(Peugeot)가 경부고속도로로 진입하기 직전인 양재대로에서 덤프트럭과 충돌한 사고였다. 스피드광인 그가 가속페달을 밟으며 언덕길을 올라가는 순간, 정면으로 덤프트럭이 나타났다. 급하게 브레이크를 밟았지만 너무 늦었다. 차체는 박살이 나고 이건희의 몸뚱이는 자동차 밖으로 튕겨 나왔다. 다행히 목숨은 건졌지만 사고 후유증은 오래갔다. 당해본 사람은 알겠지만 겉으로는 멀쩡해 보여도 교통사고 후유증은 몇 년에 걸쳐 지속된다. 이건희의 경우가 그랬다.

세간에서는 그가 식물인간이 되었다느니, 뇌수술을 받고 바보가 되었다느니, 마약중독자가 되었느니 하는 풍문이 끝없이 나돌았다. 그것은 사고 이후 오랫동안 이건희가 공개석상에 모습을 드러내지 않은 때문이었다. 당시 이건희는 공식적으로 후계자로 지명되기는 했으나 후계자로서의 그의 입지를 흔들고자 하는 세력은 괴상한 소문을 만들어서 퍼트리고 있었다. 이건희는 〈동아일보〉 1993년 8월 4일자 인터뷰에서 당시 상황과 심정을 이렇게 토로하고 있다.

제가 1982년엔가 교통사고를 당해서 한동안 진통제에 의지했던 적이 있었습니다. 이 때문에 식물인간이니 마약중독이며 하는 얘기가 나돌아 다녔던 것 같습니다. 결국 혼자 힘으로 극복했어요. 중상모략이 끼어들고 해서 그 뒤에도 소문이 계속 났어요. 엘리베이터 결과 어쩌니 등등……. 이걸 안 믿은 사람은 제 자신과 가족들뿐입니다. 나는 '내 자신이 아니면 그뿐이다.'고 생각하고 해명하려고도 하지 않았어요. 그러니 소문은 더 요란하게 났지요.

이건희는 교통사고 후유증 치료를 위해서 아내와 함께 미국행을 선택했는데 그것이 더 소문을 키우는 결과를 가져왔다. 하지만 속골병이 들어 교통사고의 후유증을 심하게 겪고 있던 그로서는 치료 겸 요양을 하느라 일 년 정도 미국 생활을 하다 돌아왔다. 그러자 온갖 소문들이 또다시 활개를 치며 돌아다니기 시작했다. 1993년 7월 13일, 이건희는 일본 오사카 특강에서 보다 명확한 입장을 밝히고 있다.

나를 둘러싼 루머는 집단이기주의와 재산 때문으로 봅니다. 이것은 더럽고 유치하며 암보다 더 독합니다. 집안과 회사, 나라 망치는 행위라고 할 수 있어요. 모든 유언비어가 여기서 나왔습니다. 식물인간이니 엘리베이터 걸이 어머니, 자동차 사고 때 연예인(여배우·여가수)과 함께 있었다느니, 3~6살의 자식이 90여 명이라는 등등 말이죠. 그런데 모두 다 그걸 믿어요. 99%가 믿는 것 같습니다. 이 자리에 있는 내 조카(첫째형 이맹희의 장남인 이재현과 둘째 형 이창희의 장남인 이재관으로 이건희는 해외 회의에 두 사람을 대동했다)도 믿는 눈치입니다. 안 믿는 사람은 내 자신과 마누라뿐입니다. 왜냐하면 3~6살의 자식이 수십 명 어쩌고 하는데 나는 12~13년 전에 이미 수술(정관)을 했습니다. 그런데 비서실 측근들도 루머를 믿고, 여러분도 믿고. 이게 바로 우리나라의 풍토입니다.

각종 루머에 얼마나 시달렸는지 절절하게 절실함이 묻어난 토로가 아닐 수 없다. 이건희는 분통이 터져서 어느 날은 사장단 회의에서 안경까지 집어던졌다. 하지만 사람들은 그가 왜 안경을 집어던졌는지 알려고 하지 않았다. 그저 안경을 집어던진 사실만 부풀려져 사람들의 입에서 입으로 퍼져나갔다.

그런데 이러한 루머는 이건희가 1993년 신경영 선언을 하는 과정에서 눈 녹듯이 사라져 버린다. 이건희는 1993년 6월 7일, LA-프랑크푸르트-오사카-동경-런던으로 이어지는 4개월에 걸친 대장정에서 1800여 명의 임직원을 해외로 불러놓고 장장 500여 시간 동안에 걸친 열변을 토해냈다. 당시 이건희가 쏟아낸 말들은 '이건희 회장 신드롬'으로 불리며 우리나라 경제계 전체에 큰 반향을 일으켰다. '은둔하는 황태자'로 불리던 그는 비장한 결의를 다지며 국민대중 앞에 모습을 나타냈다.

㉔ 신경영의 결실

가장 결정을 잘하는 사람들은
자기들의 결정에 따르는 고통을 기꺼이 감수할
용의를 가진 사람들이다. 한 사람의 위대성의 척도는
고통을 감수하는 능력이라고 할 수 있다.

　　　　　　　　　－스콧 펙(Scott Peck), 『아직도 가야 할 길』－

선택과 집중, 그리고 종합화

신경영의 개혁이 시작되고 2년 정도가 지나자 그 효과가 서서히 나타나기 시작했다. 세계 일등기업들의 노하우를 전수받아서 돌아온 삼성인들은 대상 기업의 장단점을 낱낱이 분석해서 삼성만의 것으로 만들었던 것이다. 그렇게 개발한 핵심기술은 우수한 품질의 상품 생산으로 이어졌고, 삼성의 국제경쟁력은 점차 높아지기 시작했다.

1993년 '마누라와 자식만 빼고 다 바꾸라'는 선언으로 시작된 이건희의 신경영은 천재육성론, 스포츠 마케팅, 골프경영학, 문화경영, 윤리경영 등 또 다른 경영철학을 많이 낳았다.

IMF 외환위기 이후, 우리나라에는 구조조정이라는 말이 흔해졌지만, 삼성인들은 그 이전부터 개혁과 혁신이라는 방향을 설정하고 실천해 나갔다. 그때부터 삼성 경영의 화두는 '선택과 집중'이었다.

재벌들의 무리한 확장경영이 IMF를 초래했다는 비난을 받게 되면서 핵심역량 위주의 기업 구조조정이 꾸준한 지지를 받고 있다. 한정된 자원과 기업의 능력에 비추어 재무적인 리스크를 줄일 수 있다는 점에서 선택과 집중은 그때부터 기업경영의 대세를 이루었다.

전 세계에서 선택과 집중에 성공한 기업으로 세계 제일의 이동통신 업체인 '노키아'를 들 수 있을 것이다. 1865년 제지업으로 출발한 노키아는 140년에 달하는 오랜 역사를 자랑하지만, 글로벌기업으로 부상한 것은 불과 20여 년에 지나지 않는다. 고무, 전선, 화학 등 다양한 분야로 확대성장을 지향하던 노키아는 1980년대 말 핀란드의 금융위기로 인해 몰락할지도 모르는 처지에 몰렸다. 당시 노키아 사장이었던 카리 카이라모가 갑자기 사망하자, 경영 실패의 죄책감을 이기지 못해 자살했다는 소문이 나돌 정도였다.

이런 노키아를 수렁에서 건진 것이 바로 선택과 집중을 통한 경영혁신이었다. 1992년 노키아 CEO로 취임한 욜마 오릴라는 취임과 동시에 업계 1위가 아니거나 1위가 될 가능성이 없는 사업은 과감하게 정리할 것을 선언했다.

　노키아는 제지업으로 출발해서 고무, 펄프, 타이어, 가전제품, 컴퓨터를 생산하는 업체였다. 욜마 오릴라는 이 회사의 모체이자 근간이 되어온 펄프사업을 비롯한 1위를 차지할 수 없다고 생각되는 모든 분야를 매각 처리하는 강력한 선택과 집중 전략을 추진했다.

　그는 1988년 당시 매출 비중이 10% 정도에 불과했던 이동통신을 미래사업으로 채택하고 이동통신 단말기와 정보통신 인프라 부문만을 가지고 사활을 건 항해를 시작했다. 이후 노키아는 세계 최고의 이동통신 제품을 만들기 위해 매년 매출의 8~9% 이상을 연구개발(R&D)에 쏟아 부으며 전사적 힘을 기울였고, 그것을 기본적인 기업정신으로 내세웠다.

　노키아는 핀란드, 미국, 중국 등 14개국에 52개의 R&D센터를 설치하고 전 직원의 30%에 해당하는 1만 7천 명을 연구부문에 할당했다. 그 결과 노키아는 품질과 서비스 면에서 세계인에게 인정을 받게 되었고, 전 세계 휴대폰 시장의 35% 이상을 차지하는 세계 최강의 기업이 되었다. 노키아는 선택과 집중 전략을 통해 기업이 어떻게 세계시장에서 살아남는가를 보여주는 모범사례라고 할 수 있다.

　삼성은 그런 노카아에게서 선택과 집중을 배워왔고 그들을 능가하는 전략을 구사하기 시작했다. 그러나 인생무상만 있는 것이 아니라 기업무상이라는 것도 있는가. 세계시장의 35% 이상을 차지하고 난공불락 같던 세계 최강의 기업 노키아가 삼성에게 세계 1위를 빼앗기고 무너질 줄이야!

　앞으로 삼성도 조심해야 하고 어찌될지는 누구도 모르는 일이지만 예전부터 삼성과 노키아의 전략이 달랐다. 삼성전자는 업종전문화만이 최선은 아니라는 '종합화 전략'을 펴나갔다.

　이것이 이병철의 아이디어인지 이건희의 아이디어인지, 하다보니까 그렇게 된 것인지는 모르겠지만 '종합화 전략' 그리고 '수직계열화 전략'은 주효했고 오늘의 삼성을 견인하는 지렛대 역할을 했다. 이것은 삼성 경영자들의 선견력과 행운이 함께 가져다 준 선물에 가깝다.

무조건적인 긴축, 감량경영보다는 사업의 다각화가 오히려 조직의 역동성을 키워 주고 더 높은 성장과 높은 부가가치를 올려준 경우다. 또 미래에는 많은 전자제품과 기기들이 퓨전화되거나 여러 기술이 융합되는 것이 일반적 추세일 것을 예상한 포석인 셈이었다.

우선 삼성전자는 세계적인 기업들과 전략적 제휴를 맺는데 주력했다. 마이크로소프트, IBM, 휴렛팩커드는 물론 소니, 도시바 등 일본의 유수 기업들과 제휴를 시도했다. 이것은 삼성전자가 원하는 바이기도 했지만 한편으로는 세계적 기업들이 원하는 바이기도 했다.

그것은 삼성전자가 종합화 전략에서 성공을 거두기 시작하면서 삼성과는 '토털 솔루션'이 가능했기 때문이다. 이를테면 마이크로소프트는 홈네트워크, 오피스 네트워크와 관련된 세계표준시장을 장악하기 위해 여러 기업과의 제휴를 모색하고 있었는데 삼성전자는 반도체 칩, LCD 패널, 가전제품 등을 일괄해서 직접 만들고 있으므로 마이크로소프트의 입장에서 보면 매우 편리한 상대라고 할 수 있다. 삼성전자는 퓨전, 컨버전스 등의 새로운 개념을 어느 기업보다 빨리 인지했고 그것을 실천한 기업이 되었다. 많은 전문가들은 삼성전자가 이러한 장점을 지니고 있기 때문에 소니를 제칠 수 있었다고 평가하고 있다.

소비자 요구의 세분화, 고도화, 추상화에 대응해 나타나기 시작한 기술의 융합은 정보기술의 발전에 따라 더욱 고도화되어 이제 융합 비즈니스가 21세기의 주류를 이룰 것이라는 데는 아무도 이의를 달지 않는다. 퓨전은 이제 영역과 국적을 넘나드는 경영 활동을 상징하는 키워드로까지 발전했고, 제품과 기술, 서비스 등에서는 퓨전화가 이미 대세라 할 수 있다.

디지털 기기와 광대역 네트워크가 결합하여 음성·데이터, 통신·방송, 유·무선 간의 통합, 융합화가 빠르게 진전되고 디지털 융합은 산업 간의 경계를 넘어 텔레매틱스, 홈네트워크, 전자금융과 같이 지금까지는 볼 수 없었던 새로운 개념의 제품군을 만들어내고 있다.

예를 들어 디지털기술의 발전이 휴대전화를 디지털 카메라, MP3, TV폰, 캠코더, 와이브로(휴대인터넷), 모바일 금융, 모바일 음악 등이 복합된 제품으로 변신시켜서 거둔 엄청난 성공은 삼성전자를 디지털 융합 시대를 주도하는 초일류기업으로 도약하는 전기를 마련했다.

삼성전자의 사업 구조는 메모리, 디스플레이, 정보통신, 디지털가전의 4개 분야가 골고루 매출과 순이익에 기여하는 구조로 이루어져 있다. 디스플레이와 메모리를 비롯한 자체 반도체 제품들이 휴대폰이나 디지털가전에 장착되어 가격경쟁력을 확보하고, 매출과 순이익의 향상에 기여하면서 시장지배력을 확대해 나가고, 확대된 시장만큼 반도체 제품들의 공급수량도 늘어나는 선순환 구조로 경쟁업체를 우군으로 끌어들이며 큰 재미를 보았다.

소니를 앞선 삼성 신화의 시작

2002년 4월 2일, 미국 뉴욕의 월스트리트는 삼성전자의 시가총액이 65조 6800억 원으로 소니의 63조 5600억 원보다 2조 1200억 원을 앞섰다고 발표했다. 삼성이 소니를 제쳤다는 이 소식은 일본 열도를 경악시켰고, 한국인들에게는 커다란 환희와 희망과 자신감을 안겨준 일대 사건이 되었다.

난공불락으로 보이던 소니를, 세계 최강의 전자산업국 일본을 깰 수 있다는 자신감은 한민족을 세계 속으로 더욱 질주하게 하는 계기가 되었다. 1970년대 초에 산요전기에서 트랜지스터와 라디오·TV 기술을 배우면서 걸음마를 시작했던 삼성이 30년 만에 일본의 자존심인 소니를 앞섰다는 것은 정말 놀라운 일이었다.

그후 삼성은 더욱 놀라운 일을 계속해서 만들어냈다. 앞에서 살펴본 대로 삼성은 브랜드 파워에서 소니를 따라잡고 있고, 수익 면에서는 일본 전자업체 대표들을 모두 제치고 나섰다. 삼성의 이 놀라운 성과는 '한강의 기적'에 이은 '삼성의 기적'으로 받아들여졌다.

대부분의 투자자들은 '소니 쇼크'가 일어나자 "소니의 미래가 보이지 않는다."고 말하고 있었다. 삼성이 질주하는 사이 경쟁업체인 소니는 계속적인 수익 감소로 불안한 모습을 보이고 있었다. 그러자 일본 언론들은 일제히 "이부카 스피릿(정신)이여, 되살아나라!"고 외쳤다.

그 후 소니는 충격에서 벗어나기 위해 다시 기력을 재충전하고 창의력 개발에 매진했으나 역부족이었다. 한때 소니는 "가진 것은 머리와 기술밖에 없다."고 자부하던 이들의 집단이었다. 그런데 왜 소니가 그런 어려움과 수모를 겪고 있는 것일까?

그것은 소니가 과거의 영광에 안주하면서 시대의 흐름을 읽는 데 소홀했기 때문이다. 신제품 개발에서 경쟁사들에게 밀리기 시작하면서 겪게 된 자중지란인 것이다.

소니는 가전제품 제조업의 한계를 극복하기 위해 부가가치가 높은 것으로 알려진 음반, 영화, 게임 사업에 진출하여 하드웨어와 소프트웨어를 결합한 소프트화 전략을 펼쳤지만 새로운 사업에서 큰 이득을 얻지 못하고 있다. 그런 반면 사업의 소프트화에 고취된 나머지 제품 개발을 소홀히 함으로써 오디오 및 비디오 기기 같은 전통적인 전자제품의 경쟁력 약화로 어려움을 겪게 된 것이다.

2002년, 소니의 맞수인 마쓰시타는 플라즈마 TV라는 신제품을 내놓으며 시장점유율 24%를 기록했다. 그러나 TV의 제왕이었던 소니는 플라즈마 TV 생산을 위해 NEC와 기술제휴를 해야 할 정도로 시장을 내다보지 못했고, 차세대 제품으로 떠오른 LCD TV 생산을 위해서는 삼성과 제휴하는 수모를 겪어야 했다.

사태는 여기서 끝나지 않았다. 기선을 제압한 마쓰시타는 소니가 상상도 하지 못한 완전히 새로운 제품군인 하드디스크 드라이브가 장착된 DVD 리코더를 만들어냈다. 마쓰시타는 이 제품으로 소니의 아성에

도전해 DVD 리코더 시장을 50% 이상이나 점유하는 일대 파란을 일으켰다. 마쓰시타는 과거에는 존재하지 않았던 신제품을 만들어냄으로써 소니가 지배하던 시장을 잠식해 들어갔던 것이다. 2년 뒤인 2004년 소니에서도 PSX DVD 리코더라는 유사제품을 내놓았지만, 이미 마쓰시타가 장악한 시장은 포기해야 했다.

소니가 이런 수모를 겪게 된 이유는 과거 워크맨, CD, MD 시대의 단품 위주의 습성을 버리지 못한 데서 찾을 수 있을 것이다. 앞에서 살펴보았듯이 세상은 제품과 기술·서비스 등에서 엔지니어링 퓨전화시대를 맞고 있었다. 엔지니어링 퓨전제품은 기능의 융합과 복합화의 형태로 나타나는데, 소니는 그 흐름을 제대로 인식하지 못하고 단품 위주의 제품을 고집한 탓에 마쓰시타와 삼성에 몰리는 입장이 되고 말았던 것이다.

피터 드러커는 일찌감치 그러한 복합화 시대의 흐름을 읽어냈다. 그는 '프로페셔널의 조건'이라는 책에서 바이올린이나 첼로를 연주하는 사람은 전문화를 아주 잘하는 것이 중요하나, 이들이 모두 모여 연주하는 오케스트라에서는 종합화와 협동이 결정적으로 중요하다고 강조했다. 모든 연주자로 하여금 악보를 알게 하려면 그 악보는 모든 연주자가 이해할 수 있는 공통의 언어로 쓰여 있어야 한다. 즉, 통합을 이루는 공통의 핵이 있어야만 한다. 그리고 그것은 경험을 통해 우리가 알고 있듯이, 공통의 시장과 공통의 기술에 의해 제공된다. 수십 개의 회사를 거느린 그룹에게 개별 회사처럼 소수 업종 전문화를 강요하는 것은 안 된다.

양에서 질로 전환한 삼성경영은 선택과 집중이란 말로 흔히 표현되곤 했다. 그러나 삼성이 어느 정도의 성공을 거두기 시작하면서 노리기 시작한 경영 포인트는 반도체, LCD, 휴대전화 등으로 집중화된 생산능력을 퓨전화 시키는 방향으로 모아졌다. 이른바 디지털 컨버전스 시대를 맞이해서는 제품의 퓨전화, 경영의 퓨전화가 시대적 요청이 된 것이다.

이것은 한마디로 제품의 종합화 전략을 부르는 것으로서 '선택과 종합'이 새로운 경영 마인드를 구축하는 것을 의미한다.

삼성은 디지털 융합 시대에 대응해서 차세대 신규 사업의 조기일류화를 달성하기 위한 초일류 세트기술과 첨단 반도체기술을 가미해 시장을 점차 확대해 나갔다. 2차 전지사업·유기EL 등 차세대 핵심품목을 조기에 일등 상품으로 올려놓고, 나노·미세전자기계 시스템 등 미래 기반 기술을 축적하고, 미래기술 선점에 박차를 가해서 하드웨어 분야의 경쟁력을 높여 나가는 한편, 디지털기술의 융합에 의한 유비쿼터스(Ubiquitous) 시대를 여는 초일류기업으로 거듭난다는 것이 삼성의 21세기 로드맵이다.

실제로 삼성전자는 내부적으로 디지털미디어산업은 디지털 컨버전스가 가속화되는 가운데 수년 내 브로드밴드, 유비쿼터스 컴퓨팅 시대가 현실화되는 대변혁의 여명기에 있다는 인식하에 디지털 컨버전스를 화두로 다양한 연구를 진행시켰다. 차세대 가전시장을 선도할 홈네트워크 시스템은 TV, 오디오, PC 등 AV 가전은 물론 냉장고, 에어컨, 세탁기 등 생활가전이 모두 하나의 시스템으로 연결될 것이라고 본 것이다. 말하자면 삼성은 '선택과 종합'을 통한 제품의 포트폴리오를 실현했던 것이다.

반면 이제는 2등 기업으로 전락한 일등기업 소니의 수모를 살펴보자.

일본의 경제주간지 〈닛케이(日經) 비즈니스〉는 소니가 삼성에게 밀리기 시작하자 소니 내부의 분위기에 다소 문제가 생겼다고 지적하는 기사를 실었다. 소니는 기술로 커온 기업인데, 지나치게 과거의 영화와 효율만 생각하다 보니 언제부터인가 장인정신이 사라지고 조직 전체에 균열이 생기기 시작했다는 것이다.

〈닛케이 비즈니스〉는 소니 임원의 말을 이렇게 인용하고 있다.

"아직까지도 소니에는 1mm의 차이에 집착하는 기술자 근성을 가진 사무라이가 있다. 그러나 평균점에 만족하는 엔지니어가 늘어간다면, 수년 후에는 그런 사무라이는 천연기념물이 되고 말 것이다."

그리고 또다른 소니 임원은 이렇게 탄식했다.

"새로운 제품이 나오지 않고 있다. 이러다가는 이부카(창업자)의 유전자가 소니에서 사라지고 말 것이다."

진작에 이런 상황을 예측했던 소니의 전임 회장 오가 노리오(大賀典雄)는 이미 수년 전에 이데이 노부유키(出井伸之) 회장에게 이런 질문을 던진 적이 있다.

"소니의 경영자는 세상을 변화시키는 히트상품을 만들어왔다. 모리타 전 회장은 워크맨을, 나는 CD와 MD를, 이데이 자네는 도대체 무엇을 만들 수 있나?"

이것은 소니의 장인정신, 일등정신이 사라지는 것을 안타까워하는 일본의 절규에 가깝다.

일찍이 이건희는 1992년 경영자대상 수상기념 강연에서 이런 말을 한 적이 있다.

현재 미국과 일본에서 대형 적자를 내는 기업은 대부분 도요타, IBM, 마쓰시타와 같이 일반적으로 단일 업종으로 나타나고 있습니다. 그러나 GE와 같이 기계, 전자, 가전, 반도체, 토목, 미사일이 다 합쳐져 있는 기업이야말로 융통성과 경쟁력을 가지게 됩니다. 따라서 '문어발식 경영'이라는 편견은 어느 정도 수정되어야 한다고 봅니다. 자동차는 전자로 넘어가고 중공업도 모든 게 자동화되어야 하니 전자와 합쳐져야 하는 등 업의 개념이 없어질 가능성이 있습니다. 이렇게 되면 단순 업종만 영위하는 기업은 이러한 업의 개념 변화에 적절히 대응하지 못하고 앞으로 점점 더 경쟁력이 저하될 수 있습니다.

당시 그가 이런 말을 한 것은 국내에서 재벌들의 문어발식 경영을 비난하는 소리가 높았기 때문이기도 한데, 그때 이미 이건희는 퓨전경영에 대한 마인드를 정립하고 있었던 듯하다.

자기 분야에서 일등을 하는 장인정신도 좋지만, 이제 그것을 종합화하는 상상력이 필요한 시대가 도래했다. 예전에는 기술자가 자기 전문분야에만 정통하면 되었으나, 앞으로는 종합적인 사고능력을 갖추고 다른 분야까지 폭넓게 알아야 할 것이다.

그래서 엔지니어링 경영 마인드는 시대를 움직이는 철학이 되어가고 있다. 기술자는 어떻게 하면 잘 팔리는 상품을 불량 없이 싸게 만들어내는가를 생각해야 함은 물론, 어떻게 하면 이익을 많이 낼 수 있는가도 연구하고 해결하는 종합기술자가 되어야 한다.

유능한 기술자가 되려면 우선 자기 분야의 기술핵심을 정확히 알고, 변화의 추세도 파악하고 있어야 한다. 또한 '내가 제일이다.'라는 사고방식에서 벗어나 자기의 약점과 강점을 분명히 알아야 한다. 앞으로의 세계는 '일한 대가'에서 '생각한 대가'로 살아남는 시대이다. 이제부터는 사업을 하는 사람이나 기술자나 항상 고객의 입장에서 생각하고 업무에 반영하는 종합기술자가 되어야 한다.

2005년 삼성전자 정보통신총괄 이기태 사장은 앞으로의 세상을 이렇게 단 한마디로 예견한 바 있다.

"훗날 모든 정보기기는 휴대전화에 통합될 것이다."

그의 이러한 예견은 스마트폰이 대세를 이어가고 있는 오늘날 딱 맞아떨어진 예언이 되고 말았다.

애니콜 신화의 탄생

이제 반도체에 이어서 오늘날의 삼성전자의 위상을 가져다 준 삼성 휴대전화 신화의 탄생에 대해서 살펴보기로 하자.

1993년 6월 이건희는 프랑크푸르트 선언 당시 삼성전자 무선사업부

이사였던 이기태를 따로 불러들였다. 그 무렵 삼성은 기술의 벽에 부딪쳐서 불량품 단말기를 양산하고 있었다. 이건희는 아주 심각한 어조로 말했다.

"이것은 위험 상황입니다. 일류만이 살아남는다는 것을 명심하세요."

이건희의 말에 이기태는 불량품을 만들 수밖에 없는 기술수준을 뼈저리게 자책하면서 그 자리에서 눈물을 흘리고 말았다. 이건희는 그런 그에게 다시 한 번 최선을 다해 보라고 독려했다. 그러나 이듬해인 1994년에도 불량품은 계속 생산되었다. 하루아침에 기술을 일류로 도약시키기에는 역부족인 듯했다.

이건희는 불량품을 만들어 파는 것은 사기라고 말하면서, 1995년 당시 시중에서 통화불만이 많던 휴대전화를 모두 수거해 리콜할 것을 지시했다. 프랑크푸르트 선언 이후 양보다 질을 그렇게 강조했건만 제품 불량률이 11.8%에 달했던 것이다.

그리하여 우리나라 전자산업 사상 유명한 '애니콜 화형식'이라는 일대 사건이 벌어졌다. 이기태는 그동안 판매된 휴대전화에 대한 리콜을 실시해서 수거한 제품을 한 곳에 모았다. 1995년 3월 9일, 삼성전자의 구미공장 운동장에는 수거한 휴대전화, 팩시밀리, 무선전화기 등 15만 개가 산더미처럼 쌓여 있었다. 이기태의 지시가 떨어지자 "품질은 나의 인격이요, 자존심!"이라고 쓴 현수막 아래, '품질 확보'라는 문구가 박힌 머리띠를 두른 2,000여 명의 임직원들이 지켜보는 가운데 불이 붙여졌다. 휴대전화 가격만 계산해도 150억 원에 달하는 제품이 연기와 함께 순식간에 잿더미로 변했다. 날씨는 꾸물거리고 빗발마저 흩뿌렸다. 이건희는 임원들과 함께 철제의자에 앉아서 묵묵히 그 광경을 지켜보았다.

그것은 삼성의 질(質) 경영에 대한 강력한 의지를 상징하는 중요한 사건이었다. 이기태는 자식과도 같은 제품을 불태운 뒤 이런 말을 했다.

내 혼이 들어간 제품이 불에 타는 것을 보니 말로는 표현할 수 없는 감정이 교차하더군요. 그런데 희한하게 타고 남은 재를 불도저가 밀고 갈 때쯤 갑자기 각오랄까, 결연함이 생깁디다. 그 불길은 과거와의 단절을 상징한 겁니다.

그는 잿더미에서 다시 시작해서 드디어 '애니콜 신화'를 만들어냈다. 애니콜 화형식 이후 그야말로 목숨을 건 기술개발 끝에 삼성 애니콜은 세계적인 브랜드 상품이 되었다. 삼성 애니콜은 노키아, 모토로라에 이어 세계시장 점유율 3위를 달성했던 것이다.

이기태는 삼성전자를 글로벌 브랜드로 올려놓은 일등공신임을 자타가 인정하는 사람이다. 그는 이건희에게서도 애니콜을 세계적인 브랜드로 키운 기술 하나로 무(無)에서 유(有)를 창조한 인재로 평가받고 있는 인물이다.

그는 삼성전자에 입사한 이래 30여 년 동안 통신 분야에서만 한 우물을 판 베테랑 엔지니어였다. 그는 취재기자가 취미를 묻자 "취미는 없다."고 단호하게 말한 것으로도 유명하다. 그는 '시간이 나면 신제품 테스트하거나 제품을 생각하는 것'이 유일한 취미인, 일과 취미가 하나라서 행복한 사람이다.

그가 삼성전자에 입사한 것은 1973년의 일로 당시 그가 출발한 곳은 '삼성-산요'라는 합작사였다. TV와 라디오를 만드는 이 회사에서 그는 남들이 선호하는 TV 대신 라디오를 선택했다. 군 생활을 육군통신학교 무선통신 교관으로 지냈기 때문이다.

애니콜 신화의 주역 이기태는 초고속 승진 끝에 2001년 드디어 삼성전자 정보통신 총괄 대표이사 사장이 됐다. 이 사장은 삼성전자의 사장들 중 가장 오랜 기간 동안 자기 분야를 총괄해온 탓에 휴대전화의 경우 개발 단계부터 세계 일류 브랜드가 된 지금까지 직접 챙길 수 있었고, '애니콜=이기태'라는 등식을 만들어 냈다. 이 사장은 철저한 품질관리로 고가품 시장을 집중 공략해 휴대전화뿐 아니라 삼성 제품 전체의 이미지를 바꾸는 데도 커다란 기여를 했다.

시사주간지 〈뉴스위크〉는 2004년 6월 7일자에서 그를 '무선통신의 선구자'로 선정했다. 〈뉴스위크〉는 하이테크 분야의 다른 기업인들이 인터넷 쇼핑사업에만 집중할 때 이기태 사장은 그것을 뛰어넘는 혁신적 제품 개발에 전념하여 새로운 무선통신의 혁명이 도래하는 가운데 우리의 삶을 변화시킨 대표적 통신 부문 개척자이며, 미래를 향한 비전을 가진 인물이라고 극찬했다. 〈뉴스위크〉는 또 미래에는 휴대전화가 모든 전자기기의 중추 역할을 하게 될 것이라는 이기태 사장의 말을 인용하면서 그는 휴대전화로 TV 시청을 비롯해 음악 감상, 인터넷 서핑 등을 할 수 있는 미래를 준비하고 있다고 전했다. 아울러 삼성 휴대전화의 성공 요인은 가장 먼저 새로운 기능을 적용해 제품의 가치를 높임으로써 높은 가격에 판매할 수 있었던 데 있다고 평가했다. 이와 함께 삼성전자의 휴대전화는 세계 최초로 TV, 카메라, 캠코더, MP3 플레이어 등 새롭고 다양한 기능들을 컨버전스화했다고 소개했다.

이기태 사장은 2004년 4월 중국 하이난다오(海南島)에서 열린 제3회 '보아오 포럼(Boao Forum for Asia Annual Conference 2004)'에 초청받아 한국 대표로서 세계적인 브랜드로 성장한 삼성 휴대전화의 성공 비결에 대해 연설했다. 이 사장이 이 포럼의 주제 연설자로 초청받은 것은 최고 제품으로 인정받은 삼성 휴대전화와 그 경쟁력의 원천이 되는 브랜드 가치의 성장에 대해 세계의 관심이 집중되었기 때문이다.

'아시아판 다보스 포럼'으로 불리는 이 포럼은 아시아 각국의 정치·경제계의 리더들이 모여 정치·경제적 문제에 대해 토의하는 장으로서 2001년 장쩌민 중국 국가주석을 비롯해 야시로 나카소네 전 일본 총리, 밥 호크 전 호주 총리 등 26개 국가의 지도급 인사들이 모여 설립한 비정부·비영리단체다.

이 포럼에는 후진타오 중국 공산당 총서기, 조지 부시 미국 전 대통령, 마하티르 모하메드 전 말레이시아 수상, 토시미츠 모테기 일본 정통부 장관 등 유명 정치인들을 비롯해 제라드 클리스터리 필립스 회장, 모리스 창 TSMC 회장, 유잉 중국 UT스타콤 회장 등 경제계 주요 인사들이 대거 참석했다.

이기태는 휴대전화를 반도체에 이어서 최고의 캐시 카우(Cash Cow : 현금창출원) 상품으로 만들어냄으로써 삼성을 명실 공히 세계 초일류기업으로 만들어 놓은 것이다.

이기태 사장이 해외 바이어들과 수출 상담을 할 때 삼성이 만든 애니콜 단말기가 얼마나 튼튼한지 보여주기 위해 바닥에 던지고 발로 밟아 상대방을 놀라게 했다는 일화는 TV 드라마에서도 종종 차용될 만큼 유명하다.

TV 드라마에 이런 장면이 나왔다. 주인공은 휴대전화 회사의 마케팅 담당인데, 해외 바이어들과 수출 상담을 할 때 자기 회사가 만든 단말기를 마치 화가 난 사람처럼 바닥에 던지고 발로 마구 짓밟는다. 그러자 상대방은 깜짝 놀라 일어나서 그를 말리고, 주인공은 화가 난 것이 아니라 얼마나 튼튼한지 보여주기 위해 그런 것이라며 그 휴대전화로 전화를 걸어서 자사 제품의 우수성을 바이어에게 보여줌으로써 거래가 성사된다. 그런데 이 장면에 아이디어를 제공한 사람이 있으니, 그가 바로 이기태 사장이다.

휴대전화를 개발할 당시 힘들게 완성한 제품을 이 사장에게 가져가면 그는 드라마에서처럼 그것을 무조건 벽에 집어 던지고, 짓밟고, 심지어는 휴대전화 위로 자동차를 굴리거나 빨랫감과 함께 세탁기에 넣어 돌려 볼 정도로 제품에 애착을 보였다.

누가, 어떻게, 세계 각지의 어떤 환경에서 쓸지 모르는 휴대전화이기 때문에 그 정도로 튼튼하지 않으면 일류 상품이 되지 못한다는 것이 그의 지론이었다.

그후 어떤 기자가 이 사장을 만나서 물었다.

"휴대전화 위로 차가 굴러가면 부서지는 것이 정상이지 안부서지는 것이 정상인가?"
"부서지는 것이 정상이라고 생각한다."
"그런데 왜 그렇게 했는가?"
"부하 직원들에게 좀더 열성을 다해 일하라고 채찍질하는 것이었다. 가끔은 안 부서지는 것도 있는데, 제품을 그렇게 견고하게 만들라는 것이다. 소비자가 어떤 방식으로 제품을 사용할지 모르기 때문에 최악의 조건에서 테스트를 해야 한다."

그런데 이런 상황이 실제로 이루어진 유명한 일화가 있다.
페루 IOC 위원이 어느 공항에서 삼성 휴대전화를 떨어뜨렸는데 그 위로 차가 지나갔다. 그는 당연히 전화기가 망가졌으리라고 생각했는데 놀랍게도 말짱했다. 그뿐 아니라 아무 일 없었다는 듯 통화도 잘 되었다. 페루의 IOC 위원은 삼성전자 윤종용 부회장에게 감사의 편지를 보냈다.

삼성 휴대전화를 쓰는 나는 지난 11월 말 모나코에 알버트 왕세자를 맞이하기 위해 리마 국제공항에 나갔다가 그만 휴대전화를 떨어뜨렸다. 무게가 2톤인 사륜구동 차량이 밟고 지나갔다. 평소 급하게 연락받을 게 많은데 휴대전화가 부서졌으면 어떻게 하나 걱정하는 순간 벨소리가 울렸다. 화면만 깨졌을 뿐이었다. 통화도 물론 엑셀렌떼(Excellente, 최고라는 뜻의 스페인어)였다.

뛰어난 품질에 고객이 감동한 것이다. 이 내용은 세계 언론에 알려졌고, 애니콜을 세계적 브랜드로 만드는 데 많은 기여를 했다. 그것은 돈으로 환산할 수 없을 만큼 엄청난 광고 효과를 거둔 사건이었다.

그후 삼성전자는 '미국 산업디자이너협회'가 전 산업계를 대상으로 최상의 디자인 제품을 선정하는 'IDEA(Industrial Design Excellence Awards) 디자인상'을 매년 수상함으로써 세계에서 가장 감각적인 디자인을 자랑하는 휴대전화로 인정받았다. 삼성은 2004년에도 'IDEA 2004'에서 총 5개 제품을 수상하며 디자인에서도 세계 최고임을 입증했다.

비교전시경영의 정례화

1993년 LA에서 '전자부문 수출품 현지 비교평가회의'를 연 이후, 삼성은 1999년부터 그룹의 경쟁력강화를 위해서 해마다 선진 제품 비교전시회를 열었다.

'양의 경쟁에서 질의 경쟁으로' 패러다임을 바꿀 것을 결심한 이건희는 직접 전 세계를 돌면서 삼성 제품이 어떤 대접을 받고 있는가를 자기 눈으로 확인했고, 임직원들을 현장으로 불러 들여서 가차 없이 질타했다. 또한 그는 '비교전시경영'을 정례화함으로써 해외 선진 제품과 삼성의 제품을 항상 비교 분석해서 모자라는 점을 보완할 수 있게 했다. 이런 엔지니어 정신을 통한 비교전시경영은 제품에 대한 이건희의 끝없는 탐구심과 도전의식의 결과라고 할 수 있을 것이다.

엔지니어 정신을 통한 비교전시경영 실시 이후 삼성 계열사의 제품은 모두 놀라울 정도로 품질이 향상되었다. 그것은 계열사의 CEO 모두가 한마음 한뜻으로 몸을 바쳐서 회장의 뜻을 따랐기 때문이기도 하다.

2007년 7월 27일, 삼성전자 수원 사업장에는 '2007 선진 제품 비교전시회'가 열렸다. 이 자리에 참석한 이건희는 전자 계열사 사장단 회의를 주재하고 참석한 경영진들에게 미래의 급속한 변화에 대응할 수 있도록 창조경영에 더 힘써 달라고 당부했다.

> 2010년 정도 되면 지금 예측하기에는 힘들 정도의 급속한 변화가 일어날 것입니다. 지금부터 디자인, 마케팅, R&D 등 모든 분야에서

창조적인 경영으로 변화에 대비해야 합니다. 우리가 위기라고 계속 이야기하는 것은 지금 당장 힘들다는 것이 아니라 4~5년 후 밀려올 큰 변화에 대비하자는 의미입니다. 지금부터 잘 준비한다면 위기가 기회가 될 수 있을 것입니다.

2007년도 전시회는 '초일류를 향한 창조적 혁신과 도전'이라는 주제로 삼성전자 수원사업장 실내체육관에 총 6개관(2,150m^2 규모)에서 7월 16일부터 27일까지 열렸는데 삼성 제품을 비롯한 70개 품목, 566개 세계 유명제품이 비교·전시됐다.

디지털미디어관, 정보통신관, 생활가전관, 반도체관, LCD관, 디자인관 등 총 6개의 각 전시관에는 삼성 제품을 비롯해 소니, 파나소닉, 샤프 등 일본 제품들과 GE, 노키아, 애플 등 분야별 세계 최고의 제품들이 모두 망라된 까닭에 일반인들의 관심도 뜨거웠다.

이건희는 4시간에 걸쳐 전시회를 참관하고 난 후 사장단에게 이렇게 당부했다.

그 동안 삼성의 제품 경쟁력이 높아진 것은 사실이지만 아직도 금형, UI(유저 인터페이스), 소프트웨어, 최종 마무리 등에서 뒤지고 있습니다. 예전에는 선진 기업이라는 등대가 있었지만 이제 우리 삼성은 망망대해를 스스로 헤쳐 나가야 하는 위치에 놓여 있습니다.

이 같은 발언은 과거에는 벤치마킹 할 수 있는 선진기업의 제품이나 비즈니스 모델이 있었지만, 이제부터는 삼성 스스로가 시장을 선도할 수 있는 제품 컨셉을 창조해야 한다는 것이다. 한층 치열해진 글로벌 경쟁을 뚫고 선도기업의 지위를 유지해나가야 하는 숙제를 안고 있기 때문이다.

특히 2007년 전시회는 2015년을 시점으로 변화가 예상되는 미래 라이프스타일에 맞는 혁신 제품들의 개념 제시와 더불어 하드웨어 비교 중심에서 디자인, 인터페이스 등 소프트 경쟁력에 대한 비교를 강화했다고 한다. 삼성전자가 월드베스트 제품을 앞세워 세계적 IT 기업으로 발돋움하기까지 이건희의 '비교전시 경영학'이 큰 역할을 했다는 것은 이미 잘 알려져 있는 사실이다.

2000년 신년사에서 이건희는 1등 제품을 만들어야 하는 이유(경쟁력)와 1등 제품을 만들기 위한 전제조건(뛰어난 인재 확보)을 그룹의 생존 차원에서 제시한다.

> 1등 제품은 양적 시장점유율뿐만 아니라 그 질적 가치, 수익력, 그리고 브랜드 이미지 등이 모두 세계 최고 수준에 올라서야 합니다. 우리가 추진하고 있는 구조조정의 마지막 목표는 경쟁력 향상에 있고 경쟁력의 요체는 바로 1등 제품을 만들어가는 것임을 분명히 깨달아야 하겠습니다. 또한 일류 기술과 일류 제품은 일류 인재가 만든다는 평범한 진리를 되새겨 뛰어난 인재를 확보하고 육성하는 데 더 많은 관심을 기울여야 합니다. 창의력과 지식이 더 소중해지는 21세기에는 인재야말로 기업의 가장 중요한 자산이 될 것입니다.

제3의 도전, 디스플레이

1992년 삼성은 D램 시장에서 세계 1위를 차지하자 또 다른 도전을 하기 위해서 LCD 사업에 참여할 것을 결정한다. 삼성전자는 남들보다 항상 한 발짝씩 빨리 대응해 왔다. 반도체 진출이 그랬고 휴대전화 사업이 그랬는데 특히 LCD 제품에 있어선 선택이 너무도 탁월했다.

1991년 초 삼성전자에겐 하나의 '사건'이 벌어졌다.

삼성전관(현 삼성SDI)에서 추진하던 LCD 사업이 전자로 이관된 일이다. 전자는 부담스러웠고 전관은 자존심이 상했다.

어쨌거나 삼성전자는 3년 뒤인 1995년, 기흥 제1공장을 완성하고

LCD를 생산하기 시작했다. 그런데 LCD 생산 라인은 초정밀사업답게 불량률이 40~50%에 육박할 정도로 심각한 문제를 일으켰다. 거기에 도시바, 샤프 등 일본 기업들이 절반 가격으로 후려치며 경계의 고비를 죄어오고 있었다. 그 무렵 일본에서는 샤프를 비롯한 몇몇 회사가 10.4인치 컬러 LCD를 개발해서 대량생산에 들어가고 있었다. 설상가상으로 IMF 사태마저 일어나서 우려하던 대로 누적 적자만 3000억 원을 안겨 주었다. 자칫하면 '위험한 선택'이라는 주위 평가대로 끝장이 날 판국이었다.

매년 수백억 원대의 적자가 이어지자 LCD 사업에 발을 잘못 디딘 게 아니냐, 반도체에서 번 돈을 LCD가 다 까먹고 있다는 불만이 터져 나왔다. 삼성 비서실에서조차도 계속 적자가 나는 LCD를 정리해야 한다는 비관적 결론을 내릴 정도였다. LCD 사업의 존폐가 걸린 위기의 순간이었다. 당시 실무자였던 이상완 상무는 LCD 정리에 완강한 반대 의견을 내놓았다. 그는 LCD 사업은 반도체처럼 승부를 걸어야 할, 반드시 필요한 미래산업이라는 주장을 펴면서 몇 년만 시간을 주면 반드시 사업을 성공으로 이끌 수 있다고 주장했다.

LCD 사업을 강력하게 추진하던 이건희 회장 또한 고민에 빠졌다.

그때 이건희는 "5~10년 후를 생각하여 무엇을 해서 먹고살 것인지를 고민하라."는 화두를 던지며, LCD 사업을 강력하게 추진할 것과 미래 수종사업에 포함시킬 것을 지시하고 이상완 상무에게 힘을 실어 주었다. 그리하여 삼성은 1995년 이후 반도체 호황으로 벌어들인 자금을 LCD에 집중 투입했다. 당시 일본 업체들은 11.3인치에 힘을 기울이고 있었는데 삼성은 곧바로 12.1인치 제품으로 승부를 걸었다. 그 전략은 대형 화면을 선호하던 도시바 등 일본 노트북·PC 업체들이 12.1인치를 표준으로 선택함으로써 제대로 맞아떨어졌다.

LCD는 삼성전자에 효자노릇을 톡톡히 하기 시작했다. 1998년, 삼성은 불과 5년도 안 되어 종주국 일본을 제치고 대형 LCD 분야에서 세계 1위에 올라서며 1조 원대의 흑자를 내기 시작했다. 이러한 성공은 사업 존폐의 압력과 IMF 위기를 디디고 이룩한 것이어서 더욱 값진 결과라고 할 수 있었다. 논란도 많았지만 결정(리더십)이 서면 일사불란하게 따르는 팔로우십도 대단했다.

삼성은 기회를 선점하기 위해서 수조 원에 달하는 집중 투자를 한 5세대(17인치) 제품의 커다란 성공에 힘입어 2004년 LCD 부문에서 전년 대비 67% 성장한 8조 6887억 원의 매출과 1조 8845억 원의 영업이익을 달성했다. 이로써 LCD는 반도체, 휴대전화와 함께 3대 캐시 카우로서의 입지를 확고하게 굳혔다.

1990년대 중반 위기 상황에서 강력하게 LCD 사업의 필요성과 성공을 장담하던 이상완 상무는 기술적으로 불가능한 것으로 알려졌던 40인치 LCD의 개발에 성공했다. 그는 2004년 삼성전자의 LCD총괄 사장으로 승진해 LCD 사업을 총괄하게 되었다.

그때부터 삼성전자의 디스플레이 사업은 승승장구를 거듭하며 세계 1위로 올라섰다.

삼성은 전략상 6세대(32인치) 제품을 생산하지 않고 곧바로 7세대(46인치)로 승부를 거는 전략을 펴면서 7세대 1, 2라인을 구축했다. 2004년, 삼성과 소니는 7세대 LCD합작사인 'S-LCD'를 설립하고, 세계 최초의 7세대 LCD 생산 라인을 가동하기 시작했다.

삼성은 충남 아산시 탕정읍에 있는 61만 평 규모의 LCD 복합단지에 총 투자 규모 20조 원에 달하는 돈을 쏟아 부었다. 기회를 선점하여 일본 업체들의 추격을 뿌리치고 세계 1위를 고수한다는 전략이었다. 과연 탕정단지는 TV의 대형화, 고화질화가 급속히 진행되는 추세에 맞추어 고부가가치 제품인 대형 LCD TV를 생산하는 세계 제일의 전문 생산기지가 되었다. 당시 삼성전자 LCD총괄 사장인 이상완은 이렇게 포부를 밝히고 있다.

2005년 상반기 7세대 라인의 본격 가동에 발맞춰, 수요가 급증하고 있는 LCD TV에 역량을 집중해 매출 비중을 2010년에는 30%까지 확대할 방침이다. LCD TV 및 모바일 기기용 중소형 LCD 부문까지 세계 1위에 올라서 명실상부한 세계 최대 디스플레이 업체로서의 위상을 공고히 할 계획이다.

삼성전자 LCD의 역사를 새로 쓰게 만든 이상완 사장은 한양대 전자공학과를 나와 1976년 삼성전자 반도체 부천사업장에 입사했다. 이후 메모리본부 이사, 생산기획, 마케팅 등을 담당하다가 1993년 삼성이 처음 시작한 LCD 사업을 맡았다. 과묵한 성격에 현장 업무에 충실한 CEO로 소문나 있는 그는 LCD 사업 시작 5년 만에 대형 LCD 분야에서 일본을 추월하는 괴력을 보임으로써 '불도저'라는 별명을 얻었다.

그는 제품의 개발과 생산에만 머무르지 않고 LCD를 팔기 위해 도시바, 소니, 미쓰비시 등 종주국인 일본 업체들을 직접 방문해서 세일즈를 펴는 등 적극적인 마케팅을 구사해 무에서 유를 창출한 또다른 신화의 주인공이 되었다.

이상완은 2004년 100억 달러를 바라보는 매출과 20%에 가까운 수익을 올림으로써 휴대전화와 메모리에 이어 LCD를 삼성전자의 3대 포트폴리오로 만들어냈다.

삼성은 2004년 6월, LCD총괄을 기흥에서 탕정으로 이전하여 '탕정 크리스털밸리 시대'를 본격적으로 열었다. 이상완은 LCD 시장에서 '삼성이 만들면 표준이 된다'는 또 하나의 신화를 추가했다. 그는 LCD 시장에서 절대적인 영향력을 행사하고 있는 삼성전자의 LCD총괄 사장답게 2005년도 디스플레이 시장을 이렇게 전망한 바 있고 그의 예견은 맞아 떨어졌다.

전반적으로 어려운 한 해가 될 것이다. 그러나 위기는 기회라는 말처럼 LCD TV 부문이 큰 성장을 하는 해로 기록될 것이다. 중국이 디스플레이 분야에서 급부상하고 있기는 하지만 한국이 명실 공히 디스플레이 분야의 1등 국가가 된 것은 하루아침에 이루어진 것이 아니다. 2010년이 되어도 중국은 한국을 능가하지 못할 것이다.

2004년 4월 7일, 세계 디스플레이 박람회인 '2004 EDEX'가 일본 도쿄에서 개막되었다. 그런데 그날 일본 경제 유력지인 〈니혼게이자이신문〉은 '후지쓰(富士通), 삼성SDI 특허침해 제소'라는 기사를 1면 톱으로 내보냈다.

삼성SDI가 자사의 PDP 특허 10개를 침해했다는 이유로 후지쓰가 도쿄 지방법원과 미국 캘리포니아 중부연방지방법원에 수입 및 판매금지 가처분 신청과 손해배상 청구소송을 제기한 것이다. 위기감을 느낀 일본 기업들의 총체적 방어작전이 시작된 것이다.

그런데 그날 이상완 삼성전자 LCD총괄 사장은 EDEX 전시회를 참관하고 나서 가진 기자간담회에서 이렇게 말했다.

"삼성은 오는 2006년 LCD 전 부문 세계 1위에 등극할 것이다."

후지쓰의 제소는 LCD가 아닌 PDP 건이었지만, 도쿄에서 불과 몇 시간의 차이를 두고 그런 일이 벌어졌다는 것은 한국과 일본 양국의 디스플레이 업계가 얼마나 첨예한 경쟁을 벌이고 있는가를 보여주는 상징적 사건이 아닐 수 없다.

일본은 1990년대 중반까지만 해도 전 세계 LCD 시장의 95%를 석권하고 있었다. 그러나 1994년 LCD 개발에 착수한 삼성전자는 과감한 투자와 파격적인 마케팅 능력을 발휘해 노트북용과 모니터용 LCD 분야에서 일본을 제치는 데 성공했고, 중소형 LCD 분야에서도 1위를 차지하겠다고 선언하고 나선 것이다.

일본 업체들이 이렇게 수세에 몰린 것은 반도체에서와 마찬가지로

1990년대 말 대형 LCD에 대한 투자시기를 놓친 데 기인한다. 삼성은 일본 업체들이 이렇게 망설이고 있는 사이에 2조 원 규모의 과감한 투자를 결행해 대형 LCD 시장을 완전히 석권하고, 이제 중소형 차별화로 종주국의 체면을 유지하고 있는 일본의 마지막 자존심마저 빼앗으려고 나선 것이다.

일본의 위기감은 한국에 대한 극심한 견제로 나타났다. 그것은 삼성전자와 소니가 차세대 LCD 생산을 위한 합작사 설립을 발표하자 일본 정부와 샤프 등 민간기업 27개 사가 참여하는 일본의 LCD 패널 개발 컨소시엄은 소니를 그 컨소시엄에서 제외함으로써 여실히 드러났다.

일본의 경제 애널리스트들은 삼성이 이처럼 일본 기업들을 제압할 수 있었던 이유로 일본 업체들에서는 찾아보기 힘든 삼성 이건희의 강력한 오너십과 빠른 의사 결정력에 따른 적기 투자를 들고 있다. 일본 업체들은 대부분 오너 체제가 아닌 전문 경영인 체제인 탓에 중요한 투자를 놓고 의사 결정이 더디고 책임경영이 어렵기 때문에 한국에 선두 자리를 자꾸 내줄 수밖에 없다고 위기감을 피력하고 있는 것이다.

한국은 디스플레이 부분에서도 생산 기준으로 LCD, OLED 분야에서 1위, PDP는 2위의 생산국이 되었다. 그때부터 디스플레이는 반도체, 휴대전화에 이어서 국가 기간산업으로 부상하기 시작했다. 삼성전자는 2004년에 사상 처음으로 LCD 매출 10조 원을 돌파했고, 세계에서 가장 큰 57인치 LCD TV를 개발하는 데 성공했다.

시장 조사 기관인 디스플레이서치의 발표에 따르면 삼성전자는 2002년부터 LCD 시장 1위를 차지하기 시작해서 2014년 현재 디스플레이 전 부분에 걸쳐서 최고의 기술력과 품질을 자랑하며 세계 1위의 판매량을 자랑하고 있다.

삼성가(家) 가족이야기 24

이건희의 취미

이건희의 취미는 놀라울 정도로 다양하다. 그는 레슬링, 승마, 골프, 탁구, 스키 등의 스포츠에서부터 음악, 영화, 스포츠카 몰기, 자동차 수집, 각종 기계의 분해와 조립, 개 기르기, 독서, 고서 수집 등 다방면에 걸쳐서 거의 전문가 수준의 식견을 가지고 있다.

그가 이처럼 다양한 취미와 높은 식견을 가지게 된 것은 재벌 2세로서 그가 가지고 있는 재력 덕분일 수도 있다. 어쨌든 그는 웬만한 사람은 엄두도 못 내는 다양한 분야에서 남다른 호기심과 에너지를 발휘하며 활동을 해왔다.

그의 취미 중 가장 독특하고 괄목할 만한 성과를 거둔 것은 각종 기계의 분해와 조립이라고 할 수 있다. 그는 유학 시절부터 중고차나 전자제품을 사서 그 원리를 알기 위해 뜯어보고 다시 조립해보곤 했다. 그 결과 휴대전화든 오디오든 웬만한 첨단기기를 직접 분해하고 조립할 수 있는 능력을 갖게 되었다.

이건희는 독특한 어린 시절을 보낸 탓에 어린 시절부터 대단한 영화광으로 알려져 있는데, 각종 비디오와 CD를 수집하는 그의 취미는 전문가 수준이다. 그는 개를 좋아해서 진돗개를 길렀는데, 진돗개가 세계 애견계에서 이름조차 알려지지 않은 현실을 안타까워했다. 그래서 1993년 3월 세계애견연맹(FCI)에 '임시 공인 품종'으로 진돗개를 등록하는 데 크게 기여했고, 그룹 차원에서 세계 공인 견종으로 정식 등록할 수 있게 진돗개의 세계화 프로젝트를 마련하라는 지시를 내렸다.

이 프로젝트는 삼성에버랜드에서 총괄하고 있는데, FCI의 케널클럽(Kennel Club)에는 현재 196견종만이 등록되어 있을 만큼 등록 기준이 엄격하다고 한다. 2005년 5월 마침내 케널클럽 본회의는 진돗개를 한국의 순종견으로 인정하고 케널클럽이 공인한 197번째 명견으로 등록했다.

한편 학창시절에 레슬링 선수로 활동하면서 전국 규모의 대회에 나가서 수상할 정도의 실력을 보였던 이건희는 스포츠에 대한 관심 또한 지대하다. 그는 1978년 이미 제일모직 여자탁구단 창단식에서 "10년 안에 중국을 꺾으려면 지금부터 자질 있는 어린 우수선수를 찾아야 한다."고 강조한 바 있다. 그의 이러한 천재 키우기는 2004년 그리스 아테네 올림픽에서 삼성탁구단 소속의 탁구 신동 유승민 선수가 중국 만리장성의 벽을 넘어 금메달을 따면서 다시 한 번 진가를 발휘했다.

또한 이건희는 1996년부터 IOC 위원과 한국레슬링협회 회장을 맡았는데, 해외에 나갈 때마다 유럽 등 레슬링 강국의 훌륭한 선수나 코치를 발견하면 아무리 오지라도 찾아가서 그들의 경기모습을 보고 기술을 배워왔다. 그리고 특히 훌륭하다고 생각되는 사람은 국내에 초청해 우리 선수들이 많이 배울 수 있게 했다. 그 결과 한국은 올림픽에 출전해 레슬링 부문에서 많은 메달을 따낼 수 있었다.

이건희는 자신이 취미로 하는 스포츠를 경영에 도입해 성과를 거두는 재능을 가진 사람이기도 하다. 이건희는 골프, 야구, 럭비를 삼성의 3대 스포츠로 삼고 골프에서 룰과 에티켓, 야구에서 스타플레이어와 캐처의 정신, 럭비에서 투지를 배워야 한다는 모델을 제시하고 있는 데, 그는 골프와 야구에서 배울 점을 다음과 같이 정리해 놓고 있다.

내가 골프를 럭비, 야구와 함께 삼성의 3대 스포츠 중 한 종목으로 권장하고 있는 이유도 사실은 골프가 심판이 없는 유일한 스포츠로서 자율과 에티켓을 가장 중시하는 운동이기 때문이다. 세계적으로 유명한 미국의 PGA 골프 대회에서 있었던 일화는 에티켓의 중요성을 다시 한 번 일깨워준다. 어느 중견 골퍼가 뛰어난 성적으로 라운딩을 마치는 순간 골프장은 우승자에게 보내는 갤러리들의 환호로 가득했다.

그러나 기록실로 다가간 그 골퍼는 아무도 몰랐던 자신의 부정행위를 스스로 신고했다. 당연히 그의 우승은 무효가 됐다. 엄청난 상금과 우승의 영광을 뒤에 두고 골프장을 떠나는 그에게 사람들은 우승자에게 보내는 것보다 더 뜨거운 박수를 보냈다. 비겁한 우승보다 양심과 룰에 따라 떳떳한 패배를 선택함으로써 자신의 자존심과 명예를 지켰던 것이다. 이제 개인과 기업을 막론하고 남을 속이고 기만하는 이류 행동, 이류 경영으로는 승리를 기대할 수 없다. 신용과 신의라는 에티켓만이 진정한 승리를 가져다 줄 것이다.

언제부턴가 만나는 사람마다 박찬호, 선동렬 선수가 자기에게는 청량제라고 말한다. 시속 150km를 넘는 그들의 강속구가 답답한 가슴을 시원하게 해주고, 삼진이라도 잡으면 통쾌하기까지 하단다. 사실 프로야구에서 승패의 70%는 투수에 달려 있다고 한다. 따라서 투수에게 화려한 스포트라이트가 집중되는 것은 당연한 일이다. 하지만 항상 쭈그리고 앉아 투구 하나하나를 리드하고 투수의 감정을 조절해가며, 수비진 전체를 이끌어가는 포수가 없는 야구를 상상할 수 있는가? 비록 드러나지는 않지만 실제로 팀의 승패를 좌우하는 역할을 하는 결정적 포지션이 바로 포수인 것이다. 기업이나 사회에서도 마찬가지다. 빛나는 성공 뒤에는 항상 주목받지 못하는 그늘에서 자신의 역할을 묵묵히 수행하는 포수 같은 사람이 있게 마련이다.

이건희는 골프도 싱글을 쳤으나 몇 년 전 발목 부상을 입은 뒤 라운딩을 삼가하고 있고, 그 대신 스키를 새로 즐기고 있다. 이건희가 환갑을 넘긴 나이에 새롭게 스키를 선택한 것은 스피드경영에 대한 철학을 보여주기 위한 것이라고 한다.

2005년 2월 15일, 이건희는 이학수 구조조정본부장을 포함한 구조조정본부 팀장들을 강원도 평창의 한 스키장으로 불러들였다. 그는 같이 스키를 타면서 스키와 경영기법에 대해 이렇게 비교하는 말을 했다.

"탄력을 받았을 때 더욱 조심스럽게 타야 하는 것이 스키의 특징이다. 삼성이 지난해의 실적을 발판으로 초우량기업의 대열에 올라설 수 있도록 위기의식을 가져야 한다."

그는 이처럼 자신의 취미를 통해서 경영철학을 만들어내고, 전사(全社)적인 힘을 기울여서 올인하게 만드는 비상한 재주를 가지고 있다.

이건희의 이러한 취미활동과 철학은 다양한 독서에서 나온다고 볼 수 있다. 그는 얼마 전 한 언론과의 인터뷰에서 새로운 트렌드를 제시하거나 정치·경제·사회 각 분야의 현상을 깊이 있게 분석한 책들을 찾아서 보는데, 한 달에 평균 20여 권의 책을 읽는다고 말한 적이 있다.

그는 부전자전인 탓인지 경영학 서적보다는 미래과학, 전자, 우주, 항공, 자동차, 엔진공학 등 이·공학 관련 서적을 많이 읽고, 특히 세계적으로 권위 있는 잡지를 정기적으로 읽으면서 지식을 쌓는 등 취미활동을 하고 있다. 잡지로는 일본의 권위 있는 경제지 〈닛케이 비즈니스〉와 〈트리거〉, 〈다이아몬드〉, 미국의 〈포브스〉 등을 주로 읽고, 기타 자동차와 개 기르기, 예술 분야의 잡지를 즐겨 읽는 것으로 알려져 있다.

㉕ 이건희의 위대한 선택

누구와 함께 자리를 같이 할 것인가.
유유상종, 살아 있는 것들은 끼리끼리 어울린다.
그러니 자리를 같이 하는 그 상대가
자기의 분신임을 알아야 한다.
당신은 누구와 함께 자리를 같이 하는가.

－ 법정, 『오두막 편지』－

노어냐? 낸드냐?

모든 사업의 성공에는 선견지명과 운이 따라야 하는 법이다.

지금 삼성전자가 세계 시장을 주도하고 있는 플래시메모리의 경우 한 천재의 전문적 안목과 직관력, 그리고 운이 따라준 경영 사례라고 볼 수 있다.

1998년이 저물어갈 무렵의 일이다.

당시 상무였던 황창규(黃昌圭)는 매주 월요일마다 열리는 경영위원회에서 '낸드(NAND) 플래시에 투자해야 한다.'는 주장을 몇 주째 펴고 있었다. 황창규는 미국 매사추세츠대학 박사 출신으로 스탠포드 연구원과 인텔 자문으로 있다가 1989년 삼성전자에 스카우트된 후, 1994년에 256M D램을 세계 최초로 개발한 주역이다.

플래시메모리는 전원이 끊겨도 데이터를 보존하는 롬의 장점과 정보의 입출력이 자유로운 램의 장점을 모두 지니고 있어 쓰임새가 갈수록 커지고 있는 반도체이다.

플래시메모리의 원조는 'EEP롬'이라는 제품인데 EEP롬은 D램이나 S램 같은 메모리 제품과 달리 전원이 꺼진 상태에서도 정보를 저장하는 장점이 있으나 속도가 느리고 용량이 작다는 단점이 있어 주로 소형 가전제품의 핵심 정보를 저장하는 데 주로 사용되었다.

플래시메모리는 이러한 EEP롬의 단점을 해결한 제품이다. 플래시메모리는 EEP롬에서 한 개의 정보저장공간(셀)을 구성하는 데 트랜지스터 회로가 2개 사용되던 것을 1개로 단순화 해 용량을 늘리기 쉽게 만들었다.

플래시메모리는 기본 회로의 특성에 따라 코드저장형인 '노어(NOR)'와 데이터저장형인 '낸드(NAND)' 두 가지로 나뉘는데, 당시는 인텔이 노어 방식의 플래시메모리를 일찍 개발해서 시장을 장악하고 있었고, 낸드 방식은 개발 초기 단계에 있었다.

노어플래시는 읽기 속도가 빠른 장점을 갖고 있어서 소량의 핵심 데

이터를 저장하는 데 많이 사용되는 반면, 낸드플래시는 저장 단위인 셀을 수직으로 배열해 좁은 면적에 많은 셀을 만들 수 있어서 용량을 늘리기 쉽지만 속도가 다소 느리다는 단점을 가지고 있었다.

그러나 황창규는 낸드플래시의 개발 가능성과 시장 확대를 내다보고 있었다. 그는 낸드플래시가 휴대형 정보기기에 쓰이기 적합한 제품이라는 것을 간파하고 있었고 앞으로 개발 여하에 따라 용량이 큰 멀티미디어 데이터를 저장하는 수단으로 활용될 것으로 내다보았다.

그러나 당시 삼성 수뇌부는 물론 구조조정본부도 황창규가 주장하는 새로운 낸드 방식에 대한 시장 향방을 점치기 어려워서 선뜻 결정을 내리지 못한 채 시간을 보내고 있었다. 황창규는 속이 탔지만 달리 방법이 없었다.

황창규의 예측대로 1999년 이후 플래시메모리 시장은 기하급수적으로 커지기 시작했다. 그러자 삼성은 재빠르게 이 분야의 기술개발에 나섰다. 1998년에 128M를 개발한 데 이어 1999년에 256M, 2000년에 512M 제품을 연이어 선보였다.

삼성이 이처럼 빨리 성장하자 흥미롭게도 2001년에 도시바가 삼성에 낸드형 플래시메모리 합작 개발을 제안했다

2001년의 일이다. 당시 일본 반도체 업계는 혹독한 불황으로 구조조정을 추진하고 있었는데, 도시바는 D램 사업을 정리하면서 낸드 플래시메모리 사업에 승부수를 걸기 위해 삼성 측에 극비 제안을 해온 것이다.

도시바는 낸드 플래시메모리에 대한 다수의 기술 특허를 보유하고 있었고, 낸드 플래시메모리 시장을 45%나 점유하면서 단연 선두를 달리는 업체였다.

도시바가 삼성에 사업 합작을 제의한 배경은 삼성의 막대한 자금을 활용하는 동시에 삼성을 자기편으로 만들어 미래의 경쟁자를 사전에 제어하겠다는 포석 때문이었다.

그러나 모바일 시대의 도래와 플래시메모리 시장이 급속히 커질 것을 예견하며 적극적으로 플래시메모리 기술 개발을 준비했던 황창규는 도시바의 제의를 거부하리라 마음먹고 있었다.

이건희의 결단

이건희는 도시바의 제의를 놓고 두 달 동안 고민한 끝에 직접 일본으로 날아가 도시바의 제의 배경에 대한 정보를 수집하기에 이르렀다.

그때 이건희는 윤종용 부회장, 이윤우 반도체 총괄사장, 이학수 구조조정본부장 등 수뇌부를 모두 일본으로 불러들였다.

시장조사 결과 독자적으로 사업을 추진하는 것이 바람직하다는 잠정 결론을 내린 이건희는 마지막으로 사업부서장인 황창규를 불러들였다.

"음식점으로 자리를 옮깁시다."

황창규가 호텔에 도착하자 이건희는 머물고 있던 오쿠라 호텔을 빠져나와 일행을 데리고 부근의 샤부샤부 음식점 '자쿠로'로 향했다. 이건희는 자신이 머물고 있는 것으로 알려진 호텔은 보안이 100% 유지된다고 장담할 수 없어 음식점으로 자리를 옮긴 것이었다. 삼성 수뇌부의 이 회동은 삼성의 간판 사업인 반도체의 미래 전략을 어떻게 가져 갈 것인지를 결정하는 아주 중차대한 것이었다.

"황 상무, 도시바의 제의를 어떻게 생각하나요?"

이건희가 황창규에게 물었다.

"낸드 플래시는 저희 회사가 수종사업으로 키워온 핵심 프로젝트입니다. 독자적으로 사업을 추진하는 것이 바람직합니다. 지금은 도시바에 비해 기술 수준이 조금 뒤지지만 1년 안에 따라잡을 수 있습니다. 제게 맡겨주십시오."

그 자리에서 황창규는 단호하게 독자 개발을 주장했다.

"좋소. 도시바가 기분 나쁘지 않게 정중히 거절하고 우리 페이스대로 나갑시다."

이건희는 황창규의 주장을 받아들였고, 그리하여 도시바의 제의는 정중히 거절되었다.

이렇게 해서 오늘날 삼성을 세계적인 기업으로 만든 '낸드' 방식은 아슬아슬하게 세상에 태어났다. 사실 어떻게 보면 삼성으로서는 도시바의 '러브콜'을 뿌리치기 어려운 상황이었다. 당시 도시바는 세계 시장의 45% 이상을 점유하고 있었고 삼성으로서는 앞날을 장담할 수 없는 상황이었다.

그러나 황창규는 기술 개발에 자신감을 가지고 있었고 시장을 내다보는 자신의 판단을 믿었기에 낸드 플래시메모리의 독자 사업을 밀어붙인 것이다.

천재적 엔지니어와 선견력을 가진 오너의 결단이 훗날 반도체의 역사를 바꾸어 놓는 순간이었다. 이때의 그러한 결단이 없었다면 낸드 플래시메모리 사업은 도시바의 그늘에 가려 몇 년은 후퇴했을 것이다.

그 후 삼성은 도시바의 견제를 완전히 따돌리면서 낸드에서 우월한 입지를 확보해 나갔다. 이것이 'D램 신화'에 이은 '플래시메모리 신화'의 시작이었다.

삼성은 2001년 1GB, 2002년 2GB, 2003년 4GB, 2004년 8GB, 2005년에 16GB, 2006년에 32GB 플래시메모리를 독자적으로 개발하는 데 성공했다.

이러한 기술 성과는 빠른 시장점유율로 나타났다. 도시바가 공동 개발을 제안했던 2001년 삼성은 낸드 플래시메모리 시장에서 시장점유율 27%로 도시바에 이어 2위였으나, 다음 해인 2002년에는 1GB 제품으로 시장점유율을 단숨에 45%까지 끌어올리면서 1년 만에 도시바를 제치고 1위로 올라섰다.

오랫동안 인텔이 세계 시장점유율 1위를 유지하는 상황에서 삼성은 독자적으로 개발한 낸드형 플래시메모리 제품으로 점차 시장을 확대해 나갔다. 그리고 마침내 2003년, 전체 플래시메모리 시장에서 인텔을 제치고 선두를 차지한 것이다.

삼성은 2004년 낸드 플래시의 세계 시장 점유율 65%를 달성함으로써 명실상부한 월드베스트 제품을 만들어냈다.

훗날 '미스터 플래시'로 불리게 되는 황창규의 플래시 예찬의 변을 들어보자.

제가 플래시메모리를 예찬하는 이유는 이것이 전자 부품이면서도 새로운 제품 시장을 창출해 낸다는 데 있지요. D램은 아무리 잘 만들어도 PC 시장의 경기가 안 좋으면 생산업체로선 꼼짝할 수 없습니다. 공급 과잉 상태를 앉아서 당할 수밖에 없는 것이 D램 사업의 맹점이지요. 하지만 플래시메모리는 다릅니다. 플래시메모리는 휴대전화, 디지털 카메라나 디지털 캠코더, MP3, USB 드라이브 등에 핵심 부품으로 들어가면서 디지털 저장 장치의 혁명을 이끌고 있습니다. 더욱이 이들 완제품이 부품인 플래시메모리의 규격이나 가격을 정하는 것이 아니라, 플래시메모리의 생산에 맞춰 완제품을 생산하기 때문에 과거 전자부품과 완제품 사이에서 볼 수 있던 관계가 뒤바뀐 것입니다. MP3 플레이어 시장에서 한국이 세계 최강이 된 것도 플래시메모리가 있기에 가능했고, 노키아 등의 휴대전화 업체들도 이젠 삼성전자의 플래시메모리가 없으면 제품을 못 만들 정도가 됐습니다.

성공 신화를 바탕으로 한 사업 영역 확장

삼성전자는 반도체에서의 성공을 바탕으로 사업 영역을 넓혀갔다. 삼성전자가 D램에 이어 진출한 사업 영역은 플래시메모리와 LCD, 휴대전화이다.

플래시메모리는 전기가 나가도 기억된 정보가 사라지지 않는 메모리다. 플래시메모리는 그 공정이 D램과 유사하며, D램과 생산 라인의 공유가 가능하다. LCD 역시 각각의 화소가 하나의 트랜지스터이므로, D

램과 생산 공정이 유사하다.

D램에 이어 삼성이 올인한 플래시메모리, LCD는 모두 산업 표준이 존재하고, 범용 기술로 생산 가능한 일상재적인 성격을 갖는다. 삼성전자의 기술과 제품군의 가장 큰 특징은 산업 표준이 있고 분명한 기술발전의 트레젝토리(trajectory), 즉 진화 발전 방향이 뚜렷한 기술에 집중한다는 것이다. 다시 말하면 산업 표준이 있고, 범용 기술이기 때문에 기술이 없는 후발 기업들이라도 생산설비에 투자함으로써 사업을 시작할 수 있었고 그것은 삼성의 체질과 맞아 떨어져서 기록적인 성공을 거둘 수 있었다.

메모리형 반도체는 64K에서 128K, 256K, 1M, 4M, 16M 256M, 1G 등으로 이동할 때 18개월마다 메모리의 집적도가 두 배 증가한다는 '무어의 법칙'에 입각하여 발전해왔다. 어쨌거나 삼성전자는 이러한 기술의 발전 방향을 설정하고 연구 개발 노력을 배가했다. 예를 들어 128M D램의 시판 다음에는 18개월 내에 256M D램의 시대가 도래하므로, 삼성전자가 가진 단 한 가지 목표는 18개월 이내에 256M D램을 개발하여 시판하도록 모든 직원이 합심하여 노력하는 것이다. 마찬가지로 플래시메모리에는 12개월마다 집적도가 두 배 증가한다는 황창규 사장의 이른바 '황의 법칙'이라는 트렌드를 만들어내기까지 했다. 삼성전자의 LCD 사업도 역시 집적도를 높여가면서 패널의 사이즈를 키우고 동시에 수율을 높여 비용을 절감하는 것과 같이, 뚜렷한 기술의 발전 방향이 존재한다.

소니가 세상에 단 하나밖에 없는 유일한 제품을 만드는 데 주력했다면, 삼성전자는 이미 제품이 성숙화 되어 있는 일상 제품을 생산하면서, 비용 절감을 꾀하여 경쟁 우위를 추구하는 방법을 선택해왔다. 이렇게 일상재적인 성격의 제품에 집중함으로써 삼성전자의 기술과 제품의 포트폴리오는 소니와 극명한 대조를 이룬다.

제2의 IT 혁명을 이끄는 반도체

요즘 길거리를 다니거나 지하철이나 버스를 타고 가다가 마주치는 사람들은 남녀노소 할 것 없이 비슷한 특색이 엿보인다. 그것은 그들이 모두 스마트폰을 끼고 있다는 것이다. 손에만 들고 있는 것이 아니라 귀에는 이어폰을 끼거나 블루투스 헤드셋을 쓰고 있다. 그것은 커피숍이나 식당 같은 곳에서도 거의 마찬가지다.

2010년을 지나면서 스마트폰은 제2의 전자통신 혁명, 즉 '모바일 빅뱅'을 몰고 왔다. '아이폰'과 '아이패드'가 몰고 온 '애플 쇼크' 이후 세계는 스마트폰의 파도에 휩쓸리고 있다. 이 같은 디지털 저장장치나 모바일 기기를 구동시키는 대표적인 제품이 플래시메모리다.

휴대용 저장매체로 플래시메모리가 활용되는 이유는 전원이 꺼져도 데이터가 그대로 유지되는 특성 때문이다. 모바일 제품은 사용하지 않을 때 전원을 꺼 놓는데 이 같은 상태에서도 데이터를 그대로 유지한다. 이제 플래시 러시가 소비자 생활에도 '혁명'을 가져 오리라는 것을 의심하는 사람은 아무도 없다.

낸드 플래시는 MP3, 휴대전화, 디지털 카메라, 디지털 캠코더, 게임기, 스마트폰, 노트북뿐만 아니라 각종 가전제품, 자동차, 항공기, 배의 블랙박스에 본격적으로 채용되고 있다. 자동차의 경우 2기가급 플래시메모리 하나면 미국과 캐나다 지도를 통째로 담을 수 있기 때문에 이미 세계 최고급 차인 벤츠, 렉서스 등에는 CMOS 이미지 센서가 장착되어 '자동차 네비게이션'으로 활용되고 있어서 장차 플래시메모리 시장은 더욱 확대될 전망이다.

여기에 새롭게 등장한 '퓨전 메모리'도 가세해서 새로운 시장을 활짝 열었다. 낸드와 노어형 플래시메모리의 장점만을 결합, 읽기와 쓰기 속도가 모두 탁월한 '퓨전 메모리'도 디지털 혁명의 빼놓을 수 없는 공신이다. 이미 휴대전화의 퓨전 메모리 채용률이 80%를 넘어섰다.

퓨전 메모리란 바로 메모리와 시스템 LSI(정보저장 기능이 없는 반도체)를 결합한 '멀티 칩 패키지'가 그것이다. 이러한 멀티 칩 패키지가 가능한 이유는 삼성이 지속적으로 신개념의 메모리 반도체를 생산해내고 있기 때문이다.

삼성은 특히 노어와 낸드 플래시의 장점을 결합한 퓨전 메모리인 '원낸드' 역시 차세대 성장동력으로 지목했고 이러한 퓨전 메모리를 또 다른 미래 성장 축으로 제시했다. 2005년 6월, 300mm급 시스템 LSI 전용 라인을 가동하기 시작한 삼성전자는 LSI 분야에서 '톱 5'로 진입했으며 또 65나노급 차세대 로직도 개발하는 한편 10년이 넘게 세계 1위를 차지하고 있는 DDI(디스플레이 구동칩)는 D램, 플래시에 이은 차세대 '캐시 카우'가 되었다. 삼성은 전 세계의 D램 시장은 물론 플래시메모리와 퓨전 메모리 시장을 장악함으로서 당분간 반도체 블루오션을 지속적으로 이룩할 것으로 보인다.

앞에서 살펴본대로 삼성의 메모리 반도체는 HDD를 대체하거나 전에는 있지도 않았던 디지털 기기의 영역을 개척·확장함으로써 삼성호를 순항시키고 있다. 그야말로 반도체가 만드는 유토피아(Utopia) 시대를 맞이하게 된 것이다.

인텔 엔터프라이즈의 프로세서 최고기술책임자(CTO)인 로버트 융은 앞으로의 반도체 사업을 이렇게 전망하고 있다.

앞으로 30년 이내에 반도체 칩의 사이즈와 비용이 비약적으로 적어지고 성능은 1만 배 이상 개선되는 추세가 이어질 것이다. 현재 반도체의 계산 능력을 동물로 따지면 쥐 수준이며 향후 20년 이내에 계산 능력이 인간 수준으로 개선될 것이다. 2060년경이 되면 계산 능력이 전 인류의 두뇌 능력을 합한 것 이상으로까지 개선될 것이다. 앞으로 사람 사이의 모든 의사소통기구는 컴퓨터화 할 것이며 모든 컴퓨터는 의사소통이 가능해질 것이다. 이 같은 반도체 혁명으로 사람의 생활과 문화도 크게 바뀔 것이다.

삼성가(家) 가족이야기 25

용인자연농원과 이병철의 묫자리

이병철이 죽어 묻힌 자리는 용인 에버랜드의 양지바른 언덕이다.
이병철은 비행기를 타고 하늘에서 내려다보면 우리나라만이 유독 산이 헐벗어 붉은색을 띠고 있는 것에 가슴이 아팠다. 일제강점기와 6·25 전란을 통해 우리 강토는 완전히 헐벗었던 것이다. 그는 국토의 4분의 3이 산지인데 거기에 나무를 심거나 이를 개간한다면 이것이 바로 국토를 넓히는 일이 아닌가 하는 생각을 갖게 되었다. 우리나라는 토질이 나빠서 산에 큰 나무가 자라지 않는다는 얘기를 들은 이병철은 저명한 산림학자인 현신규(玄信圭) 박사를 만나 자문을 구했다. 현신규는 서울대학교 농대 교수로 일하면서 산림녹화를 위해 일생을 바친 사람이었다. 그는 이병철을 만나자 기업을 운영하는 사람이 나무에 대해 알아서 무엇을 할 것인가 물었다. 그러자 그는 이렇게 대답했다.

우리도 스위스처럼 자연환경을 극복하고 선진국이 되는 길이 있다면 제가 일조를 하고 싶어서 그럽니다.

현신규는 이병철을 광릉으로 데리고 갔다. 광릉에 도착한 이병철은 거대한 나무들이 빽빽하게 들어선 울창한 숲을 보고 절로 탄성을 질렀다. 현신규가 설명했다.

보십시오. 이렇게 굵고 큰 나무가 자라나고 있습니다. 우리나라 토질이 좋지 않다는 말은 낭설입니다. 우리나라 토질은 산림이 울창하다는 일본보다 훨씬 좋습니다. 문제는 어떻게 나무를 심고 가꾸느냐 하는 것이죠.

광릉의 울창한 숲을 보고난 이병철은 과학적으로 가꾸기만 한다면 얼마든지 조경에 성공할 수 있다는 자신을 얻었다. 그는 국토 녹화의 대표적 케이스를 만들고 싶어서 용인에 450만 평의 임야를 사들였다. 이병철은 용인자연농원을 개발하기 위해 중앙개발을 설립했고 본격적인 사업에 들어가자 큰아들 이맹희에게 전적으로 농원 개발을 맡겼다. 그것은 이맹희가 일본에서 농과대학을 나온 까닭에 자연스레 이루어진 일이었다. 당시만 해도 사이가 나쁘지 않던 시절이라서 두 부자는 농사짓는 일에 대해 가슴 뛰는 설렘을 가지고 있었다.

이병철은 미국 롱우드 식물원(Longwood Gardens)을 모델로 삼아서 토양과 기후에 맞는 수종을 엄선해서 개발을 진행했다. 약 5년간에 걸쳐 46억 원이 투입되었는데 용인자연농원의 개발 과정은 말 그대로 '국토 개발의 시범장' 그 자체였다. 용인자연농원 개발에 임하는 중앙개발 임직원들은 '실패하면 우리나라에 산지 개발은 없다.'라는 사명감과 각오로 열정적인 노력을 다했다.

용인자연농원은 종합묘포장을 함께 조성해 품종개량과 작물재배 기술을 발전시켜 우리나라 풍토에 적합한 1200종의 신개량종을 개발하는 등 생산성을 높였다.

급경사 지대나 높은 지대인 경제조림단지에 다른 나무에 비해 생장이 빠른 오동나무 50만 그루를 심은 것을 비롯해서 밤나무, 호두나무, 살구나무, 은행나무, 잣나무를 심은 유실수단지, 묘포장, 축산단지, 그리고 가족동산 등 실로 방대한 규모의 세계적으로도 찾아보기 힘든 종합농장이었다.

흥미로운 것은 처음 614두로 시작한 양돈사업은 1979년 5개 양돈장에서 3만 2000두의 돼지를 사육하는 국내 최대 양돈장으로 발전했다. 무엇보다 1976~1979년까지 자연농원 양돈장에서 생산·출하된 돼지는 10만 두에 달했으며 600만 달러의 수출 실적을 올렸다는 사실이다.

이병철 사후 이건희가 양돈 사업은 삼성이 할 일은 아닌 것 같다고 사업을 거둬들였지만 이병철은 벌거벗은 산의 녹화와 더불어 유실수 재배, 양돈, 잉어 양식으로 수입을 꾀하고 비료와 물도 확보하는 종합순환형 농원 개발을 지향하였다.

이병철 사후인 1996년에 용인자연농원은 세계 10대 테마파크로 선정되어 '에버랜드'로 바뀌었지만 국내 농업 발전에 큰 기여를 하였다. 그리고 그 땅은 이병철 자신이 묻힌 땅이 되었다. 이맹희는 아버지 이병철이 용인에 묻힌 내력에 대해 〈묻어둔 이야기〉에서 이렇게 증언하고 있다.

이참에 아버지의 풍수지리에 대한 생각도 밝혀야겠다. 아버지의 묘소를 정하고 나서 여기저기서 엉뚱하게도 '내가 삼성의 선대 이병철 회장의 묏자리를 잡았다.'고 밝히는 글들을 본 적이 있다. 분명히 밝히지만 아버지의 묘소는 당신 스스로 정한 것이다. 현재 용인의 그 묘소는 돌아가기 거의 20년 전 당신 스스로 정했다. 그때 나는 현재 용인자연농원의 부지를 정리하고 있었는데 어느 날 나와 단둘이 현재 아버지 묘소에서 그 자리를 보며 나에게 밝혔다.

"저기가 자리가 좋다. 앞에는 물이 흐르고 뒷산도 아늑하다. 저만하면 여름엔 시원하고 겨울에는 따뜻하겠다."

그 말 한마디로 아버지의 묘소 자리는 정해진 셈이었다.

㉖ 디자인이 생명이다

나무의 꼭대기가
언제나 꼭대기로 남아 있는 것은 아니다.
다른 가지들이 점점 더 높이 자란다.

― 헬렌 니어링(Helen Neering), 『아름다운 삶, 사랑 그리고 마무리』―

디자인 혁명

삼성전자 제품들이 세계적 명품으로 두각을 나타내기 시작한 것은 제품력 외에 디자인의 멋스러움에 기인한 바가 크다.

2005년 실시된 조사에 따르면 미국 소비자들의 상당수가 삼성 애니콜의 디자인이 도요타의 렉서스를 연상시킨다고 응답한 것으로 나타났다. 당시 렉서스는 미국에서 가장 많이 팔리고 있는 고급 자동차였기에, 그런 조사 결과는 삼성 휴대전화 또한 미국인들 사이에서 명품으로 자리를 잡아가고 있다는 것을 말하는 사건이었다.

이건희는 1996년 신년사에서 다음과 같이 디자인 혁명을 선언했다.

> 기업 디자인은 상품의 겉모습을 꾸미고 치장하는 것에서 한 걸음 더 나아가 기업의 철학과 문화를 담아야 한다. 기업 경쟁력 또한 가격과 품질의 시대를 거쳐 21세기는 디자인 경쟁력이 기업 경영의 승부처가 될 것이다.

삼성이 디자인의 중요성을 제대로 인식하게 된 것은 1993년 신경영 당시 일본인 디자인 고문이었던 후쿠다 타미오가 제출한 '후쿠다 보고서' 때문이었다. 삼성 디자인의 문제점을 낱낱이 지적한 그 보고서는 "삼성이 디자인 개혁을 이루지 않으면 삼성의 성장은 있을 수 없다."고 단언하고 있었던 것이다.

이 지적은 이건희의 심중을 흔들었고, 삼성의 디자인을 다시 태어나게 하는 촉매 역할을 했다. 디자인 혁명 선언 이후, 삼성은 글로벌 디자인 거점을 일본, 미국, 독일, 이탈리아, 영국, 중국 등 6개 지역으로 확대하고, 현지 지향형 디자인을 개발하는 글로벌 디자인 체제를 구축했다. 국내에서는 '디자인 뱅크 시스템'을 가동하기 시작했다. 디자인 뱅크 시스템이란 제품을 설계하기 전에 디자인을 먼저 해서 거기에 맞추어 설계에 들어가는 디자인 우선의 혁신적인 제도로 미래에 유행할 디자인을 먼저 개발해 놓고 시기에 맞춰 이를 제품화하는 시스템이었다. 이렇게 해서 만들어진 제품들은 해마다 그래픽, 패션, 제품디자인 등 다양한 부문에서 수준을 높여 가기 시작했다.

특히 삼성전자는 2001년부터 '디자인 경영센터'를 설립하고 약 500여 명의 디자인 인력이 '디자인 전략팀'과 '디자인 연구소' 2개 팀으로 나뉘어 연구에 몰입했다. 또, 윤종용 부회장을 위원장으로 하는 디자인위원회를 설치해서 CDO(Chief Design Officer) 제도를 운영하는 등 디자인 경영에 총력을 기울였다.

그 결과, 삼성은 세계 양대 디자인상으로 불리는 미국의 'IDEA상(Industrial Design Excellence Award)'과 'Cebit iF 디자인상'을 비롯해서 '레드 닷 디자인상(Red Dot Design Awards)', 일본 'G-Mark상' 등 세계적인 디자인 평가기관의 디자인상을 100회 이상 수상하며 디자인에서도 전 세계 기업 중 최고의 위치에 올라섰다.

이런 실적은 경영면에서도 주목받아, 미국의 유력 경제 월간지 〈Fast Company〉는 2004년 5월호에서 이건희를 '디자인 대가 20인(Masters of Design 20)'에 선정했고, 또 그 해 11월에 홍콩 디자인 센터와 산업기술통상부가 공동주최하는 '디자인 경영자상(Design Leadership Award)'의 초대 수상자로 선정되기도 했다.

혁신적이고 아름다운 디자인을 통해 그동안 1천만 대 이상 판매된 히트 모델인 일명 '벤츠폰(SGH-E700)'과 '이건희폰(T100)', 그리고 '블루블랙폰(SGH-D500)'은 세련된 디자인은 물론 다양한 첨단 기능까지 두루 갖춰 전 세계적인 베스트셀러 휴대전화로 부상하면서 명실상부한 명품으로 자리 잡았다.

프랑스의 패션 전문지 스터프(Stuff)는 특히 블루블랙폰을 "아름답고 세련된 검은 드레스를 걸친 완벽한 몸매를 연상시키는 휴대전화"라고 격찬했고, 영국과 덴마크 소비자 단체가 실시한 평가에서 블루블랙폰은 전 세계 19개의 휴대전화 모델 가운데 1위를 차지했다.

2005년 4월 13일, 삼성은 디자인 혁명선언 10년을 맞아서 이탈리아 밀라노에서 사장단 회의를 열고 '제2의 디자인 혁명'을 선언했다. 삼성이 밀라노에서 제2의 디자인 혁명을 선언한 것은 여러 가지로 의미가 있다.

오늘날 밀라노는 파리, 뉴욕과 더불어 세계의 패션산업을 선도하고 있는 도시이지만 패션 외에도 가구, 조명 분야에서도 유행을 선도하고 있는 이탈리아 예술의 중심지이다. 마침 삼성은 디자인 경쟁력을 더욱 강화하기 위한 목적으로 '밀라노 디자인 센터'의 문을 열게 된 것이다. 삼성의 밀라노 디자인 센터는 미국의 LA, 샌프란시스코 디자인 센터, 일본의 도쿄, 영국의 런던, 중국의 상하이에 이은 여섯 번째 디자인 센터이다. 밀라노 디자인 센터 개소식에 참가한 이건희는 이날 오후 5시 밀라노 시내 포시즌(Four Seasons) 호텔 지하 1층 대회의실에서 사장단들이 참석한 가운데 전략회의를 시작했다.

저녁을 겸해서 시작된 회의는 밤 11시까지 이어져 6시간의 마라톤 회의가 되었다. 이날 회의는 단순한 회의가 아니라 삼성전자의 가전부문 주요 제품과 글로벌 외국 기업들의 제품에 대한 '비교전시회'를 겸한 것이었다.

400여 평 규모의 대회의실에는 소니, 샤프, 파나소닉, 밀레 등 세계 일류의 선진 제품과 삼성의 주요 제품들, 미국의 아이디어상 등 세계적인 디자인상을 수상한 LCD TV, 휴대전화, 디지털 카메라, PC, MP3 등 200여 개의 제품들이 전시되었다. 이 회의는 삼성 사장단이 삼성제품과 세계적인 명품의 비교 품평을 통해서 삼성 제품의 디자인에 대한 문제점을 파악하고, 이건희가 사장단과 함께 디자인 경쟁력 마련 방안을 도출하는 방식으로 진행되었다.

이 자리에서 이건희는 디자인 혁명 선언 10년 동안 삼성이 많은 발전을 해온 것은 사실이지만 아직도 선진기업에 비하면 모든 면에서 만족스럽지 못한 점이 많다는 것을 새삼 강조했다.

삼성의 디자인 기술은 아직 부족하다. 애니콜만 빼면 나머지는 모두 1.5류이다. 이제부터 경영의 핵심은 품질이 아니라 디자인이다.

최고 경영진에서부터 현장 사원에 이르기까지 디자인의 의미와 중요성을 새롭게 재인식하여 삼성 제품을 명품 수준으로 만들어야 한다.

이 자리에서 당시 삼성전자 CDO를 맡고 있던 디지털 미디어 총괄 최지성 사장은 "1996년 디자인 혁명 선언을 계기로 디자인 인력을 400% 이상 보강했으며, 벤츠폰(SGH-E700)과 프로젝션 TV(DLP TV L7) 등에서 혁신적 디자인을 선보이는 등 나름대로 성과가 있었으나, 이제는 세계 일류로 인정받는 명품으로 올라가야 한다."면서 "이번 확정되는 4대 전략을 강력히 추진해서 삼성만의 독창적 아이덴티티를 확립하고, 이를 위한 스타급 핵심 디자이너 확보에 전력해 나가겠다."는 의지를 밝혔다.

삼성전자 이기태, 이현봉 사장 등 계열사 사장들은 자신이 경영책임을 맡고 있는 각 사의 디자인 경영의 현 상황을 설명하고 나름대로 프리미엄 브랜드 육성을 위한 전략도 발표했다.

이 회의에서는 삼성전자의 디지털 미디어, 휴대전화, 생활가전 등의 차별화 전략과 프리미엄 브랜드인 명품시장이 정착돼 있는 패션부문 경쟁력 강화를 위해 디자인 강화 방안도 집중 논의됐다.

국민소득 2만 달러에 도달하려면 디자인 관련 분야에서 100점짜리 지식을 갖추어야 한다. 스탠드 얼론(stand alone), 즉 개별 제품의 디자인 이미지 구축은 성공했다. 하지만 모든 전자제품이 복합화가 진행되는 만큼 토털 디자인 역량 강화에 집중해야 한다. 디자인 개혁 없이는 국민소득 2만 달러 달성이 힘들 것이다.

그 동안 우수한 제품을 개발, 제품 경쟁력만으로 국민소득 1만 달러에 도달했다면 앞으로는 삼성이 디자인 경쟁력을 선도해서 2만 달러 시대를 열어야 한다.

이건희는 이렇게 말하며 이날의 디자인 전략회의 결론 부분에서 제2의 디자인 혁명을 선언했던 것이다. 이 자리에서 삼성 사장단은 이른바 '월드 프리미엄 브랜드 육성 계획'을 확정하고 디자인 역량 강화를 위한 '밀라노 4대 디자인 전략'을 추진한다고 발표했다. 삼성이 이 회의에서 확정한 '월드 프리미엄 브랜드' 육성 계획에 따라 추진된 밀라노 4대 디자인 전략은 다음과 같다.

첫째, 독창적 디자인의 아이덴티티 구축
- 누가 언제 어디서 봐도 한눈에 삼성 제품임을 알 수 있도록 삼성 고유의 철학과 혼을 반영, 아이덴티티를 담은 독창적 디자인과 UI(User Interface, 제품 사용이 용이하도록 제품 모양이나 재질, 버튼을 배치하는 것을 통칭하는 말) 체계를 구축할 것

둘째, 디자인 우수 인력 확보
- 세계 최고의 디자인은 천재급의 디자이너가 만들어낸다. 이탈리아의 특급 디자이너의 말 한마디가 세계 패션 디자인을 주도하는 것처럼 소프트 경쟁 시대에는 인재가 곧 경쟁력인 만큼 국적, 나이, 성별 등을 가리지 말고 디자인 트렌드를 주도할 천재급 인력 확보와 기존 디자인 인력들의 역량을 체계적으로 강화할 것.

셋째, 창조적이고 자유로운 조직문화 조성
- 실제로 세계 디자인 트렌드를 추구하는 디자이너들은 천재적인 창의성을 가지고 있다. 삼성 제품이 그러한 세계 초일류 디자인을 가진 제품을 생산하기 위해서는 천재급 인력을 유치하고 육성하기 위한 자유롭고, 유연한 조직문화와 창조성과 독창성이 존중받는 분위기와 지

원 시스템을 조성할 것

넷째, 금형기술 인프라 강화(핵심 기술의 보유)
- 디자이너가 디자인한 제품이 실제로 생산되기 위해서는 금형기술이 뒷받쳐주어야 하므로 금형기술 인프라 강화도 필수 조건이다. 제품 디자인 차별화의 기본 요소로 금형기술 인프라를 강화하고, 협력업체와 유기적으로 연결할 것

이것은 앞으로 단순 일류가 아닌 '월드 프리미엄 브랜드'로 거듭나기 위해 새로운 도약과 의식 전환을 추진하겠다는 의지를 표명한 것이다. 다음과 같은 이건희의 디자인관은 삼성의 디자인 흐름에 대해 알게 해 주는 말이기도 하다.

요즈음에는 기획력과 기술력이 아무리 뛰어나도 디자인이 약하면 다른 요소까지 그 힘을 발휘할 수 없고, 결국 경쟁이 불가능해진다. 더구나 앞으로 다품종 소량 생산 체제가 진전되면 고객들이 원하는 대로 하나하나 다른 제품을 만들어 제공해야 하는 시대가 된다. 그런데 지금 우리 상품을 보면 한결같이 디자인 마인드가 있는지 의구심을 갖게 된다. 아직도 우리는 디자인이란 제품을 기술적으로 완성한 뒤 거기에 첨가하는 미적 요소 정도로 여기고 있다. 골프를 쳐본 적도 없고 골프장에 가본 적도 없는 사람들이 골프웨어, 골프용품을 디자인하고 있는 실정이다. 그렇다 보니 삼성은 물론 대부분 기업들의 상품 디자인에서 통일된 이미지를 찾을 수 없다. 반면에 자동차의 벤츠, 전자의 소니 등은 멀리서도 알아 볼 수 있을 정도로 독특한 이미지를 갖고 있다. 우리 제품이 해외시장에 나가 일본 제품과 상대하다 보면 꼭 '마무리(finish touch)'가 부족해서 문제가 되곤 했었다. 그런데 지금은 마무리뿐만 아니라 외관도 문제가 되고 있다. 우리 제품의

외관이 선진 제품보다 뒤지는 탓에 국내외 시장에서 고객에게 외면당하고 제 값을 못 받고 있다.

한국의 문화가 배고 자기 회사의 철학이 반영된 디자인 개념을 정립하는 작업을 혁명적으로 추진해 나아가야 한다. 그러지 않으면 더욱 치열해지는 경제 전쟁에서 버틸 수 없다. 그러기 위해서 경영자는 젊은이들과 자주 대화하고, TV 인기 드라마도 보면서 유행을 알고 디자인 감각을 키워야 한다. 또 개별 제품의 디자인에 대해서는 전문가 의견을 존중해서 섣불리 간섭하지 말아야 한다. 10대들이 쓸 상품 디자인을 50대 경영자가 결정하는 경우가 있는데, 이는 자칫 선무당이 사람잡는 결과를 가져 온다.

삼성전자는 모던하고 깔끔한 디자인, 우수한 하드웨어 성능, 마케팅 전략 등을 집중적으로 부각시키며 새로운 시대를 준비하고 있었다. 삼성전자는 디자인에 역점을 두는 동시에 삼성 최고의 제품들에 고유의 브랜드를 붙이는 개별 브랜딩 전략을 펼치기 시작했다. 디스플레이는 '파브', 냉장고는 '지펠', 에어컨은 '하우젠'이라는 명품 브랜드가 탄생했다. 제품의 디자인에 있어서도 세계 최고의 디자이너들과 손을 잡고 감성적이면서도 감각적이고 모던한 스타일의 제품들을 쏟아냈고 각종 디자인상을 휩쓸었다. 마침 그 시기에 찾아온 일본의 장기불황은 삼성에게 도약할 기회를 주었고 거기에 2000년대에 들어서면서부터 디지털 가전시대까지 활짝 열리면서 삼성은 비상할 수 있었다. 2000년 이후 삼성전자는 휴대전화, 디스플레이, 메모리 등에서 차츰 세계 점유율을 높여가더니 2005년 이후부터는 브랜드 인지도나 품질, 디자인 측면에서 명실상부한 세계 최고의 가전업체로 우뚝 서게 되었다.

삼성가(家) 가족이야기 26

풍수와 이건희

우리나라 정치인이나 기업인들은 풍수에 대한 믿음이 깊어 보인다. 대선의 계절이 다가올 때면 유력 대선주자들이 조상의 묘를 옮겼다는 등 풍수에 관한 이야기가 심심치 않게 들려온다.

한국에서 가장 유명한 풍수이론가 최창조(崔昌祚)는 풍수를 본격적으로 공부해보겠다고 서울대 지리학과 교수 자리를 박차고 나와서 '자생풍수'라는 이름으로 한국의 풍수를 대중화한 주역이다.

최창조는 이름값을 하느라 많은 정치인과 재벌들에게 불려 다닌다. 그는 청와대에도 들어가서 풍수를 살펴보았고, SK그룹 최종현(崔鍾賢) 회장부터 LG 구본무(具本茂) 회장, 동양그룹 현재현(玄在賢) 회장 등의 자문에 응할 때가 많다. 또 그는 한화그룹 김승연(金升淵) 회장, 중앙일보 홍석현 회장과 경기고등학교 동문이라 자연스레 삼성그룹과도 인연이 닿아 있다.

최창조는 자신에게 '재벌의 지관'이라 부르는 것은 오해라고 한다. 그는 최종현을 비롯해서 단 한 번도 묏자리를 봐준 적이 없고, 그가 주로 하는 일은 대단위 공장이나 사옥, 건설 관련 계열사가 짓는 아파트 단지의 터를 보아주는 일이다. 최창조의 증언에 따르면 이건희는 "풍수이론을 직원들을 위해 참고하는 편"이라고 한다. 그것은 이건희가 '터가 안 좋다고 소문나면 직원들이 잡생각을 하고 결국 사고로 이어진다.'는 지론을 갖고 있기 때문이라는 것이다. 최창조는 〈신동아〉 2007년 7월호 인터뷰에서 이렇게 말했다.

이건희 회장과 몇 번 공장 부지를 보러 간 적이 있었어요. 이미 결정된 부지인데 제가 '아닙니다.'라고 말하면 뒤도 안 돌아보고 와버립니다. 임직원들이 회장이 온다고 잔칫상을 준비했는데 저로선

정말 난감한 일이었죠. 이 회장은 '최 교수가 안 된다고 하면 안 된다.'는 식이었어요. (중략) 명당이다, 아니다는 그리 중요하지 않아요. (터가) '안 좋다.'는 소문이 퍼지면 직원들의 심리에 나쁜 영향이 미칠까 걱정해요. 평온함을 찾는 것이 명당론이라면 이 회장은 정확하게 생각하는 거죠. (터가 안 좋다는) 소문이 나면 공사하다가 인부가 다칠 수 있거든요.

최창조는 이건희의 서울 한남동 삼성가의 집들이 명당이라고 말한다. 풍수에선 강의 물살이 굽이치는 맞은편 퇴적지층을 명당으로 보는데, 삼성가 터가 그렇다는 것이다. 남산 아래 한강을 바라보는 풍광도 일품이라고 한다. 그렇게 집터도 보아주고 별장터도 보아주느라고 최창조는 삼성가의 가족모임에 가끔 초대를 받는다고 한다.

서너 번 갔다 왔어요. 주로 평창에 있는 피닉스파크 이 회장 방에서 식사를 했어요. 이 회장은 임직원들이 술 마시는 건 싫어하는 편인데 저에겐 포도주를 권하더군요. 저는 막걸리를 좋아하는 편이라서 와인을 막걸리 마시듯이 비워냈어요. 그랬더니 종업원이 아예 제 뒤에 서서 따라주더군요. 제가 불편해하니까 부인 홍라희 여사가 '그러지 마세요. 저분에겐 직업입니다. 거절하면 자리를 잃는 거예요.'라고 했어요. 늘 헬기를 타고 서울까지 왔어요. 잠실에 전용 헬기장이 있어서인지 주로 헬기를 타고 다니더군요.

최창조는 가까이서 본 삼성가의 가정교육이 굉장히 엄격하다고 말한다. 가족 식사 자리에 함께 한 적이 있는데 이재용이 식사한 뒤 이쑤시개까지 챙겨주더란다. 최창조는 자신의 새 책이 나오면 인연이 닿은 재벌 회장가에 보낸다고 한다. 그런데 '잘 받았다.'는 답장을 보내오는 사람이 한 명 있는데 바로 이건희의 장녀 이부진이라 한다. 그녀는 고급 양주에 육포나 견과류 같은 안주, 그리고 직접 쓴 카드를 보내온다고 했다.

최창조는 이건희로부터 와인 24병 한 박스를 선물로 받은 적도 있다. 술을 좋아 하는 그는 그것을 매일 마시고 취했다. 4병 남았을 때 그의 아내가 매일 취해 있는 남편을 보다 못해 "이러다 당신 죽는다."면서 모조리 쏟아버렸다. 후에 최창조가 그 얘기를 백화점 업계에 있는 친구한테 했더니 "와인 브랜드가 뭐였느냐?"고 물었다. 그러나 그가 그 브랜드를 알리 있는가. 친구가 "영어 스펠이라도 불러보라."고 해서 알려줬더니 대뜸 "야, 창조야. 그 와인 아랍의 왕자들이나 마시는 거야. 우리나라에 수입도 안 되는 엄청난 와인이야." 그래서 최창조가 대답했단다. "야, 그래도 죽는 것보다 낫잖아!"

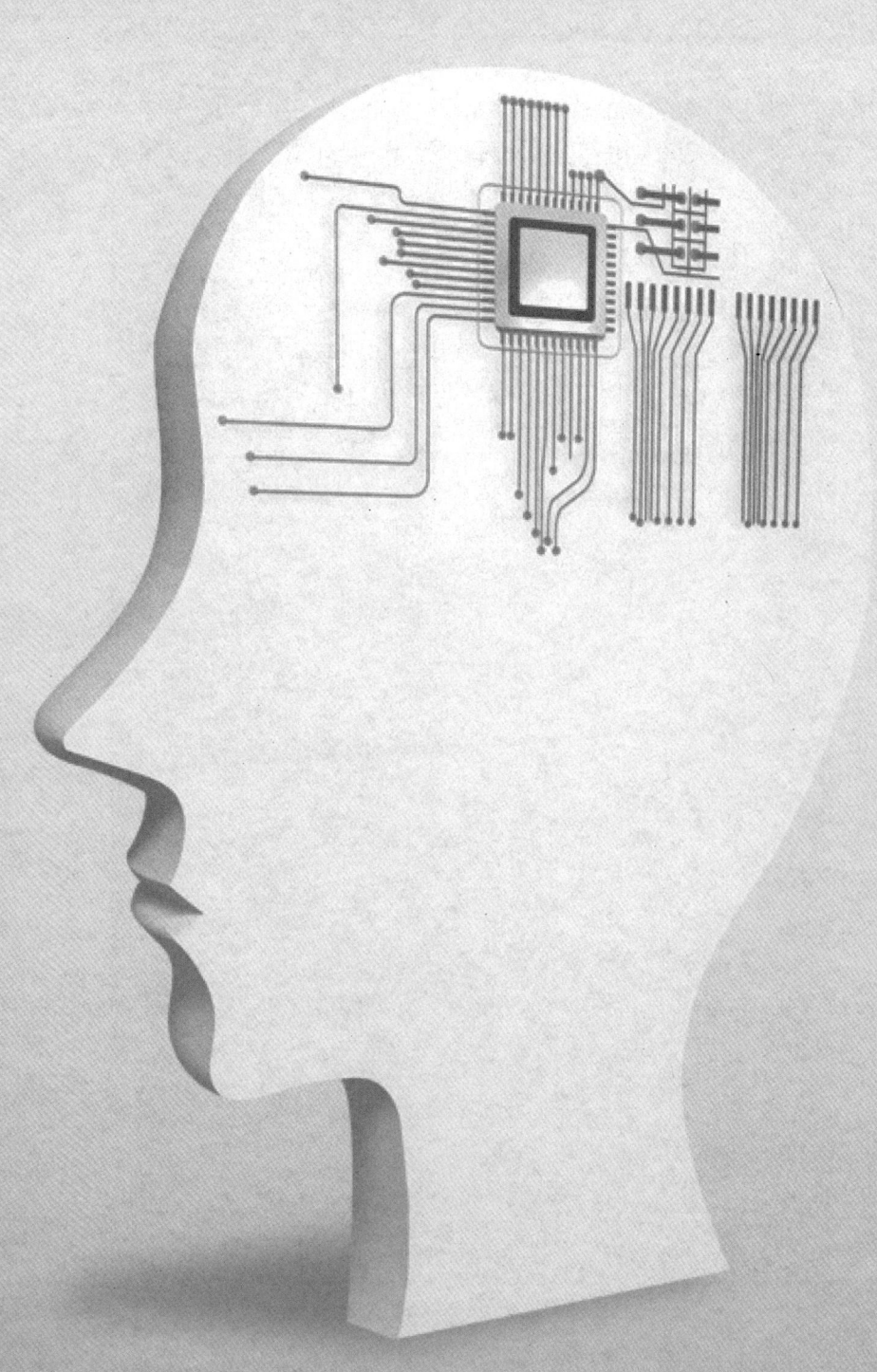

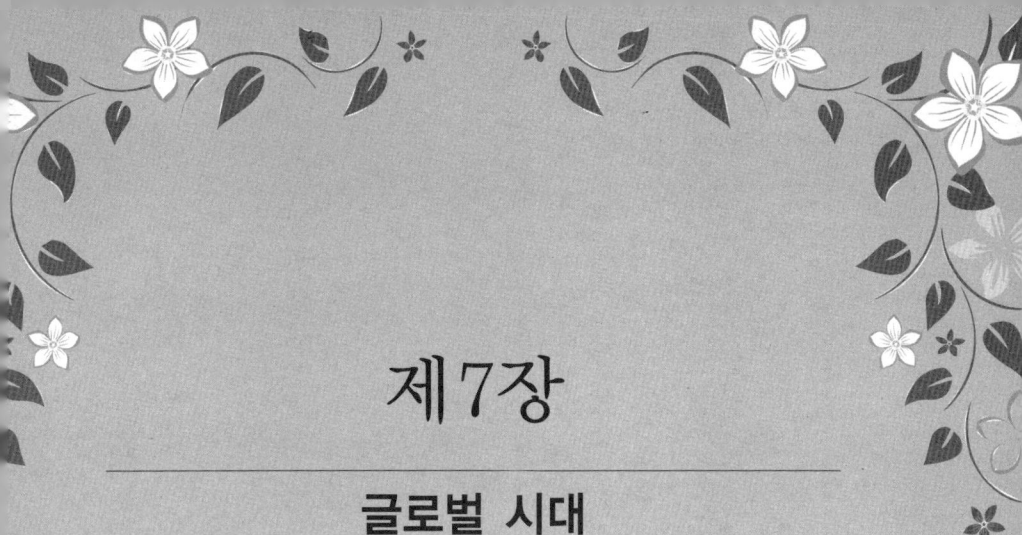

제7장

글로벌 시대

자신 있는 사람들만이 심플해질 수 있다.
자신감이 없으면, 복잡한 말을 하게 된다. 심플하지 않으면
빨리 내달릴 수 없다. 빠르지 않으면 글로벌 경제에서
죽은 거나 마찬가지이다. 그래서 우리는 직원들의
자신감을 구축시켜 줌으로써 심플하게 일하도록 한다.
- 잭 웰치 -

논에 미꾸라지를 키울 때 한쪽 논에는 미꾸라지만 넣고,
다른 한쪽엔 미꾸라지와 함께 메기를 넣어 키우면 어떻게 될까요?
메기를 넣어 키운 쪽 논의 미꾸라지들이 훨씬 통통하게 살이 쪄 있었다고 합니다.
그 미꾸라지들은 메기에게 잡아먹히지 않으려고
항상 긴장한 상태에서 활발히 움직였기 때문에 더 많이 먹어야 했고,
그 결과 더 튼튼해질 수밖에 없었던 것이죠.
기업도 다르지 않습니다. 항상 적절한 긴장과 자극, 건전한 위기의식이 있어야
변화에 적응하는 능력이 생기고, 치열한 경쟁에서도 뒤지지 않고
계속 성장할 수 있습니다. 온 세계가 첨단기술을 중심으로 국경을 초월한
기업경쟁을 하고 있는 이때, 우리만이 여전히 '국내 제일'을 자랑스러워하며
안주할 수는 없습니다.
- 이건희, 메기론 -

㉗ 제2신경영 선언

성공은 당신이 아는 지식 덕분이 아니라,
당신이 아는 사람들과 그들에게 비쳐지는
당신의 이미지를 통해 찾아온다.

- 리 아이아코카 -

제2신경영 선언과 천재경영론

 2003년 6월 5일, 서울 신라호텔에서는 삼성의 신경영 10주년을 기념하는 사장단 회의가 열렸다. 이 회의에서 삼성은 신경영의 성공을 자축하며, 이에 그치지 않고 더 높이 도약하기 위한 제2신경영의 시작을 선포했다.

 이날 삼성은 2010년까지 브랜드 가치를 700억 달러로 높이고 세계 일등 제품을 50개 확보할 것과 세계에서 가장 존경받는 기업으로 성장하겠다는 중·장기 비전을 확정, 발표했다. 제2의 신경영 선포는 월드 베스트 전략을 추진해온 삼성이 초국적기업으로 도약하겠다는 의지를 밝힌 것이었다.

 이건희는 늘 기회가 있을 때마다 "21세기는 뛰어난 창조성을 지닌 소수의 천재들이 국가의 경쟁력을 좌우하는 두뇌경쟁의 시대가 될 것"이라고 말해왔다. 특히 그는 계열사 최고경영자의 경영성과에 우수인재를 확보한 실적을 포함시키고, 이를 최대 평가항목으로 삼는다는 구상을 가지고 있다. 이는 삼성의 창업주인 이병철 회장이 주창한 인재제일 정신의 적극적인 계승인 셈이다.

 삼성은 전 지구적 무한경쟁의 시대를 맞아 신경영과 IMF 구조조정이라는 두 차례의 경영혁신을 성공적으로 마무리함으로써 국내 일류기업에서 세계 정상급의 기업으로 올라설 수 있었다. 이 과정에서 이건희는 반도체·휴대전화 사업에 대한 사운을 건 과감한 투자, LCD 사업의 공격적 경영 등 몇 차례에 걸쳐서 건곤일척의 승부수를 던졌다. 그것은 시대의 흐름을 누구보다 빨리 읽었기에 가능했고, 거기서 승리를 거머쥠으로써 시대를 선도하는 고지를 선점할 수 있었다.

 이건희는 삼성이 2000년대에 들어 사상 최대의 경영실적을 올리고 있음에도 불구하고 조심스럽게 말한다.

현재의 실적에 자만하다가는 언제든지 위기에 빠질 수 있다. 중요한 것은 5년, 10년 뒤에 무엇을 해먹고 살지 지금부터 대비해야 한다는 것이다.

이처럼 그는 미래를 대비하는 준비경영을 누차 강조하고 있다. 오너의 이러한 의지는 삼성경제연구소가 발표한 서비스 로봇 등 지속적 성장을 위한 10대 미래기술의 선정에 그대로 나타나 있다.

삼성의 제2신경영 선언은 '천재경영'을 화두로 내세웠다. 선대 회장의 '인재경영'과 '일등주의'를 결합한 것으로 보이는 '천재경영'은 그 후 삼성을 움직이는 핵심 이념이 되었다.

이건희는 기회가 있을 때마다 "5년, 10년 후 명실상부한 초일류기업으로 도약하기 위해서는 인재를 조기에 발굴하고 체계적으로 키워내는 노력이 필요하다."고 강조하고 있다. 그는 이렇게 말한다.

외부에서는 신경영이 질(質) 위주 경영이었다면 제2신경영은 무엇이냐고 궁금해들 합니다. 그에 대한 답은 바로 나라를 위한 '천재 키우기'라고 할 수 있습니다. 다시 말해 21세기는 경쟁이 극한 수준으로 치달으면서 소수의 창조적 인재가 승패를 좌우하게 되는 거죠. 과거에는 10만 명, 20만 명이 군주와 왕족을 먹여 살렸지만 앞으로는 천재 한 사람이 10만 명, 20만 명을 먹여 살리는 시대가 될 겁니다.

총칼이 아닌 사람의 머리로 싸우는 두뇌전쟁의 시대에는 결국 뛰어난 인재, 창조적 인재가 국가의 경쟁력을 좌우하게 됩니다. 20세기에는 컨베이어 벨트가 제품을 만들었으나 21세기에는 천재급 인력 한 명이 제조공정 전체를 대신할 수 있어요. 예를 들어 반도체 라인 1개를 만들려면 30억 달러 정도가 들어가는데, 누군가 회로선폭을 반만 줄이면 생산성이 높아져 30억 달러에 버금가는 효과를 거두게 됩니다. 천재들을 키워 5년, 10년 후 미래 산업에서 선진국과 경쟁해서 이기는 방법을 말씀드리는 겁니다.

이건희가 천재경영을 향후 10년을 이끌 경영 키워드로 내세운 것은 세계 일류기업들과의 경쟁에서 이기려면 핵심인재의 확보가 관건이라는 현실 인식에 따른 것이다.

'바둑 1급 10명이 바둑 1단 한 명을 못 이긴다.'는 것이 삼성식 천재경영의 핵심이라 할 수 있다. 이건희는 성실성, 창의성, 책임감, 정직성, 전문성을 삼성인의 덕목으로 제시한 바 있다. 이 다섯 가지 덕목 중에서 이건희가 가장 중요시 하는 것은 창의성이다.

그는 자신과 함께 꿈을 꾸며 새로운 비전과 상품을 만들어 낼 엔지니어적 천재들과 그 꿈을 비즈니스화해서 전 세계를 무대로 뛸 치밀하고 적극적인 비즈니스 천재들을 국적에 관계없이 끌어 모으고 있다. 세간에서는 이건희가 최고의 엔지니어와 최고의 비즈니스맨을 삼성을 끌고 갈 두 바퀴로 생각하고 있는 것으로 파악한다. 삼성의 한 고위 관계자는 이렇게 말한다.

> 마차를 더 잘 만드는 인재도 중요하지만, 마차에서 자동차를 꿈꿀 수 있는 그런 창의적인 인재상을 이건희 회장은 바라는 것 같다. 그동안은 선진국이 만든 걸 잘 베껴서도 먹고 살았지만, 이제는 누구도 미처 생각지 못한 것을 만들 수 있는, 사물의 콘셉트를 바꿀 수 있는 사람을 원하고 있다.

이것은 이건희가 왜 천재경영을 주창하고 있는지를 보여주는 단서일 수 있다. 그러면서 이건희는 "분야별로 천재급 두뇌를 많이 확보하고 있으면 세상이 어떻게 변하든, 시장이 어떻게 변하든 두려울 것이 없다."고 강조했다.

> 제가 얘기하는 천재는 공부만 잘하는, 100점만 맞는 사람이 아닙니다. 각자 끼가 하나씩은 있고 놀기도 잘하고 공부도 효율적으로 하

고 창의력이 뛰어난 그런 사람을 말하는 겁니다. 한마디로 빌 게이츠 같은 사람이죠. 마이크로소프트사의 매출액이 미국 국내총생산(GDP) 의 2.7%를 차지하고 세금도 미국 총 납세액의 1.8%에 이릅니다. 그런 천재 3명만 나오면 우리 경제는 차원이 달라집니다. 그런 천재 세 사람을 찾겠다는 것이 목표입니다.

이건희가 말하는 천재는 한마디로 '마니아' 형, 나아가서 '오타쿠' 형의 인재를 말한다. 모든 분야에서 고르게 우수하지는 않을지라도 특정 분야에 남다른 재능과 흥미를 갖고 자신의 영역을 구축하는 사람이다. 이런 사람들은 조직 내의 협조적인 측면에서는 다소 부족할지 몰라도 자기 분야에서 최고가 되겠다는 열정과 몰입도는 굉장히 높다. 다시 말하면 '끼'가 다분해서 특정 분야의 전문가로 성장이 기대되는 인재 유형이다.

실제로 신춘문예 당선자, 대학가요제 입상자, 게임전문가, 해커 등을 스카우트했는데, 적성을 살리면서 잘 근무하고 있다고 들었어요. 이제는 특이한 사람들도 포용할 수 있을 정도로 조직이 개방화되었다고 생각해요. 다양한 색깔의 인재들이 모여 각자의 역할을 해나가는 조직이 돼야 합니다.

이건희는 또 이런 말도 했다.

천재는 확률적으로 1만 명, 10만 명에 한 명 나올 정도의 사람이기에, 대한민국에서 잘해야 4백~5백 명이죠. 그런데 이런 천재들은 보통 사람들과의 의사소통이 쉽지 않습니다. 일반적인 교육으로는 천재성을 오히려 죽이는 결과를 초래하게 됩니다. 빌 게이츠가 일본이나 독일, 프랑스, 중국, 한국 등에서 태어났다면 오늘날 마이크로소프트사가 있었겠습니까. 우리나라에도 그런 천재가 나오지 말라는 법은 없지만 현재의 제도나 사회 인식에서는 어렵다는 생각입니다. 더 근본적인 문제는 교육제도에 있다고 생각해요. 소수의 우수한 인재들을 모아 경쟁시켜 천재로 키우는 것도 고려해야 합니다. 이러다간 준 천재급도 못 키우는 환경이 될까봐 걱정이에요. 일본 유럽 미국의 천재 교육 시스템 중 어느 것이 좋은지 연구해서 우리 교육제도에 접목시키는 노력이 시급해요.

또한 이건희는 천재에 대한 지나친 강조가 위화감을 조성하지는 않을까 하는 우려가 있지만 그런 우려 때문에 천재 육성을 포기할 수 없다고 강조했다.

천재성을 조기에 발굴해 육성하는 것이 시급한데 '위화감' 때문에 시도 한번 해보지 못해요. 미국을 보세요. 공립학교에서 대부분 교육을 담당하지만 상위 15%는 사립학교, 특수학교에서 그들에 맞게 교육하고 있어요. 국내에서는 사립학교 재단에 기금을 기부해 천재 육성센터를 만들려고 해도 걸림돌이 많은데 이런 것부터 개선해야 합니다. 하향평준화를 더 이상 방치하면 국가의 장래도 어두워지지요.

2004년 최대의 실적을 올리다

이미 살펴본 대로 2000년대에 들어서 삼성은 한국은 물론 전 세계적으로도 가장 잘나가는 회사가 되었다. '월드 베스트, 월드 퍼스트' 전략을 지속적으로 추진해 온 삼성전자는 반도체, 휴대전화, LCD, 디지털 TV 등 여러 부문에서 세계 최첨단 기술을 과시하며 세계 리딩 기업으로 도약했다.

이러한 삼성전자의 위상은 기술력과 디자인 마케팅 능력에서 보여준 뛰어난 성과 덕분이다. 삼성전자는 2004년, 2005년 연달아 몇 가지

부문에서 속속 기술의 벽을 깨며 세계 초일류기업으로서의 면모를 보여주었다.

삼성전자는 그때까지 기술의 한계로 알려졌던 60나노 공정을 이용한 8기가 낸드 플래시메모리를 세계 최초로 개발하여 8기가 반도체 시대의 개막을 알렸고, 세계 최고속 667MHz 모바일 CPU, 세계 최대 용량 80나노 2기가 DDR2 D램을 개발했다. 이어서 100인치의 벽을 깨고 102인치 PDP TV를 개발·발표했다.

삼성의 개혁이 성공해 세계 초일류기업으로서의 면모를 갖추어 나가자 세계 유수의 언론들이 이건희 회장을 주목했다.

〈이코노미스트〉, 〈비즈니스 위크〉, 〈포춘〉, 〈뉴스 위크〉, 〈타임〉 등 삼성을 특집 기사로 한두 번씩 다룬 적이 있는 해외 언론들은 삼성식 경영의 성공 요인으로 이건희를 정점으로 한, 경영 환경에 민첩하게 대응할 수 있는 삼성 특유의 경영 시스템을 꼽고 있다.

흔히들 삼성 경영 시스템을 사람이 아닌 조직이 움직이는 시스템 경영이라고 말한다. 삼성만의 독특한 경영 시스템이 과연 있는 것일까?

〈뉴스 위크〉는 각 계열사의 자율경영을 우선시 해서 일상 경영 현안은 각사의 CEO에게 일임하고, 회장 자신은 전략구상 등 좀 더 상징적인 역할에 주력하고 있다는 점에서 과거의 재벌 총수와 차별화된다고 분석했다.

여기서 삼성 시스템 경영이란 두 가지 의미를 갖는데, 첫째는 커뮤니케이션에 따른 시스템 경영이고 둘째는 기업 운영에 대한 경영 차원의 시스템 경영을 말한다. 삼성의 뛰어난 면은 이 두 가지 면에서 탁월함을 보이기 때문에 종국적인 시스템 경영의 묘를 살릴 수 있던 것으로 보인다. 우선 이건희는 1994년 신임 임원 교육에서 사내 커뮤니케이션의 중요성을 이렇게 강조했다.

회장의 지시가 12시간 이내에 과장급까지 전달되고, 현장의 목소리가 24시간 이내에 회장에게까지 전달되도록 내부 커뮤니케이션 시스템을 구축해야 한다.

이후 삼성은 1999년부터 정보화 비전을 수립하고, 전사적 자원관리(ERP : Enterprise Resource Planning) 시스템인 '싱글(Single)'을 구축했다. 싱글이 가동되기 시작하자, 당시 싱글을 통해 메일을 주고받은 건수는 하루 200만 건에 이르고, 정보를 공유하고 실무에 적용한 사람은 하루 10만 명에 달했다고 한다.

또 삼성전자의 경우 싱글이 구축되던 해인 2001년, 재고 물량을 평균 4조 1천억 원 수준에서 2조 3천억 원으로 대폭 낮췄고, 미회수 채권도 4조 6천억 원에서 2조 6천억 원으로 무려 2조 원 이상 줄일 수 있었다. 또한 삼성증권의 경우도 사이버 거래 주문 건수가 70%를 넘었으며, 약정액의 50%가 인터넷을 통해 이뤄졌다고 한다.

삼성은 1단계 정보공유 시스템 싱글의 성공에 힘입어 2단계 정보화 작업을 추진하여 2003년, 싱글을 한 단계 업그레이드시킨 '마이 싱글(My-Single)'을 개발, 구축하는 데 성공했다.

정보통신부가 주최한 '2003년 대한민국 소프트웨어 공모대전'에서 최우수 소프트웨어로 선정되어 대상인 대통령상을 수상하기도 한 마이 싱글은 전 세계에 퍼져 있는 18만여 삼성인들에게 메일, 결재, 일정, 거래선 관리, 업무관리 등을 통합적으로 이용할 수 있게 함으로써 사무생산성을 크게 향상시켰다.

이제 삼성은 회장이 지시사항이 담긴 서류를 마우스로 눌러서 보내면 전 세계에서 활동하는 28만 임직원이 리얼타임으로 받아 보고, 즉각 업무에 반영시킬 수 있게 되었다. 국내뿐 아니라 해외 어디에서라도 웹사이트와 마이 싱글을 연결시켜 업무를 진행할 수 있게 됨으로써 그야말로 지구촌의 사무실화가 이룩된 것이다.

실제로 삼성은 마이 싱글로 인해 사무생산성이 20% 이상 향상되었고, 종전에는 51%에 불과했던 24시간 이내 결재 건수가 77%로 늘어나 결재 속도가 빨라졌다고 한다. 또한 시스템 안정성 면에서도 강력한 기능을 갖추고 있어서 시스템 개설 이후 단 한 건의 바이러스나 해킹으로 인한 피해 사례도 일어나지 않았다. 이것은 글로벌 경영을 주창하고 있는 선진 초국적기업에서도 선례를 찾아볼 수 없는 것이라고 삼성인들의 자부심이 대단하다.

삼성맨에게 사내 인트라망인 '마이 싱글'은 단순한 네트워크가 아니다. 마이 싱글에 접속하면 삼성저널, 게시판, 온라인 결재, 정보검색, 메일 송수신, 인명 검색 등이 가능할 뿐 아니라 글로벌 삼성의 현황도 한눈에 파악할 수 있는 일종의 '디지털 대동맥'이다. 전 세계 삼성맨들의 하루 일과는 마이 싱글 접속으로 시작된다.

간혹 삼성을 떠난 이들 중에 삼성을 떠난 것보다 마이 싱글에 접속하지 못해서 정보를 얻지 못하는 것이 더 섭섭하다고 할 정도로 마이 싱글은 매혹적인 사내 커뮤니케이션의 장이다.

마이 싱글의 정착과 더불어 삼성은 첫째, 완벽한 고객관계관리(CRM) 구축, 둘째, 비즈니스 파트너와의 공조체제인 공급망관리(SCM), 셋째, 인터넷을 통한 전자상거래 확산에 대비한 EC 가치경영(VBM), 넷째, 지식경영(KMS), 다섯째, 정보기술(IT) 인프라 확충 등 5개 시스템의 세부 목표를 달성했다. 21세기 신경영이 목표로 하는 글로벌 경영의 초석을 다진 것이다.

2004년 10월, 일본 〈니혼게이자이〉 신문의 기술경영 전문 자매지인 〈니혼 비즈테크〉는 삼성의 성공 요인과 인재경영에 대한 특집을 '삼성, 역전의 방정식'이라는 제목 하에 장장 48페이지에 걸쳐서 게재했다.

이 특집은 삼성이 반도체, LCD 패널, 휴대전화 등 3대 사업에서 어떻게 세계 정상에 서게 됐는지를 분석하면서 이건희의 카리스마를 갖춘 강력하고 신속한 의사 결정력이 주효했음을 밝혔다. 또한 최고경영자가 적절한 경영 판단을 내릴 수 있게 장기적인 안목에서 그룹 전체의 전략을 짜는 구조조정본부의 조정 역할이 성공의 한 축으로 작용하고 있다고 분석했다.

이 잡지는 삼성이 반도체 사업에서 일본 기업들이 '한순간 주저'를 하는 사이에 과감한 투자와 공격적인 경영으로 일본을 추격하고 따돌렸다고 밝혔다. 또한 LCD 패널에서도 소니 등 세계 최강의 고객을 잡아 시장을 지배해 나가고 있으며, 휴대전화에서는 디자인력으로 '고급 브랜드'의 이미지를 심으며 세계 1위를 향해 도약하고 있다고 평가했다.

이 잡지는 이건희와 같은 강력한 리더십을 가진 경영자가 없다는 점이 일본 기업들의 최대 약점이라고 지적했다.

> 위대한 기업으로 도약하는 것을 막는 최대의 적은 '좋은 기업(The enemy of great is good)'이다.

이 말은 '좋은 기업을 넘어 위대한 기업으로(From good to great)'에서 짐 콜린스(Jim Collins)가 한 말이다.

이 말처럼 현재의 삼성에게 필요한 말은 없을 것이다. 그래서 삼성 경영진은 잘나가는 지금 위기가 닥쳐오고 있는지 모른다며 위기경영 체제를 가동하고 있다. 그래서인지 이건희의 2005년 신년사는 사상 최대의 실적을 기록한 기업답지 않게 비장하기까지 했다.

> 우리는 지금, 오르기는 어려우나 떨어지기는 쉬운 정상의 발치에 서 있습니다. 이 순간 위기의식으로 재무장하고 힘을 모으면 머지않아 정상을 밟을 수 있지만, 자칫 방심하거나 현실에 안주한다면 순식간에 산 아래로 떨어지게 될 것입니다. 그동안 우리 삼성은 세계의 일류기업들에게 기술을 빌리고 경영을 배우면서 성장해왔습니다. 그

러나 더이상 어느 기업도 우리에게 기술을 빌려 주거나 가르쳐 주지 않으며, 오직 경계와 견제가 있을 뿐입니다. 이제 우리는 기술개발은 물론 경영 시스템 하나하나까지 스스로 만들어 나가야 하는 자신과의 외로운 싸움이 시작된 것입니다.

이건희는 허세를 부리지 않고 진정한 초일류기업이 되기 위해서는 자신과의 외로운 싸움에서 승리를 거두어야 한다고 선언했다. 그것은 짐 콜린스가 말하는 위대한 기업으로 가기 위한 노력과 다름이 없다.

여기서 콜린스가 위대한 기업으로 도약하기 위한 조건으로 제시한 '고슴도치(Hedgehog) 이론'을 들여다볼 필요가 있을 것 같다. 고슴도치 이론이란 자신을 잡아먹으려는 여우의 온갖 위협에 대처하는 고슴도치의 자세를 말한다.

여우는 고슴도치를 잡기 위해서 고슴도치의 굴 주변을 맴돌며 여러 가지 교활한 꾀를 내어 고슴도치를 유혹한다. 드디어 완벽한 순간이 오고 여우는 사냥을 덮친다. 그러나 그 순간 고슴도치는 온 몸에 가시를 세우고 몸을 공처럼 말아서 변신한다. 여우는 가시덩어리가 된 고슴도치 앞에서 공격을 멈춘다. 여우는 숲 속으로 퇴각하여 새로운 공격 전략을 구상할 수밖에 없다.

세상에는 고슴도치와 여우 사이의 싸움 같은 일들이 빈번히 벌어지고 있는데, 여우가 훨씬 교활하지만 이기는 건 늘 고슴도치다. 고슴도치는 자신의 콘셉트에 부합하지 않는 일에는 전혀 관심조차 없다. 기업도 복잡한 전략보다는 고슴도치처럼 일관성을 가지고 핵심 역량(core competence)에 집중해야 한다는 이론이다.

삼성전자의 행보를 뒤돌아보면 삼성전자는 그 이론을 받아들여 제대로 행한 것 같다. 삼성은 전사적 핵심역량을 기울여서 60나노 8기가 낸드 플래시, 90나노 D램 양산, 500만 화소 카메라폰, 가로화면 메가 픽셀 폰, 80인치 PDP TV, 블루레이 디스크, 지상파 DMB 칩, 휴대전화용 위성 DMB 칩 개발 등 세계 최초의 신기술·신제품 개발에 힘썼으며, 숙적인 소니와 2만 건에 달하는 특허를 공유하고, LCD 7세대 라인을 합작하는 공격적 전략을 구사했다.

이건희는 2005년에도 21조 2000억 원에 달하는 대규모 투자를 예정대로 진행할 방침을 밝히고 초일류기업을 향한 '중단 없는 공격경영'을 강조하며 진두지휘했다.

'대한민국은 몰라도 삼성은 안다.'는 말이 있을 정도로 삼성은 이미 세계적인 기업이 되었다.

삼성전자가 글로벌 기업이라는 것은 삼성전자의 사업 무대를 보면 한눈에 알 수 있다. 삼성전자는 한국을 제외한 중국, 북미, 구주, 서남아, 동남아, 중동, 아프리카, 중남미, 독립국가연합(CIS) 등 9개 지역 총괄에서 생산법인, 판매법인, 물류법인, 연구소 등 총 196개의 거점을 통해 TV·휴대전화·반도체·냉장고·에어컨 등의 시장을 평정해가고 있다. 삼성전자의 전 세계 판매법인은 53개에 이르며 생산법인은 39개, 연구소는 24개, 디자인 센터 및 물류법인 등은 80개에 이른다. 특히 2009년 12월에는 기존 중동·아프리카 총괄에서 아프리카 총괄을 분리 신설해 새로운 시장으로 부상하고 있는 아프리카 지역을 공략하고 있다. 또한 2010년 3월부터 세계 경제의 중심지인 뉴욕 타임스퀘어 한 복판에서 세계 최초의 3D LED TV 출시를 알리는 삼성전자의 광고가 세계 톱 브랜드들과 함께 뉴요커들의 눈길을 사로잡고 있다.

송재용 서울대 교수는 삼성 2기를 성공적으로 장식한 이건희의 리더십과 삼성 경영의 실체를 이렇게 분석하고 있다.

> 소유경영자−전문경영인−구조조정본부의 3자 조화가 삼성 경쟁력의 실체다. 구조조정본부를 통해 소유경영이 가능하기 때문에 이건희의 리더십이 발휘되고, 일상적인 문제는 전문경영인이 책임감을 가지고 직접 해결하는 체제다.

삼성가(家) 가족이야기 27

홍라희, 한국미술계를 움직이는 대표 인물

　홍라희 삼성미술관 리움(Leeum) 관장은 한국미술계를 움직이는 대표 인물이다. 그녀는 국전에 출품하여 입상까지 했던 작가의 꿈을 시아버지인 이병철 덕분에 접고 작가가 아닌 미술관 경영으로 꿈을 이루게 되었다. 시아버지와의 첫 만남의 장소가 국전이 열리던 전시장이었다는 점이 많은 것을 상징한다고 할 수 있겠다. 사실 어떤 면에서 보면 홍라희는 이병철에 의해 일찍이 미술관장으로 키워진 인물이라고 볼 수 있다.
　1992년 삼성미술문화재단 이사, 1995년 호암미술관 관장을 맡은 그녀는 백남준의 뉴욕 구겐하임 전시를 우리나라에서도 볼 수 있게 했고, 프랑스 정부가 국보급 문화재로 관리하는 '지옥의 문'이나 '칼레의 시민' 같은 로댕의 작품을 상설 전시할 수 있는 로댕 갤러리를 세계에서 열 번째로 여는 등 국내 미술관 문화 발달에 크게 기여해왔다. 당시 홍라희는 고미술과 현대미술을 아우르는 전시를 60여 회 가량 개최했으며 삼성어린이박물관, 로댕갤러리, 서울대학교 미술관 건립에도 영향을 미쳤다.
　삼성가의 안주인이면서 삼성문화재단을 20년 동안 운영해온 홍라희는 삼성가가 지니고 있는 경기도 용인 호암미술관, 서울 태평로 로댕갤러리, 서울 한남동 삼성미술관 리움을 두루 총괄하는 실질적인 지배자다. 그 중에서 리움 미술관은 홍라희가 직접 야심을 가지고 세운 국제적인 규모에서 보아도 손색이 없는 최고의 미술관이다. 리움은 삼성가의 성씨인 '리(李, Lee)'와 뮤지엄(museum)의 'um'을 딴 합성어다. 리움을 보면 절로 '아름답다'는 감탄사가 나올 정도의 한국 사립 미술관으로써는 최고 컬렉션이다. 홍라희는 과감한 현대미술 컬렉션과 기획전으로 삼성미술관을 전통과 현대가 공존하는 굴지의 컬렉션으로 키웠다.

현재 리움미술관이 보유하고 있는 작품은 1만 5천 점에 달한다. 그 중에 국보만 36개, 보물이 96개에 달해 규모와 질 모든 면에서 국내 최고 수준이며 세계 굴지의 컬렉션이다. 신라 시대의 문화재들을 대량 소장한 국립경주박물관이 국보 13점, 보물 30점을 소장하고 있는 점을 감안한다면 리움의 위상이 얼마나 대단한 것인지 알 수 있다. 이 중 이건희가 소유한 것으로 알려진 '금동미륵반가사유상'은 보험액만 5백억 원이 넘는 것으로 알려져 있고, 소유한 것을 모두 합치면 수조 원이 될 것이라는 것이 평자들의 의견이다.

홍관장은 삼성디자인연구원(IDS)이나 디자인 교육기관 SADI 등을 설립하는 데 큰 기여를 했고, 맘에 드는 옷을 산 뒤엔 그 디자인을 분석해 디자인실에 조언하기도 하는 등 많은 애정을 보여왔다. 골프의류 '아스트라'가 나왔을 때는 직접 골프모자의 디자인을 제안해 '홍라희 캡'이라는 별칭이 붙은 모자가 나오기도 했다.

홍라희는 남편 이건희와 동행하는 일정이 워낙 많아서 시간이 없을 것 같지만, 국내·외 주요 전시는 빼놓지 않고 둘러보는 편이다. 그때는 혼자서 둘러보는 것이 아니라 아들, 딸을 대동하는 경우가 많다. 그녀가 미술관 또는 화랑에서 작품을 감상하는 모습을 종종 목격할 수 있는 것도 그 때문이다. 홍라희는 〈여성동아〉와의 인터뷰에서 '일상생활 중 여가시간은 어떻게 활용하나?'라는 질문에 이렇게 대답하고 있다.

시간 나는 대로 국내·외 여러 미술관과 전시장을 찾기도 하고 콘서트나 공연들을 자주 본다. 업무 외적으로 국내외 문화계 인사들을 만나곤 하는데, 문화계 동향이나 조류를 읽을 수도 있고 좋은 말씀을 들을 수 있어 좋다. 그리고 평소 일 때문에 바쁘긴 하지만 되도록 가족들과 함께 하는 시간을 가지려고 노력한다. 가족들과 함께 집 근처나 서울 근교에서 산책을 하기도 하고 주변 사찰을 찾아 참배를 하면서 재충전을 하기도 한다. 요즘은 무엇보다 커가는 손자들 재롱을 보는 게 가장 즐겁다.

그런데 삼성 특검으로 이건희가 경영 일선에서 물러났던 2008년, 홍라희에게도 위기가 닥쳐왔다. 삼성 비자금 의혹 등을 제기한 김용철 변호사가 삼성의 비자금 일부가 고가의 해외 미술품을 사들이는 데 쓰였다고 주장함에 따라 홍라희는 그해 4월 2일 '비자금을 이용한 고가 미술품 구입 의혹' 조사를 위하여 삼성 특검에 소환되어 조사를 받았다. 홍라희는 2008년 4월 22일, 삼성그룹 경영 쇄신안을 발표하고 경영 일선에서 물러난 이건희와 함께 리움미술관 관장과 문화재단 이사직을 사임했다.

그녀가 사임한 배경에는 그가 미술품을 사들이는 데 쓴 자금의 출처를 둘러싼 논란이 있었다. 특히 팝 아트의 대부 로이 리히텐슈타인(Roy Lichtenstein)의 작품 '행복한 눈물'의 실제 소유주가 누구인지가 쟁점이었다. 이 작품은 2002년 11월 13일 뉴욕 크리스티 경매에서 약 715만 달러(약 90억원)에 구입해서 한국으로 들어온 것으로 알려졌는데 특검은 '행복한 눈물'의 실제 소유주가 홍송원 서미갤러리 대표라고 밝혔으나 삼성 구조조정본부에서 일했던 김용철은 홍 대표는 홍라희 관장의 심부름을 했을 뿐이며, 그림을 사는 데 쓴 돈은 삼성 비자금에서 나왔다고 주장했다.

이 사건 이후 '행복한 눈물'이 한국 사람들에게는 고흐나 피카소의 그림만큼 유명한 작품이 되었는데 얼마 전 전두환 전 대통령 일가의 재산압류과정에서 고가의 미술품과 함께 '행복한 눈물'이 발견되면서 다시금 세간의 의구심을 불러 일으켰다. 만약 전두환이 이 작품을 구입했다면 전 재산 29만 원 밖에 없는 사람이 구입할 수 있는 작품이라는 데 놀라운 아이러니가 있다. 이 사건 이후 그림의 가격은 천문학적으로 치솟았고 200억 원을 호가할 것이라는 설이 지배적이다.

홍라희는 2011년 3월 16일 삼성미술관 리움의 관장으로 복귀했다. 홍라희는 2011년 미술 전문지인 〈아트프라이스〉와 사단법인 한국미술시가감정협회가 '한국 미술계를 움직이는 대표적인 인물'을 설문조사한 결과, 1위에 뽑혔다. 그녀는 2005년부터 2009년까지 줄곧 1위를 차지했었고, 관장직을 내놓은 2010년의 공백을 지나 다시 1위에 오른 것이다. 그가 국내 미술계에서 가지고 있는 위상을 짐작할 수 있는 대목이다.

  홍라희는 관장 복귀 후, 〈코리안 랩소디〉, 〈조선화원대전〉 등 대형 기획전을 열어 건재를 과시했다. 그녀가 물러나 있는 동안, 리움미술관 관장 자리는 공석으로 유지돼 왔고, 미술관 운영은 뉴욕대학에서 예술경영학을 수학한 동생인 홍라영 총괄부관장이 맡았었다.

㉘ 삼성의 조직과 전략

　다른 모든 사람들이 하고 있는 것을 그대로 따라만 해 가지고서는 탁월한 경제적 성과를 달성하는 것이 불가능하다. 또한 남들과 똑같이 행동함으로써(정상적이기를 바라면서), 비정상적인(탁월한) 결과를 기대할 수 없다.

- 제프리 페퍼 -

글로벌 리더십과 올림픽 마케팅

삼성의 초일류기업화는 글로벌 리더십을 불러왔다.

일찍이 캐나다의 문화사학자 마샬 맥루한(Marshall Mcluhan)은 통신의 발달로 지구상의 모든 사람이 한 마을의 일원이라는 의식을 갖게 될 것이라고 예언하며 '지구촌'이라는 조어를 만들어냈다. 그 후 앨빈 토플러는 지식정보화로 인해 일어나는 '제3의 물결'이 전 지구를 뒤덮을 것이며, 여기에 동참하지 못하는 국가나 개인은 낙오자가 되고 말 것이라고 말한 바 있다.

21세기에 들어선 인류 사회는 많은 사람들이 상상하는 것보다 빠른 속도로 변해갔다. 특히 인터넷의 급속한 발달과 보급은 전 세계를 실시간 비즈니스의 세계로 묶어 놓았다. 사람들은 지구 어느 편에 있거나 상관없이 동시에 새로운 뉴스와 상품을 만날 수 있고 지구촌 전체가 실시간 공감대에 빠져든다. 거기에는 인종이나 국가, 이념, 성별의 차이가 없고 다만 서로의 개성과 감수성에 따라 접하는 정보와 상품이 다를 뿐이다. 그리하여 많은 기업들은 서로 다른 사람들의 취향과 감수성을 자기들의 상품으로 끌어들이기 위해 비상한 노력을 기울이게 되었다.

삼성이 세계경영을 부르짖으며 글로벌 경영을 내세우기 시작한 것은 이건희 체제가 들어서고부터라고 보는 것이 옳을 것이다.

1975년부터 삼성은 정부의 강력한 수출 드라이브 정책에 따라 '종합무역상사' 체제로 전환하여 세계 각 지역으로 수출시장을 다변화하면서 그룹의 역량을 키워왔다. 하지만 그 당시 국내에서 생산되는 제품들은 국제적으로 볼 때 1류 제품들이 별로 없었기에 진정한 글로벌 경영을 했다고는 볼 수 없다.

진정한 의미에서 삼성의 글로벌 경영이 시작된 것은 반도체가 세계 1위를 차지하기 시작하고, 신경영이 시작된 1990년대 중반부터의 일이라고 보아야 할 것이다.

신경영 이후 삼성은 정보화 시대에 대비하여 정보인프라를 갖추고, 글로벌 경영을 위해 해외투자를 늘리고, 핵심역량 중심으로 사업 구조를 개편하기 시작했다. 이후 삼성은 정보화시대에 대비하여 정보인프라를 갖추고, 글로벌 경영을 위해 해외투자를 늘리고, 핵심역량 중심으로 사업구조를 개편하기 시작했다.

삼성이 세계무대에서 두각을 나타내기 시작한 것은, 1996년 IOC 위원이 된 이건희가 1998년 나가노 동계올림픽 때 무선기기 분야의 공식 스폰서로 모토로라를 제치고 삼성전자를 끼워 넣는 데 성공하고 나서부터이다. 삼성은 그때부터 전 그룹의 역량을 휴대전화에 집중시켜서 세계인에게 적극적인 마케팅을 구사함으로서 중저가 가전회사의 이미지를 벗고 첨단 무선기기 회사라는 이미지를 새로이 심어 주기 시작했고, 드디어 열매를 맺게 된 것이다.

삼성은 2000년 시드니 올림픽, 2004년 아테네 올림픽의 공식후원사가 되어 올림픽을 글로벌 마케팅의 장으로 활용한 것은 물론, 세계 유수의 언론과 뉴욕, 런던, 파리, 상하이 등 세계적인 대도시에서의 대대적인 홍보를 통해 삼성의 브랜드 이미지를 제고시켜 나갔다.

호주 시드니에서 시작된 올림픽 성화 봉송에는 윤종용 부회장과 이윤우 부회장, 황창규 사장 등 6명의 삼성 임원이 주자로 나섰다. 이들은 회사의 이미지를 세계인들에게 새롭게 심어 주기 위해 홍보사절로 나서서 성화를 들고 스위스 로잔에서, 일본 도쿄에서 삼성의 이미지를 휘날리며 뛰었던 것이다.

특히 삼성은 아테네 올림픽의 공식 스폰서로 다양한 마케팅을 통해 글로벌 기업으로서의 삼성의 이미지를 전 유럽인들에게 각인시켰다. 아테네 올림픽에서 '무선통신 분야'의 공식 파트너로 지정된 삼성전자는 2004년 올림픽을 치르기 위해 새로 건설된 아테네 베니젤로스 공항에서 유동인구가 가장 많은 출국장 입구에 1.8미터 높이의 애니콜 휴대전화 조형물을 설치해 세계인의 눈길을 끌었다.

섬유강화플라스틱(FRP)으로 제작된 이 조형물은 컬러폰(T100), 인테나 카메라폰(E700)에 이어 세계적 히트가 예고되고 있는 초소형 슬라이드 카메라폰(E800) 모형이었다. 삼성전자는 이 제품을 올림픽의 상징으로 적극 홍보해서 유럽 시장에서 큰 효과를 거두었다.

그뿐만 아니라 대형 옥외광고를 비롯해 홍보관 등 다양한 현지 마케팅을 통해 세계적인 기업들과의 브랜드 각축에서 삼성 브랜드를 대대적으로 알려 나갔다. 아테네 올림픽 기간 동안 홍보팀 내 스포츠 마케팅 담당자, 무선총괄 마케팅 담당자, 구주지역 담당자, 제일기획 직원 등 400여 명의 임직원들이 현지에 파견되어 전 세계에서 몰려든 150만여 명의 방문자들에게 브랜드 마케팅을 효과적으로 진행한 것이다.

그리하여 1998년 나가노 동계올림픽 스폰서로 참여할 당시 32억 달러에 불과했던 브랜드 가치는 시드니 올림픽, 솔트레이크 동계올림픽, 아테네 올림픽을 거치는 동안 4.5배 이상 늘어난 137억 달러를 달성해 세계 20위의 브랜드로 뛰어오르며 일본의 간판 기업인 소니(28위)를 제치고 드디어 아시아 최고의 기업으로 자리 잡았다.

시드니 올림픽 당시 5.2%였던 시장점유율이 아테네 올림픽을 거치면서 12.5%까지 성장해 올림픽을 계기로 또 한 번의 큰 도약을 보여주었다.

거기에 무엇보다도 주효한 것은 경쟁업체에 비해 한 발 더 빨리 개발을 진행해서 브랜드 이미지를 먼저 구축하는 삼성의 기본전략이었다.

영국 시사경제 주간지 〈이코노미스트〉는 2005월 1월 14일자에서 삼성전자의 브랜드 마케팅 전략에 전 세계가 놀라고 있다고 보도했다. 〈이코노미스트〉는 삼성전자가 1997년 외환위기를 극복하고 10년도 안 되는 짧은 기간에 깔끔한 디자인을 갖춘 혁신적 제품을 내놓음으로써 디지털 융합 시대를 주도하는 세계에서 가장 '쿨(cool)'한 브랜드로 성장했으며, 첨단기술과 현명한 브랜드 마케팅이 결합하여 삼성의 성공신화를 만들어냈다고 평가했다.

'월드베스트, 월드퍼스트' 전략

2000년대에 들어서 '월드베스트, 월드퍼스트' 전략을 지속적으로 추진해온 삼성은 대표적 기업인 삼성전자를 비롯한 거의 모든 계열사가 여러 부분에서 세계 리딩 기업으로 도약하고 있다. 반도체, 휴대전화, LCD, 디지털 TV에서 세계 최첨단 기업의 면모를 과시하고 있는 삼성은 몇 가지 부문에서 속속 기술의 벽을 깨며 세계 초일류기업으로서의 면모를 보여주었다.

일본 언론들의 호들갑스러운 삼성 배우기, 삼성 견제하기가 아니더라도 삼성의 위상은 세계적으로 공인받고 있다.

우선 삼성을 오늘날의 삼성으로 견인하는 데 가장 큰 공을 세운 반도체를 보자.

삼성은 D램에서 1992년 세계 1위를 차지한 이후 한 번도 1위 자리를 빼앗긴 적 없이 20년 이상 독보적인 자리를 굳히고 있다. 또한 D램 반도체뿐만 아니라 낸드 플래시메모리 부분에서도 2004년부터 세계 1위를 차지했다.

삼성은 최근 기술의 한계로 알려졌던 60나노 공정을 이용한 8기가 낸드 플래시메모리를 세계 최초로 개발해 8기가 반도체 시대의 개막을 알렸고, 세계 최고속 667MHz 모바일 CPU, 세계 최대용량 80나노 2기가 DDR2 D램을 개발하면서 기염을 토했다.

당시 삼성전자 반도체총괄 사장인 황창규는 최강의 경쟁력을 자랑하고 있는 반도체 부문에서의 자신감을 이렇게 피력했다.

> 현재 우리나라의 수출 1위 품목인 반도체는 5년, 10년이 지나도 위상이 그대로일 것이다. 반도체 시장은 나노기술이 모바일, 디지털, 유비쿼터스, 디지털 융·복합화 등의 추세와 맞물려 '빅뱅'을 예고하고 있기 때문이다.

그의 예상은 맞아 떨어졌다. 삼성은 메모리와 비메모리의 동반성장을 통해 인텔을 제치고 세계 1위의 반도체 회사로 성장했다.

다음으로 디스플레이 부문을 보자.

1992년 반도체 D램에서 세계 1위를 차지한 삼성이 또 다른 도전을 하기 위해서 결정한 분야는 LCD사업이었고, 삼성은 과감한 투자와 기술개발에 전사적 노력을 기울였다. 그 결과 불과 5년도 안된 1998년, 종주국 일본을 제치고 대형 LCD 분야에서 세계 1위에 올라서며 1조 원대의 흑자를 내기 시작했다. 이러한 성공은 사업 존폐의 압력과 IMF 위기를 딛고 이룩한 것이어서 더욱 값진 결과라고 할 수 있다.

삼성은 일반 브라운관에 이어 LCD, PDP는 물론 차세대 디스플레이로 개발이 한창인 OLED(유기발광다이오드) 등의 디스플레이 부문에서 '그랜드슬램(4관왕)'을 차지하며 세계 최강자로 자리매김하고 있다. 그것은 기술과 점유율 면에서 가장 앞선 것이기도 하다.

TV 부문에서 삼성전자의 위상은 독보적이다. 2013년까지 8년 연속 TV 판매량에서 1위를 지키고 있으며, 세계 LCD 패널 시장에서는 11년 연속 시장점유율 1위를 기록하고 있다.

세번째는 휴대전화 부문이다.

2004년, 이기태 삼성전자 정보통신총괄 사장은 "전 세계 1위인 노키아를 언제 제칠 수 있다고 보느냐?"는 질문에 "업계 1위냐, 2위냐, 3위냐 하는 것은 그리 중요하지 않다. 최고의 우선순위는 시장점유율이 아니라 혁신적인 디자인과 진보적인 기술에 집중하는 것"이라고 밝혔다.

2004년, 삼성 애니콜은 모토로라를 제치고 노키아에 이어 세계 시장 점유율 2위를 달성했다. 삼성은 그동안 TV폰(1998년), MP3폰(1998년), 워치폰(1999년), 카메라폰(2000년), HDD폰(2004년), DMB폰(2004년), 유무선복합폰(2004년) 등 세계 최초의 제품들을 출시하여 세계 시장을 선점하면서 삼성 제품을 고가 브랜드로서 세계인에게 각인시키는 데 성공해 수익 면에서는 1위 업체인 노키아를 앞섰다. 그리고 2012년 드디어 삼성은 스마트폰 시장에서 애플 추적에 성공하는 괴력을 발휘하며 휴대전화 시장에서 적수가 없어보이던 노키아를 무너뜨리고 세계시장 1위의 자리를 자지하는 등 최강의 기업으로 등극하게 된다.

　삼성은 전자 외의 부문인 건설·조선 부문에서도 일취월장해 공사비만 8억 8000만 달러에 달하는 세계 최고층 건물인 버즈두바이(Burj Dubai) 공사를 수주했다. 버즈두바이는 지상 160층에 높이 700미터, 연면적 15만 평에 달하는 세계 최고층 건물이다. 이로써 삼성은 508미터인 대만 TFC 101 빌딩과 말레이시아 페트로나스 타워의 완공에 이어 세계에서 가장 높은 3개의 마천루를 모두 직접 시공하는 기록을 세우게 되었다.

　또 삼성은 조선 부문에서도 세계 최대의 컨테이너선, LNG선, 심해용 원유시추선 등 고부가가치 선박 건조를 통해서 세계 선박 기술을 선도하는 기업으로 탈바꿈했다. 삼성중공업은 2004년 발주된 9000TEU (Twenty-foot Equivalent Unit. 1TEU는 20피트 컨테이너 1대분) 이상의 컨테이너선 21척 전량을 휩쓸어 세계시장 점유율 100%라는 진기록을 달성하는 기염을 토하면서 초대형 컨테이너선 시장에서 강자로 부상했다.

세계적 기업들과의 전략적 제휴

　2004년 12월 14일, 삼성전자와 일본 소니가 특허를 서로 공유하기 위한 포괄적 상호 특허사용(크로스라이센스) 계약을 체결했다. 세계 전자업계의 라이벌 삼성과 소니가 특허 2만 건을 공유하면서 제품개발을 해나가기로 했다는 이 소식은 세계 전자업계에 큰 파장을 일으켰다.

　특히 2004년 한 해 동안 삼성SDI와 후지쓰, LG전자와 마쓰시타 등이 잇따른 특허분쟁에 시달리고 있던 상황에서 삼성과 소니의 협력확대는 한·일 전자업계의 업체들에게 큰 놀라움으로 받아들여졌다.

　양사는 이 특허사용 계약에 따라 기초 반도체기술과 디지털 가전기술 등을 전면 공유하게 된다. 삼성과 소니가 이런 결정을 내린 데는 특허기술을 둘러싼 대립이 해당업체의 경쟁력 향상에 별로 도움이 되지 않고, 명분에 치우친 대립과 갈등보다는 현실적인 협력과 제휴가 더 효과적인 결과를 얻는다는 판단 때문이었다.

하지만 양사는 각사 제품의 독창성과 시장에서의 건전한 경쟁 여건을 만들기 위해 '차별화된 기술특허'와 '디자인에 관한 권리'는 계약에서 제외시켰다. 차별화된 기술특허란 삼성전자의 경우 화질개선기술(DNIe)과 홈네트워크기술이고, 소니의 경우 디지털 리얼리티 크리에이션(DRC)과 플레이스테이션 아키텍처 등이다.

한편 삼성과 소니는 충남 탕정에 50 대 50으로 투자한 LCD 7-1라인을 공동생산하는 합작법인인 'S-LCD'를 설립해 차세대 시장을 선점하기 위한 연대를 강화했다.

양사는 그동안 벌여온 각종 표준화와 LCD 합작생산을 위한 제휴에 이어 특허제휴를 전격 체결함에 따라 양사의 신제품 개발기간을 단축하게 되어 시장주도권을 유지하는 데 큰 도움이 될 것이란 기대에서 합작사업을 시작했다.

원래 삼성전자는 산요, 삼성 SDI는 NEC, 삼성코닝은 미국 코닝 사와 전략적 제휴를 맺어 성장, 발전해온 경험을 가지고 있다. 후발업체로서 기술적 조언자가 필요했기 때문이다. 그러나 이제 초일류기업으로 성장한 삼성은 세계시장을 주도하기 위해 세계적 기업들과 전략적 제휴를 맺고 있다. 삼성은 필요하다면 적과의 동침도 마다하지 않는데, 소니와의 제휴가 그 대표적인 경우일 것이다.

삼성전자는 도시바, IBM사 등 유수 기업과도 연이어 전략적 제휴를 성사시켰다. 그중에서 가장 기대가 큰 것은 5~10년 후의 캐시 카우로 홈네트워킹, 오피스네트워킹 중심의 디지털 가전 시장을 선점하기 위한 마이크로소프트와의 제휴이다.

삼성과 마이크로소프트 양사는 홈네트워킹, 오피스네트워킹 제품들이야말로 디지털 컨버전스 기술이 총망라되는 새로운 제품군이 될 것이라는 전망 아래 서로가 가진 최대의 장점인 하드웨어와 소프트웨어를 결합한 것이다. 이는 산업화 시대 이래 인류의 삶을 지탱해온 제품들의 개념을 송두리째 바꾸는 신산업을 일으킬 만큼 큰 영향력을 끼치리라는 전망이 나올 만큼 제2의 성장 모멘텀의 형성이라는 평가를 받았다.

마이크로소프트, 삼성, 소니는 이러한 디지털 컨버전스 시장을 선점하기 위해서 이미 치열한 전초전이 벌어지고 있는 것이었다. 그것은 세계적인 표준을 선점하기 위한 피나는 싸움이기도 하다. 마이크로소프트는 거의 모든 하드웨어를 생산하고 있는 삼성을 선택했고, 삼성은 세계 최고의 소프트웨어 업체를 파트너로 맞은 것이다.

빌 게이츠 회장은 소니, 필립스 등 세계적 전자업체들을 제치고 삼성전자와 제휴를 맺은 데 대해서 이렇게 말했다.

> 삼성은 제품이나 사업이 다양하고 강한 회사이기 때문에 우리는 제휴선을 잘 고른 것으로 믿는다.

또 삼성전자는 4G(세대) 이동통신 시스템의 개발과 기술표준을 주도하기 위해 일본 제일의 이동통신사업자인 NTT 도코모와 제휴를 맺었다. 이기태 삼성전자 정보통신총괄 사장은 이 제휴에 대해서 이렇게 밝혔다.

> 미국과 유럽이 주도하는 이통 시장에서 한국이 주도권을 가지기 위해서는 차세대 통신표준을 선점해야 한다. 이를 위해 4G 분야에서 기술력이 앞선 일본 NTT 도코모와 협력키로 했다. 삼성전자와 NTT 도코모가 서로 장점이 있는 기술을 주고받으면 시너지 효과가 생길 것이다. 삼성과 NTT가 한국과 일본을 4G 기술의 '테스트 베드'로 삼기로 했다.

이렇게 마이크로소프트, IBM, 휴렛패커드, 소니, 도시바 같은 세계적 기업들이 삼성과 전략적 제휴를 맺는다는 것은 무엇보다도 삼성의 경쟁력이 그만큼 강화되었음을 보여주는 대목이다. 그들은 삼성과 제휴를 맺는 이유 중 하나로 삼성에 오면 '토털 솔루션(total solution)'이 가능하기 때문이라는 점을 들고 있다. 유비쿼터스, 디지털 컨버전스 시대를 맞아 여러 기술과 제품이 융합되는 디지털 융합의 추세에 맞추어 삼성은 이미 그러한 기술과 시장을 가진 회사로 떠오르고 있는 것이다.

마이크로소프트의 경우 홈네트워크 시장의 세계표준을 선점하기 위해 여러 기업과 제휴를 모색했지만, 가전제품과 반도체칩 등을 직접 만드는 삼성과 제휴하는 편이 유리하다는 판단 아래 삼성과 손을 잡게 된 것이다. 어쨌든 삼성은 세계적인 기업들과의 전략적 제휴를 통해 차세대, 차차세대 시장을 선점하는 전략을 펴면서 공격적인 경영을 늦추지 않았다.

구성원과의 의사소통

지금까지 우리나라 기업들은 기능·업무중심(Task Centered Organization)으로만 움직여왔다. 위에서 지시를 내리면 각 부서마다 문제가 있는 줄 알면서도 작업을 진행할 수밖에 없는 구조적 모순을 안고 있었던 것이다.

그러나 이러한 톱다운 방식의 조직운용은 인터넷이 등장하면서 점차 기능을 상실해갔다. 많은 기업들이 인터넷을 통해서 고객의 소리뿐만 아니라 종업원의 소리를 듣게 되었기 때문이다. 종업원은 내부자이면서도 경영진과는 다른 시각을 가지고 있으므로 건전한 비판을 할 수 있는 입장이다. 그래서 혹자는 종업원은 제2의 고객이라는 논리를 펴기도 한다.

21세기에 들어서 기업 내의 많은 의사결정이 상명하복(上命下服) 식으로 이루어지는 게 아니라 사원들 스스로 결정하고 이러한 결정이 자연스럽게 위로 올라가는 식으로 바뀌었다. 이렇게 자연스러운 의사소통으로 관리자들은 사원들을 다그칠 필요가 없어졌고, 사원들이 효과적으로 업무를 진행할 수 있게 교육·자금지원 등을 해줌으로써 사원들의 활동을 보조해 주는 역할을 하게 되었다.

이러한 환경에서 모든 조직의 부서는 자발적으로 고객만족을 위하여 창조적·신축적으로 의사를 결정하게 되었고, 이를 통하여 고객만족과 스피드 경영은 매우 중요한 조건이 되었다. 이런 놀라운 변화는 지구촌 곳곳에서 일어나고 있으며, 기업경영의 중추적 역할을 하고 있다. 또한 기업의 경쟁력 강화와 기업생존에 가장 중요한 요소로 인식되기 시작했다.

이러한 의사소통의 대표적인 예로 '제안제도'를 들 수 있다. 도요타 직원들은 한 해에 평균 530만 건의 아이디어를 제안한 것으로 집계되고 있다. 이는 1인당 평균 11개꼴로, 도요타의 경영철학이 뒷받침하고 있기 때문에 가능한 일일 것이다. 2001년에 도요타가 발표한 책자 '도요타 웨이'는 도요타 경영이념의 양대 축을 '지혜와 개선', '인간성 존중'으로 요약하고 있다.

도요타는 전후 노동쟁의와 도산위기를 겪으면서 구미업체들과 경쟁하기 위해서는 인적자원의 역량을 최대한 이끌어낼 수밖에 없다는 결론을 내렸으며, 이것이 '개선'의 원점이 되었다. 도요타는 이러한 직원들의 제안을 경영에 적극적으로 반영함으로써 기업을 젊게 하고, 융통성이 큰 조직으로 변신시켜왔다.

이러한 제안제도는 삼성에서도 실시하고 있다. 삼성이 제안제도를 처음 실시한 것은 1993년으로, 이때 제안된 내용이 77만 건이었고 실제로 업무에 적용된 비율은 35%였다. 그러던 것이 1994년에는 제안이 190만 건으로 늘어났고, 그 다음 해인 1995년에는 600만 건, 1996년에는 800만 건 하는 식으로 기하급수적으로 불어났다. 그리고 그렇게 제안된 안건에 대한 실시율이 94%나 되는 놀라운 효과를 나타냈다.

제안하는 사람에게는 상금을 주는데, 재미있는 것은 그 상금의 액수가 자기 봉급 액수보다 더 많은 사람들이 많다는 것이다. 삼성은 1년에 한 번씩 제안왕을 뽑아서 제안대상을 주고 있다. 1994년에 제안대상을 받은 박성수는 중졸 학력이었지만 1년에 3천 건이나 제안을 했고, 〈제안이 바꾼 나의 인생〉이라는 책을 펴내기도 했다. 그는 제안대상 상금 천만 원에 1직급 승격, 가족해외여행이라는 특전도 받았다.

그후 삼성에는 기라성 같은 제안왕들이 배출되었다. 그들의 제안으로 삼성은 더 많은 수확을 거둬들였고, 좀 더 고객에게 가까이 다가가는 제품을 만들어냄으로써 세계 일등기업, 초일류기업의 반열에 올라서게 되었다.

삼성가(家) 가족이야기 28

삼성특검과 흔들리는 오너경영

　삼성은 그룹 창립 이래 두 번씩이나 오너인 회장이 경영일선에서 물러나는 역사를 기록한다. 첫 번째는 한비사건으로 이병철이 경영일선에서 물러난 것이고 두 번째는 이건희가 삼성특검으로 경영일선에서 물러난 것이다. 첫 번째도 두 번째도 최대의 위기였다.
　이건희로서는 삼성을 글로벌 초일류기업으로 키워 놓았는데 외부적 힘도 아닌 내부자고발로서 그런 위기를 맞게 된 것이었다. 삼성을 총체적 위기로 몰고 간 사람은 다름 아닌 삼성에서 구조조정본부 법무팀 이사, 재무팀 상무, 법무팀장을 두루 역임한 사람이었다.
　2007년 10월 29일, 그 사람 김용철 변호사는 천주교 정의구현사제단과 함께 특별 기자회견을 가졌다. 그는 삼성 그룹이 50억 원 넘는 비자금을 차명 계좌로 갖고 있음을 폭로했고, 또한 삼성이 대한민국 모든 권력층을 망라하는 전방위 로비를 조직적으로 벌이고 있는데, 이 모든 로비가 이건희의 지시로 이루어지고 있다고 주장했다.
　전국이 발칵 뒤집혔다. 아직 X파일 사건의 상처도 채 아물지 않은 때였다. 하지만 김용철은 삼성 그룹의 헤드쿼터인 구조조정본부에서 법무팀장을 지낸 인물로서 확실한 증거를 갖고 있었기에, 그냥 지나갈 수 없는 사안이었다.
　11월 6일 참여연대와 민주사회를 위한 변호사 모임은 이건희를 비롯해서 이학수 부회장, 김인주 사장 등 5명을 대검찰청에 고발했다. 11월 12일 김용철과 사제단은 임채진 검찰총장 내정자와 전·현직 검찰수뇌부 3인이 삼성의 로비를 받았다는 의혹을 제기했다. 삼성은 김용철 변호사를 명예훼손 혐의로 고소하며 맞불을 놓았으나, 그 일주일 후, 이용철 전 청와대비서관이 "삼성에서 500만 원을 받은 뒤 돌려줬다."고 폭로하고 나섰다. 결국 여론의 거센 힘에 밀려 11월 23일 삼성특검법이 국회를 통과했다.

이후 김용철과 사제단은 이건희의 부인 홍라희가 삼성비자금으로 고가 미술품을 구입했다는 등, 추가 폭로를 하면서 특검 측과 삼성을 압박했다. 조준웅 특별검사는 특검 출범 직후 김용철을 첫 참고인으로 불러 조사한 데 이어 99일간의 장기 특검에 돌입했다.

특검 출범 4일 후, 특검팀은 이건희의 집무실과 이학수의 자택 등 8곳을 압수수색하며 삼성 측을 바짝 긴장시켰다. 이어 특검은 삼성본관 전략기획실, 이건희의 자택 등으로 압수수색 범위를 확대해 나갔다. 이 과정에서 이학수 부회장, 이순동 삼성그룹 전략기획실 부사장, 성영목 신라호텔 사장 등이 줄줄이 소환돼 특검 조사를 받았다. 또 이기태 삼성전자 부회장, 황창규 삼성전자 반도체총괄사장 등도 삼성특검에 출두했다.

세간의 관심은 이건희가 특검에 출두할 것이냐에 쏠렸다. 이건희는 4월 4일과 4월 11일 연속해서 특검에 소환돼 조사를 받았다. 4월 17일 삼성특검은 수사 결과 분식회계나 비자금, 정관계 로비의혹 등은 모두 무혐의 처리하고 이건희와 이학수, 김인주 등 10명에 대해 불구속 기소를 전격 발표했다.

100일 가까이 진행됐던 특검 수사 결과가 당초 제기됐던 삼성 비리 의혹 대부분이 사실과 다르거나 혐의가 없는 것으로 나타나자 여론은 '특검 무용론'까지 들고 나서며 술렁였다. 결국 이건희는 특검의 수사 발표 닷새 뒤인 4월 22일, 삼성의 회장직을 사임하고 경영일선에서 물러나는 선언을 했다. 아들 이재용에 대한 경영권 승계를 둘러싸고 에버랜드의 전환 사채 가격을 부당하게 낮게 발행해서 회사에 손해를 주었다는 배임혐의로 기소된 탓이었다. 그날 이건희는 기자회견에서 다음 내용의 사과문을 특유의 어눌한 말투로 읽어나갔다.

저는 오늘 삼성 회장직에서 물러나기로 했습니다. 아직 갈 길이 멀고 할 일도 많아 아쉬움이 크지만 지난 날의 허물은 모두 제가 떠안고 가겠습니다. 그동안 저로부터 비롯된 특검 문제로 국민 여러분께 많은 걱정을 끼쳐 드렸습니다. 진심으로 사과드리면서 이에 따른 법적, 도의적 책임을 다하겠습니다. 삼성가족 여러분, 20년 전 저는 삼성이 초일류기업으로 인정받는 날, 모든 영광과 결실은 여러분의 것이라고 약속했습니다. 그 약속을 지키지 못하게 되어 정말 미안합니다. 국민 여러분께 간곡히 호소합니다. 오늘날의 삼성이 있기까지는 무엇보다 국민 여러분과 사회의 도움이 컸습니다. 앞으로 더 아끼고 도와 주셔서 삼성을 세계 일류기업으로 키워 주시기 바랍니다.

이건희는 자신의 차명계좌 실명 전환, 금융사업 투명화, 삼성카드가 보유한 에버랜드 주식을 4~5년 만에 매각하는 등의 방식으로 순환출자 문제를 정리할 것 등을 약속하고 경영일선에서 은퇴했다. 이 밖에도 전략기획실이 해체되었고, 이학수와 김인주의 경영일선에서의 퇴진, 홍라희의 리움미술관 관장직과 삼성문화재단 이사직 사임이 이어졌다. 그리고 삼성생명의 이수빈 회장이 삼성을 이끌어갈 역할을 맡게 되었다.

㉙ 제2이건희 시대-반도체 신화를 넘어

　목표를 달성하려면 간절한 바람이 잠재의식에까지 미칠 정도로 곧고 강해야 한다. 주변의 시선에 우왕좌왕 하지 말아야 한다. 꼭 하고 싶다면 꼭 하고자 한다면 무슨 일이 있어도 가겠다고 다짐하라. 그리고 반드시 이룰 수 있다고 굳게 믿어라. 그 간절함이 없다면 처음부터 꿈도 꾸지마라.

- 이나모리 가즈오, 『왜 일하는가?』 -

삼성의 강남시대가 열리다

일취월장하는 삼성에게도 고민은 있었다. 삼성은 뛰어난 경영실적에도 불구하고 2005년부터 수많은 악재에 시달려왔다. 5월 2일 고려대에서는 이건희 회장에 대한 명예철학박사 학위 수여식이 있을 예정이었지만, 일부 고대생의 시위로 학위수여식은 엉망이 되고 말았다. 이어 7월에는 'X파일 사건'이 터졌다. 급기야 이건희는 건강검진을 이유로 미국행에 올랐고, 그 후 5개월 동안이나 외유를 해야만 했다.

2006년 2월 4일, 오랜 외유에서 돌아 온 이건희는 "지난 1년간 소란을 피워 죄송하게 생각한다. 전적으로 책임은 나 개인에게 있다. 국제경쟁이 하도 심해 상품 1등 하는 데만 신경을 썼더니 삼성이 비대해져 느슨한 것 느끼지 못했다."고 대 국민 사죄를 하고, 그 사흘 후인 7일, 8000억 원에 이르는 사재(私財)를 조건 없이 사회에 헌납하겠다고 밝혔다.

삼성과 이건희는 세계 초일류기업을 만들어나가고 있었지만 한국 사회에서 반(反)기업, 반 삼성 정서는 도가 지나칠 정도로 팽배해 있었다. 삼성전자는 2006년 미국 경제지〈포춘(FORTUNE)〉이 선정한 세계 48위 기업인 반면, 정치자금 제공 의혹과 지나치게 인재를 강조하는 엘리트 기업, 거대 재벌기업에서 오는 거부감 등의 악재에 가려 빛을 잃고 있었다. 국민정서가 삼성전자는 국내 최고의 기업이긴 하지만 국민기업이란 애틋한 마음이 일지 않았던 것이다.

많은 사람들이 삼성의 광고 카피인 '또 하나의 가족'을 보면서도 가슴에 와 닿지 않는 기분이라는 토로를 하곤 했다. 삼성의 광고만 보면 따뜻하고 정겹기는 한데 실제 삼성전자의 이미지를 생각하면 '글쎄요'라는 반응이랄까.

일반인 중에도 진보적 성향을 지닌 것은 아닌데도 삼성전자에 별다른 호감을 갖지 못하고 있는 젊은이들이 꽤 있다. 그것은 삼성전자가 최고의 기업이기는 하지만 '검찰 항소심에서 1심과 마찬가지로 징역 7

년 구형', '이건희 삼성그룹 회장 불명예 퇴진', '지주회사 전환에서 전자는 빼달라고 법개정 요구 논란' …… 등등 좀 떳떳치 못해 보이는 모습이 노정되어 왔기 때문일 것이다.

진보단체와 여러 시민단체들은 삼성의 경영권 승계를 위한 변칙증여를 이야기 하고, 어떤 이들은 무노조 경영을 이야기하고, 어떤 이들은 지배구조 문제를 이야기 한다. 하지만 거기에 '잘나가는 삼성에 자꾸 딴지를 걸어서 뭘 어쩌자는 거야?' 라는 냉소를 보내는 시민들도 있었다.

삼성이 내부적으로 인간미·도덕성을 그렇게 외치고, 사회공헌 활동을 위해 엄청난 투자를 하는데도 불구하고 삼성에 대한 세인들의 시선이 곱지만은 않다는 점 또한 해결해야 할 과제이다. 어쩐 일인지 우리 사회에서는 여느 기업이 10을 잘못한 것보다는 삼성이 1을 잘못한 것에 대해 흥분하는 경향이 있다. 아마도 이는 1등 기업에 대한 기대가 높기 때문일 것이고, 베일에 가려진 오너에 대한 부정적인 그림자일 수 있다. 아니면 오너 경영의 근본적인 약점일 수도 있다.

그런 마당에 김용철 변호사의 내부자 고발사건이 터졌다. 아마 이건희로서는 아버지 이병철이 한비사건에 당했을 때처럼 가장 참을 수 없고 가장 치욕적인 사건이었으리라. 하지만 세상이 바뀌었다는 것을 인정해야 했다. 그 옛날 아버지 이병철은 무소불위의 권력을 지닌 최고 권력자에게 당했지만 이제 자신은 스스로가 만들어낸 내부의 벽에 갇혀 있음을!

결국 이건희는 2008년 4월 22일, 삼성전자 회장직을 사임해야 했다. 그로부터 3개월 뒤인 7월 16일 서울중앙지검은 그에게 탈세 혐의를 인정해서 징역 3년, 집행유예 5년, 벌금 1100억 원을 선고했다. 사건의 초점이 되었던 아들 이재용의 경영권 승계를 둘러싼 배임에 대해서는 무죄 판결이 내려졌다.

이건희는 그때부터 23개월 동안 회장직에서 물러나 있어야 했다. 뛰어난 경영실적과 경제적 공헌에도 불구하고 그는 별로 대접을 받지 못해서 인간적으로 무척 섭섭했을 것이다. 하지만 현실은 냉엄했고 아무리 재벌 회장이라도 법과 여론의 힘 앞에서는 무력했다. 또한 스스로가 만들어낸 내부의 벽이 너무 견고했다.

이건희가 퇴진하고 삼성을 떠났을 때, 삼성은 새로운 강남 시대를 맞이하고 있었다.

삼성은 이건희의 퇴임과 그룹 컨트롤 타워인 전략기획실 해체로 혼란을 겪는 듯이 보였지만, 태평로 시대를 마감하면서 서초동으로 사옥을 옮겨서 강남 시대를 열었다.

서초동 시대를 맞이해서 이건희 전 회장의 신경영 이후 삼성이 도약할 수 있는 새로운 계기를 만들겠다는 의욕에 넘치고 있었다. 그룹의 총괄 회장이 없지만 어느 곳에서도 흔들리는 모습은 보이지 않았다. 오히려 삼성전자만 보면 계속되는 성장세로 인해서 야심과 패기로 가득 차 있는 것처럼 보였다.

삼성전자는 오너가 사라진 공백을 메우기 위한 몸부림으로 혁명적 수준의 대대적인 조직개편을 통해서 변신을 시도했다. 전체 임원 중 3분의 2 이상이 바뀌는 사상 초유의 '인사 혁신'을 통해서 조직의 구조 전체를 바꿨다.

기존의 경영지원총괄, 반도체총괄, LCD총괄, 정보통신총괄, 디지털미디어총괄, 기술총괄 등 6개 총괄 체제를 디바이스솔루션(DS:Device Solution) 부문과 디지털미디어 & 커뮤니케이션(DMC:Digital Media & Communications) 부문 등 2개 사업 부문으로 통합 재편하고 사장단도 대거 물갈이 했다.

'애니콜 신화'로 유명한 이기태 대외협력담당 부회장과 '황의 법칙'으로 유명한 황창규 기술총괄 사장, 임형규 신사업담당 사장, 오동진 북미총괄 사장, 이현봉 서남아총괄 사장 등 5명이 현직에서 물러났다. 전체 조직을 반도체 LCD 등 부품은 DS 부문으로, 디지털 미디어 정보통신 등 완제품 위주 사업은 DMC 부문으로 나누고 별도의 회사처럼 분리 운영하기로 한 것이다.

대표이사 CEO인 이윤우 부회장이 DS 부문장을 맡고 최지성 사장이 DMC 부문장을 맡는 투톱체제로 조직이 바뀌었다.

삼성전자의 최고 경영자가 된 이윤우 부회장은 '삼성 반도체 신화 1세대'로 통하는 반도체 전문가다. 이병철의 도쿄선언 이후 1984년 겨울, 3년이 소요되는 반도체 공장 설립을 뚝심의 추진력으로 단 6개월 만에 완공하고, 그 해 가을 256K D램을 개발하며 삼성반도체 1등 공신이 된 삼성반도체의 산 증인이자 산 역사였다. 이후 반도체총괄 사장, 삼성종합기술원장, 기술총괄 부회장 등 삼성의 요직을 두루 거친 그는 이제 삼성그룹 내 전자 계열사들의 투자조정위원장 역할까지 맡으며 위기돌파의 제일선에 서게 된 것이었다.

최지성 사장은 2006년 디지털 미디어총괄 사장으로 일하면서 '보르도 TV'를 앞세워 삼성 LCD TV를 세계 1위 반열에 올려놓은 인물이다. 그는 휴대전화 사업에 총력을 기울여 세계 1위인 노키아를 바짝 추격하고 있었다. 그는 입사 후 반도체 해외영업만 14년을 담당했고, 1985년 독일 프랑크푸르트에 1인 사무소장으로 발령받은 뒤 1000여 페이지의 반도체 기술교재를 통째로 암기하고, 알프스 산맥을 직접 차로 넘나들며 부임 첫 해 100만 달러의 반도체를 팔았다는 일화로 유명하다. 반도체를 비롯해 TV, 휴대전화 사업을 두루 거친 최지성의 역할이 크게 강화되었다.

삼성전자가 이렇게 조직을 개편한 것은 '현장 중심 경영' 체제를 구축하기 위해서였다. 조직 개편 이후 경영지원 총괄과 기술총괄 인력을 본사에서 현장으로 대거 내려보냈는데 본사 인력 1400명 중 1200명을 현장에 배치했다. 서초동 사옥에는 인사·홍보 등 필수 인력만 남고 대부분은 주요 사업부가 자리잡고 있는 수원(디지털 미디어, 정보통신)과 기흥·화성(반도체), 탕정(LCD) 등으로 옮겨갔다.

이윤우는 서초동 삼성타운으로 이사를 하면서 "임직원 모두가 신뢰하고 업무에 대한 강한 자부심을 가지며, 신바람 나게 일하는 세계 최고의 GWP(Great Work Place)를 만들어 나가야 할 것"이라고 강조하고 유연하고 개방적인 조직문화를 만들겠다고 선언했다. 그는 우선 삼성전자 직원의 근무복장을 '비즈니스 캐주얼(Business Casual)'로 바꾸고, 탄력 근무제도를 도입했다.

비즈니스 캐주얼이란 비즈니스 에티켓에 위배되거나, 회사 이미지를 실추시키지 않는 범위 내에서 근무 복장을 자율화한 것인데 T-셔츠, 청바지, 면바지, 운동화 등의 차림은 피해야 하지만 칼라가 있는 재킷, 칼라가 있는 캐주얼한 드레스셔츠는 입어도 무방하다. 8만 6400명에 달하는 삼성전자 직원들은 비즈니스 예절에 어긋나지 않는 범위 내에서 자유롭게 자신만의 스타일을 드러낼 수 있게 됐다. 비즈니스 캐주얼은 세계적 추세였다. 구글, 애플, HP, 노키아가 선도적 역할을 했고 국내에서도 많은 대기업이 비즈니스 캐주얼을 도입했는데 삼성도 조직문화를 바꾸는 차원에서 시도한 제도였다.

근무 시간도 탄력적 근무시간제를 도입한 상태여서 근무 분위기가 상당히 부드러운 편이었다. 자율출근제 시행으로 오전 6시부터 오후 1시까지 자유롭게 출근할 수 있게 된 것이다. 그렇다고 10시 넘어서 출근하는 직원은 없었다. 출근시간에 대해 뭐라고 하는 사람이 없지만 직원들은 오전 9시 정도까진 거의 다 출근을 하고 있었다.

삼성전자는 서초동 삼성타운 C동에 자리를 잡고 있다.

신사옥 C동은 국내 최고 수준의 업무환경을 가진 최첨단 빌딩이다.

삼성타운은 일본 도쿄의 롯폰기힐스와 미국 IBM 본사를 설계한 미국 유명 건축사무소 KPF가 설계한 것으로 7500여 평 부지에 삼성생명 빌딩(A동)과 삼성물산 빌딩(B동), 삼성전자 빌딩(C동)으로 구성되어 있고 삼성그룹 계열사 직원 2만여 명을 수용한다. 삼성생명 빌딩은 35층이고 삼성물산 빌딩은 32층, 삼성전자 빌딩은 이중 가장 높은 43층 높이다. 삼성타운은 연 면적만 해도 38만 9000m^2로 단일 그룹 빌딩으로는 국내 최대 규모다.

삼성 서초타운 빌딩의 콘셉트는 '에코 인텔리전스(eco-intelligence · 친환경 정보화)'.

첨단 IT(정보기술) 장치를 총동원해 세계 수준의 편의시설을 갖추는 동시에, 빌딩에 근무하는 임직원들이 최고의 업무 효율을 발휘할 수 있도록 친환경적으로 꾸며져 있다.

건물 로비에 서 있는 보안요원의 수가 적고, 얼굴에 웃음을 띠고 있다는 것이 인상적이었다. 처음 서초동 삼성타운을 방문하는 사람들은 최첨단 시설에 잘 적응을 하지 못한다. 모든 것이 지나치게 첨단화 되어 있어서 혼란스럽고 적응을 잘 못하는 탓이다.

건물에 들어서면 SF 영화에서나 볼 수 있을 법한 광경이 벌어진다.

우선 엘리베이터 버튼부터 일반 건물과 다르다. 타기 전에 먼저 층을 누르게 돼 있어 안에서 또 누를 필요가 없다.

'엘리베이터에 신분증을 대면 소속 부서가 있는 층의 버튼에 불이 들어온다. 회의실에 직원들이 모이면 환기장치의 속도가 빨라져 신선한 공기가 들어온다. 건물 옥상의 태양열 시스템이 온수를 공급한다. 해가 구름 속에서 빠져 나와 쨍쨍 내려 쬐면 창문에 블라인드가 내려온다. 밤이 되면 남아있는 직원의 자리만 빼고 전등이 꺼진다.······'

뭐 그런 식이다. 직원들의 신분증(Bio Tag)에는 위성위치확인시스템(GPS)이 붙어 있어 출입문에 접근하면 문이 자동으로 열린다. 사무실에 들어서면 공기가 신선해 오피스빌딩인지 아파트인지 분간이 안 될 정도다.

건물의 온도와 환기 시스템은 지하 1층의 중앙 관리센터에서 원격조정한다. 무선주파수 기술이 활용되어 천장의 에어컨과 난방장치, 공조장치가 원격 조정된다. 4중 에어필터는 최적의 실내 공기를 보장하고 사무실의 블라인드는 외부에서 들어오는 햇빛의 양에 따라 자동으로 조절된다. 회의실도 사전에 사용계획을 중앙통제 시스템에 띄우면

회의시간에 맞춰 온도조절 및 환기가 이뤄진다. 불 꺼진 빈 사무실에 들어가면 불이 자동으로 켜지고 냉난방 시스템도 자동으로 작동하는 것이다. 말하자면 빌딩 자체가 살아 있는 지능형 로봇처럼 자동으로 작동되는 시스템이었다.

무엇보다 눈길을 끄는 것은 전자태그(RFID)를 이용해 실내 인구밀도를 측정하는 기술이다. 휴게실이나 사무실에 직원들이 많이 몰리면 회사 중앙통제 시스템이 각 사원들의 RFID를 통해 인원 수 정보를 수집, 자동으로 환기량을 늘려준다. 또 실내에 사람이 없으면 환기 및 조명 기기 작동을 중단시켜 에너지 낭비를 막는다.

RFID는 이외에도 각종 자동화 기능 수행을 가능하게 해준다.

직원들은 자가용을 몰고 주차장 안으로 들어갈 때 카드를 찍거나 주차권을 뽑지 않아도 된다. RFID를 통해 직원의 주차 정보가 자동으로 중앙통제 시스템에 입력되기 때문이다. 중앙통제실에서 보면 직원이 어디서 어떤 상황에 있는 지 추적이 가능하다. 신분증은 신용카드로, 위급상황에서 신분증 뒤에 달린 버튼을 누르면 구조 요청도 할 수 있다.

이와 함께 휴대전화를 이용한 모바일 서류 결재, 국내 최고 수준인 1Gbps급 초고속 인터넷 연결, 프린터 용지 및 토너 부족 자동통보시스템 등도 삼성타운이 갖출 첨단기능들이다.

인터넷 속도도 10배 이상 빨라졌다. 강북 태평로 삼성전자 사무실보다 10~100배 이상 빠른 1Gbps(초당 1기가비트 전송속도)급 광케이블이 임직원들 책상까지 연결되었다. 또 상무 이상 임원 책상에는 영상전화가 설치돼 국내는 물론 전 세계 법인 근무자들과 얼굴을 보면서 통화할 수 있다.

PC와 프린터는 건물 중앙 통제시스템에 연결돼 관리된다. PC가 고장이 나거나 프린터의 잉크가 부족할 경우 곧바로 관리자에게 알려 업무에 차질이 없도록 해준다. 컴퓨터에서 작성한 문서는 CD나 USB 메모리와 같은 외부 저장장치에 저장할 수 없어서 회사 기밀이 빠져나가는 것을 원천적으로 차단한다.

삼성타운은 산업스파이들의 침투를 막기 위해 '철통보안' 체제를 구축하고 있다.

컴퓨터 서버 등 주요 기기에는 RFID를 부착시켜 회사 밖으로 밀반출할 때는 즉시 체크돼 정보 유출이 원천 봉쇄된다. 이 같은 보안시스템이 도입되기는 이번이 처음이다.

도청을 막기 위해 회의실 창문에 진동주파수를 쏘아 도청을 방해하는 시스템이 설치되어 있다. 또 주요 출입구에는 영화에서 등장하는 지문인식, 정맥인식 등 생체인식 시스템이 설치돼 출입자가 엄격히 통제된다.

기밀문서나 개발 진행 중인 제품을 빼돌리는 것을 막기 위해 X-레이 검색대도 도입된다.

사무실 전화번호도 국번 2255로 모두 바뀌었다. 한때 무선사설교환기(WPBX)를 설치해 휴대전화로 사무실 전화를 대체한다는 소문도 있었지만 이는 백지화됐다. 대신 기존 유선전화가 모두 인터넷전화로 교체됐다.

임직원들의 휴대전화는 건물 밖에서는 휴대전화로, 건물 안에서는 유선전화를 대신해서 사용된다. 주차장도 달라진다. 차량 번호판을 식별, 차량번호를 자동 입력하는 시스템이 설치된다.

빌딩의 에너지 관리에도 최고의 IT 응용기술이 적용된다. 사무실 전등의 경우, 점멸 시스템을 구역별로 세분화해, 밤이 되면 직원이 남아 있는 자리에만 등이 켜지고, 다른 구역은 꺼지는 시스템을 도입했다.

후생복지 수준도 높아졌다. 그동안 태평로 사옥에는 구내식당이 없었지만 신사옥 C동 지하 2층에는 스낵 한식 양식 등 사원식당 3개가 마련됐다. 또 지하 1층에는 '강가', '매드 포 갈릭' 등 유명 음식점이 입주해 있다.

지하 3층에 위치한 헬스클럽은 수용 인원에 한계가 있어 추첨을 통해 이용자를 선정한다. C동 1층에는 전자계열사 직원 자녀를 위한 '서초 어린이집'도 마련되었다. 어린 자녀를 둔 직원들이 가장 반기고 즐겨 찾는 곳이다. 신청자가 한꺼번에 몰릴 것에 대비해 계열사 인원수에 비례해 적정 숫자를 배분하는 것으로 알려졌다.

에어컨 시스템도 자동으로 작동된다. 만약 어느 부서에 회의가 있다면 일주일 전 빌딩의 중앙통제 시스템에 등록된 회의실 사용계획에 따라 회의시간 5분 전에 에어컨이 자동으로 작동한다. 회의가 비밀회의일 경우 보안을 하려면 창가에 설치된 버튼을 누르면 된다. 창문에서 진동음이 난다. 말소리에 의한 창문 떨림을 감지하는 레이저 도청을 막기 위해 유리창에 인위적으로 진동주파수를 쏘아주는 것이다. 회의가 끝나고 사람들이 회의실을 빠져나가면 형광등과 에어컨이 자동으로 꺼진다. 네트워크 시스템이 회의 참석자 사원증에 달린 RFID를 통해 회의실에 아무도 없다는 사실을 인지한 결과다.

지나치게 까다로운 보안 조치 때문에 스트레스를 받을 것 같지만 이미 단련이 된 삼성맨들은 자신의 회사 e-메일이 수시로 점검당하고 있다는 것을 대수롭지 않게 생각하는 듯하다. 입사 3년차인 한 직원은 "'공적인 e-메일 시스템'을 사적인 용도로 쓰지 말라는 뜻 정도로 받아들이고 있다."고 말했다.

그러나 조직 내에서는 지나친 보안에 대한 불만의 목소리도 있다. 출근할 때 검색대를 서너 번 통과해야 하고 휴대전화의 카메라 렌즈도 봉인한다. 너무 '보안, 보안'해서 짜증스럽다는 것이다. 아무리 좋은 환경이라도 모든 사람이 다 만족스러운 환경은 없는 것인가?

새로운 패러다임의 시대

삼성전자는 부품사업과 디지털 가전, 통신사업을 골고루 갖추고 있는 세계적으로 몇 안 되는 기업인데 이런 사업 부문들이 서로 협력하고 지원하는 시스템 플레이로 세계 정상에 우뚝 설 수 있었다.

그런데 삼성전자의 앞날이 그렇게 밝기만 한 것일까?

2010년 도요타 리콜 사태와 애플의 '아이폰 쇼크'를 겪으면서 우려의 목소리가 높아지고 있다. 사실 선두를 달린다는 것은 언제 추적당할지 모르는 불안한 위치다. 전 세계 PC업계에서 선두를 달리던 델이 2000년대 중반 HP에 추월당한 데 이어 대만의 에이서에게도 밀려 3위로 전락했다. 마이크로소프트도 과거 윈도 프로그램 등 소프트웨어를 팔아 IT 업계를 주름잡았으나 이제는 애플과 구글의 상승세에 밀려났다.

삼성전자는 휴대전화 사업에서 노키아에 이어 세계 2위까지 치고 올라섰지만 글로벌 스마트폰 시장에서는 점유율이 극히 미미했다. 그것은 삼성전자가 스마트폰 시장을 제대로 인식하지 못한 결과였다.

2009년 11월 애플 '아이폰'이 국내에 출시되면서 시작된 스마트폰 열기는 2010년 한 해 IT 업계의 가장 큰 화두였다. 들고 다니면서 PC처럼 사용할 수 있는 스마트폰의 보급은 사람들의 생활 패턴을 완전히 바꾸어 놓고 말았다. 기업에서도 스마트폰 활용전략을 세우는 데 분주했다. 사실상 스마트폰이 사회·경제·문화 등 우리 사회 전체를 뒤흔들었다고 해도 과언이 아니다.

그런데 삼성전자는 아이폰 쇼크에 맞설 대항마를 미리 준비할 수도 있었다. 스마트폰에 대한 미래예측의 실기는 2008년도로 올라간다.

2008년, 구글이 안드로이드 운영체제를 탑재한 스마트폰의 개발을 삼성전자에 의뢰했으나 삼성은 구글의 구애를 거절했다. 이것은 아예 굴러들어 온 복을 발로 내찬 격이다. 그 결과 구글은 대만의 HTC라는 기업과 손을 잡고 세계 최초의 구글 스마트폰인 '넥서스원'을 내놓았다.

미국 시장조사업체 JD파워가 2009년 하반기 소비자 만족도를 조사한 결과에 따르면, 스마트폰 시장에서 애플은 1000점 만점에 810점을 받아 1위를 기록했다. 2위는 '블랙베리(741점)', 3위는 대만의 HTC(727점)가 차지했다. 피처폰 부문에선 1위를 기록했던 삼성전자는 724점으로 그 뒤를 이었고, LG전자는 아예 순위에서 제외됐다.

어떻게 그런 일이 있을 수 있었을까?

지금까지 삼성은 새로운 기술이 나오면 그 기술에 대해 언제든지 따라붙을 수 있을 정도의 치열함으로 연구개발을 진행했다. 그러다가 시장이 열릴 것 같다는 확신이 들면, 과감한 투자를 해서 조기에 시장을 점유하는 발 빠른 행보로 시장을 장악해 나갔다. 반도체, LCD, LED TV에서 삼성전자는 놀라운 순발력을 보여 주었고 강적인 일본 업체들을 물리칠 수 있었다.

하지만 스마트폰에 대한 미래 예측에서 삼성전자는 엄청난 실기를 했다. 당시 삼성전자는 전 세계 휴대전화 시장점유율에서 20%대로 2위를 차지하고 있었지만, 스마트폰 시장에서는 3%대의 저조한 점유율을 보이다가 그나마 갤럭시 S의 선전으로 가까스로 HTC를 제치고 8.9%의 점유율로 4위에 올라설 수 있었다. 삼성에 갤럭시 S가 없었다면 어떻게 되었을까? 이건희나 삼성 임직원들의 입장에서는 앞이 캄캄한 아찔한 경험을 했으리라.

세계최대의 IT기업이라는 삼성전자가 왜 세계의 문화와 삶의 패턴을 스스로 이끄는 시대적인 아이콘을 읽지 못하는 것일까?

2009년 12월 15일 모건 스탠리는 '모바일 인터넷 보고서'를 발표했는데 이 보고서에 따르면 2012년부터 스마트폰 인터넷 검색이 PC의 그것을 추월할 것이라고 밝히고, 2014년에는 휴대전화 사용자 중 3명당 1명이 스마트폰을 사용할 것이란 전망을 내놓은 바 있다.

그런데도 삼성전자는 수수방관하고 있다가 '아이폰 쇼크'라는 직격탄을 맞았다. 애플에서 아이폰을 내놓은 지 3년 가까이 되었고 세계 시장에서 진가를 발휘하기 시작했는데도 그때까지도 삼성은 제대로 된 대항마를 내놓지 못했다. 그뿐 아니라 제대로 된 판단도 하지 못하고 있었다. 최지성 사장은 '네티즌들의 한때의 극성일 뿐'이라고 일축할 정도였다.

관료적 조직을 갖춘 삼성의 한계라고 지적하는 삼성전자 내부의 자성의 목소리가 높다.

한국에서 아이폰이 출시되기 한 달 전인 2009년 10월, 삼성 휴대전화의 시장 점유율은 56%였고 LG전자의 시장점유율까지 합치면 90%에 육박하는 독점적 수준이었다. 특히 1위부터 3위까지를 삼성 브랜드의 휴대전화가 차지하고 있었다.

그런데 아이폰의 한국 판매가 개시되자 모든 상황이 천지개벽을 한 듯이 바뀌어 버렸다. 아이폰은 사전 예약만으로도 한국을 뒤흔들었다. 예약 창구인 KT의 '폰 스토어'는 첫날 홈페이지가 다운이 될 정도로 방문객이 몰려들었고, 예약접수 첫날인 11월 22일 1만 5000명, 다음날은 2만 7000명으로 치솟더니 예약 판매자만 6만 5000명을 넘어섰다. 예약 판매 이틀 만에 아이폰의 판매량은 한 달 앞서 출시된 옴니아 2의 판매량을 간단히 넘어섰다. 아이폰은 출시한 지 열흘 만에 9만 대를 팔았고, 100일 만에 40만 대를 넘어섰다. 아이폰이 한국에서 10~15만 대 팔리면 잘 팔릴 것이라던 삼성전자의 예견은 빗나갔다.

아이폰의 경쟁폰으로 알려진 옴니아는 그해 16만 대, 그리고 아이폰 상륙 한 달 전에 대항마로 내놓았던 옴니아 2는 한 달 동안 2만 대가 팔렸을 뿐이다.

일부 얼리어답터와 극성스런 네티즌들의 반응일 뿐이라고 치부하던 삼성전자는 참패했고 초상집 분위기가 되었다. 그때 아이폰은 전 세계적으로 3500만 대 이상이 팔려나가고 있었다. 시장을 잘못 읽어도 무척 잘못 읽은 것이다. 아니면 그동안의 고공비행에 취해서 갑작스럽게 추락할 것은 생각도 못했을지 모른다.

2009년 11월 26일 〈월스트리트 저널〉은 '아이폰 출시에 한국이 흔들린다.'고 보도했다.

그랬다. 삼성전자, 아니 한국 사회 전체가 '아이폰 쇼크'를 넘어서서 애플 파워가 무엇인지를 깨닫고 고민에 빠졌다. 하드웨어가 아닌 소프트웨어가 시대를 이끌고 있다는 걸 깨닫게 된 것이다.

　아이폰은 사람들의 일상생활 자체를 바꾸어 놓는 도구가 되었다. 스마트폰의 활성화로 트위터 문화가 개화했고 그것은 카페, 블로그, 미니홈피에 이어 한국 사회에서 새로운 인터넷 의사소통의 장을 만들었다. '스마트 빅뱅'은 시민들의 일상생활은 물론 기업의 업무 체계도 모바일 중심으로 바꾸어 갔다. 스마트폰만 있으면 어디든 사무실이 될 수 있다는 것을 사람들은 알게 되었다. IT 강국이라 자부하던 한국, 최대의 IT 기업이라 자부하던 삼성전자가 뒤흔들린 초유의 사건이 일어난 것이다. 그래서 휴대전화의 역사는 아이폰 출시 전과 아이폰 출시 이후로 나뉜다는 말이 생겨났다.

　2007년 1월, 애플의 CEO 스티브 잡스는 맥월드 엑스포에서 아이폰을 처음 선보이며 특유의 독특한 어법을 구사하며 큰소리쳤었다.

　　아이폰은 그 어느 휴대전화보다 5년 이상 앞서 있다. 아이폰이 세
　　상을 바꾸어 놓을 것이다.

　그러면서 회사 이름도 애플 컴퓨터에서 애플로 바꿨다. 더 이상 컴퓨터를 만드는 제조업체가 아니라는 선언이었다. 당시 애플은 회사 명칭을 바꾸는 이유를 세계 최고의 모바일 업체로 변신할 것이기 때문이라고 밝혔다. 과연 스티브 잡스의 호언은 허언이 아니었다. '아이폰'은 2010년 9월 말 기준 7370만 대가 판매되었다.

　2004년 애플이 아이팟(iPod)으로 MP3 플레이어 시장에 뛰어들었을 때도 대다수 IT 전문가나 증권가 애널리스트들은 "애플이 컴퓨터가 하도 안 팔리니까 이제 별 걸 다 만드는구나."라고 생각했다고 한다. 그리고 2007년 애플이 아이폰을 내놓았을 때 삼성전자는 애플을 적수로 생각하지 않고 그다지 신경 쓰지 않았다. 당시 애플과 비교했을 때 삼성전자는 모든 면에서 압도적 우위에 있었다.

애플은 1990년대 후반에는 OS, 즉 운영 체계 전략이 원활하지 않아 자금난에 허덕여 회사를 매각해야 하는 위기까지 몰렸던 회사였다. 그런데 PC 제조가 전부였고 빈사 상태에 빠졌던 그 회사가 아이팟을 만들어서 세계를 뒤흔들고, 이어서 아이폰으로 전 세계 휴대전화 업계에 지각 변동을 일으키며 불과 10년 사이에 거인으로 성장한 것이다.

2007년 애플은 브랜드 가치에서 21위인 삼성전자에게 한참 뒤쳐진 35위 였으나 2010년 아이폰, 아이패드의 폭발적 선전에 힘입어 브랜드 가치에서 삼성전자를 앞질렀다. 애플의 브랜드 가치는 17위로 3계단 상승하면서 전 년도에 한 계단 높이 있던 삼성전자를 앞질렀다. 삼성전자는 19위로 제자리걸음을 해 애플에 뒤쳐졌다.

삼성전자는 미국 경제전문지 〈포브스〉가 내놓은 2010년 글로벌 50개 기업의 브랜드 가치 평가에서는 더욱 밀렸다. 애플은 안테나게이트 논란에도 불구하고 기업 브랜드 가치 1위를 차지한 반면 삼성전자는 33위에 머물렀다. 애플의 기업 가치는 574억 달러에 달한 반면 삼성전자는 최근 3년간 매출액이 매년 17%씩 상승하고 있음에도 128억 달러에 머물렀다. 애플은 기업 가치의 객관적 척도라고 할 수 있는 시가총액에서도 삼성전자를 앞질렀다. 2010년 11월 애플의 시가총액은 210조 원을 넘어섰는데 삼성전자의 시가총액은 110조 원에 그쳤다.

어떻게 매출액이 애플의 두 배가 넘는 삼성전자가 그런 대접을 받을 수 있는 것일까?

전문가들은 한 마디로 그 이유를 기업의 창조성에서 찾는다. 애플은 무에서 유를 창조하는 마켓 크리에이터로서 전형적으로 시장의 수요를 끌어들이는 기업인 반면 삼성전자는 남들보다 한 발 늦게 뛰어들어 그 시장이 열리면 재빠르게 뒤쫓는 후발주자란 점이 브랜드 가치를 가르는 이유라는 것이다.

삼성전자는 세계 1위 제품을 애플보다 많게 거느리고 있으면서도 삼성하면 떠오르는 창조적 이미지를 지닌 제품명을 만들어 내지 못했다.

삼성전자는 TV, 가전, 휴대전화, PC 등 IT 산업 전반에 걸쳐 다양한 제품을 만들어내고 있지만 삼성을 상징하는 통합 이미지, 통합브랜드를 만들어내지 못했다. 결국 삼성전자 제품의 사용자들은 애플 제품 사용자들처럼 애플 생태계에서 희로애락을 느끼며 애플 자체를 즐기는 것이 아니라 단지 좋은 제품이라서 구매하여 사용하는 정도에 지나지 않는다.

거기에 삼성전자가 최강의 자리를 고수하고 있는 메모리 반도체와 LCD는 스스로 시장을 주도하는 제품이 아니라 시장수요에 따라 그 입지가 변화하는 종속적인 사업군이라는 점에서 삼성전자가 최고의 기술력을 자랑하고 있기는 하지만 브랜드 가치 상승에는 큰 도움을 주지 못하고 있다.

반면 반도체 분야에서 삼성전자와 경쟁하고 있는 인텔의 경우 그들이 만들어내는 CPU가 PC와 노트북 시장의 변화를 주도하고 교체수요를 창출하는 까닭에 인텔은 항상 글로벌 기업 중 10위권 내의 브랜드 가치를 유지하고 있다.

이미 밝힌 것처럼 삼성전자는 구글이 안드로이드 운영체제를 탑재한 스마트폰의 개발을 의뢰했으나 삼성은 구글의 제의를 거절했었다. 삼성이 구글의 제의를 거절한 것은 아직 열리지 않은 시장에서 앞서나가며 모험을 하기 싫어하는 삼성의 체질에 기인한다고 볼 수 있을 것이다. 2010년 1월 29일자 〈파이낸셜 타임스〉의 기사를 보자.

> 삼성전자는 혁신보다는 잘 단련된 생산과 추격능력에 강점이 있고 속도와 민첩성이 성공요인이다. 삼성전자는 세계적인 업체로 급부상했지만 장기적으로 미흡한 혁신성이 수익을 훼손할지도 모른다.

이 기사는 삼성전자가 지닌 한계를 예리하게 지적한 것이다. 하드웨어나 단말기 등 단품 위주의 지금 삼성전자의 사업구조로는 한계에 봉착할 수밖에 없으며 소프트웨어나 솔루션 사업의 실체를 읽고 전환하는 데는 상당한 시간이 걸린다는 시각이다.

2010년 2월 10일, '이병철 탄생 100주년 국제 학술심포지엄'에 참석한 일본의 삼성전문가 야나기마치 이사오 게이오대 종합정책학부 교수는 이런 말을 하기도 했다.

> 삼성은 지금까지는 구미와 일본의 강점, 표준적인 기술과 경영방식을 받아들여 고치는 식으로 한국식 경영을 해왔다는 점에서 '교과서'가 있었다. 전자 부문으로 한정해 보면 반도체와 LCD 등은 이제 삼성이 선발주자라 교과서로 삼을 기업이 없다. (중략) 삼성은 앞으로 신개념의 창조적인 제품과 기술을 만들어야 한다.

말하자면 FM대로 사는 모범생들은 창의성이 다소 부족해서 교과서나 참고자료가 없으면 당황하는 경향이 있다는 지적이다. 사실 삼성은 기민하고 빈틈이 없는 조직을 움직여서 가장 효율적인 경영을 추구하는 모범적 집단이다. 삼성전자는 제조업계의 모범생답게 외국의 선진 기술을 벤치마킹해서 특유의 성실성과 장인정신으로 성장해왔다.

그래서 이건희가 아무리 창조경영을 강조해도 삼성 조직은 애플이나 구글 같은 창조적 경영이 불가능하다는 평판을 듣고 있다. 혹자는 당시 삼성전자는 이건희가 경영 일선에서 물러나 있었기 때문에 잘 나가는 휴대전화 사업 대신에 장래가 불투명한 스마트폰으로 사업을 전환할 수 있는 결정 같은 것을 내리기 어려웠을 것이라 말한다. 그것은 삼성 특유의 오너 경영이 가지는 강력한 리더십에 대한 이야기일 것이다.

이유야 어찌되었거나 삼성전자는 스마트폰 시장에서 주도권을 잡을 수 있던 기회를 상실했고, 그 상실감은 대단히 클 것이란 것이 전문가들의 분석이다. 왜냐하면 스마트폰은 음성통화만 하던 일반 휴대전화와는 달리 각종 앱스토어와 다양한 소프트웨어를 경험하면서 친숙하게 되기 때문에 그것들에 익숙하게 되면 쉽게 바꾸기 힘든 속성을 지닌 탓이다. 특히 한 번 애플의 생태계에 발을 들여놓은 사용자는 어지간해서는 애플을 벗어나지 못하는 마력적 속성이 있다는 것이다.

거기다 변화의 물결은 여기서 끝나지 않는다. 애플은 아이패드를 출시하면서 또 한 번의 애플 쇼크를 이어갔다. 삼성전자는 여기에도 갤럭시 탭으로 재빨리 응전하고 나섰으나 항상 앞서가는 자를 허겁지겁 쫓아가는 2인자의 모습을 보일 뿐이다.

아이폰의 등장으로 시작된 스마트 전쟁은 이제 전 세계적인 거대한 변화를 일으키고 있다. 스마트 시대의 주인공인 구글과 애플은 모바일을 넘어 TV 시장, 그리고 전천후로 가전분야 전반을 향해서 진입을 시도하고 있는 중이다. IT 세계는 물론 인류의 삶 전반에 걸쳐서 그야말로 새로운 스마트 태풍이 휘몰아치고 있다.

그래도 다행인 것은 이 스마트 전쟁의 주역 중에 삼성전자가 끼어 있다는 점이다. 하지만 지금의 삼성으로선 구글과 애플을 상대하기에 버거운 감이 너무 많다. 앞으로의 시대는 하드웨어의 시대가 아니라 소프트웨어와 콘텐츠의 시대이기 때문이다. 삼성전자는 세계 최대의 IT 회사답게 세계의 문화와 삶의 패턴을 읽고 그 시대적인 아이콘을 만들어내야 한다.

제왕의 귀환

애플의 '애플 쇼크'에 이어서 '도요타 리콜 사태'를 겪으면서 삼성전자 내부에서는 불안감을 비치는 인사들이 많이 늘어났다.

삼성에는 '잃어버린 3년'이라는 말이 있었다. 2006년부터 시작된 삼성에 대한 부정적 여론, 특검사태, 이건희의 퇴진과 재판에 이르기까지 삼성이 그동안 앓았던 홍역을 일컫는 말이다.

이건희 회장 퇴진 이후 삼성은 '삼성다움을 잃어버렸다.'는 말을 심심치 않게 들어왔다. 그것은 회장이라는 구심점이 없어지자 그룹 차원의 결속력이 떨어져 계열사 간 사업 조정이 쉽지 않았고, 또 전문경영인들이 과감한 투자 결정도 내리지 못해 스피드 경영이 막히는 등의 난제가 발생했기 때문이다.

회장 퇴진과 더불어 삼성전자의 방향타 노릇을 해온 그룹 전략기획실이 없어지고 계열사별 경영체제에 들어갔으나 전문경영인 체제로서는 회사의 5년 후, 10년 후를 책임질 수 있는 과감한 투자를 할 수 없었다.

여기에 일부 계열사에서 파벌이 등장하는 조짐까지 보이자 직원들의 사기마저 저하되는 현상이 일어났다. 거기에 도요타의 위기 사태가 일어나자, 삼성 임원진들과 많은 직원들 사이에는 이건희의 컴백을 바라는 분위기가 충만해졌다.

사실 이건희의 경영 복귀는 2009년 12월 특별사면 된 이후 시기가 문제였지 복귀 자체는 의심의 여지가 없었다. 그런데 일본 제조업의 상징 도요타가 리콜 사태로 휘청거리자 그의 전격적인 복귀가 거론되기 시작했다. 세계 최대 전자업체로 성장하는 데는 성공했지만 '도요타의 전철'을 밟을 수 있다는 위기감이 그룹 임원들 사이에 팽배했다.

특히 소니는 구글 등과 손잡고 차세대 인터넷 TV를 개발하고 있고, 애플은 아이폰 선풍으로 바람몰이를 하면서 삼성의 휴대전화 시장을 위협하고 있는 예상치도 못한 현상에 삼성의 경영진은 당황하지 않을 수 없었다. 투자나 사업조정 등 의사결정 속도를 높이기 위한 강력한 리더십이 절실한 상황이 된 것이다.

삼성과 경쟁업체가 아닌 것 같은 기업이었던 애플과 구글이 새로운 경쟁자로 나타나는 사업 구도를 읽을 수 있고 그것에 대항할 수 있는 사람은 이건희 회장밖에 없다는 생각이 지배적이었다.

그 시대를 손금처럼 읽을 줄 아는 사람은 거의 없다. 아무도 자신의 손금조차 읽을 줄 모르는데 시대의 손금을 읽다니! 그런데 이건희는 시대의 손금을 읽고 한 시대를 선도한 기록을 남긴 경영자였다.

어쨌거나 애플과 구글이 삼성의 강력한 라이벌로 떠오르는 등 급변하는 시장의 변화는 위기감을 더하게 만들었고 그것은 이건희 회장의 복귀를 앞당기는 요인이 되었다.

2010년 2월 17일 '삼성사장단협의회'는 세계경제의 불확실성, 글로벌 사업 기회 등을 고려할 때 경륜과 리더십이 절실히 필요하다고 판단, 이건희에게 회장직 복귀를 요청하기로 결정했고 2월 24일, 이수빈 삼성생명 회장이 이 같은 내용이 담긴 건의문을 이건희에게 전달했다. 그리고 이건희가 이를 수용하면서 그의 삼성 회장직 복귀가 결정되었다.

이로서 1987년 회장 취임, 1993년 신경영 선언에 이은 '3기 이건희 시대'가 막을 올렸다. 다시 경영일선에 돌아온 이건희는 특유의 리더십을 다시 발휘하기 시작했다. 이건희의 복귀 이후 가장 두드러진 변화는 빨라진 의사결정이다. 그는 신수종사업 육성, 반도체 사업에 대한 대규모 투자 등 그룹의 '중장기 로드맵'이 될 주요 사안들을 잇따라 발표하며 '공격 경영'에 나섰다. 그가 경영에서 퇴진한 후 사실상 '올 스톱' 상태였던 중장기 비전 수립 및 투자 계획이 그의 복귀와 함께 탄력을 받기 시작했다.

5월 10일, 이건희는 서울 한남동 승지원에서 사장단회의를 주재하고 "공격적인 투자를 통해 미래를 선점해야 한다."고 강조하면서 '뉴 이건희 플랜'이란 청사진을 제시했다. 그것은 '비전 2020'을 더욱 구체화한 새로운 먹을거리의 제시였다. '선도경영'이라는 새로운 이념을 지닌 '뉴 이건희 플랜'은 향후 10년간, 그룹 차원에서 23조 3000억 원을 투자해서 태양전지, 자동차용 전지, LED, 바이오 제약, 의료기기 등 5개 친환경 및 건강증진 미래산업 분야에서 2020년 매출 50조 원에 4만 5000명의 고용을 창출한다는 계획이다. '뉴 이건희 플랜'은 '과감한 투자'로 기존 주력사업의 경쟁력을 보다 확고히 해 누구도 따라올 수 없는 절대강자로 자리매김한다는 계획이라고 할 수 있겠다. 이날 발표한 5대 신수종사업은 완전히 새로운 사업이라기보다 삼성이 진행 중이거나 진출을 검토하며 거론했던 사업들이다.

지난 2008년 4월, 이건희가 경영일선에서 물러나면서, 삼성은 굵직굵직한 결단을 내릴 수 없었다. 그것은 계열사 사장 수준에서는 감당하기 힘든 '책임' 때문이었다. 그런데 이건희는 삼성을 다가올지도 모를 위기에서 탈출시킬 첫 번째 해법으로 '신사업 육성'이라는 '과감한 투자'의 카드를 꺼내든 것이다.

이건희는 이날 회의에 참석한 삼성 사장단에게 "다른 글로벌 기업들이 머뭇거릴 때 과감하게 투자해서 기회를 선점하고 국가 경제에도 보탬이 되도록 해야 한다."고 강조했다. 그리고 그는 "젊고 유능한 인재들을 많이 뽑아서 실업 해소에도 더 노력해 달라."고 당부하면서 핵심 인재 발굴을 강조했다.

이날 사장단회의에는 이건희를 비롯해서, 김순택 삼성전자 부회장(신사업 추진단장), 최지성 삼성전자 사장, 장원기 삼성전자 사장(LCD사업부장), 최치훈 삼성 SDI 사장, 김재욱 삼성 LED 사장, 김기남 사장(삼성종합기술원), 이종철 원장(삼성의료원), 이상훈 사장(삼성전자 사업지원팀장), 이재용 부사장 등이 참석했다.

'비전 2020'의 세부계획에 따르면 태양전지의 경우 결정계를 시작으로 향후에 박막계를 추진하며 2020년까지 누적투자 6조 원, 매출 10조 원, 고용 1만명 달성을 목표로 하고 있다. 자동차용 전지는 2020년 누적투자 5조 4000억 원, 매출 10조 2000억 원, 고용 7600명을 목표로 하고 있다. LED 부문은 디스플레이 백라이트에서 조명엔진, 전장(電裝) 등으로 확대할 계획이며 삼성 LED는 이를 통해 2020년 누적투자 8조 6000억 원, 매출 17조 8000억 원, 고용 1만 7000명을 달성할 것을 목표로 하고 있다. 바이오 제약은 수년내 특허 만료되는 바이오시밀러 중심으로 의료원 등과 협력을 통해 추진할 계획이며, 2020년 누적투자 2조 1000억 원, 매출 1조 8000억 원을 목표로 하고 있다. 의료기기는 혈액검사기 등 체외 진단 분야부터 진출해 2020년 누적투자 1조 2000억 원, 매출 10조 원, 고용 9500명을 목표로 하고 있다.

이건희의 '스피드 경영', '공격경영'은 곧바로 이어졌다.

'뉴 이건희 플랜'을 발표한 지 일주일만인 5월 17일, 이건희는 경기도 화성캠퍼스(반도체사업장)에서 열린 반도체 16라인 기공식에 참석해서 삼성전자 사상 최대 규모인 26조 원의 연간 투자 계획을 발표했다. 삼성의 스피드 경영이 다시 본격 가동되기 시작한 것이다. 이날 발표된 투자규모는 '비전 2020'의 투자 금액보다도 많은 것이어서 재계는 놀라움을 금치 못했다. 그 동안 회장이라는 구심점이 사라졌던 삼성은 막대한 자금이 소요되는 투자에 선뜻 결정을 내리지 못하고 미적거리는 감이 많았는데 경영 일선에 복귀한 이건희는 과단성 있는 공격경영의 '키맨'으로서 그간의 우려를 말끔히 씻어내며 삼성에 새로운 활력을 불어넣기 시작했다.

> 다른 글로벌 기업이 머뭇거릴 때 과감하게 투자해서 기회를 선점하고 국가 경제에도 보탬이 되게 해야 한다.

이건희는 이런 신념 아래 그 동안 과감한 투자를 결정했고 그 결정은 오늘날의 삼성을 만들어 내었다. 이날 발표된 26조의 투자 금액은 상상을 초월한 것으로 반도체에 11조 원, 액정표시장치(LCD)에 5조 원, 연구개발(R&D)에 8조 원 등을 투입하는 것으로 알려져 있다. 이는 삼성이 신수종사업을 육성하고 미래 전략을 구사하면서도 반도체와 LCD 등 기존 사업의 가치를 낮추어 보지 않고 여전히 삼성의 핵심 사업으로 보고 있음을 암시하는 대목이다. 특히 이 가운데 반도체 분야의 경우 2005년 이후 무려 5년 동안 중단됐던 대규모 투자가 재개됐다는 점에서 주목을 받고 있다.

이러한 막대한 투자 결정은 삼성이 이미 세계 시장을 선점한 반도체와 LCD 등의 분야에서 '제품 사이클의 독점'을 계속 이어나가겠다는, 글로벌 사업기회를 선점하겠다는 강력한 의지를 내비친 것이라고 볼 수 있겠다.

현재 메모리시장에서 고가, 저가 제품을 동시에 장악할 수 있는 기업은 삼성전자 밖에 없다. 각종 메모리 분야의 메모리 시장을 석권하고 있기 때문에 메모리 가격이 떨어지더라도 다른 기업에 비해 삼성은 큰 타격을 받지 않는다. 그것은 삼성이 과감한 투자를 통해서 20년간 세계 1위를 줄달음치며 '제품 사이클의 독점'을 이루어 낸 결과이다.

최근 들어 애플과 구글이 아이폰, 아이패드, 구글 TV 등으로 전자산업 영역을 해체하면서 새로운 경쟁구도를 만들어가고 있지만, 모바일 메모리는 물론 비메모리 제품인 모바일 CPU 시장에서도 최고의 기술력을 자랑하고 있는 삼성으로서는 해 볼만한 게임이 시작되고 있다는 판단을 하고 있는 셈이다.

이건희는 앞으로 삼성이 마주하게 될 트랙은 더 복잡해져 갈 것이고, 같이 뛰고 있는 경쟁자들도 과거에 보지 못했던 기업들이며, 그만큼 사업의 불확실성이 높아졌다는 것을 인식하고 있다. 말하자면 애플, 구글, 인텔, IBM, 소니 등은 삼성과 사업의 동반자이면서 경쟁자들이다. 그래서 서로 모자라는 부분을 채워나갈 수도 있지만, 글로벌 경영의 흐름을 타지 못할 경우 언제 나락으로 떨어질지 모른다는 것이 이건희의 판단인 것 같다.

그래서 이건희는 그날 투자 계획을 발표하면서 "글로벌 사업기회를 선점해야 그룹에도 성장의 기회가 오고 우리경제도 성장하게 될 것"이라며 과감한 투자확대의 필요성을 강조한 것이다.

이건희는 '세계 최고가 뛰는 트랙은 따로 있다.'고 강조하며 '뉴 이건희 플랜'과 과감한 투자로 '선도경영'이라는 화두를 제시하고 있다.

이에 따라 삼성은 메모리·LCD·TV·휴대전화 등 선도사업은 압도적 시장점유율과 영업이익률 달성 등을 통해 선두의 위상을 더욱 강화하고, 생활가전·컴퓨터·프린터 등 6개 사업을 적극적으로 육성해 현재 20% 수준인 육성사업의 매출비중을 2020년까지 30%대까지 끌어올린다는 방침이다.

어쨌든 이건희는 경영일선에 복귀하자마자 두 차례의 대규모 투자를 결정함으로서 경영전반의 불안감을 불식시킬 수 있는 계기를 마련했다. 그와 동시에 그는 미래 신수종사업 발표를 통해 앞으로 미래의 또 다른 트랙들을 제시했다.

과연 그가 전처럼 각 계열사들을 일사불란하게 진두지휘하면서 '삼성 3.0 시대'를 열며 성공가도를 질주해 나아갈 것인가? 아무 것도 참조할 자료가 없는 새로운 영역에서도 삼성은 과연 창조성을 발휘할 수 있을까?

삼성가(家) 가족이야기 29

견제당하는 장손 이재현

 이재현은 삼성가의 장손이다. 그는 1960년 3월 19일, 서울 중구 장충동에서 이병철 삼성그룹 선대회장의 장손으로 태어났다. 그는 이병철이 세상을 떠났을 때 장손으로서 할아버지의 영정을 받쳐 들고 유해를 운구하는 대열의 선두에 섰고, 할머니 박두을이 세상을 떠날 때까지 장충동 집에서 모시고 살고 있다. 하지만 할아버지가 일으킨 삼성이란 거대 기업의 후계자가 된 것은 작은 아버지인 이건희였다.
 덕분에 이재현은 삼성에서 독립을 계획할 무렵부터 심한 견제를 받아야 했다. 1994년 10월 26일, 삼성은 비서실 차장인 이학수를 제일제당의 대표이사 부사장에 임명한다. 당시 이재현은 어머니 손복남으로부터 제일제당 주식을 증여받아 경영권을 확보하고 독자경영 수순을 밟고 있던 상태였다. 제일제당 측은 이를 두고 '10·26 쿠데타'라며 거세게 반발한다. 이때 이건희는 경영에 미숙한 조카의 경영수련을 위해 전문경영인을 파견했는데 자신의 뜻을 몰라준다면서 이학수를 부임 한 달 만에 삼성으로 복귀시켰다.
 1995년 3월에도 삼촌과 조카 사이에는 앙금이 남을 사건이 터졌다. 이재현이 살고 있는 장충동 집을 감시하는 CCTV를 옆집 옥상에 설치한 사진이 언론에 보도되었다. 이재현은 진작 그것이 자신의 움직임을 감시하기 위해서 삼성이 한 짓이란 것을 알고 여러 차례 항의했지만 CCTV는 계속 돌아갔다. 이건희로서는 장손인 이재현이 계속해서 견제해야만 될 불편한 존재였던 모양이다. 당시 CJ 측은 "사전 통보 없이 감시용 CCTV를 설치했고 이를 감추기 위해 렌즈 유리를 썬팅까지 했다."고 주장했다. 삼성은 그 CCTV가 언론에 보도되자 즉시 철거했다. 삼성 측은 이 사건에 대해서 이건희의 어머니인 박두을 여사를 보호하려는 차원에서 그렇게 한 것이라고 했으나 설득력이 없는 변명에 지나지 않았다.

그 후에도 삼성의 이재현에 대한 감시와 견제는 계속되었다. 2012년 2월 이재현에 대한 미행 감시라는 초유의 사건이 터졌다. CJ 측에 따르면 2월 12일 이맹희가 이건희에 대해 '재산반환소송'을 제기한 직후부터 미행은 시작됐다고 한다. 2월 16일 이재현의 운전기사가 검은색 오피러스 승용차가 뒤를 밟고 있다는 사실을 눈치 채고 CJ회장 비서실에 신고를 했다. 미행은 17일에도, 주말인 19일, 20일, 그리고 월요일에도 계속됐다. 뿐만 아니라 장충동 이재현의 집앞에도 수상한 차량이 종일 주차돼 있었다.

CJ 측 사람들이 눈치를 챈 것 같자 오피러스 운전자는 렌터카 업체에서 차를 바꾸어 그랜저를 타고 나타났다. 2월 21일 일이었다. CJ 측은 이를 모두 카메라에 담고 대비책을 세웠다. 이날 오후 7시 40분쯤 이재현의 차가 집을 나서자 예의 그 그랜저가 다시 뒤를 밟았다. 이재현의 운전기사는 차의 속도를 갑자기 줄였다. 뒤따르던 그랜저가 급정거하자 CJ 측 다른 수행차량이 그랜저를 들이 받았다. 일부러 유도한 접촉 사고였.

그랜저 운전자는 경찰 조사에서도 직장과 신원을 밝히지 않았으나 경찰은 이름과 주민번호 등을 근거로 그가 삼성물산 감사팀의 김모 차장이라는 것을 확인했다. CJ 측은 삼성에 대한 고발과 함께 사과를 공식 요구했으나 삼성물산과 김 차장은 미행이 아니라고 전면 부인했다.

삼성이 무리수를 두어가면서까지 이재현을 감시하고 나서는 근본 원인은 삼성가의 장자권 때문이다. 삼성 측이 이맹희의 소송 배후에 그의 아들 이재현이 있을 것이라는 의심을 하고 있기 때문이라는 시각도 있다. 백수나 다름없는 생활을 해온 팔십 노령의 이맹희가 국내 굴지의 스타 변호인단으로 구성된 소송을 벌일 여력이 없다고 믿는 때문이다. 이 소송에서 이기지 못한다면 이맹희는 이 비용을 고스란히 부담해야 한다. 이맹희의 입장에서 이 같은 위험부담을 떠안기에는 경제적으로 설득력이 없어 보인다.
 이맹희는 소송을 제기하면서 이건희 측을 자극하는 엉뚱한 소리를 내놓기도 했다.

 건희가 삼성을 물려받아 경영한 뒤 뒷세대에선 재현이가 물려받으란 게 선대회장(이병철)의 뜻이었다.

 이 주장에 따르면 이병철은 자신의 자식 대에서는 3남 이건희를 지목했고 손자 대에서는 장손인 이재현을 점찍었다는 것이다. 말하자면 이병철 - 이건희 - 이재현 구도를 뜻하는 것인데 이건희로서는 기가차고 절대로 받아들일 수 없는 비현실적 몽상이 아닐 수 없다. 태종이 충녕대군에게 왕위를 주어놓고선 다음 번 보위는 양녕대군의 아들에게 넘기라는 유언을 남겼다는 뜻이 아닌가.
 2000년 7월, 이건희는 〈월간조선〉과의 인터뷰를 통해 "상속에는 두 가지 성격이 있을 겁니다. 선대의 제사를 모시면서 가통을 잇는 상속이 있을 것이고, 집안의 가업을 잇는 상속이 있습니다."라고 말한 바 있다. 이에 따르면 삼성가의 가통(家統)은 장손안 이재현에게 있고 가업(家業)인 삼성그룹을 이끌고 있는 이건희 자신과 자신의 핏줄들에게 있다는 의미다.
 어쨌거나 재벌가의 적통을 다투는 게임은 그 옛날의 왕권을 다투는 게임 못지않게 치열하다는 것을 삼성가의 긴장과 갈등을 보면서 느낄 수 있다. 그래서 재벌가 사람들의 삶을 보통사람들이 사는 방식으로 이해하려면 어려운 법이다. 조금 삐딱한 시선을 가진 사람들은 최근 CJ그룹이 강도 높은 검찰 조사를 받고 있는 것도 삼성과의 사이에 지나친 각을 세운 때문이라고 보고 있기도 하다.

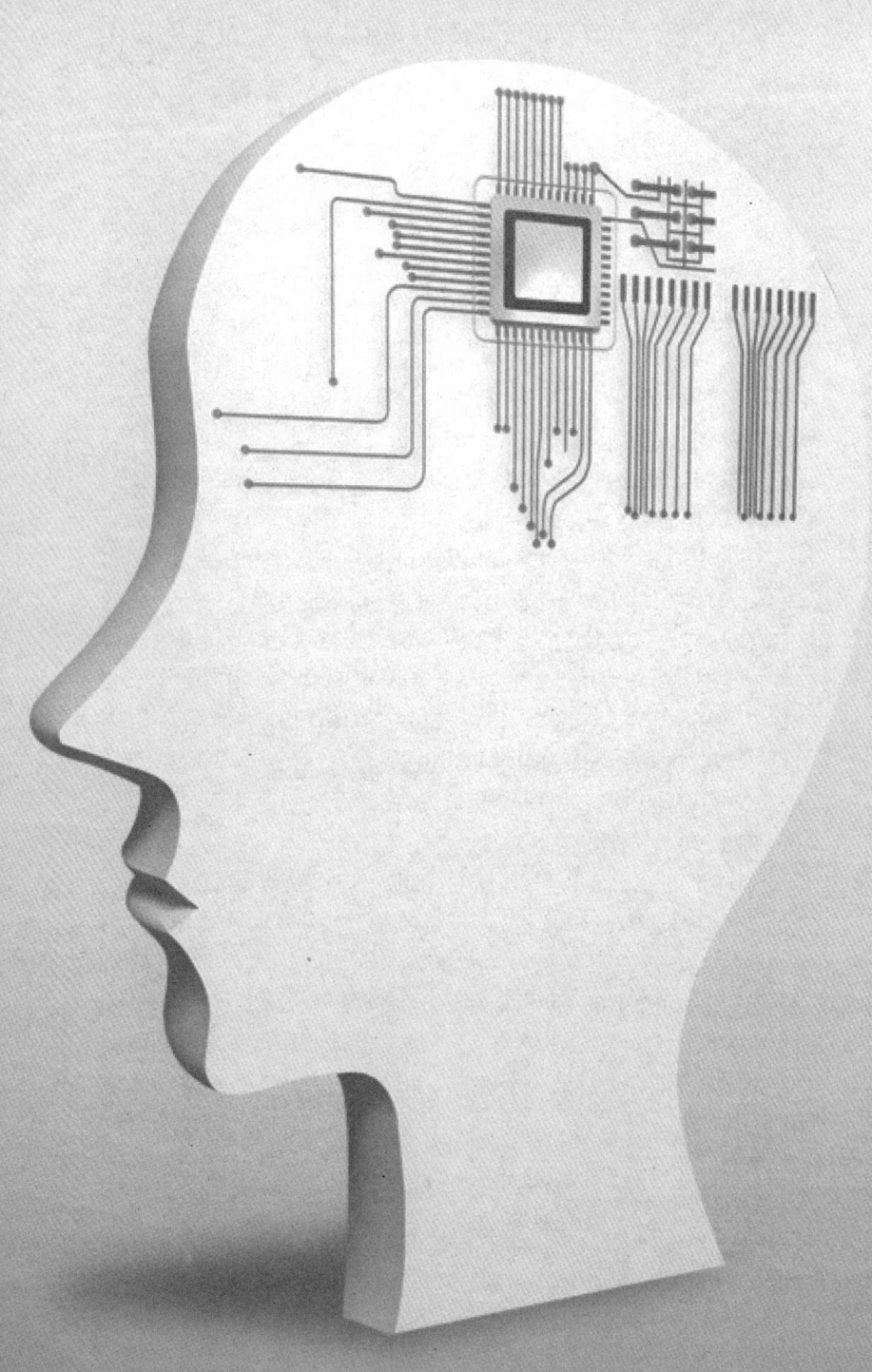

제8장

스마트 시대

미래에 살아남기 위해서는 경영자들이 모든 분야에 대해
스스로 알아야 합니다(知). 알되 바로 알아야 합니다. 또한
경영자는 할 줄 알고 솔선수범해야 합니다(行). 남을 시키고 사람을
쓸 줄 알아야 하며(用), 또한 밑의 사원을 가르칠 줄 알아야 합니다(訓).
마지막으로 더 중요한 평가할 줄 알아야 합니다(評).

- 이건희 -

인생의 진정한 기쁨은 강력한 존재로서 자신 스스로 깨달은
목적을 위해 사용되는 존재가 되는 데 있다. 세계가 당신의 행복을 위해
헌신하지 않는다고 투덜대는 불안하고 이기적인 불만 덩어리가 아니라
자연의 힘 같은 존재가 되는 데 있다. 나는 철저하게 소멸된 후 죽고 싶다.
더 열심히 일할수록 더 오래 살기 때문이다. 나는 인생 그 자체를 좋아한다.
인생은 내게 결코 '금세 꺼지는 촛불'이 아니다.
인생은 잠시 내가 맡고 있는 아름다운 횃불이다,
나는 그 횃불을 최대한 밝게 하여 다음 세대에 넘겨주고 싶다.

- 조지 버나드 쇼 -

㉚ 신경영 선언 20년

모든 것이 양에서 질로 가고 있다. 경영이 그렇다. 장래에 대한 물질적 정신적 보상, 가족과 자식의 미래 보장, 삶의 질을 올리기 위해서는 바꿔야 한다. (중략) 삼성의 질만이 아니다. 여러분 개개인의 인격, 상식, 자식의 질도 생각하자. 생활의 질, 자식 교육의 질도 생각하자. 앞으로는 자율적이고 유연한 사고를 가진 사람이 출세할 것이다. 그렇지만 질서와 도덕을 지키라. 선배를 섬기고 후배를 키워라.

- 이건희, 1993년 오사카 회의 -

변화의 심장이 뛴다

2013년 10월 28일 오후 6시, 삼성은 서울 장충동 신라호텔에서 '신경영 20주년 기념 만찬'을 열고, 신경영 선언 후 그룹의 성장과정을 돌아보고 새로운 도약을 다짐했다. 이 자리에는 이건희를 비롯해서 사장단, 부사장급 이상 고위 임원진과 협력사 대표 등 총 350여명이 자리를 함께했다. 그리고 이건희의 부인인 홍라희 리움미술관장, 이재용 삼성전자 부회장, 이부진 호텔신라 사장, 이서현 제일모직 부사장 등 일가족이 모두 참석했다.

이날 행사의 키워드는 '변화의 심장이 뛴다.'로 정해졌다. 삼성이 그동안의 성과를 발판으로 새로운 도약을 선언한다는 의미가 담겨 있다. 지난 20년의 성과를 돌아보는 것에 그치지 않고 차세대 삼성을 위한 새로운 20년을 준비하겠다는 의지를 반영했다.

신경영을 선포하던 20년 전과 비교, 삼성은 비약적 성장을 했다.

삼성전자는 신경영을 선언한 1993년 당시에는 매출 규모가 29조 원에 불과했지만 20년 이후에는 380조 원(2012년 말 기준)으로 13배 증가했다. 수출 규모도 같은 기간 107억 달러에서 1572억 달러로 15배 늘어났다. 시가총액도 같은 기간 7조 6000억 원에서 338조 원으로 44배 증가했다. 삼성의 임직원 수도 14만 명에서 42만 명으로 늘어났다. 주력 계열사인 삼성전자는 반도체 메모리시장 20년 연속 1위, 세계 스마트폰 시장 1위, TV 시장 7년 연속 1위 등 명실상부한 세계 1위의 전자기업으로 성장했다.

지난 2012년 기준 삼성 제품이 글로벌 1위에 이름을 올리고 있는 제품은 19개에 달한다. 19개 제품에는 CTV, LCD 모니터, D램, 낸드 플래시, 모바일 AP, 스마트폰, 리튬이온 2차전지, 중소형 AMOLED 패널, 드릴십, LNG선 등 주력 계열사에 포진되어 있다.

이 가운데 그룹 주력 계열사인 삼성전자 제품은 총 9개로 삼성의 1위 상품 중 절반 정도의 비중을 차지하는 등 삼성그룹 전체 실적을 주도하는 견인차 역할을 톡톡히 했다.

D램 분야에서는 1992년 이후 20년 넘게 세계 1위 자리를 지키고 있으며 낸드 플래시 부분에서는 2002년 이후 10년 넘게 1위 자리를 공고히 하고 있다. TV 역시 7년 연속 세계 1위를 확정짓고 점유율도 20%를 훌쩍 넘겼다. 즉, 전 세계 TV 보유 고객 5명 중 1명 이상은 삼성 제품을 산다는 의미다.

휴대전화 분야에서 역시 삼성의 가치를 높이고 있다. 1994년 첫 휴대전화를 출시했을 당시 휴대전화 불량률은 11.8%에 달했다. 이 때문에 구미사업장에서 불량 휴대전화 15만 대를 소각하는 '화형식'을 진행한 것은 유명한 일화로 꼽히고 있다. 그러나 근본적 체질 개선의 노력 덕분에 삼성의 스마트폰 시장 점유율은 14년 동안 휴대전화 시장에서 1위를 기록한 노키아의 아성을 제치고 1위를 기록하며 신화를 이어나가고 있다.

삼성그룹의 신경영은 해외에서도 주목을 받았다. 하버드대학교에서 '삼성 성공의 패러독스'라는 주제로 연구논문을 발표했고 일본의 우익 학술단체 '일본토론연구학회'가 〈세계 최강 기업 삼성이 두렵다〉라는 단행본을 출간하며 일본 기업인들에게 삼성에 대한 경각심과 벤치마킹을 주문했다. 더욱 놀라운 것은 삼성의 이같은 성공 요인에 IMF 외환위기가 자리 잡고 있었다는 점이다.

서울대 경영학과 교수 송재용과 이경묵은 〈하버드 비즈니스 리뷰〉 2011년 7월호에 '삼성 성공의 패러독스(The Paradox of Samsung's Rise)'라는 논문을 발표하면서 삼성의 성공 요인을 이렇게 분석했다.

> 삼성은 전통적인 일본식 경영 시스템을 받아들였으나 이건희 회장이 1993년 신경영을 도입한 이후 미국식 경영을 적극 접목하면서 두 가지 경영의 장점을 결합한 특유의 삼성식 경영을 만들어냈다.

이 논문은 이건희가 주도한 신경영 이후 글로벌 초일류 기업으로 급부상하게 된 가장 중요한 이유로 삼성식 패러독스 경영(paradox management)을 들고 있다. 1990년대 초반만 해도 글로벌 시장에서 이름조차 미미했던 삼성전자가 불과 10여년 만에 글로벌 경쟁과 지식기반경제, 디지털 기술의 부상으로 대변되는 21세기 패러다임 변화의 시대에 최고의 IT 기업으로 거듭나게 된 비결이 패러독스 경영에 있다는 것이다.

이 논문을 통해 삼성의 경영 성공사례가 글로벌 경영학계에 학술적으로 집중 조명된 셈인데 이 논문의 공동 저자인 송재용은 언론과의 인터뷰에서 "이건희 회장이 앞에서 화두를 던지고 삼성경제연구소 등 학습조직이 벤치마킹을 통해 선진 기법을 배워오면 외부에서 영입된 S급 인재, 지역전문가 인재, 미래전략그룹에 속한 외국인 인재들이 이를 전사적으로 추진하는 체계를 갖춘 게 주효했다."고 평가했다.

하지만 이는 세상에 없는 상품과 서비스를 내놓은 게 아니라 기존에 나와 있는 제품에 새로운 기능을 추가하고 원가 혁신을 통해 가격 경쟁력을 확보하는 '점진적·존속적 혁신'이라는 게 송재용의 평가다. 초일류 선도기업이 되려면 세상에 없는 상품과 서비스를 가장 먼저 내놔야 한다는 것이다. 존속적 혁신에 치중할 때는 일사불란하고 위계적인 조직이 효과적이었지만 그것만으로는 세계를 선도할 역량을 갖출 수 없다는 이야기다. 송재용은 "'창조적 혁신'과 '효율성'을 동시에 달성하는 또 다른 형태의 패러독스 경영 체제를 만들어내야 한다."고 주문했다.

2013 삼성 이노베이션 포럼

2013년 6월 27일 경기도 수원시 영통구에 위치한 삼성전자 모바일연구소에서 삼성전자의 '신경영 20년' 역사를 한눈에 볼 수 있는 포럼이 열렸다. 이름하여 '2013 삼성 이노베이션 포럼(Samsung Innovation

Forum)'이다. '삼성, 끝없는 혁신에 대한 이야기'가 포럼의 주제였다.

전시장은 3층까지 이어져 있었다. 이 자리에는 "마누라, 자식 빼고 다 바꾸라."는 말로 상징되는 1993년 삼성의 신경영 시작 이후, 20년간 새로운 가치를 창출해온 제품과 기술, 서비스의 발전사를 보여주는 자료들이 다양하게 소개되었다.

전시장 입구에는 가장 먼저 '신경영의 출발'을 알리는 존이 설치되어 있었다. 이곳에는 오래된 TV, VTR, 세탁기, 전화기 등 4가지 제품들이 전시되어 있었는데 그것들이 바로 신경영 선언의 계기가 된 제품들이었다.

미국 전자제품 매장에서 먼지를 뒤집어쓰고 외면 받던 TV, 선진 제품과의 품질 차이를 실감했던 VTR, 금형오류로 덮이지 않는 뚜껑을 깎아 생산하던 세탁기, 제품 출시를 앞두고 불량이 발생해 불태운 전화기들이 모두 거기에 있었다.

2층 전시장의 테마는 '제품의 혁신'이었다. 거기에 전시된 휴대전화, TV, 카메라, 컴퓨터 등을 통해서 지난 20년간 삼성 혁신의 역사와 IT제품의 발전상을 한 눈에 볼 수 있었다. 가장 눈에 띈 것은 1989년에 태어난 삼성전자 최초의 휴대전화, 이른바 '벽돌'로 불리던 투박한 모습의 'SH-100'이었다. 1995년의 애니콜과 2013년의 갤럭시 S4는 덩치는 비슷하지만, 외관부터 부품까지 완전히 달랐다. 세계 최초의 Watch폰, 세계 최초의 TV폰, 세계 최초의 카메라폰. 세계 최초라는 타이틀보다 정말로 다양한 시도를 해왔다는 것을 알 수 있었다.

텐밀리언셀러를 달성한 휴대전화들도 나열돼 있었다. 첫 테이프를 끊은 2002년의 이건희폰 1262만 대, 2004년 블루블랙폰은 1531만 대, 2011년 갤럭시 S2가 4288만 대, 2012년 갤럭시 S3가 5690만 대……

반도체 부스에 전시된 동그란 원판은 반짝반짝 거울 같기도 하지만 그것이 바로 반도체를 만드는 주재료인 웨이퍼(Wafer)다. 웨이퍼의 크기가 커질수록 한 장의 웨이퍼에서 생산할 수 있는 칩 수가 많아지기 때문에 생산성은 높아지고 제조 원가는 감소한다. 초기 3인치였던 웨이퍼가 이제는 18인치 이상으로 커져 그 집적도가 더욱 높아졌다.

삼성전자는 업계 최초로 8인치 생산라인을 구축한 데 이어 12인치 라인을 구축하는 등 과감한 투자와 기술력으로 D램, 낸드 플래시, 디스플레이 구동 반도체(DDI), 모바일 AP와 이미지 센서 등에서 꾸준히 세계 1위 자리를 지켜오고 있다.

TV 부문의 혁신도 눈에 띄었다. 화면의 가로 길이를 늘려 '숨어 있는 1인치'를 찾아 준 '명품 플러스원 TV', 세계 1위 도약의 주인공인 '보르도 TV', 세계 TV시장을 새롭게 주도해 나가는 스마트 TV, 예술품 같은 가치를 제공하는 UHD TV 등 TV 진화의 역사도 함께 볼 수 있었다.

한마디로 '2013 삼성 이노베이션 포럼'은 삼성이 어떻게 변해왔는지 보여주는 생생한 현장이었다.

신경영 선언 당시 삼성은 헐값에도 수출이 되지 않는 TV, 툭하면 고장 나는 VCR 때문에 몸살을 앓았다. 세탁기의 경우 금형이 잘못되어 플라스틱 모서리 부분을 칼로 깎아내고 공급하는 일이 벌어질 정도로 품질 문제가 심각했다. 지금으로서는 상상도 할 수 없는 일이지만 당시의 현실은 그러했다.

삼성은 이 포럼을 통해서 숨기고 싶은 아픈 과거의 모습을 드러내 보여주면서 현재와 미래에는 결코 그런 실수를 반복하지 않겠다는 의지를 보여주었다. '이노베이션 포럼' 개최는 이와 같은 노력의 산물이라고 할 수 있다.

이번 포럼의 관계자인 삼성전자 경영지원실 기획팀 이경태 상무는 "이번 행사는 암울했던 당시 상황을 재현해 임직원들의 경각심을 불러 일으키기 위해 준비했다. 삼성 제품의 20년 발전사를 선보이며 품질과 혁신의 중요성을 강조한 것이다. 행사를 참관하면서 삼성전자가 앞으로 더 나은 인류의 삶을 위해 어떤 창의적인 기술과 제품을 선보일지 예측해 볼 수 있는 자리가 되기를 기대한다."라고 말했다.

전시회장의 바닥과 천장을 받치고 서 있는 5개의 기둥은 삼성 이노베이션 포럼의 상징물인 '모뉴먼트'였다. 다섯 개의 기둥은 각각 인재제일, 최고지향, 변화선도, 정도경영, 상생추구 이렇게 삼성의 5대 가치를 상징하고 있었다.

◈ 이건희의 '신경영 선언 20주년 기념사'

사랑하는 삼성가족 여러분

오늘은 신경영을 선언한 지 20년이 되는 뜻깊은 날입니다.

그동안 우리는 초일류기업이 되겠다는 원대한 꿈을 품고 오직 한길로 달려왔습니다.

임직원 여러분의 열정과 헌신으로 이제 삼성은 세계 위에 우뚝 섰습니다.

오늘이 있기까지 삼성을 사랑하고 격려해주신 국민 여러분께 진심으로 감사드립니다.

존경하는 임직원 여러분

20년 전 우리의 현실은 매우 위태로웠습니다.

21세기가 열리는 거대한 변화의 물결 속에서 나부터 변하자, 처자식만 빼고 다 바꾸자고 결심하지 않을 수 없었습니다.

낡은 의식과 제도, 시대 흐름에 맞지 않는 관행을 과감하게 떨쳐 버리고, 양 위주의 생각과 행동을 질 중심으로 바꾸어 경쟁력을 키웠습니다.

세계 각지의 임직원 여러분

지금 우리는 새로운 변화의 물결을 맞이하고 있습니다.

개인과 조직, 기업을 둘러싼 모든 벽이 사라지고 경쟁과 협력이 자유로운 사회, 발상 하나로 세상이 바뀌는 시대가 되었습니다.

앞으로 우리는 1등의 위기, 자만의 위기와 힘겨운 싸움을 해야 하며, 신경영은 더 높은 목표와 이상을 위해 새롭게 출발해야 합니다.

지난 20년간 양에서 질로 대전환을 이루었듯이 이제부터는 질을 넘어 제품과 서비스, 사업의 품격과 가치를 높여 나가야 합니다.

실패가 두렵지 않은 도전과 혁신, 자율과 창의가 살아 숨쉬는 창조경영을 완성해야 합니다. 열린 마음으로 우리의 창조적 역량을 모읍시다. 기업에 대한 사회적 책임은 더 무거워졌으며, 삼성에 대한 사회의 기대 또한 한층 높아졌습니다.

우리의 이웃, 지역사회와 상생하면서 다함께 따뜻한 사회, 행복한 미래를 만들어 갑시다.

이것이 신경영의 새로운 출발입니다.

어떠한 어려움에도 흔들리지 않는 영원한 초일류기업, 자랑스러운 삼성을 향한 첫 발을 내딛고 다시 한 번 힘차게 나아갑시다.

삼성가(家) 가족이야기 30

이건희의 좌우명은?

이건희의 좌우명은 경청(傾聽)과 사필귀정(事必歸正)이다.

그중에서 경청은 아버지 이병철이 아들을 후계자로 지목하고 부회장으로 승진시킨 다음 날 직접 글을 써서 내려준 유훈이기도 하다. 이병철은 아들에게 매사에 말을 아끼고 다른 사람의 의견을 많이 들을 것을 당부했다.

그 후 이건희는 남의 말을 끝까지 경청하기로 유명한 사람이 되었다. 언젠가 소설가 박경리와 1시간 반 동안 식사를 한 적이 있는데 그때도 그는 거의 말을 하지 않고 상대방의 얘기를 듣는 데 열중해서 박경리의 찬탄을 자아내기도 했다. 초대 문화부 장관을 지낸 평론가 이어령도 "그의 한 마디가 나의 열 마디를 누른다."라면서 이건희에 대해 이런 표현을 했다.

나는 로댕의 '생각하는 사람'처럼 고개를 숙이고 있는 그 분의 옆얼굴에서 기업인이라기보다는 외롭고 깊은 침묵 속에서 끝없이 무엇인가를 창조해가는 과학자나 예술가로서의 단면을 보았다.

실제로 남의 말을 잘 듣는 경영자는 매우 드물다. 남을 리드해야 하고 앞장서야 하기 때문에 말을 많이 하는 경우가 많다. 그러나 이건희는 '경청'하라는 아버지의 가르침을 항상 상기하고, 사장단회의나 정부 정책회의 때도 대부분 듣는 데 많은 시간을 할애했다.

이건희는 스스로 "제 별명이 말 없는 사람입니다. 집에선 으레 재미없는 사람으로 돼 있습니다."라고 말했다. 그는 집에서도 오직 자기만의 시간을 갖는다고 한다. 홍라희는 결혼 5년이 지나서야 이건희의 성격을 좀 알 것 같았다고 실토했다.

아마 이건희의 '경청'은 다목적이라고 보는 게 옳을 것이다. 그는 부하 직원들의 보고를 받고도 고개를 끄덕이는 정도의 반응만 한다. 그는 기나긴 침묵 뒤 한마디 말의 힘을 안다. 말을 적게 하면 권위에 근거한 무서운 추진력을 가질 수 있는 것이다. 경청은 특히 제왕적 리더십과도 깊은 관련이 있는 것이다. 이건희는 침묵 하나로 '섹시하다'는 평가를 받은 적까지 있다. 2002년 3월 결혼정보회사 '선우' 리서치 팀이 전국의 20~30대 여성을 대상으로 한 조사에서 이건희는 압도적 우위로 '매력적인 재벌 총수' 1위에 뽑힌 적이 있는데 '그의 섹시함은 침묵의 카리스마'라는 평가가 내려졌다.

이건희의 아들 이재용도 자신의 좌우명을 '경청'으로 삼은 것으로 알려졌다. '경청'이라는 좌우명이 삼성가에 대를 이어 전해지고 있는 셈이다.

이건희에게는 다른 좌우명이 하나 더 있는데, 그것은 '사필귀정'이다. 사필귀정이란 문자 그대로 올바르지 못한 것이 처음에는 통하는 것 같지만 결국 오래가지 못하고, 마침내 올바른 것이 이기게 되는 것을 가리키는 말이다. 즉, 사필귀정은 좋은 일을 하면 반드시 복을 받고 나쁜 일을 하면 반드시 벌을 받는 식으로 올바른 법칙의 적용을 받게 된다는 말인데, 이건희는 삼성 전 직원들에게 도덕성을 강조하면서 이 말을 하곤 한다. 그런데 이 사필귀정이란 말은 이병철의 아버지 이찬우가 여러 번 강조했던 말이기도 하다. 이병철이 보통학교 과정을 마치지 않고 속성과를 통해서 중학교로 진학하겠다고 했을 때 이찬우는 이렇게 호통을 쳤었다.

어떤 일이든 성급하지 말아야 한다. 무리하게 사물을 처리하려 들면 낭패를 겪는 법이다. 너는 사필귀정(事必歸正)이란 말을 아느냐?

훗날에도 이찬우는 아들에게 사필귀정을 처세훈으로서 자주 들려주었다. 그래서인지 이병철은 1985년 4월 22일 KBS와의 방송대담에서 인간만사(人間萬事) 새옹지마(塞翁之馬)라는 말을 하면서 사필귀정에 대해서 이런 말을 했다.

지나간 50여 년 동안 기업을 경영해 오면서 고통스러웠던 기억도 많이 있었습니다. 나만이 책임져야 하는 외로운 결단을 내리기 위해 며칠 밤을 꼬박 새운 일이 한두 번이 아니며, 내가 세운 기업, 내가 키운 기업, 나의 정성과 혼이 들어있는 기업이 파란을 겪을 땐 뼈를 깎는 아픔이 따랐습니다. 그럴 때, 나는 선친께서 늘 말씀하신 '사필귀정(事必歸正)'을 생각하며, 내 나름대로 정당하다면 그렇게 결단을 내릴 수밖에 없었지요. 지금 돌이켜보면 그런 고통도 하찮은 일로, 인간만사 새옹지마라는 생각이 듭니다. 그래서 요즘은 될 수 있는 대로 대범하게 생각하려고 노력합니다.

1993년 6월 독일 프랑크푸르트 회의에서 신경영을 선언하면서 이건희는 "부정은 암이고 그것이 있으면 회사는 반드시 망한다. 도덕성이 결여된 기업에서는 좋은 물건이 나올 수 없고 나와도 반갑지 않다."는 말을 했다.

그후 이건희는 윤리경영, 정도경영을 끊임없이 주문하면서 삼성맨들에게 사필귀정의 이치를 깨달을 것을 강조해왔다. 그는 아무리 수익성이 높은 사업이라도 손가락질 당할 일은 하지 않고 사회를 위해 좋은 일을 해야 한다는 경영방침을 세워 놓고 있다. 그는 정도경영 없이는 초일류경영도 있을 수 없다고 이렇게 말하고 있다.

경영진은 수단, 방법 안 가리고 이기면 된다는 나쁜 습관을 버려야 한다. 좋게, 싸게, 빠르게 만들어서 이익을 내고, 배당하고, 남는 자금은 사회환원 및 문화사업을 해야 하는 것이 기업 본연의 자세다. 어떠한 경우에도 불법은 절대로 안 된다.

이렇게 사필귀정이란 말은 삼성가와 삼성그룹을 관통하는 정신으로서 자리매김을 한듯하다. 경청이 개인적 덕목을 쌓는 데 필요한 말이라면, 사필귀정은 사회적 책임을 완수하는 데 필요한 실천적 지혜를 주는 말이라고 할 수 있겠다.

㉛ 사업의 경계가 사라진 시대

  다른 모든 사람들이 하고 있는 것을 그대로 따라만 해 가지고서는 탁월한 경제적 성과를 달성하는 것이 불가능하다. 또한 남들과 똑같이 행동하면서(정상적이기를 바라면서), 비정상적인(탁월한) 결과를 기대할 수 없다.

- 제프리 페퍼 -

알 수 없는 미래, 그러나……

"개인적으로 집에 컴퓨터를 가지고 있을 이유가 전혀 없다."

이 말은 디지털 이퀴프먼트의 창업주이자 CEO였던 케네스 올센이 1977년에 한 말이다. 지금 와서 생각하면 정말 어리석고 바보같은 말이지만, 당시로서는 최첨단 기업을 경영하던 사람이 이런 생각을 하고 있었으니 일반인들의 생각이야 오죽했으랴 싶다.

30년 전, 오늘날과 같은 인터넷 세상을 예언한 사람은 한 명도 없었다. 앨빈 토플러 정도가 정보화 사회의 도래를 이야기했을 뿐이다. 또 불과 5년 전만 해도 지금과 같은 '스마트빅뱅'이 일어날 것을 예견한 사람은 한 명도 없었다. 미래가 어떻게 도래할 것인지에 대해서 공부하는 미래학자들조차도 정확하게 미래를 예측하기는 힘든 법이다.

1995년 우리나라의 어느 재벌그룹 비서실에서 10년 후, 그러니까 2005년도 재계 순위를 예측한 적이 있다. 그때 예측한 재계 순위를 보면 실소를 금할 수 없다.

1위 대우그룹, 2위 LG그룹, 3위 현대그룹, 4위 삼성그룹, 5위 SK그룹…….

1위의 기업군이 되리라 예상됐던 대우그룹은 공중분해 되었고, 2위를 차지할 것이라던 LG그룹은 GS그룹과 나뉘어졌으며, 현대그룹 또한 창업주의 사망과 더불어 여러 조각으로 나누어지고 말았다. 하긴 그 조사를 하면서도 그들은 2년 후에 닥쳐올 IMF에 대해서는 꿈에도 생각하지 못했으리라. 그러니 미래를 내다본다는 것이 얼마나 어려운 일인가.

세상은 그만큼 전문가들도 예상하기 힘든 속도로 빠르게 변하고 있다. 특히 IT 기술은 하루가 다르게 변화하고 있고, 변화의 속도는 더욱 빨라지고 있다. 그래서 3년 이후의 기술 트렌드를 전망하는 것은 의미가 없다는 말도 있을 정도다.

그런데도 사람들은 앞날에 대해서 알고 싶어 한다. 그리고 기업을 하거나 조직을 운영하는 사람들은 중장기 전략을 세워야 하기 때문에 다소 틀리더라도 앞날을 기획하지 않을 수 없다. 특히 IT 기업들은 IT 기술의 변화에 누구보다 민감해야 한다.

세계적 시장 조사업체인 가트너는 2010년 10월 심포지움을 열고 '2011년 Top 10 전략 기술'을 선정 발표했다. 클라우드 컴퓨팅, 모바일 애플리케이션과 미디어 태블릿, 차세대 애널리틱, 소셜 애널리틱, 소셜 커뮤니케이션과 협업, 비디오, 상황인식 컴퓨팅, 유비쿼터스 컴퓨팅, 스토리지 클래스 메모리, 패브릭 기반 인프라와 컴퓨팅 등이 그것들이다.

가트너는 전년도에도 '2010년 Top 10 전략 기술'을 발표했었는데 6가지 정도가 2010년에 이어 Top 10의 자리를 지켰고, 나머지 4개의 기술은 2011년 목록에서 제외됐다. 가트너는 전략 기술(strategic technology)을 향후 3년 내 회사에 중대한 영향을 미칠 잠재력을 지닌 기술로 규정하고 있는데 1년 사이에 4개의 기술은 그 중요성을 잃어버린 셈이니 정말 기술의 변화가 빠르다는 것을 실감할 뿐이다.

만약 어떤 회사가 그 4개의 기술에 사운을 걸고 '올인' 했다면 좀 좋지 않은 결과를 얻게 된 것은 아닐까? 여기서 가트너가 말하는 중대한 영향이 의미하는 요인은 사업의 붕괴 가능성, 또는 기술 채택 연착의 위험성 등을 포함하기 때문이다. 이렇게 빠르게 변하는 IT 기술의 변화에 삼성전자는 어떻게 대처할 것인가?

많은 사람들이 앞으로의 10년이 지난 100년보다 더 많은 것을 바꾸어 놓을 것이란 예상을 하고 있다. 2007년 신년사에서 이건희는 이런 말을 했었다.

> 디지털 시대 1년의 변화는 아날로그 시대 100년의 변화에 맞먹는다. 21세기 디지털 시대의 정상에 서기 위해서는 창조적 발상과 혁신으로 미래에 도전해야 할 것이다.

지금 삼성전자는 반도체, 휴대전화, LCD 등 효자 상품 덕에 사상 최대의 호황기를 맞고 있지만, 5년, 10년 후에도 그러하리란 보장이 없다는 것이 이건희의 평소 생각이다. 그는 기업이 살아남고 일류를 유지하려면 현재에 만족하기보다는 부단한 개혁과 노력이 필요하다는 것을 기회가 있을 때마다 강조했다.

10년 후 우리의 삶의 모습은 어떻게 변해 있을까? 삼성전자는 그때도 초일류 기업으로 자리매김하고 있을까?

지금부터 10년 후는 2025년이다. 사람들은 2025년 하면 아주 먼 미래의 이야기로 생각하기 십상이다. 혹자는 어린 시절에 즐겨보던 공상과학 만화나 SF소설에서 나옴직한 연도란 생각이 들겠지만 2025년은 어느덧 10년 후의 현실이 되어 있다는데 흠칫 놀라고 있으리라.

10년은 아주 짧은 시간 같이 느껴지기도 하지만 요즘처럼 하루가 다르게 기술이 발달하고 세상이 급하게 변하는 시대에는 아무도 10년 후를 제대로 예상하지 못한다. 치밀한 계산력을 가지고 있고, 상상력이 뛰어난 미래학자들도 점점 더 세상의 변화를 알아맞히는 데 곤혹스러워 하고 있다. 이건희는 이미 10년 전에 이런 말을 하며 고민을 털어놓은 적이 있다.

몇 년 전부터 5년, 10년 후 뭘 먹고 살지를 고민해왔어요. '바로 이거다.' 하는 사업이 떠오르질 않더군요. 환경이나 기술이 너무도 빠르게 변하기 때문에 미래의 보장된 사업을 지금 찾아낸다는 것은 정말 어려운 과제였어요.

과연 살아보지 못한 5년, 10년 후를 상상한다는 것은 어려운 일이다. 그런데도 그 5년, 10년 후를 예상하고 제품을 준비하고 기업을 살려야 하는 기업인의 고뇌는 보통 사람과는 다를 수밖에 없다는 생각이다.

10년 후는 분명 지금과는 다른 사회일 것이다. 많은 사람들이 유비쿼터스, 생명공학, 로봇 시대가 될 것이라고 말하고 있다. 그러나 10년 전 사람들에게 오늘날의 인터넷, 스마트폰 시대를 이야기한다면 잘 알아듣지 못했을 것처럼 우리는 쉽게 그런 사회를 떠올리지 못한다. 앞으로 다가오는 포스트 인터넷 시대, 유비쿼터스 시대, 생명공학 시대는 어떤 모습을 하고 있을까?

미래의 삼성전자의 모습을 알아보려면 앞으로 우리의 일생생활이 어떻게 바뀔 것인가를 알아야 그 해답을 얻을 수 있을 것이다. 앞으로 10년 동안 우리의 미래가 어떻게 바뀔 것인가를 살펴보면서 삼성전자의 미래를 논해보기로 하자.

요즈음 지하철 이용자들을 보면 책이나 신문을 읽는 사람들보다는 손바닥만한 스마트폰을 들여다보는 사람들이 대부분이다. '스마트 빅뱅', '모바일 빅뱅'이 일어난 이후의 풍경들이다. 스마트폰은 휴대전화지만, 전화기능은 오히려 부가기능이 되었다. 승객들은 영화를 보고, TV를 보고, 음악 감상을 하고, 게임을 하고, e-북을 읽고, e-러닝 학습도 할 수 있는 말하자면 무엇이든 다 할 수 있는 도구이기도 하다.

이런 풍경은 앞으로 변할 세상에 비하면 아무 것도 아니다. '스마트 빅뱅'은 가정과 직장, 자동차, 거리로 이어져나갈 것이다. '스마트 빅뱅'이 예시하는 미래 시나리오에 따르면 내 손 안의 스마트폰 디스플레이에서 냉장고, 에어컨, 세탁기, TV, 커튼, 가스보일러, 전자레인지, 출입문, 창문 등 집 안의 모든 것을 컨트롤하는 시대가 열리고 있는 것으로 되어 있다. 기기의 스마트화는 휴대전화를 넘어 '스마트 TV'로 변신하고 있다.

스마트 TV는 스마트폰과 더불어 정보전달 및 관리 장치, 그러니까 홈네트워크의 허브가 될 것이며, 다양한 전자 및 가전기기들의 스마트화를 이끄는 역할을 할 것이다.

이미 구글 TV, 애플 TV가 내놓은 플랜은 집안의 모든 가전기기 냉장고, 에어컨, 세탁기, 캠코더, 카메라, 프린트, 오디오 기기들을 스마트화 시키는 것으로 되어 있다.

이미 PC와 가전산업은 경계가 불분명해져 있고, 방송·금융 서비스·통신이 융합되어 가고 있다. 반도체와 생명공학의 결합은 시대의 대세이자 피할 수 없는 외길이기도 하다.

이제부터는 기업들의 사업 영역에 아무런 구분이 없이 완전히 새로운 영역의 사업이 시작될 것이다.

사업의 경계가 사라진다

삼성과 경쟁업체가 아닌 것 같은 기업이었던 애플과 구글이 전방위적으로 전자산업 영역을 해체하고 새로운 경쟁구도를 만들면서 삼성의 강력한 라이벌로 떠올랐다. 삼성전자는 스마트 TV 시장에서 소니나 필립스가 아닌 구글 TV, 애플 TV와 일전을 벌여야 한다. 얼마 전 같으면 그 누구도 상상조차 할 수 없는 일이 벌어지고 있는 것이다.

이제 같은 업종끼리만 싸우던 시대는 지났다.

예상치 못한 경쟁자가 등장하는 '이업종 격투기'가 시작되었다.

뜻하지 않은 곳에서 시장이 서로 겹치면서 비즈니스 구조가 근본부터 바뀌고 있다. 가장 먼저 구조가 뒤틀리기 시작한 것은 음악시장이다. MP3 플레이어가 등장하면서 음악시장의 쟁탈전은 시작되었다. 그동안 소비자들은 음악 CD를 구입해서 음악을 들었다. 그러나 MP3가 등장하면서부터 소비자들은 서서히 레코드점에서 음악 CD나 DVD를 사지 않게 되었다. 인터넷 음원 사이트에 들어가서 음원을 다운로드 받으면 그만이었다. 음악 유통의 구조가 뒤바뀌자 수많은 음반 제작사와 길거리에 그 많던 레코드점들이 사라져갔다. 이러한 현상을 '이업종 격투기'라고 볼 수 있는데 그렇다고 음악 유통 시장이 사라진 것은 아니다.

카메라 업계에서도 '이업종 격투기'가 벌어졌다. 디지털 카메라가 나오기 전까지 사람들은 필름 카메라를 사용했다. 디지털 카메라는 필름 대신에 메모리에 기록을 저장하는 탓에 서로 아무 관계도 없어 보이던 메모리 회사가 필름 회사를 잡아먹는 불구대천의 원수가 되어 버렸다. 인화할 때도 그런 현상은 이어졌다.

디지털 카메라의 사용자는 필름 현상소를 찾는 것이 아니라 컬러프린터를 찾게 된 것이다. 그동안 사진과는 아무 관계도 없던 프린터 회사는 거대 시장을 만나 신바람이 났고 현상소들은 하나둘 문을 닫거나 업종 전환을 해야 했다.

신문시장의 경우도 마찬가지이다. 무가지가 나타나자 신문업계는 난리가 났었다. 그런데 이제 신문의 적은 무가지가 아니라 스마트폰이다. 출근 시간에 지하철이나 버스를 타는 승객들은 이제 무가지를 보지 않고 스마트폰을 들여다보고 있다.

위의 사례 외에도 '이업종 격투기'는 부지기수로 일어났고 앞으로도 눈에 보이게, 또 보이지 않게 일어나서 산업 간의 벽을 허물고 새로운 산업 질서를 재편해 나갈 것이다.

업종 간 경쟁의 벽이 무너지고 그전까지는 전혀 다른 업종이라고 생각했던 회사 간에 경쟁이 급격하게 느는 이유는 정보통신기술의 발달 때문이다.

앞으로의 세상은 새로운 컨셉의 디지털 기기들이 하루가 다르게 등장할 것이다. PC, 휴대전화, MP3 플레이어 등 지금까지 일반적으로 구분하던 디지털 기기의 고정관념을 깨는 새로운 디지털 기기들이 수없이 등장하게 될 것이다. 쏟아져 나오는 다양한 종류의 디지털 기기들에 이름을 붙이고 분류하는 것만도 쉽지 않은 상황이다.

애플이 더 이상 컴퓨터 회사가 아니듯이 이제 구글은 단지 검색엔진 서비스만을 제공하는 업체가 아니다. 구글은 IT 산업에서 전방위적인 사업 확장을 통해 새로운 사업을 창출하고, 산업의 지형을 변화시키는 장본인이다. 최근 구글은 사업영역을 점차 확대해 IT 산업 전반에 걸친 밸류 체인을 만들었다. 온라인 서비스에서 OS는 물론 최근에는 심지어 '넥서스윈' 이라는 스마트폰을 출시하면서 제조 부문에까지 뛰어들었다.

애플리케이션의 경우에는 애플이 단연 선두다. 애플의 앱스토어는 2008년 3월 오픈한 이후 지금까지 20억 다운로드를 돌파한 것으로 알려졌다. 하지만 개방성을 내세운 구글의 안드로이드 마켓이 최근 급성장 추세다. 구글의 안드로이드 마켓의 경우 구글의 강점인 개방성을 무기로 많은 개발자들의 참여를 끌어들이고 있다.

거기에 구글은 2010년 6월 드디어 온라인 음악 서비스 개시를 공표했다. 음악 서비스에서 독보적인 선두를 차지하고 있는 애플의 아이튠즈에 도전장을 내민 셈이다. 이제 애플과 구글은 거의 모든 사업영역에서 경쟁관계에 놓이게 되었다. 검색을 제외하고 말이다. 구글 사업의 핵심은 누구나 잘 알고 있는 것처럼 검색엔진이다. 구글의 검색엔진은 정확성과 양에서 다른 검색엔진을 앞선다.

많은 사람들이 구글 검색을 활용하는 까닭에 검색의 정확도가 더 높아지는 선순환이 계속되고 있고, 이러한 강점을 바탕으로 구글은 온라인 활동 전반으로 사업 영역을 확장할 수 있었다. 또 검색 부문에서는 마이크로소프트가 구글에게 도전장을 내밀었다. 마이크로소프트의 검색서비스 빙은 동영상, 이미지 등 다양한 차별화 요소를 통해 구글 검색이 제공하지 못하는 고객가치를 제안하고 있다.

또한 구글은 소니 등 제조사와 손잡고 안드로이드 OS를 기반으로 독자 OS를 갖춘 구글 TV를 선보였다. 애플은 애플 TV를 통해 구글보다 한 발 앞서 시장에 진입하기는 했지만, 기존의 방송사나 제조사와의 문제, 콘텐츠 수급문제, 그리고 TV가 갖는 가전으로서의 특성 즉, 방송사와의 지분 문제, 교체주기, 가족 공동사용 등의 문제를 해결하지 못해서 그리 활성화되지는 못한 상황이다.

앞으로 삼성전자는 세계 스마트 TV 시장에서 구글 TV, 애플 TV와 피 터지는 일전을 벌이게 될 것이다. 스마트 시대를 맞이해서 세계 IT

기업들은 더 자유롭기를 원하고, 편리하기를 원하는 소비자들의 변화에 따라 시장을 선점하기 위해 스마트폰과 태블릿, OS, TV, 검색 등 IT 산업의 모든 영역에서 충돌할 수밖에 없는 것이다.

더 놀라운 이야기가 있다. 전자산업 영역의 전방위적 해체는 IT 산업에만 국한된 이야기가 아니다. 현대자동차의 경쟁 상대는 삼성전자가 될지도 모른다는 말이 나돌고 있다. 또 애플이 아이폰이나 애플 TV에 이어서 아이카(Car)를 만들어 낸다면 어떻게 될까?

미래의 자동차는 전기자동차가 대세를 이룰 것이다. 산업연구원에 따르면 10년 후 세계에는 8천만 대의 자동차가 생산, 판매될 것인데 그중 500~800만 대 이상이 전기자동차가 될 것이란 전망이다.

전기자동차는 자동차이기 이전에 전자제품 덩어리다. 굴러가는 바퀴 외에는 모두가 전자장치인 것이다. 말하자면 자동차 회사보다는 전자회사에 가까운 제품이 되는 셈이다. 그렇다면 삼성전자가 그 전자제품을 만들어 내지 말라는 법이 없다.

마찬가지로 기발하기 그지없는 애플이 아이팟, 아이폰, 아이패드, 애플 TV에 이어서 아이카, 아이하우스를 만들어내지 말라는 법이 어디 있는가?

미래의 자동차나 집은 모두 스마트폰으로 원격 제어할 수 있는 전자기기일 것이기 때문이다. 삼성전자의 엔지니어였으며 현재는 국가연구소인 '전자부품연구원'에서 과제기획 책임자로 있는 안광호는 실제로 이런 증언을 했다.

> 스티브 잡스는 아이레프리(냉장고), 아이오디오(오디오), 아이캠(카메라 및 캠코더), 아이컨(에어컨) 등 독창적이고 혁신적인 제품들을 선보일 가능성이 있다고 봅니다.

전략적으로 볼 때 구글과 애플은 2010년대 후반까지 PC, 모바일, TV, 자동차 4개 부문의 기기에서 컴퓨터 네트워크 영역을 장악하는 것이 목표라고 한다.

전 세계적으로 인터넷 접속이 가능한 PC(데스크톱, 노트북 포함)는 14억 대에 이르고, 휴대전화는 40억 대, TV는 8억 대, 자동차는 12억 대에 이른다고 한다.

안드로이드의 개발자이자 구글의 모바일 플랫폼 담당 부사장이었던 앤드 루빈은 안드로이드는 PC, 모바일, TV, 자동차 4개 부문의 기기에 탑재할 것을 목표로 개발되었다고 전한다. 놀라운 것은 안드로이드는 스마트폰뿐만 아니라 누크를 비롯한 전자책, 다른 태블릿 PC에서도 작동이 되고 있다는 점이다.

구글은 안드로이드와 동시에 '크롬'이라는 제2의 OS를 개발하고 있는데, 이 OS는 안드로이드와 조합이 되어 TV와 자동차에서도 구동이 되는 플랫폼으로 진화할 것이라고 한다.

구글의 목표는 PC, 모바일, TV, 자동차 4개 부문을 노리고 있고 그것을 장악하겠다는 실로 거대한 것이다. 앞으로 애플과 구글은 포스트 PC시대를 마감하는 OS 전쟁을 벌일 것만 같다.

이러한 때에 변화하는 시대의 키워드를 잘못 읽고 환경 변화에 적응하지 못한다면 누구도 살아남기 힘들다. 앞으로의 사회는 지금보다 더 압축된 지식경영의 시대가 될 것이다. 미래 사회는 지식과 기술을 가진 기업이 사회가 원하는 제품을 만들어 냄으로써 사회를 선도해 나가게 되어 있다.

최근 정구현 삼성경제연구소장은 "한국이 오는 2015년까지 'G10(선진 10개국)' 안에 들지 못하면 앞으로 수세기 동안 G10으로 진입하기 어려울 것"이라는 경고를 내놓고 있다. 새로운 콘텐츠시대에는 개방성과 글로벌 정신, 모험과 도전정신, 유연성 등이 필수적이다.

10년 후를 스토리텔링하라

이건희는 산업화 사회에서 지식정보화 사회로 넘어서는 기점에서 신경영, 천재경영, 준비경영, 상생경영 등의 화두를 던지며 자신이 이끄는 삼성을 초일류기업으로 성장시킨 것은 물론 한국 사회 전반에 많은 변화를 이끌어냈다.

삼성은 앞으로도 예전과 같은 직관의 힘으로 이 변혁의 시대를 읽어내고 선견할 수 있을 것인가? 그러나 앞으로도 이건희가 삼성을 성공적으로 이끌며 미래의 변화를 선도할 것이라는 보장은 없다. 미래사회의 변화의 패러다임이 너무 빠른 속도로 변하고 있기 때문이다.

> 10년 후면 삼성의 모든 제품이 사라질지 모른다. 이제부터가 진짜 위기다.

이건희의 이 같은 복귀의 변이 그의 위기감의 일단을 보여주고 있다. 스마트폰 등장 이후 산업의 패러다임이 어떻게 바뀔 것인가를 가늠하는 일도 그다지 쉬워 보이지 않는다. 새롭게 등장하기 시작한 여러 가지 신조어들은 우리를 어리둥절하게 만든다. 스마트라는 말 자체가 내포하는 의미도 실로 다양하고, 어플리케이션, 안드로이드, 윈모바일, 멀티태스킹, 테더링, 미들웨어 플랫폼, 클라우드 컴퓨팅, SDK ······거기에 트위터니, 마이스페이스니······. 사실 1년 전만 해도 그다지 들어보지 못한 용어들이 마구 쏟아져 나오면서 40~50대 중장년들은 물론 20~30대 청년들도 적응을 못해서 어리둥절해 하는 경우가 많다.

앞으로 10년 후를 잘 준비하기 위해서는 스마트폰이 몰고 온 제2의 전자통신 혁명의 의미를 제대로 파악해야 한다.

스마트폰은 일반 피처폰과 달리 운영체계를 가지고 있는 PC의 개념을 가지고 있는 휴대전화이다. 소비자는 전처럼 집이나 사무실, PC방이 아니더라도 언제 어디서나 인터넷을 사용할 수 있다. 들고 다니면서 PC처럼 사용할 수 있는 스마트폰의 보급은 사람들의 생활 패턴을 완전히 바꾸어 놓고 말았다. 아마도 이것이 스마트폰이 소비자의 생활을 바꾼 가장 큰 변화가 아닐까 싶다.

그런데 스마트폰보다 더 큰 변화는 스마트 TV가 가져올 것이다. 앞에서 살펴 본대로 2011년은 스마트 TV 원년이 될 것이고, 스마트 TV는 우리네 가정생활 전반을 바꾸어 놓게 될 것이다.

이제는 스마트폰, 태블릿 PC뿐만 아니라, 홈네트워킹, 오피스네트워킹 시대가 열릴 것이다. 스마트 TV(혹은 집에서 유일하게 항상 켜져 있는 가전제품인 스마트 냉장고)를 정점으로 하는 홈네트워킹으로 우리의 일상생활은 모두 바뀌게 된다.

위키피디아 사전은 "스마트 TV를 '인터넷 TV' 혹은 '커넥티드 TV'라고도 하며, 콘텐츠를 인터넷에서 실시간으로 다운로드 혹은 스트리밍 방식으로 볼 수 있고, 뉴스, 날씨, 이메일 등을 바로 확인할 수 있는 것"이라고 정의하고 있다.

스마트 TV에는 PC에서처럼 운영체계가 탑재되어 있는데 그것은 PC용 운영체계가 아니라, 스마트폰에 들어가는 구글의 안드로이드, 애플의 iOS, 삼성전자의 바다 등이 스마트 TV에 탑재된다고 보면 된다.

스마트 TV는 스마트폰이 그러하듯이 PC에서 수행했던 작업을 수행할 수 있다는 것은 물론 모바일 시대의 모든 콘텐츠들이 담기고 일상생활에 사용하는 모든 기기들을 제어하는 '디지털 허브(Hub)'의 역할을 함으로써 사람들의 라이프 스타일을 바꾸고, 비즈니스에 혁명적인 '변화'를 일으키게 된다.

이 새로운 라이프 스테이지가 열리면 디지털 허브인 스마트 TV와 스마트폰을 사용해서 자동차는 자동항법장치, 중앙제어장치 등을 활용해서 운행할 수 있게 되고 가정의 냉난방과 조리, 문단속, 방범 등을 자동화 할 수 있는 디지털 생태계가 형성될 것이다.

2007년 서울 디지털 포럼의 주제는 '미디어 빅뱅'이었다. 이 자리에서 노키아의 CTO(최고기술경영자)는 걸어 다니며 소비하는 모바일 TV시대를 이렇게 정의한 바 있다.

> 앞으로의 미디어는 모바일이다. 연결은 관계다. 사람들은 모두 미디어를 통해 얻은 경험으로 연결된다. 모바일은 미디어를 소비하는 가장 자연스런 방법이다. 그리고 이것이 미디어가 미래에 나가야 할 방향이다.

이제까지는 콘텐츠 1등 회사, 서비스 1등 회사, TV 제조 1등 회사가 확연히 구분되었다. 하지만 스마트 TV 시대가 활짝 열리면 이러한 구분이 모호해질 것이다. 그러니 구글 자동차, 구글 냉장고, 그리고 아이카, 아이하우스가 가능하지 않을까?

이미 미국에서는 새롭게 열리고 있는 커다란 시장을 놓치지 않기 위해 통신, 출판, 신문, 방송, 광고, 교육, 게임, 음악, 패션 등 많은 부문에서 기업들이 치열한 경쟁에 나서고 있다. 일부에서는 애플이나 구글이 의료 기기의 운영체제를 개발해서 의료사업에도 진출할 것이란 예상을 내놓고 있을 정도이다.

이미 구글과 마이크로소프트는 소셜 네트워크를 이용한 의료사업이라는 새로운 블루오션 시장에 뛰어들었다.

실제로 애플이나 구글, 마이크로소프트가 위협적인 것은 스마트 TV 시대에는 단순히 TV를 만드는 것보다 스마트 TV를 구동하는 소프트웨어와 콘텐츠를 누가 공급하느냐에 따라 기존의 라이프 스타일과 비즈니스의 판이 뒤집어진다는 점이다. 스마트 TV시대가 개화되면서 우리가 흔히 말하던 진정한 유비쿼터스의 세상이 열린다고 보아야 할 것이다. 유비쿼터스의 세상은 우리를 편리함과 안온함의 세상으로 안내할 것이다.

유비쿼터스 세상을 장악하는 비즈니스에서 성공하려면 단순하게 TV

제조 1등 회사가 되어서는 안 된다. 제조는 물론 콘텐츠 1등 회사, 서비스 1등 회사가 되어서 소비자의 라이프 스타일을 선도해주고 스토리텔링해주는 기업이 되어야만 살아남을 수 있을 것이다.

최근 언론의 보도를 보면 세계 스마트 시장이 구글, 애플과 삼성전자와의 한판 대결인 것 같은 기사가 많다. 그런데 그 무대에서 삼성전자는 그 주인공이 아니다. 삼성전자가 스마트 시대를 움직이는 기술 플랫폼을 개발, 소유하지 못한다면 TV 제조 1등 회사로 머물 가능성이 매우 크다.

더욱 우려되는 것은 스마트 시대에는 제조 기술보다는 소프트웨어와 콘텐츠에 의해 전자 기기들이 구동되는 탓에 최고 사양의 전자기기가 아니라도 소비자는 만족스럽게 유비쿼터스 세상을 누릴 수 있다는 점이다. 이것은 삼성전자의 높은 제품력이 불필요한 시대가 열리는 것을 뜻하고 대만과 중국 제품들에게 삼성전자가 심각하게 시장을 잠식당할 수 있다는 우려를 낳고 있다.

앞으로 삼성전자가 세계무대에서 살아남고 미래의 초일류기업으로 도약하는 길은 지금처럼 최고의 제품력을 유지하면서 유비쿼터스 세상을 구동하는 소프트웨어와 콘텐츠를 개발해서 확고하게 기술 플랫폼을 장악하는 일이다.

아직 큰 변화는 오지 않았다

그런데 우리에게는 또 다른 혁명의 물결이 몰려오고 있다. 이 혁명은 스마트 혁명이 선도하는 유비쿼터스와 더불어 인류의 라이프 스타일을 바꾸어 놓는 흐름이 될 것이다. 어쩌면 이 혁명은 그 어떤 혁명보다 더 큰 변화를 가져올지 모른다.

인터넷 혁명, 스마트 혁명은 우리의 생활과 문화를 바꾸어 놓기는 했지만 사람의 행동구획과 행동반경조차 바꾸어 놓은 것은 아니다. 그러나 앞으로 몇 년 안에 다가올 '생명공학 혁명', '로봇 혁명'은 인간의 사고, 행동, 영역을 송두리째 바꾸어 놓을 대변혁을 가져올 것이다. 많은 학자들은 이 두 혁명으로 인류 문명의 패러다임이 바뀔 것이라고 예시하고 있다. 앞으로 이루어질 이 혁명의 물결은 우리를 다른 세계로 데려다 놓을 것이다. 10년 후 우리는 전혀 새로운 세상에서 숨 쉬고 있을지 모른다.

스마트 시대 다음은 로봇과 바이오칩의 시대이다.

이 말은 이미 미래학자들과 선진 기업들 사이에서는 널리 퍼져있고 그 당위성이 인정되고 있는 대명제다. 이미 로봇산업은 로봇 청소기, 로봇 학습기, 애완 로봇 등으로 디지털 가전의 영역에 들어와 있고 10년 안에 '1가구 1로봇' 시대가 열릴 것이다.

인류는 10년 안에 '홈오토매틱', '홈네트워크'가 완성돼 유비쿼터스 시티(U-city)에서 '1가구 1로봇' 시대를 구가하며 평균수명 150살이 가능한 인체부품 시대에 살게 될 것이다.

장소에 구애받지 않고 일할 수 있는 U-Office, 집의 상황을 모니터링 할 수 있는 원격 감시로봇이 작동되는 U-Home, 집에서도 건강진단을 받고 치료받을 수 있는 U-Health, 자동 제어 센서에 의해서 움직이는 자동차의 개념을 바꾸는 U-Car의 시대가 다가올 것이다.

그렇다면 삼성전자는 새로운 패러다임의 시대를 맞이해서 앞으로의 10년 후를 위해 어떤 플랜을 준비하고 있을까?

다행스러운 것은 삼성은 이미 그 새로운 시대를 맞이할 준비를 차근차근해 오고 있다는 점이다. 이미 앞에서 살펴보았듯이 삼성전자는 2005년 신수종사업으로 4대 씨앗 사업과 8대 성장 엔진을 선정하면서 U-헬스와 가정용 로봇사업을 핵심사업군으로 분류해 놓고 있다.

삼성전자는 2009년 10월, 창립 40주년을 맞아서 '비전 2020'을 선포했는데 삼성전자가 예시하는 미래 산업을 나열하면 다음과 같다.

1. 대체 에너지와 친환경 분야
   - 태양전지
   - 조력 및 풍력발전
   - 전기/수소 하이브리드 자동차
   - LED(디스플레이, 조명 등)
   - 2차 전지
   - 고효율, 친환경 건축 및 자재

2. 건강, 웰빙, 실버산업
   - 로봇산업
   - 바이오산업(센서, 제약, 바이오시밀러, 줄기세포, 건강보조제 등)
   - 의료기기, 서비스, 요양
   - 바이오 IT 융복합 기술

3. 정보기전 지능화
   - 콘텐츠 분야(소프트웨어, 애플리케이션, 플랫폼, 운영체제, 음원, 영상, 전자책 등)
   - 플렉시블/3차원 홀로그램 실감형 입출력 장치, 근거리 초고용량 데이터 전송 기술

다시 경영 일선에 복귀한 이건희가 던진 첫 번째 경영 화두는 환경, 에너지, 건강이었다. 그는 본격적인 활동을 알리는 신호탄으로 경영복귀 이후 처음 주재한 사장단회의에서 '10년 뒤 삼성의 미래' 청사진을 그렸으며, 향후 태양전지, 자동차용 전지, LED, 바이오제약, 의료기기 등 5대 신수종사업을 육성키로 하는 등 신수종사업에 대한 새로운 플랜과 구체적인 투자 일정을 밝혔다.

그것은 기술, 시장성, 미래전망, 내부 역량 등을 종합적으로 고려한

추진계획이었다. 이 5대 신수종사업은 완전히 새로운 사업이라기보다는 삼성이 진행 중이거나 진출을 거론했던 사업이다.

삼성전자는 현재 반도체와 LCD, TV 등 초일류 상품을 꾸준히 발전시켜나가는 것 외에도 100년 기업을 위한 미래 성장 프로젝트도 하나둘 가시화 하고 있다. 이건희는 미래를 먹여 살릴 신수종사업을 발굴하고, 이를 강력히 추진해서 세계 1등 제품을 50개로 늘리면 그 중에서 반도체, 휴대전화, LCD 같은 효자 사업도 저절로 나온다고 말하고 있다. 삼성전자는 이를 실현하기 위해 창조경영, 파트너십 경영, 인재경영을 3대 방향으로 선정했다.

삼성전자는 반도체 등 부품과 TV 등 IT 세트 제품을 고루 갖춘 전 세계 어느 기업보다 시너지 효과를 극대화 할 수 있는 회사이다. 한마디로 삼성전자는 IT 제품의 거의 모든 것을 생산해 낼 수 있는 몇 개의 회사를 합쳐놓은 것과도 같은 기업이다. 그만큼 시너지 효과도 클 것이며 창조성을 어떻게 발휘하느냐에 따라 앞으로 미래 산업에서도 또다시 '고속성장'이라는 제2의 신화창조도 가능하다고 볼 수 있다.

현재 삼성전자는 디지털 기기 간 융합을 뜻하는 디지털 컨버전스에서 한발 더 나아가 산업 간 융합을 의미하는 '더블 컨버전스'에 도전하고 있다.

지금까지의 컨버전스가 부품, 제품 간의 융합, 기능 간의 융합이었다면 앞으로는 세계 최고의 IT 기술력을 다른 산업과 접목시켜 시너지 효과를 내겠다는 것이다. '더블 컨버전스'는 기술융합, 기능융합을 통해서 산업융합, 생체-인공시스템융합이라는 새로운 블루오션 영역을 확장하는 것을 의미한다.

U-헬스가 의료와 정보기술(IT)이라는 두 산업을 결합한 상품이듯 더블 컨버전스를 통해 미래 먹을거리를 만들어나간다는 것이다.

이 더블 컨버전스 사업의 중심에 로봇사업이 있다.

이미 산업용 로봇은 공장, 위험한 작업장, 군대 등에 많이 보급되어 있지만 '1가구 1로봇' 시대가 열리게 되면 산업의 핵심으로 올라설 전망이다. 가사도우미 로봇, 간호 로봇, 업체 서비스 로봇, 비서 로봇 등 다양한 지능형 로봇은 기계, 전자 등 전통 기술을 기본으로 정보, 반도체, 인공지능, 생체공학, 신소재공학 등 첨단기술이 융합된 '더블 컨버전스' 기술의 결정판이 될 것이다.

2005년 4월, 당시 황창규 삼성전자 반도체총괄 사장은 성균관대학 강연에서 로봇산업에 대한 질문을 받고 이렇게 전망한 바 있다.

> 로봇산업은 미래의 새로운 성장산업으로 정해져 있고 일본은 엄청난 투자를 하고 있다. 로봇산업은 모든 기술의 총합체다. 로봇의 기구학은 우리가 뒤져 있지만 로봇이 인텔리전트한 지각활동을 하도록 하는 반도체 기술은 우리가 우위에 있다. 하루아침에 되는 것은 아니고 인프라가 깔려 있기 때문에 우리에게 큰 기회가 있을 것이다.

로봇산업은 지금 시작 단계인 것처럼 보이지만 전문가들은 PC나 휴대전화처럼 어느 날 갑자기 우리의 일상생활 속으로 들어와 있을 것이라고 전망하고 있다. 로봇은 PC보다 유용하고 인간과 대화가 가능할 정도로 친화적이며 필요 부품이 많기 때문에 산업의 규모는 상상을 초월할 것이다.

삼성전자가 지능형 로봇의 핵심부품인 반도체칩 부분에서 외국의 기업들에 비해 유리한 고지를 점하고 있는 탓에 로봇 사업에서 '더블 컨버전스' 기술 개발에 성공한다면 반도체처럼 세계를 휘어잡는 '캐시카우'를 만들어 낼 수 있을 것이다.

삼성전자는 앞으로 단일 기술에서 벗어나 기술·산업 간 융합을 통해 바이오, 헬스, 태양전지 등의 분야에서의 글로벌 1등을 향한 질주가 시작되고 있는 것이다. 과거 삼성은 발 빠른 추격자(fast followers)로서 성장을 해왔다면 앞으로는 새로운 제품으로 새로운 시장을 만들어 나가는 개척자가 돼야 하는 상황이다. '애플 쇼크'가 준 교훈을 잊지 말고 남들이 생각하지 못한 제품으로 새로운 시장을 만들어내야 한다. 아직 큰 변화는 오지 않았다.

2005년 9월 7일, 서울을 방문한 미국의 저명한 사회학자 레스터 써로우 MIT대학 교수는 '산업혁신포럼 2005' 혁신클러스터 국제회의에 참석해서 21세기 산업과 한국의 나아갈 길에 대해서 이렇게 전망한 적이 있다.

> 증기기관의 발명에 따른 제1차 산업혁명, 전기의 발명에 따른 제2차 산업혁명에 이어 제3차 산업혁명이 진행 중이다. 마이크로전자, 컴퓨터 통신, 인터넷, 연료전지, 로봇, 유전공학이 미래 성장 동력산업이다. 특히 21세기는 생물공학의 세기가 될 것이고 최근 한국에서 이뤄진 세계 최초의 연구 성과를 볼 때 이 분야의 리더가 될 수 있을 것이다. 빌 게이츠는 제3차 혁명의 상징이다.
>
> 현재 최강국과 최빈국의 차이가 140배이지만 앞으로는 훨씬 높아질 것이다. 모두 제3차 산업혁명에 뛰어들어야 한다. (중략) 한국은 높은 교육수준, 중국과 인접성, 높은 창의력 등 보유한 혁신자원을 최대한 활용하고 그 외 성장에 필요한 다양한 성공요인을 스스로 찾아내야 한다.

이제 새로운 패러다임의 시대는 거칠 것 없이 밀려오고 있다.

앞으로의 선택에 따라 바이오 혁명의 시대에 삼성의 위상이 달라질 것이다. 한국은 유비쿼터스와 바이오산업을 국가 어젠더로 설정할 정도로 BINT(IT+BT+NT)를 통한 기술 혁신을 빠르게 이뤄내고 있다.

이런 시대의 흐름에 발 빠르게 대처해야 삼성전자가 앞으로도 초일류기업으로 두각을 나타낼 수 있을 것이다. 여기서 주목해야 할 앞으로의 세상은 IT와 BT가 결합하여 새로운 문명을 창출해 나갈 것이라는 점이다.

삼성전자는 5~10년 후의 미래사회를 주도할 차세대 핵심 사업으로 생명공학, 생활용 로봇, 유비쿼터스, 지능장치, 차세대 반도체, 소재부품, 헬스 케어, 스마트 홈을 기반으로 한 보안네트워크 솔루션사업을 꼽고 있는데, 그 중에서 스마트 홈, 로봇사업과 더불어 가장 주목할 부문은 바이오 칩(Bio chip) 분야이다.

바이오 칩이란 작은 기판 위에 DNA 단백질 등 생물분자를 결합해 유전자 발현 양상, 유전자 결함, 단백질 분포 등을 분석하거나 생물학적 반응과의 분리 등을 수행하는 초미세 칩을 뜻한다. 이미 삼성전자는 이들 DNA 칩, 단백질 칩 등의 기술개발을 통해서 앞으로 다가올 생명공학 시대를 리드한다는 전략을 세워놓고 있다.

바이오산업은 유전자 치료제 등 신약 개발에서부터, 각종 질병을 손쉽게 검진할 수 있는 바이오 칩, 기능성 화장품, 바이오 식품에 이르기까지 생명공학기술을 이용한 제품을 개발·생산하는 분야다.

바이오산업은 크게 신약개발·치료·진단·장비업으로 나누어지는데 그 잠재적 응용 분야는 제약·의료, 환경·에너지, 식품·농축수산, 정보·전자, 엔터테인먼트 등으로 대단히 광범위하다.

삼성전자는 DNA 칩, 단백질 칩 등 바이오 칩뿐만 아니라 바이오 센서, 바이오 컴퓨터 등 생명공학 제품을 차차세대 제품으로 선정하고 기술개발을 진행 중인 것으로 알려져 있다. 삼성전자가 이처럼 바이오테크놀로지(BT)에 관심을 갖는 이유는 향후 전 세계시장이 IT를 넘어서 BT로 갈 것이란 전망 때문이다.

앞으로 이루어질 기술 간 융합은 20세기를 대표하는 기술인 IT와 21세기를 대표하는 기술인 BT의 접목이라고 할 수 있는데 여기에 나노테크(NT)까지 가세하여 지금까지 인류가 보아온 것과 전혀 다른 신기술을 탄생시켜서 기존에는 상상할 수 없었던 새로운 미래를 열 것으로 보인다.

삼성은 이 중에서도 최근 주목받고 있는 시장은 바이오산업의 '꽃'이자 '캐시 카우'로 예상되는 '바이오 칩' 시장에 우선 투자할 것으로 보인다.

바이오칩은 생명체 근본 원리와 구조를 분석하고 새로운 신약을 개발하는 등 광범위한 분야에 적용될 것으로 기대되는 미래를 창조할 신기술이다. DNA나 단백질 등 생체 물질과 칩이 복합된 형태인 바이오 칩은 BT-IT-NT 기술이 모두 활용되는 대표적인 융합기술 제품이라고 볼 수 있다.

삼성전자는 이미 한국인 고유의 유전자 정보와 바이오 칩 등에 대한 연구개발을 상당한 수준까지 진행하고 있다. 바이오 칩의 경우 삼성의 첨단 반도체 기술을 이용해 빠르고 정확하게 질병 유무를 검진할 수 있는 칩 개발에 주력하여 혈액을 이용해 손쉽게 당뇨병 진단 등을 할 수 있는 시제품을 개발해 놓고 성능 개선작업 등을 하고 있다.

그래서 삼성전자는 최근 대형병원을 잇따라 설립하려는 움직임을 보이는 등 보건사업 부문을 강화함으로써 앞으로 의약품 개발 등으로 연구개발 대상을 확대해 나갈 의지를 보이고 있다.

특히 삼성 바이오사업의 기초연구를 하고 있는 삼성종합기술원은 DNA 칩 분야에서 지금의 DNA 칩과 달리 별도의 기기 없이도 작은 칩 안에서 각종 질병 진단을 한 번에 할 수 있게 하는 '칩 위의 실험실'이라는 뜻을 가진 차세대 DNA 칩인 '랩 온 어 칩(Lab on a chip)' 개발을 하고 있다.

DNA 칩은 손톱 크기의 기판(2x2cm) 위에 수백에서 수만 개의 유전자를 빽빽하게 배열해 놓고, 수많은 유전정보를 탐색할 수 있는 칩이다. 이 칩은 질병진단, 의약품 실험, 친자확인 등 법의학적 진단, 동식물 검역, 환경오염 모니터링 등 아주 다양한 분야에서 쓰일 수 있는 기술 분야이기 때문에 '21세기의 반도체'라 불리고 있고 선진기업들과 벤처기업들이 앞을 다투어 투자하고 있는 분야이다.

BT 혁명은 이제 시작단계에 불과하다. 이인식의 〈제2의 창세기〉를 보면 이제는 전혀 새로운 세계가 열리고 있다.

인체의 질병은 대개 나노미터 수준에서 발생한다. 바이러스는 가공할 만한 나노 기계라 할 수 있다. 이러한 자연의 나노 기계를 인공의 나노 기계로 물리치는 방법 말고는 더 효과적인 전략이 없다는 생각이 나노 의학의 출발점이다. 바이러스와 싸우는 나노 기계는 잠수함처럼 행동하는 로봇이다.

이 로봇의 내부에는 병원균을 찾아서 파괴하도록 프로그램 되어 있는 나노 컴퓨터가 들어 있으며 모든 목표물의 모양을 식별하는 센서가 부착되어 있다. 혈류를 통해 항해하는 나노 로봇은 센서로부터 정보를 받으면 나노 컴퓨터에 저장된 병원균의 자료와 비교한 다음에 병원균으로 판단되는 즉시 이를 격멸한다. 인체의 면역계와 진배없는 장치이다. 또한 세포 수복 기계(cell repair machine)라 불리는 나노 로봇은 세포 안으로 들어가서 마치 자동차 정비공처럼 손상된 세포를 수리한다.

이와 같이 이론적으로는 나노 의학이 치료할 수 없는 질병이 거의 없어 보인다. 어쩌면 인간의 굴레인 노화와 사멸까지 미연에 방지할 수 있을지 모를 일이다.

디지털화 된 생체정보가 NT를 만나면 이토록 환상적인 일이 벌어진다는 것인가. 위의 글을 액면 그대로 읽는다면 인간은 질병과 노화 없는 사회의 문턱에 와 있는 셈이다. 그러한 사회가 도래하고자 하는데 일부 사람들이 그것을 거부한다고 해서 그것을 막을 수 있을까?

시대의 흐름은 아무리 막는다고 막아질 일이 아니며 지금 우리는 그것을 두려워 할 필요가 없다는 생각이다. 중요한 것은 어떻게 그것을 슬기롭게 인간에게 유용하게 쓰느냐의 문제이다.

현실적으로 어떻게 실현되고 정리될지 모르겠지만 삼성전자가 미래의 핵심 사업으로 연구 개발과 투자를 집중하고 있는 분야는 IT 분야, 에너지 분야, 바이오 분야 세 부분으로 나누어진다.

우선 IT 분야에서 SoC(System on Chip), 탄소나노튜브, 전자종이, 서비스 로봇, 에이전트 소프트웨어, 애드혹 네트워크, 양자암호 등이 있고 에너지 분야에서는 연료전지, 2차전지, 태양전지 그리고 바이오 분야에서는 프로테오믹스, 인공 장기, 바이오 칩 등이 있다.

이 차차세대 제품들은 중장기 R&D 과제를 수행하는 삼성종합기술원에서 추진 중인 기반 기술을 토대로 해서 각 계열사로 이관되어 발전할 가능성이 높다.

삼성전자는 IT, 에너지 분야에도 주력하겠지만 향후 바이오사업에 주력할 가능성이 매우 높다. 삼성전자는 5~10년 후에 실용화될 차세대 바이오 제품으로 인간의 오감을 활용한 '생체신호처리기술' 개발도 적극 추진하고 있다. 전자제품이나 기계에 듣고 맛보고 느끼는 인간 감각을 부여하겠다는 의도로 이 제품을 개발하고 있는데 이것이 완성되면 '인간형 로봇(Humanoid)' 완성에 근접하게 된다. 최근 개발되어 상품화되고 있는 가정용 로봇 정도는 장난감 정도에 불과한 것이다.

또한 바이오 칩은 지금은 진단용이나 신약개발에 국한된 시장을 가지고 있지만 앞으로 줄기세포 연구가 더 큰 진전을 보여서 바이오 치료부분이 활성화 되면 '생체이식용 칩' 등 '치료용 바이오 칩'이 개발되어 암, 치매, 심장질환, 당뇨의 난치병과 돌연변이의 탐색, 병원균의 검출, 유전자 발현 분석 등의 의료시장 전반에 폭발적인 영향을 미칠 것이다.

뿐만 아니라 바이오 칩은 생명과학의 연구, 환경보존, 농업, 식품, 법의학, 군사 부문 등에 인류가 활동하는 전 분야에서 광범위하게 이용될 것으로 예측되고 있다.

그래서 바이오산업은 앞에서 살펴본 대로 환경기술(ET), 에너지기술

(ET), ST(우주기술) 분야까지 이어지는 대규모 사업으로 융합할 것이기 때문에 선견력을 가진 강력한 리더십이 필요한 사업이다. 바이오산업은 반도체, 휴대전화, LCD 등의 IT투자보다도 더 장기적인 레이스를 벌여야 하는 사업이다.

만약 첫 발을 잘 못 들여 놓으면 엄청난 위험에 처할 수 있다. 초기에 막대한 투자비용이 요구되고 실패 확률이 높고 장기간 투자해야 수익이 발생하는 사업이다. 하지만 일단 성공하면 엄청난 수익을 거둘 수 있는 것이 바이오산업의 특성이기 때문에 삼성이 반도체, LCD에서 보여준 저력을 로봇산업, BT산업까지 이어가서 미래산업을 선도하는 역할을 한다면 삼성은 지금보다 10배는 더 큰 영향력을 가진 회사로 다시 태어날 수 있을 것이다.

삼성가(家) 가족이야기 31

이건희와 골프

이건희는 초등학교 5학년 때 골프를 시작했다.

그는 와세다 대학 골프부에 가입했다. 이 대학의 골프부는 에티켓과 룰을 모르면 학점을 딸 수 없을 뿐 아니라 졸업도 할 수 없었다고 한다. 그는 대학의 골프부에서 골프의 에티켓과 매너를 다시 한 번 세밀하게 매우는 기회를 가질 수 있었다. 그는 이미 대학시절 "골프는 자신과의 싸움이다."라는 것을 터득했다. 그가 골프에 강한 애착을 보이는 이유는 이 운동이 에티켓과 룰의 교과서라는 인식 때문이다.

골프는 자신의 뜻대로 공이 잘 맞아주지 않는 운동이다. 꼭 자신을 엄격하게 조절해야만 공이 생각한 대로 맞아준다는 것을 터득하고 기업도 마찬가지가 아닌가 하는 것이 그의 생각이다. 이익을 내는 것이 목표이지만 이익을 내기 위해서는 인재가 필요하고, 기술이 필요하며, 공장을 만들어야 하고, 제품이 생산되고 나서도 수많은 경영요소들과 싸움해야 한다. 바람과 지형 등 수많은 변수 속에서 남이 보건 안 보건 에티켓과 룰을 지키면서 한 타 한 타 자신의 점수를 참아가는 골프와 정도를 지키면서 이윤을 내야하는 기업 경영은 서로 같은 철학에 바탕하고 있다는 것이다.

그래서 이건희는 임직원들에게 기회 있을 때마다 골프를 배울 것을 권한다. 골프의 룰이란 사회의 법과 같은 것이고 골프 에티켓은 그 사람의 인간성을 보여주는 컷이므로, 골프 치는 것을 보면 그 사람의 됨됨이를 알 수 있다고 주장한다. 그는 골프를 통한 개인의 인간성과 도덕성의 향상 그리고 기업의 자율경영 의식의 함양을 강조한다.

그중에서 이건희의 골프철학은 유명하다. 그의 경영철학에서 '골프'는 빼놓을 수 없는 키워드라고 할 수 있다. 그는 자기 일에서 프로가 되는 법에 대해 골프를 예로 들어 이렇게 설명했다.

드라이버가 250야드 나가는 사람이 10야드 더 내려면 근육이나 손목의 힘, 그리고 목 힘이 달라져야 한다. 제로 야드 내는 사람이 50야드 내려면 굉장히 쉽지만, 150야드에서 160야드로 10야드 더 보내기란 제로에서 100야드 보내는 것보다 더 힘들다. 왜 혼자서만 개발하려고 하는가? 이것은 애사심이 아니다. 우리 실력으로 안 되면 결국 언젠가는 같은 기술을 또 도입해야 한다. 골프와 비교하면, 프로가 하는 것을 보고 혼자 연습하다가 도저히 백 타를 못 넘기고 결국 프로한테 배우러 가는 것과 같다.

그의 골프 스타일은 사색적이고 과학적이다. 그는 비디오와 책을 통해 익힌 이론으로 드라이버의 속도와 비거리의 한계, 골프공의 궤도까지 연구했다. 그 결과 연습장 끝에 매달린 표적 맞추기 내기를 할 만큼 정확한 타격으로 알려져 있다. 그는 한 번 시작하면 끝장을 볼 때까지 몰입해서 연습장에서 한 번에 10박스의 공을 쳐대는 경우도 있고, 두세 달 동안 계속 골프만 친 적도 있다. 그는 혼자서 치는 골프를 즐기는 버릇이 있어 '나 홀로 골퍼'로도 유명하다.

이 회장은 골프 시간의 90%를 혼자 치는 것으로 소일한다. 골프란 운동 자체를 위한 운동이라기보다 사교적인 측면이 강한 스포츠 아닌가. 그런데 그는 혼자 연습장에서 골프를 치는데 젊을 때는 새벽에 혼자 안양 컨트리를 라운드 한 경험을 갖고 있다. 어떤 사람이 이유를 물으면 답은 간단하다. 보다 골프를 잘 이해하고 잘 치기 위해 혼자 친다는 것이다. 그래서 샷 하나 하나를 연구 분석하고 스윙 동작을 완벽하게 고치기 위해 부단히 비디오를 보며 자세를 고치기도 한다.

— 고승철, 1996년 『최고 경영자의 책 읽기』 —

한국 골프를 세계에 알린 박세리도 이건희의 골프에 대한 집념으로 만들어진 여제(女帝)였다. 박세리는 이건희가 직접 관심을 갖고 삼성물산에서 적극 지원하도록 배려하여 1998년 5월에 미국 LPGA 그리고 잇달아 US 여자 오픈에서 우승을 거둔다. 이건희가 성공을 거둔 스포츠 마케팅의 한 사례라 할 수 있다. 이건희는 골프 핸디가 싱글 수준이었으나 몇 년 전 발목 부상을 입은 뒤 라운딩을 삼가하고 있다.

㉜ 승자의 저주를 조심하라!

　성공한 사람들을 가리켜 우리는 대부분 그들의 행동이 허황되고 이기적이고 자만심에 들떠 결국 그들을 망쳐놓는다는 통념은 잘못된 것이다. 그 반대로 성공은 많은 부분에서 사람들을 겸손하고 너그럽고 친절하게 만든 반면 실패가 사실 사람을 신랄하고 잔인하게 만드는 것이다.

- 서머셋 모옴 -

혁신기업의 딜레마

영국 경제지 〈이코노미스트〉는 역사상 가장 위대한 비즈니스 서적 6권 중에 〈혁신기업의 딜레마(The Innovator's Dillema)〉를 선정했다. 이 책은 스티브 잡스가 늘 가까이 두고 탐독했던 것으로 알려진 책이기도 하다. 저자인 클레이튼 크리스텐슨(Clayton M. Christensen)은 이 책 한 권으로 '경영학의 아인슈타인'으로 불릴 정도로 경영계에 일대 파장을 불러 일으켰다.

〈혁신 기업의 딜레마〉는 "어째서 위대한 기업조차 실패하고 쓰러지는가?"하는 질문으로 시작한다. 경쟁력 확보에 애썼고, 고객의 요구에 기민하게 대응했으며, 새로운 기술에 공격적으로 투자했음에도 초우량 기업들이 시장 지배력을 상실한다?

처음에 이 책을 손에 든 독자들은 그럴 수가 있을까, 의아해 하며 페이지를 넘겼다고 한다. 그런데 저자는 더 잘 경영하고, 더 열심히 일한 일류기업들이 도태되고 만다는 사실을 입증하고 있다.

성공한 기업은 자금이 풍부한 탓에 시장 조사를 적극적으로 하고, 최고의 인재를 영입하고, 연구개발에도 투자를 아끼지 않는다. 그런데도 그들이 실패하는 이유는 무엇인가? 이 책에는 많은 초우량 기업이 무너진 사례가 나온다. 미국 백화점계를 이끌던 시어스가 월마트에 무너졌고, 컴퓨터 업계의 거인 IBM, 복사기 시장을 석권했던 제록스, 카메라와 필름시장을 장악했던 코닥이 존폐 위기에 놓이기도 한다.

저자는 우량기업이 내리막길을 걷는 이유가 경영진이 제대로 된 판단을 했기 때문이라고 말한다. 잘 나가는 기업은 주력 시장의 고객들이 알고 있는 기술을 개량해 나가며 어제보다 나은 오늘의 제품을 만들어내는데 이것을 지속성 기술(sustaining technology)이라고 한다. 대부분 경영자들은 혁신을 지속성 기술의 맥락에서 진행한다. 그런데 잘 나가던 기업이 어느 날 갑자기 몰락해버린다. 저자는 그 주범으로 '파괴적 기술(disruptive technology)'을 들고 있다. 파괴적 기술은 이 책을 관통하는 내용이다. 파괴적 기술을 가지고 있는 기업들은 기존 고객이 요구하는 성능보다 훨씬 낮은 기술을 갖고 있고 궁극적으로 '숨겨져 있던' 고객을 발굴해낸다. 고객은 자신이 원하는 것이 무엇인지 모르기 때문에 '파괴적 혁신(disruptive innovation)'을 통해 만들어진 제품에 끌린다.

이 책의 애독자 스티브 잡스는 〈혁신 기업의 딜레마〉를 읽고 '고객이 원하는 것은 고객도 모른다.'는 사실에 매료되어 무릎을 쳤다. 자신이 은연 중에 생각하고 있던 것을 콕! 끄집어 내준 이론이었던 것이다. 거기서부터 잡스는 고객의 새로운 니즈를 스스로 창조하는 영감을 얻게 되었다.

> 모든 중요한 혁신은 놀라워야 하고 예상치 못한 것이어야 하고 따라서 세상은 준비되지 않은 상태에서 이를 열광하며 받아들여야 한다.

진정한 혁신가는 무지(無知)한 소비자가 원하는 제품을 내놓을 수 있어야 한다는 것이다. 잡스는 탁월한 직관력(intuition)을 발휘하면서 MP3 플레이어의 후발주자이면서도 파괴적 혁신의 힘을 한껏 발휘하면서 아이팟, 아이튠즈를 개발해냄으로써 MP3시장을 석권할 수 있었고 그의 파괴적 혁신은 계속 이어져서 아이폰과 아이패드를 만들어 내는 데까지 이어졌다.

스마트 전쟁의 시대

2010년은 스마트폰 전쟁이 개막된 시기였다.

그러나 알고 보면 그것은 스마트폰 단말기만의 전쟁은 아니었다. 우리가 주목해야 할 것은 아이폰의 사례만 보더라도 말끔한 디자인의 단말기 그 자체가 아니라 2009년 4분기 매출액만 100억 달러를 넘어선 '애플 앱스토어'의 오픈마켓이다. 애플 앱스토어에서는 소프트웨어 다운로드로 매달 100여 명의 백만장자가 탄생한다고 한다.

 가령 게임 개발자는 애플 앱스토어를 통해서 1억 명 이상의 고객에게 자신이 개발한 게임을 선보일 수 있는 시장이 열렸고, 그 게임이 다운로드 될 때, 판매가의 70%가 수익으로 돌아간다. 앱스토어는 유저 평가시스템, 공정한 순위 운영방식을 운영하기 때문에 좋은 게임이나 제품을 제공하는 업체는 좋은 가격이라면 브랜드가 알려져 있지 않아도 상업적으로 성공을 거둘 기회를 포착할 수 있는 것이다.

 애플리케이션 백만장자의 탄생, 가전기기 간 컨버전스, 가전제품 네트워크, 스마트 홈……. 언뜻 들으면 복잡한 과학용어 같지만 이는 우리 주변에서 현재 일어나고 있는 몇 가지 현상을 나타내는 징후들일 뿐이다. 2007년 서울 디지털 포럼의 주제는 '미디어 빅뱅'이었다. 이 자리에서 노키아의 최고기술경영자(CTO)는 '걸어 다니며 소비하는 스마트 시대'를 이렇게 예견했다.

> 앞으로의 미디어는 모바일이다. 사람들은 모두 모바일 미디어를 통해서 얻은 경험으로 연결된다. 모바일은 미디어를 소비하는 가장 자연스런 방법이다. 그리고 이것이 결국 미디어가 미래에 나가야할 방향이다.

 2000년 이후, 정보화 기술은 본류 시장에 스며들어와 이른바 '뉴 웨이브' 기술로 진화했다. 뉴웨이브 기술이란 개인이나 집단 간의 연결성(connectivity)과 상호작용성(interactivity)을 용이하게 해주는 기술을 말한다. 뉴웨이브 기술이 가능하게 만든 것은 블로그, 유튜브(Youtube), 트위터(Twitter), 페이스북 같은 소셜 네트워크 서비스(SNS ; Social Network Service)의 확대 덕분이다.

 불과 몇 년 전만 해도 상상할 수 없는 새로운 패러다임이 펼쳐지고 있는 것이다.

이처럼 스마트폰의 등장은 모바일과 비즈니스의 패러다임에 획기적인 변화를 가져왔다. 스마트폰은 모든 콘텐츠들이 담기는 모바일 시대의 '허브(Hub) 미디어'로서 사람들의 라이프 스타일을 바꾸고, 비즈니스에 혁명적인 '변화'를 일으키는 중심핵이 되었다.

모건 스탠리의 보고서에 의하면 2015년이 되면 모바일 디지털 기기로 인터넷에 접속하는 사람들이 PC로 접속하는 사람보다 훨씬 많아질 전망이다.

애플이 위력적인 것은 수년 간 구축해놓은 '아이튠즈', '앱스토어', '아이북스토어'라는 '비즈니스 생태계' 때문이다. 애플은 이 콘텐츠와 애플리케이션이 통합된 새로운 비즈니스 생태계를 통해서 아이팟, 아이폰, 아이패드로 이어지는 라인업을 구축했고, 음악, 동영상, 통신, 책, 소프트웨어 등 모든 콘텐츠를 장악해가고 있으며 이제 스마트 TV인 애플 TV를 준비하고 있다. 스마트폰 업계의 주인공인 구글과 애플 등 거대 기업들은 모바일을 넘어 TV 시장까지 진입 중이다.

스마트폰의 등장에 이어 닥쳐오고 있는 스마트 TV는 '스마트 시대'라는 전에 없던 거대한 변화의 시대를 몰고 올 것이다. 컴퓨터가 '두뇌의 확장'을 가져왔다면 인터넷은 '관계의 확장'을 가져왔다. 그리고 스마트 혁명은 스마트폰과 스마트 TV를 통해서 유비쿼터스 세상을 만들고 그것은 '존재의 확장'을 가져올 모양이다.

이 스마트 TV에서는 유튜브, 페이스북, 트위터 등 서비스가 제공되는 것은 물론 오락, 게임, 학습, 뉴스 등과 관련한 앱도 제공된다. 스마트 TV는 기존의 가전제품들과 연동해서 홈네트워크를 형성하고 이렇게 스마트 가전 시대가 열리는 순간, 각 가정의 가전제품은 하나의 플랫폼으로 변신하게 된다. 이때부터 애플과 구글이 보유하고 있는 소프트웨어와 콘텐츠는 우리 가정을 지배하는 막강한 힘을 발휘하기 시작할 것이다.

한 마디로 말해서 스마트 TV는 스마트폰처럼 TV에 인터넷 운영체제(OS)를 탑재해 TV와 인터넷 기능을 동시에 제공하는 다기능·지능형 차세대 TV다. 스마트 TV는 진정한 유비쿼터스의 세상을 만들기 시작할 것으로 보인다.

이러한 스마트 기술은 개인과 가정, 사무실, 사회 전반으로 범위를 넓혀갈 것이고 라이프 스타일에 놀라운 변화를 만들어 낼 것이다. 그것은 진정한 디지털 컨버전스, 유비쿼터스 사회의 도래를 의미한다. 혁신적인 기술의 발전은 우리의 생활모습은 물론 기업의 경영 방향까지 송두리째 바꿔놓고 있다.

지난 10여년 동안 일어났던 '인터넷 골드러시'는 '스마트 골드러시'로 이어질 것이며 그로 인해 벌어질 넥스트 이코노미 시대를 대비해서 기업들은 메가 브랜드 전략을 새로 짜야 할 것이다.

이제 자동차, 교육, 의료 등의 산업에 스마트 기술이 스며들 것이고, 소비자들은 자신들의 요구를 충족시켜줄 PC, 인적 네트워크, 바이오 서비스, 스마트 홈네트워크를 원하게 될 것이다.

앞으로 열리는 새로운 경제 패러다임과 사회질서는 디지털기술에 의한 제품이나 서비스가 주도하는 기술생산 시대가 아니라 인간을 이해하는 감성 기술 산업, 관계를 이어주는 네트워크 통신, 각종 서비스들로서 지금과는 전혀 다른 방향으로 진화할 것이다.

'경쟁력' 있는 운영체제와 콘텐츠를 확보하라

구글과 애플의 소프트 파워가 막강하긴 하지만 삼성전자의 저력 또한 만만치 않다. 삼성전자는 애플의 아이폰에게 호되게 얻어맞았으나 갤럭시 S를 초고속으로 만들어내서 아이폰을 추적한 괴력과도 같은 저력을 보여주었다. 구글의 안드로이드를 운영체제로 한 갤럭시 S는 시판 5일 만에 10만 대를 돌파하고, 두 달 만에 100만 대, 그리고 7개월 만에 1000만 대가 팔려나가는 빅히트 상품이 되어서 구겨진 삼성전자의 자존심을 살려주었다.

2010년 상반기까지만 해도 삼성전자에는 위기감이 팽배했다. 애플의 아이폰에게 핵주먹을 맞은 것뿐만 아니라 노키아, 림(RIM), 그리고 대만의 HTC에게도 밀려서 스마트폰에서 5위로 밀려났기 때문이다.

2010년 3월, 경영 일선에 복귀한 이건희는 삼성전자 기술진에게 "최고의 제품은 아니더라도 경쟁제품과 비슷한 수준으로라도 서둘러 따라 잡아라."라고 질타했고, 그것은 반전의 계기가 되었다. 그날부터 삼성 휴대전화 개발 사업부에는 불이 꺼지지 않았다. 보통 제품 개발에 1년이 걸리는 휴대전화 개발 사이클이 절반 이상 줄어들었고, 그렇게 내놓은 갤럭시 S는 대성공을 거두었다. 휴대전화가 다시 삼성전자의 캐시 카우 자리에 복귀한 것이다.

만약 삼성이 1위를 구가하던 피처폰의 안락에만 빠져 있었다면 갤럭시 S와 갤럭시 탭으로 이어지는 그 재빠른 반격을 시도하지 못했을 것이다. 갤럭시 탭은 태블릿 PC 시장에서도 아이패드를 추적하며 선전을 거듭하고 있다. 이것이 삼성전자가 지닌 무한한 가능성이라고 믿는다.

삼성전자가 갤럭시 S를 통해 휴대전화 사업을 부활시킬 수 있었던 것은 삼성전자가 미래 스마트 전쟁에 필요한 다양한 병기를 지니고 있기 때문이었다. 사실 전세계에서 앞으로 펼쳐질 모바일 시대에 필요한 사업 포트폴리오를 모두 갖추고 있는 기업은 그다지 없어 보인다. 삼성전자는 스마트폰은 물론 태블릿 PC, 노트북 등 IT 완제품뿐 아니라 반도체, 디스플레이 등 IT 전 부분에 걸친 주요 부품까지 생산해내는 일괄 사업체제를 갖추고 있다. 또 삼성전자의 계열사들이 만들어내는 부품들도 삼성전자에게 엄청난 시너지 효과를 안겨주고 있다. 삼성전자는 모바일 제품에서 중앙처리장치 역할을 하는 애플리케이션프로세서(AP), 모바일 D램, 낸드 플래시를 직접 생산하고 있고 삼성모바일디스플레이(SMD)는 AMOLED를, 삼성 SDI는 배터리를 갤럭시 S에 납품하고 있다. 이들 부품은 모두 세계 최고의 경쟁력을 갖추고 있다.

하지만 안심할 수는 없다. 대만의 HTC와 같은 복병이 언제 어디서 튀어나올지 모르는 것이 IT 산업의 생태계인 것이다.

휴대전화, 태블릿, PC, TV 중에서 미래형 스크린의 주인공이 누가 될 것인가를 바로 예측하고 이에 대비한 신제품을 창출해 내는 기업이 미래 IT 산업의 주인이 될 것이다.

거듭 강조하지만 삼성전자가 진정한 IT 산업의 주인이 되려면 소프트웨어와 콘텐츠 사업에서 홀로서기를 해 다양한 사업영역을 확보해야 한다. 삼성전자가 스마트 시대의 운영체제를 보유하지 못하게 된다면 껍데기만 만드는 회사로 남을 뿐이다. 그래서 앞서 말하기 좋아하는 이들 중에는 삼성전자가 구글의 하청공장으로 전락할 가능성이 많다고 말하는 사람들도 있다.

삼성이 IT 및 정보가전 분야의 사업을 계속하겠다는 확실한 의지가 있다면, 미래 스마트 가전 시장에 대비해서 자체적인 콘텐츠 확보에 기업의 사활을 걸어야 한다. 이것은 기업의 철학, 문화, 경영스타일까지 모두 다 바꾼다는 것을 내포하고 있다. 결코 쉽지 않은 일이고, 자칫 잘못하다가는 지금까지 이루어 놓은 기업의 성장까지 하루 아침에 무너질 수 있을 만큼 위험한 모험이 될 것이다.

이미 살펴보았지만 IT 기기의 스마트화는 휴대전화를 넘어 TV의 영역으로까지 진화하고 있다. 스마트 TV는 명실상부한 정보전달 및 관리 장치가 될 것이며, 다양한 전자 및 가전기기들의 스마트화를 이끄는 촉매제 역할을 할 것이다.

애플과 구글이 스마트 TV로 세상을 평정하겠다고 공언하고 있지만, 삼성전자도 이에 대비해서 나름 준비를 하고 있는 것으로 보인다.

삼성전자는 'CES 2011'에서 스마트 TV를 비롯한 혁신 제품을 대거 선보였다.

삼성전자는 2011년을 스마트 TV 원년으로 삼고 '스마트 TV=삼성'이라는 공식을 확실히 굳힐 것을 천명하기도 했다.

스마트 TV의 등장으로 '스마트 시대'에 대한 새로운 인식, 새로운 패러다임의 시대가 열리고 있다는 자각이 일어나고 있다. 이제 TV는 바보상자가 아니라 새로운 삶을 열어주는 삶의 지표가 될 것이다. 스마트 TV는 TV 시청뿐만 아니라 자녀교육, 가족들이 함께 즐길 수 있는 게임, 그리고 SNS 라이프까지 책임지면서 소비자의 라이프 스타일과 패러다임을 주도할 것이다.

TV의 큰 화면으로 전 세계 신문과 잡지를 읽는다면 어떤 느낌일까? 거실 소파에 비스듬히 편안한 자세로 기대어 앉아서 TV의 대형화면으로 해외의 지인과 화상 통화를 하는 것은? 새로 등장한 'N 스크린(N-Screen)' 기술은 스마트 시대의 또 다른 묘미를 일깨워 준다.

N 스크린은 공통된 운영체계를 탑재한 다양한 장치, 그러니까 스마트 TV, 스마트폰, 태블릿 PC, 노트북 등에서 공통된 서비스를 이용할 수 있는 것을 의미한다. 다양한 기기의 개별 스크린이 마치 하나의 공유 스크린처럼 사용 가능하게 되는 것이다.

가령 퇴근길에 스마트폰으로 보던 드라마를 집에 도착하자마자 TV로 계속 이어볼 수 있고, TV로 다른 작업도 병행할 수 있는 것이 N 스크린 서비스다. N 스크린 기술은 방송 및 통신 네트워크를 이용하는 데 있어서 동일한 콘텐츠를 다양한 디바이스에서 시청할 수 있게 한다.

3D TV와 스마트 TV 등에서 첨단 TV조류를 선도하고 있는 윤부근 삼성전자 영상디스플레이사업부 사장은 TV시장이 성장정체단계에 진입했다는 외부평가에 대해서도 단호하게 반박했다.

현재 TV시장은 기술 잠재력의 50%도 못 보여주고 있다. TV의 혁신은 휴머니즘에 기여할 것이고 스마트 TV는 이 중 초기단계일 뿐이다. 애플과 구글이 TV시장에 뛰어드는 이유가 바로 그것이다. IT를 전혀 모르는 사람도 쉽게 쓸 수 있게 스마트 TV를 만들겠다.

윤 사장의 주장대로 세계 TV시장은 LED TV와 3D TV를 위시해서 스마트 TV시장이 열리면서 새로운 주력 상품으로 떠올랐다.

삼성전자가 'CES 2011'에 선보인 스마트 TV 신제품은 '편의성'을 높이는 데 주력했다. 리모컨에는 터치 화면이 들어 있어 이를 TV 조작에 활용할 수 있을 뿐 아니라 작은 TV 화면으로도 활용할 수 있다. 예를 들어 거실에서 TV를 보다 잠깐 다른 방으로 이동해야 한다면 리모컨을 들고 가 그 안의 작은 화면으로 TV를 계속 시청할 수 있다.

또 삼성의 스마트 TV의 가장 큰 특징은 '올 셰어(All Share)' 기능이다. 갤럭시 S나 갤러시 탭 사용자들은 알겠지만 이들 스마트폰의 기본 애플리케이션들 중에서 'All Share'라는 애플리케이션이 있다. 이 프로그램의 기능은 이름 그대로 모든 것을 공유시키는 애플리케이션이다. 스마트 TV 사용자는 스마트폰과의 All Share 기능을 같이 이용함으로써 스마트폰에 있는 동영상이나 사진, 음악을 TV에서 그대로 볼 수 있고 들을 수 있다.

시장조사기관 디스플레이 서치에 따르면 세계 스마트 TV시장 규모는 2010년 4084만 대에서 2011년 6737만 대, 2014년 1억 1851만 대 등으로 빠르게 성장할 전망이다.

삼성전자는 6년간 제패해 온 세계 TV시장을 주도해서 2011년에 LED TV 2200만 대, LCD TV 1800만 대, PDP TV 500만 대 등 총 4500만 대의 평판 TV를 판매하고, 새로 선보인 75인치 스마트 TV를 주무기로 1200만 대의 스마트 TV를 판매해서 LED TV와 3D TV에 이어 스마트 TV에서도 글로벌 넘버원 자리에 오른다는 방침이다.

앞으로 삼성전자가 이런 시대적인 변화의 물결 속에서 TV 이후의 IT 기기들의 스마트화에 대한 전형을 경쟁사들보다 앞서서 스스로 정의하고 그 방향으로 시대의 패러다임을 제시하는 것은 실패와 성공 여부를 떠나서 궁극적으로 소프트 파워시대를 향한 회사의 성장에 큰 도움을 주리라 생각한다. 삼성전자는 스마트 TV와 스마트폰을 기반으로

밖에서 집안의 온도나 조명·조리 등을 모두 조절할 수 있는 홈네트워크 사업을 추진하는 한편 빈집을 경비하고 청소하는 가정용 로봇 사업에도 박차를 가할 것으로 보인다. 세계 최고 제조업의 특장점을 살리면서 소프트웨어와 콘텐츠 부분에 집중력을 발휘한다면 삼성전자의 성장은 앞으로도 계속 이어져 나갈 것이다.

앞으로 삼성이 조심해야 할 것은 혁신기업의 딜레마에 빠지지 않는 일이다. 경영학에서는 승자의 저주(The winner's curse)란 말이 있다. 미국의 행동경제학자인 리처드 세일러가 1992년 출간한 책 〈승자의 저주〉를 통해 널리 알려졌다. 경쟁에서 이겼으나 경쟁 과정에서 과도한 비용이나 대가를 치루는 바람에 엄청난 후유증에 시달리는 현상을 일컫는 말이다.

그래서 작금에 벌어지고 있는 애플과 삼성 간의 특허전쟁을 우려의 시선으로 바라보는 사람들이 많다. 이기더라도 지는 게임을 할 바보야 없겠지만, 그러나 많은 기업들이 그 저주의 수렁에 빠져들었다는 것을 명심해야 할 것이다.

❖ 삼성 신지행 33훈

1. 우리가 지금 어디에 서 있는지, 어디로 가는지 파악하라.
2. 5년, 10년 후를 내다봐야 한다.
3. 체질, 구조, 사고방식 모두 바꿔야 한다.
4. 사업의 개념파악 여부에 따라 성패가 좌우된다.
5. 버릴 건 버리고, 시작할 건 빨리 시작해야 한다.
6. 모든 제품과 서비스는 세계 1등을 목표로 한다.
7. 21세기에 맞는 경영구조와 시스템을 구축하자.
8. 단지 복합화로 효율을 증대해야 한다.
9. 미래를 위해 가장 먼저 할 일은 인재확보다.
10. A급 직원이 능력발휘하도록 챙겨야 한다.

11. 성과를 내는 직원은 사장보다 더 많이 보상하라.
12. 우수한 여성인력을 적극 활용하자.
13. 경륜보다 실력있는 젊은 고문을 영입해야 한다.
14. 다양한 복지제도를 마련하라.
15. 노사 간 갈등은 회사 존폐와 직결된다.
16. 경영자 양성을 체계적으로 실시해야 한다.
17. 10년 앞을 내다보고 인재를 양성해야 한다.
18. 불황에도 R&D 투자는 줄이지 말아야 한다.
19. 기술확보는 합작-제휴-스카우트 순으로 해야 한다.
20. 경쟁사보다 먼저 신제품을 상품화하자.
21. 최고의 품질로 승부해야 한다.
22. 작업현장은 안전이 최우선이다.
23. 구매업체와의 신뢰가 제품 경쟁력을 좌우한다.
24. 철학과 문화를 파는 마케팅을 해야 한다.
25. 고객서비스는 마음에서 우러나와야 한다.
26. 21세기는 디자인과 소프트의 싸움이다.
27. 세계에 글로벌 삼성의 뿌리를 내려야 한다.
28. 해외 현지에 맞는 경영모델을 개발하라.
29. 현지 인력을 삼성화시켜야 한다.
30. 도전과 창조정신이 가득한 일터를 만들어라.
31. 법과 원칙을 준수하고 도덕적으로 존경받아야 한다.
32. 삼성인의 일체감과 결속력을 강화해야 한다.
33. 존경받는 국민기업이 돼야 한다.

삼성가(家) 가족이야기 32

이병철과 이건희의 차이점

이건희는 아버지와는 다른 면을 많이 가지고 있는 오너다.

이병철은 권위적이고 차갑게 느껴져 비서들이 감히 말을 붙이기 어려웠다. 워낙 깔끔한 성격이어서 비서들은 아예 술, 담배를 끊어야 했다. 엘리베이터에서 담배 냄새를 맡고 비서에게 '자네, 아직도 담배 피우나.'라고 핀잔을 준 적도 있다. 그는 해외여행 시에 공항에서 비행기에 탑승하고 내릴 때 단 1초라도 발걸음을 멈추게 되면 비서들에게 불호령을 내렸다. 그래서 공항 수속시나 고속도로 이동시에는 단 1초도 멈추지 않고 통과할 수 있도록 사전에 조치를 취하느라 비서들은 초긴장을 해야 했다.

- 임승환, 1998년『5대 그룹 총수의 성격 보고서』-

이병철은 유교식 교육을 받은 세대로서 왕조시대의 제왕적 권위를 카리스마로 변용시켜 기업경영에 활용한 사람이다. 이건희는 그런 아버지를 보고 자랐지만, 어린 시절부터 외국에서 자유분방한 생활을 해왔던 터라, 그런 아버지를 빼닮지는 않았다. 오히려 그는 아버지와 반대적인 생활을 하면서 아버지와는 다른 리더십과 카리스마를 보여주고 있다.

선대는 형식적이고 권위적이고 집착력, 의지력이 남달리 강했던 반면, 2세인 우리는 현실적이고 사고가 유연합니다. 선대는 출퇴근이 시계처럼 정확했지만 나는 일할 때 일하고 외부와 스케줄이 있는 것 외에는 평소에도 제 일을 봅니다. 선대 회장은 1년 스케줄에 화요일과 금요일엔 골프장, 수요일에는 틀림없이 '중앙일보'에 계셨기 때문에 전화를 안 걸어보고 가도 만날 수 있었죠.
― 이병철, 신동아 1993년 9월 『나는 그 동안 속아 살았다』―

이건희는 때로 사석에서 넥타이를 풀거나 노타이차림으로 나타나는 등 소탈한 모습을 보이기도 한다. 또 해외 출장을 갈 때 공항에서 직접 자신의 짐 가방을 챙기기도 한다. 이병철은 수신제가(修身齊家) 치국평천하(治國平天下)를 가풍으로 삼고, 자녀들에게 유교적인 교육을 시킨 엄한 아버지였다. 반면 이건희는 가정적이고 현대적 아버지의 면모를 많이 보여준다.

삼성그룹 이건희는 지난 87년 1월 8일 이례적으로 회사에 출근하지 않았다. 물론 그때는 부회장 시절이었으니 회사에 업무가 밀려있는 상태였다. 그런데 그가 회사에 나오지 않은 것이다. 이유는 그의 장남 재용군이 서울대에 입학원서를 내는 날이었기 때문이다. 물론 부인 홍라희 씨가 함께 와 있었다. 우리나라 최대의 재벌 삼성그룹의 제2인자(당시는 이병철 회장 생존 때였다) 이 부회장도 이 날만은 전국 70만 수험생의 학부모 가운데 한 명에 불과했다. 자신의 업무보다 장남 재용군의 서울대 합격에 더 신경을 쓰는 아버지 역할에 충실했던 것이다. 이건희가 1남 3녀의 자녀를 끔찍이 생각한다는 사실은 그룹 내에 잘 알려져 있다. 술이 체질적으로 맞지 않아 (맥주 2잔이면 취한다) 이건희는 퇴근 후 특별한 약속이 없으면 집으로 직행한다. 자녀들과 지금도 뺨을 비빌 정도로 잔정이 많다. 공부에 시달리는 아들이 안쓰러워 '굳이 서울대를 나와야 하느냐? 승마도 하면서 다양하게 살아라.' 라고 충고할 정도다.
― 한유림, 1993년 『세계는 꿈꾸는 자의 것이다』―

이건희가 아버지와는 달리 온화한 감성 리더십의 오너가 된 데는 시대가 많이 달라진 탓도 있겠지만 그의 혈액형이 AB형인 것도 많은 연유가 있을 듯하다. AB형 성격의 특성인 합리적인 비판 능력과

한 가지만 생각하지 않고 다양한 각도로 상황을 점검하며 여러 가지 일을 동시에 진행하는 능력이 있기 때문이다.

이렇게 차별화된 리더로서 이건희는 때로 신경영, 천재경영, 강소국(强小國), 정치는 4류, 상생경영과 같은 사회적, 철학적 키워드를 내놓았고 자신이 이끄는 삼성을 초일류기업 집단으로 이끌어냈다.

㉝ 진정한 Samsung Way

자기 분야에서 패배하지 말라.
CEO의 역할은 주주, 고객, 종업원, 협력업체라는
네 가지 이해집단의 이익을 조화롭게 추구하는 것이다.

― 강석진 GE 코리아 사장 ―

삼성웨이를 계속 구가할 수 있을까?

일본 최고의 기업 도요타에는 '도요타 웨이(TOYOTA Way)'라는 것이 있었다. 2001년에 도요타가 발표한 책자 〈도요타 웨이〉는 도요타 경영 이념의 양대 축을 '지혜와 개선', '인간성 존중'으로 요약하고 있다. 도요타는 전후 노동쟁의와 도산위기를 겪으면서 구미업체들과 경쟁하기 위해서는 인적자원의 역량을 최대한 이끌어낼 수밖에 없다는 결론을 내렸으며, 이것이 개선의 원점이 되었다. 도요타는 직원들의 제안을 경영에 적극적으로 반영함으로써 기업을 젊게 하고 융통성이 큰 조직으로 변신시켜왔다. 그러나 그런 도요타도 대규모 리콜 사태를 맞아 한동안 휘청거렸다.

그런데 그런 도요타에서 요즘 '삼성을 배우자'는 움직임이 일고 있다. 2000년대 들어 삼성이 비약적인 발전을 거듭하자 도요타식 경영 철학을 의미하는 '도요타 웨이'에 이어 '삼성 웨이(SAMSUNG Way)'라는 말이 생겨났기 때문이다. 삼성 배우기 열풍은 도요타뿐만 아니라 전 세계로 확장되고 있다. 최근 몇 년간 '도요타 배우기 열풍'에 휩싸였던 전 세계가 빠르게 삼성으로 눈길을 돌리고 있다. 도요타 모토마치 공장을 견학하기 위해 일 년 내내 몰려들던 각국 기업의 발길이 삼성전자 수원 공장에서도 재현되고 있는 것이다.

삼성 배우기 열풍은 중국, 동남아시아는 물론 아프리카 대륙까지 번져 나가고 있다.

2004년 세계적 브랜드 컨설팅 업체인 인터브랜드는 삼성의 그룹 주력사인 삼성전자의 브랜드 가치를 세계 21위(125억 5300만 달러)로 선정했다. 이는 20위인 소니(127억 5900만 달러)를 간발의 차이로 바짝 추격하는 것이었다.

일본 경제주간지 〈닛케이 비즈니스〉는 다음과 같은 분석 기사를 실었다.

삼성의 대형 TV가 미국 시장에서 일본 제품보다 더 비싸게 팔리는 등 50년간 누려온 일본 기업의 브랜드 우위가 위협받고 있다.

실제로 미국 최대의 전자제품 판매점인 베스트 바이에서 삼성전자의 디지털 TV는 3798 달러에 판매되고 있는 반면 경쟁업체인 소니의 제품은 3123 달러, 파나소닉은 3133 달러에 판매되고 있다.

이러한 결과는 질 위주 경영의 괄목할만한 수확이라고 볼 수 있다. 이것으로서 일등주의 삼성은 초일류주의 삼성으로 변모하게 되었다. 이로써 삼성전자는 진정한 초일류 글로벌기업으로서의 위상을 보여주게 되었다.

그러나 그것은 시작에 불과했다. 2009년, 삼성전자는 매출 136조 원과 영업이익 10조 9000억 원을 달성하며 세계 최고의 전자 기업으로 등극했다. 또한 삼성전자는 미국 경제주간지 〈비즈니스 위크〉와 세계적인 브랜드 컨설팅 업체 인터브랜드가 발표한 '글로벌 100대 브랜드(Best Global Brands)' 순위에서 19위의 자리를 차지했다. 그리고 2012년 마침내 글로벌 100대 브랜드 9위에 올라섰고 2013년에는 8위에 올라서는 쾌거를 달성했다. 동아시아 변방에서 트랜지스터 라디오, 흑백 TV도 제대로 못 만들던 기업이 IT 기업 1위를 넘어서서 글로벌 10위권 안에 안착한 것이다.

2009년 10월, 창립 40주년을 맞은 삼성전자는 글로벌 기업의 위상을 다지기 위해 2020년까지 매출 4000억 달러 달성을 통해 글로벌 5대 기업으로 도약한다는 '비전 2020'을 선포했다. 또 이를 실현하기 위해 창조경영, 파트너십 경영, 인재경영을 3대 방향으로 선정했다.

1987년 이건희가 취임한 후 20여 년간 삼성전자는 빛나는 성공을 거두었다. 그러나 앞으로 20년 후에도 삼성전자가 한국을 대표하는 기업으로서 글로벌 리더의 지위를 확보하고 있을 것인가?

이 과정에서 삼성이 넘어야 할 산은 험난할 수도 있다.

삼성을 버려야 삼성이 산다

'비전 2020'을 달성하기 위해서 넘어야 할 첫 번째 산은 삼성의 조직문화다. 삼성에는 알게 모르게 '삼성병'이라는 것이 있다고 한다. 오랜 기간 성장가도를 달리면서 안정적인 체제를 유지해 오는 동안 삼성 내부에는 관료주의(Bureaucracy)와 줄서기 폐단이 공공연하게 퍼져 있다는 것이다. 삼성전자는 고도성장을 이루어내는 과정에서 지나친 내부 경쟁, 인사적체, 성장 동력 발굴 부진 등 마이너스적인 요소가 발생했으며 지금 그 병을 앓고 있다고 한다.

많은 사람들이 삼성전자가 새로운 패러다임의 시대에 창조성을 발휘하려면 시대에 맞는 조직문화가 필요하다고 말한다. 그동안 삼성전자를 최강의 기업으로 만들어낸 조직문화는 상명하달의 조직문화였다. 동양의 유교문화와 한국의 군사문화, 그리고 오너경영과 삼성의 기민함이 접목되어 삼성만의 일사불란한 조직문화를 만들었다. 제조업 중심의 사업구조일 때 이 조직문화가 먹혀들었다. 삼성전자는 이병철, 이건희라는 한 시대를 풍미하는 최고의 리더가 있었기에, 그리고 이러한 조직문화 덕분에 전자산업의 후발주자임에도 불구하고 단시간 내에 경쟁사들을 따돌릴 수 있었다.

그러나 이제는 삼성전자 조직 내부에서도 위기를 알리는 자성의 목소리가 높다. 삼성전자의 엔지니어였던 안광호는 이렇게 진단하고 있다.

> 삼성전자는 과거의 방식으로 미래에 대비하고 있습니다. 구글, 애플은 전 세계인들을 자사의 직원처럼 활용하는 오픈 이노베이션 전략으로 시대를 선도하는데, 삼성은 여전히 폐쇄적이고, 엘리트주의에 빠져 있습니다.

삼성전자의 조직은 워낙 빈틈이 없다보니 너무 인간적이지 않아서 숨이 막힌다는 사람들도 있다. 삼성전자가 제조업 중심으로 움직일 때는 삼성의 이런 조직문화는 큰 장점으로 작용했다. 돈이 된다고 확실하게 판단이 되면 순식간에 경쟁사 대비 몇 배의 돈과 인력을 집중적으로 투자해서 단시간에 시장을 선점해 버리는 전략으로 삼성은 크게 성장했다.

삼성전자는 비록 선진기업들보다 출발은 늦었지만 언제나 결단력 있는 선택으로 선두 주자들을 추월하는 괴력을 발휘해왔다. 삼성전자에는 능력 있는 전문경영인들이 사업을 이끌지만 이건희는 삼성의 방향을 설정해야 할 때는 언제든 키를 쥐고 강력한 드라이브를 걸면서 카리스마 넘치는 선장의 역할을 해냈다.

사실 일본의 기업들을 하나, 둘씩 추월하고 정상의 고지에 오른 전략도 바로 이것이 아니던가? 연구와 개발은 미국과 일본의 기업들이 먼저 시작했을지 모르지만, 삼성은 전 세계적인 동향들을 주도면밀하게 파악하고 있다가 확실한 성장의 징후가 보이기만 하면 경쟁사 대비 3~4배 이상 빠른 속도로 개발에 박차를 가하며 성장해왔다. 반도체, LCD, 휴대전화에서 삼성전자는 그 진가를 아낌없이 발휘했다.

그러나 지금은 제조업의 시대가 아니다. 삼성전자의 적수는 더 이상 소니나 HP가 아니라 애플이나 구글이다. 잘 알다시피 애플은 PC와 MP3 플레이어를 만들어 팔았지만 제조업체가 아니다. 애플은 세계 어느 곳에서도 공장 같은 것을 가지고 있지 않은 소프트웨어 콘텐츠 기업이다. 그런 애플이나 구글이 삼정전자와 휴대전화와 TV를 가지고 경쟁하게 될 줄 몇 년 전만 해도 누구도 예상하지 못했다. 그야말로 새로운 패러다임의 시대가 도래한 것이다.

삼성이 가지고 있는 가장 큰 장점들이 앞으로의 시대에 통하지 않을 수도 있다.

어쩌면 지금까지의 삼성전자의 장점과 성공스토리가 삼성의 발목을 붙잡지는 않을까 하고 걱정하는 이들도 많다. 적어도 삼성이 현재 가장 잘하고 있고 관심을 가지고 있는 정보통신, 가전단말 분야에 있어서는 이러한 우려가 현실화되고 있는 듯하다. 이제는 시장점유율 확장이 아니라 트렌드를 정복한 생각으로 시대에 맞서야 한다.

창조경영만이 살 길이다

최근 경영의 귀재로 불리는 잭 웰치 GE 전 회장은 한국 언론과의 인터뷰에서 창조적 사고는 동양적 유교문화의 연공서열 속에서는 만들어지기 힘들다며 한국에 애플의 아이팟과 같은 창조적인 제품이 있는가? 라는 질문을 던졌다.

그는 성과에 따른 인센티브를 통해 창조적 역량을 강화하는 것이 무엇보다 중요하다고 강조했는데 인센티브 면에서는 삼성이 다른 기업보다 낫다고는 하지만 삼성이 창조자로서의 역할을 하고 있느냐는 질문에는 "그렇다."라고 선뜻 답하기 곤란하다고 말했다. 그는 삼성전자가 메모리와 TFT LCD, 디지털 TV 시장에서 세계 톱의 위치에 오르면서 과거 선두기업을 따라가던 전략은 머지않아 한계에 도달할 것이라고 말했다. 삼성이 창조적인 초일류 기업으로 가기 위해서는 내부의 관료주의를 타파하고 앞선 창조를 통해 시장을 만들지 않으면 대만 중국 등의 후발주자들에게 추격을 받을 수밖에 없는 위기 상황에 처하게 될 것이다.

피터 드러커(Peter Drucker)는 '미래경영(Managing for the Future)'이라는 책에서 21세기 지식사회를 이렇게 전망하고 있다.

> 지식사회에서는 조직 내에서 상사와 부하 구분도 없어지며, 지시와 감독이 더 이상 통하지 않을 것이다.

즉 리더가 부하들보다 우월한 위치에서 부하들을 이끌어야 한다는 기존 리더십 패러다임에서 부하들을 위해 헌신하며 부하의 리더십 능력을 길러주기 위해 노력하는 리더십 패러다임으로 전환해야 한다는 것이다. 갈등을 봉합하고 조직 내부는 물론 외부 조직과 통합을 도모하기 위해서는 '눈높이를 낮추고 조직 구성원에게 귀를 기울이는' 리더십으로 시급히 전환해야 한다는 것이다.

피터 드러커의 이 말은 삼성병에 걸려 있는 삼성전자의 전 조직원들에게 적용되는 지적이 아닐 수 없다. 타인 위에 군림하기보다는 타인을 위한 봉사에 초점을 두고, 종업원은 물론 고객과 커뮤니티를 우선으로 여기고, 그들 욕구를 만족시키기 위해 헌신하는 리더십이 필요한 시점이다. 이처럼 21세기에 이르러 피터 드러커를 비롯한 많은 경제학자들이 기업의 이익은 곧 공공의 이익이라는 '공존공영의 경영철학'을 강조하고 있다. 결국 기업가와 노동자와 소비자는 서로가 속해 있는 사회와 국가, 세계 경제의 질서 속에서 공존공영하며 살아가는 존재라는 인식의 전환이 필요하게 되었다.

피터 드러커에 따르면 기업의 CEO는 의도적이든 아니든 공인(公人)이며, 경제적 성과의 달성을 위한 관리적 기능과 그 성과에 대한 사회적 책임(Social Accountability)을 지닌 존재이다. 다시 말하면 CEO는 자신이 경영하는 기업의 리더일 뿐만 아니라 사회조직 전반을 움직이는 리더로서 회사의 직원은 물론 주주, 소비자, 지역사회를 리드하고 사회를 변화시키는 창조력을 발휘해야 하는 사람이다.

일본의 경제학자 노나카 교수는 '지식창조의 경영'이란 책에서 '미들 업다운 경영(Middle Up Down Management)'이라는 개념을 제시했는데 기업 조직에서 허리의 역할을 하는 중간 간부의 역할의 중요성을 강조한 개념이다. 아무리 오너십 경영의 장점이 있다고 하더라도 오늘날은 최고 경영자의 의지와 능력만으로 조직을 끌고 나갈 수 있는 시대는 아니다. 그는 중간 관리자의 7가지 역할을 강조하고 있다.

첫째, 중간관리자는 업무담당자로서 전문가의 역할을 수행해야 하고, 둘째, 팀 내부의 조정자 역할을 해야 하며, 셋째, 업무관련 조언자의 역할을 해야 한다. 넷째는 후배 육성에도 신경을 써서 교수로서의 역할을 해야 하고, 다섯째, 팀장을 보좌하는 스태프의 역할, 여섯째, 차기 팀장 역할 수행자로서 코칭 리더의 역할을 해야 하며 마지막으로 그러한 조정자로서 조직 내 지식 창조자 역할을 수행해야 한다는 것이다. 삼성도 이제는 상명하달식의 일사불란한 조직 문화에서 허리가 강한 조직문화를 창출해야 할 때가 되었다. 시대에 맞는 조직문화가 필요하다.

'비전 2020'을 달성하기 위해서 넘어야 할 또다른 산은 삼성전자가 얼마나 창의성을 발휘하느냐 하는 문제이다. 이 문제는 경영체제, 조직문화와 깊은 관련성을 갖는데 경영혁신과 조직문화의 개선이 이루어지지 않으면 불가능할지도 모르는 미래경영의 요체라고 할 수 있다.

삼성전자는 지금까지 극한까지 원가를 관리하고, 불필요한 재고가 생기지 않도록 철저하게 모니터링하고, 생산효율성을 올리기 위해서 다양한 아이디어를 통해 끊임없는 쇄신을 거듭하고, 기술선점을 위해서 어마어마한 돈을 투자하며, 브랜드 가치나 디자인 품질을 높이기 위해 노력해 왔다.

삼성전자를 비롯한 한국의 대기업들은 효율과 비용이라는 면에서 뛰어난 능력을 발휘해서 세계 시장을 제패해왔다. 다른 나라 기업들보다 앞선 스피드 경영으로 싸고 품질 좋은 제품을 빨리 내놓는 방식이었다. 하지만 그런 방식은 미래 시장을 장악할 수 없다. 애플 쇼크는 단적으로 그것을 보여주는 예라고 할 수 있다. 세계적 마케팅 전문가인 잭 트라우스는 삼성전자에게 이런 충고를 던지고 있다.

> 아이폰은 참신하지만 삼성의 휴대폰은 그렇지 못했다. 삼성전자가 차세대 아이디어를 주도하기 위해서는 반드시 리포지셔닝 과정을 거쳐야 한다.

말하자면 창의적인 제품을 먼저 내놓는 선도기업이 되어야 한다는 이야기다. 후발 주자로서 남들의 창조적 제품을 흉내내면서 쫓아가기 바쁜 전략으로는 미래 시장에서는 설 자리가 없다는 것이다.

애플 쇼크를 거치면서 삼성전자의 내부 직원들이 느끼는 위기감은 크다. 한 연구원은 "개발하다 보면 가끔 정말 획기적인 아이디어가 떠오른다. 하지만 이런 아이디어를 내면 '뜬구름 잡지 말고 다른 거 생각해봐! 바로 시장에 낼 수 있는 걸로······.' 라는 반응이 나온다."고 털어놓기도 했다. 그러다보니 삼성전자는 가장 먼저 구글폰을 만들어 낼 절호의 기회를 맞이했으나 그 기회를 스스로 발로 차버리고 스마트폰 시장에서 앞서나갈 수 있는 기회를 놓쳤다는 것이다.

> 우리는 뭔가 창조적 제품을 만들 필요가 없었고 만들어서도 안됐다. 성공 사례들을 벤치마킹해 성장해왔기 때문에 위험을 무릅쓸 필요가 없었다.

이런 경직된 조직문화 때문에 새로운 시대, 새로운 소비자들의 트렌드를 따라가기에 삼성은 역부족인 것으로 보일 때가 많다. 이러한 반성의 결과물이 창조적 조직문화, 혁신 경영으로 이어져야만 삼성은 새로운 패러다임 시대를 주도하는 주역이 될 수 있다.

근래 들어서 시대의 흐름을 제대로 읽지 못하고 있는 기업은 마이크로소프트(MS)다. 그렇기 때문에 MS는 구글과 애플에게 밀리고 있는 것이다. 몇 년 전만 해도 말도 안 되는 소리가 아닌가?

MS의 CEO 스티브 발머는 월스트리트 저널이 개최한 'All Things Disital Conference'에 나와서 "아이패드 같은 태블릿 PC"라는 말을 아무렇지도 않게 했다. 그러나 아이패드는 단순한 태블릿 PC가 아니지 않은가? 스티브 발머는 자신들이 가장 먼저 태블릿 PC를 만들었는데 애플이 자신들의 아류제품을 만들어 내면서 큰 소리를 친다고 본 것이다. 그는 아이패드란 기기의 성질을 잘 모르는 것뿐만 아니라 전반적인 구글의 전략에 대해서도 커다란 착오를 일으키고 있었던 것이다. 더욱 가관인 것은 스티브 발머는 델 컴퓨터가 넷북의 OS로 안드로이드를 채택하자 불편한 심기를 감추지 않았고 구글이 안드로이드 외에 크롬이란 OS를 동시에 개발하고 있는 것도 일관성이 없다는 비난을 퍼부었다.

최고경영자가 시대의 흐름을 제대로 읽지 못한 탓에 세계에서 가장 발 빠르게 시장을 읽고 IT 사업을 주도하던 MS가 최강자의 모습을 잃고 스마트 시대에서 밀리게 된 것은 당연한 일인 것 같다.

이 점은 삼성전자의 최고경영진이 눈여겨보고 깊이 반성해야 할 문제다. 삼성전자는 이제부터 더욱 눈을 밝히고 시대변화와 제품의 변화 사이클, 소비자 심리의 흐름을 제대로 읽는 조직 문화와 시스템을 작동시켜야 한다.

IT 세대의 대표 주자인 안철수(당시 카이스트 석좌교수)는 2009년 12월 17일에 열린 '오마이 뉴스 10만인 클럽 특강'에서 '아이폰 쇼크'는 우리 대기업이 위기에 처해 있음을 알려준 경고라고 다음과 같이 말하고 있다.

> 하청업체들에게 일을 떼어줘서 최단시간 내에 최저의 가격으로 최고의 품질을 만들어내는 데는 우리 대기업들이 능하다. 그러나 아이폰, 페이스북, 구글은 수평적인 네트워크 모델에서 비롯된 것이다. 수직적 관계에서는 하청업체를 쥐어짜는 '관리'를 통해 경쟁력을 유지할 수 있다.
>
> 그러나 수평 모델에서는 수평의 위치에 있는 다른 회사와의 협력을 통해 경쟁력을 갖는다. 우리는 다른 회사를 내 편으로 만드는 데 약하다. 왜 우리나라에 닌텐도 같은 회사가 없느냐? 그것은 우리가 설득, 수평적인 구조, 이익 공유를 통해서 우리 편으로 이끄는 관리 역량이 없기 때문이다. 아이폰 상륙은 수직적인 구조의 국내 대기업과

외국의 수평적인 비즈니스 간의 충돌이다. 우리나라 대기업들에게는 위기의 순간이 올 것이다. 기존의 수직적인 사고방식을 가진 사람들은 수평적인 사고로 바뀌지 않는다. 기존 하드웨어 중심이 소프트웨어 중심으로 안 바뀌듯이 아이폰은 애플리케이션 개발자에게는 굉장히 큰 기회다. 그러나 대기업에게는 위기다. 패러다임의 충돌이라 볼 수 있다.

이러한 패러다임 충돌의 시대에 삼성전자는 창조적 마인드로 무장해야 한다. 이것은 삼성전자 임직원만의 문제가 아니라 삼성과 거래하고 있는 납품업체들과도 수평적 네트워크를 형성해서 이익을 공유하고, 창조적 역량을 키워나가야 이루어질 수 있는 문제다.

현대의 뛰어난 경영자는 기업, 주주, 노동자, 소비자가 다른 세계를 사는 것이 아니라 서로의 역할이 다를 뿐이라는 점을 인식하고 있다. 그는 사회 전체적으로 볼 때 기업은 생산자인 동시에 노동자이고, 기업을 구성하고 있는 모든 사람들은 궁극적 소비자라는 것을 인식하고, 이해관계를 맺고 있는 모든 집단과 사회에 대한 봉사를 강조하고 실천한다. 또한 그들은 상품을 만드는 것도 사람이며, 소비하는 주체도 사람이라는 것을 정확히 인식하고 있다.

삼성가(家) 가족이야기 33

막내딸 이윤형의 죽음

이윤형은 1979년 4월 26일에 태어난 이건희의 막내딸이다. 막내는 셋째와 여섯 살이나 터울이 져서 무척 귀여움을 받고 자랐다. 그녀는 막내라 특별한 사랑을 받고 자라서 그런지 성격이 쾌활하고 밝았다. 그녀는 대원외국어고등학교와 이화여자대학교 불문과를 졸업했다.

이윤형이 유명세를 타게 된 것은 2003년 9월, 싸이월드에 개인 홈페이지 〈이뿌니 윤형이네~〉를 개설하면서 부터였다. 재벌가의 딸이 만든 홈페이지라는 입소문이 나면서 연예인 뺨칠 정도로 누리꾼의 방문이 잦아 '스타'로 떠올랐다. 그녀는 자신의 홈페이지가 인기가 높은 데 대해 "내가 아니라 아버지가 인기가 많기 때문"이라고 썼다.

이윤형은 홈페이지에 친구들에 대한 이야기와 스키장에서 가족들과 보낸 이야기, 남자친구 이야기, 치아교정을 시작해 고생한 이야기, 집에서 김장을 한 이야기 등 일상생활의 단면을 소탈하게 올려 인기를 모았었다. 아래는 이윤형이 자신의 홈페이지에 올렸던 글이다.

"나 기타 배우려고 시도하다가 내 남자친구가 기타 잘 치거든. 그냥 남자친구한테 조금씩 배우고 있는데 내가 맨날 게으름 펴서 안 늘어.^^"(2003년 10월 29일)

"가족들이랑 외식하고 영화보고 수빈이(남자친구) 잠깐 봤어"(2003년 11월 9일)

"힘들어두 행복하다 생각하며 힘낼 꺼에요~ 다들 화이팅! 윤형이 많이 도와주고 힘내게 도와주세여...네?^^"(2003년 12월 24일)

"스키장에서 쾅당~ 어떤 여자가 와서 나를 박는 바람에 조금 놀랬어요. 아빠가 '이제 헬멧 안 쓰면 스키 못 탄다' 그래서 아기처럼 헬멧 쓰고 타고 있어요."(2003년 12월 26일)

이윤형의 홈페이지에는 젊은 누리꾼들이 꾸미는 홈페이지처럼 처음엔 남자친구와 함께 찍은 사진 등 개인사진 여러 장을 담은 사진첩도 있었다. 그녀는 방명록에 글이 올라오면 답글도 꼬박꼬박 달아줬다. 그런 이윤형의 행동은 외부 노출을 꺼려온 재벌가의 딸답지 않은 것이어서 당연히 화제가 되었다. 삼성가 막내딸의 아기자기한 사생활이 듬뿍 담겨 있는 홈페이지가 인기를 끌고 있다는 언론보도가 나가자 누리꾼의 방문은 더욱 폭주했다. 그녀는 감당할 수 없다고 판단했던지 아예 홈페이지를 폐쇄해 버렸다. 하지만 누리꾼들은 '재벌 딸임에도 소박한 모습이 인상적'이라며 인터넷 포털사이트인 '다음(daum)' 카페에 '이윤형을 사랑하는 사람들'이란 팬클럽 사이트까지 만들면서 그녀를 응원했다. 이 인터넷 카페는 개설 3일 만에 회원수가 1만 2000명을 넘어섰다.

이윤형은 2005년 9월 미국 유학을 떠나 뉴욕대(NYU) 대학원에서 예술경영학을 공부하기 시작했다. 그녀의 비보가 날아든 것은 그해 11월 18일 금요일이었다. 삼성 측은 '뉴욕 외곽에서 운전 중 사고를 당해 뉴욕의 한 병원으로 옮겨졌으나 다음 날 새벽 사망했다.'고 밝혔다. 또한 삼성 측은 '이윤형 씨의 장례식이 21일 오전 뉴욕에서 이재용 삼성전자 상무와 이부진 신라호텔 상무, 이서현 제일모직 상무 등 직계 가족들만 참석한 가운데 불교식으로 간소하게 치러졌다.'고 설명했다.

그런데 현지 경찰의 석연찮은 대응을 이상하게 여긴 뉴욕 한국일보 신용일 기자를 비롯한 취재팀의 집요한 추적 끝에 이윤형의 죽음이 교통사고가 아니라 자살인 것을 밝혀냈다.

2005년 11월 26일, 〈뉴욕 타임스〉는 '이윤형 씨의 남자친구 신수빈(Shin Subin) 씨와 신씨의 친구가 지난 19일 새벽 3시경 아파트 출입문에 고정시킨 전깃줄에 이윤형 씨가 목을 맨 것을 발견했으며, 이윤형 씨는 맨해튼의 카브리니 메디컬센터로 옮겨졌으나 사망판정을 받았다.'고 보도했다.

해당 기사에 따르면 "엘렌 브로코브 뉴욕시 검시관 대변인은 지난 23일 뉴욕 한국일보와의 통화에서 이윤형 씨의 사인에 대해 '우리가 부검을 실시한 결과, 사인은 자살(Suicide)로 판명됐다. 그녀는 목을 매어(Hanging) 숨졌다'고 확인"한 것으로 밝혀졌다.

세상에 아무것도 부러울 것 없어 보이는 재벌가의 딸이 왜 자살을 선택한 것일까? 그리고 삼성은 왜 자살을 교통사고라고 발표했을까? 세간에는 의견이 분분했으나 제대로 밝혀진 것은 별로 없다.

당시 이윤형은 평범한 집안의 남자친구와 교제 중이었고 또 결혼까지 생각하고 있었는 데 집안에서는 언니인 이부진이 평범한 집안의 인물과 결혼한 데 이어 막내딸마저 이를 감행하자 반대에 나섰던 것으로 알려졌다. 2005년 11월 28일, 영국의 주요 일간지인 〈더 타임스(The Times)〉의 인터넷판은 꽃다발로 뒤덮인 이윤형의 빈소 사진을 게재하고 "사랑 잃은 백만장자 상속녀의 외로운 자살(Lonely suicide of the lovelorn millionairess)"이란 제목으로 기사를 올렸다.

한국 삼성그룹 상속녀인 이윤형씨는 젊고 모든 것을 가진 듯했다. 빠른 스포츠카와 예술에 심취할 수 있을 정도로 많은 재산을 가지고 있었다. 1억 500만 파운드(2000억 원)로 추정되는 재산을 가지고 있으며, 서울과 뉴욕의 명문대를 다닌 그녀는 모든 것을 성취할 수 있을 것처럼 보였다.

하지만 사랑을 잃은 그녀는 외로운 자살을 택했다. 뉴욕의 아파트에서 전깃줄에 목을 매 자살한 것으로 밝혀졌다. 아파트 관리인과 친구들의 말에 따르면 이윤형 씨는 길게는 일주일 동안 아파트를 떠나지 않고 칩거하기도 했으며, 또 부모의 반대로 결혼을 이루지 못하고 뉴욕으로 온 뒤에는 외로워하고 의기소침해 했다.

그러나 이윤형이 왜 죽었는지, 유서는 남겼는지 제대로 알려진 것은 하나도 없다. 또 이윤형의 남자친구로 알려진 신수빈에 대해서는 여러 가지 설만 난무했지 그가 누구인지 제대로 밝혀지지 않고 있다. 원인이야 무엇이든 26살의 젊은 나이에 세상을 버린 그녀의 영전에 심심한 애도의 마음을 전할 수밖에.

이윤형의 비보가 전해진 날 인터넷 팬카페 〈이쁘니 윤형이네~〉에는 10만 명을 넘는 누리꾼이 찾아 따스한 추모의 글을 남겼다. 누리꾼은 '지금 계신 곳에서는 아무 고통없이 편히 계시기를……당신의 명복을 가슴 깊이 빌어드립니다.'라며 그녀를 기렸고 '너무나도 가슴이 아픕니다. 저도 가슴이 아픈데 부모님 심정은 어떻겠어요. 힘내세요.'라며 이건희 부부를 위로하기도 했다.

금융감독원 등에 따르면 이윤형은 순환 출자구조의 지배구조 정점에 있는 삼성에버랜드 20만 9129주(8.37%)를 비롯해서 삼성네트웍스 292만 1905주(2.81%), 삼성 SDS 257만 260주(4.6%) 등을 보유하고 있었다. 2006년 그녀가 보유했던 주식은 장학재단에 기부되었다.

제3부
3세 경영의 서곡

삼성그룹의 3대 회장으로 거론된 사람은 당연히 이건희의 외아들 이재용 삼성전자 부회장이다. 이재용은 변칙 증여와 이에 따른 탈세 등을 문제삼는 참여연대와 같은 시민단체들의 반대운동에도 불구하고 삼성호의 다음 선장이 될 것으로 보인다. 삼성은 그동안 이재용을 후계자로 만들기 위해 다양하고 철저한 경영자 수업을 시켰고, 법적으로도 후계자로 만들기 위한 모든 준비를 끝낸 것으로 보인다. 현재 이재용은 설사 이건희가 경영권을 물려주지 않겠다고 결정하더라도 이에 상관없이 삼성 계열사들을 지배할 수 있는 소유권을 가지고 있다.

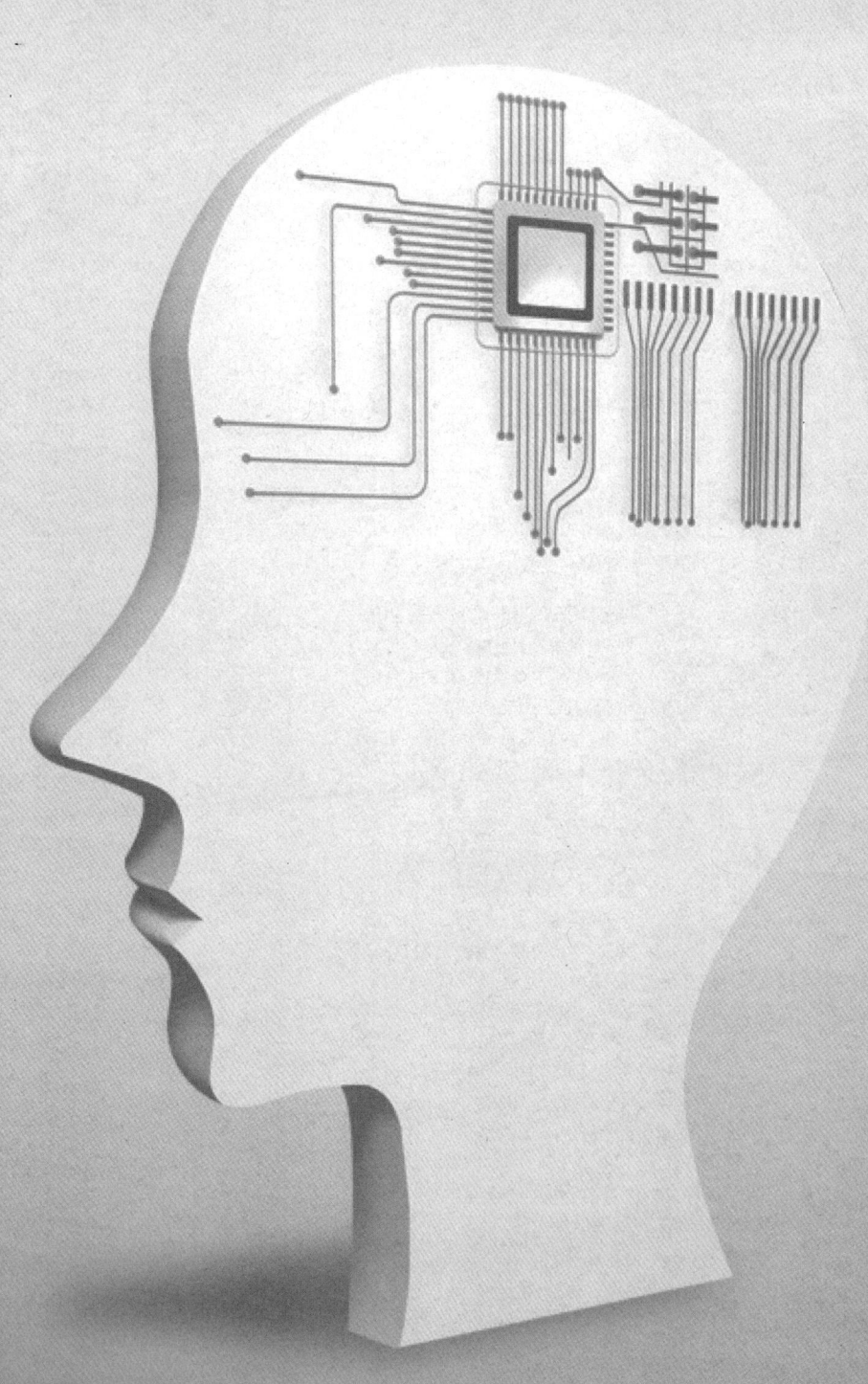

제9장

삼성가의 3세들

(삼성은) 매년 신입사원을 수천 명씩 뽑는데
이들을 다 먹여 살려야 한다. 기업의 역할이라는 게
혁신을 단행하고 이익을 내는 것이다.
좋은 사람을 키워내고 사람들에게 꿈을 줘야 한다.
직원들에게는 매우 소중한 직장이다.
— 이재용 —

신중하게 계획하고, 철저하게 설계하고, 그리고
사려깊게 실천했는데도 실패했다면,
그 실패는 때로는 근본적인 변화를 나타내는 것이다.
그것은 기회가 될 수도 있다.
— 피터 드러커 —

㉞ 삼성가의 자녀교육

동료들보다 더 크게 성공한 사람은 젊었을 때 목표를 설정하고 그 목표를 이루기 위해 끊임없이 노력한 사람이다.

- 에드워드 리튼 -

삼성가의 책 〈논어〉

이병철은 어린 시절 할아버지가 설립한 문산정이란 서당에서 한학을 배웠다. 그래서 몸에 밴 것이 유교적 전통이었고 가부장적 사고방식이었다. 그는 자서전 〈호암자전〉에 '일생을 통해 가장 감명 깊은 책'으로 〈논어〉를 꼽았고 항상 곁에 두고서 읽는다고 적고 있다.

> 나라는 인간을 형성하는 데 가장 큰 영향을 미친 책은 바로 논어다. 나의 생각이나 생활이 논어의 세계에서 벗어나지 못한다고 해도 오히려 만족한다. (중략) 논어에는 내적 규범이 담겨 있다. 법은 행위의 사후에 작용하지만 내적 규범은 인간사회의 규율에 적대하는 행위의 발생을 미리 막는다. (중략) 내가 관심을 갖는 것은 경영의 기술보다는 그 저류에 흐르는 기본적인 생각, 인간의 마음가짐에 관한 것이다.

그래서인지 이병철은 언론과의 인터뷰나 강연에서 논어에서 나오는 '의(義)는 천운(天運)의 시초(始初)', '효(孝)는 만득(晚得)의 근원(根源)', '사필귀정' 등의 말을 많이 인용하곤 했다. 그가 평생 추구해온 '사업보국'이나 '공존공영(共存共榮)'의 도리는 공자가 말하는 '대동(大同)사회'의 실현에 다름없다. 〈논어〉를 생활신조로 삼았던 이병철의 철학, 사상, 인생관, 정체성, 세계관은 유교사상이나 유교윤리에 뿌리를 두고 있는 것이다.

일본의 기업경영 철학을 제시하여 '일본 근대화의 아버지'로 추앙받는 시부사와 에이치(渋沢榮一, 1838~1912)가 〈논어와 주판〉이라는 기업경영론이 담긴 책을 남겼는데 그는 그 책 속에서 "상인의 재능도 논어를 통해 충분히 배양할 수 있다. 언뜻 도덕적인 책과 상인의 재능은 관계가 없는 듯 보이지만 그 '상인의 재능'도 원래 도덕을 뿌리로 두고 있게 마련이다."고 주장하고 있다. 시부사와 에이치는 이 책을 통해서 '논어·주판 통일이론'이라는 경제 윤리를 추출해 내고 있다. 즉 "한 손에는 건전한 부의 윤리를 강조하는〈논어(도덕)〉, 다른 한 손에는〈주판(경제)〉을 들고 당당하게 경제 활동을 하라."는 의리합일(義利合一) 메시지를 남긴 것인데 그런 그의 사상은 일본 근대화에 막대한 영향을 끼쳤다. 이병철은 청년시절 이 책을 읽고 공감해서 많은 영향을 받은 듯하다.

이병철이〈논어〉에 담긴 교훈은 그가 평생 동안 실천하고자 했던 생활철학이었던 점으로 입증될 수 있을 것이다. 호암의 평생을 되짚어 보면, 그는〈논어〉의 가르침에 꽤 심취했던 여러 정황들이 포착된다. 이건희는 어느 언론과의 인터뷰에서 "선대 회장에게서 경영 수업은 어떻게 배우셨습니까?" 라는 질문을 받고, "〈논어〉를 보라고 해서 본 것 외에는 없다."고 대답했다. 그렇다면 이건희가 받은 가장 중요한 경영 수업은〈논어〉를 읽은 것 밖에 없는 셈이 된다.

노후에 서예에 심취했던 이병철이 가장 즐겨 썼던 구절은 '공수래공수거(空手來空手去),' '경청', '겸허(謙虛)'라는 글귀들이었다. 이병철은 자신이 써 내려간 휘호를 친지나 삼성 임원들에게 많이 나누어 주었다. 재미있는 것은 그 글귀들 중에는〈논어〉를 비롯한 고전에서 따온 글귀들도 제법 많았지만 '고객제일', '인재제일'이라는 글귀가 많았고, 이건희에게는 '경청' 외에 '가화만사성(家和萬事成)'이라는 휘호를 내려준 것으로 알려져 있다. 이병철은 만년에 지금은 승지원으로 불리는 자신의 한옥집에서 손자들에게〈논어〉를 가르치기도 했다고 한다.

그런 영향 탓인지 이재용은 대학을 진학할 때 전공을 동양사학과로 정했다. 전공으로 인문학을 택한 배경은 할아버지인 이병철과 이건희의 강력한 권고 때문이라고 한다. 이병철과 이건희는 이재용이 고전을 많이 접해서 인문학적 소양을 깊이 쌓고 '사람 공부'를 제대로 하기를 바랐던 것이 아닐까.

그런 탓인지〈논어〉는 '삼성가 3대의 필독서' 대접을 받고 있다. 이병철이 권한 탓에 삼성그룹에는 주요 경영진들이 필독서처럼〈논어〉를 읽는 전통이 생겼고, 얼마 전에는 삼성그룹의 컨트롤타워인 '미래

전략실'에서 이를 읽고 토론도 했다고 한다. 언론 기사를 보면 이재용도 이부진도 〈논어〉를 제1의 필독서로 여기고 곁에 두고 자주 꺼내본다고 한다. 〈논어〉가 인생 참고서와 같은 역할을 하고 있는 셈이다.

경청과 목계의 지혜

어려서부터 경영자 교육을 받는 대기업 가문의 자녀들은 선대(先代)로부터 무슨 교육을 받고 있을까? 얼마 전 방영된 드라마 '황금의 제국'은 재벌가의 재산을 둘러싼 암투를 그리고 있다. 극 중 그룹 회장인 아버지가 아들이 아닌 딸에게 그룹의 경영권을 물려주며 이렇게 충고한다.

"남들에게 친절한 사람이 되지 말고, 남들이 무서워하는 사람이 되거라."

일반인들은 잘 납득이 안 되는, 아버지가 딸에게 들려줄 소리인가 싶은 말이지만 재벌가 사람들 사이에는 그게 아주 잘 먹혀드는 말인 것도 같다.

삼성가에서 전해 내려오는 처세훈은 경청과 목계(木鷄)의 교훈이다. 경청은 이병철이 이건희에게 직접 써서 준 휘호이기도 한데, 상대의 말을 주의 깊게 듣고 진심과 의도를 끄집어내야 한다는 것을 가르친 것이다. 남의 말을 잘 들어야만 상대방을 설득해서 그를 움직일 수 있는 것이다.

아버지의 가르침에 충실한 이건희는 말을 많이 하지 않는다. 부하 직원들의 보고를 받고도 고개를 끄덕이는 정도로 반응할 뿐이다. 기나긴 침묵 뒤 한마디 말은 큰 울림을 갖는다. "마누라와 자식만 빼고 다 바꿔라.", "세계 초일류를 지향해라.", "한 명의 천재가 10만 명을 먹여 살린다."는 그의 말은 그래서 힘을 얻었다. 또, 이병철은 아들 이건희에게 목계의 교훈에 대해서 들려주고 항상 자신을 경계하라고 가르쳤다. 장자(莊子)의 〈달생(達生)편〉에 나오는 이야기다.

중국 주(周)나라 선왕(宣王)은 닭싸움을 몹시 좋아했다. 선왕은 싸움닭을 만들기로 유명한 기성자(記性子)라는 사람이 있다는 소문을 듣고 그를 어전으로 불렀다. 선왕은 싸움닭 한 마리를 주면서 기성자에게 훈련을 부탁한다. 열흘이 지나 선왕이 물었다.

"훈련은 어찌 되었는가?"

그러자 기성자가 대답했다.

"아직 멀었습니다. 지금 자신의 기세만 믿고 한창 허장성세를 부리고 있는 중입니다."

열흘이 지나 선왕이 또 물었다.

"어떤가. 이젠 훈련이 되었겠지?"

"아직 멀었습니다. 다른 닭의 울음소리나 그림자만 봐도 싸우려고 난리를 칩니다."

다시 열흘이 지나 선왕이 또 물었다.

"아직도 훈련이 덜 되었습니다. 적을 오직 노려보기만 하는데, 여전히 살기가 가시지 않습니다."

그리고 또 열흘이 지났다. 기성자가 마침내 자신 있게 말했다.

"이제는 대충 된 것 같습니다."

이번에는 선왕이 궁금해서 물었다.

"도대체 닭이 어떤 상태기에?"

기성자가 대답했다.

"상대 닭이 아무리 살기를 번득이며 덤벼들어도 조금도 동요되지 않습니다. 멀리서 바라보면 마치 나무로 만든 닭 같습니다. 싸움닭으로서의 덕이 갖춰 줬습니다. 다른 닭들이 보고는 더 이상 반응이 없자 다들 그냥 가버립니다."

이것이 나무로 만든 닭, 즉 목계(木鷄)에 대한 이야기다.

장자는 여기에서 무엇을 말하려고 했을까? 그것은 세파에 대한 초연함이다. 이병철은 어떤 세파에도 흔들림이 없어야 한다는 경영자의 자세를 목계의 우화를 통해 알리고 싶었던 것이다.

이병철은 부잣집 아들로 태어나 고생을 하고 자라지는 않았지만 그가 살아온 세월은 난세의 시간이었다. 그가 태어난 1910년은 나라를 빼앗긴 한일병탄의 해였다. 그는 1919년 3·1 운동, 1930년의 만주사변, 1937년 중일전쟁과 1942년 태평양전쟁, 1945년의 8·15 해방, 1950년의 6·25, 1960년 4·19와 1961년 5·16, 1979년의 10·26, 12·12 그리고 1980년의 5·18 등의 정치·사회·경제적으로 극심한 변화의 시대를 살았다.

기업가로서는 한국 제1의 기업을 이룩하긴 했으나 두 번씩이나 부정축재자로 몰리는 치욕을 겪었고, 혼신의 힘을 기울여 만든 기업인 한국비료와 TBC 동양방송을 군사정권에게 강탈당하는 수난을 겪었다. 그 과정을 통해서 이병철은 그래도 흔들리지 않는 인내로서 목계와도 같은 초연함을 유지하는 자가 오히려 승리한다는 교훈을 깨달았던 것이다. 싸움닭이 잘 훈련돼 있으면 싸움을 하지 않더라도 목계처럼 근엄한 위용을 갖추게 되어 어떤 싸움닭도 범접하지 못한다는 것이다. 그래서 자신의 뒤를 이은 아들 이건희에게 목계의 교훈을 유산으로 남긴 것이다.

이건희의 자녀교육

삼성가는 오늘날 대한민국 재계의 대표 가문으로 평가받는다. 이병철은 10남매 되는 자식을 두었고 그들은 분가하여 CJ, 신세계, 한솔, 새한 그룹으로 퍼져 나갔다. 그들 가문이 어떻게 자식 교육을 시키고 있는지, 그들 집안에 들어가서 살지 않는 한 시시콜콜 알 수는 없는 일이다. 다만 그 가문의 자식들이 어떤 학교를 다니고 있고 어떤 공부를 하느냐를 알 수 있을 뿐이고 더러 그들 가문의 사람들이 언론 인터뷰를 한 것이나 가십 기사를 통해서 짐작을 할 수밖에 없다. 특히 삼성가의 사람들은 자기들의 사생활이 외부에 알려지는 것을 극도로 싫어하는 신비주의를 유지하고 있는 탓에 취재를 하러 달려들 수도 없는 형편이다.

1세대 기업을 이룬 기업의 총수들 중에는 바쁜 경영 활동으로 자녀교육에는 신경 쓰지 못하는 경우가 많았다. 현대그룹의 창업주 정주영의 경우 아이들 얼굴을 볼 시간이 별로 없어서 새벽 6시에 아침을 먹으면서 밥상머리교육을 한 것으로 유명하다. 그런데 이병철의 경우는 달랐다. 그는 자녀들과 겸상을 쉽게 허용하지 않을 정도로 유교적 가풍을 따르는 엄격한 아버지였다.

하지만 이건희의 경우 거의 재택근무를 하는 편이니까 아이들과 같이할 시간이 많았던 것은 아닐까? 이건희는 대외적으로 무뚝뚝한 편이기는 하지만 자녀들에게는 상당히 다정다감한 사람으로 알려져 있다. 홍라희는 남편과 아이들 사이에 대해 이런 말을 하고 있다.

> 아이들 아버지는 아이들에게 퍽 자상해요. 나는 잔소리가 좀 많은 편인데 아빠는 아이편에서 대화로 문제를 풀어갑니다. 그래서인지 네 남매가 모두 나보다 아버지를 더 좋아해 어떤 때는 외로움 같은 걸 느껴요.

젊은 시절 이건희는 자녀들이 중·고등학교에 다닐 때도 늘 아이들의 뺨을 부빌 정도로 스킨십을 즐기는 아버지였다고 한다. 그는 자녀들과 자주 탁구를 치며 놀아주는 자상한 아버지였다. 그는 공부에 시달리는 아들에게 "굳이 서울대를 가야 하느냐? 운동도 하면서 다양하게 살아라."는 말을 하기도 했단다. 사실 삼성가의 남자들은 그다지 공부에 연연한 사람이 없다. 삼성가의 시조인 이병철은 학교는 대학까지 다녔으나 졸업장이 하나도 없는 특이한 케이스이고 그의 세 아들 중에 공부에 출중한 실력을 나타내거나 탐닉한 사람은 아무도 없다.

남동생 넷이 모두 서울대를 나오고 자신도 서울대를 나온 홍라희의 집안과는 전혀 다른 전통을 가진 집안인 셈이다. 홍라희는 언론과의 인터뷰에서 '문화적 감수성 키우는 자녀교육법'을 말하고 있다.

문화를 대하는 자세는 결국 문화적 감수성에서 생기는 것이에요. 이런 감수성은 아주 어릴 때부터 길러져야 합니다. 어려서부터 부모님 손에 이끌려 자연스럽게 문화예술을 체험한 어린이는 성인이 되어서도 문화를 특별한 것이 아닌 그저 생활의 한 부분으로 생각하게 되지요. 따라서 생활 속에서 문화체험을 할 수 있는 기회를 자주 갖는 것이 중요합니다.

미술관 관장다운 자녀 교육법이라고 할 수 있겠다. 이건희, 홍라희 부부는 자녀들의 진로 선택에 깊이 관여하지 않고 '문화적 감수성 키우는 자녀교육법'으로 자녀들이 스스로 진로를 선택하는 것을 유도하는 스타일인 듯하다. 그래서 자녀들이 모두 경영과 무관한 학과를 선택한 것이 아닐까.

앞에서도 살펴보았지만 아들 이재용이 대학 전공을 놓고 고민할 때 이건희는 "경영자가 되기 위해서는 경영이론을 배우는 것도 중요하지만, 인간을 이해하는 폭을 넓히는 것도 중요하다. 교양을 쌓는 학부과정에서는 사학이나 문학과 같은 인문과학을 전공하고, 경영학은 외국에 유학 가서 배우면 좋겠다."고 조언하면서 동양사학과에 진학하도록 권했던 것이다.

그런데 이건희가 자녀들에게 후계자 수업 겸 철저하게 공부를 시킨 것이 있다. 그것은 신문읽기 교육이었다. 경제는 흐름과 맥을 잘 아는 게 무엇보다 중요한데 꾸준한 신문읽기만큼 좋은 수업이 없다는 것이 이건희의 지론이었다.

이재용은 중학교 2학년 때부터 신문의 경제면을 정독하는 습관을 들였다. 우선 정치, 경제, 사회 등 전체 면을 읽고 그날 일어난 일의 흐름을 파악한 다음, 다시 한 번 경제면 기사를 꼼꼼하게 읽어 들어가면 개별 사안에 대한 이해의 폭이 넓어지고 세상을 깊이 있게 들여다보는 시각이 생긴다는 것이 아버지의 가르침이었다.

이재용은 지금도 청소년 시절 익혀온 신문 활용 학습법을 그대로 시행하고 있는 것으로 알려져 있다. 요즘 같은 스마트 시대에 어떤 매체로 신문을 읽고 있는지 알 수 없지만 그 방법이 가장 효율적인 세상과 만남의 방법인 것은 맞는 것 같다.

이병철이 경청을 아들 이건희에게 화두로 넘겨주었다면 이건희는 아들 이재용에게 삼고초려(三顧草廬)를 화두로 넘겨주었다. 이건희는 심지어 유비가 제갈량과 손잡으려 세 번이나 집을 찾아가 동참을 간청했다는 내용의 수묵화 〈삼고초려도〉를 아들에게 선물하기도 했다. 이재용은 이 수묵화를 사무실에 걸어두고 항상 인재의 중요성, 핵심 인력의 중요성에 대해서 생각하고 있다.

삼성가(家) 가족이야기 34

범삼성가의 자녀교육

'경영의 신'이라 불리는 마쓰시타 고노스케는 "경영자는 사람을 다루는 능력과 우주의 섭리를 깨쳐야 한다."고 했다.

이병철은 자녀들에게 사람 다스리는 법의 중요성을 강조했다. 그는 〈논어〉를 필생의 책이라고 말하고 있지만 어떤 면에서는 〈한비자〉나 〈맹자(孟子)〉에 가까운 사람이었던 것 같다. 이병철은 자식들에게 〈한비자〉의 다음과 같은 말을 자주 가르쳤던 것 같다.

한 사람의 힘으로는 다수의 힘을 이길 수 없다. 한 사람의 지혜로는 만물의 이치를 알기 어렵다. 한 사람의 지혜와 힘보다는 온 백성의 지혜와 힘을 쓰는 것이 낫다. 물론 한 사람의 생각만으로 일을 처리해도 성공하는 경우도 있지만 피로가 너무 클 것이고 실패할 경우 엉망진창이 되고 만다.

이병철의 가정교육에 대해서 막내딸 이명희가 〈여성동아〉 인터뷰에서 이렇게 말하고 있다.

아버지는 우리가 어른 앞에서 자식을 안고 어르는 것을 용납하지 않았어요. 항상 엄하게 교육시키고 어릴 때부터 예의범절을 지키도록 하셨죠. 성공을 하게 되면 사람들은 누구나 자부심이 생기게 마련이에요. 자부심은 나쁘지 않지만 그것을 남에게 보이고자 하는 것은 자만심입니다. 자부심을 숨기는 것이 겸손이며, 이것은 교육을 통해 이루어집니다. 그래서 저는 교육은 스스로 통제하는 능력을 배우는 것, 본능을 조절하고 상황에 맞도록 자신을 절제하도록 하는 것이라고 생각해요. 스스로 통제할 수 있도록 아이를 교육시키는 것이 저의 교육

방법이에요. 제가 아버지를 모시고 다니며 자연스럽게 터득한 것이죠. 저는 제 아이들이 똑똑하다는 말을 듣는 것보다 남의 말을 경청할 줄 알고 겸손하다는 평가를 받기 바랍니다.

이병철의 자식 중에서 가장 아버지를 많이 닮은 사람은 장녀인 이인희라고 한다. 이병철은 장남 이맹희와 차남 이창희가 눈 밖에 나서 내쳤을 때 이인희를 보고 "네가 아들이었더라면 얼마나 좋았을까."라고 탄식을 했다고 한다. 그래서인지 이병철은 골프를 치러 다닐 때 늘 이인희를 데리고 다니곤 했다 한다. 딸에게 재계 인사들과 교류의 폭을 넓혀주고, 경영에 관한 조언을 해주기 위해서였다.

그런 이인희는 이병철의 딸다운 모습을 많이 보여준다. 삼성가의 재산분할로 한솔그룹을 분배받은 이인희는 고문이라는 직책을 갖고 그룹을 통솔했다. 그러나 그녀는 경영 전면에 나선 적이 거의 없다. 다만 한솔그룹이 출범한 이후 한동안 조동혁, 조동만, 조동길 3형제와 한 지붕 아래 같이 살면서 엄격하게 경영 수업을 시켰다. 그래서 3형제는 회사뿐 아니라 집에서도 어머니를 고문님이라는 호칭으로 부르곤 했다. 심지어 며느리들도 한때 어머님 대신 고문님이라고 불렀다고 한다.

이인희는 자식들을 어릴 때부터 해외에 보내 외국어와 국제 감각을 익히도록 했다. 3형제 모두 고등학교를 미국에서 나왔을 정도다. 이인희 가족은 한동안 일본에서 생활한 덕분에 3형제 모두 일어와 영어에 능통하다고 한다. 이인희는 젊은 시절 자식들의 교육을 위해 독학으로 영어를 마스터하고 자식들의 영어 실력 향상을 위해 수시로 영어 대화 시간을 갖곤 했다. 그것도 일반적인 대화가 아니라 경제와 정치, 사회문제 등을 주로 다루는 시간이었다. 그녀는 자식들이 고급 영어를 쓸 수 있도록 유도했던 것이다.

㉟ 삼성가의 로열 패밀리

  스포츠를 하려면 경쟁을 해야 한다. 우수한 음악가가 되려면 치열한 오디션을 거쳐야 한다. 그 과정이 없이는 탁월함을 얻을 수 없다. 물론 이 과정에서 스트레스를 겪을 수 있지만 반드시 극복해야 한다. 경쟁은 자연의 법칙이기 때문이다.

- 브라이언 트레이시 -

둘로 나누어진 삼성가

2012년 4월 6일, 서울 장충동 신라호텔.

이인희 한솔 고문의 손녀이자 조동길 회장의 장녀인 조나영이 결혼식을 올렸다. 신랑 한경록은 한상호 변호사의 아들이다. 조나영은 미국 다트머스대에서 예술학을 전공하고 리움 미술관의 큐레이터로 일하고 있고, 한경록은 서울대 경제학과를 졸업한 후 미국 웰스파고 은행을 거쳐 한국투자공사에서 근무하고 있다. 삼성가가 상속 분쟁으로 시끄러운 가운데서 열린 집안 잔치라서 세간의 주목을 더욱 받는 잔치였다.

오후 6시 30분부터 시작된 결혼식은 두 시간 가량 진행되었다. 주례는 신랑의 은사인 이준구 서울대 경제학과 교수였고, 전두환 전 대통령 부부와 김황식 국무총리, 양승태 대법원장 등 정·관계 인사들이 두루 참석한 성대한 결혼식이었다.

그런데 삼성가의 사람들의 모습이 확연하게 갈렸다. 범 삼성가의 결혼식에 이건희의 자녀는 모두 참석했고 이맹희의 자녀는 모두 불참한 것이다. 그해 2월 장남인 이맹희가 삼남인 이건희를 상대로 유산상속 소송을 제기한 상태였고 삼성 측이 이재현 CJ 회장을 미행한 일 때문에 삼성과 CJ의 갈등이 불거진 때였다. 결국 소송을 제기한 사람도 소송을 당한 사람도 모습을 나타내지 않았다.

신라호텔을 경영하고 있는 이부진은 물론 이재용도 한 시간이나 일찍 식장에 도착했고 홍라희와 둘째딸 이서현 부부도 일찌감치 모습을 나타냈다. 이날 결혼식은 소송에 참여하지 않은 쪽을 중심으로 진행됐다. 소송에 참여한 쪽은 이맹희와 둘째 누나인 이숙희, 그리고 둘째 형 이창희의 며느리인 최선희였다. 최선희는 2010년 생활고에 시달리다 자살한 이재찬의 부인이다. 소송에 참여하지 않은 것은 장녀인 이인희와 3녀 이순희, 4녀 이덕희, 막내딸 이명희였다.

CJ가에서는 이재현을 대신해서 부인인 김희재가 시어머니인 손복남과 함께 결혼식장을 찾았다. 신세계가에서는 정용진 부회장과 한지희 부부가 참석했으나 어머니인 이명희는 모습을 나타내지 않았다.

  차녀인 이숙희 쪽에서는 자제인 구본성, 구명진, 구지은 아워홈 전무가 참석했고 삼녀인 이순희 쪽에서도 아들 김상용 부부만 참석했다. 새한 측에서는 둘째형 이창희의 부인 이영자와 장남 이재관이 참석했다. 결국 신부의 할머니인 이인희를 제외하고는 이병철의 자식들이 아무도 참석하지 않은 결혼식이 되고 말았다. 그 결혼식이 있은 지 열흘쯤 지난 4월 17일 오전 6시 30분, 이건희는 서울 삼성전자 서초사옥으로 출근하는 길에 기자들과 만났다. 그는 기자들의 소송 관련 질문에 매우 격한 목소리로 강경한 발언을 했다.

    고소한 사람들이 수준 이하의 자연인이니까 그렇게 섭섭하다는 느낌은 들지 않아요. 상대가 안 된다. 고소를 하면 끝까지 고소를 하고 대법원 아니라 헌법재판소까지라도 가고. 내 지금 생각 같아서는 한 푼도 내줄 생각이 없어요. 그 이유는 선대 회장 때 벌써 다 분재가 됐고 각자 다 돈들을 가지고 있고 CJ도 가지고 있고 뭐도 가지고 있고……. 그런데 삼성이 너무 크다 보니까 욕심이 좀 나는 거요.

  이건희의 발언에 격분한 이맹희는 소송 대리인인 법무법인을 통해 보도자료를 내고 이건희를 강도 높게 비난했다. 다음은 이맹희의 〈육성 녹음 전문〉이다.

    나는 삼성가의 장자로서 삼성이 더욱 잘 되기를 바랐습니다.
    근데 최근에 건희가 어린애 같은 말을 하는 것을 듣고 몹시 당황하였습니다.
    앞으로 삼성을 누가 끌고 나갈 건지 걱정이 됩니다.
    건희는 현재까지 형제지간에 불화만 가중시켜왔고 늘 자기 욕심만 챙겨왔습니다.

한 푼도 안주겠다는 그런 탐욕이 이 소송을 초래한 겁니다. 최근에야 건희가 숨겨왔던 그 엄청난 차명재산이 세상에 알려진 것이 그 증거가 아니겠습니까? 이게 헌법재판소까지 갈 일입니까? 이 소송은 내 뜻이고 내 의지입니다. 나는 삼성을 노리고 이런 소송을 하는 것이 아닙니다. 진실을 밝혀서 잘못된 것을 바로 잡는 것이 내 목적입니다. 소송이 진행되면서 모든 것이 밝혀질 것이라고 생각합니다.

이건희의 둘째 누나 이숙희는 TV조선과의 인터뷰에서 "오빠(이맹희 씨)에게 삼성이 나쁘게 굴어 힘이 되기 위해 소송에 동참하게 됐다."고 말했는데 그녀는 또 "나는 한 푼도 상속재산을 받은 사실이 없고, 차명주식의 존재도 몰랐기 때문에 이에 대해 일체 합의해준 바가 없다."며 "이 회장은 왜 '선대 회장 때 다 분재됐다.'는 거짓말을 하는지 모르겠다. 그렇게 떳떳하다면 작년에 '상속인들 간에 합의가 있었다.'는 허위 내용에 도장을 찍으라고 강요한 이유가 무엇이냐."고 반문했다.

이에 대한 이건희의 반응은 잔뜩 격앙되었다. 그는 4월 24일 오전 서초동 삼성전자 본관으로 출근하는 길에 다시 기자들에게 둘러싸였는데 형인 이맹희에 대해 격하게 말했다.

그 양반은 30년 전에 나를 군대에 고소를 하고, 아버지를 형무소 넣겠다고 청와대 그 시절에 박정희 대통령한테 고발을 했던 양반이어서. 우리 집에서는 퇴출당한 양반입니다. 자기 입으로는 장손이다 장남이다 이러지만 나를 포함해서 누구도 장손이라고 생각하는 사람이 없고, 이 사람이 제사에 나와서 제사 지내는 꼴을 내가 못 봤습니다. 아버지는 '맹희는 완전히 내 자식이 아니다.'고 했어요. 이맹희 씨는 감히 나보고 '건희, 건희' 할 상대가 아니에요. 바로 내 얼굴을 못 보던 양반이라고. 지금도 그럴꺼에요.

이건희는 둘째 누나인 이숙희 씨에 대해서도 "결혼 전에는 아주 애녀였어요. 근데 금성(LG)으로 시집을 가더니 같은 전자 동업을 한다고 시집에서 구박을 많이 받았다. 우리 집에 와서 떼를 쓰고 이런 보통 정신 가지고 떠드는 정도가 아니었다."고 말했다. 그래서 이병철은 "이건 내 딸이 이럴 수 있느냐. 니가 그렇게 삼성전자가 견제가 된다면 삼성 주식은 한 장도 줄 수 없다."고 이십 몇 년 전에 이야기를 했다는 것이다.

삼성가 상속 재산 분쟁은 2012년 2월 14일 이병철의 장남인 이맹희가 "아버지 이병철 회장이 제3자 명의로 신탁한 재산을 이건희 회장이 다른 상속인에게 알리지 않고 단독 명의로 변경했다."며 법무법인 화우를 통해 이건희를 상대로 7100억 원 규모의 주식 인도 청구 소송을 제기하면서 시작되었다. 차녀인 이숙희도 같은 이유로 1900억 원대의 소송에 동참했다. 이어 새한가 이창희의 자살한 차남 이재찬 아내 최선희도 1천억 원대 소송을 내서 총 소송액은 1조원 대에 이르렀다.

2014년 2월 6일, 서울고법 민사14부는 이맹희 측이 "상속되지 않은 9400억 원대 삼성생명과 삼성전자 차명주식을 돌려달라."며 이건희를 상대로 낸 주식 인도 등 청구소송 항소심에서 원심과 같이 원고 패소 판결했다. 이 소송은 1심과 2심 모두 원고 측이 패소했고 이맹희의 상고 포기로 이건희의 승리로 끝났다.

재미있는 것은 재산이 없는 것으로 알려져 있는 이맹희가 다른 형제들도 함께 참여했던 1심의 인지대 127억여 원 중 90억여 원, 단독으로 진행했던 2심의 인지대 44억여 원 등 135억 원대의 거액을 법원에 납부했다는 사실이다. 그 돈은 어디서 나온 것일까?

그런데 문제는 또 있다. 이맹희는 자신이 선임한 변호사비는 물론 소송 완패로 이건희가 지불한 이건희 측 변호사 비용까지 부담해야 하는 처지에 놓이게 된 것이다.

다만 이맹희가 항소심 재판에서 화해를 제안했고, 이건희도 판결 절차와 관계없이 가족 차원에서 화해가 가능하지 않겠냐는 입장을 밝혀서 이건희 측이 법원에 소송비용 확정 신청을 해 소송비용을 되돌려 받으려 할 것 같지는 않지만, 만약 이건희가 법원에 확정 신청을 할 경우 변호사 비용을 이맹희가 물어내야 한다. 확정 신청은 채권의 소멸시효인 10년 이내에만 청구하면 된다.

삼성가의 줄서기

삼성가의 유산소송사건은 세간 사람들의 입방아에 오르내리고 "돈이 뭐길래 칠순 넘고, 팔순이 넘은 형제가" 하는 가십거리를 남겼지만 이건희로서는 돈 문제보다는 삼성그룹 경영권 승계의 정통성을 다투는 것이어서 반드시 이겨야 할 숙제였다. 그것은 아들 이재용으로의 경영권 승계를 위한 발판을 다지는 현실적으로 해결해야 할 과제였다. 재판에서의 승리로 이건희는 삼성의 정통성이 이건희가에게 있다는 사실을 세상에 다시 한 번 확인시킨 셈이 되었다.

이건희의 회장직 복귀 이후 삼성은 사상 최대의 실적을 갱신하면서 순항하고 있다.

삼성전자는 휴대전화, 메모리 반도체, TV 모두 세계시장 점유율 1위를 달리고 있다. 2013년 휴대전화 판매량은 4억 5000만 대로 1위를 지켰다. 글로벌 평판 TV 시장에서도 작년 26.8%의 점유율을 차지하며 8년 연속 1위를 차지했다. 20여년 째 1위를 고수하고 있는 D램은 시장점유율이 무려 51.3%다. 스마트폰과 태블릿 PC, 디지털 카메라 등에 쓰이는 낸드 메모리도 세계시장 점유율 1위를 달리고 있다.

삼성이 잘 나가면 삼성과 척(隻)을 지지 않은 범삼성가의 기업들은 더불어 잘 나간다. 가령 삼성가의 맏누이인 이인희 고문이 이끄는 한솔그룹의 경우 한솔제지를 제외한 대다수 계열사들이 영위하는 업종이 삼성그룹과 직접적으로 관련돼 있다. 한솔 CSN이 대표적이다. 한솔 CSN은 2013년 4월 17일 삼성 SDI의 중국 내 통합 물류 서비스의 수행사로 선정됐다. 이에 따른 매출 효과는 약 220억 원 규모다. 이런 거래가 이루어진 배경에는 유산소송에서 이인희가 이건희의 손을 들어준 때문이다. 이인희는 "창업주가 타계한 1987년 상속 문제는 형제자매들 간에 정리됐다. 이미 끝난 것을 가지고 문제를 제기하는 것은 온당하지 않은 일이라고 생각한다."고 밝힌 바 있다.

그래서 그동안 삼성 SDI의 중국 내 물류를 담당하던 CJ그룹 계열의 물류회사인 CJ GLS를 대신해서 한솔 CSN이 그 일을 대신 맡게 되었다. 한솔 CSN은 해외 부문이 급성장하고 삼성그룹 매출이 늘어날 것으로 예상되면서 그동안 침체되어 있던 한솔그룹을 견인하는 다크호스로 떠올랐다.

셋째 누나 이순희는 가장 먼저 이건희의 손을 들어준 사람이다. 그녀는 평생을 전업주부로 살았고 남편인 김규도 평생 학계에 몸담은 사람이다. 그런데 이순희가 삼성에 많은 이해관계를 지니고 있었다. 이순희의 아들 김상용은 영보엔지니어링과 애니모드라는 회사를 경영하고 있는데 두 회사 모두 삼성전자와 주요 거래선을 이루고 있다.

영보엔지니어링은 휴대전화 배터리팩 외에 휴대전화용 이어폰, 핸즈프리 등을 제조, 판매하는 회사이고 애니모드는 통신기기 액세서리 유통업체이다. 영보엔지니어링은 연매출이 4000억 원대에 이르는데, 국내 매출액의 62%, 중국 현지법인까지 포함하면 전체 매출액의 99%가 삼성전자와의 거래에서 발생하고 있다.

이순희의 입장에서는 삼성가 유산 상속 때 서운한 점이 있었더라도, 영보엔지니어링이 삼성전자와 갑을관계에 있기 때문에 현실적으로 이건희와 척을 질 상황이 아니었던 것이다. 영보엔지니어링은 2012년 매출 3783억 2339만 원, 영업이익 138억 3184만 원을, 애니모드는 매출 901억 857만 원, 영업이익 41억 7625만 원을 기록했다. 삼성 갤럭시 스마트폰이 세계적으로 인기를 끌면서 영보엔지니어링과 애니모드의 영업이익은 1년 새 4배 가까이 늘어나는 후광을 톡톡히 누리고 있는 것이다.

범삼성가의 위세와 계보

2013년 삼성그룹의 총매출액은 390조 원으로 정부 총수입 360조 원보다 많아 삼성그룹 매출이 대한민국 정부를 추월하는 원년을 기록했다. 삼성의 이같은 규모는 작은 나라가 아닌 말레이시아나 태국, 헝가리 같은 나라의 국내총생산(GDP)을 넘어서는 규모다. 거기에 신세계그룹, CJ그룹, 한솔그룹 등 범삼성가 기업의 자산을 합하면 430조 원에 이르러 전체 국부의 3분의 1에 육박한다.

2013년 연말결산 결과 삼성그룹은 2위인 현대차그룹보다 2배 이상의 자산 가치를 지닌 기업으로 자리매김했고 CJ그룹은 재계 14위, 신세계그룹은 15위, 그리고 50위권 밖으로 밀려나 있던 한솔그룹도 50위권 안으로 재진입했다.

삼성가의 2년 간에 걸친 유산상속 소송이 삼성그룹 이건희 측의 승리로 끝난 후, 삼성가의 로열패밀리는 확연하게 구분이 되었다. 이건희 측에 서거나 적어도 중립을 지킨 가족들은 범삼성가로서의 결속을 새롭게 할 것이다.

CJ그룹은 제일제당으로 시작했지만 생명공학, 홈쇼핑, 엔터테인먼트 등 신세대 사업으로 외연을 확장하면서 탄탄하게 그룹의 기틀을 다져왔다. 이재현은 삼성가의 장손으로 그룹을 물려받는 데는 실패했지만 '리틀 이병철'이라는 소리를 들으며 뛰어난 경영능력을 발휘하며 CJ를 국내 굴지의 그룹으로 성장시켰다. CJ그룹은 2012년 매출 26조 8000억 원을 기록하며 제일제당을 인수받은 지 17년 만에 15배 넘게 성장했다. 그룹의 자산도 지난 10년 동안 4조 9350억 원에서 24조 1430억 원으로 5배에 육박하는 덩치로 커졌다.

그런데 공교롭게도 이맹희의 유산소송 사건과 맞물려서 탈세 및 횡령·배임 혐의로 기소되어 4년의 실형을 선고 받고 CJ그룹은 위기에 내몰렸다. CJ그룹은 경영 공백을 메우기 위해 '전략기획협의체'를 신설해서 이재현의 누이인 이미경 부회장과 외삼촌인 손경식 CJ 회장이

나서서 비상경영체제에 돌입했다. 혹자는 삼성에 밉보인 괘씸죄 때문이라는 음모론을 펴고도 있으나 삼성이 검찰까지 움직이는 무소불위의 권력을 펼칠 수 있을까는 의문이다.

어쨌거나 이재현은 '리틀 이병철'이라는 별명에 걸맞게 식품사업에 국한됐던 사업영역을 바이오 생명과학, 엔터테인먼트 미디어, 물류 신유통 부분으로 넓히면서 사업의 외연을 확장해왔고 놀라운 성과를 거두었다.

이재현은 아버지와 할아버지의 사이가 좋지 않아서 힘든 청년시절을 보냈고 국내 최고 재벌가의 장손이면서도 해외유학 코스도 밟지 못했다. 하지만 '토종파'인데도 그의 기업 문화론은 어느 기업보다 앞서간다는 평가를 받고 있다. 그는 제일제당이란 오래된 보수적인 회사를 여러 가지 참신한 아이디어로 짧은 시간에 젊고 활기찬 기업으로 변모시켰다. 국내 최초로 복장 자율화, 직급에 상관없이 '~님'으로 부르는 호칭 통일, 플렉서블 타임제(자율 출퇴근시간), 층마다 비치된 간이 도서관 등등 '이재현 식' 기업 문화를 CJ그룹에 정착시켰다.

이재현은 격식을 따지지 않고 사원들과의 대화를 즐기는 오너로 소문이 났다. 그는 책상에 걸터앉아 직원들과 얘기를 하고, 때로는 남산에 올라가 자유토론을 하기도 했다. 그야말로 삼성가의 회사 같지 않은 경영방식인 것이다. 그래서 CJ맨들 사이에는 이재현을 '꿈과 비전·열정이 큰 사람'으로 믿고 따르는 사풍이 진작되었다. 이재현 스스로도 오너라기보다는 유능한 최고경영자(CEO)로 평가받고 싶다고 말하기도 했다.

이재현의 공격적인 경영 행보는 계속 이어져서 2009년 오리온그룹의 온미디어를 사들여 계열사인 CJ오쇼핑과 합병하는 데 성공한다. 독과점 논란이 제기됐지만 공정거래위원회는 CJ의 손을 들어줬다. 또 2011년에는 국내 최대의 물류회사인 대한통운 인수에 성공해서 CJ대한통운을 발족시키면서 CJ그룹은 미디어와 물류 부문에서 압도적인 1

위를 다져나갈 수 있었다. 그렇게 해서 CJ그룹은 식품·미디어·엔터테인먼트·물류 유통 전반에서 수직 계열화를 이룩할 수 있었다.

그런데 CJ그룹은 박근혜(朴槿惠) 정부가 출범하면서 경제민주화 논의가 가속화되는 가운데 어려움을 겪게 되었다. 그룹회장 이재현은 2013년 7월 조세포탈과 횡령, 배임 등 1600억 원대 기업비리를 주도한 혐의로 구속·기소되었다. 이재현은 구속된 후 신부전증을 이유로 한 달만에 풀려나서 신장이식 수술을 받았다. 신장 공여자가 다름 아닌 부인 김희재로 알려지면서 화제가 되기도 했는데 이재현은 수술이 성공적으로 끝나 건강을 회복했다.

2014년 2월 14일, 7개월에 걸쳐 심리를 벌인 끝에 재판이 열렸는데 이재현은 모자와 마스크로 얼굴을 가리고 휠체어에 의지한 채 재판에 참석했다. 재판부는 대부분의 공소사실을 유죄로 인정, 이재현에게 징역 4년과 벌금 260억 원을 선고했다.

신세계그룹은 삼성그룹에서 계열 분리한 기업들 가운데 가장 성공적인 케이스로 꼽힌다. 이병철의 막내딸이자 이건희의 여동생인 이명희는 이병철의 딸답게 사업 수완이 뛰어났다. 그녀는 처음 신세계를 삼성그룹에서 분리하게 된 사연을 이렇게 말하고 있다.

> 삼성그룹에 함께 있는 동안은 신세계가 발전할 수 없었어요. 삼성의 지원은 대부분 전자나 반도체에만 집중됐죠. 그래서 오빠(이건희 회장)에게 '나 분리 할래요.' 라고 말했어요. 분리할 당시 신세계는 백화점 한두 개와 조선호텔 정도였죠. 지금 이처럼 성장한 데는 국제 감각이 바탕이 됐다고 생각합니다.

또 이명희는 아버지의 독려로 39세 때 사업에 뛰어들고 아버지로부터 경영수업을 받으면서 가장 중요하게 배운 것이 '사람경영'이었다고 밝히고 있다.

출근 전날 아버지가 저를 불러 하신 말씀이 '서류에 사인하지 말라.'는 것이었어요. 사인을 하지 말라는 것은 책임을 피하라는 게 아니라 누군가에게 맡겼으면 전적으로 신뢰하고, 대신 믿지 못할 사람은 아예 쓰지 말라는 것이었죠. 저는 이 말씀을 한 번도 어긴 적이 없어요.

이명희는 현재도 신세계그룹의 회장직에 있지만 한 해에 고작 한두 차례 회사를 방문, 업무 보고를 받을 뿐 경영에 일일이 간섭하지는 않는다. 그녀는 아버지의 가르침대로 결재 서류에 사인을 해본 적이 없다. 주요 사안이나 인사에 대해서도 사후보고를 받을 정도로 전문경영인을 믿고 맡겨 '통 큰' 경영을 한다. 그는 전문경영인들로부터 브리핑을 듣다 '이게 아니다' 싶을 때만 나선다고 한다.

그런 탓인지 신세계에는 실력파 임원들이 포진해 있다. 오늘의 신세계를 견인한 일등공신은 전문경영인 구학서(具學書) 회장이다. 삼성 비서실 출신인 구학서는 이명희의 부름을 받아 신세계에 입성하자마자 전국을 돌며 백화점·대형마트가 들어설 만한 부동산을 대거 매입하는 등 공격경영에 나섰다. 이명희는 구학서의 꼼꼼함과 성실성을 진작에 알고 있었기에 결재 자체를 하지 않으면서 구학서의 경영 결정을 100% 지지했다. 그의 경영감각과 회사에 대한 충성심을 이명희가 높이 평가한 때문이다. 구학서는 CEO로 일하는 10년 동안(1999년 12월~2009년 12월) 신세계를 국내 최대 유통업체로 키웠다. 취임 당시 5만 원 했던 주가를 5년 만에 30만 원대로 끌어올려 이명희를 한국 최고의 여성 부호로 만들어 주었다. 신세계의 경우 똑소리 나는 전문경영 기용으로 성공한 케이스라 하겠다.

2004년부터 2013년까지 공정거래위원회가 지정한 대기업 집단을 대상으로 조사한 결과, 신세계그룹의 공정자산은 2013년 말 기준 22조 8810억 원으로 2004년 5조 2200억 원에 비해 338% 증가했다. 같은 기간 신세계그룹은 매출액도 2배 이상 늘어났다. 2004년 7조 1910억 원이었던 매출은 2013년 말 16조 8870억 원으로 135%나 증가했다.

이병철의 장녀 이인희는 1979년 1월 호텔신라 상임이사를 맡으면서 경영 일선에 뛰어들었다. 그 후 1983년 전주제지 고문을 역임하면서 삼성가의 제지사업을 물려받게 된다. 1991년 전주제지를 삼성에서 분할 받자 한솔그룹으로 이름을 바꾸어 달고 출발했다. 한솔그룹은 한때 재계 순위 11위까지 오르며 '리틀 삼성'이라고 불릴 정도로 위용을 떨쳤다.

삼성에서 계열 분리한 후 화학·건설·레저·유통 그리고 정보통신·무역·금융 등의 분야로도 사업 다각화를 활발히 추진한 결과였다. 한솔그룹은 한솔화학·한솔개발·한솔건설·한솔유통·한솔텔레콤·한솔테크닉스·한솔포렘·한솔상호저축은행·한솔케이언스 등을 잇달아 설립하거나 인수합병하면서 그룹 덩치를 엄청나게 키웠다.

그러나 내실보다 외형을 키워나가는 사세 확장은 곧바로 1997년 IMF 외환위기 때 철퇴를 맞고 만다. 한솔그룹은 많은 문어발식 기업들이 그러했듯이 존폐의 위기에 내몰리면서 뼈를 깎는 구조조정에 들어가야 했다. 이인희는 회사가 휘청거리자 구조조정위원회 위원장을 맡아 과감한 구조조정을 단행했다.

1999년 한솔무역 청산을 시작으로 2000년 한솔엠닷컴, 한솔월드폰, 2001년 한솔아이홀딩스·한솔아이벤처스·한솔텔레콤·한통엔지니어링·팬아시아페이퍼코리아 등을 매각해야 했다. 한솔그룹은 대대적인 구조조정 끝에 한솔제지 중심의 제지 사업과 한솔테크닉스로 대표되는 IT 사업, 한솔 CSN의 물류 사업만 그룹의 핵심 사업으로 남기고 모두 정리했다.

이 과정에서 그룹의 후계 구도도 뒤바뀌었다. 한솔그룹은 구조조정 전에는 정보통신·금융·제지 부문이 그룹 사업의 3대 축이었다. 장남인 조동혁 명예회장이 금융 부문을, 차남인 조동만 전 부회장이 정보통신 부문을, 3남인 조동길 회장이 제지 부문을 담당하고 있었다.

그런데 구조조정으로 정보통신과 금융 부문이 매각되거나 정리되는 과정을 겪으면서 자연스럽게 그룹의 경영권도 3남인 조동길에게로 넘어갔다. 그런 과정을 겪으면서 한솔그룹은 재계 서열 50위권 밖으로 밀려나는 수모를 겪었다. 구조조정은 끝났지만 그룹의 형편은 쉽사리 옛날의 영화를 찾지 못하고 있었다. 그룹의 주력인 제지업의 불황이 지속된 데다 한솔테크닉스, 한솔 CSN, 한솔 PNS(옛 한솔텔레콤) 등 핵심 계열사들의 사업도 지지부진했다. 거기에 2011년 한솔건설이 파산했고, 오크밸리 등 골프장을 운영해 온 한솔개발도 경기 침체 여파로 적자에 시달렸다.

하지만 조동길 체제에서 한솔그룹은 꾸준하게 내실경영의 기조를 이어왔고 주력 기업인 한솔제지에 사업적 역량을 집중하며 어려움을 이겨냈다. 그런 와중에 삼성가 상속 관련 분쟁에서 이인희가 이건희의 손을 들어주면서 한솔그룹에는 훈풍이 불기 시작했다. 삼성그룹의 그룹 내 물류를 한솔 CSN가 맡게 되면서 본격적인 성장 궤도로 돌아섰다. 또 한솔테크닉스가 휴대전화와 태블릿 PC용 무선 충전기 사업에 새로 진출했다. 무선 충전기 사업의 최대 공급처는 삼성전자다. 거기에 한솔케미칼도 삼성과 밀접한 관계를 맺고 있다.

한솔그룹은 공정거래위원회로부터 상호 출자 제한 기업집단(2012년 말 기준 순자산 5조 2000억 원, 자산 순위 48위)으로 지정되면서 오랜만에 삼성가의 자존심을 되찾았다.

삼성가 2세대 자녀들은 한솔, CJ, 새한, 신세계 4개 기업을 각각 물려받았는데 이 중 유일하게 차남 이창희가 물려받은 새한그룹만 명맥을 유지하지 못하고 재계에서 사라졌다. 아마 이창희가 살아 있었더라면 그런 불행은 있지 않았을 것이다.

삼성가(家) 가족이야기 35

결혼 30년의 감동적인 선물

이재현은 30대 때부터 만성신부전증을 앓고 있었다. 이재현은 박근혜 정부 출범 이후 최초로 구속 수감이 된 재벌회장이 됐다. 이재현은 조세피난처로 유명한 영국령 버진아일랜드 등에 페이퍼컴퍼니를 설립, 임직원 명의로 차명계좌를 만들어 세금을 빼돌리고 비자금을 운용한 혐의를 받았다. 감옥에 갇히자 앓고 있던 심부전증 증세가 심해졌다.

그는 2013년 4월 신장이식 수술을 받을 예정이었다. 그러나 회사 업무도 바빴고 가족의 신장을 이식받는다는 것이 마음에 내키지 않아서 차일피일 미루고 있던 터였다. 아들이 흔쾌히 신장이식을 하겠다고 나섰으나 이재현은 아버지로서 할 짓이 못된다고 여겼다. 아들의 신장을 받아야 한다는 것은 쉽게 결정 내릴 수 있는 일이 아니었다.

그러던 중 덜컥 그해 7월에 구속수감이 된 것이었다. 병세가 확연하게 나빠지자 이재현은 8월 신장 이식수술을 받겠다고 구속집행정지를 신청을 했고 법원의 허가를 받았다. 그러자 여론은 상당히 나빠졌다. 재벌가의 사람들은 비리를 저질러 놓고 구속만 되면 병을 핑계로 빠져나오는 것이 통과의례처럼 진행되는 수순이었기 때문이다.

그러나 이재현은 진짜로 아팠고 8월 28일 오전, 신장이식 수술을 받기 위해서 수술대에 올랐다. 그런데 놀라운 것은 신장 기증자가 바로 이재현의 부인 김희재였다는 점이다.

김희재는 장차 CJ그룹을 이끌어 가야할 아들 대신 자신이 신장을 기증하는 것이 옳다고 판단하고 수술대에 올랐던 것이다. 주치의에 따르면 이재현은 만성신부전증이 악화되어 신장기능이 5%까지 떨어진 상태였다고 한다. 그래서 4월에 수술 일정이 잡혀 있었는데 시기를 놓쳐 위험한 상황이라는 것이었다.

　신장이식 수술은 5시간에 걸친 대수술이었으나 무사히 성공적으로 끝났다. 아내의 신장을 이식 받은 이재현은 아내에게 "미안하다.", "고맙다."는 말을 연거푸 하며 고마움을 표했다.

　부인 김희재는 결혼 30년 만에 남편에게 큰 선물을 준 것 같아 기쁘다고 말해서 진한 감동을 주었다. 본인은 자신이 "건강한 체질인데다 이식이 충분히 가능하다고 해서 신장 기증을 하게 되었다."고 말했지만 부부라도 장기 기증은 생명을 담보로 하는 일인 만큼 그다지 쉬운 결단이 아니었을 것이다. 그녀는 이렇게 말하면서 감동을 주었다.

　남편은 수술 후 매일 제게 '미안하다, 고맙다.'라고 해요. 그러면 저는 분위기를 바꾸way '내 신장이 다른 몸에 가서 일한다는 게 정말 신기하고 대단하다.'라며 호들갑을 떨어요. 지금 무엇보다 남편이 하루라도 빨리 건강을 회복했으면 좋겠어요. 그것이 저의 가장 소중한 바람입니다.

　두 사람은 대학시절 미팅에서 만났다. 이재현은 재수를 해서 고려대 법대 1학년이었고 김희재는 이화여대 장식미술학과 2학년이었다. 이재현은 연애할 때 1년 동안 매일 김희재를 집에 데려다줬다고 한다. 두 사람은 열렬한 연애 끝에 결혼했다. 여느 재벌가의 혼인과는 달리 평범하고 순수한 결혼이었다. 세간에는 재벌 2세라는 걸 모르고 김희재가 만났다고 알려졌지만 그녀는 알고 있었다고 신장이식 수술 후 가진 언론과의 인터뷰에서 고백했다.

　김희재는 있으면서도 없는 듯 조용한 그림자 내조를 해왔다. 그녀는 신장이식 전까지 단 한 차례도 언론에 노출된 적이 없을 정도였다. 결혼 후, 그녀는 맏며느리로 서울 장충동 본가에서 시할머니 박두을, 시어머니 손복남을 모시고 4대가 함께 살았다. 신혼 초 시할머니가 분가를 하라고 권했지만 김희재는 시할머니, 시어머니를 모시고 함께 살겠다며 뜻을 굽히지 않았다고 한다.

㊱ 삼성가의 혼맥

자신의 힘으로 얻어낸 것이 아니면 그 무엇도 가치가 없다.
피와 땀으로 얻은 것만이 완벽하게 자신의 일부가 되는 것이다.

- 제임스 가필드 -

한국 TV 드라마에는 재벌가문의 이야기가 많이 등장한다. 등장인물들은 대개 철저히 이해타산적이고 결혼도 사업이라고 생각한다. 결혼의 조건은 사랑이 아닌 부의 축적과 보존인 경우가 많다. 그렇게 결혼한 남녀는 부부라기보다는 사업 파트너 혹은 동업자의 모습에 가깝다.

오늘날 한국 사회는 전통적으로 내려오던 명문가문이 맥이 끊어졌다. 일제치하와 6·25 동란을 겪고 산업화 과정을 거치면서 경주 최 부잣집과 같은 전통 명문가문은 모조리 사라졌다. 대신 산업화를 통해서 자본을 축적한 재벌 가문들이 명문가의 행세를 하고 있다.

산업화를 이룩한 창업주들은 좋은 집안 출신도 아니고 대부분 고등교육을 받지도 못했지만 그들의 자손들은 좋은 교육을 받고 외국에 나가서 많은 공부도 해서 명실상부한 상류층의 자격을 갖추게 되었다. 실제로 '상류층 클럽'의 최정점에 있는 재벌 2, 3세들은 부모들이 돈으로 만들어 준 좋은 환경에서 자란 덕분에 뛰어난 교양과 예의범절을 지니고 있는 경우가 많다. 금력의 위력이 커질수록 재계 명문가의 위상도 커지고 있다.

이병철이 일군 '삼성가'가 오늘날 대한민국 재계의 대표 가문이라는데 의문을 제기할 사람은 없을 것이다. 삼성가는 이제 4대에 이르는 사람들로 구성되어 있고 직계와 방계를 망라하면 약 250명에 달한다. 이쯤 되면 삼성가의 혼맥이 대단할 것이라 짐작할 수 있다. 하지만 삼성가의 혼맥은 의외로 담백하다.

이병철뿐만 아니라 그의 자녀들도 TV 드라마에 나오는 재벌가 사람들처럼 특별한 집안을 선호하지 않았다. 일률적으로 말할 수는 없지만 삼성가의 사람들은 구시대의 사람들인 이병철의 자제들만 빼놓고 3세에 이르러서는 자유로운 연애로 혼인을 한 경우도 많다. 이병철의 경우도 자식들을 중매로 결혼을 시키기는 했지만 권력과 돈을 담보로 하는 혼인은 그다지 추구하지 않았다. 그는 삼성을 재계 최고의 반열에 올려놓은 탓에 더 이상 혼맥을 통해 뭔가를 기대할 필요가 없다고 생각했던 것 같다. 그래서 삼성가에서는 정·관·재계의 명망있는 집안과의 혼인사례는 찾아보기 어렵다.

한솔그룹

삼성가의 맏딸인 이인희가 일궈낸 한솔가의 2세들은 거의 정략결혼과는 거리가 먼 혼인을 했다. 장남인 조동혁 한솔 명예회장은 이창래(李昌來) 서우통상 회장의 딸인 이정남과 결혼했다. 이정남의 오빠 이용구(李容九)는 대림산업 회장을 지내고 현재 동아건설 회장으로 있지만 전문경영인으로서 출세를 한 것이지 전통적 재벌가문은 아니다. 조동혁 부부는 슬하에 2녀 1남을 두고 있는데 장녀인 조연주와 차녀인 조희주, 아들 조현준이 있다.

차남인 조동만 한솔아이글로브 회장은 대학시절 친구 소개로 부인 이미성을 만났다. 그녀의 아버지는 한일전선 회장 이용학이었다. 이용학은 전선업계 협회인 한국전선공업협동조합 이사장을 역임하는 등 국내 전선사업 분야에서 잔뼈가 굵은 인물로 유명하다. 한일전선은 1988년 삼성전기로 합병됐다. 조용만 부부도 2녀 1남을 두었는데 장녀인 조은정과 차녀인 조성진, 아들 조현승이 있다. 2008년 11월 장녀인 조은정은 이동윤(李東潤) 세하 회장의 장남인 이준석과 강원도 한솔오크밸리에서 결혼식을 올렸다. 이동윤은 한솔과는 제지업계의 라이벌인 무림페이퍼 이동욱(李東昱) 회장의 동생으로 제지업계에서는 라이벌 간의 혼인이라고 화제가 되기도 했다. 이준석과 조은정은 미국 브라운 대학 유학시절에 만나 사랑을 맺은 것으로 알려졌다.

3남인 조동길 한솔 회장은 안영모(安永模) 전 동화은행장의 셋째 딸 안영주와 결혼했다. 안영주의 큰 언니인 안인숙도 한솔그룹의 주력계열사인 한솔제지를 이끌고 있는 전문경영인 선우영석 부회장의 부인이다. 자매 둘이 모두 한솔그룹의 며느리가 된 셈이다. 조동길 부부는 슬하에 1녀 1남인 딸 조나영과 아들 조성민을 두었다. 조나영은 국내 최대 로펌인 김앤장 법률사무소 한상호(韓相鎬) 변호사의 장남인 한경록과 2012년 4월 6일, 서울 장충동 신라호텔에서 결혼했다. 두 사람은 양가 친지의 소개로 만난 것으로 알려졌다.

한솔가의 장녀인 조옥형은 권대규(權大圭) HS 창업투자 부사장과 연애결혼을 했다. 권대규 부부의 슬하에는 권애영, 권이주 두 딸이 있다. 장녀 권애영은 2011년 창작 뮤지컬인 '웨딩 앤 캐쉬'에 출연해 화제를 모으기도 했고 현재 뮤지컬 배우로 활동하고 있다.

한솔가의 막내딸인 조자형은 타이완계 미국인 빈센트 추(Vincent Tsu)와 국제결혼을 했다. 어머니 이인희는 "두 사람이 서로 좋다는데 국제결혼이면 어떠냐."면서 결혼을 승낙했다고 한다. 결혼식은 타이완에서 열렸고 가족들만 조용히 참석한 것으로 전해졌다. 빈센트 추는 현재 중국에서 정보기술(IT)관련 사업을 하고 있다.

CJ그룹

이병철의 장남 이맹희는 1녀 2남을 뒀다. 장녀 이미경, 장남 이재현, 차남 이재환이 그들이다. 아버지 이맹희가 할아버지 이병철과 사이가 안 좋아서 집밖을 떠도는 생활을 했지만 자녀들은 어머니 손복남과 할머니 박두을과 함께 장충동 종갓집에서 다복하게 자랐다.

이병철은 장손인 이재현을 어릴 때부터 각별히 사랑하고 직접 논어를 가르치기도 하는 등 많은 애정을 쏟았다. 이재현은 외모나 사고방식, 행동방식까지 할아버지와 비슷해서 '리틀 이병철'이라고도 불리는데 실제로 체격 조건도 비슷해 할아버지 양복을 그대로 입을 정도라고 한다.

이맹희의 자녀들은 모두 평범한 집안과 혼인을 해서 재벌가다운 이렇다 할 혼맥이 눈에 띄지 않는다. 이재현은 대학시절 미팅에서 만난 김희재와 맛깔나는 연애를 하다 결혼했다. 김희재는 부산의 평범한 집안 출신인데 색다른 점이 있다면 어머니가 우리나라 '김치 박사 1호'

로 유명한 김만조 박사라는 점이다. 김만조는 50년 동안 김치를 공부한 식품공학박사로 연세대, 서울여대 등에서 교수로 재직한 바 있고 한때 CJ의 김치개발에 참여하기도 했다. 이재현 부부에게는 딸 이경후와 아들 이선호가 있다.

이경후는 2008년 8월 31일 컬럼비아대학 시절 연애로 사귄 정종환과 서울 필동 CJ 인재원에서 결혼했다. 정종환은 현재 뉴욕 시티은행에 근무하고 있다. 이 결혼식에는 이건희와 홍라희도 참석해 눈길을 끌었다.

이맹희의 차남 이재환(李在桓)은 배재고등학교를 나와 타이완대 정치학과를 졸업했다. 그는 제일제당에 입사한 후 제일제당 일본지사 부장, 경영기획실 중국담당 상무 등을 거치며 해외부문에서 두각을 보였다. 그는 경영관리팀에서 기획업무를 담당하며 조용하게 형 이재현을 보좌하다가 2005년 광고대행사인 재산커뮤니케이션즈를 설립하고 독자 경영에 들어갔다. 이재환은 국회의원을 지낸 민기식(閔機植)의 딸 민재원과 결혼한 뒤, 딸 이소혜와 아들 이호준을 두고 있다.

이맹희의 딸인 이미경(李美敬)은 집안의 반대에도 불구하고 김석기 전 중앙종금 사장과 결혼을 했지만 이혼을 하고 아직 싱글로 지내고 있다. 이미경과 헤어진 김석기는 연극배우 윤석화와 결혼하면서 화제를 낳기도 했다.

새한그룹

새한가는 삼성가의 분가 그룹 가운데 유일하게 몰락했지만 가장 화려한 혼맥을 자랑한다. 이창희와 이영자 부부는 슬하에 이재관, 이재찬, 이재원 등의 3남과 딸 이혜진을 두었는데 동방그룹, 동아그룹, 서영주정, 라이프그룹 등 국내 굴지의 재계가문과 혼인을 맺었다.

장남 이재관은 동방그룹 김용대(金容大) 회장의 딸인 김희정과 중매로 결혼했다. 차남 이재찬은 최원석 동아그룹 회장의 딸인 최선희를 아내로 맞이했다. 두 사람은 워크아웃 이후 가정불화 끝에 이혼했다. 두 사람 사이에는 아들 이준호, 이성호 두 아들이 있다. 이재찬이 2010년 생활고를 비관해 스스로 목숨을 끊은 후, 2012년 벌어진 이맹희와 이건희의 재산상속소송이 벌어졌을 때 최선희도 두 아들과 함께 이건희와 에버랜드를 상대로 1천억 원대의 주식 인도 청구 소송을 냈으나 패소했다.

3남 이재원(李在元)은 김일우 서영주정 사장의 딸 김지연과 결혼했다. 막내딸인 이혜진(李惠珍)은 조내벽(趙乃璧) 라이프그룹 회장의 장남 조명희와 결혼했다.

삼성그룹

이건희의 1남 3녀 중 장남이자 외아들인 이재용은 1998년 6월 자신보다 아홉살 아래인 대상그룹 임창욱 명예회장의 맏딸 임세령과 결혼해 아들 이지호와 딸 이원주를 두었다. 결혼 당시 임세령이 연세대(경영학과 2학년)에 재학 중인 어린 신부였다는 것과 과거 '미원-미풍 전쟁'을 벌였던 라이벌 기업, 영호남 대표기업의 혼사라는 것 등이 화제를 불러 모았다. 두 사람이 만나게 된 것은 이재용 어머니 홍라희와 장모 박현주가 불교도 모임인 "불이회" 멤버로 서로 친하게 지내는 사이였기 때문이다. 두 사람은 그동안 잉꼬 커플로 알려졌으나 2009년 결혼 11년 만에 이혼했다.

맏딸인 이부진의 결혼은 화제 그 자체였다. 국내 최대 재벌의 장녀가 삼성그룹 평사원인 임우재와 결혼을 했기 때문이다. 두 사람은 사회봉사활동을 하면서 자연스럽게 만났고 호감을 가진 끝에 1999년 결혼에 골인했다. 삼성가는 두 사람의 만남을 반대했으나 이부진의 고집도 만만치 않아서 부모들이 지고 만 것 같다. 임우재는 서울고등학교를 나와 단국대학교 전자계산학과를 졸업하고 1995년 2월에 삼성그룹에 입사해서 에스원의 사업기획실에서 전산업무를 담당했다고 한다. 다른 정보에 의하면 임우재가 이건희의 '한남동 자택 개발 프로젝트'에 참여하면서 한남동 집을 자주 드나들었고, 이때 두 사람이 첫 대면을 가졌다고도 한다. 임우재는 개인사업을 하는 아버지 임현기와 어머니 여진인 슬하의 2남 2녀 중 장남으로 알려져 있다. 임우재는 결혼 이후, 메사추세츠공과대학 경영대학원을 졸업하고 현재 삼성전기 부사장으로 있다. 두 사람은 결혼 후 8년 동안 아이가 없었으나 2007년 첫아들을 안는 기쁨을 누렸다.

둘째 딸인 이서현은 미국 뉴욕의 패션전문학교 파슨스 출신으로 현재 에버랜드 패션부문 경영기획담당 사장이다. 그녀는 2000년 제일기획 상무보였던 김재열과 결혼했는데, 김재열은 김병관 동아일보 명예회장의 아들이다. 재계 일각에서는 오너 집안의 부부가 한 회사에서 일하는 것은 이례적인 일이라며 제일모직은 이서현의 몫이라는 전망을 내놓고 있다. 조금 차가워 보이는 인상이지만 디자인 전공자답게 남다르게 시크한 패션 감각으로 유명하다. 자녀 욕심도 많아서 딸 3명에 아들 1명, 총 4명의 자녀를 두고 있다. 현재 김대열은 삼성엔지니어링 사장으로 있으면서 한국 빙상연맹 회장직도 맡고 있다.

신세계그룹

이병철의 막내딸 이명희는 남편 정재은과 아들 정용진과 딸 정유경을 두고 있다. 정용진은 이건희 아들 이재용과 동갑내기로 경복고 동창이고 서울대에도 함께 입학해서 각별한 사이다. 정용진은 서울대 서양사학과를 다니다 미국 아이비리그인 브라운대 경제학과를 졸업했다.

정용진은 유학시절 우연히 뉴욕에서 미스코리아 출신 인기 탤런트 고현정과 만나 결혼을 했다. 두 사람의 만남은 '영화 같은 만남'으로 세간에 화제가 되었었다. 당시 드라마 〈모래시계〉로 인기 절정에 올라 있던 고현정은 "뮤지컬 공연을 관람하는 것이 연기력 향상에 도움이 된다."는 김종학 PD의 권유에 따라 브로드웨이를 찾아 〈미스 사이공〉

을 관람하게 되었다. 그러나 고현정은 영어가 서툴러 좌석을 찾지 못하고 허둥대고 있었는데 마침 그녀를 알아본 정용진의 도움을 받아 뮤지컬 감상을 잘 할 수 있게 되었다.

고현정은 고마움을 표시하기 위해 다음날 저녁을 사겠다며 약속을 했는데 이번에는 약속 장소로 가던 길에 지갑을 잃어버렸다. 두 사람은 함께 지갑을 찾으러 돌아다니면서 정이 들었고 한국에 돌아와서도 자주 만남을 가졌다. 두 사람은 1994년 7월 결혼했으나 자유분방한 성격의 고현정은 재벌가의 위압적인 가정 분위기에 못견뎌하며 각종 루머와 파혼설 등에 시달리다가 2003년 11월 결혼 8년 6개월여 만에 이혼했다. 두 사람 사이에는 아들 정해찬과 딸 정해인이 있다.

정용진은 그후 독신으로 지내다가 2011년 5월 10일 열두살 연하의 플루티스트 한지희와 재혼했다. 두 사람은 2년 6개월 만에 1남 1녀 이란성 쌍둥이를 품에 안았다.

신세계가의 딸 정유경은 서울예술고, 이화여대 응용미술학과를 거쳐 미국 로드아일랜드대학교에서 그래픽디자인을 전공했다. 그녀는 2001년 3월 초등학교 동창인 문성욱과 결혼했다. 두 사람은 초등학교 동창 사이다. 슬하에 장녀 문서윤과 차녀 문서진을 두고 있다. 남편 문성욱은 미국 시카고대 경제학과와 미국 펜실베이니아 와튼스쿨 경영대학원을 졸업했다. 신세계 경영지원실 부장, 신세계 I&C 전략사업담당 상무를 거쳐 현재 신세계 I&C 부사장으로 이마트 해외사업총괄을 지휘하고 있다.

삼성가(家) 가족이야기 36

삼성가의 유전병 CMT

이재현은 신장이식 수술을 위해 법원에 구속집행정지를 신청하면서 자신이 앓고 있는 '삼성가의 유전병'을 공개했다.

그는 일명 CMT로 불리는 유전병인 '샤르코 마리 투스(Charcot Marie Tooth desease)'라는 질환을 앓고 있었다. CMT는 일종의 신경근육성 질환이다. 인간의 염색체에서 일어난 유전자 중복으로 인해 생기는 유전성 질환이라고 한다.

이 질병의 이름이 Charcot Marie Tooth인 이유는 이 질병을 발견한 사람이 프랑스인 샤르코와 마리 그리고 영국인 투스이기 때문에 붙여진 병명이다. 샤르코 마리 투스 CMT 환자의 증상은 발과 손의 근육들이 점점 위축되어 힘이 약해지며, 발모양과 손모양의 변형이 발생하는데 시간이 지날수록 환자는 발, 손, 다리, 팔의 정상적 기능을 잃을 수 있다고 한다.

이재현이 집안의 유전병까지 공개한 것은 자신이 만성신부전증의 악화로 신장이식수술을 받지 않을 경우 생명이 위험할 수도 있는 상황인데 세간의 여론은 재벌의 사람이 구속만 되면 어떻게든 빠져나가려고 여러 가지 꼼수를 부린다고 보고 있기 때문에 자신은 그것이 아니라는 것을 보여주기 위한 절박함 때문이었던 것 같다.

이재현은 CMT병 때문에 병역을 면제받았고 나이가 50세가 지난 후에는 다리와 손가락에 증상이 급격히 진행돼 특수 신발 등 보조기구를 통해 보행에 도움을 받아야 할 정도라고 한다. 그가 검찰 출두 때 걸음걸이가 좀 이상해 보였던 것이나 구속 수감될 때 수사관들이 부축을 받은 것도 이 때문이라고 한다.

유전질환이라면 일반 가문에서도 그다지 밝히고 싶어 하지 않는 법인데 한국 재계의 으뜸인 삼성가의 장손이 그런 밝히고 싶지 않은 유전질환을 밝힌 것이다. 이 병은 이병철의 부인인 박두을이 앓았던 것으로 알려졌다. 그리고 장남인 이맹희와 3남인 이건희가 이 질환을 앓고 있다고 한다. 이건희가 나이나 얼굴 혈색에 비해 거동이 불편해 보이고 출장을 가거나 언론에 모습을 나타낼 때 항상 누군가 부축을 하고 있는 모습이 잘 이해가 안 되었는데 그런 유전병 때문이라니 수긍이 되기도 한다.

손자들 중에서는 장손인 이재현과 그의 누나인 이미경 CJ 부회장이 가장 심하다고 한다. 이미경은 〈여성동아〉 2006년 11월호의 인터뷰에서 몸이 어떻게 불편하냐고 묻는 기자의 질문에 이렇게 답한 적이 있다.

팔다리 관절이 좀 약해요. 늘 몸에 대해 연구하면서 관리하는 편이지요. 7년 전엔 단추를 못 채울 정도로 녁다운된 적이 있는데, 크게 절망했지요. '세상에는 노력해도 안 되는 일이 있구나.' 하는 겸손을 배울 수 있는 계기였어요.

이미경의 경우 그 증세가 이재현보다 더 심해서 해외 출장을 갈 경우 휠체어에 의지하지 않으면 움직이기 어려울 정도라고 한다. 보통 때도 이미경은 스스로 20~30미터 이상을 걷기 어려울 정도라고 한다.

이재현이 절박한 나머지 삼성가의 유전병까지 밝히고 나자 삼성 측에서는 상당히 불쾌한 반응을 보였다고 한다. 이재현도 개인의 건강문제 특히 가계의 유전질환을 공개하고 싶지는 않을 것이다. 하지만 그는 여론을 의식하고 다른 재벌회장들처럼 꼼수를 부리는 것이 아니라는 것을 보여주고 싶었던 것 같다. 자신에게 쏟아지는 비난과 악성댓글 같은 걸 사전에 방지하자는 의도가 있었다는 얘기다.

㊲ 삼성가의 프린세스

많은 사람들이 당신과 함께 리무진을 타고 싶어 한다.
하지만 당신의 리무진이 고장났을 때
당신과 함께 버스를 타줄 사람이 필요하다.

― 오프라 윈프리 ―

2010년 1월 초 이건희는 미국 라스베이거스에서 열린 전자 관련 전시회에서 두 딸의 손을 꼭 잡고 다녔다. "더 배워야 해요. 아직 어리니까 내가 손을 잡고 다니는 거예요." 농담 같지만 두 딸의 든든한 배경이 되겠다는 이건희의 자식을 사랑하는 강한 의지의 표현이 아닐 수 없다. 삼성가 3세 중에는 수많은 딸이 있지만 현역에서 뛰고 있는 딸은 그다지 많지 않다. 그나마 성공한 삼성가 3세대 프린세스는 4명으로 압축된다.

이부진

이부진은 이건희의 맏딸이다. 세 자녀 가운데 아버지 이건희를 가장 많이 닮았다는 평가를 받고 있다. 실제로 큰 눈이며 이목구비가 비슷하다. 삼성 관계자들은 "외모는 물론이고 절대 지고는 못 사는 승부욕까지 아버지와 판박이"라고 말한다. 평범한 가문의 남자와 '두려움 없는 사랑'을 한 이부진은 그 남자와 결혼해서 단란한 가정을 꾸리고 있는 덕에 국민적 인기도 꽤 높다. 그녀는 대원외고를 나와 연세대 아동학과를 졸업했다.

1995년 2월 삼성복지재단 보육사업팀에서 사회생활을 시작했고, 1998년 6월부터 1년간 삼성일본본사 담당 과장으로 일했다. 그녀가 삼성전자를 거쳐 호텔신라로 옮겨간 것이 2001년이다. 그해 8월, 그녀는 호텔신라 전사기획담당 부장으로 입사해 호텔리어가 됐다. 그때 이건희가 한 행동이 가관이다. 그는 두 달 가까이 집을 나와 호텔신라에 숙박하면서 딸에게 힘을 실어주었다.

이부진의 승부 근성은 삼성 임원들도 인정하는 '완벽주의자'다. 그녀가 호텔신라에서 경영수업을 처음 시작했을 때, 호텔신라 케이터링 서비스(catering service : 행사·연회 등을 대상으로 음식을 공급하는 서비스)를 업그레이드하기 위해 서비스 현장을 온 종일 지키고 직원들의 동선을 스케치해 대안을 제시하자 직원들은 그녀를 새롭게 보았다. 이부진은 호텔신라 임원으로 진급할 당시 그룹 신임 임원교육에 홍일점으로 참석해 극기 훈련을 끝까지 해내고 상무직을 따냈다. 호텔신라 상무 시절인 2007년에는 아이를 출산한 지 3일 만에 출근해 업무를 개시했다. 호텔신라를 리모델링할 때는 유통, 인테리어 등 호텔과 관련된 공부를 하느라 새벽 3시에 직원에게 업무 메일을 보내기도 했다. 또 그녀는 외국 유학 경험이 없는 순수 국내파임에도, 호텔 경영을 위해 영어와 일본어, 프랑스어까지 마스터해서 3개 국어를 완벽하게 구사한다.

2010년 12월 3일, 이부진은 삼성그룹 사장단 인사에서 호텔신라의 최고경영자(CEO)가 됐다. 삼성그룹에 입사한 지 15년 만에 사장 자리에 오른 것인데 전무에서 사장으로 두 계단 고속 승진이었고 삼성그룹 출범 최초, 72년 만의 첫 여성 CEO였다. 그것은 2010년 11월, 이부진이 신격호 롯데그룹 총괄회장의 장녀인 신영자 롯데쇼핑 사장과 3년간의 혈투 끝에 세계적 명품인 루이비통 브랜드를 인천공항 신라면세점에 유치하는 데 승리한 덕분이었다. 물론 오너 가문의 장녀라는 프리미엄이야 있었겠지만, 이부진에게는 남다른 빼어남이 있었고, 아버지 이건희는 그를 인정했음이리라.

오너가 된 그녀는 호텔신라의 품격을 높이기 위해 여러 특급 호텔들의 특징을 꼼꼼히 살폈고, 호텔 관련 전문서적도 탐독했다. 호텔신라를 업그레이드하면서 그가 타깃으로 내건 것은 '럭셔리 라이프 스타일 호텔'. 호텔에서 제공하는 서비스와 음식 메뉴까지 일일이 챙길 정도로 그녀의 손이 닿지 않은 것이 없었다.

2005년부터 2006년에 걸쳐 이부진은 서울 신라호텔의 영업공간과 리뉴얼을 주도해 국내 최초로 '럭셔리 라이프 스타일 호텔'로 탈바꿈시켰다. 그 결과 세계적인 여행 잡인 '트래블 앤드 레저(Travel & Leisure)' 에 우리나라를 대표하는 세계적인 호텔로 선정되기도 했다.

이부진이 CEO가 된 이후 호텔신라의 성장세는 눈부셨다. 2002년 2300억 원이던 면세점 매출은 2010년 1조 1000억 원으로 5년 만에 5

배 가까이 규모가 늘었다. 또 호텔신라 전체 매출은 2002년 4157억 원에서 2010년 1조 4000억 원으로 증가했다. 면세점은 매출 기준으로 세계 7위 규모로 성장했다.

그런데 이부진의 활공은 이제부터 시작이다.

호텔신라는 2014년 1월 8일 싱가포르 창이국제공항 내 향수와 화장품 면세점 운영자로 선정됐다. 오는 10월부터 2020년까지 이곳에서 20여 개 매장을 운영하게 된다. 인천공항에서의 성공에 힘입어 얻어낸 성공의 결과물일 수 있겠다. 호텔신라는 창이공항에서만 6년간 4조 원 이상의 매출을 올릴 것으로 기대되는데 그쯤되면 세계 톱 3 면세점으로 올라갈 발판을 마련했다고 볼 수 있다.

이부진은 삼성가의 딸이라는 수식어에 맞지 않게 특정 명품 브랜드를 선호하기보다는 수수한 옷들을 선호하는 것으로 알려졌다. 심플한 블랙 원피스에 부츠를 즐겨 착용한다. 또 직원들과 스스럼없이 어울리기도 한다. 이따금 삼겹살에 소주 회식에도 어울리고 2차로 노래방까지 가기도 한단다.

그런데 최근 이부진에게 엄청난 무게의 임무들이 주어졌다. 신라호텔뿐만 아니라 삼성그룹 지배구조 정점에 있는 에버랜드와 삼성물산, 삼성화학 등의 경영에 참여하게 되는 임무가 주어진 것이다 일각에서는 그녀가 그룹 경영 전면에 나서는 것 아니냐는 관측이 제기되고 있다.

그런데 이부진은 그녀가 혼신을 다해서 다년간 경영하고 있는 신라호텔의 주식을 한주도 갖고 있지 않다. 그것은 무엇을 의미하는 것일까?

이서현

이건희의 둘째딸 이서현은 2013년 12월 2일 에버랜드 패션부문 경영기획담당 사장으로 승진했다. 이 소식에 일반인들은 의아해 한다. 에버랜드 패션이라니!

이서현은 서울예술고등학교와 미국의 명문 파슨스디자인스쿨을 졸업했다. 2002년 제일모직 패션연구소 부장으로 입사해 2005년 상무에 올랐으며, 2009년 제일모직과 제일기획 기획담당 전무를 거쳐 2010년 그룹인사에서 제일모직 패션사업총괄 부사장 및 제일기획 기획담당 부사장으로 승진한 뒤 2012년 12월부터 양사 경영전략 부사장을 지내왔다.

이서현의 사장 승진은 2010년 부사장 승진 후 3년 만이다. 삼성그룹은 "이서현 부사장이 패션 전문가로서 패션 브랜드 가치를 제고하고 패스트패션과 아웃도어 사업 진출 등 신성장 동력을 확보했다."고 승진 배경을 설명했다.

이서현의 사장 승진은 제일모직 패션 부문을 분리해 에버랜드로 이관하면서 향후 시너지효과를 내기 위한 그룹차원의 전략으로 해석됐다. 그녀는 제일모직 재직시절 패션사업 규모의 확대와 글로벌화에 큰 역할을 담당했다.

이서현은 그동안 제일모직의 미래사업 발굴과 브랜드 중장기 전략기획을 지휘하는 등 '제일모직의 브레인' 역할을 해 왔다. 신사복 위주의 제일모직 사업구조를 개편해 캐주얼 브랜드인 '빈폴'을 '폴로'를 넘어서는 브랜드로 키웠을 뿐만 아니라, 2003년 여성복 브랜드 '구호(KUHO)'를 인수했고, 일본의 '이세이미야케', 미국의 '띠어리' 정도에 그쳤던 수입브랜드는 2008년 이탈리아의 세계적인 복합편집매장 '10 코르소 코모'를 시작으로 이서현은 명품사업에 눈을 돌렸다. 2008년 이탈리아의 유명 명품 편집매장 '10 코르소 코모'를 청담동에 오픈했고, 이어 강남구 신사동에 미국 브랜드 '릭 오웬스', '토리버치' 등의 플래그십 스토어를 잇따라 오픈하며 공격적으로 사업에 뛰어들었다. '헥사 바이 구호'라는 브랜드로 미국 뉴욕시장에도 진출했다.

디자인을 전공한 이서현은 패션과 관련된 지식에 대해선 어느 전문가 못지않은 것으로 알려져 있다. 또 뛰어난 통찰력과 감각을 지녀 직원들에게 많은 아이디어를 제공한다고 한다. 삼성에버랜드로 이관된 패션사업 부문을 계속 맡는 동시에 제일기획 경영전략부문장을 유지함으로써 그룹 내 영향력이 한층 확대됐다는 평가를 받고 있다.

제일기획도 이서현 사장의 부임 후 계열사 위주, 국내시장에서 벗어나 글로벌 사업을 확대해 세계적인 광고 시상식에서 연이어 상을 수상하는 실적을 올리는 등 창의적인 기업으로 변화해 나가고 있다.

그녀는 뛰어난 패션 감각으로 유명하다. 언니 이부진과 달리 장소와 상황에 맞게 자유분방하고 시크한 스타일을 자유자재로 선보인다. 국내에는 생소하지만 고급스러운 소재와 디자인이 특징인 브랜드를 즐겨 입는 것으로도 유명하다.

언니인 이부진이 강력한 카리스마를 가진 인물이라면 이서현은 부드러운 카리스마를 지녔다. 이서현은 직원들의 경조사를 직접 챙기고 사내 행사에는 항상 모습을 드러낼 정도로 조직원들과의 스킨십을 중요시 여긴다. 또 패션 감각을 잃지 않기 위해 주말마다 연극 등을 관람하고 미술전시회장을 찾는 등 자유로우면서도 부지런한 스타일이라는 평가를 받고 있다.

그녀는 한국인 최초로 미국패션디자이너협회(CFDA) 이사회 멤버로 선임되며 세계 패션의 주목을 끌기도 했다. 2014년 현재는 삼성에버랜드 패션부문 경영기획담당 사장, 제일기획 경영전략부문장, 미국패션디자이너협회 위원을 맡고 있다.

이미경

이미경은 이맹희의 큰딸이자 이재현 CJ그룹 회장의 누나다. 그녀는 부친이 유학 중이던 미국에서 동생 이재현와 함께 태어났다. 어릴 때 '미키'라고 불린 것을 계기로 지금도 '미키 리'라는 이름으로 해외 활동을 한다.

중학교 때 대통령배 영어 웅변대회에서 1등을 하기도 했다. 영어 외에 불어, 중국어에도 능통하다. 그녀는 경기여고, 서울대 가정교육학과를 졸업한 후 미국 하버드대에서 동아시아 지역 연구학 석사 학위를 따고, 중국 푸단대학에서 역사교육학 박사과정을 수료했다.

이미경은 1990년대 초부터 뛰어난 영어 실력과 친화력을 바탕으로 할리우드의 영화관계자들과 폭넓은 교분을 쌓아온 것으로 알려져 있다. 그녀는 '먹는 사업'이 전부였던 CJ그룹을 종합 미디어·엔터테인먼트회사로 견인한 주역이다.

1995년 제일제당 멀티미디어사업부 이사 시절 이미경은 스필버그와 제작자 제프리 카젠버그를 끌어들여 다국적 엔터테인먼트회사 드림웍스를 설립해서 경영의 새로운 돌파구를 열었다. 그 후 CJ는 창업자 이병철이 남긴 범삼성가 기업 가운데서도 독특한 위상을 갖게 되었다. 우선 삼성그룹의 모태가 되는 제일제당을 소유해 장자(長子) 기업의 상징성을 확보한 가운데 삼성이 소프트웨어에 약하다는 일반적인 인식과 달리 영화라는 소프트웨어산업에서 승승장구하고 있다.

이미경이 진두지휘하고 있는 CJ E&M은 현재 국내 영화산업계의 유일 최강자다. 영화계에서 CJ E&M의 힘은 제작 편수와 관객점유율 등에서도 확인할 수 있다. 영화진흥위원회 통계에 따르면 2012년 CJ E&M은 총 27편으로 가장 많은 영화를 극장에 걸었다. 이를 통해 약 3063억 원의 매출을 올렸다. 한국 영화 전체 매출에서 차지하는 비중은 36.7%에 이른다. 동원 관객수만 약 4214만 명에 이른다.

관객 1000만 이상 든 영화 '해운대', '7번방의 선물', '도둑들', '광해, 왕이 된 남자'를 비롯해서 '공동경비구역 JSA', '말죽거리 잔혹사', '타짜', '좋은 놈, 나쁜 놈, 이상한 놈', '도가니', '7광구', '설국열차' 등이 그녀의 손을 거친 작품들이다.

이미경은 영화를 비롯해 뮤지컬·음악 등의 산업에서 강력한 영향력을 행사해 '문화계의 큰손'으로 불린다. 2011년 서울 상암동 E&M 본사에서 열린 이미경의 생일파티는 그녀의 영향력을 단적으로 보여준다. 가수 비를 비롯해 이병헌·정우성·서인영·백지영 등 국내 톱스타

30여 명이 참석했다.

한국 배우들의 할리우드 진출이 가속화되면서 '한류 힘'을 확산시키는 이미경의 막강한 '할리우드 인맥'에도 비상한 관심이 쏠리고 있다. 이른바 '이미경 라인'으로 알려진 국내 스타들과의 인맥도 무시할 수 없다.

배우 중에선 할리우드에 진출해 활약하고 있는 이병헌과 가수 비(정지훈) 등이 대표적인 그녀의 인맥으로 거론된다. 박찬욱, 김지운, 봉준호 등 국내 명 감독과의 네트워크도 돈독히 구축하고 있다.

이미경이 "인생의 멘토로 생각한다."고 밝힌 거장 스티븐 스필버그 감독과의 인연도 빼놓을 수 없다. 1995년 사업 파트너로 만난 두 사람은 골프와 술을 하지 않고, 하루 5시간 이상 잠을 자지 않는다는 공통점을 바탕으로 더욱 돈독한 관계를 맺은 것으로 알려졌다.

이미경은 2014년 1월 열린 제44회 다보스포럼에 참석, 한류 및 한식의 우수성을 알렸다. 그녀는 현지에서 열린 '2014 한국의 밤' 행사에 CJ의 글로벌 한식 브랜드인 비빔밥 '비비고'의 광고모델로 활동 중인 '한류 전도사' 가수 싸이와 함께 등장해 눈길을 끌었다. 다음 날 신문에는 이미경과 가수 싸이가 박근혜 대통령과 함께 담소하고 있는 사진이 일제히 실렸다.

이재현 회장이 탈세, 횡령, 배임 혐의로 기소돼 1심에서 징역 4년 실형을 선고 받는 등 당분간 경영참여가 어려워짐에 따라 이미경은 비상경영체제 이후 CJ그룹의 최고 의사결정기구인 '그룹경영위원회' 안에서 그룹의 중요한 사안을 결정하는 실질적인 오너 역할을 하고 있다.

정유경

신세계그룹 회장 이명희의 딸 정유경은 신세계 부사장이다. 서울예고와 이화여대 응용미술학과를 졸업하고 미국 로드아일앤드대에서 그래픽디자인을 전공했다. 1996년 조선호텔 마케팅담당 상무보를 시작으로 2003년 조선호텔 프로젝트실장(상무)을 거쳐 2009년 신세계 부사장에 올랐다.

전공을 살려 그동안 객실 리노베이션과 인테리어 작업에 참여, 호텔의 품격을 한 단계 높이는 데 기여했다는 평가를 받는다. 호텔업계에서는 최초로 비주얼 디자이너를 채용토록 하는 등 호텔 소품부터 리노베이션까지 비주얼 디자인업무를 지휘해 왔다.

조선호텔과 분더숍, 신세계 센텀시티점 등 수 년 전부터 선보인 그의 작품들은 이미 소리 없이 하나 둘 인기를 끌었다. 객실의 메모지까지 직접 챙기며 가꿨다는 조선호텔은 전통적 이미지에서 현대적 이미지로 탈바꿈하며 최고의 호텔이라는 찬사를 받았다.

영국 사라 퍼거슨 전 왕세자비의 결혼 때 부케를 맡아 유명해진 꽃집 '제인파커'를 아시아 최초로 조선호텔에 들여오고, 신세계백화점에 입점시키며 꽃집의 명품 브랜드 시대를 열기도 했다. 명품에 관심이 많아 국내 처음으로 수입 멀티숍 바람을 일으켰던 신세계인터내셔널의 '분더숍' 도입도 정유경의 작품이다.

다양한 브랜드의 해외 명품을 한 곳에 모은 편집 매장인 '분더숍'은 청담동 패션 지도를 다시 그리며 재벌가 청담동 열풍의 진원지 역할을 했다. 신세계는 1990년대 말부터 청담동 부동산을 매입하기 시작해 이미 청담동에 10여채의 대형 단독 건물을 보유해 '청담동 터줏대감'으로 불린다. 업계에선 청담동이 '신세계 패션 타운'이 될 것으로 전망하고 있는데, 이를 주도한 인물이 바로 정유경이다. 최근에는 삼성과 롯데, 대상그룹 등의 딸들도 청담동 부동산을 매입하고 있다.

회사 차원에서 구입하는 각종 미술품과 캘린더 제작에도 정유경의 안목이 상당한 역할을 하고 있다. 최근 신세계가 백화점과 이마트로 나뉘면서 정용진 부회장과 정유경 부사장의 몫이 나뉜 것 아니냐는 관측이 자연스레 나오고 있다. 백화점-정유경 부사장, 이마트-정용진 부회장의 구도로 후계가 정해졌다는 것이다.

삼성가(家) 가족이야기 37

삼성가의 4세 경영 시대

어느 덧 세월이 많이 흘러서 삼성가에도 4세들이 경영 일선에 등장하기 시작했다.

그 첫 번째 케이스가 장손인 이재현의 아들과 딸이다. CJ그룹에는 2012년 7월 21일, 이재현의 외아들인 이선호가 CJ 제일제당에서 경영수업을 받기 시작했다. 이선호는 미국 컬럼비아 대학에 재학 중이었는데 방학을 맞이해서 인턴사원으로 입사했다. 그는 CJ 제일제당 본사 17층 회의실에 마련된 사무실에 근무하면서 한 달 동안 각 사업부의 부장들로부터 업무를 익혔다.

그러다가 이선호는 컬럼비아 대학 금융경제학과를 졸업한 직후인 2013년 6월 15일 CJ에 정식 입사했다. 아버지 이재현이 구속수사를 받는 와중이라 그는 신설된 미래전략실에서 근무하면서 아버지의 부재로 인한 경영상의 공백을 메우기 위해 경영수업에 들어갔다. 4세 경영으로 보기에는 아직 이르겠지만 삼성가에 4세가 경영일선에 등장했다는 데 의미를 두어야 할 듯하다.

이재현은 1남 1녀를 두었는데 딸인 이경후도 남동생과 같은 컬럼비아 대학을 졸업하고 2012년 초 CJ 에듀케이션즈 마케팅팀에 입사해서 대리로 근무하다가 핵심 계열사인 CJ 오쇼핑으로 자리를 옮겨 상품개발본부 언더웨어 침구팀 상품기획 담당 과장으로 활동하고 있다.

이재현의 누나인 이미경 CJ 부회장은 우리나라에 복합상영관을 처음 소개하며 영화산업을 개척하고 CJ그룹을 미디어와 엔터테인먼트 분야에서 독보적인 기업으로 만든 공로자다.

그리고 오너인 이재현이 잉여의 생활을 하는 동안 실질적으로 CJ그룹을 총괄하고 있다.

그런데 그녀는 삼성가의 재산 분할 때 경영권 방어를 위해서 동생 이재현에게 지분을 몰아줘서 CJ그룹에 지분이 거의 없다고 한다. 이미경은 그간 식품사업에 국한됐던 CJ그룹의 사업영역을 문화·엔터테인먼트로 넓힌 일등 공신 역할을 하면서도 CJ E&M 지분 0.15%만을 보유한 채 일에만 집중해왔다.

동생인 이재환 상무도 수 년 전 그룹을 떠난 것으로 뒤늦게 확인됐다. 이재환은 100% 지분을 보유하고 있는 광고대행사 재산커뮤니케이션즈와 자회사 CJ 무터를 운영하면서 독자 행보를 걷고 있는 것이다.

그래서 재계에서는 이재현의 장남인 이선호가 앞으로 CJ그룹을 이끌어 갈 것으로 보고 있다. 누나인 이미경 부회장과 동생인 이재환 전 상무의 그룹 내 계열사 보유 지분이 미미하기 때문이다. 특히 이재환은 자신이 100% 소유하고 있는 회사 외에는 CJ그룹 내에 어떤 지분도 보유하지 않고 있다. 재벌가 사람들로서는 참으로 특이한 경우가 아닐 수 없다. 그런데도 이재현의 형제자매들은 재벌가에서는 흔치 않게 사이가 돈독하다고 알려져 있다. 아버지와 삼촌의 지리멸렬한 관계가 그들에게는 반면교사가 되었음인가!

제10장

이재용 시대

높은 성과를 내면서 행복하게 일하려면
자신에게 맞는 일을 하는 게 좋아요. 자신의 재능과 기술,
욕구에 맞는 일자리를 찾아 열심히 일하면 큰 스트레스 없이
성과를 거둘 수 있습니다. 단, 어떤 직업도 당신이 잘하기 전에는
즐길 수 없음을 명심하세요. 한 분야에서 5~7년간 열심히 일하다보면
익숙해지고 잘하게 됩니다. 그 전에 직장을 자주 옮기다보면
재미없이 힘든 일만 하게 되는 경우가 많을 겁니다.
- 브라이언 트레이시 -

사장이라고 하더라도 잘 모르는 경우에는 가리지 말고 물어봐야 한다.
그렇게 해서 2~3년이 지나면 물어보는 횟수가 차츰 줄어들 것이 아니겠는가.
나 역시 혼자 삼성 전체를 경영하는 것이 아니라 삼성 전체가
과거 오랫동안의 경험을 살려서 움직여 나가는 것이다.
- 이병철, 1983년 6월 반도체회의 -

㊳ 포스트 이건희 시대

    전 창의력이 머리에서 나온다는 말을 믿지 않습니다. 오히려 엉덩이에서 나온다고 생각해요. 한 번 구상에 들어가면 5시간이고 10시간이고 한 자리에 앉아 몰입하는 편입니다. 끝을 내야 일어섭니다. 졸업 후 회사에서 일을 시작한 뒤 7년 동안 딱 사흘 쉬었어요. 그것도 아파서요.

-스티브 정-

포스트 이건희 체제의 시동

2012년 12월 4일, 이재용은 삼성전자의 부회장이 되었다. 1991년 삼성전자 사원으로 입사한 지 21년 만의 일이다. 이재용은 부회장으로 승진한 다음 날 삼성전자 구미 공장을 찾았다. 그가 일부러 구미공장을 찾은 데는 나름의 의미가 있었다.

구미 공장은 20년 이상 삼성의 휴대전화를 제조해 온 '휴대전화의 메카'였다. 또한 삼성전자의 새로운 플래그십(Flagship) 스마트폰이 나오면 가장 먼저 생산하고 점검하는 선도기지 역할을 하는 곳이다. 삼성이 세계 휴대전화 시장 1위에 오른 것은 구미사업장이 있기에 가능했다.

지금은 1만여 명의 임직원 밖에 없지만 구미사업장은 중국과 베트남, 브라질 등 7개 해외 생산공장의 컨트롤 타워이다. 이곳은 2000여 명의 개발인력과 1800여 명의 기술 인력을 주축으로 세계 도처에서 가동 중인 삼성 스마트폰의 알파부터 오메가까지 책임지는 생산 본부다. 그래서 사람들은 구미사업장을 '스마트시티'라고 부른다.

이재용은 삼성 최대의 캐시 카우를 만들어내는 현장을 둘러보고 1만여 명의 임직원을 독려하는 것으로 부회장으로 승진한 의미를 새롭게 새긴 것이다.

부회장으로 승진한 이재용의 위상은 한껏 높아졌다. 그는 여러 가지 면에서 그룹의 실권자로 확실하게 자리매김을 하는 모습을 보여 주었다. 2014년 1월 20일 이재용은 새로 승진한 임원들과의 만찬을 주재했다. 이건희는 해외 출장 중이었고 이재용이 아버지를 대신해서 만찬을 주재하는 역할을 맡은 것이었다.

그날 서울 장충동 호텔신라에는 정기인사에서 상무로 승진한 신규 임원 331명을 대상으로 부부동반 만찬이 열렸다. 이들 새내기 임원들은 1월 15일부터 경기도 용인 삼성인력개발원에서 5박6일 동안의 신임 임원 교육을 받고 그 자리에 참석한 것이다. 삼성은 매년 신임 임원 교육의 마지막 행사로 부부동반 만찬을 진행하는 것이 관례였다.

이재용은 간략한 건배사를 통해서 "불확실한 미래지만 100년 삼성을 위해 새롭게 출발하자"며 신임 임원들을 격려하고 건배를 제창했다. 이 만찬에는 권오현 삼성전자 부회장을 비롯해서 신종균 삼성전자 사장, 최치훈 삼성물산 사장, 임대기 제일기획 사장 등 계열사 최고경영진도 만찬에 참석했다. 이 장면은 본격적인 '이재용 시대'가 열리는 것을 보여주는 단적인 예라 할 수 있을 것이다.

이재용의 공식 직책은 삼성전자 부회장이 전부지만, 삼성 내부에서 이재용의 차기 경영권 승계를 의심하는 사람은 별로 없다. 삼성의 역학구조를 살펴보려면 삼성전자의 운영체제를 알아야 한다.

삼성전자는 크게 나누어 TV, PC, 휴대전화 등 완제품을 생산하는 세트(DMC) 부문과 반도체, LCD 등 부품(DS) 부문으로 나뉘어져 있다. 삼성전자에는 여러 명의 사장이 있지만 이 두 부문의 사장이 핵심역할을 한다. 2014년 현재 TV나 소비자 가전(CE)은 윤부근 사장이, IM(IT & 모바일) 부문은 신종균 사장이 사실상 독립적으로 운영하고 있는 상황이다. 권오현 부회장이 삼성전자의 대표이사를 맡고 있지만 그는 관리자적 입장에 있다.

결국 최고운영책임자(COO; Chief Operating Officer) 사장을 맡고 있던 이재용이 부회장으로 승진함에 따라 세트와 부품 부문을 자연스레 총괄하는 역할을 맡게 된 것이다. 그래서 2014년 인사에서 DMC 부문을 총괄하는 사장이나 부회장을 별도로 임명하지 않은 것도 그 때문으로 풀이된다. 이쯤 되면 이재용의 역할이 더 커질 수밖에 없다.

삼성 내부에서는 이재용의 경영 수업이 끝난 것으로 보는 시각이 지배적이다. 이건희는 1987년 삼성그룹 회장이 되었는데 그때 만 45세였다. 2014년 현재 1968년생인 이재용은 만 46세다. 나이로는 회장을 할 수 있는 나이가 되었다. 거기에 2014년 5월 10일 이건희가 심근경색을 일으켜 쓰러지는 바람에 삼성그룹은 이재용 체제로 넘어가는 일이 목전의 일이 되었다.

부회장 취임 이후 이재용의 보폭은 상당히 넓어졌다. 그는 계열사 CEO들과 수시로 회의를 갖는 것은 물론 임원 인사 때도 자기 의지를 나타내서 거의 100% 관철시켜 나갔다. 이쯤 되면 포스트 이건희 시대를 준비하는 삼성이 이재용 체제로 굳어지는 분위기다. 뿐만 아니라 이재용은 주요 계열사의 경영 현황을 가감 없이 알기 위해 여러 경로를 통해 보고를 받는다. 그는 이미 아버지 이건희의 묵인 아래 삼성전자를 비롯해 각종 계열사의 일을 직접 챙기는 등 그룹운영의 외연을 넓혀 나가고 있는 것이다.

이재용의 위상은 이미 국제적으로도 드높다.

2013년 10월 17일, 미국 캘리포니아주 먼로파크에서 열린 '비즈니스 카운슬' 콘퍼런스에 참석했다. 이 '비즈니스 카운슬'은 다양한 분야의 미국 기업 최고경영자들이 모여 현안을 논의하고 아이디어를 교환하는 단체인데, GM, 타임워너, 골드만삭스그룹, 코카콜라, 보잉 등 쟁쟁한 기업의 CEO 138명이 회원으로 활동하고 있는 단체였다. 그런데 이 단체에 이재용이 정회원으로 가입한 것이었다. 바야흐로 '포스트 이건희' 시대가 열리고 있는 것이다.

오너경영 VS 전문경영

이재용의 경영 참여가 본격적으로 가시화된 것은 2001년 초반부터였다. 그때부터 이재용은 이른바 '제왕학'이라고 불리는 경영자수업 코스를 밟았고, 2002년에는 까다롭기로 유명한 미국 GE그룹의 크로톤빌 연수원에서 국제적으로 공인된 최고의 경영자수업을 받았다.

그러나 이재용이 보다 살벌한 실전에서의 후계자 수업을 받은 것은 김용철 폭로사건이 있고나서부터라 할 수 있을 것이다. 아버지 이건희는 회장직을 사퇴하고 경영일선에서 물러나야 했고 자신도 쫓겨나는 형식으로 러시아 지사장으로 출국했다. 어찌 보면 삼성으로서는 이병철 시대에 겪었던 한비사건만큼이나 삼성의 명운이 걸린 어려운 시기였다.

그 후 이재용은 전 세계에 널려 있는 삼성의 작업 현장을 돌면서 각고의 나날을 보내야 했다. 그것이 그를 온실 안의 화초가 아닌 야성과 통찰력을 지닌 경영자로서의 눈을 뜨게 해주었을지 모를 일이다. 이재용은 삼성 경영 쇄신안에 따라 브라질, 인도, 중국 등 신흥시장과 미국, 일본 등의 선진 시장을 돌며 해외순환근무를 했다. 주로 여건이 열악한 해외 사업장에서 임직원들과 함께 현장을 체험하고 시장개척 업무를 수행했다.

이건희의 회장직 복귀와 더불어 이재용은 삼성전자 부사장 승진과 동시에 최고운영책임자(COO)를 맡으며 경영 일선에 복귀했다.

혹자는 이재용의 경영 능력에 의문을 재기하는 이들도 있으나 그것은 그다지 큰 문제가 아니다. 이건희가 삼성의 후계자로 옹립될 때 그가 무슨 출중한 경영능력을 발휘해서 황태자가 된 것은 아니다. 다만 두 형들과의 치열한 경쟁을 하느라 산전수전을 다 겪은 노련한 투사의 모습으로 대권을 이어받은 행운아일 수 있었다. 이재용에게는 태어날 때부터 거대한 삼성이란 조직이 그의 것이었다는 혐의가 그를 옭아매는 족쇄 역할을 하기도 한다.

또한 이재용에게는 e-삼성 사업의 실패가 '주홍글씨' 처럼 쫓아다닌다. 그런 실패를 이야기하자면 이건희도 '유공인수실패' 와 더불어 '알래스카 유전개발 실패' 라는 과거사가 있다. 이재용은 놀라울 정도로 많은 경영수업을 쌓은 후계자다. 아버지와 아들, 두 사람이 20년 가까이 후계자 수업을 쌓은 시간도 비슷하다.

여기서 짚고 넘어갈 것은 알려진 것과는 달리 e-삼성은 그냥 사라진 것이 아니라 아직도 아이마켓, 오픈타이드 등 비상장 우량 자회사가 존재하고 있다. 또한 게임온, 크레듀 등은 기업공개를 통해 대박신화를 일궈내기도 했다. 또한 e-삼성 재팬의 온라인게임사업본부로 출발한 일본 온라인게임업체 '게임온' 은 2006년 10월 일본 마더스 증시에 상장, 지금까지 수천억 원대의 상장수익을 올렸다고 한다.

거기에 '아이마켓차이나'와 '오픈타이드차이나'는 중국 증시에 상장을 했고 크레듀의 경우에도 'e-러닝'이 낯선 사업이라 초기에는 시행착오를 겪기도 했지만 체계가 잡히면서 급성장, 7년 만에 200배 수익을 터뜨리는 대박신화를 이뤘다.

어쨌든 이재용은 많이 배웠고 삼성가의 외아들이라는 독보적인 위상을 활용해서 오랫동안 수련을 해왔다. 그는 글로벌 시대에 맞추어 참으로 많은 다국적 인맥을 지니고 있다. 하버드대학 비즈니스스쿨에서 경영학박사(DBA)를 수료한 그는 국내 인맥뿐만 아니라 그야말로 막강한 글로벌 인맥을 갖고 있다. 인맥이 많다고 사업이나 비즈니스에서 성공한다는 보장은 없지만 그것이 큰 자산임은 분명하다.

이재용이 이건희의 반도체처럼 이것이다 하고 드러낼만한 커다란 업적을 남기지는 못하고 있지만 소문없이 경영업적을 쌓아가고 있다는데 이의를 제기하는 삼성인은 없다. 이재용은 삼성전자 소그룹 내에서 아몰레드(AMOLD : 유기발광다이오드) 기술을 그룹 핵심기술로 고집스럽게 밀어서 히트시켰다. 거기에 스마트폰 시장을 놓고 각축을 벌이고 있는 애플과의 소송을 진두지휘하는 등 상당한 역할을 담당하고 있다.

사실 따지고 보면 이건희의 반도체 업적은 다년 간의 적자 행진 끝에 이루어낸 업적이다. 이미 이병철 시대에서 살펴보았듯이 이병철 생전에는 반도체에서 흑자를 보지 못했었다. 그러던 것이 이병철 사후 곧바로 흑자행진을 시작하면서 그 모든 것이 이건희의 업적으로 포장되었던 것이다. 사람들은 결과론만 놓고 공과를 논한다. 예컨대 우리 산업화의 역사에 있어서 경부고속도로 건설을 반대하지 않은 야당 지도자는 한 명도 없었다. 차도 별로 없는 나라에서 무슨 고속도로냐는 것이었다. 그러나 고속도로로 인해서 한국의 경제발전은 그야말로 고속도로를 탔다는 것은 누구나 인정하는 사실이 아닌가. 그때 고속도로 건설을 반대했던 인사들이 자신을 반성하는 발언을 한 것을 본 적은 한 번도 없다.

　미국의 통계를 보면 3세 경영에서 성공하는 확률은 15%에 지나지 않는다고 한다. 4세 경영으로 넘어가면 확률이 4~5%로 떨어진다. 그래서 백년 기업이 어렵다는 소리가 나오는 것이다. 미국에서도 100년을 지탱한 글로벌 기업은 GE와 코카콜라 밖에 없다. 코닥도 모토로라도 포드 자동차도 GM도 일류 기업에서는 사라졌다. 우리나라에도 쟁쟁한 재벌들이 있었지만 대우, 쌍용, 동아, 한보그룹처럼 반세기를 못 넘기고 사라진 기업이 적지 않다.

　그런데 여기서 짚고 넘어가야 할 것은 미국은 산업화의 역사가 150년이 넘는다는 사실이다. 30년을 줄이고 보면 5~6세대의 대물림이 있었기에 성공할 확률이 4~5%로 떨어진 것이다. 이것은 아주 사사롭고 미묘한 차이 같지만 미국 기업과 한국 기업은 근본적으로 다른 숨결을 갖고 있다. 혹자는 오너 경영의 병폐를 이야기하지만 왜 일본 기업이 한국 기업에 뒤처지기 시작했는가를 생각해 보아야 한다.

　여기서 기업도 생명을 지닌 유기체란 말을 하고 싶다. 일본이 산업화를 완성한 시기는 제1차 대전이 끝나던 1917년 무렵이다. 1861년 메이지유신으로 산업화 대열에 참여한 일본은 그때 이미 엄청난 규모의 제철소와 자동차와 비행기까지 만들 수 있는 부품 회사들을 거느리기 시작했다. 말하자면 일본 기업도 100년이 넘어서 창업자의 뛰는 피가 희미해졌다는 이야기다.

　이제 삼성은 75년이 된 기업이다. 1세대 50년, 지금까지로 보면 2세대 25년, 그리고 앞으로 25년이 중요한 시기가 된다는 도식이 나온다. 앞으로 25년은 이재용의 몫이 아닐까 싶다. 이병철, 이건희로 이어지던 뜨거운 피가 그에게 얼마나 전달되었는지는 알 수 없지만 아직까지 한국 기업은 희망이 있다고 보아야 할 것이다.

　거기에 보태서 전문 경영인 이야기를 하지 않을 수 없다. 삼성은 흔히 스웨덴의 발렌베리와 비교되고 있다. 그 까닭은 한국과 스웨덴 두 나라에서 삼성과 발렌베리가 차지하는 비중과 역할이 비슷한 까닭이다.

발렌베리는 2012년 약 2030억 달러의 매출을 올려 스웨덴 국내총생산의 37%를 담당했다. 삼성 역시 2688억 달러의 매출을 올리면서 국내총생산의 23% 가량을 차지했다. 두 가문 모두 스웨덴과 한국의 대표적인 대기업으로서 인정받기에 충분하다. 발렌베리는 5대에 걸쳐 에릭슨, 사브, 일렉트로룩스 같은 글로벌 기업을 키워왔다. 삼성도 이건희가 직접 스웨덴을 방문하고, 이재용도 발렌베리그룹을 이끄는 마르쿠스 발렌베리 회장을 직접 만나는 등 이를 벤치마킹하려는 노력을 지속적으로 해왔다.

흔히 하는 이야기가 두 기업은 국가경제에 비슷한 비중을 갖고 비슷한 기여를 하고 있지만 한 기업은 국민에게 존경을 받고 한 기업은 그렇지 못하다는 평가다. 말하자면 막강한 재벌이면서도 국민의 반기업 정서를 자극하지 않고 오히려 사랑과 존경을 듬뿍 받으며 장수해온 비결을 배워야 한다는 것이다.

그런데 처음부터 발렌베리가 그런 선택을 했을까? 발렌베리 가문이 150여 년에 걸쳐 흔들림 없이 가족 경영을 펼칠 수 있었던 데에는 전대에 걸쳐 축적된 경영 노하우를 후대에 물려주고, 그 전통과 노하우를 한 단계 발전시켜온 탁월한 오너들이 존재했기 때문이었을 것이다. 여기서 눈여겨 볼 점은 발렌베리 가문도 150여 년이 넘었다는 점이다.

아직 한국기업의 피는 젊다. 경영권을 세습하면서도 긴밀한 노사협력과 애국심 및 진정성이 엿보이는 사회공헌의 실천을 통해 국민으로부터 추앙받는 전통은 이제부터 만들어 나가면 된다고 본다. 오너경영 체제가 전문경영인 체제로 넘어가는 것은 시간이 만들어 줄 것이라고 보는 것이 옳을 것이다.

그동안 오너의 확고한 주인의식, 가족 전통을 바탕으로 한 강력한 리더십, 신속한 의사결정에 따른 과감한 투자 등으로 대표되는 가족경영의 장점을 충분히 발휘해온 곳이 삼성이다. 삼성의 지난 75년사를 돌아보면 가히 성공가도를 달린 것만은 분명하다. 창업주 이병철의 뒤를 이은 이건희의 뛰어난 리더십으로 삼성그룹은 국내 굴지의 그룹에서 세계 최고의 그룹으로 변모했다는데 이의를 달 사람은 아무도 없다.

이재용의 미래는 삼성의 미래 성장동력에 달려 있다

삼성전자는 과연 2020년까지 매출 4000억 달러, 글로벌 톱 5 브랜드로 도약할 수 있을까? 얼마 전까지만 해도 황당한 이야기로 들렸지만 이미 삼성은 글로벌 톱 8 브랜드다. 문제는 이 사명이 이재용의 어깨를 짓누르고 있다는 것이다.

이재용의 경영 스타일은 현장경영을 중시하고 철저히 확인하는 스타일이다. 그는 중국, 베트남 등의 사업을 추진하면서 현지를 둘러보고 철저한 사업 검토를 거쳤다. 반도체, LCD, PDP 등 장치산업과 내비게이션, 블루투스 스피커폰 등 IT 기기 분야에 대한 관심이 큰 것으로 알려지고 있다.

무엇보다도 이재용의 장점은 많은 재벌 2, 3세들이 범하기 쉬운 과도한 투자나 모험을 벌여서 주위에 손가락질을 받는 일을 하지 않는다는 점이다. 그것은 e-삼성 사업의 실패에서 바친 수업료 덕분인 듯 하지만 그런 체험을 통해서 경영자는 만들어져 가는 것이 아닐까? 아무튼 이재용은 할아버지인 이병철 창업주가 세워 놓은 후계자 수업의 원칙을 착실하게 지키고 있는 셈이다.

이재용은 현재 삼성그룹이 당면한 리스크가 삼성전자, 그것도 모바일에 편중된 그룹 전체의 사업구조라는 것을 잘 알고 있다. 그는 자신이 해야 할 역할이 10년 후를 책임질 다음 먹거리를 찾는 것과 사회 전반에 퍼져있는 반삼성 정서를 완화시키고 또 대외적으로는 애플은 물론, 거대 자본과 시장을 무기로 빠르게 추격하고 있는 중국기업들의 위협을 돌파하는 것이라는 것도 잘 알고 있다. 이런 상황에서 이재용은 100년 기업 삼성이 되기 위한 미래 성장 동력을 만들어 내야 하는 과제를 안고 있다.

　삼성은 2010년 '포스트 스마트폰 전략'으로 태양전지, 자동차용 전지, LED, 바이오제약, 의료기기 등 5대 신수종사업을 발표했다. 그룹의 '미래 먹을거리'를 제시한 것이다. 이건희는 경영 복귀 후 첫 주재한 사장단회의에서 "다른 글로벌 기업들이 머뭇거릴 때 과감하게 투자해서 기회를 선점해야 한다."며 친환경, 건강 증진 분야를 신성장 동력으로 정하고 대대적인 투자를 선언했다.

　이병철이 "그룹의 미래를 걸었다."며 반도체 사업을 시작했고, 이를 이건희 회장이 '세계 제일'로 끌어올리며 삼성을 세계적인 기업으로 성장시킨 것과 같이 이재용도 신수종사업을 토대로 그룹의 성장을 견인해 나가야 하는 짐을 짊어지고 있다.

　이재용은 그래서 삼성전자 신사업 추진팀을 확대 개편해서 신사업추진단과 함께 신수종사업에 열정을 쏟았다. 신사업추진단은 태양전지, LED, 의료기기 등 분야별 사업 추진을 위해 삼성전자, 삼성SDI, 삼성LED, 삼성종합기술원 등 계열사들이 유기적으로 협력할 수 있는 관계를 구축했다. 앞으로 타사와의 기술제휴와 M&A(인수·합병)도 적극 추진한다는 복안도 세우고 있다고 전해진다.

　이재용 직속으로 배치된 신사업추진단이 과거 이건희의 구조조정본부(전략기획실)와 같이 이재용의 조직 장악에 있어 핵심적 역할을 할 것으로 전망하는 시각도 있다.

　그만큼 '미래 먹을거리'는 이재용의 핵심 키워드다. 삼성은 현재 '선두주자'로 자리잡기 위해 사물인터넷(Internet of Things), 바이오-헬스케어, 나노 신소재 특허산업 등에 주력하고 있다.

이재용의 사람들

2012년 6월 7일, 이건희는 최지성 삼성전자 부회장을 삼성그룹 미래전략실장에 임명했다. 전임자 김순택을 내치고 단행한 파격적 인사였다. 삼성의 전통은 연말 인사가 끝나면 그 사이에는 웬만해서는 자리의 변동이 없는 것이 원칙이었다. 전임자 김순택은 건강상의 이유로 사의를 표명했다.

원래 삼성의 권력은 비서실에서 나왔다. 창업주 이병철이 낳은 작품인데 이 시스템은 오너가 없어도 잘 가동된다는 장점이 있다. 삼성은 그동안 비서실, 구조조정본부, 전략기획실 등 이름은 바뀌지만 기능은 그대로인 오너의 참모조직에서 나온다. 삼성의 비서실이 1980~90년대 한국 최강의 정보분석 조직이었음은 잘 알려진 사실이다. 일도 잘했지만, 그만큼 권한도 막강했다.

최지성이 미래전략실 수장이 된 이후 삼성그룹은 새판 짜기에 나섰다. '포스트 이건희 시대' 계승자인 이재용의 경영권 승계가 가속화되고 있는 것이다. 우선 경영승계를 위한 포석으로 계열사 간 복잡하게 얽혀있던 지배구조를 단순화하기 위해 친정체제부터 강화되었다.

이재용의 경영 가정교사로 알려진 최지성이 컨트롤 타워를 맡고, 장충기 미래전략실 차장, 이상훈 경영전략지원실장, 장원기 중국본사 사장, 이인용 커뮤니케이션팀장, 윤순봉 삼성서울병원 사장 등이 뒷받침하고 있다.

과거 이건희와 이학수 체제와 같이 최지성은 이재용과 호흡을 맞추고 있다. 이재용의 경영권 승계는 무난할 것이라는 것이 재계의 중론이다.

사실상 '차기 삼성회장'인 이재용을 지탱하는 인맥은 크게 5분류로 구분된다.

첫째, 학창시절 동창 친구 그룹인 청운중, 경복고, 서울대 동양사학과 그룹과 둘째, 해외 유학시절 사귄 유학파 그룹(게이오대학, 하버드

케네디 비즈니스스쿨), 셋째, 재벌 2~4세 그룹, 넷째, 삼성전자 내 인맥, 다섯째, 국내·외를 막론한 재계 인사그룹 등이 그것이다.

청운중, 경복고 동창 중 2~3명과는 지금까지도 속내를 터놓고 만나는 것으로 알려져 있다.

이재용은 과거 재벌 2, 3세와 정기적으로 모인 적도 있다. 하지만 이 모임에서 투자와 관련한 다소 불미스러운 사건이 있고 난 후로는 모임에 나가지 않고 재벌 2, 3세와도 거리를 두는 편이라고 한다.

이재용의 게이오대학 동문들로는 임대홍 전 미원그룹 명예회장의 아들 임성욱 세원화성 회장, 최수부 광동제약 회장 아들 최성원 광동제약 사장이 게이오 비즈니스 스쿨 동문이다. 게이오대에서 사회학을 전공한 임성욱 회장이 현재 게이오대학 비즈니스스쿨 출신의 모임 회장을 맡고 있다. 김재철 동원산업 회장의 장남 김남구 한국투자금융지주 대표는 1991년 게이오 MBA에서 공부했고, 전두환 전 대통령의 차남 전재용도 게이오대 MBA 출신으로 1996년 과정을 마쳤다. 재계 2세 경영자 가운데 효성그룹 조석래 회장의 장남인 조현준 효성 부사장도 게이오대에서 정치학을 공부한 이력이 있다. 조 회장 차남인 조현문 효성 전무와 친구 사이인 이재용은 조 회장의 장남인 조현준 부사장과 게이오대에서 같이 공부해 막역한 사이인 것으로 알려져 있다. 이재용이 일본 게이오대에서 MBA를 마치고 미국으로 건너가 하버드대 케네디스쿨에서 친하게 지낸 인물로는 이현승 SK증권 대표이사가 있다.

삼성그룹 내에서는 경영 가정교사로 알려진 최지성 외에 윤종용, 이학수, 이기태 부회장 등이 경영 마인드를 심어준 인물로 꼽힌다. 삼성전자 경영지원총괄 최도석 사장도 이재용과 긴밀한 관계를 유지하고 있는 것으로 알려진다. 최도석은 재무·인사조직관리를 담당하는 실세고 최지성 사장은 반도체, TV, 휴대전화 등 이재용의 관심 분야를 두루 담당한데다 해외 근무도 오래해 이 전무와 잘 통하는 것으로 알려져 있다. 양해경 구주전략본부장은 이재용의 해외 활동 프로젝트를 입안한 인물로, 최근 그룹 내에서 위상이 강화되고 있는 것으로 알려져 있다. 배재고, 연세대를 나온 이순동 사장과 성남고, 서강대 출신의 김낙회 제일기획 사장은 브랜드관리위원회를 이끌 쌍두마차로 평가받는데, 이 두 사람도 이재용의 인맥으로 분류된다.

앞으로 브랜드관리위원회는 그룹 전반을 조정할 투자조정위원회와 별도로 이재용의 후계 구도에 중요한 역할을 할 것으로 보인다. 기획홍보를 맡았던 장충기 부사장과 윤순봉 부사장도 이재용 인맥으로 분류된다.

재계 인사들 중에는 본인보다 5살 많은 서경배 아모레퍼시픽 사장과 절친한 것으로 알려졌다. 이재용은 상무 시절 삼성전자가 출시한 대형 LCD TV를 우선적으로 서 사장에게 선물했고, 서 사장은 회사 임원들의 휴대전화를 일제히 애니콜로 교체하도록 지시한 일화로 유명하다. 이재용은 국내 인사뿐 아니라 해외 선진기업 인사와도 적극적으로 교류하는 것으로 알려졌다.

이재용의 해외 지인으로는 이멜트 GE 회장, 니시무로 다이조 도시바회장, 주룽지 전 중국 총리, 자크로게 IOC 위원장, 미래학자 엘빈 토플러 등이 꼽힌다. 이재용은 최근 미국에서 열린 가전전시회 'CES'에서 직접 전시장을 누비며 루퍼트 머독 회장을 맞아 전시관을 안내하고 미국의 대형 유통점인 '베스트바이' 등의 경영진과 명함을 주고받으며 미팅도 하는 등 활발한 인맥 구축에 나선 바 있다.

삼성가(家) 가족이야기 38

이재용은 과연 누구인가?

이재용은 이건희 회장이 미국 조지워싱턴대 경영대학에 유학하고 있을 무렵인 1968년 6월 23일 미국 워싱턴에서 태어났다. 1984년 서울 청운중학교를 다녔는데 청운중학교는 당시 명문가 자제들이 많이 다니던 곳이었고, 매제인 김재열 삼성엔지니어링 사장이 그의 청운중학교 동창이다.

중학교를 졸업한 그는 경복고등학교에 진학했고, 학업성적이 우수해서 항상 상위권을 지켰는데, 특히 영어와 수학 성적이 우수했다. 그의 고교 생활기록부에는 "명랑하고 쾌활하며, 매사에 적극적인 성격"이라고 적혀 있다고 한다. 사촌인 정용진이 동창이다. 두 사람은 같이 서울대에 진학하는 바람에 더욱 친밀해 질 수 있었다. 범삼성가의 장손이자 사촌형인 이재현은 이재용의 8년 선배다.

이재용이 자랄 때 가장 큰 영향을 끼친 사람은 할아버지 이병철이라 한다. 이병철은 손자에게도 "내 생각을 말하기 전에 남의 말을 먼저 들으라."는 당부를 자주 해서 이재용의 좌우명도 이건희처럼 '경청(傾聽)'이라고 한다.

또 그가 서울대 동양사학과로 진학한 데는 이병철 회장의 조언이 크게 작용했다고 한다. 대학 전공을 놓고 고민하고 있을 때 이병철 회장은 다음과 같이 충고했다고 한다.

경영자가 되기 위해서는 경영이론을 배우는 것도 중요하지만, 인간을 이해하는 폭을 넓히는 것도 중요하다. 이 때문에 교양을 쌓는 학부과정에서는 사학이나 문학과 같은 인문과학을 전공하고, 경영학은 외국 유학을 가서 배우면 좋을 듯하다.

이쯤되면 이 말은 이병철이 한 것인지, 이건희가 한 것인지 잘 모를 지경이 된다. 어쨌든 이재용은 조부의 조언을 받아들여 서울대 인문대 동양사학과로 진학했다. 그래서 그는 한자와 동양의 역사에 능통하고, 중국과 한국의 고문을 독해할 수 있을 정도의 실력을 갖추게 되었다.

서울대를 졸업한 뒤, 이재용은 일본 게이오대 경영대로 진학하게 된다. 그가 미국이 아닌 일본 유학을 결심하게 된 데는 젊은 시절 일본 유학을 하면서 많은 것을 배운 아버지 이건희의 조언이 작용했다.

우리가 앞으로 배워야 하고 사업을 많이 해야 하는 나라는 일본과 미국이다. 미국을 먼저 보고 나서 일본을 나중에 보면 일본 사회의 특성, 일본 문화의 섬세함과 일본인의 인내성을 알지 못한다. 유학을 가려면 일본에 먼저 가라.

아직까지 우리는 후진국이었고 배워야할 나라는 그 두 나라였다. 그리하여 이재용의 외국 유학은 아버지와 유사한 과정으로 진행되었다. 이건희는 와세다대를 나와 미국 조지워싱턴대에서 공부했는데, 이재용도 일본 게이오대 경영대학원에서 석사과정을 마친 후 미국 하버드대 비즈니스 스쿨에서 박사과정을 밟게 되었던 것이다.

1995년 이재용은 게이오대 경영대학원에서「일본 제조업 산업공동화에 대한 고찰」이라는 제목의 논문으로 MBA를 취득했다. 이 논문은 제조업이 엔고 등으로 비용구조가 높아지자 해외진출로 활로를 모색하는 일본 기업들을 연구한 내용이었다.

일본에서 MBA를 취득한 그는 1996년 미국 하버드대 행정학 코스인 케네디 스쿨로 유학을 떠났다가 그후 경영학을 전공하는 비즈니스 스쿨로 옮겼다. 미국 유학 5년 동안에는 미국 재계의 유명 인사들도 자주 만났고, 뉴욕 월스트리트를 자주 찾아 국제 금융시장에 대한 지식을 쌓는 데 많은 노력을 기울였다.

이재용은 임세령과 이혼한 후, 자주 자녀들과 외출하는 모습이 카메라에 잡히곤 한다. 이재용은 야구장을 찾는 것을 좋아해서 아들 이지호를 데리고 삼성 라이온즈 경기에 자주 방문하는 편이다. 2011년부터 2013년까지 7회 관람했는데, 이 중 삼성 라이온즈가 5번 승리해 이재용이 야구장을 가면 승리한다는 공식이 화제가 되기도 했다.

2014년 3월 13일 국립발레단 '라 바야데르' 개막 공연장인 예술의전당 오페라하우스를 찾았다. 딸 이원주가 출연하는 모습을 보기 위해서였다. '라 바야데르'는 국립발레단 예술감독으로 취임한 세계적인 발레리나 강수진이 국내에 선보이는 첫 공연인데 이원주는 춤을 추는 소녀 중 한 명으로 무대에 올랐다. 국립발레단 부설 발레 아카데미를 2011년 6월부터 다니고 있다. 이재용은 발레 마니아로 알려져 있다.

㊴ 황금의 제국을 분할하라

현재의 처지에 굴하지 않고
그보다는 훨씬 나은 그 무엇이 자기 안에 숨겨져 있다고
굳게 믿는 사람들의 성취보다 더 훌륭한 것은 없다.

- 부르스 바튼 -

이건희의 고민

드라마 〈황금의 제국〉을 보면 '성진 그룹'의 창업주 '최동성'은 변변치 못한 아들 대신에 야무지고 똑 소리 나는 둘째 딸 '최서윤'에게 제국을 넘긴다.

후계 문제를 놓고 이건희도 그런 고민에서 자유롭지 못하다. 앞에서도 여러 차례 살펴보았지만 이병철-이건희, 이건희-이재용으로 이어지는 후계구도는 이미 거의 확정되어 있다.

하지만 국민들의 반삼성 분위기가 심상찮은 것이 문제다. 2005년부터 이어져온 수많은 악재들 탓이다. X파일 사건, 김용철의 비자금 폭로 사건, 반도체공장의 백혈병 사건, 무노조경영 등등 발목을 잡는 일들이 너무 많았다.

삼성가의 외아들로 태어난 이재용은 거의 모든 것을 다 가진 행운아다. 그러나 이재용이 넘어야 할 산은 많다. 우선 그가 외아들로 태어나서 경쟁자가 없어 보인다는 것이 문제다. 아버지 이건희는 3남으로 태어나서 대권을 거머쥐었다. 본인이야 대권을 잡기 위한 게임에 처음부터 뛰어들지는 않았겠지만 어찌되었건 두 형을 따돌리고 삼성호의 키를 손에 쥐었으니 피를 말리는 경쟁의 구도 속으로 들어간 것은 인지상정(人之常情)이다.

그런데 이재용은 태어나면서부터 삼성이 그의 것이었다. 은 숟가락 금 숟가락이 아닌 다이아몬드 숟가락을 타고난 사나이다. 그런데 그것이 문제가 된다. 야성이 부족하다는 것이다. 삼성의 주주들이 볼 때는 왠지 검증되지 않은 아이에게 자신의 재산을 맡기는 것 같은 기분이 드는 모양이다.

영국 경제지 〈파이낸셜타임스〉는 2013년 10월 인터넷판 보도를 통해 '삼성그룹의 유력 후계자인 이재용 부회장이 힘든 투자자 시험에 직면했다.'는 제목의 기사에서 "투자자들은 과연 이 부회장으로 경영권 승계가 이뤄진 뒤에도 삼성이 그동안 보여줬던 것과 같은 경이적 성장세를 이어나갈 수 있을 지 의구심을 나타내고 있다."고 보도했다.

시민단체와 안티 삼성 그룹들은 삼성의 지배구조문제를 물고 늘어진다.

이재용이 삼성을 물려받으면서 최소한 세금문제에 자유로울 수 있도록 하는 것은 어찌 보면 아버지 이건희의 몫인지도 모른다. 또 삼성그룹의 복잡한 지배구조와 형제 사이의 역할을 깨끗하게 정리하는 문제는 이건희를 비롯해 그룹 차원에서 묘안을 짜내야 할 문제다.

그래서 최근 이건희는 메기 한 마리를 논에 풀어 놓기로 결정한 모양이다. 바로 후계자 선정 과정에서의 경쟁 원칙이다. 이병철은 이를 메기와 미꾸라지라는 이야기에 비유했었다.

> 미꾸라지를 오랜 시간 운반해 올 경우 많은 수의 미꾸라지가 죽어 버리지만 그 가운데 미꾸라지를 잡아먹는 천적인 메기를 풀어 놓으면 몇 마리의 미꾸라지는 잡아먹히지만 대부분의 미꾸라지는 목적지에 도달할 때까지 싱싱하고 건강한 상태가 유지된다.

이는 어항 속에서 미꾸라지들이 메기에게 잡아먹히지 않기 위해서 항상 긴장하고 도망을 다니다 보니 운동량이 많아지기 때문이라는 것이다. 실제로 삼성그룹 3대 체제에서 이재용의 경쟁자로 낙점된 사람은 이부진 신라호텔 사장이다. 이부진 사장을 삼성그룹 후계자로 낙점시킨 것도 이건희 회장의 독단적인 의지였다.

당시 이부진 사장이 신라호텔 부장으로 입사한 것도 이건희 회장의 뜻이었다. 그리고 이건희 회장은 이부진 부장이 입사했을 때 신라호텔 스위트룸에 무려 2달을 거주하면서 이부진 부장에게 힘을 실어줬다고 한다. 그래서 당시 이부진 부장을 사람들은 이부진 부'회'장으로 부르기도 했었던 것으로 알려졌다. 그리고 이건희 회장은 이부진 사장에게 힘을 실어주는 발언과 의사표현을 상당히 많이 했었다.

2010년 1월에 이건희 회장은 미국 라스베이거스에서 열린 CE 2010 행사에서 이부진 상무의 손을 꼭 잡고 돌아다니며 당시 기자들을 향해 '딸들 광고 좀 하겠습니다.'라고 대놓고 소개하기도 했다. 또 이건희 회장의 3남매 중 가장 먼저 사장 자리에 오른 사람도 이부진이다.

아들 이재용에게 너무 많은 짐을 지우는 것이 아들을 고사시키는 것이 될 수도 있다는 판단에서 이부진이라는 메기를 풀어 놓았을 수도 있다.

하지만 신라호텔을 경영하고 있는 이부진은 정작 신라호텔의 주식을 하나도 가지고 있지 않다. 이서현도 마찬가지다. 그녀들은 삼성그룹의 지주회사격인 에버랜드의 주식을 가지고 있을 뿐이다.

최지성 미래전략 실장

그동안은 미래전략실이 내부적인 업무를 조정하고 컨트롤하는 곳이었다면 이건희는 최지성의 미래전략실장의 부임으로 플러스 알파를 기대하고 있을 것이다. 그는 브레인의 역할만이 아니라 실질적으로 업무를 진두지휘함으로써 삼성의 현안에 대한 돌파구를 찾을 것이다. 이건희는 최지성의 추진력이라면 충분히 가능하다고 보고 있는 것이다.

최지성이 이재용 사장의 최측근이라는 것은 삼성맨이면 누구나 알고 있다. 최지성 실장은 이재용의 '멘토'로 불릴 만큼 가까운 사이다. 미래전략실에서 최지성의 역할과 성과에 따라 이재용에게 힘이 실리는 것은 당연한 일이다.

지금 삼성은 전환기다. 이건희에서 이재용으로 경영구도가 바뀌는 시기에 있다. 최지성에게는 이재용 시대를 언제, 그리고 얼마나 명분 있게 여느냐 하는 무거운 과제가 주어져 있다. 전환기의 2인자 앞에는 대개 두 가지 길이 놓여 있다.

첫 번째 길은 후계자의 시대를 열어주는 것으로 그 소임을 다하는 것이다. 새 술은 새 부대에 담는 법이다. 그 역할을 다하면 물러나게 된다. 두 번째 길은 후계자와 함께 후계자의 시대를 열어가는 것이다. 이는 현재 권력뿐 아니라 미래 권력의 절대적 신임을 받을 때 가능하다.

최지성은 어떤 길을 가게 될까?

최지성은 한결같이 이건희의 사람이다. 이건희의 신뢰를 전폭적으로 받고 있다. 그는 미래전략실장을 맡은 뒤 이건희의 중요한 일정에 빠지지 않고 동행한다. 최지성의 미래전략실장 발탁 배경은 이건희의 뜻을 가장 충실히 이행할 최적임자라는 판단 때문이다.

최지성은 글로벌 경영감각과 빠른 판단력, 강한 조직 장악력과 추진력을 갖춘 인물이다. 그는 공격적인 경영으로 TV와 휴대전화 사업을 세계 1위로 견인하는 등 삼성전자가 글로벌 선진기업들과 어깨를 나란히 할 수 있도록 성장시킨 삼성의 간판스타 CEO다. 최지성은 반도체, TV, 모니터, 휴대전화 등 삼성전자의 글로벌 1등 신화를 쓰는 데 1등 공신 역할을 했다.

그래서 이건희의 최지성 미래전략실장 발탁에는 두 가지 이유가 있다. 우선 첫 번째는 반도체, TV, 휴대전화 이후 그룹을 이끌 주력 신성장엔진을 조속히 육성해야 하는 중요한 시기에 성공 경험과 돌파력을 갖춘 최지성을 기용해 그룹이 당면한 도전과 위기를 정면 돌파하기 위한 포석으로 해석된다.

최지성은 자타가 공인하는 현장형·시장형 경영자다. 또한 문과 출신임에도 웬만한 엔지니어들을 능가하는 기술 지식을 갖췄다. 그가 삼성전자 CEO로 올라서기까지 여러 부문의 엔지니어 출신들과 돈독한 관계를 쌓을 수 있었던 건 기술과 품질에 대한 그의 관심이 남달랐기 때문이다.

두 번째는 이재용의 경영 승계 작업을 공고히 한다는 의미도 담고 있다. 최지성은 삼성전자 대표이사로 재직하면서 이재용과 수시로 경영 현안을 논의할 만큼 긴밀하게 호흡을 맞춰 왔다. 미래전략실장으로서 이재용의 경영 승계를 준비하는 '징검다리' 역할을 할 적임자로 꼽히는 이유다. 이건희는 이재용, 최지성 체제로서 '포스트 스마트폰', '제2 삼성전자 만들기' 작업의 스타트를 노리고 있는 것이다.

진짜 상속은 시작도 안 됐다

삼성은 가족경영을 유지하기 위해 편법 논란을 무릅쓰면서까지 이재용을 위해 비상장사의 전환사채 발행을 단행했다. 삼성은 이재용의 경영권 승계를 위해 1996년 12월 이재용 전무에게 에버랜드 CB(전환사채)를 넘겼다. 이른바 삼성의 '원죄(原罪)'가 시작된 것이다.

이재용은 이를 통해 삼성에버랜드-삼성생명-삼성전자로 이어지는 순환 고리를 확보해 그룹 지배권을 넘겨받게 된다. 이 같은 경영권 승계는 시민단체가 에버랜드 CB를 헐값에 넘겼다며 삼성을 공격하는 빌미를 제공했다.

시민단체에선 "교보생명의 상속세 납부액이 1338억 원이고 대한전선의 상속세 납부액이 1355억 원인데 교보생명 매출액의 11배, 대한전선 매출액의 97배나 되는 삼성의 이재용씨가 납부한 증여세 총액은 고작 16억원"이라며 도덕성에 문제를 제기했다.

이에 대해 삼성 내부에선 억울하다는 목소리가 지배적이다. 사실 따지고 보면 이재용의 상속은 아직 시작도 안 됐다. 국내 최고 재산가인 이건희와 홍라희가 세상을 뜨거나 유산을 상속했을 경우를 생각해보라.

국내 최대 규모의 상속과 상속세가 발생할 것은 뻔한 일이다. 60억 원 증여한 것을 물고 늘어지면서 이미 상속이 완료된 다른 기업들과 평면적으로 비교하는 것은 어찌 보면 미성숙한 작태라고 할 수 있겠다. 삼성 내부에서는 이러한 '원죄' 때문에 매년 4000억 원이 넘는 돈을 사회공헌사업에 쏟아 붓고, 국내총생산(GDP) 중 20% 이상을 차지하는 막대한 기여, 국내 세수(稅收)의 13%가 넘는 기여에도 불구하고 삼성이 시민단체로부터 죄인 취급을 받는 처지에 몰리고 있는 것을 억울해하고 있다.

그렇다면 이재용이 유산을 정식으로 상속하게 되면 얼마나 많은 세금을 내게 될 것인가?

이건희는 삼성전자 지분 3.38%와 삼성생명 지분 20.76%를 보유하고 있는데 그 금액이 4조 938억 원이다. 이재용의 어머니인 홍라희도 삼성전자 지분 0.64%를 보유해 금액으로 환산하면 1조 3668억 원에 이른다. 이재용이 이건희의 삼성전자와 삼성생명 지분만 물려받는다고 해도 금액으로 따지면 10조 3854억 원이나 된다. 또 홍라희의 지분까지 포함하면 11조 7522억 원에 이른다. 만약 이건희가 보유하고 있는 삼성에버랜드나 삼성물산, 삼성 SDS 등의 지분까지 물려받는 것으로 가정하면 12조 원은 가볍게 넘어선다. 이재용이 이 지분을 정상적으로 물려받을 경우 최소 6조 원의 세금을 내야 한다. 30억 원 이상에 적용되는 상속증여세의 최고 세율이 50%이기 때문이다.

'이재용=이부진+이서현' 황금분할의 서막

이건희는 아들 이재용에게 너무 많은 짐을 지우는 것이 아들에게 부담이 되고 있다는 것을 잘 알고 있다. 그래서 거대 삼성에 대한 황금분할을 생각하고 있는 것도 같다. 2014년 들어서 삼성 계열사에 대한 파격적인 인수합병조치가 그를 증빙하고 있다.

일각에서는 삼성그룹이 이재용에 이어 이부진에 대한 승계 작업에 착수했다고 보고 있다. 삼성종합화학의 삼성석유화학 흡수합병으로 이부진이 삼성종합화학의 지분을 취득하게 되면서 전자-화학-패션으로 이뤄진 '3각 구도'의 경영승계 작업이 가속화되는 모양새다.

앞서 삼성그룹은 2014년 3월 31일 삼성 SDI와 제일모직을 합병하면서 이재용 삼성전자 부회장이 맡아온 삼성그룹 전자 부문에서 '삼성 SDI-제일모직-삼성전기-삼성테크윈-삼성전자'의 수직계열화를 완성한 바 있다. 제일모직의 기업 분할은 향후 삼성의 미래를 가늠할 수 있는 중요한 신호탄이다.

또 4월 2일 삼성종합화학과 삼성석유화학의 합병을 통해 향후 삼성그룹의 '3세 경영'은 이재용의 전자·금융과 이부진의 호텔·건설·중화학, 이서현의 패션·미디어로 '3자 구도'가 될 것이라는 관측이 더욱 현실화되는 모양새다.

제일모직이 패션사업 부문을 삼성에버랜드에 매각한 것은 첨단소재와 패션사업을 분리해 사업효율성을 높이는 한편, 레저·골프·리조트 사업을 진행하는 삼성에버랜드와의 시너지 효과를 극대화 하겠다는 의도다.

특이한 것은 앞에서도 이야기했지만 이부진이 사업을 담당하고 있는 호텔신라 지분을 전혀 갖고 있지 않다는 점이다. 이부진은 삼성석유화학의 최대 주주일 뿐 나머지 계열사 지분은 갖고 있지 않다. 이서현 역시 제일모직과 제일기획 사업을 담당하고 있지만 지분은 전혀 없다. 그래서 사업 면에서 전자계열은 이재용, 호텔·레저 사업은 이부진, 패션·광고 사업은 이서현이 맡고 있지만 '이부진=삼성에버랜드+호텔신라', '이서현=제일모직+제일기획'이라는 등식은 성립되지 않는다. 실질적인 지배 고리 안에 두 사람은 빠져 있는 셈이니 말이다.

삼성 문제를 지속적으로 제기해 온 한성대학 김상조 교수는 "최근 삼성이 이부진 씨 경영 신화를 급조하려는 게 보인다. 재용 씨와 부진 씨, 서현 씨 간에 후계 경쟁과 재산 분할이 원만하게 진행되느냐가 앞으로 삼성의 향방을 가늠할 중요한 포인트다. '이건희 사람 이학수'에서 '이재용 사람 최지성'으로 넘어가는 가신들 간의 권력 이동도 눈여겨봐야 한다."고 진단했다.

삼성가(家) 가족이야기 39

메기론

위기경영에 대하여 이건희가 자주 인용하는 것은 '메기론'이다.

'메기론'은 이건희가 만든 것이 아니라 이병철이 체험에서 얻은 깨달음이다. 이병철은 무위도식하던 20대 무렵 농사를 지으면서 논에 미꾸라지를 키웠다. 그런데 한 쪽 논의 미꾸라지는 살이 잘 오르지 않고 비실대는데, 다른 쪽 논의 미꾸라지들은 살이 통통하고 활발하게 움직이는 것을 발견하게 되었다. 자세히 살펴보니 한쪽 논에는 메기가 있었다. 그런데 신기하게 살이 통통하게 찌고 생기가 넘치는 쪽의 미꾸라지는 메기가 있는 논의 미꾸라지였다.

이병철은 무릎을 치며 깨달았다. 그것은 바로 경쟁이 있어야 하고 위기의식을 항상 가져야 더 발전할 수 있다는 이치였던 것이다. 그런 점에서 이건희는 메기가 들어 있는 논의 미꾸라지였다. 어린 시절 이건희는 아버지에게 맞아 본 적이 없다고 한다. 두 형이 자주 맞고 혼나는 것을 보아 왔기 때문에 자신은 형들처럼 하지 않으면 되겠구나 생각하고 자랐다. 실제로 이맹희의 회고록을 보면 이병철은 아들에게 굉장히 엄격했다. 이맹희는 골프채로 맞은 적도 자주 있었다고 기록하고 있다. 이건희의 〈신경영 어록〉 중에 나오는 '메기론'을 보자.

논에 미꾸라지를 키울 때 한쪽 논에는 미꾸라지만 넣고, 다른 한쪽엔 미꾸라지와 함께 메기를 넣어 키우면 어떻게 될까요? 메기를 넣어 키운 쪽 논의 미꾸라지들이 훨씬 통통하게 살이 쪄 있었다고 합니다. 그 미꾸라지들은 메기에게 잡아먹히지 않으려고 항상 긴장한 상태에서 활발히 움직였기 때문에 더 많이 먹어야 했고, 그 결과 더 튼튼해질 수밖에 없었던 것이죠.

기업도 다르지 않습니다. 항상 적절한 긴장과 자극, 건전한 위기의 식이 있어야 변화에 적응하는 능력이 생기고, 치열한 경쟁에서도 뒤지지 않고 계속 성장할 수 있습니다. 온 세계가 첨단기술을 중심으로 국경을 초월한 기업경쟁을 하고 있는 이때, 우리만이 여전히 '국내 제일'을 자랑스러워하며 안주할 수는 없습니다.

이제부터라도 우리의 현 위치와 실상은 어떠한지, 세계의 초일류기업들은 어떤 전략과 기술을 가졌는지를 항상 비교하고, 그것을 자극제로 삼아 잠시도 긴장을 늦추지 말아야 합니다.

'안전하다고 생각되는 그 순간이 가장 위험하다.'는 말처럼 메기의 자극은 꼭 필요하며, 각자의 마음속에 '메기'를 키우고, 특히 관리자가 스스로 좋은 의미의 메기가 될 때, 우리가 지향하는 진정한 자율경영을 이룰 것입니다.

㊵ 삼성의 전문경영인

기업의 브랜드는 개인의 평판과 같다.
우리는 어려운 일을 잘 해내려고 노력할 때
좋은 평판을 얻는다.

― 제프 베조스 ―

흔히 삼성의 경영 체제를 오너경영 체제라고 하지만 어찌 오너 한 사람의 힘만으로 삼성과 같은 거대 기업이 출현할 수 있을 것인가. 분명 우리나라에는 잭 웰치나 앤디 그로브 같은 세계적인 전문경영인은 없다.

하지만 이병철은 위임경영의 달인이었고 이건희 또한 오너경영 체제를 유지하면서도 각 계열사별로 전문경영인 체제를 운용하면서 오늘의 삼성을 이끌어냈다. 신세계의 경우도 오너경영 체제를 유지하면서도 전문경영인 기용으로 성공한 사례를 보여주고 있다.

이병철의 사례에서도 볼 수 있고 이건희도 오너경영 체제를 유지하면서도 절묘하게 전문경영인을 양성해 왔다. 물론 여기에는 그룹의 전권을 맡긴 전문경영인 체제가 아니라는 이론(理論)이 있을 수도 있다. 하지만 삼성에는 윤종용, 최지성 등 기라성 같은 전문경영이 있다. 이재용이 아버지 이건희와 같은 카리스마를 갖고 오너경영을 지속적으로 성공시켜나간다면 더할 나위 없이 좋은 일일 것이다. 이제부터 이건희의 신경영 선언 이후 오늘에 이르기까지 삼성의 역사를 새롭게 만들어낸 주역들을 만나보기로 하자. 그들이 없었다면 오늘의 삼성은 존재하지 못했을 것이다.

'기술마법사' 윤종용

윤종용(尹鍾龍)은 1966년 삼성그룹에 입사한 뒤 삼성전자 가전부문 대표이사 사장과 삼성전자 대표이사 부회장을 거치며 삼성전자가 세계 정상 기업으로 성장하는 데 기여한 한국의 간판급 전문경영인이다. 2012년 〈하버드 비즈니스 리뷰(HBR)〉는 윤종용이 현역에서 물러났음에도 '세계 100대 CEO' 3위에 그를 선정했다.

윤종용은 1980년 중반 VCR 사업부를 맡았지만 실적 부진으로 잠시 필립스와 현대전자로 회사를 옮기기도 했다. 윤종용의 진가를 알아본 것은 이건희였다. 그는 1987년 그룹 회장 취임과 동시에 윤종용을 불러들여 개혁의 '키'를 건네주었다. 그는 이후 삼성전자, 삼성전기, 삼성 전관(현 삼성 SDI) 등 전자 계열사를 총괄하다가 1996년 삼성전자의 수장이 된다.

IMF라는 격랑이 닥쳐왔을 때 윤종용의 진가가 나타났다. 그는 뼈를 깎는 구조조정과 개혁을 이룩하여 삼성전자를 세계적인 초일류 기업으로 키워냈다. 그는 미국 〈포춘〉지(誌)로부터 '기술 마법사(Tech Wizard)'란 평가를 받을 정도로 삼성 혁신을 이끌어 낸 인물로, 삼성전자를 저가의 백색가전 제조업체에서 반도체, 휴대전화, LCD 부문의 세계 최첨단 기업으로 변모시켰다는 평가를 받고 있다. 그는 항상 위기의식을 강조하는 것으로 유명하다. 최근 몇 년 동안 삼성전자가 최고의 실적을 내며 글로벌기업으로 도약하는 데 성공했지만 결코 자만해서는 안 된다는 것을 늘 강조한다. 그것은 그가 아직도 IMF의 위기를 뼈저리게 느끼고 있기 때문이다. 윤종용은 IMF 외환위기 때, 전체 5만 8000명이던 인원을 1년 뒤 4만 2000명으로 줄였고, 120여 개에 이르는 한계사업과 비주력사업을 정리했으며 부동산 등 무수익 자산을 매각해 1조 2000억 원의 현금을 만들어 내서 외환위기를 극복했다.

그러나 그는 구조조정에만 능한 것이 아니었다. 그는 모든 회사들이 외환위기를 이유로 연구개발(R&D)인력 및 비용을 줄일 때 핵심기술 확보를 위해서 오히려 투자를 늘렸다. 윤종용이 CEO로 있는 10년 동안 그의 리더십 아래 삼성전자는 난공불락으로 여겨지던 소니를 비롯한 일본 전자업체들을 제쳤고 세계 최대 IT 업체로 올라서는 발판을 만들었다. 윤종용은 2008년 삼성전자 상임고문으로 물러나 2011년부터 대통령 자문기관 단체인 대한민국 국가지식재산위원회 위원장으로 있다.

윤종용은 2004년 40여 년간 경영 현장에서의 체험을 담은 〈초일류로 가는 생각〉이라는 책을 펴냈다. 미래는 예측하고 기다리는 것이 아니라 창조하는 것이 그의 지론이다.

'애니콜 신화'의 주역 이기태

이기태(李基泰)는 명실공히 '애니콜 신화'의 주인공이다. 그는 30년이 넘도록 통신 한 분야에만 매달려온 베테랑 엔지니어 CEO였다. 그는 취재기자가 취미를 묻자 "취미는 없다."고 단호하게 말한 것으로도 유명하다. 그는 "시간이 나면 신제품을 테스트하거나 제품을 생각하는 것"이 유일한 취미인, 일과 취미가 하나라서 행복한 사람이다.

그가 삼성전자에 입사한 것은 1973년의 일인데 당시 그가 출발한 곳은 '삼성-산요'란 합작사였다. TV와 라디오를 만드는 이 회사에서 그는 남들이 선호하는 TV 대신 라디오를 선택했다. 군 생활을 육군통신학교 무선통신 교관으로 보냈기 때문이었다.

이기태 삼성전자 계열사의 사장들 중 가장 오랜 기간 동안 자기분야를 총괄해 온 탓에 휴대전화의 경우 개발단계부터 세계 일류 브랜드가 된 지금까지 직접 챙길 수 있었고 '애니콜=이기태'란 등식을 만들어 냈다. 이기태는 철저한 품질관리로 고가품 시장을 집중 공략, 휴대전화뿐 아니라 삼성 제품 전체의 이미지를 바꾸는 데에도 커다란 기여를 했다.

그런데 이렇게 세계적인 브랜드를 만들어내고 최고의 연봉을 받는 CEO 이기태는 서민처럼 검소한 생활을 하는 것으로도 유명하다. 그는 현역시절 휴대전화 공장이 구미로 이전할 때 대구에 구입한 아파트 한 채가 있을 뿐이고, 서울에서는 회사에서 얻어준 20평대 전세 아파트에서 중고 제품 같은 10년 넘은 가전제품들을 사용하며 살았다. 그러나 이기태는 어려운 이웃을 보면 참지 못하는 성격이었다. TV를 보다가 안타까운 사연이 소개되면 수백만 원씩 보내 주고, 외딴 지역의 의료사업이나 해외 오지의 선교 사업에는 수억 원도 선뜻 내놓았다고 한다. 그는 10억이 넘는 돈은 자신의 돈이 아니라는 지론을 가지고 있다.

> 먹고 살 만큼만 있으면 되는 것이지, 집이 넓다거나 호텔에서 근사한 음식을 먹는다거나 그런 것은 중요하지 않아요. 아파트 문을 열면

집집마다의 향기를 느낄 수 있는, 그런 마음의 부자들이 진정한 부자지요.

그는 먼 훗날 모든 정보기기는 휴대전화에 통합될 것으로 믿고 있으며 그의 최종 목표는 "내 손 안에 온 세상을 만드는 것"이라고 했는데 스마트폰 시대가 도래한 오늘날 그의 예언은 맞아 떨어진 꿈이 되었다. 현재 연세대학교 글로벌융합학부 IT 융합전공 교수로 있다.

'테크노 CEO'의 대표주자 이윤우

이윤우(李潤雨)는 삼성전자 반도체 역사와 함께한 '테크노 CEO'의 대표주자라고 할 수 있다. 그는 1976년 반도체 생산과 과장, 반도체 기흥연구소 소장 등을 거치며 35년 동안 삼성의 반도체사업 초기 공장 건설에서 생산, 연구 등을 두루 섭렵한 국내 반도체 기술의 1인자로, 삼성 반도체 역사와 함께한 산증인이다.

그는 일본 업체의 덤핑 공세와 반도체 경기 침체가 지속되던 1980년대 중반의 어려운 시기에 기흥연구소 소장으로 있으면서 256K D램과 1M D램 양산 체제를 갖추어 삼성이 반도체로 세계적인 초일류 기업으로 도약할 수 있는 발판을 마련했다.

이윤우는 삼성종합기술원에서 삼성전자의 기술총괄로 이동하면서 기술관련 대외업무를 다시 맡음으로서 삼성은 갈수록 중시되는 기술분야에서 그의 연륜을 바탕으로 한 능력을 십분 활용했다. 그는 반도체에 관한한 미세한 부분까지 꿰뚫고 있어 실무자들도 종종 놀라는 일이 많다고 한다.

이윤우의 경영철학은 한 마디로 '뚱뚱한 고양이(Fat Cat)'론으로 표현된다. 그는 삼성전자의 임원들 중에 문제가 있다고 생각되는 사람의 소지품에 자신이 직접 그린 뚱뚱한 고양이의 통행금지를 나타내는 교통신호 표시 그림을 넣어준다. 풍요로운 음식만 탐닉해서 뚱뚱해진 고양이는 민첩성이 떨어져서 쥐를 잡을 수 없다는 경고의 표시이다.

이윤우는 이건희가 회장직에서 잠시 물러났을 때 삼성전자 총괄대표이사 부회장으로서 삼성전자호(號)의 선장을 맡고 있다가 2011년 12월 부회장에서 물러나 삼성전자 상임고문으로 있다.

'LCD의 불도저' 이상완

이상완(李相浣)은 한양대 전자공학과를 나와 1976년 삼성전자 반도체 부천사업장에 입사했다. 이후 메모리본부 이사, 생산기획, 마케팅 등을 담당하다가 1993년 삼성이 처음 시작한 LCD사업을 맡았다. 과묵한 성격에 현장 업무에 충실한 CEO로 소문나 있는 그는 LCD사업 시작 5년 만에 대형 LCD 분야에서 일본을 추월한 괴력을 보임으로서 '불도저'란 별명을 가지게 되었다.

그는 제품의 개발과 생산에만 머물지 않고 LCD를 팔기 위해 도시바, 소니, 미쓰비시 등 종주국인 일본 업체들을 직접 방문해서 세일즈를 펴는 등 적극적인 마케팅을 구사하여 무에서 유를 창출한 또 다른 신화의 주인공이 되었다.

이상완 사장은 2004년, 100억 달러를 바라보는 매출과 20%에 가까운 수익을 올림으로써 휴대전화와 메모리에 이어 LCD를 삼성전자의 3대 포트폴리오로 만들어냈다.

또한 이 사장은 충남 탕정에 대규모 제조라인을 건설하는 '탕정시대'를 열면서, 향후 10년간 20조 원을 투자하는 차세대 디스플레이 업계의 주도권을 잡기 위한 원대한 게임에 몰두해 있다. 그는 7세대 2라인 LCD 공장을 추가로 건설해서 경쟁국인 일본, 대만 업체들의 추격에서 멀찌감치 벗어나려는 공격적인 투자를 추진하고 있는 것이다. 삼성은 2004년 6월, LCD 총괄을 기흥에서 탕정으로 이전하여 '탕정 크리스털밸리 시대'를 본격적으로 열었다. 그는 LCD 시장에서 '삼성이 만들면 표준이 된다.'는 또 하나의 신화를 추가했다.

그는 LCD 시장에서 절대적인 영향력을 행사하고 있는 삼성전자의 LCD 총괄 사장답게 2005년도 디스플레이 시장을 이렇게 전망했었다.

전반적으로 어려운 한 해가 될 것이다. 그러나 위기는 기회라는 말처럼 LCD TV 부문이 큰 성장을 하는 해로 기록될 것이다. 중국이 디스플레이 분야에서 급부상을 하고 있기는 하지만 한국이 명실공히 디스플레이 분야의 1등 국가가 된 것은 하루아침에 이루어진 것이 아니다. 2010년이 되어도 중국은 한국을 능가하지 못할 것이다.

'이건희의 그림자' 이학수

이학수는 20여 년간 이건희의 그림자 역할을 했다.

그는 최강의 조직인 구조조정본부장으로서 이건희의 분신과도 같은 인물이라 '이건희 회장의 그림자'란 별명을 가지고 있다. 1982년부터 회장 비서실에서 근무한 이학수는 1987년 이건희 회장의 취임 이래 그를 가장 오래 보좌해온 현역 임원이다. 그는 국난이라고 불리던 IMF 외환위기 때, 구조조정을 주도하면서 삼성의 수익구조를 몇 배나 탄탄하게 만들어낸 능력가로서 삼성 도약의 일등공신으로 알려져 있다. 계열사 재무구조 개선, 삼성자동차 등 부실사업 처리, 글로벌 스탠더드 경영 도입 등이 모두 이학수의 작품이다.

1971년 제일모직에 입사한 이후, 제일모직 경리과를 거쳐 회장 비서실 이사, 상무, 전무, 비서실 차장, 비서실장 등을 차례차례 거치면서, 삼성화재 사장을 지낸 2년 반의 기간 외에는 줄곧 비서실과 구조조정본부를 지키며 그룹 업무 전반을 총괄 조정하고 있는 사실상 그룹의 2인자였다.

이건희는 외환위기 당시 강도 높은 그룹 구조조정에 들어갔을 때, '집중과 선택'이라는 원칙만 던져 주고 실무는 구조조정본부에 일임시켰다. 이학수는 그룹 부회장으로서 이러한 이건희의 암묵적 지시에 따라 회사를 팔아야 한다는 판단이 서면 과감하게 결정할 수 있는 재량권을 발휘해 주위 사람들의 부러움을 사기도 했다.

승지원에서 주로 업무를 보는 이건희는 수시로 이학수를 불러들여 업무지시를 내렸다. 그는 이건희 회장을 직접 독대하고 직언할 수 있던 몇 안 되는 인물 가운데 한 사람으로 그룹 전체의 재무 관리, 경영 전략, 사업 구상 등은 물론 이병철-이건희, 이건희-이재용으로 이어지는 승계 과정에 대한 관리 같은 그룹의 가장 근본적 문제에도 깊이 관여해온 것으로 알려져 있다. 이건희가 물러났을 때 동반 퇴진했다.

'미스터(Mr) 플래시' 황창규

황창규는 독자적인 기술력을 개발하여 인텔을 제치고 플래시메모리 분야에서 사상 최초로 세계 1위로 올라서게 만든 가장 주목되는 인물이다. 그는 'Mr 플래시'로 불리며 삼성 반도체 신화의 대를 잇는 주역이자 삼성전자의 새로운 캐시 카우를 만들어낸 일등공신으로 평가받고 있다.

서울대 전기공학과와 미국 매사추세츠 주립대학 박사 출신인 그는 스탠퍼드 연구원을 거쳐서 인텔에 몸담고 있다가 1989년 삼성 인재개발팀에 의해 '천재급 인재'로 스카우트되어 256메가 D램 개발을 지휘했다. 그는 1994년, 세계 최초로 256메가 D램 개발에 성공하여 일본의 장벽을 뛰어넘은 이후, 반도체 개발을 주도하며 1기가 D램 개발과 300mm 웨이퍼 양산 등 세계 최초의 기록들을 쏟아내었다. 엔지니어이면서도 활동적이고 남다른 추진력을 갖춘 그는 삼성전자를 이끌 차세대 리더로 급부상했었다.

황창규는 마이크론, 인피니온, 하이닉스 등 경쟁 업체들이 막대한 적자를 기록할 때도 독보적인 기술 개발로 흑자 행진을 계속해 옴으로서 반도체 신화의 주역이 되었고 2003년, 〈비즈니스위크〉가 뽑은 '아시아의 스타 25인'에 선정되기도 했다.

그는 엔지니어 출신 사장답지 않게 딱딱한 주제인 반도체로 강연을 하면서도 5분 간격으로 웃음을 터뜨릴 정도로 센스가 좋고 언변이 화려하다.

황창규는 늘 자신을 '반도체 유목민(semiconductor nomad)'에 비유한다. 그는 '성을 쌓고 사는 자는 반드시 망할 것이며, 끊임없이 이동하는 자만이 살아남을 것이다.'는 옛 돌궐제국의 명장 톤유쿠크의 비문을 인생좌표로 삼아 한곳에 안주하지 않고 새로운 영역을 개척해 옮겨가는 유목민처럼 신기술 개발을 위해 부단하게 정진하고 있다. 그는 메모리와 비메모리의 동반성장을 통해 수년 내에 인텔을 제치고 삼성전자를 세계 1위의 반도체 회사로 성장시킨다는 야심을 달성했고 현재 KT 회장으로 있다.

삼성가(家) 가족이야기 40

삼성의 2인자 최지성은 누구인가?

최지성은 '타고난 장사꾼', '독일 병정', '독한 승부사' 등의 별명을 가지고 있다. 그는 대부분의 삼성전자 사장들이 이공계 출신인데 비해 무역학을 전공한 인문계 출신으로서 1977년 삼성물산에 입사한 이후, 삼성전자 반도체 판매사업본부, 메모리수출담당 이사, 회장비서실 전략 1팀장, 반도체판매사업부장 등을 역임했고 삼성전자의 4대 사업부 중 하나인 디지털미디어 부문의 사장을 역임했다.

그는 전자의 문외한으로 반도체 영업맨이 되자, 1000여 페이지짜리의 'VLSI 제조공정'이란 책을 통째로 외우면서 '지독한 승부근성'으로 업무에 매달렸다. 1985년 그가 반도체를 팔기 위해 독일 프랑크푸르트에 1인 사무소장으로 부임했을 때, 유럽시장은 미개척지와 같았다. 그가 처음 독일에 도착했을 때, 한 박스에 64K D램 칩 1만 개가 들어있는 박스 3개가 기다리고 있었다. 너무도 막막해서 어떻게 영업을 해야 하나 고민하던 그는 전화번호부를 뒤져서 '전자', '컴퓨터'란 글자만 보이면 전화를 걸어 무조건 찾아갔다.

그때부터 그는 '유럽의 보부상(褓負商)'이 되어 전 유럽을 누비고 다녔다. 그는 알프스 산맥을 넘다가 차가 반파되는 사고를 당하고, 프랑스에서는 트레일러에 받쳐서 차가 완파되는 사고를 당하는 등 여러 차례 죽을 고비를 넘기며 혼자서 상상을 초월하는 강행군 끝에 유럽 부임 첫해인 1985년 100만 달러, 1986년 500만 달러, 1987년 2500만 달러, 1988년엔 1억 2500만 달러의 매출을 올리며 매년 500%씩 판매를 신장시켰다. 그것은 그의 승부근성의 결과였다.

2004년, 디지털미디어 총괄을 맡은 최지성은 19조 원의 매출을 일으키며 TV와 모니터 등 영상 분야에서 소니를 제치고 삼성을 글로벌 톱으로 올려놓으며 새로운 스타로 떠올랐다. 디지털 TV와 홈 네트워크 사업 등 삼성전자의 차세대 핵심 사업을 이끌면서 삼성전자의 차세대를 짊어질 주역으로 떠올랐다.

최지성은 2006년 보르도 TV를 앞세워 소니를 제치고 TV 사업의 첫 세계 1위를 달성했다. 당시 최 부회장은 이를 기념해 보르도 와인을 술병째로 원샷하며 임직원들을 독려할 만큼 호방함을 과시하기도 했다. PC용 모니터와 휴대전화 등에서도 글로벌 톱 레벨에 올라서는 성과를 이끌었다.

삼성 고위 관계자는 "최 부회장은 누구보다 의사결정 속도가 빠르다."면서 "이러한 스피드 경영의 장점을 다른 계열사에도 적극 접목할 것으로 보인다."고 말했다. 부하 직원들이 저녁 늦게 보내놓은 이메일 보고에 대해서도 실시간으로 답신을 보내는 경우가 허다하다. 그의 스피드 경영은 해외 출장 중에도 예외가 아니다. 시차에 관계 없이 전화를 걸어 경영 현황을 물어보거나 업무 지시를 전달한다.

최지성은 2013년 5월 애플과의 특허소송을 협상하기 위해 미국으로 건너갈 때도 미국 거점과 유통매장에 들러 영업 추이를 살핀 것으로 알려졌다. 남미와 아프리카 등 원거리 출장을 갈 때도 하루에 한 국가 꼴로 타이트한 일정을 소화하는 것으로 유명하다.

SCM과 ERP를 철저하게 활용하는 최지성은 조금이라도 경영 지표에 이상 신호가 감지되면 시간을 가리지 않고 해외법인과 지방 사업장에 전화를 걸어 궁금증을 해결하는 스타일이다. 이때 제대로 대답을 못하면 담당 임원에게 불호령이 떨어진다. 임원들이 자신의 업무를 철저히 숙지할 수밖에 없다.

삼성전자 부회장으로 있던 2013년 5월, 삼성의 신형 스마트폰 갤럭시 S3의 뒷 커버 디자인을 완벽하게 구현하기 위해 50만 개가 넘는 뒷 커버 생산물량을 전량 폐기하라고 지시했다. 갤럭시 S3 출시가 보름도 남지 않은 상황이었다. 완벽하지 않은 제품은 초일류를 추구하는 삼성의 브랜드 이미지를 훼손시킬 수 있다는 판단이었다.

④ 삼성의 길, 한국의 길

기업의 브랜드는 개인의 평판과 같다.
우리는 어려운 일을 잘 해내려고 노력할 때
좋은 평판을 얻는다.

― 제프 베조스 ―

삼성을 바라보는 국민의 시각

지난 40여 년간 삼성전자의 성장에는 선대 회장 이병철과 후계자 이건희의 걸출한 리더십이 큰 역할을 했다. 그러나 삼성특검 이후 삼성전자는 리더십의 공백이 컸다. 그럼에도 불구하고 삼성전자는 최고의 IT 기업으로 거듭났고, 23개월 만에 돌아 온 선장 이건희는 100년 기업을 위한 미래 성장 프로젝트를 가동 중인 것으로 보인다.

이제 삼성그룹은 100년 기업으로 나가려는 새로운 리더십을 세워야 하는 현실적 과제를 안고 있다. IT 혁명은 우리의 생활을 바꾸어 놓기는 했지만 사람의 행동구획과 그 반경까지 바꾸어 놓은 것은 아니다. 그러나 앞으로 5년, 10년 안에 다가올 사물인터넷, 로봇, 생명공학으로 무장된 세상은 인간의 사고, 행동, 영역을 송두리째 바꾸어 놓을 대변혁의 시기가 될 것이다. 많은 학자들이 앞으로의 10년은 지난 100년 동안 이루어진 것보다 많은 문명의 패러다임이 바뀔 것이라고 예시하고 있다.

사물인터넷, 생명공학, 로봇문명 등 앞으로 이루어질 신문명의 물결은 우리를 다른 세계로 데려다 놓을 것이다. 10년 후, 20년 후 우리는 전혀 새로운 세상에서 숨 쉬고 있을 것이다.

그때에서도 삼성이 '초일류기업의 신화'를 이루어 낼 수 있을까?

그런데 문제는 삼성이 세계 초일류기업으로 성장했으면서도 국민기업의 이미지를 아직 갖추고 있지 못하다는 점이다. 삼성전자와 이건희의 뛰어난 경영성과가 기대와 자랑거리가 되기보다는 오히려 사회 양극화와 승자독식, 부의 편중 등 사회적 건전성을 해치는 암적 요인으로 작용하지 말아야 한다는 의식이 국민들의 뇌리에 강하게 작용하고 있다.

이같은 세간의 인식은 '삼성공화국'이라는 단어에 함축할 수 있다. 삼성공화국은 삼성의 성공을 부러워하는 의미도 포함돼 있지만 삼성의 막대한 영향력과 독주에 대한 경각심과 위기의식을 빗대어 표현한 말이다.

　실제로 2002년 삼성에버랜드 사태가 불거지기 이전까지 이건희는 존경받는 기업인으로, 삼성그룹은 자랑스러운 한국의 재벌기업으로 인식됐었다. 2005년을 기점으로 삼성그룹과 이건희는 대한민국에서 공공의 적으로 지목받기도 했다. 원인은 크게 이재용 체제로의 차기 후계구도 확충 과정에서 발생한 편법적 탈세, 시사저널 사태로 불거진 삼성그룹 구조조정본부의 부적절한 행보, e-삼성 등 이 부회장의 경영 능력 부각을 목적으로 하는 무리한 기획이 국민들의 반감을 사게 됐다. 거기에 고대 사태와 X파일 사건, 김용철 비자금 폭로사건, 삼성전자 반도체공장 직원의 백혈병 사망사건 등은 삼성의 성공이 국민과 동떨어진 삼성만의 성공이라는 국민적 인식을 갖게 만들었다.

　물론 삼성으로서는 억울할 수밖에 없다. 삼성그룹의 삼성에버랜드 전환사채 편법 발행과 이재용의 대주주 등극은 결코 잘한 일도 아니고 불법적 요인이 명백한 것이 사실이었지만, 당시 재계 상황에서는 보편적인 관행이었다. 만약 이재용 승계 작업이 IMF 이전에만 진행됐더라도 큰 문제는 없었을 것이라는 것이 재계의 중론이다. 그러나 삼성그룹 경영진들은 국가부도 위기를 계기로 기업에 대한 대국민 정서가 바뀌었다는 것을 간과했고 그 결과 치명적인 대가를 치러야만 했다.

　이 때문에 삼성이 평창 동계올림픽 유치에 결정적인 공헌을 하고 스마트폰 등 세계 IT시장을 장악하면서 대한민국의 위상을 높이는 공헌을 하고 있고 한국경제를 사실상 지탱하는 공로에도 불구하고 국민들의 시선은 결코 곱지만은 않은 게 현실이다.

국민 지지 못 받을 이유가 없다

　삼성이 반(反) 삼성에 대한 문제를 해결하고 국민들의 사랑과 존경을 받는 기업으로 거듭나려면 어떻게 해야 할까?

　삼성 내부에서 이재용이 향후 그룹 총수 자리에 오를 것에 대해 의심하는 임직원은 하나도 없다. 그리고 삼성맨들은 '글로벌 삼성'에 대한 강한 자부심을 갖고 있다. 김용철 변호사의 폭로 사건이 일어나고 회장이 사퇴하는 일이 일어났을 때, 적지 않은 삼성맨이 실망감을 표시했지만 상당수는 기죽을 것이 없다는 생각을 갖고 있었다.

계열사의 모 과장은 "우리는 세계 곳곳에서 최선을 다해 뛰고 있으며, 거대 글로벌 기업들과 힘겨운 악전고투를 거듭하고 있다. 우리가 세계를 전장으로 삼아 뛰어다니는 이유는 국민의 성원을 받고 있음을 철썩같이 믿고 있기 때문"이라고 했다.

이건희는 신경영 20주년 기념사를 통해 해결책을 제시했다. 바로 "품격 있는 삼성"이다.

발렌베리 그룹은 5대에 걸쳐 오너 경영을 해온 대표적인 재벌가문이다. 이 가문은 부와 경영을 세습했지만 고율의 소득누진세를 내고, 노조의 경영참여를 수용하며, 불황기에는 적극적인 고용투자에 나서 스웨덴 국민들의 존경을 받아왔다. 2003년 7월, 이건희는 발렌베리 그룹을 방문해서 많은 것을 보고 오기도 했다. 그리고 이재용도 마르쿠스 발렌베리 회장을 직접 만나는 등 이를 벤치마킹하려는 노력을 지속적으로 해왔다.

한국은 산업화 시대의 후발 주자에 지나지 않았지만 이제 세계 정보화 사회를 이끌어 가는 리더로서의 역할을 담당하는 처지가 되었다. 추적자가 아닌 선도자로서의 의연한 모습을 삼성의 오너 가문이 보여 주어야 할 때가 된 시점이라고 보여진다.

삼성이 국내총생산의 3분의 1을 차지하며 세계 8위 글로벌 기업으로 성장할 수 있었던 데는 이건희의 리더십이 중요한 버팀목이 되었던 것은 사실이다. 삼성 내부에는 이런 소리도 있다.

현재 우리 실정에서 오너가 회장이 아니면 회사가 흔들린다. 은행과 종업원이 불신한다. 이게 현실이다. 삼성은 내가 없어도 흘러간다. 그럼 뭐가 다르냐. 5년 후에는 흐물흐물해지고, 10년 뒤에는 흔적도 없이 사라질 것이다.

삼성 내부자의 소리이지만 삼성을 비판하는 시민단체 사람들은 새겨들어 볼만한 이야기이기도 한 것 같다. 삼성의 관리문화는 오너 경영과 밀접하게 연결돼 있다. 지금까지 이건희가 없는 삼성은 생각할 수 없었다. 이건희의 경영철학이 곧 삼성의 경영철학이었다. 그러나 그것이 오늘의 삼성을 견인했다는 사실을 무시할 수는 없다.

김종만 명지대 산업공학과 교수는 "삼성전자 등 삼성 사람들은 술자리에서도 자기 회사나 상사 욕을 하는 사람이 별로 없다."며 "그만큼 프라이드(pride)와 로열티(loyalty)가 강한 것인데, 다른 측면에서 보면 자기검열이 강한 측면도 있는 것 같다."고 말했다.

문제는 앞으로 삼성이 얼마나 국민이 원하는 도덕성을 회복하고 그동안과 같은 성장을 할 수 있느냐이다. 삼성이 국민으로부터 열렬한 성원을 받는 국민기업이 되는 길이 삼성이 살고 대한민국이 사는 길이 아닐까?

삼성가(家) 가족이야기 41

이재용이 만난 사람들

이재용이 만나는 사람들을 보면 '삼성의 미래가 보인다.'고 할 수 있다. 비즈니스맨이 누구를 만나는지를 파악하는 것은 무척 중요한 일이다. 거기에 비즈니스 포커스가 있기 때문이다. 최근 이재용이 만난 사람들을 살펴보면 중국·자동차·스마트폰이라는 '미팅의 3대 키워드'가 보인다. 2010년 12월 이후 '한경닷컴'을 통해 알려진 그의 행보를 살펴보자.

▶ **2010년 12월 4일 존 엘칸 피아트 회장**

이재용이 부사장에서 사장으로 승진하게 된 계기는 삼성전자의 공급망 관리(SCM) 시스템을 지휘하면서 능력을 인정받았기 때문이다. '무리'라는 평가를 받았던 삼성전자의 중국 액정표시장치(LCD) 공장 설립 문제를 직접 해결한 것이 '사장' 자리에 오르는 데 큰 역할을 한 것으로 알려졌다. 그는 2010년 2월과 10월 당시 중국의 차세대 지도자로 알려진 시진핑 국가 부주석(현 국가 주석)을 잇달아 만나며 이에 대한 논의를 하기도 했다.

그런 이재용이 사장이 된 다음 날 첫 미팅을 가졌다. 당시 언론에 따르면 이재용은 '유럽의 자동차 회사 회장'과 오찬을 한 것으로 알려졌다. 그 '유럽의 자동차 회사 회장'은 바로 존 엘칸 피아트그룹 회장이다. '첫 손님' 존 엘칸 회장은 전임 회장의 외손자로 2010년 4월 34세의 나이에 페라리·마세라티·크라이슬러 등을 포함한 피아트그룹의 총수가 된 인물이다.

한국 최대의 그룹사 삼성의 후계자 그리고 이탈리아 제조업을 이끄는 피아트그룹의 젊은 회장의 만남은 분명 주목할 만한 일이다. 이전부터 친분이 있는 것으로 알려진 이재용과 존 엘칸 회장은 이후 탄탄한 협력 관계를 구축하게 된다.

▶ 2011년 1월 25일 구본무 LG그룹 회장

이재용은 1월 25일 구본무 LG그룹 회장을 찾아가 신년 인사를 했다. 한국 재계 3위의 LG그룹을 이끄는 총수에게 이재용이 처음으로 직접 인사를 간 것이다. 두 사람은 LG 트윈타워에서 배석자 없이 약 20분간 대화를 나눈 것으로 알려졌다. 이날 만남은 이재용이 '승진 및 신년 인사를 드리겠다.'는 뜻을 전하고 구 회장이 이를 받아들여 이뤄졌다. 구 회장과 이재용이 개인적으로 만난 것은 이날이 처음이다.

▶ 2011년 4월 28일 정준양 포스코 회장

이재용은 4월 25일 포스코 포항제철소를 방문했다. 포스코는 "이번 방문은 고객사 초청 차원에서 이뤄진 것으로 순수하게 견학하는 게 목적이었다."고 밝혔다. 이재용은 견학 직전 정준양 포스코 회장을 만나 환대 속에 대화를 나눈 것으로 알려졌다.

▶ 2011년 7월 산타누 나라엔 어도비시스템즈 회장, 8월 짐 굿나잇 SAS 회장, 9월 래리 엘리슨 오라클 회장

이재용은 2011년 7월부터 9월까지 해외 소프트웨어 기업의 CEO들을 잇달아 만났다. 그는 7월 동영상 재생 프로그램인 플래시로 유명한 어도비시스템즈의 산타누 나라엔 회장을, 8월에는 분석 소프트웨어 전문 기업인 SAS의 짐 굿나잇 회장과 회동을 가졌다. 9월에는 미국에 가서 IT 컨설팅 업체인 오라클의 래리 엘리슨 회장을 만났다. 이재용이 글로벌 소프트웨어 업체의 CEO들을 만난 이유는 당시 "소프트웨어 경쟁력을 강화하라."는 이건희 회장의 특명을 직접 이행한 것으로 해석된다.

▶ 2011년 9월 20일 정준양 포스코 회장

이날 정준양 포스코 회장은 서울 서초동 삼성전자 본사와 경기 기흥의 삼성반도체 공장을 전격 방문했다. 이재용은 기흥사업장에서 서초 사옥까지 정 회장을 수행한 것으로 알려졌고 저녁 식사도 함께한 것으로 전해졌다. 한편 이날 이건희와의 면담은 이뤄지지 않았다. 이건희는 이날 서초 사옥에 정기 출근했으나 정 회장이 방문하기 전 퇴근했다.

▶ 2011년 10월 18일 팀 쿡 애플 CEO

이재용은 10월 17일 미국 스탠퍼드대에서 열린 스티브 잡스 전 애플 CEO의 추도식에 참석했다. 그는 추도식에 수행원 없이 홀로 참석했다. 쿡 CEO로부터 개인적으로 초청받아 혼자 움직인 것으로 알려졌다. 그는 2011년 10월 19일 오전 6시 김포공항에서 기자들을 만나 이렇게 말했다.

"추도식 다음날 쿡 CEO 사무실을 찾아가 두세 시간 만났습니다. 잡스와 비즈니스를 하며 겪은 지난 10년간 어려웠던 이야기와 위기 극복, 그리고 양사 간 좋은 관계를 더 발전시켜 나가야겠다는 그런 이야기를 나눴습니다. 부품 공급은 2012년까지 그대로 가고 2013년과 2014년엔 어떻게 더 좋은 부품을 공급할지 이야기했습니다."

이 시기부터 이재용은 쏟아지는 스포트라이트를 피하지 않을 만큼 부쩍 자신감이 붙은 행보를 보였다. 2011년 상반기까지만 하더라도 곧잘 '회장님께 물어보라.'며 아버지 이건희 회장의 뒤를 지켰다. 그러나 삼성과 애플의 '스마트폰 전쟁'이 가열되면서 이 부회장의 보폭이 더욱 넓어지기 시작했다.

아들이 아버지를 만나는 것은 너무 당연하다. 이재용 역시 아버지 이건희를 항상 수행해 왔다. 그러나 삼성의 신년 하례식이 있던 이날은 좀 특별한 날이다. 이 회장 부자는 이날 오전 10시 40분께 나란히 검은색 승용차에서 내려 신년 하례식장으로 들어갔다. 2011년까지만 해도 이재용은 호텔 로비에서 기다리다가 아버지를 영접했다. 그러나 이날은 한남동 이 회장 자택에서부터 승용차에 동승해 행사장으로 이동했다. 이날 이례적인 모습을 두고 재계에서는 "삼성 그룹에서 이재용 부회장의 위상이 한 단계 높아졌다는 점을 나타내는 것"이라고 해석했다.

▶ 2012년 1월 11일 폴 오텔라니 인텔 회장

이재용은 1월 11일 세계 최대 반도체 칩셋 제조사인 인텔의 폴 오텔라니 회장과 1시간 넘게 회동하고 포괄적인 협력 방안을 논의했다. 그는 오후 3시 30분께 라스베이거스에서 열린 세계 최대 가전 전시회 CES 2012 행사장을 찾아 최지성 부회장, 신종균 사장 등과 함께 인텔 부스를 방문했다.

업계에서는 인텔이 세계 최대 스마트폰 제조사인 삼성전자를 고객으로 잡기 위해 이 만남을 주선한 것으로 봤다.

▶ 2012년 2월 1일 윌리엄 그린 액센츄어 사장

이재용은 이날 세계적 컨설팅 회사인 액센츄어의 윌리엄 그린 회장과 서초동 사옥에서 조찬을 가졌다. 그린 회장은 삼성 방문 외에 별다른 일정 없이 방한한 것으로 알려졌다. 삼성전자 관계자는 "액센츄어로부터 컨설팅을 받는 분야는 현재 없는 것으로 안다."며 "평소 이재용이 컨설팅 회사에서 여러 조언을 듣고 있어 특별한 의미를 가진 만남은 아닐 것"이라고 말했다. 업계에선 이 만남에 대해 삼성전자의 내부 경영 시스템을 혁신하기 위한 자문을 받았을 것이라는 추측이 나왔다.

▶ 2012년 2월 29일 노르베르트 라이트호퍼 BMW 회장, 피터 뢰셔 지멘스 CEO

이재용은 당초 스페인 바로셀로나에서 열리는 '모바일 월드 콩그레스 2012'에 참석할 예정이었다. 그러나 이재용은 예정된 일정을 갑자기 취소하고 독일 뮌헨으로 향했다. 뮌헨은 BMW와 지멘스의 본사가 있는 곳이다. 그는 뮌헨에서 각사의 CEO를 잇달아 만났다.
 삼성의 고위 관계자는 "이들을 만나 전기차 배터리와 전장 부품 사업 확대 방안에 대해 논의한 것으로 안다."고 말했다. 삼성 관계자는 "전기차가 유망 분야로 꼽히며 배터리와 전기차 부품에 관심이 높아지고 있어 이재용이 직접 챙기는 것으로 알고 있다."고 전했다.

▶ 2012년 3월 14일 튜더 브라운 ARM 사장
 이재용은 서초동 사옥에서 이날 세계 반도체 설계 시장에서 미국 인텔과 쌍벽을 이루는 영국 ARM의 튜더 브라운 사장과 단독으로 만났다. 튜더 브라운 사장은 ARM의 공동 창업자 중 한 사람이다. 그는 그해 5월 은퇴했다. 이재용은 1시간 반 정도 이뤄진 이날 회동에 대해 "브라운 사장이 은퇴를 앞두고 있어 인사 차원에서 만나게 됐다."고 말했다.

▶ 2012년 3월 19일 마르쿠스 발렌베리 SEB 회장
 이재용은 스웨덴 발렌베리그룹을 이끄는 마르쿠스 발렌베리 SEB 회장 및 경영진과 2012년 3월 19일 저녁 한남동 리움미술관에서 비공개 만찬 회동을 가졌다.
 발렌베리가는 삼성이 한때 지배구조 등을 벤치마킹하려고 했던 곳이다. 재계에서는 이재용이 발렌베리 회장에게 경영 전반에 대한 조언을 구했을 것이라는 관측을 내놓기도 했다. 만찬에는 김석 삼성증권 사장과 최치훈 삼성카드 사장이 자리를 같이해 금융 사업을 비롯한 포괄적인 사업협력방안을 논의했을 것이라는 이야기도 나왔다.
 마르쿠스 발렌베리 SEB 회장은 다음 날 열린 기자 간담회에서 "이재용이 북유럽 기업들이 가진 문제점과 그 해결 방안에 대해 깊은 관심을 보였다."며 "기업의 성장성과 기술적 부문에 대해 다양한 이야기를 나눴다."고 전했다.

▶ 2012년 4월 7일 카를로스 슬림 텔맥스텔레콤 회장

카를로스 슬림 텔맥스텔레콤 회장은 세계 최대의 부호다. 그는 2012년 4월 한국을 깜짝 방문했다. 전용기로 입국한 카를로스 슬림 회장은 부산 신세계 센텀시티, 창원 두산중공업 공장을 찾은 데 이어 서울에서 이건희를 만났다. 그는 4월 7일 이재용 등과 한남동 리움미술관을 둘러봤다.

▶ 2012년 5월 7일 마틴 빅터콘 폭스바겐 회장

이재용은 5월 7일 마틴 빅터콘 폭스바겐 회장과 독일에서 만났다. 이재용이 꾸준히 관심을 가지고 있는 자동차용 배터리와 반도체, 유기발광다이오드(OLED) 등의 자동차용 전자 부품의 공급을 논의하기 위해서다.

앞서 밝혔듯이 이재용은 2010년 사장 승진 바로 다음 날 존 엘칸 회장을 만났다. 2011년 10월에는 미국 GM CEO 댄 에이컬슨을 만났고, 2012년 1월에는 도요타 아키오 도요타 사장을 만났다. 또 2012년 2월에는 노르베르트 라이트호퍼 BMW 회장을 만난 데 이어 5월에는 마틴 빅터콘 폭스바겐 회장을 만남에 따라 세계 자동차 산업의 핵심 인물들을 거의 모두 만나게 됐다. 2012년 5월에는 존 엘칸 회장의 추천으로 피아트그룹의 지주회사인 엑소르의 사외이사가 되기도 했다. 삼성의 한 관계자는 "앞으로도 유럽·미국·중국을 중심으로 자동차 업계에 대한 마케팅을 적극적으로 해 나갈 것"이라고 말했다.

▶ 2012년 5월 22일 올리 페카 칼리스부오 노키아 전 CEO

5월 22일 오후 서초동 삼성전자 사옥에서 이재용이 한 외국인과 함께 1층 로비로 걸어나왔다. 이 외국인은 올리 페카 칼리스부오 전 노키아 CEO였다. 한 시간 정도 환담을 나누고 문 앞까지 배웅한 이재용은 "개인적으로 한국에 놀러왔다는데 보고 싶다며 찾아왔다."

고 말했다. 칼리스부오 전 CEO는 2006년부터 2010년까지 노키아의 전성시대를 이끌었던 인물이다.

▶ 2012년 6월 13일 리커창 중국 총리

이재용을 비롯한 최지성 미래전략실 부회장, 권오현 삼성전자 부회장 등 최고경영인이 6월 13일 리커창 총리(당시 부총리)를 베이징에서 만났다. 삼성 관계자는 "이날 면담에서는 삼성그룹 전체의 중국 사업 추진 현황을 소개하고 향후 반도체·LCD 등 첨단산업 분야 투자 확대와 중서부 지역 진출 방안 등에 대한 의견을 교환했다."고 설명했다. 한편 앞서 6월 7일에는 이 부회장의 '멘토' 중 하나인 최지성 부회장이 삼성그룹의 컨트롤 타워인 미래전략실장으로 발령났다.

▶ 2012년 6월 29일 베트남 제조전략 회의

이재용은 6월 29일 핵심 경영진과 함께 베트남 휴대전화 공장에서 제조 전략 회의를 가졌다. 이 자리에는 삼성전기·삼성 SDI·제일모직 등 9개 제조 관련 계열사 국내·외 생산 법인장이 모두 참석했다. 재계 한 관계자는 "삼성전자는 물론 그룹 제조 계열사 임원이 모두 회의에 참석한 것은 이례적"이라고 말했다.

▶ 2012년 7월 10~14일 선밸리 미디어 콘퍼런스

2002년부터 이재용은 '선밸리 미디어 콘퍼런스'에 참석했다. 이 콘퍼런스는 1893년부터 올드미디어와 뉴미디어를 아우르는 업계의 거물들이 모두 모이는 비밀 행사다. 2012년 회의에는 뉴스 코퍼레이션의 루퍼트 머독 회장, 워런 버핏 벅셔해서웨이 회장, 마크 저커버그 페이스북 CEO, 세르게이 브린과 래리 페이지 구글 CEO, 제프 베조스 아마존 CEO, 팀 쿡 애플 CEO, 히라이 가즈오 소니 사장이 참석했다. 또 실리콘밸리의 전설적 벤처캐피털리스트 마크 안드레센, 사모 펀드 KKR의 공동 설립자 헨리 크래비스도 참석했다. 콘퍼런스 참석자들은 산악자전거·낚시 등 레포츠 활동이나 칵테일

파티 등 여유 있는 시간을 보내며 사업 아이디어를 나눈다.

▶ 2012년 8월 6일 인드라 누이 펩시코 회장

이재용은 이날 인드라 누이 펩시코 회장을 만났다. 한국을 처음 방문한 인드라 누이 회장은 "이번에 이 부회장을 만나 파트너가 되어 '멋진 것'을 만들어 내기 위한 아이디어를 나눴다."고 밝혔다. 그는 "전 세계 30만 명에 달하는 임직원들의 업무 효율을 높이는 데 삼성의 기술을 활용하는 등 협력 기회가 가능할 것"이라고 말했다.

▶ 2012년 8월 28일 왕치산 중국 정치국 상무위원

이재용은 이날 오후 3시부터 왕치산 상무위원(당시 부총리)을 만나 중국 내 반도체, 금융사업 등에 대한 적극적인 지원을 요청했다. 왕 상무위원은 중국의 대표적 금융 전문가이면서 현재 '부패 척결'을 담당하며 '포청천' 역할을 하고 있다.

▶ 2012년 9월 11일 리카싱 청쿵그룹 회장

리카싱 청쿵그룹 회장은 아시아 최고 부자로 재산이 29조 원에 달한다. 리카싱 회장은 22개의 상장 기업으로 이뤄진 청쿵그룹을 이끌며 '홍콩의 지배자'로 불리기도 한다. 이날 이건희 회장과 리카싱 회장의 만남은 세계적인 주목을 받았으며 이 자리에는 이재용 부회장과 리카싱 회장의 장남인 빅터 리 부회장이 배석했다. 양측은 기존 휴대전화·네트워크사업 분야에서 협력을 강화하고 이를 바탕으로 새로운 사업으로 협력을 확대하기로 했다. 삼성전자는 8월 청쿵그룹의 유럽 롱텀에볼루션(LTE) 통신망 구축 사업을 수주했다.

▶ 2012년 9월 26일 카를로스 슬림 텔맥스텔레콤 회장

4월 카를로스 슬림 회장을 서울에서 만난 바 있는 이재용은 이번에는 멕시코에서 그를 다시 만났다. 그는 10여 일간의 출장을 통해 북미 및 남미권 통신 사업자들과 만난 것으로 알려졌다. 한편 9월

중순에는 카를로스 곤 르노닛산 얼라이언스 회장을 만난 것으로 추측된다. 그는 카를로스 곤 회장과의 만남을 묻는 기자들의 질문에

"나한테는 쉬운 질문인데, 내가 얘기하면 곤란해지는 사람이 있어서"라며 만났다는 것을 간접 시인했다. 업계에서는 삼성카드가 가지고 있는 르노삼성 지분과 관련한 만남으로 관측했다.

▶ 2012년 10월 31일 로벤 리처드 엠코어 CEO

엠코어는 미국의 광통신 장비와 태양광 패널 제조업체다. 이재용은 2012년 10월 31일 삼성전자 사옥에서 리처드 CEO와 만나 조찬 미팅을 가졌다. 두 사람의 회동은 배석자 없이 진행된 것으로 알려졌다.

▶ 2013년 1월 9일 폴 오텔리니 인텔 회장

이재용은 매년 CES 행사에 참석하고 있다. 올해도 마찬가지다. 이 자리에서 이재용은 2012년과 마찬가지로 폴 오텔리니 인텔 회장을 만났다. 이날에는 양사가 공동 개발한 모바일 운영체제 타이젠을 비롯해 양사 간 협력확대방안에 대해 이야기를 나눈 것으로 알려졌다.

▶ 2013년 4월 7일 시진핑 중국 주석

이재용은 최태원 SK그룹 회장의 뒤를 이어 보아오포럼 이사에 선출됐다. 보아오포럼은 아시아판 다보스포럼으로, 정·재계 유력 인사들의 모임이다. 시진핑 주석은 이 부회장을 포함해 3개의 중국 기업과 27개의 다국적 기업이 참여한 기업인 간담회를 2013년 4월 8일 열었으며 이에 앞서 7일에는 이 부회장을 포함한 15명의 보아오포럼 관계자를 초청해 격려했다.

▶ 2013년 4월 15일 최태원 SK그룹 회장

이재용은 이날 서울구치소에 수감돼 있는 최태원 SK그룹 회장을 면회했다. 이재용은 최 회장을 만나 위로의 뜻을 전하고 보아오포럼에 대해 얘기를 나눈 것으로 전해졌다. 최 회장은 이 부회장보다 8살 위로 '형님, 동생'할 만큼 절친한 사이인 것으로 알려져 있다.

▶ 2013년 4월 21일 빌 게이츠 마이크로소프트 창업자

이재용은 이날 오후 6시 30분께 서초 사옥에서 빌 게이츠와 2시간 30분 정도 만찬을 가졌다. 두 사람은 IT 업계의 현안과 미래 전망 등에 대해 폭넓은 의견을 주고받은 것으로 알려졌다. 이 자리에서 PC와 모바일 운영체제로서의 윈도 발전을 위해 협력하는 방안에 대해 논의한 것으로 파악됐다. 빌 게이츠는 "(윈도 8에 대해) 아직 완벽하지는 않지만 삼성이 도와주고 있어 잘될 것으로 보인다."며 "다음 레벨로 갈 수 있도록 윈도 8과 삼성이 무엇을 할 수 있는지도 논의했다."고 말했다.

▶ 2013년 4월 26일 래리 페이지 구글 CEO

래리 페이지 CEO는 이날 오전 10시 30분께 삼성에서 제공한 헬기를 타고 서초 사옥에 도착했다. 오찬 전 페이지 CEO는 첫 방한 일정으로 아산 탕정에 있는 삼성디스플레이 단지를 방문했다. 페이지 CEO가 방한한 시점은 구글 OS를 탑재한 갤럭시 S4가 출시되는 시기와 겹친다. 구글 CEO가 직접 갤럭시 S4를 홍보해 준 셈이다. 페이지 CEO는 이날 아침 김포공항에 도착한 뒤 갤럭시 S4에 대해 '아주 흥분되는 신제품'이라고 말하기도 했다.

에필로그

사람이든 사물이든 또는 풍경이든 바라보는 기쁨이 따라야 한다.
너무 가까이도 아니고 너무 멀리도 아닌,
알맞은 거리에서 바라보는 은은한 기쁨이 따라야 한다.

― 법정, 『아름다운 마무리』 ―

이제 삼성그룹은 3기 체제를 맞이하고 있다. 1기 이병철 시대가 산업화 시대의 한국을 대변한 기업이었다면 2기 이건희 시대는 정보화 시대의 한국을 대표했다. 삼성은 제조업계의 모범생답게 외국의 선진 기술을 벤치마킹해서 특유의 스피드, 성실성과 장인정신으로 성장해 왔다.

그런데 3기 스마트 시대에 삼성의 한계를 지적하고 앞날을 걱정하는 목소리들이 많다. 앞으로의 시대는 하드웨어의 시대가 아니라 소프트웨어와 콘텐츠의 시대이기 때문이다. 삼성은 IBM, 애플, 구글에 필적하는 소프트웨어나 솔루션 사업으로 전환해야 앞으로 펼쳐질 만물인터넷 시대, 유비쿼터스 시대를 이끌어가는 선도 기업으로 살아남을 수 있을 것이다.

삼성이 3기 체제로 넘어가는 것은 이제 목전의 일이 되었다. 2014년 5월 10일 밤 11시, 이건희는 심근경색을 일으켜 심폐소생술(CPR)을 받고, 다음날 오전 2시에는 심혈관을 넓혀 주는 심장 스텐트(stent) 시술을 받았다. 이건희는 시술 직후부터 저체온 치료를 받은 뒤 수면 상태에서 진행되는 장기적 진정 치료를 받고 있다.

필자가 이 책을 마무리하고 에필로그를 작성하는 현재까지 그는 깨어나지 않고 있다. 한때 심장이 멎었던 만큼 혹시 있을지 모를 뇌손상이 우려되고 있고 긴 시간 동안 의식을 회복하지 않은 상태여서, 입원이 장기화될 것이란 전망이 나오고 있다. 연령대가 다르지만 축구경기 도중 심장마비로 쓰러진 신영록 선수는 저체온과 진정치료 뒤 50일 만에 의식을 찾기도 했다.

앞에서 누누이 밝혔지만 3기를 맞는 삼성호의 다음 선장은 이재용이다. 밖에서는 그룹의 후계자 자리를 둘러싸고 3남매 사이에 치열한 암투를 벌이고 있는 줄 알지만 삼성 내부 사람들이나 삼성을 잘 알고 있는 사람들은 아무도 이재용의 삼성호를 의심하지 않는다. 이미 삼성의 승계 문제는 끝났다. 게다가 삼성은 2013년부터 에버랜드 사업 구조조정, 알짜 계열사인 삼성에스디에스(SDS) 상장 등 후계구도의 구체적인 밑그림을 그려오던 참이었다.

이재용은 아버지와 달리 말을 아껴온 편이다. 이 책을 집필하면서 온갖 자료를 찾아보아도 이재용이 남긴 인터뷰 기사나 어록은 별로 없었다. 기껏해야 2009년 9월 캐나다 캘거리에서 열린 기능올림픽 당시 기자들이 "일이 많은데 힘들지 않으냐.'고 묻는 질문에 "내가 피곤하다고 불평할 자격이 있겠는가. 운 좋게 좋은 부모, 훌륭한 선배(경영진)를 많이 만나서 이 자리에 있다. 삼성 경영자들은 기업에 헌신하고 충성심이 강하고 현명하다. 이분들과 수십만 명의 삼성 임직원분들이 함께해 잘 해주리라 믿는다. 물론 부담스럽지 않다고 하면 거짓말이다."라고 한 정도가 전부이다. 아버지 이건희의 카리스마에 눌려서가 아니라 후계자로서 겸양의 자세를 견지해 온 것이리라. 그는 남의 말을 존중하고 귀 기울여 듣는 공손하고 예의 바른 사람이라는 평을 듣고 있다.

하지만 이재용은 삼성 3세 시대를 열기 위해 세계를 누비면서 삼성 개조 프로젝트에 박차를 가하는 데 진력을 다하고 있었다. 그는 국제적 인맥과 감각을 두루 갖춘 인물이다. 이재용은 삼성이 하드웨어가 아니라 소프트웨어와 콘텐츠로 나가야 한다는 데 동의하고 있고 이미 그 해답을 얻고 있는 듯 보인다. 이재용은 '성장이 한계에 달한 게 아니냐.'는 의심을 불식시키겠다는 전략을 펼쳐나갈 것으로 보인다.

그가 모델케이스로 삼고 있는 기업은 IBM이다. IBM은 1980년대까지 미국 경제지 〈포춘〉이 4년 연속 초우량 기업 1위로 선정했던 세계에서 가장 잘나가는 하드웨어 기업이었으나 이후 경영상의 어려움에 처했다. 주력이던 서버와 PC 사업이 범용화되면서 수익성이 급락한 탓에 1990년대 초 수십억 달러의 적자를 낸다. 그러나 IBM은 인터넷이 주도하는 새 시장을 예측하고 과감한 사업구조 전환에 성공해서 세계 최대 '정보기술(IT)서비스' 기업으로 탈바꿈했다. 서버만 파는 게 아니라, 고객이 서버를 사서 구현하고자 하는 목표를 이룰 수 있도록 솔루션과 서비스를 제공하는 세계 최대의 '서비스 회사'로 변신하는 데 성공한 것이다.

삼성전자의 현 상황은 당시의 IBM과 비슷하다. 삼성의 간판기업 삼성전자는 세계 최대 하드웨어 기업, 소비자 대상 비즈니스(B2C) 기업이다. 이재용은 B2C기업의 한계를 B2B 시장 공략으로 돌파하자는 생각을 갖고 있다. 'IBM과 같은 서비스 회사가 되자.'는 전략아래 2013년 12월 글로벌 B2B센터를 사업부 수준으로 격상시키고 스페인 바르셀로나 B2B 전시회에 처음으로 참가해 B2B 시장 진출을 공식 선언했다.

실제 삼성전자는 B2B 사업에서 가능성을 발굴하기 시작했다. 상업용 디스플레이(LFD)를 호텔이나 공항 등에 납품할 때 그냥 제품만 파는 것이 아니라 구매 기업이 원하는 솔루션을 함께 제공해서 해당 기업에도 편의와 기업 경영의 원활함을 안겨 주고 단순한 소비자형 제품 판매보다 더 높은 마진을 얻는 것이다.

그래서 삼성전자는 최근 1년 6개월 사이에 소프트웨어 인력만 1만 3000명을 뽑았다. 2013년 6월 말 기준 소프트웨어 인력이 국내 2만 명, 해외 1만 8000명 등 3만 8000명에 달한다. 삼성은 2015년에는 5만 명, 2020년에는 7만 명 이상으로 인력을 늘릴 계획이다.

이제 삼성은 3기 이재용 체제를 맞이하고 있다. 삼성호의 새로운 선장 이재용은 지금 세계 1위를 차지하고 있는 스마트폰, TV 등 하드웨어를 만물인터넷, 유비쿼터스로 연결시키는 새로운 서비스를 개발해 성장 동력을 만들 수 있다고 보고 있다. 삼성전자는 현재 이익잉여금으로 154조 원을 보유하고 있다. M&A에 나설 '실탄'은 세계 어느 기업 못지않게 든든한 편이다. 삼성은 기존 사업이 언젠가는 한계에 부딪칠 것으로 보고 M&A를 통해서라도 미리 신수종사업의 '씨앗'을 뿌려야 한다.

하드웨어나 단말기 등 단품 위주의 삼성전자의 사업구조로는 조만간 한계에 봉착할 수밖에 없다는 우려를 불식시키려면 삼성호의 새로운 선장은 아버지 이건희와는 다른 스마트 리더십을 보여주어야 한다. 그래야 삼성호는 순항할 수 있을 것이고 새로운 선장의 앞날이 밝아질 것이다. 이재용이 만들어갈 삼성은 어떤 모습일까.

이 책을 쓰느라 가족들에게 소홀했다. 그래도 이해와 사랑으로 힘이 되어준 아내 태옥과 딸 예슬, 아들 한결에게 평소에 못다 전한 고마움과 미안한 마음을 전하고 싶다. 가족의 기도는 늘 나를 새롭게 깨어나게 하는 힘의 원천이었다.

끝으로 이 책이 나오기까지 도움을 주신 여러분들의 모습이 떠올라 감개가 새롭다. 성안당 이종춘 회장, 최동찬 사장, 최옥현 국장, 그리고 옆에서 많은 조언을 해준 김영인 사장, 재기 넘친 평을 해준 윤선호 사장, 방한덕 사장에게 감사드리고 싶다. 이번에 시집가는 딸 예슬에게 이 책을 바친다.